John Bellamy Foster
MARX'
ÖKOLOGIE
Materialismus
und Natur
edition
assemblage

Die Arbeit der Übersetzer am vorliegenden Text und die Publikation wurden gefördert vom Deutschen Übersetzerfonds im Rahmen des Programms „NEUSTART KULTUR“ der Beauftragten der Bundesregierung für Kultur und Medien, von der KPÖ Graz und vom Bildungsverein der KPÖ Steiermark.

Marx' Ökologie
Materialismus und Natur
John Bellamy Foster

1. Auflage 2024
ISBN: 978-3-96042-175-7

info@edition-assemblage.de | www. edition-assemblage.de

Umschlag: Carina Büker
Satz: Hannah C. Rosenblatt | edition assemblage
Übersetzung: Alp Kayserilioğlu und Max Zirngast
Lektorat: Johanna Bröse
Druck: Interpress | Printed in Hungary 2024

Die Deutsche Bibliothek verzeichnet diese Publikation in der Deutschen Nationalbibliografie; detaillierte bibliografische Daten sind im Internet über http://dnb.ddb.de abrufbar.

Marx’ Ökologie
Materialismus und Natur

John Bellamy Foster

aus dem Englischen von Alp Kayserilioğlu und Max Zirngast

Inhalt

Vorwort zur deutschen Ausgabe von *Marx' Ökologie*

John Bellamy Foster

Meine Recherchen, die zur Abfassung von *Marx' Ökologie* führten, begannen Mitte der 1990er Jahre in Reaktion auf eine Artikelanfrage zum Thema „Erde" für Band 3 (Ebene-Extremismus) des *Historisch-Kritischen Wörterbuchs des Marximus*, herausgegeben von Wolfgang Fritz Haug an der Freien Universität Berlin.[1] Damals wurde ich gebeten, darzulegen, wie die klassischen politischen Ökonomen bis hin zu Karl Marx die Frage der Erde oder des Bodens angegangen hatten. Mein ursprünglicher Hintergrund war die politische Ökonomie. Doch in den späten 1980er und 90er Jahren hatte ich mich dem Studium der globalen ökologischen Krise zugewandt, was zur Veröffentlichung meines Buches *The Vulnerable Planet*[2] [Der verletzliche Planet] im Jahr 1994 führte, zusammen mit einer Reihe von Artikeln über Marx und Ökologie. Obwohl ich damals mit der klassischen Rententheorie in den Werken von Adam Smith, Thomas Robert Malthus, David Ricardo und Marx vertraut war und von Justus von Liebigs Einfluss auf Marx in Bezug auf dessen Analyse der Bodenkrise im 19. Jahrhundert wusste, hatte ich nie systematisch die ökologischen Grundannahmen der klassischen politischen Ökonomie in Bezug auf die Erde/den Boden untersucht. Meines Wissens hatte das auch sonst niemand getan. Ich machte mich also daran, mich dieser Frage eingehend zu widmen. Das Ergebnis dieser Untersuchung war die Wiederentdeckung der weitreichenden ökologischen Gedanken von Marx. Ich lieferte also im *Historisch-Kritischen Wörterbuch des Marximus* die erste systematische Ausarbeitung von Marx' Konzeption des Risses im Stoffwechsel zwischen der Menschheit und dem Boden. In Folge verfasste ich im Jahr 1999 meinen Artikel

[1] Siehe „Erde", in: *Historisch-Kritisches Wörterbuch des Marxismus*, Band 3 (Ebene-Extremismus), Berlin: Argument-Verlag, 1997, S. 669-710; auf Englisch übersetzt in Historical Materialism 15, no. 3 (2007), S. 255-62.

[2] John Bellamy Foster, *The Vulnerable Planet*, New York: Monthly Review Press, 1994.

„Marx's Theory of Metabolic Rift"[3] [„Marx' Theorie des metabolischen Risses"] für das *American Journal of Sociology*, in dem ich die weiter gehenderen Implikationen der Marx'schen Theorie der ökologischen Krise darlegte; gefolgt von der Veröffentlichung von *Marx's Ecology* im Jahr 2000.

Die Wiederentdeckung der Marx'schen Theorie des Risses im Stoffwechsel warf völlig neue Fragen auf. Wie hatte es Marx geschafft, eine so einschneidende ökologische Krisentheorie zu entwickeln, die sich auf die Naturwissenschaften seiner Zeit stützte und die in der Erkenntnis dessen, was er als den die Menschheit mit der Erde als Ganzer verbindenden „gesellschaftlichen Stoffwechsel" bezeichnete, alle anderen übertraf?

Die offensichtliche Antwort lautete, dass dies auf seine allgemeine materialistische Grundauffassung zurückzuführen war. Aber was genau beinhaltete dieser Materialismus? Im westlichen Marxismus wurde gemeinhin behauptet, dass der Materialismus in Marx' Denken in erster Linie mit den Produktionsmitteln zu tun habe und ausschließlich in Bezug auf die ökonomischen Verhältnisse zu verstehen sei, losgelöst sowohl von naturwissenschaftlichen Vorstellungen als auch vom philosophischen Materialismus. Die ökologische Analyse von Marx war jedoch eindeutig materialistisch in dem viel umfassenderen Sinne, dass er einer materialistischen Naturauffassung anhing, die seine materialistische Geschichtsauffassung untermauerte. Daraus schloss ich, dass die einzige Möglichkeit, die Entwicklung von Marx' ökologischem Denken zu verstehen, darin bestand, die Ursprünge und die Entwicklung seines Materialismus zu untersuchen, beginnend mit seiner Doktorarbeit über die Naturphilosophie des Epikur. Darüber hinaus konnte eine solche Untersuchung nicht einfach durch eine isolierte Betrachtung seines Werks erfolgen, sondern musste auch im Zusammenhang mit der historischen Entwicklung des Materialismus im Allgemeinen gesehen werden, wie dieser sich bis zum 19. Jahrhundert entwickelt hatte. Dieser Argumentationsbogen bildete die Grundlage für *Marx' Ökologie*.

Es war jedoch nicht diese umfassende Herangehensweise von *Marx' Ökologie* in Bezug auf Materialismus und Natur, sondern das Kapitel 5 über die Theorie des metabolischen Risses, das als erstes Aufmerksamkeit erregte. Es dominierte die anfängliche Rezeption

[3] John Bellamy Foster, „Marx's Theory of Metabolic Rift", in: *American Journal of Sociology 105*, no. 2 (September 1999), S. 366-405.

des Buches und führte fast unmittelbar zu neuen, weitreichenden theoretischen Entwicklungen. Der eigentliche Durchbruch erfolgte im Jahr 2005 mit der Veröffentlichung von Brett Clarks und Richard Yorks „Carbon Metabolism: Global Capitalism, Climate Change, and the Biospheric Rift“ [Der Kohlenstoffmetabolismus: Globaler Kapitalismus, Klimawandel, und biosphärischer Riss] in der Zeitschrift *Theory and Society*.[4] Sie zeigten darin, dass die Marx'sche Theorie des metabolischen Risses die Grundlage für das Verständnis der Störung des Kohlenstoffmetabolismus im Erdsystem durch den Kapitalismus bildet, die den Klimanotstand verursacht. Im Jahr 2010, ein Jahrzehnt nach der Veröffentlichung von *Marx' Ökologie*, schrieb ich zusammen mit Clark und York die Arbeit *The Ecological Rift*, das die Theorie des metabolischen Risses mit der Entstehung des Anthropozäns und der Krise des Erdsystems verband.[5] Ein weiteres Jahrzehnt später, im Jahr 2020, schloss ich zusammen mit Clark *The Robbery of Nature* [Der Raub der Natur] ab, worin wir den metabolischen Riss mit der kapitalistischen Enteignung der Menschheit und der Erde verknüpften.[6]

Während also die Theorie des metabolischen Risses einen zentralen Platz in der zeitgenössischen ökosozialistischen Kritik einnehmen sollte, führten die umfassenderen Fragen in Bezug auf *Materialismus und Natur*, die in *Marx' Ökologie* aufgeworfen wurden, zu weiteren Untersuchungen zu den ökologischen Grundlagen des historischen Materialismus und erweiterten das Gesamtspektrum der Analyse. Eine gängige Kritik an *Marx' Ökologie* lautete, Marx' ökologische Kritik habe keinen erkennbaren Einfluss auf spätere sozialistische und ökologische Denker*innen gehabt und sei somit von geringer historischer Bedeutung. Im Epilog zu *Marx' Ökologie* erläutere ich, warum eine solche Kritik unzutreffend ist, und zwar auf der Grundlage dessen, was zu diesem Zeitpunkt über die Arbeit späterer sozialistischer ökologischer Denker*innen bekannt war. Weitere zwanzig Jahre der Forschung waren nötig, bevor ich im Jahre 2020 in der Lage war, diese Frage in *The Return of Nature* [Die Rückkehr der Natur] vollständig zu

[4] Brett Clark und Richard York, „Carbon Metabolism: Global Capitalism, Climate Change, and the Biospheric Rift“, in: *Theory and Society* 34, no. 4 (2005): 391-428.

[5] John Bellamy Foster, Brett Clark und Richard York, *The Ecological Rift*, New York: Monthly Review Press, 2010; in deutscher Übersetzung: *Der ökologische Bruch*. Der Krieg des Kapitals gegen den Planeten, Hamburg: LAIKA Verlag, 2011.

[6] John Bellamy Foster und Brett Clark, *The Robbery of Nature*, New York: Monthly Review Press, 2020.

behandeln.[7] Darin zeige ich, wie sozialistische ökologische Analysen, die sich auf den Stoffwechsel von Mensch und Natur und die Dialektik der Natur konzentrieren und im Werk von Marx und Engels wurzeln, für die Entwicklung sowohl der ökologischen Wissenschaft als auch der modernen ökologischen Kritik von zentraler Bedeutung waren. Die weitreichenden Auswirkungen davon auf die ökologische Theorie und Praxis werden in meinem Buch *The Dialectics of Ecology* [Die Dialektik der Ökologie] dargelegt, das im Jahr 2024 erscheint.[8]

Auch wenn viele kritische Fragen noch erforscht werden müssen und innerhalb des Ökosozialismus natürlich weiterhin zentrale Debatten geführt werden, steht heute die Tiefe der Marx'schen Kritik des Stoffwechselverhältnisses, ihr Einfluss auf die Entwicklung der Ökologie und ihre zentrale Bedeutung für die Philosophie der Praxis in unserer Zeit außer Frage.

John Bellamy Foster
Eugene, Oregon
25. September 2023

[7] John Bellamy Foster, *The Return of Nature*, New York: Monthly Review Press, 2020.
[8] Ders., *The Dialectics of Ecology*, New York: Monthly Review Press, 2024.

Vorwort

Der ursprüngliche Titel dieses Buches lautete *Marx and Ecology* (Marx und Ökologie). Im Laufe der Zeit änderte er sich jedoch zu *Marx's Ecology* (Marx' Ökologie). Diese Änderung des Titels repräsentiert eine einschneidende Veränderung in meinem Denken über Marx (und über Ökologie) in den letzten Jahren – eine Veränderung, bei der zahlreiche Individuen eine Rolle spielten.

Marx wurde oft als anti-ökologischer Denker charakterisiert. Sein Werk war mir aber immer zu vertraut, um eine solche Kritik ernst zu nehmen. Zahlreiche Stellen in seinem Werk bezeugten sein tiefes ökologisches Bewusstsein, das wusste ich. Doch zu der Zeit, als ich *The Vulnerable Planet: A Short Economic History of the Environment* (1994) [dt.: Der gefährdete Planet. Eine kurze Wirtschaftsgeschichte der Umwelt] schrieb, glaubte ich noch, dass die ökologischen Einsichten in seinem Denken eher zweitrangiger Natur waren. Ich glaubte, dass sie nichts Neues oder Wesentliches zu unserem gegenwärtigen Wissen über Ökologie als solches beitrugen. Mehr noch war ich der Ansicht, dass die Bedeutung seiner Ideen für die Entwicklung der Ökologie darin lag, dass sie die historisch-materialistischen Analysewerkzeuge lieferten, welche die Ökologie mit ihren im Allgemeinen ahistorischen und malthusianischen Begriffen so dringend benötigte.

Dass es möglich ist, Marx auf eine andere Art zu interpretieren, und zwar in einer Form, die Ökologie als ein zentrales Element seines Denkens begreift, war mir natürlich bewusst. In den 1980er Jahren machte mich mein Freund Ira Shapiro darauf immer wieder aufmerksam. Er – New York-Auswanderer, Landwirt, Zimmermann und ein Philosoph der Arbeiter*innenklasse – saß zu jener Zeit als Student in meinen Lehrveranstaltungen. Entgegen allen Konventionen der Marx-Interpretation sagte Ira zu mir: „Schau dir das an", und wies auf Passagen hin, in denen sich Marx mit Problemen der Landwirtschaft und der Zirkulation von Bodennährstoffen auseinandersetzte. Ich hörte aufmerksam zu, konnte aber die volle Bedeutung dessen, was er mir erzählte, noch nicht wertschätzen. In dieser Hinsicht war ich zweifellos deswegen noch nicht so weit wie Ira, weil ich keine Erfahrung mit der Landarbeit hatte. Zur selben Zeit sagte mir mein Freund

Charles Hunt, radikaler Aktivist, Soziologe, Teilzeitprofessor und professioneller Imker, ich solle mich besser mit Engels' *Dialektik der Natur* vertraut machen, wegen ihrer Wissenschaftlichkeit und ihres Naturalismus. Erneut hörte ich zu, zögerte aber. War die „Dialektik der Natur" nicht von Grund auf mangelhaft?

Mein Weg zum ökologischen Materialismus war durch den Marxismus blockiert, den ich über die Jahre gelernt hatte. Mein philosophisches Fundament bestand aus Hegel und der Revolte des Hegel-Marxismus gegen den positivistischen Marxismus, die in den 1920ern mit den Werken von Lukács, Korsch und Gramsci begann und in der Frankfurter Schule und der Neuen Linken aufgenommen und weitergeführt wurde. Diese Revolte war Teil einer viel größeren Revolte gegen den Positivismus, der das intellektuelle Leben Europas von 1890 bis 1930 und auch darüber hinaus dominierte. Der Schwerpunkt lag hierbei auf Marx' praktischem Materialismus, der in dessen Praxisbegriff begründet war. In meinem eigenen Denken verband sich dies mit der politischen Ökonomie der *Monthly Review*-Tradition in den USA und den historisch-kulturellen Theorien von E.P. Thompson und Raymond Williams in Großbritannien. In einer solchen Synthese schien jedoch wenig Raum zu sein für einen marxistischen Zugang zur Natur und zu den Naturwissenschaften.

Es ist zwar richtig, dass Denker wie Thompson und Williams in Großbritannien und Sweezy, Baran, Magdoff und Braverman, die mit der *Monthly Review* in den USA verbunden sind, betonten, wie wichtig es sei, den Marxismus mit der weitergefassten natürlich-physikalischen Welt zu verbinden. Alle von ihnen trugen auf ihre eigene Weise zum ökologischen Denken bei. Aber das theoretische Erbe von Lukács und Gramsci, das ich verinnerlicht hatte, verunmöglichte es, dialektische Denkweisen auf die Natur anzuwenden und überließ diesen Bereich so im Wesentlichen dem Positivismus. Zu dieser Zeit hatte ich kaum Kenntnis von einer alternativen, stärker dialektischen Tradition innerhalb der zeitgenössischen Lebenswissenschaften, die heute mit dem Werk von so bedeutenden Denker*innen wie Richard Lewontin, Richard Levins und Stephen Jay Gould verbunden wird. Als mir diese Erkenntnis endlich dämmerte, war dies das Ergebnis der *Monthly Review*, die lange versucht hatte, den Marxismus im Allgemeinen wieder mit den Naturwissenschaften zu verbinden. Auch war ich noch nicht mit dem kritischen Realismus von Roy Bhaskar vertraut.

Zu allem Übel hatte ich, wie die meisten Marxist*innen – zumindest außerhalb der Biowissenschaften, in denen diese Geschichte teilweise noch bewahrt wurde –, kein Wissen über die wirkliche Geschichte des Materialismus. Mein Materialismus war ausschließlich praktischer, polit-ökonomischer Art; philosophisch geprägt durch den Hegelschen Idealismus und Feuerbachs materialistischer Revolte gegen Hegel, jedoch ohne Kenntnis der umfassenderen Geschichte des Materialismus in der Philosophie und den Wissenschaften. In dieser Hinsicht war auch die überlieferte marxistische Tradition selbst wenig hilfreich, da die Grundlage, auf der Marx mit dem mechanischen Materialismus gebrochen hatte, dabei aber gleichzeitig Materialist geblieben war, nie angemessen verstanden worden war.

Es ist unmöglich, die einzelnen Schritte zu erklären (außer vielleicht durch den Verweis auf die folgenden Ausführungen), wie ich endlich zu dem Schluss kam, dass Marx' Weltanschauung zutiefst und tatsächlich auch systematisch ökologisch war – und zwar mit all den positiven Konnotationen, die bei dem Begriff heute mitschwingen – und dass sich diese ökologische Perspektive aus seinem Materialismus herleitete. Wenn es einen einzigen Wendepunkt in meinem Denken gab, dann fand er statt, kurz nachdem *The Vulnerable Planet* publiziert wurde. Zu diesem Zeitpunkt sagte nämlich mein Freund, der radikale Anwalt, Altphilologe und *Monthly Review* Kollege John Mage zur mir, ich hätte einen Fehler in meinem Buch und in einem darauf folgenden Artikel gemacht. Dieser Fehler bestünde darin, dass ich – wenn auch zaghaft – die romantisch-grüne Sicht übernommen hätte, der zufolge die antiökologischen Tendenzen des Kapitalismus zu einem beträchtlichen Teil auf die wissenschaftliche Revolution des 17. Jahrhunderts und im Besonderen auf das Werk von Francis Bacon zurückgeführt werden könnten. John warf die Frage nach dem Verhältnis von Marx und Bacon und der historischen Bedeutung der Idee der „Naturbeherrschung" auf, die sich im 17. Jahrhundert entwickelte. Allmählich begriff ich, dass das ganze Verhältnis von Wissenschaft und Ökologie von Grund auf überdacht werden musste. Zu den Fragen, die mich beschäftigten, gehörten: Warum wurde Bacon im grünen Denken gewöhnlich als der Feind dargestellt? Warum wurde Darwin in den Diskussionen über die Ökologie des 19. Jahrhunderts so oft ignoriert (abgesehen davon, dass ihm Sozialdarwinismus und malthusianische Vorstellungen zugeschrieben wurden)? Was war das Verhältnis von Marx zu all dem?

Schon früh in diesem Prozess kam ich zu dem Schluss, dass die Versuche der „Ökosozialist*innen“, grüne Theorie mit Marx oder Marx mit grüner Theorie zu vermengen, niemals die organische Synthese erschaffen könnten, die derzeit notwendig ist. In dieser Hinsicht verblüffte mich Bacons berühmtes Diktum: „Vergeblich könnte man in den Wissenschaften einen großen Zuwachs erwarten, wollte man auf die alten Grundlagen das Neue aufsetzen und ihnen aufpfropfen; die Erneuerung hat vielmehr von den Grundlagen her zu erfolgen, wenn man sich nicht fortwährend bei kümmerlichem und fast unbedeutendem Fortschritt im Kreise drehen will.“[9] Nun galt es zu den Anfängen des Materialismus zurückzukehren, wo die Antworten auf das Problem zu liegen schienen, und unsere Gesellschaftstheorie und ihr Verhältnis zur Ökologie von Anfang an neu zu untersuchen. Das heißt, die ganze Sache dialektisch hinsichtlich ihrer *Entstehung* aufzurollen.

Was ich dann, sehr zu meiner Verwunderung, entdeckte, war eine Geschichte, die etwas vom Charakter eines Kriminalromans hatte, in dem viele verschiedene Hinweise unaufhaltsam zu einer einzigen, überraschenden Quelle führten. In diesem Fall konnte der Materialismus von Bacon und Marx und sogar – wenngleich weniger direkt – derjenige Darwins auf einen gemeinsamen Ursprung zurückgeführt werden: die antike materialistische Philosophie Epikurs. Epikurs Rolle als großer Aufklärer der Antike – eine Sicht auf sein Werk, die solch unterschiedliche Denker*innen wie Bacon, Kant, Hegel und Marx teilten – bot mir zum ersten Mal ein stimmiges Bild der Entstehung der materialistischen Ökologie an, nämlich im Kontext eines dialektischen Kampfes über das Verständnis der Welt.

In einer mit dem eben Ausgeführten eng verbundenen Forschung entdeckte ich, dass Marx' systematische Analysen des Werks des großen Agrarchemikers Justus von Liebig, die aus seiner Kritik des Malthusianismus resultierten, ihn zum zentralen Begriff des „metabolischen Bruchs“ in der Beziehung des Menschen zur Natur führten – seine ausgereifte Analyse der Entfremdung von der Natur. Um diese vollständig zu verstehen, war es jedoch notwendig, die historische Debatte über die Bodendegradation, die in der Mitte des 19. Jahrhunderts im Zuge der „Zweiten Agrarrevolution“ aufkam und sich bis in die heutige Zeit erstreckt,

[9] Francis Bacon, *Neues Organon. Teilband 1*, Herausgegeben und mit einer Einleitung von Wolfgang Krohn, Lateinisch-Deutsch, Hamburg: Felix Meiner Verlag, 1990, Aphorismus 31, S. 97.

zu rekonstruieren. Hierin lag Marx' handgreiflichster Beitrag zur ökologischen Diskussion (vgl. Kapitel 5). Ich bin Liz Allsopp und ihren Kolleg*innen vom IACR-Rothamsted in Hertfordshire [Institute for Arable Crops – Institut für Ackerfrüchte; eine agrarwissenschaftliche Forschungsinstitution in UK; d. Übers.] zu großem Dank verpflichtet. Sie machten mir Lady Gilberts Übersetzung von Liebigs „Einleitung"*[10] zugänglich, die sich in den Archiven in Rothamsted befindet. Sehr zugute kam mir bei der Durchführung dieser Forschung die enge Zusammenarbeit mit Fred Magdoff und Fred Buttel im Rahmen einer gemeinsam herausgegebenen Juli-August Sonderausgabe von *Monthly Review* mit dem Titel *Hungry for Profit*, die mittlerweile zu einem Buch ausgeweitet wurde. Ich profitierte auch von der Unterstützung meines Mitherausgebers der Zeitschrift *Organization & Environment*, John Jermier. Teile der folgenden Arbeit erschienen in früheren, weniger entwickelten Formen in der September 1997-Ausgabe von *Organization & Environment* und in der September 1999-Ausgabe des *American Journal of Sociology*.

Bedenkt man die komplexe intellektuelle Geschichte, die dieses Buch zu entwirren versucht, die Exkurse in Gebiete, die einander so fern scheinen wie antike und moderne Philosophie, bedurfte ich offensichtlich eines Gesprächspartners mit außergewöhnlicher Begabung. Diese Rolle wurde durchwegs von John Mage übernommen, dessen klassischer Zugang zu Wissen und sein enormes historisches und theoretisches Verständnis sich verbindet mit der dialektischen Fähigkeit eines Anwalts. Es gibt keine Zeile in diesem Buch, die nicht Gegenstand von Johns eindringlichen Fragen war. Vieles von dem, was an diesem Werk am besten ist, verdanke ich ihm, während alle Fehler, die in diesem Buch verblieben, notwendigerweise, sogar starrsinnigerweise, meine eigenen sind.

Paul Burketts maßgebendes Werk *Marx and Nature: A Red and Green Perspective* (1999) bildet nicht nur einen Teil des Hintergrundes, vor dem dieses Buch geschrieben wurde, sondern ist auch eine wesentliche Ergänzung zur hier vorgelegten Analyse. Wenn ich es manchmal vernachlässigt habe, die polit-ökonomischen Aspekte der Marxschen Ökologie vollständig zu entwickeln, dann deshalb, weil die Existenz eben jenes Werks dies überflüssig macht. Jahre voller anregender Dialoge mit Paul haben viel dazu beigetragen, die folgende Analyse zu schärfen.

---

[10] Ein * indiziert Deutsch im englischen Original; d. Übers.

Bei Paul Sweezy, Harry Magdoff und Ellen Meiksins Wood, den drei Herausgeber*innen von *Monthly Review*, stehe ich für ihre Unterstützung und ihre Vorbildlichkeit in der Schuld. Pauls Hingabe an die Analyse der Umwelt war ein entscheidender Faktor, der mich in diese Richtung trieb. Christopher Phelps, der als redaktioneller Leiter der *Monthly Review Press* seit Beginn an der Entstehung des Buchs involviert war, hat mir auf vielfache und wichtige Weise geholfen.

Es versteht sich von selbst, dass Liebe und Freundschaft für alles, was wirklich kreativ ist, wesentlich sind. Hier möchte ich mich bei Laura Tamkin, mit der ich meine Träume teile, und Saul und Ida Foster bedanken und auch bei Bill Foster und Bob McChesney. Dieses Buch ist Saul und Ida und ihrer ganzen jungen Generation gewidmet.

Einleitung

Nicht die Einheit der lebenden und tätigen Menschen mit den natürlichen, unorganischen Bedingungen ihres Stoffwechsels mit der Natur und daher ihre Aneignung der Natur – bedarf der Erklärung oder ist Resultat eines historischen Prozesses, sondern die Trennung zwischen diesen unorganischen Bedingungen des menschlichen Daseins und diesem tätigen Dasein, eine Trennung, wie sie vollständig erst gesetzt ist im Verhältnis von Lohnarbeit und Kapital.

- Karl Marx, Grundrisse[11]

Die Argumentation dieses Buches gründet auf einer ganz einfachen Prämisse: um den Ursprung der Ökologie nachzuvollziehen, ist es notwendig, die neuen Sichtweisen auf die Natur, die mit der Entwicklung des Materialismus und der Wissenschaften zwischen dem 17. und dem 19. Jahrhundert aufkamen, zu begreifen. Außerdem werden beide, der Materialismus und die modernen Wissenschaften, nicht einfach als Feinde früherer und vermeintlich besserer Naturauffassungen dargestellt, wie es in der zeitgenössischen grünen Theorie üblich ist, sondern der Schwerpunkt liegt auf der Frage, wie die Entwicklung des Materialismus und der Wissenschaften ökologische Denkweisen gefördert und in der Tat möglich gemacht hat.

Im Mittelpunkt stehen die Arbeiten von Darwin und Marx, den zwei bedeutendsten Materialisten des 19. Jahrhunderts. Der Schwerpunkt aber liegt auf dem Letzteren, da es das Ziel dieser Arbeit ist, eine revolutionäre ökologische Denkweise zu verstehen und zu entwickeln, die für uns heute von größter Bedeutung ist; eine Denkweise, welche die soziale Transformation mit der Transformation des Verhältnisses des Menschen zur Natur in einer Weise verknüpft, die wir heute als ökologisch begreifen. Der Schlüssel zum Verständnis des Marx'schen Denkens hinsichtlich solch einer revolutionären ökologischen Anschauung, so behaupte ich in diesem Buch, liegt in der Art und Weise, mit der er

[11] Karl Marx, *Grundrisse der Kritik der politischen Ökonomie*, MEW, Bd. 42, Berlin: Dietz, 2005, S. 397.

eine bestehende epikureische Tradition des Materialismus und der Freiheit weiterentwickelte und veränderte; eine Tradition, die eine wesentliche Rolle im Aufstieg der modernen Wissenschaften und des ökologischen Denkens spielte.[12]

In dieser Einleitung möchte ich versuchen, diese Themen klarer zu fassen, indem ich anfangs die Fragen des Materialismus und der Ökologie trenne – wenngleich freilich der Sinn dieser gesamten Untersuchung ihre notwendige Verknüpfung ist. Dabei möchte ich auch kurz auf das Problem eingehen, auf das diese Untersuchung abzielt: die Krise der gegenwärtigen sozialökologischen Forschung.

Materialismus

Der Materialismus als eine Theorie über die Natur der Dinge entstand am Anfang der griechischen Philosophie. „Er hat bis zu unserer Zeit Bestand," stellte Bertrand Russell zu Beginn des 20. Jahrhunderts fest, „obwohl nur sehr wenige bedeutende Philosophen ihn vertreten haben. Er wurde mit vielen wissenschaftlichen Fortschritten in Verbindung gebracht und schien, in gewissen Zeiten, fast synonym mit einer wissenschaftlichen Anschauung gewesen zu sein."[13]

In seiner allgemeinsten Bedeutung behauptet der Materialismus, dass der Ursprung und die Entwicklung alles Existierenden von der Natur und der „Materie" abhänge, das heißt, einer Ebene physischer Wirklichkeit, die vom Denken unabhängig und ihm vorrangig ist.

---

[12] Die Bedeutung von Epikur als auch von Liebig und Darwin für Marx' Ökologie wurde schon vor einigen Jahren von Jean-Guy Vaillancourt in einem bemerkenswerten Abriss über die Entwicklung von Marx' ökologischem Denken skizziert. Vaillaincourt wies ganz offenkundig in Richtung einer Untersuchung, wie sie im folgenden Buch zu finden ist. Siehe Jean-Guy Vaillancourt, „Marxism and Ecology: More Benedictine than Franciscan", in: Ted Benton (Hrsg.), *The Greening of Marxism*, New York: Guilford, 1996, S. 50-63.

[13] Bertrand Russell, „Introduction", in: Frederick Albert Lange, *The History of Materialism*, New York: Humanities Press, 1996, V. [Anm d. Übers.: Alle Zitate, die nicht in einer deutschsprachigen Übersetzung vorliegen, oder deren deutschsprachige Übersetzung wir nicht finden konnten, wurden von uns selbst ins Deutsche übersetzt.]

In Anlehnung an den britischen Wissenschaftsphilosophen Roy Bhaskar können wir festhalten, dass ein rationaler *philosophischer Materialismus* als komplexe Weltanschauung folgendes beinhaltet:

- Den *ontologischen Materialismus*, der eine einseitige Abhängigkeit des gesellschaftlichen vom biologischen (und allgemeiner dem physischen) Sein konstatiert und die Entstehung des Ersteren aus dem Letzteren begreift;
- Den *epistemologischen Materialismus*, der eine unabhängige und transfaktische (d.h., kausale und gesetzmäßige) Wirksamkeit wenigstens einiger Objekte wissenschaftlichen Denkens feststellt;
- Den *praktischen Materialismus*, der die konstitutive Funktion menschlich-praktischer Tätigkeit in der Reproduktion und Veränderung gesellschaftlicher Formen geltend macht.[14]

Marx' materialistisches Verständnis der Geschichte fokussierte sich hauptsächlich auf den „praktischen Materialismus". „Die Verhältnisse der Menschen zur Natur" waren „von vornherein [...] *praktische*, also durch die Tat begründete Verhältnisse."[15] Aber in seinem allgemeineren materialistischen Verständnis von Natur und Wissenschaft machte er sich sowohl den „ontologischen Materialismus" als auch den „epistemologischen Materialismus" zu eigen. Solch eine materialistische Naturauffassung war, nach Marx, für die Beschäftigung mit Wissenschaft wesentlich.

Es ist wichtig zu verstehen, dass die materialistische Naturauffassung, wie sie von Marx formuliert und wie sie zu seiner Zeit häufig verstanden wurde, nicht notwendigerweise einen starren mechanischen Determinismus wie im Mechanismus (das heißt mechanistischer Materialismus) beinhaltete. Marx' eigene Herangehensweise an den Materialismus war zu einem beträchtlichen Teil angeregt vom Werk des antiken griechischen Philosophen Epikur, über den er auch seine Doktorarbeit verfasste. „Epikur", um es in Russells Worten zu formulieren, „war Materialist, aber nicht Determinist."[16] Seine Philosophie zielte darauf ab, zu zeigen, wie ein

[14] Roy Bhaskar, „Materialism", in: Tom Bottomore (Hrsg.): *A Dictionary of Marxist Thought*, Oxford: Blackwell, 1983, S. 324-329, hier: S. 324.

[15] Karl Marx, *Randglossen zu Adolph Wagners „Lehrbuch der politischen Ökonomie"*, MEW Bd. 19, Berlin: Dietz, 1962, S. 355-383, hier: S. 362.

[16] Bertrand Russell, *Philosophie des Abendlandes*, Zürich: Europa Verlag, 2007 (limitierte Sonderauflage), S. 266; vgl. auch George E. McCarthy, *Marx and the Ancients*, Savage, Md.: Rowman & Lichtfield, 1990, S. 42-43.

materialistisches Verständnis der Natur der Dinge die entscheidende Grundlage für ein Verständnis menschlicher Freiheit bildet.

Marx' Interesse an Epikur erwuchs aus seinen eigenen frühen, von Bacon und Kant beeinflussten Studien zur Religion und zur Philosophie der Aufklärung. Bacon und Kant wiederum verwiesen auf Epikur als eine wesentliche Grundlage für die Entwicklung ihrer eigenen Philosophien. Marx' Interesse erhielt weiteren Auftrieb durch seine Auseinandersetzung mit Hegel, der in Epikur den „Erfinder der empirischen Naturwissenschaft" und die Verkörperung des Geistes der „sogenannten Aufklärung" innerhalb der Antike sah.[17] Des Weiteren wurde es durch das wiedererwachte Interesse in materialistische Lehren befeuert, das seinen Anfang mit Feuerbach in den frühen 1830ern nahm und sodann auf viele Junghegelianer übergriff. Wie Engels später in *Ludwig Feuerbach und der Ausgang der klassischen deutschen Philosophie* (1888) bemerken sollte, war „[d]ie Masse der entschiedensten Junghegelianer [...] durch die praktischen Notwendigkeiten ihres Kampfs gegen die positive Religion auf den englisch-französischen Materialismus zurückgedrängt"[18] – das heißt, zu solchen Denkern wie Bacon, Hobbes, Locke und Hume in England und Schottland sowie La Mettrie, Diderot und Holbach in Frankreich. Die gemeinsame Basis für den Materialismus all dieser Denker war, wie Marx sehr wohl wusste, die Philosophie Epikurs. Der Epikureismus repräsentierte vor allem einen anti-teleologischen Standpunkt, das heißt, die Ablehnung aller Erklärungen von Natürlichem kraft letzter Ursachen und göttlichem Plan. An diesem Punkt sollten letztlich Materialismus und Wissenschaft zusammen.

Um die Bedeutung all dessen zu begreifen, ist es wichtig zu wissen, dass im frühen 19. Jahrhundert eine Frage im Mittelpunkt aller philosophischen Diskussionen stand. Engels brachte sie wie folgt auf den Punkt:

---

[17] Georg Wilhelm Friedrich Hegel, *Vorlesungen über die Geschichte der Philosophie II*, Werke Bd. 19, Frankfurt/M.: Suhrkamp, 1979, S. 319-321.

[18] Friedrich Engels, *Ludwig Feuerbach und der Ausgang der klassischen deutschen Philosophie*, in: MEW Bd. 21, Berlin: Dietz, 1962, S. 259-307, hier: S. 271-72. [Anm. d. Übers.: John Bellamy Foster gibt im Original bei mehreren Zitaten in Folge aus einem Text erst beim letzten Zitat eine Quellenangabe an mit allen zitierten Seiten des betreffenden Werkes. So auch im Folgenden. Wir haben uns dafür entschieden, bei jeder Stelle die betreffende Quelle mit Seitenangabe zu benennen, so weit es uns möglich war, um Verwirrungen betreffs der Zuordnung von Zitaten vorzubeugen.]

> *Hat Gott die Welt erschaffen, oder ist die Welt von Ewigkeit da? Je nachdem diese Frage so oder so beantwortet wurde, spalteten sich die Philosophen in zwei große Lager. Diejenigen, die die Ursprünglichkeit des Geistes gegenüber der Natur behaupteten, also in letzter Instanz eine Weltschöpfung irgendeiner Art annahmen – und diese Schöpfung ist oft bei den Philosophen, z.B. bei Hegel, noch weit verzwickter und unmöglicher als im Christentum –, bildeten das Lager des Idealismus. Die andern, die die Natur als das Ursprüngliche ansahen, gehören zu den verschiednen Schulen des Materialismus. Etwas andres als dies bedeuten die beiden Ausdrücke: Idealismus und Materialismus ursprünglich nicht, und in einem andern Sinne werden sie hier auch nicht gebraucht.*[19]

Ein solcher Materialismus wurde im Rahmen der Theorien menschlichen Erkenntnisvermögens gewöhnlich mit den Strömungen des Sensualismus und des Empirismus in Verbindung gebracht, weil diese im Gegensatz zu teleologischen Erklärungen standen. Folglich wurden dem Idealismus und Spiritualismus oft der Materialismus und Sensualismus entgegengestellt. Wie der große deutsche Dichter und Schriftsteller Heinrich Heine in den frühen 1830ern bemerkte, konnte „Spiritualismus" in seinem rein philosophischen Sinne begriffen werden als jene „frevelhafte Anmaßung des Geistes, [die] nach alleiniger Verherrlichung strebend, die Materie zu zertreten, wenigstens zu fletrieren[20] sucht".[21] Der „Sensualismus" hingegen kann verstanden werden als jene „Opposition, die, dagegen eifernd, ein Rehabilitieren der Materie bezweckt und den Sinnen ihre Rechte vindiziert".[22] Ein anderer Name für die erstere Auffassung war „Idealismus", für die zweite „Materialismus".[23]

Materialismus und Idealismus waren jedoch beide konfrontiert mit dem Skeptizismus, der sowohl David Humes Empirismus als auch Immanuel Kants transzendentaler idealistischer Philosophie zu eigen war. Zwar erkannte Kant eine Realität an, die

[19] Ebd., S. 275.

[20] [Anm. d. Übers.: „Fletrieren (franz.): welk machen, des Glanzes, der Frische berauben; beschimpfen, brandmarken", laut *Meyers Großes Konversations-Lexikon.*]

[21] Heinrich Heine, *Zur Geschichte der Religion und Philosophie in Deutschland*, Halle a.d.S.: Otto Hendel, 1887, S. 51.

[22] Ebd.

[23] Ebd.

jenseits unserer Sinne existiert. Wir könnten diese jedoch nur durch unsere Sinne und nie unmittelbar wahrnehmen. Für Kant war diese Realität das Reich der „Noumenon" oder des „Dings an sich" und als solches unserer Erkenntnis unzugänglich und transzendent. Ihm zufolge kann sich daher unser Bedürfnis nach Gewissheit nicht allein auf aposteriorisches Wissen (das heißt, Wissen gegründet auf Erfahrung) verlassen, weil ein solches Wissen niemals gewiss ist. Sondern wir bedürfen apriorisch sicheres Wissen (das heißt, gegründet auf den Kategorien unseres Verstandes, wie beispielsweise Raum und Zeit), auf das wir uns verlassen müssen, damit unsere Erfahrung überhaupt erst möglich wird. Die kantische Kritik jeder Auffassung, die sich auf den Kausalkräften der „Dinge an sich" gründet, schien alle Versuche zur Gestaltung einer konsistenten materialistischen Philosophie zu untergraben. Die reale Struktur und die wirklichen Kräfte der Materie, die nicht den Sinnen zugänglich sind (so wie die „Atome" der antiken Materialisten und alle anderen Versuche der Beschreibung nicht unmittelbarer, aber wirklicher Elemente oder Kräfte der Materie), fielen dem kantischen Rationalismus anheim; ebenso wie alle Versuche der absoluten Idealisten, die Identität von Denken und Sein zu postulieren. In seiner kurzen „Geschichte der reinen Vernunft" am Ende seiner Kritik der reinen Vernunft (1781/87) schrieb Kant, dass „Epikur [...] der vornehmste Philosoph der Sinnlichkeit, Plato des Intellektuellen genannt werden" kann, während Kants eigene kritische Philosophie einen Versuch darstellte, beide zu überwinden.[24]

Vom Standpunkt von Marx (und Engels) lag die Bedeutung der dialektischen Philosophie Georg Wilhelm Friedrich Hegels darin, dass er einen Ausweg aus dem kantischen Dilemma des Dings-an-sich zeigen konnte, soweit dies aus idealistischer Perspektive möglich war. Hegel argumentierte, dass die Objektivierung und Entfremdung, welche die menschlichen Wesen von der äußeren Welt trennt und dadurch Erkenntnisprobleme aufwarf, durch die Entwicklung des Geistes in der Geschichte überwunden werde.[25] Die Korrektheit unserer Anschauungen über die Welt, die

---

[24] Immanuel Kant, *Kritik der reinen Vernunft 2*, Werkausgabe Bd. IV, Frankfurt/M.: Suhrkamp, 1974, S. 710 (A 854/B 882); ders., *Kritik der praktischen Vernunft*, Werkausgabe Bd. VII, Frankfurt/M.: Suhrkamp, 1974, S. 275 (A 255).

[25] Zur Rolle der Hegelschen Dialektik bei der Überwindung des Kant'schen Dingsan-sich, vgl. Charles Taylor, *Hegel and Modern Society*, Cambridge: Cambridge University Press, 1997, S. 47-49.

Bestätigung unserer Vernunft, stellt sich in dem Maße ein, wie wir die Welt und uns selbst mit ihr verändern. Es ist dieser Prozess des Widerspruchs und der Überwindung, sowie der Aufhebung der Entfremdung, der das Wesen der Dialektik ausmacht. Jedoch fand all dies für Hegel allein im Reich der Entwicklung des Denkens statt. Daher neigte Hegel letzten Endes dazu, eine idealistische, sogar religiöse, Anschauung zu bekräftigen. „Der Satz, daß das Endliche ideell ist," dass es also keine Existenz an und für sich hat, sondern allein durch Denken existiert, schrieb Hegel in seiner Logik,

> *macht den Idealismus aus. Der Idealismus der Philosophie besteht in nichts anderem als darin, das Endliche nicht als ein wahrhaft Seiendes anzuerkennen. Jede Philosophie ist wesentlich Idealismus oder hat denselben wenigstens zu ihrem Prinzip [...] Die Philosophie ist es sosehr als die Religion; denn die Religion anerkennt die Endlichkeit ebensowenig als ein wahrhaftes Sein, als ein Letztes, Absolutes, oder als ein Nicht-Gesetztes, Unerschaffenes, Ewiges.*[26]

Für Marx jedoch führte dieser Versuch der Unterordnung der materiellen Realität/Existenz unter das Denken, der Hegels idealistische Philosophie kennzeichnete, direkt zu einer religiösen Weltanschauung, sowie zur Ablehnung des Humanismus und des Materialismus. Daher musste also das mit Hegel verbundene dialektische Verständnis einer Totalität im Prozess des Werdens in einen praktischen, materialistischen Kontext eingebunden werden, um wirklich sinnvoll zu sein. So ließ sich ebenfalls Hegels Projekt einer dialektischen Restauration der Metaphysik des 17. Jahrhunderts auf Kosten des Materialismus der Aufklärung überwunden werden.[27] Marx zufolge verändern wir unser Verhältnis zur Welt und überwinden unsere Entfremdung von ihr durch Tätigkeit, das heißt durch unsere materielle Praxis, und schaffen dabei uns eigentümliche menschlich-natürliche Verhältnisse.

Waren für Kant die wichtigsten Vertreter des Materialismus und Idealismus in der Philosophie Epikur beziehungsweise Platon, so waren dies für Marx Epikur und Hegel. Marx zufolge spielte der

[26] Georg Wilhelm Friedrich Hegel, *Wissenschaft der Logik. Bd. I.*, Werke, Bd. 5, Frankfurt/M.: Suhrkamp, 1969, S. 172.

[27] Karl Marx und Friedrich Engels, *Die Heilige Familie oder Kritik der kritischen Kritik. Gegen Bruno Bauer und Consorten*, in: MEW Bd. 2, Berlin: Dietz, 1962, S. 2-223, hier: S. 132.

antike Materialist Epikur eine bedeutende Rolle bei der Herausbildung eines dialektischen Begriffs von Realität, weil er als Erster „die Erscheinung als Erscheinung aufgefaßt [hatte], das heißt als eine Entfremdung des Wesens“[28] und „das menschliche Selbstbewusstsein [...] als die oberste Gottheit [anerkannte].“[29] „Die Philosophie, solange noch ein Blutstropfen in ihrem weltbezwingenden, absolut freien Herzen pulsiert“, erklärte Marx, „wird stets den Gegnern mit Epikur zurufen: ‚Gottlos aber ist nicht der, welcher mit den Göttern der Menge aufräumt, sondern der, welcher die Vorstellungen der Menge den Göttern andichtet.‘“[30] Die Pietätlosigkeit besteht demzufolge in der Verneinung zugleich von *menschlicher* Selbstbestimmung und Freiheit, als auch von *Endlichkeit*, der materiellen Grundlage des Lebens.

Der epikureische Materialismus betonte die Endlichkeit der Welt und den vergänglichen Charakter allen Lebens und aller Existenz. Zu seinen grundlegenden Prinzipien gehörte es, dass nichts aus Nichts entsteht und nichts, was vergeht, auf Nichts reduziert werden kann. Alle materielle Existenz sei voneinander abhängig, entstehend aus (und wieder vergehend zu) Atomen, die sich in endlosen Gefügen ordnen, um neue Realitäten hervorzubringen. Die Tiefe des epikureischen Materialismus sah Marx darin, dass in ihm und dem Begriff des Atoms „der Tod der Natur ihre unsterbliche Substanz geworden [ist]; und mit Recht ruft Lukrez aus: ‚Der unsterbliche Tod hat das sterbliche Leben genommen.‘“[31] Daher gab es in Epikurs Philosophie keine Notwendigkeit für die letzten Ursachen des Aristoteles. Stattdessen lag die

[28] Karl Marx, *Doktordissertation: Differenz der demokritischen und epikureischen Naturphilosophie nebst einem Anhange*, in: MEW Ergänzungsband 1, Berlin: Dietz, 1968, S. 257-373, hier: S. 295; fortan zitiert als: *Doktordissertation*.

[29] Ebd., 262.

[30] Ebd., 262. Was reine Philosophie betraf, so bevorzugte Marx von den Alten Aristoteles und Heraklit gegenüber dem „leichteren“ Epikur, wie er an Ferdinand Lassalle schrieb. Es war jedoch Epikur, den Marx zum Gegenstand „speziellen Studiums“ gemacht hatte, wegen seiner „[politischen]“ Bedeutung. Vermutlich meinte er damit Epikurs Freiheitsbegriff und seine Verbindung zur Aufklärung. Die relevanten Briefe an Lassalle vom 21. Dezember 1857 und vom 31. Mai 1858 finden sich in: „Marx an Ferdinand Lassalle“, 21. Dezember 1857, in: MEW Bd. 29, Berlin: Dietz, S. 547-48; „Marx an Ferdinand Lassalle“, 31. Mai 1858, ebd. S. 560-61. (Der Begriff „politisch“ ist in eckige Klammern gesetzt, da es sich um eine editorische Rekonstruktion handelt – der eigentliche Wortlaut von Marx ist unklar aufgrund von Beschädigung am Manuskript).

[31] Karl Marx, *Doktordissertation*, S. 294; vgl. auch Lukrez, *Von der Natur* (Versübersetzung von Herman Diels), München: Deutscher Taschenbuch Verlag, 1991, S. 171 (3.868-70).

Betonung auf den konstant sich verändernden Gestaltungen in der Natur selbst, die wiederum als endlich und vergänglich verstanden wurden (*mors immortalis*).

Die materialistische Kritik des Junghegelianers Ludwig Feuerbach an Hegel, die am energischsten in seiner Schrift *Vorläufige Thesen zu einer Reform der Philosophie* (1842) zum Ausdruck kam, überschnitt sich mit der Kritik von Marx, die dieser schon im Rahmen seiner Doktorarbeit über Epikur, die nur ein Jahr zuvor verfasst wurde, entwickelt hatte. In Feuerbachs früherem Werk *Geschichte der neuern Philosophie von Bacon von Verulam bis Benedikt Spinoza* (1833), auf das sich Marx in seiner Doktorarbeit zu Epikur auch bezogen hatte, bemühte sich Feuerbach, eine materialistische Haltung zu entwickeln, wobei er jedoch den abstrakten, mechanischen oder „reinen Materialismus" von Hobbes und Descartes (in dessen Physik) ablehnte. Feuerbachs Entschlossenheit in der Entwicklung einer Alternative zum mechanischen Materialismus gegen Hegels Idealismus führte ihn letztendlich zu einer Betonung des Sensualismus in seinen *Vorläufigen Thesen*: Darin stellte er ein menschliches Wesen dem abstrakten Wesen des Geistes als Schlüssel für eine dialektische Entwicklung als auch der Überwindung des Dings-an-sich entgegen. Trotzdem fiel auch er, wie Marx später in seinen *Thesen über Feuerbach* (1845) konstatieren sollte, wie alle früheren Formen des Materialismus, insbesondere die epikureische, einem rein kontemplativen Materialismus anheim. Und tatsächlich war Feuerbachs Materialismus in abstrakterer Art und Weise kontemplativ als derjenige von Epikur, da ihm jeglicher positive ethische Gehalt fehlte. Was nach Marx hinsichtlich des Materialismus zu leisten war, musste der Übergang in Richtung Praxis, zu einem tätigen Prinzip sein.[32]

Es ist hierbei wichtig zu verstehen, dass Marx in seiner *praktischen* Wendung des Materialismus niemals seine grundsätzliche

---

[32] Der Bezug auf ein „tätiges Prinzip" ist hier zu verstehen in Verbindung mit einem praktischen Materialismus im Kontrast zu einer eher *kontemplativen* Art desselben. Auf gar keinen Fall soll damit unterstellt werden, dass die Natur den Menschen Verhältnisse aufzwingt, in denen sie schlicht „passiv" sind, beziehungsweise es ein „passives Element in der Erfahrung" gibt, wie dies in der unglücklich gewählten Terminologie von Sebastiano Timpanaro in seiner ansonsten sehr wertvollen Kritik in *Sul Materialismo* (Über den Materialismus) geschieht. Dieser Fehler findet seinen dialektischen Gegensatz in Timpanaros Denken in der Tendenz, auch Natur selber als in gewissem Sinne „passiv" zu begreifen, das heißt, reduziert auf ein Bündel von einschränkenden Bedingungen für die Menschen. Die deterministische Art solcher Annahmen nährt den extremen Pessimismus, der Timpanaros

Verpflichtung zu einer materialistischen Naturauffassung aufgab, das heißt, zum Materialismus sowohl als *ontologischer* wie auch als *epistemologischer* Kategorie. Der Materialismus sowohl im Sinne einer „einseitigen Abhängigkeit des gesellschaftlichen vom biologischen (und allgemeiner vom physischen) Sein und der Entstehung des Ersteren aus dem Letzteren" und auch als „unabhängige und transfaktische Wirksamkeit wenigstens einiger Objekte wissenschaftlichen Denkens" (siehe oben die ersten zwei Elemente des Materialismus laut Bhaskar), blieb Marxens Analyse wesentlich. Dieser Analyse zugrunde lag eine radikale materialistische Kritik aller Formen teleologischen Denkens.

In dieser Hinsicht nahm Marx die Position einer aus heutiger Sicht „realistischen" Ontologie ein, welche die Existenz einer äußeren, physischen Welt unabhängig vom Denken hervorhebt. Es ist anzumerken, dass die beiden ersten Elemente eines nach Bhaskar rationalen Materialismus tatsächlich die ontologischen und epistemologischen Ausgangspunkte für Bhaskars eigenen „kritischen Realismus" begründen. Aus einer erklärtermaßen materialistischen Perspektive entwickelte Marx also eine Herangehensweise, die realistisch wie auch relational, das heißt dialektisch war. Wie wir gesehen haben, versuchte Hegel mittels der Dialektik die Antinomien des kantischen Dings-an-sich zu überwinden. Aber dies beinhaltete in Hegels Philosophie, so Bhaskar,

> *gerade eine Ablehnung der autonomen Existenz von Materie, das heißt ihrer Existenz überhaupt, außer als einem Moment in der Entwicklung des Geistes*, der Selbstverwirklichung der absoluten Idee. Für Marx hingegen stellen „weder die Gedanken noch die Sprache für sich ein eignes Reich" dar, sondern sie sind „nur Äußerungen des wirklichen Lebens" […] und „[d]as Bewußtsein kann nie etwas Andres sein als das bewußte Sein."*[33]

Die Bedeutung einer solchen Herangehensweise für die darauffolgende Entwicklung der Philosophie und der Sozialwissenschaften

---

Perspektive charakterisiert. Vergleiche Sebastiano Timpanaro, *On Materialism*, London: Verso, 1975, S. 34; Raymond Williams, *Problems in Materialism and Culture*, London: Verso, 1980, S. 107-09; Perry Anderson, *Über den westlichen Marxismus*, Frankfurt am Main: Syndikat, 1978, S. 91-92 und Fußnote, 134-35 und Fußnote.

[33] Roy Bhaskar, *The Possibility of Naturalism*, Atlantic Highlands, N.J.: Humanities Press, 1979, S. 100; Karl Marx und Friedrich Engels, *Die deutsche Ideologie*, in: MEW Bd. 3, Berlin: Dietz Verlag, 1969, S. 9-539, hier: S. 26, 433.

kann gar nicht überschätzt werden. Als eine Form des Realismus bestand sie auf einer fortwährenden und engen Verbindung von Natur- und Sozialwissenschaften, zwischen der Auffassung der materiellen/natürlichen und der sozialen Welt. Aus diesem Grund definierte Marx seinen Materialismus als einen zum „naturgeschichtlichen Prozeß“[34] gehörenden. Zur gleichen Zeit hob er den dialektisch-relationalen Charakter der menschlichen Geschichte sowie die Einbettung der menschlichen Gesellschaft in gesellschaftliche Praxis hervor. Jedweder Versuch, den Materialismus vom Bereich der Natur und der Naturwissenschaften zu trennen, wurde somit von Anfang an zurückgewiesen. Zugleich nahm sein Materialismus einen einzigartigen, praktischen Charakter im gesellschaftlichen Bereich an, der die Freiheit (und Entfremdung) widerspiegelt, die innerhalb der menschlichen Geschichte existiert.

All das mag unbestreitbar erscheinen. Die wahre Bedeutung dieser Einsichten liegt aber darin, dass sie das begründen, was Bhaskar „die Möglichkeit des Naturalismus“ nannte. Das heißt, „die These, dass es eine wesentliche Einheit der Methode zwischen Natur- und Sozialwissenschaften gibt oder geben kann“, wie stark beide auch voneinander unterschieden sein mögen. Das ist deswegen so wichtig, weil es wegführt von einer dualistischen Teilung der Sozialwissenschaften in einen „hyper-naturalistischen Positivismus“ auf der einen und in eine „anti-naturalistische Hermeneutik“ auf der anderen Seite.[35]

Der westliche, kritische Marxismus (wie auch ein Großteil der zeitgenössischen Philosophie und Sozialwissenschaften) zeichnet sich durch seine Ablehnung des kruden Positivismus des 19. Jahrhunderts aus. Dieser versuchte, eine mechanistische und reduktionistische Weltsicht – der einige bemerkenswerte Erfolge in der Entwicklung der Wissenschaften zugeschrieben wurden – auf den Bereich der sozialen Welt zu übertragen. In der Ablehnung des Mechanismus, inklusive des mechanistischen Biologismus sozialdarwinistischer Spielart, lehnten Theoretiker*innen der Humanwissenschaften, darunter auch Marxist*innen, jedoch zunehmend den Realismus und Materialismus als solchen ab. Sie vertraten die Position, dass sich die soziale Welt aus dem Ganzen der Verhältnisse menschlicher Praxis – einschließlich derjenigen Aspekte

[34] Karl Marx, *Das Kapital Bd. I.*, MEW Bd. 23, Berlin: Dietz, 1962, S. 16.

[35] Bhaskar, *The Possibility of Naturalism*, S. 3; Roy Bhaskar, „General Introduction“, in: Margaret Archer, Roy Bhaskar, Andrew Collier, Tony Lawson und Alan Norrie (Hrsg.), *Critical Realism*, New York: Routledge, 1998, S. ix-xxiv, hier: xiii.

der Natur, die sich auf die soziale Welt auswirkten – konstituierte. Damit lehnten sie einfach ab, dass es intransitive Objekte des Wissens gibt (also Objekte des Wissens, die natürlich sind und unabhängig vom Menschen und sozialen Konstruktionen existieren).

Innerhalb des Marxismus stellte dies eine idealistische Wende dar. Im Besonderen wurde gegen Engels argumentiert – als ob er allein und nicht Marx verantwortlich war für die Entwicklung einer materialistischen Naturauffassung im Marxismus –, dass sich die Dialektik nur auf Praxis und ergo auf die gesellschaftlich-menschliche Welt bezöge.[36] In Folge dessen zogen sich marxistische Sozialwissenschaftler*innen zunehmend aus den Naturwissenschaften zurück, auch wenn eine marxistische Tradition innerhalb der Naturwissenschaften relativ eigenständig davon weiter existierte. Marxens eigenes Ideal, am klarsten ausgedrückt im *Kapital* – nämlich das einer Analyse, die eine materialistische Geschichtsauffassung mit einer materialistischen Naturauffassung mit all der Kraft der Naturgeschichte kombinierte – wurde so als eine Zuwiderhandlung gegen die Vernunft erklärt.

Das tragische Resultat für den Marxismus war, dass der Begriff des Materialismus zunehmend zu einem abstrakten und gar sinnlosen Begriff wurde. In den Worten von Raymond Williams wurde er zu einer „bloßen Floskel“, reduziert auf irgendeine Priorität in der letzten Instanz der Produktion von Leben sowie der ökonomischen Existenz vor Elementen des „Überbaus“, wie zum Beispiel den Ideen.[37] Er wurde somit untrennbar verknüpft mit einem

---

[36] Dieses Argument wurde in Lukács' großartigem Werk *Geschichte und Klassenbewusstsein* (1922) klar und deutlich vorgebracht. In Lukács Worten:

> *Die Mißverständnisse, die aus der Engelsschen Darstellung der Dialektik entstehen, beruhen wesentlich darauf, daß Engels – dem falschen Beispiel Hegels folgend – die dialektische Methode auch auf die Erkenntnis der Natur ausdehnt. Wo doch die entscheidenden Bestimmungen der Dialektik: Wechselwirkung von Subjekt und Objekt, Einheit von Theorie und Praxis, geschichtliche Veränderung des Substrats der Kategorien als Grundlage ihrer Veränderung im Denken etc. in der Naturerkenntnis nicht vorhanden sind.*

So wichtig diese Punkte auch waren, so führten sie in Lukács' Werk zu einer strengen Scheidung der Sozialwissenschaften von den Naturwissenschaften, sowie der Geschichte von der Natur – als ob die natürlich-physikalische Welt dem Positivismus überlassen werden könnte. Siehe Georg Lukács, *Geschichte und Klassenbewußtsein*, Neuwied/Berlin: Hermann Luchterhand Verlag, 1968, S. 63 (17). Dadurch eröffnete Lukács, so Bhaskar, „eine lange Tradition innerhalb des Marxismus, die die Wissenschaften mit ihrem positivistischen Missverständnis verwechselte.“ Siehe Roy Bhaskar, *Reclaiming Reality*. London: Verso, 1989, S. 139.

[37] Williams, *Problems in Materialism and Culture*, S. 104.

verdinglichten Verständnis der berühmten Basis-Überbau Metapher, das zu überwinden sich marxistische Theoretiker*innen vergebens bemühten.

Ironischerweise wurde die Basis-Überbau Metapher für die kritischen, westlichen Marxist*innen, die (zumindest abseits der strukturalistischen Tradition) gegen jene Metapher wetterten, auf Grund der Ermangelung eines tieferen und gründlicheren Materialismus unverzichtbar – wenn dem Materialismus überhaupt noch irgendein Sinn zugesprochen werden sollte. Solch ein tieferes Verständnis des Materialismus ist aber nur möglich, wenn der Materialismus in seinem Verhältnis zur produktiven Existenz mit den natürlichen/physischen Bedingungen der Realität, einschließlich dem Bereich der Sinne, sowie überhaupt mit der umfassenderen natürlichen Welt verknüpft wird. Nur so können grundlegende Themen wie Leben und Tod, Reproduktion, Abhängigkeit von der Biosphäre und so weiter wirklich bearbeitet werden.

„Seit einer ganzen Generation schon", schrieb Raymond Williams 1978, „herrscht eine ungewöhnliche Spannung zwischen Marxismus und den Naturwissenschaften vor". Sie sei bedauerlich, und zwar „nicht nur deswegen, weil es dann Lücken im Wissen und Fehler in seiner [des Marxismus'] Entwicklung gibt, sondern weil durch jene Lücken und auf beiden Seiten die Feinde des Materialismus eindringen."[38] Die Wiederbelebung der Biologismen oder der extremen Varianten des Sozialdarwinismus innerhalb der Naturwissenschaften könne nur auf der Grundlage eines nicht-mechanistischen, nicht-reduktionistischen und kritischen Materialismus bekämpft werden, der eine Verbindung mit der materialistischen Geschichtsauffassung beibehält – so wie es große Naturwissenschaftler*innen wie Richard Lewontin und Stephen Jay Gould gründlich demonstriert haben.[39] Ähnlich besteht in den Sozialwissenschaften eine wirkliche Verteidigung gegen idealistische Anschauungen, die die Realität auf den Bereich immanenter Ideen und abstrakter kulturalistischer Begriffe reduzieren (im Unterschied zum kulturellen Materialismus, wie er mit Raymond Williams verbunden wird), nur in der Entwicklung eines *starken historischen Materialismus*, der seinen Materialismus

---

[38] Ebd., S. 105. Vgl. auch E. P. Thompson, *Making History*, New York: New Press, 1994, S. 98.

[39] Vergleiche Stephen Jay Gould, *Der falsch vermessene Mensch*, Frankfurt am Main: Suhrkamp Verlag, 1988; R.C. Lewontin, Steven Rose und Leon J. Kamin (Hrsg.): *Die Gene sind es nicht ... Biologie, Ideologie und menschliche Natur*, München: BeltzPVU, 1988.

durch die Leugnung der natürlich-physischen Aspekte materieller Existenz nicht verkümmern lässt.

Marxens Standpunkt verlangte von der Wissenschaft, materialistisch zu sein, wenn sie überhaupt wissenschaftlich sein wollte. Aus dieser Perspektive war keine Untersuchung der sich verändernden historischen Entwicklungen und Möglichkeiten losgelöst von der Untersuchung der Naturwissenschaften. Daher arbeitete Marx zeit seines Lebens unermüdlich daran, mit den Entwicklungen in den Wissenschaften Schritt zu halten. Das weit verbreitete Missverständnis, demgemäß Engels eine Obsession für die Wissenschaften gehabt haben soll, mit der Marx nichts zu tun gehabt hätte, steht im Widerspruch zu der enormen Menge an gegenteiligen Indizien. Das ist für uns heute, nach der Veröffentlichung zusätzlicher wissenschaftlicher Notizhefte von Marx, viel klarer als noch vor einem Jahrzehnt.

Ökologie

Obwohl es eine lange Tradition gibt, Marx einen Mangel an ökologischem Bewusstsein vorzuwerfen, ist es heute, nach jahrzehntelangen Debatten, völlig klar, dass diese Sichtweise keineswegs der Sachlage entspricht. Ganz im Gegenteil. Wie schon der italienische Geograph Massimo Quaini anmerkte, „prangerte Marx die Plünderung der Natur an, bevor es ein modernes, bürgerliches ökologisches Gewissen gab."[40] Von Anfang an war Marxens Begriff der Entfremdung menschlicher Arbeit eng verbunden mit einem Verständnis von der Entfremdung der Menschen von der Natur. Diese zweifache Entfremdung musste vor allem *historisch* erklärt werden.

Viele der schärfsten Kritiker*innen von Marx mussten indes zugeben, dass sein Werk zahlreiche und bemerkenswerte ökologische Einsichten beinhaltet. Anstatt Marx also schlicht zu verdammen, werden daher mittlerweile sechs eng miteinander verbundene Argumente seitens seiner Kritiker*innen vorgebracht. *Erstens* wird behauptet, Marxens ökologische Äußerungen seien zwar „aufschlussreiche Nebenbemerkungen", stünden jedoch in

[40] Massimo Quaini, *Geography and Marxism*, Totowa, N.J.: Barnes & Noble, 1982, S. 136.

keiner systemischen Relation mit dem Gros seines Werkes.[41] Zweitens seien diese ökologischen Einsichten zwar in unverhältnismäßiger Weise in seiner frühen Kritik der Entfremdung enthalten, in seinem Spätwerk jedoch kaum mehr vorhanden. *Drittens* sei Marx, so wird uns erzählt, daran gescheitert, die Ausbeutung der Natur angemessen zu behandeln, und zwar, weil er es unterließ, sie in seine Werttheorie miteinzubeziehen. Stattdessen habe er gar eine „prometheische" (pro-technologische, anti-ökologische) Haltung eingenommen.[42] *Viertens* wird aus dem vorhergehenden Argument geschlussfolgert, die kapitalistische Technologie und die ökonomische Entwicklung habe nach Marx alle Probleme ökologischer Grenzen überwunden und die zukünftige Gesellschaft der assoziierten Produzent*innen werde im Überfluss leben. Es wäre also nicht notwendig, wie der Ökonom Alec Nove vermeintlich im Sinne Marxens schreibt, „das Problem der Verteilung knapper Ressourcen ernst zu nehmen" oder einen „ökologisch bewussten" Sozialismus zu entwickeln.[43]

Fünftens habe Marx wenig Interesse an Belangen der Wissenschaften oder an den Effekten der Technologie auf die Umwelt gezeigt und verfügte somit auch über keine wirklich wissenschaftliche Grundlage, um ökologische Themen zu behandeln. Laut den bedeutenden britischen Soziologen Michael Redclift und Graham Woodgate unterstelle Marx, die Verhältnisse der Menschen mit der natürlichen Umwelt seien zwar gesellschaftlich, jedoch zugleich „universell und unveränderbar, jeder Phase der sozialen Existenz gemein [...]. Solch eine Perspektive erkennt nicht die Rolle der Technologie und deren Effekte auf die Umwelt an."[44] *Sechstens*, heißt es, sei Marx ein „Speziezist" gewesen, der menschliche Wesen radikal von Tieren getrennt und sich auf die Seite der ersteren geschlagen habe.[45]

[41] David Goldblatt, *Social Theory and the Environment*, Boulder, Colo.: Westview Press, 1996, S. 5.

[42] Anthony Giddens, *A Contemporary Critique of Historical Materialism*, Berkeley: University of California Press, 1981, S. 59-60. Vgl. ebenfalls Ted Benton, „Marxism and Natural Limits", New Left Review, No. 178 (November-Dezember 1989), S. 51-86.

[43] Alec Nove, „Socialism", in: John Eatwell, Murray Milgate und Peter Newman (Hrsg.), *The New Palgrave Dictionary of Economics*, Vol. 4, New York: Stockton, 1987, S. 399.

[44] Michael Redclift und Graham Woodgate, „Sociology and the Environment", in: Michael Redclift und Ted Benton (Hrsg.), *Social Theory and the Global Environment*, New York: Routledge, 1994, S. 53.

[45] Anna Bramwell, *Ecology in the Twentieth Century*, New Haven, Conn.: Yale University Press, 1989, S. 34.

All diesen Kritiken wird in der folgenden Analyse, die sich eine systematische Rekonstruktion des ökologischen Denkens von Marx vornimmt, rundweg widersprochen. Viele dieser Kritiken verwechseln Marx mit anderen sozialistischen Theoretiker*innen, die Marx selber kritisierte, und sie folgen dabei einer langen Tradition der Marxkritik, gemäß der, um Jean-Paul Sartre zu zitieren, „ein ‚anti-marxistisches' Argument [...] lediglich die scheinbare Verjüngung einer vormarxistischen Idee [ist]."[46] So wird Marx zum Beispiel angegriffen für seinen technologischen „Prometheismus", obwohl es Marx selber war, der die unerbittlichste Kritik gegen solch „prometheische" Vorstellungen in seiner Kritik von Proudhons *System der ökonomischen Widersprüche oder Philosophie des Elends* (1846) formulierte. In ähnlicher Art und Weise wird Marx verurteilt für seine Unfähigkeit, den Beitrag der Natur zum Reichtum anzuerkennen, obwohl es doch genau er selbst war, der den deutschen Sozialisten Ferdinand Lasalle scharf dafür kritisierte, die „übernatürliche" Vorstellung übernommen zu haben, wonach die Arbeit die einzige Quelle des Reichtums sei, und somit die Rolle der Natur zu ignorieren.

Viel wesentlicher ist jedoch, dass in den meisten dieser Kritiken der Materialismus von Marx in Frage gestellt wird. Sie behaupten, Marxens Materialismus habe ihn zu zur Betonung einer „baconschen" Herrschaft über die Natur und des ökonomischen Fortschritts geführt, statt auf ökologischen *Werten* zu bestehen. Dieser Marx wird zu einer Art radikalem Whig im Gegensatz zu den die Natur anbetenden Tories[47], ein Repräsentant des utilitaristischen Anthropozentrismus im Gegensatz zum romantischen Ökozentrismus. Das Problem an dieser Kritik ist, wie so oft im gegenwärtigen sozioökonomischen Denken, dass sie den wesentlichen Kern der *Interaktion* zwischen Menschen und ihrer Umwelt nicht begreift. Die ökologische Frage wird in erster Linie reduziert auf eine Frage von moralischen *Werten*, während das viel schwierigere Moment des Begreifens der *sich entwickelnden materiellen*

---

[46] Jean-Paul Sartre, *Fragen der Methode*, Reinbek: Rowohlt, 1999, S. 13; vgl. auch John Bellamy Foster, „Introduction", in: Ernst Fischer, *How to Read Karl Marx*, New York: Monthly Review Press, 1996, S. 7-30.

[47] [Anm. d. Übers.: Als Whigs und Tories werden die zwei großen politischen Strömungen im britischen Parlament bis ins 19. Jh. benannt. Die Whigs waren der tendenziell anti-katholische, liberale, fortschrittliche Flügel und Vorläufer der späteren Liberal Party bzw. der Liberal Democrats. Die Tories hingegen repräsentierten den Konservatismus und waren die Vorläufer der Conservative Party. Noch heute werden britische Konservative umgangssprachlich Tories genannt.]

Wechselbeziehungen (Marx nannte das den „Stoffwechsel") zwischen den Menschen und der Natur völlig übersehen wird. Vom Standpunkt eines konsistenten Materialismus aus besteht die Fragestellung nicht in Anthropozentrismus gegen Ökozentrismus. Tatsächlich helfen uns solche Dualismen wenig dabei, die realen und sich stets verändernden materiellen Bedingungen menschlicher Existenz innerhalb der Biosphäre zu verstehen. Sie besteht vielmehr in der *Koevolution*. Herangehensweisen, die sich schlicht auf ökologische *Werte* fokussieren, wie der philosophische Idealismus und der Spiritualismus im Allgemeinen, sind kaum eine Hilfe für das Verständnis jener komplexen Verhältnisse. Im Gegensatz zu all solchen Ansichten, die „vom Himmel auf die Erde [herabsteigen]", ist es notwendig „von der Erde zum Himmel [aufzusteigen]."[48] Das heißt, dass wir verstehen müssen, wie sich geistige Ideen, inklusive unserer geistigen Verbindungen mit der Erde, zu unseren materiellen, irdischen Bedingungen verhalten.

Hier steht freilich mehr auf dem Spiel als Marx allein. Worum es hier wirklich geht, ist die gesamte Geschichte materialistischer Ansätze in der Erklärung von Natur und menschlicher Existenz. Innerhalb des zeitgenössischen grünen Denkens hat sich eine starke Tendenz entwickelt, die ökologische Degradation mit der Entstehung der wissenschaftlichen Revolution im 17. Jahrhundert zu verknüpfen, welche insbesondere durch das Werk von Francis Bacon repräsentiert wird.

Bacon wird stets dargestellt als der hauptsächliche Vertreter der „Naturbeherrschung" – eine Behauptung, die normalerweise mithilfe der Zitation bestimmter Aphorismen, nicht jedoch durch eine systematische Berücksichtigung seines Denkens aufgestellt wird. So wird die Vorstellung einer „Naturbeherrschung" als eine einfache und geradeaus anthropozentrische Perspektive verstanden, die charakteristisch für den Mechanismus sei und der eine romantische, organizistische, vitalistische und postmoderne Ansicht entgegengesetzt werden kann.[49]

Wenn man sich jedoch auf den Konflikt zwischen Mechanismus und Vitalismus oder Idealismus fokussiert (und dabei die viel grundlegendere Frage des Materialismus außer acht lässt), fällt

[48] Marx/Engels, *Die deutsche Ideologie*, S. 26.

[49] Ein klassisches, brillantes Beispiel dafür ist Carolyn Merchant, *Der Tod der Natur. Ökologie, Frauen und neuzeitliche Naturwissenschaft*, München: C.H. Beck, 1987. Trotz seiner einseitigen Behandlung der Bacon'schen Tradition ist es ein unverzichtbares Werk, und zwar wegen seiner tiefschürfenden Kritik der

man in eine dualistische Vorstellung zurück. Dieser misslingt es zu begreifen, dass jene Kategorien in ihrer Einseitigkeit dialektisch verknüpft sind und überwunden werden müssen, weil sie die Entfremdung der kapitalistischen Gesellschaft ausdrücken. Wie schon Christopher Caudwell (1907 – 1937), ohne Frage der bedeutendste britische marxistische Denker seiner Generation, in den 1930ern bemerkte, wird der Mechanist „durch Reflexion auf die Erfahrung zum entgegengesetzten Pol getrieben, welcher wiederum nur die andere Seite ein und derselben Illusion ist – zu Teleologie, Vitalismus, Idealismus, schöpferische Evolution, oder wie auch immer man das nennen mag, was in jedem Fall die modische Ideologie des faulenden Kapitalismus ist."[50]

Die Beibehaltung dieser dualistischen Perspektive ist dem Großteil der gegenwärtigen grünen Theorie immanent. Dies führte sie zuweilen zu einer kruden Ablehnung fast der gesamten modernen Wissenschaft inklusive der Aufklärung und der meisten revolutionären Bewegungen – eine Tendenz, die letztendlich in den Antirationalismus des Großteils des heutigen postmodernen Denkens gemündet ist. Fast alle Denker*innen vom 17. bis zum 20. Jahrhundert, mit der Ausnahme einiger Dichter*innen, Künstler*innen und Kulturkritiker*innen, werden von diesem Narrativ verurteilt dafür, dass sie an anti-ökologischen Werten und der Apotheose des Fortschritts festhielten.[51]

In diesem merkwürdigen, idealistischen Diskurs, in dem nur moralische Werte gelten, verschwinden reale historisch-materialistische Probleme, und große historische und intellektuelle Auseinandersetzungen werden reduziert auf bloße Phrasen. Es versteht sich von selbst, oder so sollte es zumindest sein, dass die Vorstellung einer menschlichen „Naturbeherrschung" zwar dem Anthropozentrismus zuneigt, dabei jedoch nicht notwendigerweise eine extreme Missachtung der Natur oder ihrer Gesetze einschließt. Bacon selbst argumentierte, dass die Beherrschung der Natur auf dem Verständnis und dem Befolgen ihrer Gesetze gründete. Obwohl Marx dies später als „List" verurteilen sollte, um die Natur gemäß den Bedürfnissen der bürgerlichen Entwicklung zu

---

mechanistischen und patriarchalen Tendenzen eines Großteils der Wissenschaften im 17. Jahrhundert.

50 Christopher Caudwell, *Scenes and Actions: Unpublished Manuscripts*, New York: Routledge & Kegan Paul, 1986, S. 199.

51 Vgl. z.B. Wade Sikorski, *Modernity and Technology*, Tuscaloosa: University of Alabama Press, 1993.

gestalten, drückt jene Formulierung nichtsdestotrotz einen wahren Widerspruch des menschlichen Zustands aus.[52]

Ausgehend vom Begriff einer „Beherrschung der Natur", wird Caudwell später in *Bürgerliche Illusion und Wirklichkeit* (1937) schreiben:

> *In ihrem Kampf mit der Natur (das heißt in ihrem Kampf um Freiheit) gehen die Menschen bestimmte Verhältnisse miteinander ein, um jene Freiheit zu erlangen, die im Sozialprodukt besteht, das wiederum Ergebnis der Naturveränderung ist, welche von den in der ökonomischen Produktion assoziierten Menschen bewirkt wird. Aber die Menschen können die Natur nicht ändern, ohne sich selbst zu ändern. Das volle Verständnis für diese wechselseitige und reflexive Bewegung zwischen Mensch und Natur, durch die notwendigen, sich entwickelnden, als Gesellschaft bekannten Verhältnisse vermittelt, ist die Einsicht in die Notwendigkeit, und zwar nicht nur in die Notwendigkeit der Natur, sondern auch in die Notwendigkeit des Menschen und damit der Gesellschaft. Objektiv betrachtet ist diese aktive Subjekt-Objekt-Beziehung Wissenschaft, subjektiv betrachtet Kunst; aber als Bewußtsein, das in aktiver Verbindung mit der Praxis erscheint, ist sie einfach das konkrete Leben, der Prozeß des Arbeitens, Empfindens, Denkens und des Verhaltens als Individuum in einer Welt der Individuen und der Natur.*[53]

In solch einem dialektischen Verständnis, das die „Reflexivität" hervorhebt, verwandelt sich die sogenannte „Beherrschung der Natur" in den unendlichen Prozess eines dialektischen Zusammenspiels. Insofern ist es nicht allzu überraschend, dass Caudwell in seinem Werk *Heredity and Development* [dt.: Vererbung und Entwicklung], das kurz nach *Bürgerliche Illusion und Wirklichkeit* abgefasst, aber erst ein halbes Jahrhundert später, nämlich 1986, veröffentlicht wurde, einen koevolutionären Denkansatz hinsichtlich

---

[52] Hinsichtlich der komplexen Beschaffenheit des Begriffs der „Naturbeherrschung", wie sie sich aus Bacons Werk entwickelte, und der noch komplexeren und dialektischen Weise, in der Marx diesen Begriff erfasste, vgl. William Leiss, *The Domination of Nature*, Boston: Beacon Press, 1974. Bezüglich Marxens Kritik an der baconschen „List", vergleiche Marx, Grundrisse, S. 323.

[53] Christopher Caudwell, *Bürgerliche Illusion und Wirklichkeit. Beiträge zur materialistischen Ästhetik*, München: Carl Hanser, 1971, S. 284.

der Mensch-Natur-Verhältnisse stark machen sollte. Dieser Denkansatz gründete im Werk von Darwin wie auch von Marx.

Sobald wir einmal, in Übereinstimmung mit obigem Argument, erkennen, dass es nicht notwendigerweise einen fundamentalen Gegensatz zwischen der Idee einer „Beherrschung der Natur" und dem Begriff der Nachhaltigkeit gibt, wird es nicht weiter überraschen, dass die Begriffe der „Beherrschung" und „Nachhaltigkeit" aus genau ein und derselben baconschen Tradition kommen. Es ist kein Zufall, dass baconsche „Verbesserer"[54] zu den Ersten gehörten, die eine nachhaltige Entwicklung einforderten, so zum Beispiel in John Evelyns großartiger Verteidigung der Wälder in seinem *Sylva* (1664) und in seiner Kritik der Luftverschmutzung in seinem *Fumifugium* (1661) – die beste materialistische Kritik an der Luftverschmutzung, die je geschrieben wurde. Evelyn, der nicht nur ein baconscher „Verbesserer" war, sondern auch Übersetzer einiger Teile von Lukrez' *De rerum natura* (Von der Natur), dem poetischen Meisterwerk des antiken epikureischen Materialismus (und zugleich Ausgangspunkt für Marx' eigenen Materialismus), steht hierbei ein für das komplexe Bündel an Fragen, um die es hier geht.[55]

Tatsächlich verdankten sich die größten Fortschritte in der Evolution ökologischen Denkens bis zum Ende des 19. Jahrhunderts der zunehmenden Bedeutung materialistischer Vorstellungen über die Natur in Verbindung mit sich verändernden historischen Umständen. Im Mittelalter und tatsächlich auch bis zum Ende des 19. Jahrhundert war die dominante Weltanschauung die teleologische Lehre von der Großen Kette der Wesen (später von der Naturtheologie modifiziert), die alles im Universum unter dem Aspekt der göttlichen Vorsehung und in zweiter Hinsicht als Schöpfung der Erde von Gott für „den Menschen" erklärte. Dieser Anschauung zufolge wurden alle Arten separat kreiert, die Erde war das Zentrum des Universums, Raum und Zeit waren endlich. Der große Feind dieser Anschauung war von Anfang an der antike Materialismus, insbesondere der epikureische Materialismus, der innerhalb der Renaissance und den aufklärerischen Wissenschaften wiederbelebt wurde.

---

[54] [Anm. d. Übers.: Als „Improver" galten in England und Schottland ab dem 17. Jh. diejenigen, die für eine Verbesserung der Produktivität der Landwirtschaft durch Anwendung von wissenschaftlicher Erkenntnis und Technik stritten.]

[55] Vergleiche John Bellamy Foster, „Introduction to John Evelyn's *Fumifugium*", *Organization & Environment*, Vol. 12, No. 2 (Juni 1999), S. 184-87.

Durch die Infragestellung der scholastisch-aristotelischen Sichtweise stellte der Materialismus auch den Anthropozentrismus, der jener Teleologie wesentlich war, in Frage: Die Erde wurde ihrer zentralen Stellung im Universum enthoben; Zeit und Raum wurden als unendlich deklariert (und sogar die Geschichte der Erde wurde im Rahmen des „tiefen Abgrunds" der Zeit begriffen); und schließlich zeigte sich, dass die Menschen dieselbe Abstammung mit den Affen teilten und demselben evolutionären Stammbaum entsprangen. An jedem Punkt dieser Entwicklung der Wissenschaften, welche gleichgesetzt wurde mit dem Fortschritt des Materialismus, wurde Gott zunehmend aus dem materiellen Universum entfernt – aus dem Sonnensystem, aus der Entwicklung der Erde, letzten Endes aus der Evolution des Lebens selbst. Aus dem Blickpunkt der modernen Wissenschaften hauste Gott schlussendlich wie die Götter Epikurs zunehmend in den *Intermundien,* in den Poren zwischen den Welten, und stand in keiner Relation mehr zum materiellen Universum. Genauso wichtig war die große Entdeckung vom wechselseitigen Zusammenhang der Menschen mit der Erde über den gesamten Zeitraum der materiellen Evolution, denn dies war von größter Bedeutung für ökologische Untersuchungen. Nicht länger konnte behauptet werden, dass der Mensch schlicht überlegen oder herrschend sei und eine fixe Position in der Großen Kette der Wesen einnehme, auf halbem Wege zwischen den untersten Organismen und den höchsten Engeln (oder Gott). Stattdessen war nun die Art und Weise der Wechselwirkung zwischen den Menschen und der materiellen Welt, deren Teil sie waren, von größter Bedeutung. Das menschliche Verhältnis zur Natur war, wie Bacon betonte, ein Phänomen der *Naturgeschichte* oder, wie Darwin hervorhob, einer über lange Zeit sich erstreckenden natürlichen Selektion.[56]

Darwins eigene evolutionäre Darstellung der Natur entstammte aus seinem fundamentalen und – hinsichtlich der natürlichen Welt – kompromisslosen Materialismus. Sie bedeutete gleichzeitig den „Tod der Teleologie" (wie Marx betonte) als auch die Entwicklung eines anti-anthropozentrischen Standpunkts. Darwins biogeschichtliches Werk ist als Grundlage zu sehen – ergänzt um die biophysischen Entdeckungen anderer Wissenschaftler*innen wie zum Beispiel dem großen deutschen Agrarchemiker

[56] Für eine historische Analyse der baconschen Neuerungen und den Begriff der „Naturgeschichte" im 17. Jh., vgl. Charles Webster, *The Great Instauration,* London: Buckworth, 1975.

Justus von Liebig und seiner Betonung der Zirkulation der Bodennährstoffe und deren Verhältnis zum tierischen Stoffwechsel – auf der basierend die moderne Ökologie Mitte des 19. Jahrhundert entsprang. Obwohl der Darwinismus oft auf eine mechanistische Anschauung reduziert wurde, ist „der Darwinismus, wie man ihn in Darwins Schriften findet", so Caudwell,

> *immer noch frisch vom Kontakt mit der Vielzahl neuer biologischer Fakten, die damals entdeckt wurden. Noch stellt er den Organismus nicht starr der Umwelt entgegen, sondern das Gewebe des Lebens wird betrachtet als in elastischer Wechselwirkung mit dem Rest der Realität stehend... Der außergewöhnliche Reichtum des Schauspiels von Wandel, Geschichte und Konflikt im Leben, das Darwin enthüllte, gibt seinen Schriften und denen seiner unmittelbaren Nachfolger*innen wie Huxley eine Art aufrührerische, revolutionäre Kraft.*[57]

Die Bedeutung von Darwins Untersuchungen für uns heute wurde vor allem von Rachel Carson hervorgehoben. Sie schrieb: „Heute ist es schwierig eine gebildete Person zu finden, die die Fakten der Evolution verleugnen würde. Trotzdem lehnen viele von uns die offensichtliche Konsequenz ab, dass nämlich der Mensch von denselben Einflüssen der Umwelt bestimmt wird, die auch das Leben von all den Tausenden anderen Arten, zu denen der Mensch evolutionäre Bindungen hat, bestimmen."[58]

Die weiteren Konsequenzen hiervon und die allgemeine Bedeutung des Materialismus für die Entwicklung ökologischen Denkens lassen sich noch klarer aus einer zeitgenössischen ökologischen Perspektiven verstehen, beispielsweise wenn wir uns Barry Commoners bekannte vier „informelle Gesetze" der Ökologie vor Augen führen. Diese sind: 1. Alles steht mit allem anderen in Verbindung, 2. alles muss irgendwo bleiben, 3. die Natur weiß es am besten und 4. nichts kommt von Nichts.[59]

Die ersten zwei dieser „informellen Gesetze" sowie das letzte waren zentrale Prinzipien der epikureischen Physik, die im Ersten

---

[57] Caudwell, *Scenes and Actions*, S. 187-88.

[58] Rachel Carson, *Lost Woods*, Boston: Beacon Press, 1998, S. 245.

[59] Barry Commoner, *Wachstumswahn und Umweltkrise*, München/Gütersloh/Wien: C.Bertelsmann Verlag, 1973, S. 44-51. Obwohl Commoner selber das vierte Gesetz als „so etwas wie Gratismahlzeiten gibt es nicht" beschrieb, hat der russische Ökologe Alexei Yablokov dies allgemeiner übersetzt als „nichts kommt von Nichts".

Buch von Lukrez' *De rerum natura* – selbst ein Versuch, die epikureische Philosophie in poetischer Form zu präsentieren – hervorgehoben wurden.[60] Das dritte „informelle Gesetz" scheint auf den ersten Blick einen naturalistischen, teleologischen Determinismus zu implizieren. Es lässt sich jedoch im Kontext von Commoners Argument besser verstehen als „die Evolution weiß es am besten." Das heißt, dass sich die Arten, inklusive der menschlichen, im Laufe der Evolution – die nicht verstanden werden sollte als ein deterministischer und teleologischer Prozess, sondern als eine Entwicklung, die auf jeder Ebene viele Kontingenzen beinhaltet – ihrer natürlichen Umgebung mittels des Prozesses natürlicher Selektion immanenter Variationen anpassten und zwar auf einer zeitlichen Skala von mehreren Millionen Jahren. Von dieser Perspektive ausgehend sollten wir sehr vorsichtig darin sein, fundamentale ökologische Veränderungen zu verursachen und uns bewusst machen, dass wir mit dem Feuer spielen, wenn wir neue synthetische Chemikalien, die nicht Produkte einer langen Evolution sind, in die natürliche Umwelt einführen.

Letztendlich sind Menschen nicht zur Gänze von ihren natürlichen Bedingungen bestimmt – außer freilich vom Tod, welcher nach Epikur „für uns ein Nichts" ist. Es gibt tatsächlich ein gewisses Element menschlicher Freiheit, ein Vermögen des „Abweichens", jedoch auf Grundlage materieller Bedingungen, die als Vorbedingungen für die menschliche Freiheit fungieren und gewisse Begrenzungen derselben darstellen. Der Mensch existiert also, wie Epikur betonte, in einer Welt, die vom Aussterben der anpassungsunfähigen Arten bestimmt wird (wobei dies nicht zu verwechseln ist mit einer voll ausgearbeiteten Theorie der natürlichen Selektion in einem darwinschen Sinne). Zudem sind Menschen gekennzeichnet durch die Entwicklung in den menschlichen Verhältnissen zur Subsistenz. All dies ist offen für Zufall und im Falle des Menschen für ethische Entscheidungen, die auch gesellschaftliche Übereinkünfte beinhalten. (All dies lässt sich im Fünften Buch von Lukrez' großem Gedicht finden.)

Es ist diese grundlegend materialistische Philosophie, mit der Marx sich, zumindest bis zu einem gewissen Grad, seit seinen frühesten Tagen auseinandersetzte. Noch als Gymnasiast, lange

---

Rolf Edberg und Alexei Yablokov, *Tomorrow Will Be Too Late*, Tucson: University of Arizona Press, 1991, S. 89.

[60] Die enge Verbindung zwischen Epikur (und Lukrez) und Commoner wird betont in Vaillancourt, „Marxism and Ecology", S. 52.

bevor er sich mit Hegels Philosophie auseinandersetzte, rang Marx schon mit der epikureischen Kritik religiöser Vorstellungen von der Welt. Später wurde der Epikureismus sogar Gegenstand seiner Dissertation, was ihm erlaubte, sich gleichzeitig auf die frühesten materialistischen Philosophien; auf deren Anschauungen hinsichtlich der menschlichen Freiheit; auf die Quellen der Aufklärung; auf die Probleme der hegelschen Naturphilosophie; auf die Kritik der Religion; sowie auf die Entwicklung der Wissenschaften zu fokussieren.

Für Marx bestand die wesentliche Schranke der Philosophie Epikurs in dessen lediglich „kontemplativem“ Materialismus; ein Problem, das später bei Feuerbach wiederkehren sollte. Das aktive Element in der hegelschen Philosophie und Dialektik übernehmend, entwickelte Marx einen praktischen Materialismus, der im Begriff der Praxis gründete. Aber dieser Begriff wurde an keiner Stelle seines Werkes vom tieferen materialistischen Verständnis der Natur getrennt, es war in seinem Denken stets implizit vorhanden. Das gab Marxens Werk eine große theoretische Kraft und zwar jenseits dessen, was ihm gewöhnlich zugesprochen wird. Es erklärt auch, warum Marx so schnell die Bedeutung der Werke sowohl von Liebig als auch von Darwin erfasste. Obendrein hilft es uns zu verstehen, wie Marx, wie wir sehen werden, in der Lage war, ein Verständnis von nachhaltiger Entwicklung auf der Grundlage der Arbeit des ersteren und von Koevolution auf der Grundlage des letzteren zu entwickeln.

Eine gründliche ökologische Analyse setzt einen Standpunkt voraus, der materialistisch und zugleich dialektisch ist. Im Gegensatz zu einer spiritualistischen und vitalistischen Anschauung von der natürlichen Welt, welche stets dazu neigt, diese mit irgendeiner Art teleologischer Zwecksetzung in Verbindung zu bringen, versteht der Materialismus die Evolution als einen offenen Prozess der Naturgeschichte, in dem Zufall waltet, der jedoch zugleich rationaler Erklärung zugänglich ist. Ein materialistischer Standpunkt, der seinem Wesen nach dialektisch ist (d.h., ein nichtmechanistischer Materialismus), begreift diesen Prozess als eine Umwandlung von Formen in einem Kontext von Wechselbezogenheit, der alle absoluten Unterscheidungen ausschließt. Leben (Organismen) und die physische Welt existieren nicht in „isolierten Abteilen“, wie Rachel Carson zu betonen pflegte. Stattdessen gibt es einen „außergewöhnlichen Zusammenhang zwischen

Organismen und der Umwelt."[61] Eine dialektische Herangehensweise zwingt uns zu erkennen, dass sich Organismen im Allgemeinen nicht nur an ihre Umwelt anpassen, sondern diese auch auf unterschiedliche Weisen beeinflussen und dadurch verändern. Das Verhältnis ist also eines der Wechselseitigkeit. Zum Beispiel „ist der Boden großen und anhaltenden evolutionären Veränderungen als Konsequenz der Aktivität der in ihm wachsenden Pflanzen ausgesetzt und diese Veränderungen wirken sich wiederum auf die Existenzbedingungen des Organismus aus."[62]

Eine ökologische Gemeinschaft und ihre natürliche Umwelt müssen als ein dialektisches Ganzes betrachtet werden; und zwar als ein Ganzes, dem unterschiedliche Ebenen der Existenz ontologisch wesentlich sind und es keinen übergeordneten Zweck gibt, der diese Gemeinschaften leitet. Auch scheinbar universale menschliche Zwecke sind wegen ihres beschränkten Charakters infrage zu stellen. Wie Marx bemerkte, schreiben Menschen den „Dingen", die sie produzieren, universale und „nützliche" Eigenschaften zu, „obgleich es einem Schaf schwerlich als eine seiner ‚nützlichen' Eigenschaften vorkäme, daß es vom Menschen eßbar ist."[63] Diese Art der dialektischen Komplexität im Verständnis ökologischer Verhältnisse zielte darauf ab, alle einseitigen und reduktionistischen Standpunkte zu überwinden.

Wie Richard Levins und Richard Lewontin in *The Dialectical Biologist* festhalten:

> *Die inneren theoretischen Erfordernisse der Ökologie und diejenigen gesellschaftlichen Anforderungen, die unseren planmäßigen Wechselwirkungen mit der Natur zugrunde liegen, verlangen danach, das Verständnis der Komplexität als ein zentrales Problem zu begreifen. Die Ökologie muss sich der Wechselbeziehung und relativen Autonomie gewachsen zeigen; ebenso der Gleichartigkeit und Differenz, dem Allgemeinen und Einzelnen, dem Zufall und der Notwendigkeit, dem*

[61] Carson, *Lost Woods*, S. 230-31.

[62] Richard Levins und Richard Lewontin, *The Dialectical Biologist*, Cambridge, Mass.: Harvard University Press, 1985, S. 134.

[63] Marx, *Randglossen zu Adolph Wagners „Lehrbuch* ..., S. 363. Solch eine komplexe, dialektische Perspektive ist zu unterscheiden von der traditionellen, clementsschen Ökologie, die eine mechanistische, teleologische und systemtheoretische Gestaltung von Ökosystemen als Superorganismen beinhaltet, die sich in einseitiger Richtung entwickeln – nämlich in Richtung Stabilität und Vielfalt.

Gleichgewicht und der Veränderung, der Kontinuität und Diskontinuität und widersprüchlichen Prozessen. Sie muss sich ihrer eigenen Philosophie zunehmend bewusst werden, und diese Philosophie wird in dem Maße wirksam sein, in der sie nicht nur materialistisch, sondern zugleich dialektisch wird.[64]

Die Krise der sozialökologischen Forschung

Das Gros der gegenwärtigen sozialwissenschaftlichen Untersuchungen ökologischer Probleme fokussiert sich auf das, was weitestgehend als eine globale Krise im Verhältnis des Menschen zur Erde begriffen wird. Es kann als Antwort auf eben diese Krise verstanden werden. Auf der theoretischen Ebene jedoch neigen sozialwissenschaftliche Betrachtungen dazu, schlecht ausgerüstet zu sein im Anbetracht des ungeheuren Ausmaßes der Probleme, um die es geht. Bis vor Kurzem noch drehten sich die allgemeinen theoretischen Analysen um zwei Achsen, die im grünen Denken generell vorherrschend sind: nämlich der Vorstellung von natürlichen Schranken menschlicher Entwicklung und der Frage nach anthropozentrischen im Unterschied zu ökozentrischen Perspektiven. Die klassische Gesellschaftstheorie (das heißt die gesellschaftstheoretischen Traditionen, die aus dem 19. Jahrhundert stammen) wird von ökologischen Soziolog*innen traditionellerweise als eine Art „radikaler Konstruktivismus" verurteilt, der den ontologischen Vorrang der Natur bestreitet und sie schlicht als Produkt der menschlichen Entwicklung begreift. Dieser radikale Konstruktivismus sei Ausdruck eines tief verwurzelten Anthropozentrismus, eines instrumentellen Herangehens an Natur im Allgemeinen, und der Unfähigkeit, natürliche Begrenzungen, inklusive Schranken des Wachstums, in Erwägung zu ziehen.[65]

Die Vorteile dieser Kritik leiten sich aus ihrem impliziten Realismus ab; das heißt, aus ihrem Beharren auf dem ontologischen

[64] Levins/Lewontin, *Dialectical Biologist*, S. 160.

[65] Man kann sagen, dass die zeitgenössische Umweltsoziologie mit der Differenz zwischen dem „Paradigma des Menschen als Ausnahme" [engl.: „human exemptionalist paradigm"] (ursprünglich „Paradigma der Besonderheit des Menschen" [engl.: „human exceptionalist paradigm"]), das den Großteil der Nachkriegssoziologie ausmachte und die Abhängigkeit des Menschen von der Natur leugnete, und dem „neuen Umweltparadigma" beginnt, welches eben jene Abhängigkeit anerkennt. Diese Unterscheidung zwischen den beiden Paradigmen und die Benennung des neueren schufen William Catton und Riley Dunlap im Jahre 1978. Das alte

und materiellen Vorrang der natürlichen Welt, ihrer Anerkennung der Abhängigkeit des Menschen von der Erde und ihrem Verständnis von der Existenz unabänderlicher Veränderungen (der Pfeil der Zeit). Letztlich legt dies nahe, dass wir uns an einem Wendepunkt im Verhältnis des Menschen zur Erde befinden. Nichtsdestotrotz, so die Kritik, wurde und wird Gesellschaftstheorie bisher ohne irgendeine starke materielle Grundlage betrieben – und zwar, weil sie jedweder sinnvollen Theorie der Abhängigkeit der Menschen von der natürlichen Umwelt entbehrt.

Trotz dieser bedeutenden Kritik war aber die Umweltsoziologie selbst bisher nicht materialistisch, historisch oder dialektisch genug, um die Gesellschaftstheorie entlang ökologisch bewusster und realistischer Prinzipien zu rekonstruieren. Die typische Umweltsoziolog*in ist wie ein*e Zentaur*in: der Kopf der einen Kreatur und der Körper einer anderen.[66] Als Soziolog*innen halten sie am Erbe der Klassiker*innen wie Marx, Durkheim und Weber fest; als Ökolog*innen jedoch lehnen sie diese Traditionen ab, weil sie entwickelt seien in einer Form, „als ob die Natur nicht zählte."[67] Die komplexe Aufgabe jedoch, zu den Wurzeln der Gesellschaftstheorie zurückzugehen und zu erforschen, was fehlt und was wiederangeeignet werden muss; und auch, was in dialektischer Art und Weise überwunden gehört, ist für die meisten dieser Denker*innen unvorstellbar, weil ihnen das intellektuelle Erbe der Kritik fehlt.

Paradigma wurde begriffen als eine Form des radikalen Konstruktivismus im Verhältnis des Menschen zur Natur, während das neue Paradigma als Realismus bezeichnet wurde. Ironischerweise befindet sich dieser Realismus, der die Umweltsoziologie in den USA charakterisierte, seit einiger Zeit in der Verteidigung – angesichts noch extremerer, konstruktivistischer Zugänge, die in Europa entwickelt wurden und die Zunahme radikal-kulturalistischen und postmodernen Denkens reflektieren. Jene realistische Umweltsoziologie wurde dadurch gezwungen, sich selbst als „vorsichtiger Konstruktivismus" neu zu positionieren (im Gegensatz zum starken Konstruktivismus der neuesten Strömungen). Was jedoch bisher bezeichnenderweise in der gesamten Debatte fehlt, ist der Versuch, die dialektische und koevolutionäre Art der Wechselbeziehung von Menschen und ihrer natürlich-physischen Umwelt zu verstehen. Vergleiche William Catton und Riley Dunlap, „Environmental Sociology: A New Paradigm", *The American Sociologist*, Vol. 13, No. 4 (November 1978), S. 252-56.

[66] Dieses Argument wird ausführlicher dargestellt in John Bellamy Foster, „Marx's Theory of Metabolic Rift: Classical Foundations for Environmental Sociology", *American Journal of Sociology*, Vol. 104, No. 2 (September 1999), S. 366-405, hier: S. 370. Für eine Darstellung des aktuellen Stands der Umweltsoziologie, vgl. Fred Buttel, „New Directions in Environmental Sociology", *Annual Review of Sociology*, Vol. 13 (1987), S. 465-88.

[67] Raymond Murphy, *Sociology and Nature*, Boulder, Colo.: Westview Press, 1996, S. 10.

Das führt daher dazu, dass die Debatte innerhalb der Umweltsoziologie in der Spaltung in konstruktivistische (hauptsächlich kulturalistische) und anti-konstruktivistische (tiefenökologische) Perspektiven steckenbleibt und jedweder Versuch der Überwindung dieses Dualismus bisher nur die Vorstellung eines „vorsichtigen Konstruktivismus" hervorgebracht hat – ein wichtiges Resultat, das jedoch allen wesentlichen Inhalts und klarer theoretischer Orientierung entbehrt.[68]

Infolgedessen dreht sich die Analyse tendenziell die ganze Zeit im Kreise. Sie macht dort wieder Halt, wo sie begann und kann deshalb am Ende die realen Probleme der Umwelt und Gesellschaft nicht besser behandeln als zu Anfang. Zahlreiche Untersuchungen wurden geschrieben über den Unterschied von Anthropozentrismus und Ökozentrismus und wie diese oder jene Denker*in, diese Kultur oder jene Zivilisation mehr oder weniger anthropozentrisch war.[69] Obwohl dies häufig unsere Augen öffnete für Probleme, die gewöhnlich heruntergespielt wurden, so versperrte die diese Untersuchungen durchziehende dualistische Perspektive jede wirkliche Entwicklung von Wissen oder sinnvoller Praxis. Tatsächlich ist die in solchen Analysen enthaltene Dichotomisierung, welche die Entgegensetzung von Mensch und Natur aufrechterhält, selbst in vielerlei Hinsicht zur Quelle des Problems geworden. Und obwohl es unbestreitbar ist, dass der Begriff der „Naturbeherrschung" ein konstantes Motiv modernen westlichen Denkens blieb, so gab es, wie wir bereits gesehen haben, nichts Einseitiges und Einfaches an diesem Begriff, weil mit ihm oft eine komplexe und dialektische Betrachtungsweise der Wechselwirkung von Mensch und Natur einherging – sogar vonseiten derer, die diese Terminologie übernahmen. Wenn sich dies jedoch so verhält, so entpuppen sich Unterscheidungen wie anthropozentrisch und ökozentrisch als leere Abstraktionen und bloße Reformulierungen alter Dualismen, wie der zwischen der Eroberung und der Verehrung der Natur durch den Menschen.

Auch können wir die Themen der natürlichen Grenzen, oder „Grenzen des Wachstums", wie sie in der westlichen Kultur verhandelt werden, nicht verstehen, ohne die Art und Weise zu

---

[68] Riley Dunlap, „The Evolution of Environmental Sociology", in Michael Redclift und Graham Woodgate (Hrsg.), *International Handbook of Environmental Sociology*, Northampton, Mass.: Edward Elgar, 1997, S. 31-32.

[69] Vergleiche z.B. Robyn Eckersley, *Environmentalism and Political Theory*, New York: State University of New York Press, 1992.

analysieren, wie diese Themen historisch über die Jahrhunderte hinweg in den großen politökonomischen Debatten – sowie im Verständnis der Probleme der Agrikultur und des Boden im 19. Jahrhundert – entstanden. Die Gründe des Rekurses auf Theorien des 19. (oder 18. oder 17.) Jahrhunderts liegen indes jenseits eines einfachen Verständnisses über den Anfang einer spezifischen Form logischen Denkens. Die Bedeutung der klassischen Theorie für Sozialwissenschaftler*innen liegt vielmehr in der immanenten Geschichtlichkeit von Gesellschaftstheorie an sich. Die klassischen Theorien wurden geschrieben in einer Zeit des Übergangs vom Feudalismus zum Kapitalismus und von der mittelalterlichen Scholastik zu den modernen Wissenschaften. Deswegen waren die theoretischen Einsichten von den sich verändernden Verhältnissen des Menschen zur Natur, die der klassischen Gesellschaftstheorie eigentümlich sind, gekoppelt mit einem Verständnis vom Übergang aus einer historischen Gesellschaftsformation in eine andere.

Wenn es uns heutzutage konstant misslingt, dies zu verstehen, so liegt das zum Teil in der späteren Verengung von Wissensgebieten und zum Teil auch daran, dass in der Rekonstruktion der Gesellschaftstheorie nach dem Ende des Zweiten Weltkriegs in ganzen Feldern, wie etwa der Soziologie, die Tendenz vorherrschte, rein konstruktivistische Argumente zu entwickeln und Verbindungen zur natürlich-physischen Umwelt herunterzuspielen (wenn nicht gar eine triumphalistische Sichtweise zu übernehmen, in der die Natur zunehmend vom „Menschen" ersetzt wird). Dadurch wurde jede mögliche Verbindung von Gesellschaftstheorie und Reflexion über das Verhältnis des Menschen zur Natur gekappt. Die Menschen wurden zum „Homo faber" gemacht, jedoch nicht in einem revolutionär-prometheischen Sinne, sondern in Form eines technologisch umdefinierten Prometheismus, die schon von Proudhon im 19. Jahrhundert vorweggenommen wurde. Der mythologische Kampf um das „Feuer" stand nicht mehr für den revolutionären Kampf um das Verhältnis von Mensch zur Natur und die Konstitution der Macht – wie noch bei Aischylos, Shelley und Marx – sondern wurde schlicht zu einem Symbol des endlosen technologischen Triumphes.

Der Marxismus hat ein enormes Potenzial, sich in der Behandlung all dieser Problemkomplexe als überlegen zu erweisen; gerade, weil er auf einer Gesellschaftstheorie fußt, die nicht nur in dem Sinne materialistisch ist, dass sie die materiellen und produktiven Bedingungen der Gesellschaft betont, die dieser vorhergehen, und darin, wie diese hinsichtlich der Möglichkeiten des Menschen und seiner Freiheit begrenzend wirkten. Der Marxismus ist zugleich auch materialistisch im Sinne einer materialistischen Naturauffassung, weil zumindest Marx und Engels nie von den notwendigen Beziehungen jener materiellen Bedingungen zur Naturgeschichte absahen. Der Marxismus verweist somit auf die Notwendigkeit eines ökologischen Materialismus beziehungsweise eines dialektischen Verständnisses der Naturgeschichte. Obwohl sich dies mit dem, was später Engels folgend „dialektischer Materialismus" genannt wurde, deckt, wäre es ein großer Fehler, Marxens eigene Analyse vom Standpunkt dieser späteren, noch weitgehend undifferenzierten Kategorie zu interpretieren. Stattdessen wird eine vollständige Untersuchung der Entwicklung von Marxens eigenem Denken in diesem Gebiet die Grundlage liefern für eine erneute kritische Überprüfung der Debatte über die „Dialektik der Natur" – immer in dem Bewusstsein, dass genau hier die zentralen Lücken in der Entwicklung des marxistischen Denkens zu finden sind.[70] Weil sich dieses Buch um Marx' Leben und Werk, aber auch dasjenige von Darwin dreht, und im Grunde mit dem Tod der beiden größten Materialisten des 19. Jahrhunderts zwischen den Jahren 1882 und 1883 endet, sprengt eine Auseinandersetzung mit der späteren Vorstellung einer Dialektik der Natur den Rahmen dieser Untersuchung. Einige Überlegungen über die spätere Entwicklung innerhalb der marxistischen Theorie auf diesem Gebiete und dem tragischen Schicksal der klassischen Phase der historisch-materialistischen Ökologie werden jedoch im Epilog dargestellt.

Fraglos wird diese Untersuchung, weil sie die ökologischen Elemente im Denken von Marx hervorhebt, dafür kritisiert werden, schlicht zeitgenössische Anschauungen von Ökologie in ahistorischer Art und Weise in Marxens Werk selbst hineinzulesen. Solch eine Kritik würde jedoch vollständig an der Sache vorbeigehen, da hier nicht beabsichtigt wird „Marx grün anzustreichen", um ihn „ökologisch korrekt" zu machen. Vielmehr geht es darum, die Schwächen der zeitgenössischen grünen Theorie zu beleuchten

---

[70] Die klassische Schwierigkeit, das Verhältnis von Marx zu der anschließenden Debatte um die „Dialektik der Natur" zu bestimmen, hat Bhaskar gut dargestellt. Er schreibt: „Während die Indizien darauf hindeuten, dass Marx mit der allgemeinen Stoßrichtung von Engels Intervention einverstanden war, so setzt seine eigene Kritik der politischen Ökonomie weder eine Dialektik der Natur voraus, noch folgt eine solche aus ihr." Bhaskar, *Reclaiming Reality*, S. 122.

– und zwar als ein Resultat des Versagens, an materialistischen und dialektischen Denkformen anzuknüpfen, die in einer Periode des revolutionären Aufstiegs der kapitalistischen Gesellschaft überhaupt erst zur Entdeckung der Ökologie und, viel wichtiger, der sozialökologischen Forschung führten. Anders formuliert: Es ist der Zweck dieser Arbeit, den Idealismus, Spiritualismus und Dualismus eines Großteils der zeitgenössischen grünen Theorie durch die Wiederaneignung der tieferliegenden Kritik an der Entfremdung des Menschen von der Natur zu überwinden, die für Marx' Schaffen – und, so soll gezeigt werden, das Werk von Darwin – zentral ist.

Marxens oft brillante ökologische Einsichten entstammten nicht einem zufälligen Aufblitzen seines Genies. Vielmehr entwickelten sie sich aus einer systematischen Auseinandersetzung mit der wissenschaftlichen Revolution des 17. Jahrhunderts und der sozialen Umwelt des 19. Jahrhunderts mittels eines tiefen, philosophischen Verständnisses der materialistischen Naturauffassung. So untersuchte Marx seit seinen frühen Jahren, zum Beispiel in den *Ökonomisch-philosophischen Manuskripten* aus dem Jahre 1844, die Entfremdung des Menschen von der Natur auf eine differenzierte und ökologisch feinsinnige Art und Weise. Diese Neigung wurde verstärkt durch seine Bedenken hinsichtlich menschlicher Subsistenz und dem Verhältnis zum Boden sowie der gesamten Problematik der kapitalistischen Landwirtschaft. Im Mittelpunkt dieses Denkens stand die Sorge um die antagonistische Trennung zwischen Stadt und Land. Diese Themenfelder verschwanden nicht aus dem Marx'schen Spätwerk, sondern erhielten im Gegenteil dadurch eine neue Bedeutung, indem Marx versuchte, Probleme der Urgeschichte und der archaischen Gesellschaftsformen in den ethnologischen Schriften seines letzten Lebensjahrzehnts zu behandeln.

Die vorliegende Untersuchung erhält einen Großteil ihrer Bedeutung bezüglich der Reinterpretation von Marx dadurch, dass sie Licht wirft auf verschiedene bisher ungeklärte Anomalien in Marx' intellektueller Entwicklung: Warum schrieb Marx seine Dissertation über die antiken Atomisten? Was waren die Grundlagen seiner materialistischen Kritik an Hegel, angesichts des oberflächlichen Charakters des feuerbachschen Materialismus und den philosophischen Unzulänglichkeiten der politischen Ökonomie? Wie war das Verhältnis von Marx zur Aufklärung? Wie erklärt man es sich, dass Marx in der *Heiligen Familie* (1845) Bacon,

Hobbes und Locke große Wertschätzung zollte? Warum beschäftigte sich Marx zeit seines Lebens mit dem Studium der Naturwissenschaften? Was lag hinter Marxens komplexer und kontinuierlicher Kritik an der Theorie von Malthus? Wie erklären wir uns den plötzlichen Umschwung von Freund zu Feind im Verhältnis von Marx zu Proudhon? Warum war Marx der Ansicht, Liebig sei wichtiger für ein adäquates Verständnis der kapitalistischen Landwirtschaft, als alle politischen Ökonom*innen zusammengenommen? Wie erklären wir uns Marx' Behauptung, dass Darwins Theorie der natürlichen Selektion „die naturhistorische Grundlage für unsere Ansicht enthält"?[71] Warum widmete Marx die letzten Jahre seines Lebens ethnologischen Studien statt der Fertigstellung des *Kapitals*?

Antworten zu diesen und einigen anderen irritierenden Fragen, die Interpret*innen des Marxschen Werkes lange Rätsel aufgegeben haben, werden in diesem Buch gegeben. Sie verstärken nachdrücklich die Vorstellung, dass Marxens Werk nicht vollständig verstanden werden kann, ohne seine materialistische Naturauffassung sowie das Verhältnis dieser Auffassung zur materialistischen Geschichtsauffassung zu begreifen. Um es mit anderen Worten zu sagen: Marxens Gesellschaftstheorie ist unzertrennlich mit einer ökologischen Weltanschauung verbunden.

[71] Karl Marx, „Brief vom 19. Dezember 1860 an Friedrich Engels", in: MEW Bd. 30, Berlin: Dietz Verlag 1964, S. 130-131, hier: S. 131.

Kapitel I.
Die materialistische Naturauffassung

Im Jahre 1837 begann der junge Charles Darwin, der gerade eben von seiner fünfjährigen Entdeckungsreise auf der HMS Beagle zurückgekehrt war, das erste Notizbuch in einer langen Reihe von Notizbüchern über die „Transmutation der Arten", die noch folgen sollten, zu füllen. Dadurch leitete er seine systematischen Studien zu diesem schwierigen Gegenstand ein. Ein Jahr später, im Herbst 1838, als er Thomas Malthus' *Eine Abhandlung über das Bevölkerungsgesetz* [engl. Orig.: Essay on Population] las, machte er dann seine große Entdeckung: Die Transmutation der Arten fand durch natürliche Selektion statt, die wiederum vom Kampf ums Dasein verursacht wurde. Beeinflusst durch Malthus' Beschreibung des exponentiellen Bevölkerungswachstums, wenn dieses unkontrolliert erfolgt, und der daraus folgenden Notwendigkeit natürlicher Schranken, um das Gleichgewicht zwischen Bevölkerung und Existenzmitteln zu erhalten, hielt Darwin in seinem Notizbuch fest, dass Beschränkungen des Bevölkerungswachstums von Arten funktionierten wie „eine Kraft wie hunderttausend Keile", die versuche, „jede angepasste Struktur in die Lücken des Naturhaushalts zu zwingen". Eine Form des Ausdrucks, die er mehr als zwei Jahrzehnte später in seinem großen Werk *Die Entstehung der Arten durch natürliche Zuchtwahl* [engl. Orig.: On the Origin of Species by Means of Natural Selection] wiederholen sollte.[72] Darwin erinnerte sich viele Jahre später in seiner Autobiographie an diesen großen Moment:

> *Im Oktober 1838, fünfzehn Monate nachdem ich mit meiner Untersuchung begonnen hatte, las ich zufällig zum Vergnügen Malthus' Buch über Population, und weil ich durch meine lange Beobachtung der Verhaltensweisen von Tieren und Pflanzen wohl darauf vorbereitet war, anzuerkennen, daß ein Kampf ums Dasein überall stattfindet, wurde mir sofort deutlich, daß unter solchen Bedingungen vorteilhafte Variationen eher erhalten*

[72] Charles Darwin, *Notebooks, 1836-1844*, Ithaca, N.Y.: Cornell University Press, 1987, S. 375.

bleiben und unvorteilhafte eher vernichtet werden. Das Ergebnis dieser Tendenz mußte die Bildung neuer Arten sein. Jetzt hatte ich endlich eine Arbeitshypothese; ich war aber so ängstlich darauf bedacht, Voreingenommenheit auszuschließen, daß ich beschloß, noch geraume Zeit nichts aufzuschreiben, auch keinen noch so kurzen Entwurf. Erst im Juni 1842 gestattete ich mir die Genugtuung, einen sehr kurzen Abriß meiner Theorie schriftlich zu fixieren, 35 Seiten, mit Bleistift geschrieben; im Sommer 1844 arbeitete ich ihn aus, nun waren es 230 Seiten, die ließ ich ins reine schreiben; ich besitze sie heute noch.[73]

Warum Darwin seine Entdeckung bis zum Jahre 1858 nicht öffentlich machte, dann auch erst in einer gemeinsamen Präsentation mit Alfred Russell Wallace und schließlich im Jahr darauf mit der Veröffentlichung von *Die Entstehung der Arten durch natürliche Zuchtwahl*, gilt als eines der zentralen Rätsel der Wissenschaftsgeschichte. Warum wartete er zwei Jahrzehnte lang auf die Veröffentlichung seiner Ideen und tat dies erst dann, als ein jüngerer Rivale, nämlich Wallace, ihm zuvorzukommen drohte?[74]

Natürlich wurde seit langem vermutet, dass der hauptsächliche Grund für Darwins späte Veröffentlichung seiner Ideen mit der Blasphemie zu tun hatte, die seine Theorie der natürlichen Selektion gegenüber den vorherrschenden Sichtweisen darstellte. Aber Belege über den Umfang der Blasphemie, in die er sich verstrickt hatte, und die innere intellektuelle Unruhe, die sie darstellte, tauchten erst nach und nach auf. Kurz nach dem Tode seiner Ehefrau Emma 1896 wurde in einem Kasten unter der Treppe im Haus der Darwins in Kent eine Sammlung von Notizbüchern gefunden. Darin befanden sich die zwei Manuskripte, die Darwin in seiner Autobiographie erwähnt und in denen er frühe Versionen seiner Theorie entwickelte, nämlich diejenige aus dem Jahre 1842 und die viel längere Version aus dem Jahre 1844. Es wurden jedoch auch eine Reihe von Notizbüchern entdeckt, die Darwin zwischen 1836 und 1844 angefertigt hatte. In diese hatte er aus verschiedenen Werken exzerpiert und seine Ideen langsam ausgearbeitet, was letztlich zur 1844-Fassung seiner Theorie führte. Diese Notizbücher wurden allerdings erst in den letzten

[73] Charles Darwin, *Mein Leben. 1809-1882,* Frankfurt/M.: Insel, 1993, S. 124.

[74] Stephen Jay Gould beschäftigte sich mit dieser Frage in einem bemerkenswerten Essay mit dem Titel „Darwins Verspätung“ in seinem Buch *Darwin nach Darwin. Naturgeschichtliche Reflexionen,* Frankfurt/Berlin/Wien: Ullstein, 1984, S. 14-19.

Jahrzehnten veröffentlicht. Unter ihnen befanden sich nicht nur einige über die „Transmutation der Arten", sondern überraschenderweise auch solche, die sich um „Metaphysische Untersuchungen" drehten (auch bekannt als die *M and N Notebooks*).

Es sind diese *M and N Notebooks*, in denen sich Darwin als ein engagierter Materialist zeigt – eine Strömung, die zu seiner Zeit extrem häretisch war, insbesondere, wenn sie auf die menschliche Entwicklung und die Entwicklung des Geistes ausgedehnt wurde. Wie schon der Biologe Stephen Jay Gould schrieb:

> *Die Notizbücher beweisen, dass Darwin sich für Philosophie interessierte und sich ihrer Implikationen bewußt war. Er wußte, daß sich seine Theorie in erster Linie dadurch von allen anderen Evolutionstheorien unterschied, daß sie mit einem kompromißlosen philosophischen Materialismus verknüpft war. Andere Verfechter der Evolution sprachen von Lebenskräften, von zielgerichteter Geschichte, von organischem Streben und von der essentiellen Irreduzibilität des Geistes – eine Palette von Begriffen, welche das traditionelle Christentum als Kompromiss akzeptieren konnte, erlaubten diese Begriffe doch dem christlichen Gott, wenn schon nicht durch die Schöpfung, so doch durch Evolution zu wirken. Darwin aber sprach nur von zufälliger Variation und natürlicher Selektion.*[75]

Zu Darwins Zeiten war die vorherrschende Sicht auf die natürliche Welt der Ausrichtung nach teleologisch und gründete auf einer Vorstellung göttlicher Vorsehung, wenngleich der Einfluss dieser Sicht unter Wissenschaftler*innen und Philo-soph*innen abnahm. Die traditionellen Begriffe waren „Stufenleiter der Natur" oder „Kette der Wesen", die nicht nur ausdrückten, dass es eine gute Ordnung beziehungsweise Abstufung in der Natur gab, die zum Menschen als dem höchsten Glied der Kette führte, sondern gleichzeitig eine Unveränderlichkeit der Arten, die alle ursprünglich von Gott je einzeln geschaffen wurden. Diese Stufenleiter war im Wesentlichen statisch. Es war eine allgemeine Annahme, dass sich die Menschen, obwohl sie nicht viel tiefer standen als die untersten Engel, in der Mitte der Ordnung befanden und aber der Abstand zwischen den höheren Engeln und den Menschen derselbe war wie der Abstand zwischen den Menschen und den

[75] Ebd., S. 17 [Übersetzung leicht verändert, d. Ü.].

niedersten Organismen. Sir William Petty, der Begründer der politischen Ökonomie, schrieb 1677 in einem philosophischen Essay mit dem Titel „The Scale of Creatures“ [dt.: Die Stufenleiter der Geschöpfe]: „Der wichtigste Nutzen bei diesen Stufenleitern von Geschöpfen liegt darin, daß man dem Menschen zeigt, daß unterhalb von Gott Millionen von Geschöpfen sind, die dem Menschen überlegen sind. Er dagegen meint gewöhnlich, er sei das wichtigste und Gott am nächsten stehende Geschöpf.“[76]

Als evolutionäre Ideen größere Bedeutung erlangten, wurde im 18. und frühen 19. Jahrhundert versucht, die „Stufenleiter der Natur“ zu „verzeitlichen“. Trotzdem nahmen viele Wissenschaftler*innen und literarische Persönlichkeiten – hierin Carl von Linné, dem großen Taxonom der Arten aus dem 18. Jahrhundert folgend – an, es fände zwar ein gewisser „Fortschritt“ der Arten (beispielsweise durch künstliche Selektion in der Landwirtschaft) statt, dieser könne aber generell nur von beschränktem Umfang sein.[77]

Erst gegen Ende des 18. Jahrhunderts konnten der französische Anatom Georges Cuvier und andere das Aussterben von Arten nachweisen. Die Wissenschaft der Paläontologie entstand, womit zugleich der jahrhundertelange Glaube an die Stufenleiter der Natur unterminiert wurde. Und erst im frühen 19. Jahrhundert, insbesondere mit der Veröffentlichung von Charles Lyells' *Principles of Geology* (1830-33), konnte die Vorstellung, die Erde sei erst einige Tausend Jahre alt, überwunden und ein Begriff von geologischer Zeit etabliert werden, wodurch die Vorstellung von einem langsamen Prozess der Evolution denkbar wurde.

Dennoch standen weiterhin religiöse Vorstellungen den meisten Versuchen, die Realität natürlicher Evolution zu begreifen, im Wege. Innerhalb der Geologie nahm das Denken der damaligen Zeit meist die Form des Katastrophismus an, einem Kompromiss zwischen der biblischen Schöpfungsgeschichte und der Zunahme wissenschaftlicher Erkenntnisse über geologische Formationen. Der Katastrophismus nahm an, die Geschichte der Erde sei charakterisiert von aufeinanderfolgenden katastrophalen Umbrüchen, die jeweils unterschiedliche geologische Epochen bildeten, in denen das Leben zerstört und darauffolgend

[76] Sir William Petty zitiert nach Arthur O. Lovejoy, *Die große Kette der Wesen. Geschichte eines Gedankens*, Frankfurt/M.: Suhrkamp, 1985, S. 229.

[77] Bezüglich der Geschichte der Idee einer „Stufenleiter der Natur“, inklusive der Tendenz im 18. und frühen 19. Jahrhundert diese zu „verzeitlichen“, vgl. Loren Eiseley, *Darwin's Century*, New York: Doubleday, 1958.

neue Schöpfungsakte vollzogen wurden. In enger Verbindung mit dem Katastrophismus in der Geologie befand sich der Progressivismus in der Biologie. Er verzeitlichte die Stufenleiter der Natur und behauptete, das sich das Leben von einfacheren hin zu komplexeren Formen durch aufeinanderfolgende Epochen der Schöpfung entwickelt habe, an deren Schlusspunkt der „Mensch" stünde. Statt der „Abstammung mit Modifikation", wie in evolutionärer Theorie, beinhaltete diese Sichtweise nicht die Vorstellung einer phylogenetischen Abstammung, sondern ging stattdessen von göttlichen Schöpfungen in jeder einzelnen Epoche aus; das heißt von aufeinanderfolgenden Schöpfungsakten, die nur durch den Geist Gottes miteinander verbunden waren.[78]

Mit der Entwicklung der Wissenschaften traten die traditionelle Anschauung von der Stufenleiter der Natur und die in der Bibel verwurzelte religiös-christliche Sichtweise zunehmend zurück. Es entstand eine Tradition der Naturtheologie, die zugleich benutzt wurde als „Angriff auf und Verteidigung des Christentums".[79] So bezogen führende Persönlichkeiten der englischen wissenschaftlichen Revolution wie Robert Boyle, Isaac Newton und John Ray die Naturtheologie in ihre Ansichten ein. Dieser Perspektive zufolge sollte die Realität Gottes und ein teleologisches Verständnis der Welt nicht aus der Heiligen Schrift abgeleitet, sondern durch Erforschung der göttlichen Gesetze der Vorsehung erwiesen werden, die in der Natur walteten und oft direkte Schöpfungsakte Gottes (besonders im Reich der Biologie) beinhalteten. Weil sie sich parallel zu den Wissenschaften entwickelte und aber zugleich dem Materialismus gegenüber feindlich eingestellt war, konnte diese Naturtheologie eine gewisse Elastizität entwickeln.

In diesem komplexen Kontext, in dem die Biowissenschaften noch immer durch die aus der Religion übernommenen teleologischen Vorstellungen bestimmt wurden, versuchte Darwin, seine Theorie zu entwickeln. Unterstützt wurde er dabei durch die vorhergegangene Verbreitung materialistischer Ideen in der Astronomie, der Physik, der Chemie, der Psychologie und der Aufklärung im Allgemeinen. In England wurde der Materialismus schon seit Thomas Hobbes (1588-1679) als mit der Religion – und hier insbesondere mit deistischen Vorstellungen – vereinbar angesehen.

---

[78] Ebd., S. 66-69, 88-89, 94, 353.

[79] John Hedley Brooke, *Science and Religion: Some Historical Perspectives*, New York: Cambridge University Press, 1991, S. 193-94.

Trotzdem sah die Staatskirche in der Ausbreitung des Materialismus in Wissenschaft und Gesellschaft eine Gefahr.

Das Häretische am Materialismus wurde im 18. Jahrhundert oftmals mit dem revolutionären, pantheistischen Naturalismus beziehungsweise Materialismus in Verbindung gebracht, der die radikalen Volksbewegungen zur Zeit der Englischen Revolution (die „Levellers", die „Diggers", die „Muggletonians", usw.) kennzeichnete und später bei den radikalen Aufklärer*innen in Frankreich wie Baron d'Holbach und einigen anderen offen zutage treten sollte. Obwohl die mechanistische Philosophie der „newtonschen Synthesis" im 18. Jahrhundert, die bei der anglikanischen Whig-Oligarchie in England dominierte, zum Teil mit vorhergehenden religiösen Auffassungen – den scholastischen oder aristotelischen Vorstellungen des Universums – gebrochen hatte, widersetzte sie sich zugleich den radikaleren materialistischen und pantheistischen Vorstellungen aus der Zeit der Englischen Revolution. In der newtonschen Weltanschauung wurde die Natur als von äußeren, mechanischen Gesetzen geleitet angesehen, die selbst wiederum durch göttliche Vorsehung bestimmt wurden. Konsequente Materialist*innen jedoch sahen keinen Grund für Erklärungen, die außerhalb der Natur lagen. Zusätzlich neigten die eher gemäßigteren Denker*innen der Aufklärung dazu, die Unterscheidung zwischen Verstand (als Geist) und Körper beizubehalten. Daher wurde jeder Versuch, den Verstand auf rein mechanische und materielle Erklärungen zu reduzieren, als Indiz für häretische materialistische und atheistische Anschauungen angesehen.[80]

Ein zwar begrenzter, jedoch trotzdem gefährlicher Materialismus spielte eine bedeutende Rolle in der physiologischen Psychologie von David Hartley (1705-1757), der in seinem Werk *Observations on Man* (1749) [dt.: Betrachtungen über den Menschen] einen im Allgemeinen materialistischen Ansatz an Erkenntnis vertrat, wenngleich er auch auf der „Immaterialität der Seele" beharrte. Der große Chemiker und Physiker Joseph Priestley (1733-1804), von Hartley beeinflusst, nahm eine entschiedenere materialistische Haltung ein und brachte diese in Werken wie *A Free Discussion of the Doctrine of Materialism* (1778) [dt.: Eine freie Abhandlung über die Doktrin des Materialismus] zum Ausdruck.

---

[80] Vgl. Margaret C. Jacob, *The Radical Enlightenment: Pantheists, Freemasons and Republicans*, Boston: George Allen & Unwin, 1981 und dies., *Scientific Culture and the Making of the Industrial West*, New York: Oxford University Press, 1997.

Priestleys Auffassung war im Allgemeinen im Einklang mit John Lockes vorsichtiger Andeutung in *Über den menschlichen Verstand* (1690) [engl. Orig.: Essay Concerning Human Understanding], das Denken könne schlicht eine Eigenschaft sein, die Gott „der Materie selbst [...] verl[ie]hen“ habe, anstatt eine reine, immaterielle Manifestation der Seele zu sein.[81] Psychologie war für Priestley im Wesentlichen eine Physiologie des Nervensystems. Und obgleich Priestleys Vorstellung des Menschen im Allgemeinen mechanistisch und deterministisch war, verteidigte er seine Sichtweise als einen Tribut an die Kreativität Gottes und kritisierte die entschlosseneren französischen Materialisten wie Holbach, die die Religion angriffen. Insofern war Priestley ein Vertreter der Naturtheologie, die in vielen Bereichen der Wissenschaften und der Religion im England des 17. bis zum frühen 19. Jahrhundert vorherrschte, der zufolge – wie utilitaristische Argumente zu beweisen glaubten – die göttliche Vorsehung in den Gesetzen der Natur zu finden sei. So war es dann also möglich, große Schritte auf dem Weg zur Erkenntnis eines materiellen Universums, das nach eigenen Gesetzen funktionierte, zu machen und darin gleichzeitig den „Beweis“ für die Existenz Gottes zu finden.[82]

Auch Erasmus Darwin (1731-1802), der Großvater von Charles Darwin, vertrat materialistische Vorstellungen und war ebenfalls von Hartley beeinflusst. Als früher Evolutionstheoretiker machte er die Idee stark, dass alles Leben einem zusammenhängenden Lebensfaden entstammte, den Gott erschaffen hatte.[83]

In Frankreich nahm der Materialismus durch die Werke von Julian Offray de la Mettrie (1709-1751), Paul-Henri Thiry, Baron d'Holbach (1723-1789) und Denis Diderot (1713-1784) eine noch radikalere Form an. La Mettrie verteidigte einen mechanistischen Materialismus, demzufolge alles auf Materie und Bewegung zurückgeführt werden konnte, und war der Ansicht, dass der Verstand nur eine Funktion des Gehirns sei. In dieser Hinsicht unterscheide sich der Verstand nicht von anderen Funktionen des

---

[81] John Locke, *Über den menschlichen Verstand*, Bd. II, Berlin: Akademie-Verlag, 1968, S. 188.

[82] Charles Coulston Gillispie, *Genesis and Geology*, Cambridge, Mass.: Harvard University Press, 1996, S. 33-35.

[83] Abraham Wolf, *A History of Science, Technology and Philosophy in the 18th Century*, 2. überarbeitete Version von Douglas McKie, New York: Harper & Brothers, 1952, S. 784-87; John W. Yolton, *Thinking Matter: Materialism in Eighteenth-Century Britain*, Minneapolis: University of Minnesota Press, 1983, S. XI, 14, 107-25.

Körpers. Menschen seien im Wesentlichen Maschinen wie alle anderen Tiere und sogar Pflanzen auch.

Holbach ist hauptsächlich bekannt für sein Werk *System der Natur* (1770) [fr. Orig.: Système de la Nature]. Er nahm an, die Natur bestände schlicht aus Materie und Bewegung, wobei Bewegung durch das Agieren von Kräften wie Widerstand, Anziehung und Abstoßung entstünde. Er bestand zudem darauf, dass die Seele in Wirklichkeit nichts anderes sei als das Gehirn. Seine materialistische Philosophie nahm zudem eine politischere Form an, und zwar durch seine Angriffe auf alle Versuche, die Natur religiös zu begreifen. Gott in der Natur finden zu wollen war für Holbach eine überflüssige Verdopplung, da die Natur durch sich selbst erklärt werden könne. Die Doktrin der Unsterblichkeit der Seele, so Holbach, lenke die Menschheit von ihren jetzigen Zuständen und der Erfordernis ab, die Welt entsprechend ihrer eigenen Freiheit und Notwendigkeit zu gestalten. So schrieb Holbach: „Moral und die Politik könnten aus dem Materialismus Vorteile ziehen, die ihnen die Lehre von der Spiritualität niemals geben kann und an die auch nur zu denken diese Lehre sie hindert. Der Mensch wird stets für alle die ein Geheimnis bleiben, die darauf beharren, ihn mit den voreingenommenen Augen der Theologie zu sehen[.]"[84] Für Holbach hatte die Theologie die Natur zwei Teile gespalten: einmal in eine *Kraft der Natur*, die der Natur vorgelagert und Gott genannt wird und zum anderen in eine inaktive Natur, bar aller Kraft.

Diderot, der Herausgeber der *Encyclopédie*, vertrat einen materialistischen Standpunkt ähnlich demjenigen von Holbach, welcher ihn seinerseits auch beeinflusst hatte. Sein Standpunkt war auch durch die Geschichte des Materialismus in der Philosophie bis hin zu den antiken Philosophen Demokrit und Epikur angereichert. Für Diderot waren die letzten Realitäten Atome, die mit Bewegung und Empfindung ausgestattet waren. Die Seele entstand nur in gewissen Kombinationen der Atome. Die Natur ist in sich selbst vollständig und bedarf keiner teleologischen Prinzipien religiöser Art. Einzelne Objekte existieren als spezifische Kombinationen von Atomen und vergehen dann wieder. Diese Bewegungen wiederholen sich in unaufhörlichen Zyklen.[85]

---

[84] Paul-Henri Thiry d'Holbach, *System der Natur oder von den Gesetzen der physischen und moralischen Welt*, Frankfurt am Main: Suhrkamp, 1978, S. 108.

[85] Wolf, *A History of Science*, S. 787-91.

Der Materialismus im 18. und frühen 19. Jahrhundert nahm demnach zwei miteinander zusammenhängende Formen an. Einmal mit dem Schwerpunkt auf mechanistische Elemente, und zwar derart, dass er relativ einfach mit der Vorstellung eines göttlichen Geistes über und jenseits der Natur – das heißt mit einem moderaten Deismus – kombiniert werden konnte. Die zweite Form war mehr auf organische Interaktionen und Sinneserfahrung fokussiert, was manchmal zu einem allgemeinen Vitalismus führte und oft einen pantheistischen Charakter annahm. Der Materialismus in dieser Form wurde oft als Naturalismus, Vitalismus oder Pantheismus bezeichnet und dadurch vom Materialismus getrennt, der sodann bloß mechanistisch interpretiert wurde. Aber die weit gefasste Bezeichnung „materialistisch" für diese Theorien hing zusammen mit ihrer mehr oder minder starken Ablehnung göttlicher Prinzipien in der Natur, die sie miteinander teilten. Ein klassisches Beispiel einer mehr pantheistischen Version des Materialismus findet sich bei dem großen französischen Biologen Georges Louis Leclerc, Comte de Buffon (1707-1788), für den alles in der Natur aus „organischen Molekülen" bestand. Die Natur als Ganze wurde nicht als eine große Maschine, sondern als ein gewaltiger Organismus angesehen, der aus sich selbst heraus und ohne Rückgriff auf einen transzendenten Gott erklärt werden konnte.[86]

Was diese Denker trotz aller Differenzen miteinander teilten, war die radikale Tendenz, die Realität und sogar den menschlichen Geist als abhängig von der physischen Natur zu begreifen; wie auch die Tendenz, auf den Rekurs auf Ideen göttlicher Lenkung oder teleologischer Prinzipien für die Erklärung der Welt zu verzichten – auch wenn daraus manchmal schlicht folgte, dass die Göttlichkeit der Natur selbst oder externen Gesetzen zugeschrieben wurde, die durch göttliche Vorsehung geschaffen worden seien. Im Allgemeinen stellten beide, das heißt die mechanistische Philosophie, die man mit Newton in Verbindung brachte, als auch der konsequentere Materialismus die Frage danach, wo der göttliche Einfluss zu finden sei. Die komplexe Natur dieses Verhältnisses zwischen Religion und Wissenschaft wies in gewisser Weise Parallelen zur epikureischen Philosophie auf: Epikur hatte sich letztlich entschlossen, den Göttern trotz seiner materialistischen Philosophie eines Universums bestehend aus

[86] Ebd., S. 791-93.

Zusammenstellungen von Atomen einen Platz zuzuweisen – wenn auch nur in den Räumen zwischen den Welten.

Paradoxerweise wurde die intellektuelle Kultur Britanniens im 17., 18. und frühen 19. Jahrhundert nicht nur durch die Entwicklung der Wissenschaften, des Materialismus und des Utilitarismus beherrscht, sondern zugleich durch eine Verschiebung innerhalb der Theologie hin zu einer Naturtheologie. In dieser wurde die göttliche Vorsehung in den Naturgesetzen und den utilitaristischen Prinzipien ausgemacht, von denen man annahm, dass sie das materielle Universum regierten. Es gab daher den Versuch, eine wissenschaftliche oder utilitaristische Theologie zu entwickeln, die teleologische Prinzipien und somit den Beweis für die Existenz Gottes in der Natur und der „Zweckmäßigkeit" finden sollte. Auf seinem Zenit wurde dieser Ansatz vertreten durch den Erzdiakon William Paley (1743-1805), dessen *Natürliche Theologie* (1802) [engl. Orig.: Natural Theology] sowie andere Werke einen wichtigen Teil von Darwins eigenem Studium in Cambridge ausmachen sollten. Für Paley waren „die Indizien für einen *Plan* zu stark, um ignoriert zu werden. Diese Planung muss einen Architekten gehabt haben. Dieser Architekt muss eine Person gewesen sein. Diese Person ist Gott."[87] Nichtsdestotrotz bedeutete das, dass sich die theologische Weltanschauung in der Defensive befand: Man versuchte nun, Gottes Existenz in erster Linie durch sein Werk (wie es Natur und Wissenschaften enthüllten) und nicht mehr durch göttliche Offenbarung zu beweisen. Das höchste Wesen, der Schöpfer der Welt, trat mehr und mehr in den Hintergrund – er hatte eine Welt erbaut, die so gestaltet war, dass sie sich, nach Paley, in gewissem Sinne selbst organisieren konnte. In dem Maße, wie sich die Wissenschaften und der Materialismus entwickelten, wurde parallel dazu versucht, diese Entwicklungen mit einem theologischen Verständnis der Welt zu verbinden. Aber der Bereich, den man – im Gegensatz zum Bereich der Natur und der Wissenschaften – direkt der göttlichen Vorsehung zuschreiben konnte, wurde immer kleiner, was eine fortwährende Krise der christlichen Theologie und des Systems der Privilegien, mit dem jene verbunden war, erzeugte.

Das heißt, dass trotz der Elastizität, welche die theologischen Doktrinen durch diese gesamte Periode hindurch an den Tag legten, kein Zweifel daran bestehen kann, dass die Ausbreitung

[87] William Paley, *Natural Theology*, London: R. Faulder, 1803, S. 473 [Herv. i. O.].

eines tiefergehenden Materialismus als eine Gefahr seitens der herrschenden Ordnung begriffen wurde – und zwar als eine Gefahr, der man sich auf Schritt und Tritt widersetzte. Giordano Bruno (1548-1600), der italienische Materialist, der Kopernikus half, seine Lehre des Universums zu entwickeln, wurde von der katholischen Kirche auf dem Scheiterhaufen verbrannt. Und zwar nicht deshalb, weil er Kopernikus folgte, sondern wegen seines Festhaltens an der epikureischen Philosophie und deren antitheologischen Implikationen. Obwohl Bruno vieler Ketzereien beschuldigt wurde, war seine größte Häresie, dass er sich das epikureische Argument von der unbegrenzten Welt (via Lukrez) aneignete. „Brunos Hauptbeitrag" zu den Wissenschaften, schreibt der Wissenschaftshistoriker Thomas Kuhn, war seine Anerkennung und Ausarbeitung der „Verwandtschaft" zwischen Kopernikanismus und epikureischem Atomismus.[88] „Sobald sie erkannt war, erwies sich der Atomismus als die wirkungsvollste und folgenreichste intellektuelle Strömung, die im Laufe des 17. Jahrhunderts den endlichen Kosmos des Kopernikus in einen unendlichen und vielfach bewohnten unwandelte."[89] Demzufolge scheint die Tatsache, dass sich unter all den angeklagten „theologischen Ketzereien" Brunos ihm auch sein Festhalten an der epikureischen Vorstellung eines unendlichen Universums vorgeworfen wurde, wenig Zweifel zu lassen hinsichtlich der Frage, ob es Bruno verdient, als „Märtyrer für die Wissenschaft"[90] verstanden zu werden. Das Schicksal Brunos kannte Darwin sehr gut.[91]

Die enge Verbindung von Staat und Kirche in den meisten Ländern Europas bis ins 19. Jahrhundert hinein bedeutete, dass Anklagen wegen Materialismus und Atheismus sehr gewichtige

[88] Thomas S. Kuhn, *Die kopernikanische Revolution*, Braunschweig/Wiesbaden: Vieweg, 1981, S. 240.

[89] Ebd.

[90] Ebd., S. 203.

[91] Howard E. Gruber, *Darwin on Man*, Chicago: University of Chicago Press, 1981, S. 37; John Hedley Brooke, *Science and Religion*, S. 74-75. Kuhn betont zwar, Brunos Entdeckung der „Verwandtschaft" von Kopernikanismus und epikureischem Atomismus sei dessen größter Beitrag zur Wissenschaft gewesen, scheint aber nicht zu bemerken, dass die Häresie des Epikureismus, die von der damaligen christlichen Kirche als die größte Ketzerei gegen die Religion angesehen wurde, ein zentrales Element in der Verdammung Brunos durch die Kirche war. Deshalb stellt Kuhn in Frage, ob Bruno tatsächlich ein „Märtyrer für die Wissenschaften" – oder nicht eher für den Mystizismus gewesen sei. Diesbezüglich sind die Ausführungen von Brooke sehr wichtig.

Angriffe gegenüber den einzelnen wissenschaftlich Forschenden darstellten. Im Jahre 1819 veröffentlichte William Lawrence, ein Dozent an der Königlichen Akademie der Chirurgen [engl. Orig: Royal College of Surgeons of England], seine *Lectures on Physiology, Zoology, and the Natural History of Man* [dt.: Vorlesungen über Physiologie, Zoologie und die Naturgeschichte des Menschen], in denen er materialistische Ideen präsentierte. Die Veröffentlichung des Buches resultierte in solch einem öffentlichen Sturm der Entrüstung, dass Lawrence das Buch zurückziehen musste. Als drei Jahre später ein Verleger eine Raubkopie herausgab, wurde dieser von Lawrence verklagt. Das Gericht entschied, Lawrences Buch sei so aufrührerisch und immoralisch, dass der Autor keine Eigentumsrechte an ihm besitze – was einem skurrilen englischen Gesetz aus dem 17. Jahrhundert zufolge bedeutete, dass der Verleger gesetzlich befugt war, Raubkopien zu drucken, ohne dem Autor Beiträge zahlen zu müssen.

Lawrence, ein kluger Biologe seiner Zeit, argumentierte, dass lebende Organismen höheren Naturgesetzen folgten als jene, die der unbelebten Materie zugeschrieben wurden. Dennoch verneinte er jedwedes „vitale Prinzip", das über die Organisation von Materie und körperlichen Organen hinausging und bestritt damit die Existenz mentaler Eigenschaften unabhängig vom Gehirn. Für das britische Establishment war das zu viel. Das Tory-Blatt *Quarterly Review* geißelte „die Doktrin des Materialismus, zu der sich Mr. Lawrence in der Hauptstadt des Britischen Imperiums in seinen öffentlich gehaltenen Vorlesungen offen bekannt hat", und verlangte die Streichung aller Anstoß erregenden Passagen. Daraufhin wurde Lawrence zum Widerruf seines Buches und der Niederlegung seines Amtes als Dozent gezwungen.[92]

Charles Darwin wusste genau, was Lawrence widerfahren war, während er beim Schreiben seiner Notizbücher zur Transmutation innerlich mit seinen eigenen materialistischen Vorstellungen kämpfte. Er besaß eine Kopie von Lawrences Buch, das er mit Randnotizen versehen hatte, und bezog sich sowohl in seinen Notizbüchern zur Transmutation als auch später in *Die Abstammung des Menschen* [engl. Orig.: The Descent of Man] auf das Werk von Lawrence. Zudem hatte der junge Darwin, nur wenige Jahre nach der Anklage gegen Lawrence, einen ähnlichen Fall der Unterdrückung materialistischer Ideen persönlich miterlebt. Im Jahre 1827

[92] Gruber, *Darwin on Man*, S. 204-05.

besuchte Darwin ein Treffen der *Plinian Society* (ein Klub an der Edinburgh University, der von Studierenden zur Präsentation von Vorträgen über die Naturgeschichte gegründet wurde), in der ein Kommilitone namens William Browne einen Vortrag hielt. Er schlug darin vor, das Leben schlicht als ein Produkt der Art und Weise zu sehen, in der der Körper organisiert sei und dass „Geist, insofern die Sinne und das Bewusstsein eines Individuums damit gemeint sind, materiell ist." Das verursachte eine so große Kontroverse, dass Brownes Bemerkungen aus den offiziellen Mitteilungen des Klubs gestrichen wurden und Browne sich danach in seinen Untersuchungen allein auf nicht-philosophische Fragen beschränkte.[93]

Die Vorstellung, dass das Gehirn das Organ sei, aus dem sich alle geistigen Vermögen ableiteten, erhielt durch das Werk von Franz Josef Gall (1758-1828) im späten 18. Jahrhundert große Unterstützung. Obwohl Gall heutzutage mit der schon lange diskreditierten „Wissenschaft" der Phrenologie [Lehre, wonach sich der Charakter und der Intellekt eines Menschen aus der Form des Schädels ableiten lässt; Anm. d. Übers.] assoziiert wird, war es nicht diese, sondern Galls wegweisendes Beharren auf einer materialistischen Interpretation des Körper-Geist-Verhältnisses, das dazu führte, dass seine Vorlesungen in Wien im Jahre 1802 als für die Religion schädlich geächtet wurden. Im Jahre 1807 emigrierte Gall nach Paris, wo seine Bücher in den Index Librorum Prohibitorum [römisch-katholisches Verzeichnis von Büchern, die als häretisch oder unsittlich galten; Anm. d. Übers.] aufgenommen wurden; nach seinem Tode wurde ihm ein religiöses Begräbnis verweigert.[94]

In seinen metaphysischen Notizbüchern nahm Darwin eine Position ein, die im Kern unmissverständlich materialistisch war. Wie schon die Herausgeber*innen seiner *Notebooks* bemerkten: „Er nahm begeistert den Materialismus an und argumentierte, mittels assoziativer Sprache, dass das Denken der Wahrnehmung entsprang." „Was ist Intellekt", fragte er sich selbst an einer Stelle der *Notebooks*, „wenn nicht Organisation plus mysteriöses Bewusstsein?" Oder, wie er im *Notebook C* festhielt: „Denken (oder besser gesagt die Begierden) vererbbar – es ist schwierig sich

---

93 Janet Browne, *Charles Darwin: Voyaging*, Princeton, N.J.: Princeton University Press, 1995, S. 72-78.

94 Gruber, *Darwin on Man*, S. 204.

vorzustellen, dass es etwas anderes ist als die Struktur der Vererbung des Gehirns... oh du Materialist!“[95]

Diese sich entwickelnden materialistischen Vorstellungen bildeten den Kern von Darwins in Entstehung begriffener Theorie der Transmutation der Arten. „Platon“, schreibt er, „sagt im *Phaidon,* dass unsere ‚notwendigen Ideen‘ aus der Präexistenz unserer Seele entstammen und nicht ableitbar sind aus unserer Erfahrung. – lies Affen statt Präexistenz.“[96] Er stimmte mit der Behauptung von Francis Bacon in dessen Werk *Über die Würde und die Förderung der Wissenschaften* (1605) [engl. Orig.: Of the Dignity and Advancement of Learning] überein, jeder Erklärungsansatz der Natur, welcher sich auf letzte Ursachen beziehe, sei „unfruchtbar und bringt, wie eine Gott geweihte Jungfrau, nichts hervor.“[97] Darwin bemerkte, dass Malthus von letzten Ursachen ausgehend auf göttliche Vorsehung rekurrierte und notierte daraufhin in seinem Notizbuch, sein eigener Materialismus verunmögliche es ihm, an diesem Punkt Malthus zu folgen. „Ist es eine Anomalie in mir von letzten Ursachen zu reden: beachte dies! – beachte diese unfruchtbaren Jungfrauen.“[98]

Darwin war sich der häretischen Natur seiner Anschauungen schmerzlich bewusst und kämpfte mit der Frage, ob der Materialismus notwendigerweise zum Atheismus führe oder nicht. Er kam letztlich zum Schluss, dass er dies nicht täte.[99] Der Materialismus wurde zu Darwins Zeiten im öffentlichen Bewusstsein zumeist nicht nur mit Atheismus, sondern zugleich mit der Ideologie des revolutionären Frankreichs in Verbindung gebracht. Es gab Gesetze über Blasphemie und Aufruhr, die auf radikale Freidenker*innen zielten. Zwischen 1837 und 1842 waren die Zeitungen voll mit Nachrichten über die berüchtigten Aktivitäten der Chartisten, Owenisten und anderer, die für den Materialismus im Interesse sozialer Reformen eintraten. Es gab auch radikale

---

[95] Sandra Herbert und Paul Barrett, „Introduction to Notebook M“, in Darwin, *Notebooks, 1836-1844,* S. 519; Darwin, *Notebooks, 1836-1844,* S. 291, 638.

[96] Darwin, *Notebooks, 1836-1844,* S. 551.

[97] Francis Bacon, *Über die Würde und die Förderung der Wissenschaften,* Freiburg: Haufe Verlag, 2006, S. 205.

[98] Darwin, *Notebooks, 1836-1844,* S. 637. Darwin reagierte hier teilweise auf das Bridgewater Traktat des Naturtheologen William Whewell, der Bacons Behauptung kommentierte. Vergleiche William Whewell, *Astronomy and General Physics Considered with Reference to Natural Theology,* London: William Pickering, 1834, S. 355-56.

[99] Darwin, *Notebooks, 1836-1844,* S. 614.

Materialisten mit Zentrum in London, insbesondere in medizinischen Kreisen, die evolutionäre Ideen begrüßten. Ihre Ansichten waren Darwin jedoch wegen ihres extrem anti-kirchlichen und anti-etatistischen Charakters ein Dorn im Auge.[100] Um der Ächtung seiner eigenen Ideen in angesehenen Kreisen zu entgehen, dachte Darwin über Wege nach, wie er ein explizites Bekenntnis zum Materialismus umgehen könnte. „Um zu vermeiden, zu sagen, wie weit ich an Materialismus glaube", schrieb er, „sage bloß, dass Emotionen, Instinkte, Grade an Talent, die vererbbar sind, so sind, weil Gehirn des Kindes ähnelt, Elternmaterial."[101]

Darwin war sich bewusst, dass dic Blasphemie, in die er sich verstrickte, noch häretischer war, da sie nicht nur die religiöse Teleologie, sondern auch anthropozentrische Anschauungen entthronte. In der Lehre von der Stufenleiter der Natur wurde nämlich behauptet, Gott habe die Welt für den „Menschen" geschaffen und der Geist war zu begreifen als etwas völlig von der Materie Unterschiedenes. Auf der einen Seite neigten Darwins Anschauungen dazu, den Rang der menschlichen Spezies zu erniedrigen, insofern sie ihren Ursprung auf die Abstammung von einer anderen, „niedrigeren" Art zurückführten. Affen und Primaten – bisher als nur wenig unter dem Menschen in der Stufenleiter der Natur liegend, aber als durch unterschiedliche Schöpfungsakte unüberbrückbar getrennt vom Menschen begriffen – konnten nun auf Grundlage ihrer gemeinsamen, wenn auch sehr entfernten Vorfahren betrachtet werden. Auf der anderen Seite neigten Darwins Ansichten dazu, den Rang der anderen Arten im Verhältnis zum Menschen zu erhöhen, da seines Ermessens auch Tiere in begrenztem Maße Intelligenz besaßen.

Darwin, der sich keine Illusionen hinsichtlich der Reaktion viktorianischer Befindlichkeiten angesichts solch materialistischer Ketzereien machte, grübelte immer wieder über dieses Problem in seinen *Notebooks* und wiederholte mindestens ein halbes Dutzend Mal geheimnisvoll, wenn auch in deutlicher Missachtung der traditionellen Vorstellung von der Stufenleiter der Natur: „Wenn alle Menschen tot wären, dann machen Affen Menschen

[100] James R. Moore, „Darwin of Down", in: David Kohn (Hrsg.), *The Darwinian Heritage*, Princeton, N.J.: Princeton University Press, 1985, S. 452; Adrian Desmond, *The Politics of Evolution: Morphology, Medicine and Reform in Radical London*, Chicago: University of Chicago Press, 1989, S. 412-14.

[101] Darwin, *Notebooks, 1836-1844*, S. 532-33.

– Menschen machen Engel.“[102] Diese Feststellung ist unter zwei Aspekten zu betrachten und gründet auf einer zweifachen Kritik der traditionellen Vorstellung von der Stufenleiter der Natur. Sollte der Mensch aussterben, so suggerierte Darwin in seinen *Notebooks*, würden andere Arten, zum Beispiel Affen, die ökologische Nische, die durch das Verschwinden intelligenter Hominiden entstehen würde, mittels Evolution füllen – wobei Darwin deutlich machte, dass die daraus resultierende Art nicht „Mensch“, wie wir es verstehen, sein würde. Allerdings stimmte es auch, dass die menschliche Art evolutionären Veränderungen unterlag und aus diesen wiederum eine andere Art hervorgehen könnte. Darwin spielte mit dem traditionellen Bild der Stufenleiter der Natur, worin der Mensch eine Position irgendwo in der Mitte der Schöpfungsskala einnahm, und schrieb: „Menschen machen Engel“ – er unterstellte somit, dass sich Menschen in eine höhere Art entwickeln könnten (wobei bei Darwins im Allgemeinen nicht-religiöser Weltanschauung damit natürlich nicht wirklich „Engel“ gemeint waren). Derart kämpfte er also mit den Implikationen seiner eigenen Ideen und möglicher Reaktionen der viktorianischen Gesellschaft: dass Menschen ein Produkt zufälliger Evolution waren; dass andere Hominide evolutionären Veränderungen unterliegen könnten, um die Stelle, die die Menschen innehatten, einzunehmen, falls diese Stelle eines Tages frei sein sollte; und dass Menschen, wie alle anderen Arten, keine fixen Arten waren, sondern kontinuierlich evolutionären Prozessen unterlägen.

In den späteren, veröffentlichten Werken über die Transmutation der Arten lenkte Darwin den Großteil der Kritik ab, indem er die Fragestellung zweiteilte und die gefährlicheren Fragen auf später verschob. So wurde die Evolution der menschlichen Art fast vollständig aus *Die Entstehung der Arten* ausgeklammert, als das Werk 1859 erschien und erst später – als die Kontroverse ein wenig abflaute – aufgegriffen, und zwar in *Die Abstammung des Menschen und die geschlechtliche Zuchtwahl* [engl. Orig.: The Descent of Man, and Selection in Relation to Sex] im Jahr 1871. In *Der Ausdruck der Gemütsbewegungen bei dem Menschen und den Tieren* (1872) [engl. Orig.: Expression of the Emotions in Man and Animals] hingegen wurde das Thema der Kontinuität im Bewusstsein und den Emotionen von Menschen und Tieren in materialistischer Art und Weise behandelt. Letzteres war in gewisser Weise

102 Ebd., S. 213.

Darwins radikalstes Werk, weil es mehr oder minder die traditionelle anthropozentrische Interpretation der „Tierschöpfung" zertrümmerte, worin Tiere als vom Menschen unüberbrückbar getrennt verstanden wurden – aufgrund ihres Mangels an Intelligenz als auch wegen der angeblichen Tatsache, dass die Erde und alle ihre Kreaturen von Gott für den „Menschen" geschaffen worden seien. Dagegen waren nach Darwins Sicht alle Lebewesen durch ein ihnen gemeinsames Set an materiellen Verhältnissen und evolutionären Gesetzen bestimmt. In den Worten des bekannten Darwinforschers John Durant: „Darwin arbeitete seine Vorstellungen von der Natur und der menschlichen Natur innerhalb eines übergeordneten Weltverständnisses aus, nach dem die Welt ständig neue Formen von Leben und Bewusstsein hervorbringt. Das war Materialismus und Darwin war sich dessen bewusst; es war aber ein Naturalismus, der die Natur in allen Teilen vermenschlichte, so sehr, wie er den Menschen naturalisierte."[103]

Materialismus und der sehr frühe Marx

Im Zeitraum von 1839 bis 1844, während Darwin in England mit seinen Vorstellungen von Evolution und Materialismus kämpfte, setzte sich ein junger deutscher Gelehrter, neun Jahre jünger als Darwin – eine Person, deren Ruf als ein Denker des 19. Jahrhunderts eines Tages mit dem Darwins konkurrieren sollte –, in einer ganz anderen Art und Weise mit seinen im Entstehen begriffenen materialistischen Ansichten auseinander; nämlich, indem er versuchte, sich von den im Wesentlichen theologischen Ansichten des Deutschen Idealismus zu befreien. Als Student in Berlin kam Karl Marx teilweise, wenn auch widerstrebend, unter den Einfluss des idealistischen philosophischen Systems von Georg Wilhelm Friedrich Hegel (1770-1831), dessen Denken die damalige deutsche Philosophie beherrschte und beanspruchte, die Entwicklung des Geistes (oder des Bewusstseins) in der Geschichte erklären zu können. Und obwohl Marx' erste vollständige Arbeit, seine Dissertation *Zur Differenz der demokritischen und epikureischen Naturphilosophie* (geschrieben 1840-1841), im Grunde linkshegelianisch motiviert war, begann er schon hier, diesen

[103] John R. Durant, „The Ascent of Nature in Darwin's *Descent of Man*", in Kohn (Hrsg.), *The Darwinian Heritage*, S. 301.

Standpunkt zu überwinden, indem er den Konflikt zwischen spekulativer Philosophie oder dem Idealismus einerseits und dem Materialismus andererseits zur Sprache brachte.[104]

Bezüglich Marx' Dissertation wurde oft argumentiert, Marx und die Junghegelianer im Allgemeinen hätten sich zu den antiken hellenistischen Philosophien (Stoizismus, Epikureismus und Skeptizismus) schlicht deswegen so hingezogen gefühlt, weil diese Philosophien im Gefolge der totalen Philosophie des Aristoteles entstanden, welcher der Position der Junghegelianer im Gefolge der totalen Philosophie Hegels zu ähneln schien. Daher, so heißt es weiter, habe sich Marx weniger des Inhalts der epikureischen Philosophie wegen von dieser angezogen gefühlt, sondern vielmehr deshalb, weil sie eine Art ähnlichen „Geist" der Zeit reflektierte. Damit eng verbunden ist die Behauptung, dass Marx in seiner Dissertation gänzlich innerhalb der hegelianischen Weltanschauung gefangen blieb. So wird Marx' Arbeit zwar als ein Versuch angesehen, in hegelschen Begriffen eine epikureische Dialektik des Selbstbewusstseins zu skizzieren; das Verhältnis des Epikureismus zur Aufklärung sowie insbesondere zum britischen und französischen Materialismus wird aber ignoriert, als ob dies nichts zur Sache täte oder Marx sich dieses Verhältnisses nicht bewusst gewesen wäre.[105]

Solch eine Auslassung ist umso überraschender, als Marx selber in seiner Dissertation energisch hervorhob, dass Epikur der

[104] Marx' Dissertation ist uns nur in unvollständiger Form überliefert. Die bedauerlichste Lücke entsteht durch das Fehlen der beiden letzten Kapitel des ersten Teils seiner Dissertation (Kapitel 4 und 5), von denen wir jedoch auf Grund des Inhaltsverzeichnisses wissen, dass sie „Differenz der demokritischen und epikureischen Naturphilosophie im allgemeinen" und „Resultat" hießen (wobei wir freilich noch die Notizen zum Kapitel 4 haben). Außerdem fehlt uns alles bis auf ein Fragment aus dem Anhang mit dem Titel „Kritik der plutarchischen Polemik gegen Epikurs Theologie", wobei wir auch hier noch die Notizen zum Anhang vorliegen haben.

[105] Für die traditionelle Interpretation, vergleiche H. P. Adams, *Karl Marx in His Earlier Writings*, London: George Allen & Unwin, 1940, S. 27-41; und David McLellan, *Marx Before Marxism*, New York: Harper & Row, 1970, S. 52-68. McLellans Interpretation, die davon ausgeht, Marx habe in seiner Dissertation nie den Horizont des hegelschen Denkens verlassen, gründet sich auf seiner früheren Behauptung über Marx' „Bekehrung zum Hegelianismus" – eine Interpration, die, durch die Reduktion von Marx auf einen schlichten „Bekehrten", die intellektuellen Kämpfe von Marx, die vor allem in der Dissertation hervortreten, unterschätzt. Vgl. *Marx Before Marxism*, S. 46-52. McLellans Interpration ist hier in gewisser Weise ähnlich derjenigen Franz Mehrings, der in seiner klassischen Biographie argumentierte, Marx' Dissertation sei „noch ganz auf dem idealistischen Boden der Hegelschen Philosophie" verblieben. Vergleiche Franz Mehring, *Karl Marx. Geschichte seines Lebens*,

Aufklärer der Antike war – ein Argument, das zwar auch Hegel vorbrachte, aber weniger positiv besetzte. Weiterhin behauptete Marx in seinen folgenden Schriften, dass Epikur für alle Denker*innen zentral war, die materialistische Anschauungen im 17. und 18. Jahrhundert vertraten. Die konventionelle Interpretation von Marx' Dissertation wird daher umso unglaubwürdiger, umso mehr man die allgemeinere intellektuelle Atmosphäre betrachtet, in der die Arbeit geschrieben wurde und die sich jenseits eines schlichten Hegelianismus erstreckte.[106] Es ist auch wichtig, sich daran zu erinnern, dass Marx' Verhältnis zum hegelschen System von Anfang an ambivalent war. Tatsächlich neigte er anfänglich dazu, es als Gefahr für die aufklärerischen Anschauungen zu sehen, die ihn bis dahin inspirierten. Er sprach davon, dass er „dem Feind in den Arm" gefallen sei, dass er „eine mir verhaßte Ansicht zu meinem Idol" machte und von seinen mehrmaligen Versuchen, der „grotesken Felsenmelodie" zu entkommen.[107]

Im Unterschied zur gewöhnlichen Interpretation werde ich im Folgenden jedoch argumentieren, dass Marx' Dissertation nicht nur eine Anomalie aus seiner hegelianischen Periode war, sondern einen Versuch darstellte, mit den Implikationen der materialistischen Dialektik des antiken griechischen Philosophen Epikur zurechtzukommen; und zwar zugleich aus dem Standpunkt des philosophischen Systems Hegels heraus als auch zu einem gewissen Grad in einer Form der Überwindung desselben. Darüber hinaus war es auch ein indirekter Versuch, mit dem Problem zurechtzukommen, das die, stark von Epikur inspirierte, materialistische Tradition der englischen und französischen Aufklärung für die hegelsche Philosophie aufgeworfen hatte. In Anbetracht der Bedeutung für den britischen und französischen Materialismus

Berlin: Dietz, 1964, S. 36. Mehrings einziger Beweis war der, dass Marx den mechanistischen Materialismus von Demokrit ablehnte und stattdessen das materialistische Model von Epikur mit dessen größerer Betonung freier Aktivität bevorzugte. Marx' Bewunderung für Epikur, die sich auch in seinen späteren Schriften fortsetzt, beweist jedoch keineswegs, dass er ein hegelscher Idealist war, sondern deutet nur darauf hin, dass sein Verhältnis zum Materialismus schon in diesem frühen Stadium viel komplexer war, als allgemein angenommen wird.

[106] Dass Marx schon beim Schreiben seiner Dissertation dem Materialismus zugeneigt war, deutet das folgende Epigramm aus dem Jahre 1837 an: „Kant und Fichte gern zum Aether schweifen / Suchten dort ein fernes Land/ Doch ich such' nur tüchtig zu begreifen / Was ich – auf der Straße fand!" Karl Marx, „Hegel (Epigramm)", in: MEGA Abt. 1, Bd. 1, Berlin: Dietz Verlag, 1975, S. 644.

[107] Karl Marx, „Brief an den Vater", in: MEW Bd. 40 (Ergänzungsband 1), S. 8-9.

„hatte die atomistische Philosophie", so James White, „[...] einen starken politischen Beiklang, der Marx durchaus bekannt war, als er seine Dissertation 1840 in Angriff nahm."[108] Marx studierte Bacon 1837, das heißt im selben Jahr, in dem er mit der hegelschen Philosophie in Kontakt kam, und kannte den Einfluss von Epikur auf Bacon und die Denker*innen der Aufklärung im Allgemeinen sehr gut. Marx' Interesse für das Verhältnis des Epikureismus zur Aufklärung und zwar insbesondere zum britischen und französischen Materialismus, zeigt sich nicht nur in seiner Dissertation, sondern schon in seinen sieben *Heften zur epikureischen, stoischen und skeptischen Philosophie*, die er 1839 während der Arbeit an der Dissertation anfertigte, sowie in den späteren Werken, die er gemeinsam mit Friedrich Engels schrieb: *Die Heilige Familie* (1845) und *Die Deutsche Ideologie* (1846).

Wie schon Maximilian Rubel und Margaret Manale bemerkten, war Marx' Entscheidung seine Dissertation über Epikur zu schreiben

> *eine sehr un-hegelische Wende [...]. Marx' Aufmerksamkeit wendet sich Epikur aufgrund dessen Natürlichkeit, dessen Darstellung intellektueller und sinnlicher Freiheit zu, einer Freiheit von Göttern und Doktrinen, welche dem Zufall eine genauso große, wenn nicht gar größere Rolle im menschlichen Leben beimisst wie der Notwendigkeit. Der individuelle Wille wird mit Nachdruck geltend gemacht und ein Verständnis von Zufall wird zentral für die Lebensweisheit. Der Mensch wird bei Epikur befreit vom Aberglauben und dazu befähigt, seines eigenen Glückes Schmied zu werden.*[109]

---

[108] James D. White, *Karl Marx and the Intellectual Origins of Dialectical Materialism*, New York: St. Martin's Press, 1996, S. 42. Wie Norman Livergood bemerkte: „Marx interessierte sich schon beim Schreiben seiner Dissertation für den Materialismus [...]. Es ist die Vorstellung der freien Aktivität, die Marx als den größten Beitrag Epikurs zum Materialismus würdigt." Norman D. Livergood, *Activity in Marx's Philosophy*, Den Haag: Martinus Nijhoff, 1967, S. 1.

[109] Maximilian Rubel und Margaret Manale, Marx Without Myth: *A Chronological Study of His Life and Work*, Oxford: Basil Blackwell, 1975, S. 16-17. Marx stellte den epikureischen Materialismus schon in seinen Gymnasialjahren als Feind christlicher Theologie dar. Vergleiche Karl Marx, „Die Vereinigung der Gläubigen mit Christo nach Joh. 15,1-14, in ihrem Grund und Wesen, in ihrer unbedingten Nothwendigkeit und in ihren Wirkungen dargestellt", MEGA I/1, S. 449-52.

Epikur

Epikur war ein Bürger Athens, der auf der Insel Samos im Jahre 341 v. Chr. geboren wurde, das heißt sechs Jahre nach Platons Tod 347 v. Chr. und sechs Jahre, bevor Aristoteles seine Schule im Lyzeum eröffnete. Im Jahre 306 v. Chr. öffnete Epikur seinen „Garten", der Ursprung seiner Schule der Philosophie, welche zur Zeit seines Todes im Jahre 271 v. Chr. in der gesamten griechischen Welt einflussreich war. Epikur lebte in der tragischen Folgezeit der makedonischen Hegemonie, in der die Nachfolger Alexanders um dessen ehemaliges Imperium kämpften – eine Zeit, in welcher politische Aktivität äußerst ineffektiv zu sein schien. Daher lehrte er seinen Anhängern einen stärker kontemplativ orientierten Materialismus; jedoch einen, aus dem man auch radikalere praktische Schlüsse ziehen konnte. Epikurs Philosophie hatte großen Einfluss im antiken Denken bis in die römische Zeit hinein, ging dann aber im Mittelalter fast vollständig verloren, da er und seine Anhänger vom Christentum unter die führenden Ketzer gerechnet wurden. Sein Werk ist deshalb in moderner Zeit hauptsächlich durch Sekundärquellen bekannt, wovon die wichtigste das große Werk *De rerum natura* (wörtlich *Über die Natur der Dinge*) des römischen Poeten Lukrez (ca. 99-55 v. Chr.) ist. Zeitgenössische Untersuchungen konnten nachweisen, dass dieser treu die zentralen Ideen und sogar die Ausdrucksweise seines Meisters reproduzierte.[110]

[110] [Anm. d. Übers.: Die folgende Fußnote von J.B.F. bezieht sich auf die englischsprachige Quellenlage zu Epikur und zum Epikureismus. Wir zitieren Lukrez nach der Versübersetzung von Hermann Diels und Epikur nach der Übersetzung von Olof Gigon.] Der Hauptteil des überlieferten Werks von Epikur ist zu finden in Cyril Bailey, *Epicurus: The Extant Remains*, Oxford: Oxford University Press, 1926. Whitney J. Oates legte eine praktische Edition vor, die auch Baileys Übersetzung des überlieferten Werks von Epikur beinhaltet: *The Stoic and Epicurean Philosophers: The Complete Extant Writings of Epicurus, Epicteus, Lucretius, Marcus Aurelius*, New York: Random House, 1940. Lukrez' *De rerum natura* wurde oft ins Englische übertragen, als Vers und als Prosa. Entsprechend der Schwierigkeit der Übersetzung eines langen, didaktischen Gedichts wird die englischsprachige Leser*in die Vers- als auch die Prosaübersetzung zu schätzen wissen. Für die Versübersetzung, siehe die Übersetzung von Ronald Melville, *On the Nature of the Universe*, New York: Oxford University Press, 1999. Für die Prosaübersetzung, vergleiche die Übersetzung von R.E. Latham (überarbeitet von John Godwin): Lucretius, *On the Nature of the Universe*, Harmondsworth: Penguin Books, 1994. Im Folgenden wird die Prosaübersetzung von Latham (und Godwin) genutzt und bei Gelegenheit auch die Versübersetzung Melvilles zitiert, und zwar als „die Oxford Versübersetzung". (Das klassische Referenzsystem, das heißt Angabe von Buch und Zeile des Texts von Lukrez wird auch verwendet.) Es sollte zudem bemerkt werden, dass seit der

Auch Lukrez lebte in einer Zeit der großen politischen Krisen, nämlich in der Zeit des Untergangs der römischen Republik.

Epikur war inspiriert vom Werk der griechischen Atomisten Leukipp (ca. 430 v. Chr.) und Demokrit (ca. 420 v. Chr.), welche die Realität als aus unendlich vielen und unveränderlichen Atomen bestehend begriffen, die zu klein für das Auge waren und alle unterschiedliche Formen und Größen besaßen sowie im leeren Raum existierten. Diese Atome besaßen die Eigenschaft von Bewegung und verbanden sowie zerteilten sich in unterschiedlichen Weisen, um Objekte zu bilden, die für die menschlichen Sinne wahrnehmbar sind. Demokrit zufolge besaßen die Atome zwei

Zeit von Marx einige zusätzliche Quellen von Epikurs Werk entdeckt wurden. Ein Jahr nach dem Tode von Marx, im Jahre 1884, wurde von französischen und österreichischen Archäologen auf den Überresten einer großen Steinmauer in inneren der modernen Türkei eine philosophische Inschrift der epikureischen Lehre gefunden, die einige umfangreiche Fragmente des Werks von Epikur umfasste. Diese Inschrift war auf Veranlassung des Epikuranhängers Diogenes von Oinoanda etwa 200 n. Chr. eingemeißelt worden in Form von 120 oder mehr Kolumnen an Text, die sich mehr als 40 Meter über die Wand entlangstreckten. Siehe Diogenes von Oinoanda, *The Fragments*, New York: Oxford University Press, 1971. Zudem wurde die Bibliothek der Schule des führenden Vertreters epikureischer Ideen in Italien, Philodemos von Gadara in Palästina, der in Herculaneum [heute Ercolano bei Neapel; Anm. d. Übers.] lebte, durch den Ausbruch des Vesuvs 79 n. Chr. zugeschüttet. Die geduldige Ausgrabung mehrerer hundert angekohlter Papyrusrollen, die bei der Wiederentdeckung der Bibliothek zur Zeit der Ausgrabung von Herculaneum im 18. Jahrhundert gefunden wurden, führte schrittweise zu neuen Kenntnissen über die letzten zwei Jahrhunderte. Der Großteil von Epikurs Werk *Über die Natur* wurde unter den Überresten gefunden und wird derzeit anhand der angekohlten Papyrusrollen vorsichtig rekonstruiert. Für eine vollständige Auswertung und Übersicht von Epikurs *Über die Natur*, siehe David Sedley, *Lucretius and the Transformation of Greek Wisdom*, New York: Cambridge University Press, 1998, S. 94-133. Sedley weist durch eine sehr genaue Untersuchung von Lukrez' Lehrgedicht im Vergleich zu Epikurs eigenem Text nach, was seit langer Zeit schon von Wissenschaftler*innen angenommen wurde, dass nämlich Lukrez ein epikureischer „Fundamentalist" war, der die Argumente und sogar die Sprache des Meisters reproduzierte, an einigen wenigen Punkten jedoch von der allgemeinen Struktur (z.B. in der dialektischen Ordnung der Argumente) von Epikurs großer Abhandlung abwich. Vergleiche hierzu auch Benjamin Farrington, *The Faith of Epicurus*, New York: Basic Books, 1967, S. XI-XIII; Marcello Gigate, *Philodemus in Italy: The Books from Herculaneum*, Ann Arbor: University of Michigan Press, 1990. Eine dritte Quelle, die Marx ebenfalls nicht zugänglich war, waren die Fragmente der Vatikan-Sammlung, eine Serie an doktrinalen Ausführungen, hauptsächlich Epigrammen, die Epikurs ethische Theorie präsentieren. Diese Sammlung, auch bekannt unter dem Namen „Die Aussprüche Epikurs", wurde 1888 (also fünf Jahre nach dem Tod von Marx) in einem Manuskript des Vatikans aus dem 14. Jahrhundert entdeckt, das auch Epiktets *Handbüchlein* sowie Mark Aurels *Meditationen* enthielt. Vgl. Anmerkung des Übersetzers, in: Epikur, *Letters, Principal Doctrines and Vatican Sayings*, Indianapolis: Bobbs-Merrill, 1964, S. 89.

hauptsächliche Eigenschaften: Größe und Gestalt. Aufgrund von diesbezüglichen Widersprüchlichkeiten in den antiken Quellen gehen einige Interpretationen zudem davon aus, dass Demokrit den Atomen auch Gewicht zugesprochen habe, so dass Bewegung stets nach unten und in geraden Linien gedacht wurde. Gleichwohl wird diese Eigenschaft der Atome stärker mit dem Werk von Epikur in Verbindung gebracht. In der Behauptung, dass Atome sich nicht nach vollständig determinierten Schemata bewegten, unterschied sich Epikur am deutlichsten von Demokrit. Einige Atome, so Epikur, „wichen ab" – wodurch das Element des Zufalls und der Unbestimmtheit entstand und dadurch letztlich Platz gelassen wurde für den freien Willen.[111] „Die Naturforschung", schrieb Hegel, „fühlt in der Atomistik zuerst sich davon befreit, keinen Grund für die Welt zu haben."[112]

Epikurs Philosophie war ein sehr striktes logisches System, aus dem sich, nahm man einmal einige wenige Grundannahmen hin, alles Weitere vor allem per Deduktion ableiten ließ. Unter den wichtigsten Schlussfolgerungen befinden sich die Idee des unbegrenzten Raumes einschließlich einer infiniten Anzahl von Welten als auch die Idee der unendlichen Zeit. Epikur bezog sich auch auf das Aussterben der Arten und die Entwicklung des Menschen aus der Wildnis. Seine materialistische Philosophie schien zu einem bemerkenswerten Grade die Entdeckungen der Wissenschaften zu antizipieren und hatte in der Tat großen Einfluss auf die führenden Wissenschaftler*innen der wissen-schaftlichen Revolution des 17. Jahrhunderts und der Aufklärung. Die grundlegenden Axiome der epikureischen Naturphilosophie waren: „Nichts kann

[111] Vgl. Cyril Bailey, *The Greek Atomists and Epicurus*, Oxford: Oxford University Press, 1928, S. 128-33, 287-317; A. A. Long, *Hellenistic Philosophy: Stoics, Epicureans and Sceptics*, Berkeley: University of California Press, 1986, S. 14-74. Die Abweichung wurde niemals im überlieferten Werk von Epikur selbst gefunden. Stattdessen basiert das Wissen davon zur Gänze auf Lukrez und anderen Sekundärquellen. Die meisten Herausgeber von Epikurs „Briefe an Herodot" fügen die Abweichung an einem spezifischen Punkt im Text, in Übereinstimmung mit ihrer Lesart von Lukrez, ein, um den Text verständlicher zu machen. Der Fund von Epikurs *Über die Natur* in der Bibliothek des Philodemos in Herculaneum steigert die Hoffnung darauf, Epikurs eigene Behandlung der Abweichung zu finden, wobei die bisherige Wiederherstellung des Buches nichts Derartiges hervorgebracht hat. Vgl. Bemerkung des Übersetzers, in: Epikur, *Letters, Principal Doctrines, and Vatican Sayings*, S. 12; Gigante, *Philodemus in Italy*, S. 43.

[112] Georg Wilhelm Friedrich Hegel, *Vorlesungen über die Geschichte der Philosophie* I, Werke Bd. 18, Frankfurt/M.: Suhrkamp, 1971, S. 361.

je aus dem Nichts entstehn durch göttliche/ Schöpfung“[113] und „Mutter Natur in die Urelemente/ wiederum alles zerstreut und Nichts in das Nichts wird/ vernichtet“[114]. Zusammen bildeten diese zwei Axiome das, was wir heute das „Prinzip der Erhaltung“ nennen.[115] Epikurs Materialismus bedeutete das Ausschließen aller göttlichen Macht, aller teleologischen Prinzipien aus der Natur. Die Götter, obwohl sie weiterhin existierten, waren beschränkt auf die Räume zwischen den Welten. Weiterhin stellte sich Epikur aller Teleologie und jedem absoluten Determinismus im Naturverständnis entgegen: „Denn besser wäre es, sich dem Mythos von den Göttern anzuschließen“, schrieb er, „als sich zum Sklaven der Schicksalsnotwendigkeit der Naturphilosophen zu machen. Denn der Mythos deutet die Hoffnung an, daß die Götter durch die ihnen erwiesenen Ehren beeinflußbar seien; das Schicksal aber hat eine unerbittliche Notwendigkeit.“[116]

Kein Determinismus oder Essentialismus – das heißt, die Erklärung von Entwicklungen nur vermittels der Eigenschaften der Dinge – konnte, nach Epikur, „Ereignisse“ erklären, die „geschahen“, da solche Ereignisse in den Bereich des Zufalls (der Möglichkeit) fielen:

> *Daraus kannst du ersehn, daß alle Geschehnisse durchweg*
> *Nicht auf sich selber beruhn und nicht wie die Körper bestehn,*
> *Noch auch so wie das Leere besondre Benennung verdienen,*
> *Sondern nur so, daß man richtig vielmehr von „Ergebnissen“ redet,*
> *Die an den Körper und Ort, wo jedes geschieht, sind gebunden.*[117]

---

[113] Lukrez, *Von der Natur*, 1.150-51, S. 52.

[114] Ebd., 1.215-17, S. 55.

[115] Siehe auch A. A. Long und D. N. Sedley, *Die hellenistischen Philosophen. Texte und Kommentare*, Stuttgart/Weimar: Metzler, 2000, S. 29-32. Das Prinzip der Erhaltung war nicht Epikurs Entdeckung. Farrington weist darauf hin, dass Demokrit „der erste war, der es auf seinen angemessenen Platz als erstes Prinzip allen wissenschaftlichen Denkens über die physische Welt erhob.“ Benjamin Farrington, *Science in Antiquity*, New York: Oxford University Press, 1969, S. 46.

[116] Epikur, „Brief an Menoikeus“, in Epikur, *Von der Überwindung der Furcht. Katechismus, Lehrbriefe, Spruchsammlung, Fragmente*. München: Deutscher Taschenbuch Verlag, 1991, S. 105; Bailey, *The Greek Atomists and Epicurus*, S. 318. [Anm. d. Übers.: Marx übersetzt die Passage in seiner Dissertation folgendermaßen: „Es wäre besser, dem Mythos über die Götter zu folgen, als Knecht zu sein der εἱμαρμένη [heimarmene] der Physiker. Denn jener läßt Hoffnung der Erbarmung wegen der Ehre der Götter, diese aber die unerbittliche Notwendigkeit.“ Marx, *Doktordissertation*, S. 274.]

[117] Lukrez, *Von der Natur*, 1.477-482, S. 65.

Epikurs Ablehnung jeder Form von Reduktionismus, welcher gewöhnlicherweise materialistischen Anschauungen zugeschrieben wird, zeigt sich in der Entwicklung einer komplizierten Epistemologie in seinem Werk *Kanonik* (welches die Einleitung zu seinem allgemeinen System darstellt). Sie gründet nicht allein auf Wahrnehmungen, sondern ebenfalls auf seinem berühmten Begriff der „Antizipation" (manchmal auch „Vorbegriff" genannt) – ein Begriff, den er selbst erst erfand.[118] Nach Cicero bezeichnete Epikurs Vorstellung der „Antizipation" (prolepsis) den Umriss eines Dings, „den der Geist vorgefaßt hat und ohne den man nichts verstehen, nichts erfragen und nichts erörtern kann."[119] So muss, wie Farrington bemerkt, „dem Materialisten Epikur das Verständnis der Aktivität des Subjekts in jeder Stufe des Wissenserwerbs zugute gehalten werden."[120] Dies deutete darauf hin, dass Menschen körperlich mit Eigenschaften ausgestattet waren, zu denen auch die Fähigkeit der Vernunft gehörte. Während die Empfindung selbst keinen geistigen Inhalt besitzt, gibt sie Anstoß zu einem geistigen Prozess, Wahrnehmungen nach allgemeinen Kategorien zu sortieren. Diese gründen auf wiederholten Wahrnehmungen, existieren jedoch nach Erlangung gewissermaßen unabhängig im Geist und bilden die Grundlage für die Einordnung von Daten in fertig gefasste Kategorien. In diesem Sinne bezieht sich Epikur auf sie als „Antizipationen/Vorbegriffe". Wie Farrington bemerkt, „gehen Antizipationen nicht aller Erfahrung voraus. Aber sie gehen jeder systematischen Beobachtung und wissenschaftlichen Diskussion und jeder rationalen praktischen Tätigkeit voraus. Erneut bezeichnen sie die Aktivität des Subjekts in der Erlangung von Wissen."[121] Wenn man sich all dies vor Augen hält, ist

---

[118] Long/Sedley, *Die hellenistischen Philosophen*, S. 103-104. Marx nahm Epikurs Begriff der *prolepsis* (Antizipation, Vorbegriff) am Anfang seiner *Hefte zur epikureischen, stoischen und skeptischen Philosophie*, als auch später in seinen Notizen zu Sextus Empiricus und Clement von Alexandria mit Bedacht aufmerksam wahr. Vgl. Karl Marx, *Hefte zur epikureischen, stoischen und skeptischen Philosophie*, in: MEW Bd. 1, Berlin, 1969, S. 13-255, hier: S. 17-19, 69, 205.

[119] Cicero zitiert nach Long/Sedley, *Die hellenistischen Philosophen*, S. 165.

[120] Vgl. ebenfalls Epikur, *The Epicurus Reader*, Indianapolis: Hackett 1994, S. 51.

[121] Farrington, *The Faith of Epicurus*, S. 108-09. Vgl. ebenfalls Diogenes Laertius, *Leben und Meinungen berühmter Philosophen. In zwei Bänden*, Band 2 (Buch X), Hamburg: Felix Meiner Verlag, 2008, S. 222-223; Bailey, *The Greek Atomists and Epicurus*, S. 245-48; Long, *Hellenistic Philosophy*, S. 23-24. Für Gassendis Interpretation des epikureischen Begriffs der „Antizipation", vgl. Lynn Sumida Joy, *Gassendi the Atomist*, Cambridge: Cambridge University Press, 1987, S. 169. Für eine neuere

es nicht weiter überraschend, dass Kant in dem Abschnitt der *Kritik der reinen Vernunft*, die den „Antizipationen der Wahrnehmung" gewidmet sind, schreibt: „Man kann alle Erkenntnis, wodurch ich dasjenige, was zur empirischen Erkenntnis gehört, a priori erkennen und bestimmen kann, eine Antizipation nennen, und ohne Zweifel ist das die Bedeutung, in welcher Epikur seinen Ausdruck *prolêpsis* brauchte."[122]

Die epikureische Ethik leitete sich aus Epikurs materialistischer Perspektive ab, seiner Betonung der Sterblichkeit und Freiheit. „[B]ei den Epikureärn [ist]", so Marx, „der *mors immortalis* [unsterblicher Tod], wie Lukrez sagt, [...] das Prinzip der Naturanschauung [.]"[123] Der zentrale Ausgangspunkt für eine materialistische Ethik war die Überwindung der Todesangst, die durch die bestehende Religion und den Aberglauben geschürt wurde. „Der Tod", schreibt Epikur in seinen *Hauptlehrsätzen*, „ist für uns ein Nichts; denn was der Auflösung anheimgefallen ist, besitzt keine Empfindung mehr, was aber keine Empfindung mehr hat, bedeutet für uns nichts mehr."[124] Die Freiheit des Individuums begann erst, als es möglich war, mittels „Naturwissenschaft" die Endlichkeit der Welt und der Individuen in ihr zu bestimmen.

Epikur vertrat einen im Wesentlichen kontemplativen Materialismus, der scharf zu unterscheiden war von Platons eher idealistischen Liebe für die Kontemplation. Was für Epikur von Bedeutung war, war, wie George Panichas schrieb, „die Betrachtung dessen, was innerhalb der menschlichen Existenz und nicht in einem ewigen Jenseits realisiert werden konnte."[125] Die epikureische Ethik, die eine Befriedigung der eigenen Bedürfnisse im Diesseits propagierte, gründete auf dem zweckdienlichen Streben nach Lust und der Vermeidung von Schmerz. Aber Epikur betrachtete dies nicht aus einem kurzsichtigen und kruden hedonistischen Blickpunkt heraus, sondern vom Standpunkt der gesamten Existenz, der auch mitbedachte, dass einige unmittelbare

---

Interpretation, vgl. Gisela Striker, *Essays on Hellenistic Epistemology and Ethics*, Cambridge: Cambridge University Press, 1996, S. 150-65.

[122] Immanuel Kant, *Kritik der reinen Vernunft I*, in: Werkausgabe Band III, Frankfurt am Main, 1974, S. 209 (A 166, B 208); Howard Caygill, *A Kant Dictionary*, Oxford: Blackwell, 1995, S. 74-75.

[123] Marx/Engels, *Die deutsche Ideologie*, S. 122; Lukrez, *Von der Natur*, 1.869, S. 171.

[124] Epikur, „Hauptlehrsätze", in: ders., *Philosophie der Freude*. Übersetzt von Paul M. Laskowsky, München: Goldmann, 1988, S. 63.

[125] George A. Panichas, *Epicurus*, New York: Twayne, 1967, S. 83.

egoistische Freuden nur größeren Schmerz verursachten. Deshalb trat er für ein einfaches Leben ein und verwarf das Streben nach Reichtum. „Der Reichtum, der der Natur gemäß ist", schreibt er, „ist begrenzt und leicht zu beschaffen; der aber, nach dem törichte Menschen Verlangen tragen, geht ins Grenzenlose."[126]

Die wichtigste Bedingung für ein gutes Leben nach Epikur war die Freundschaft, welches für ihn das Prinzip wurde, das das Leben und die Gesellschaft ordnen sollte: „Von allen Gütern, die die Weisheit sich zur Glückseligkeit des ganzen Lebens zu verschaffen weiß, ist bei weitem das größte die Fähigkeit, sich Freunde zu erwerben."[127] Dies war nicht bloß ein ethisches Prinzip, das allein für Verhältnisse zwischen Individuen galt, sondern hatte auch größere politische Implikationen. „[B]ei Freundschaft im griechisch-römischen Bereich", so A. A. Long und David Sedley, schwingt „ein politischer Sinn [mit], der dem modernen Begriff fehlt. Das griechische Wort *philia* deckt ebenso wie das lateinische *amicitia* familiäre und außerfamiliäre Beziehungen ab. Dementsprechend wurde die Freundschaft in der Regel als die Grundlage des sozialen Zusammenhalts aufgefaßt[.]"[128] Im Garten des Epikur waren Frauen willkommene wie auch respektierte Mitglieder der Gemeinschaft und der philosophischen Diskussionen. Unter den wichtigsten Beiträgen Epikurs befindet sich sein Begriff der Gerechtigkeit, der auch Marx stark beeinflusste. „Gerechtigkeit an sich", schrieb er, „hat es auf irgendwelche Weise nie gegeben; sondern bei dem gegenseitigen Verkehr der Menschen untereinander in verschieden großen Räumen ist sie eine Art Abmachung darüber, einander nicht zu schädigen und voneinander keinen Schaden zu erleiden."[129] Wenn das Recht „dem wechselseitigen Nutzen innerhalb der Gemeinschaft nicht förderlich ist", wenn es aufhört, in Übereinkunft mit seinem allgemeinen Begriff zu sein und nicht mehr den materiellen Bedingungen entspricht, „dann besitzt es nicht mehr die Eigenschaft des wirklich gerechten."[130] Bei Epikur konnte man also eine materialistische statt idealistische Vorstellung vom

[126] Brad Inwood und L.P. Gerson (Hrsg.), *Hellenistic Philosophy*, Indianapolis: Hackett, 1988, S. 65; Epikur, „Hauptlehrsätze", S. 66.

[127] Epikur, „Hauptlehrsätze", S. 70.

[128] Long/Sedley, *Die hellenistischen Philosophen*, S. 159.

[129] Epikur, „Hauptlehrsätze", S. 72.

[130] Ebd., S. 73.

Recht finden, welche ausschloss, dass das Recht einen transzendenten Aspekt jenseits derjenigen Erfordernisse hatte, die aus dem gesellschaftlichen Verkehr der Menschen miteinander entsprangen. Wie Marx später hervorhob, war es Epikur, der als erstes die Vorstellung eines Gesellschaftsvertrages entwickelte.[131]

Die epikureische Naturphilosophie hatte zu ihrem Ausgangspunkt das „Prinzip der Erhaltung“ und tendierte somit zu einer ökologischen Weltanschauung. Dies ist vor allem ersichtlich im Werk von Lukrez, das, in den Worten des bekannten Historikers des antiken ökologischen Denkens, J. Donald Hughes, „einige Fragen aufwarf, die heutzutage als ökologisch angesehen werden.“ Lukrez wies auf die durch den Bergbau verursachte Luftverschmutzung, die Abnahme der Ernteerträge durch die Degradation der Erde und die Vernichtung von Wäldern hin. Außerdem vertrat er die Ansicht, dass Menschen von Tieren nicht radikal unterschieden waren.[132]

„Nachdem er in seiner Kosmologie alle Teleologie verabschiedet hat“, schreiben Long und Sedley, „entschied Epikur sich für eine evolutionistische oder experimentalistische Darstellung des Ursprungs und der Entwicklung menschlicher Institutionen.“[133] So führte Epikurs Materialismus zu einem Verständnis von menschlichem Fortschritt. „Man muß sich ferner auch davon überzeugen“ schreibt er in seinen *Briefen an Herodot*,

> *daß die Natur in vielen mannigfachen Beziehungen der Belehrung und dem Zwange folgt, die von den Dingen selbst ausgehen, und daß der Verstand das von ihr (der Natur) an die Hand Gegebene in der Folge genauer erforscht und mit*

[131] Panichas, *Epicurus*, S. 116-17; Marx/Engels, *Die deutsche Ideologie*, S. 125.

[132] J. Donald Hughes, *Pan's Travail: Environmental Problems of the Ancient Greeks and Romans*, Baltimore: Johns Hopkins University Press, 1994, S. 60, 123-24, 130-31, 144, 196. Clarence J. Glacken legt großen Wert auf Epikur und Lukrez in seiner Behandlung des Verhältnisses von Natur und Kultur (und der gesamten Frage der Geschichte der Umwelt) im antiken Denken in seinem Werk *Traces on the Rhodian Shore: Nature and Culture in Western Thought from Ancient Times to the End of the Eighteenth Century*, Berkeley: University of California Press, 1967, S. 62-67, 134-40. Schon im späten 16. Jahrhundert bezog sich der Essayist, Skeptiker, Humanist und Naturtheologe der französischen Renaissance Michel de Montaigne oft auf Lukrez' Argumente über die Ähnlichkeit von Tieren und Menschen in seiner „Apologie von Raymond Sebond“, in ders., *Essais*. Gesamtübersetzung von Hans Stilett, Frankfurt/M.: Eichborn, 1998, S. 217-300.

[133] Long/Sedley, *Die hellenistischen Philosophen*, S. 157.

Erfindungen bereichert, auf manchen Gebieten schneller, auf andern langsamer, und in manchen Perioden und Zeiten über ganze Abschnitte aus der Unendlichkeit hin, in anderen wieder in kürzeren Zeiten.[134]

Die menschliche Natur selber verändert sich mit der Evolution der menschlichen Gesellschaft; Freundschaft und Gesellschaftlichkeit sind selbst Produkt gesellschaftlicher Verträge, die im Zuge der Befriedigung der materiellen Lebensbedürfnisse entstehen.[135]

Auch war es Epikur (in der Darstellung von Lukrez), bei dem man die explizitesten Ausführungen zu evolutionären Ansichten in der Antike finden kann, inklusive Fragen der Artenbildung und des Überlebens derselben. Die Idee war ursprünglich von Empedokles (ca. 445 v. Chr.) und Anaxagoras (ca. 500-428 v. Chr.) entwickelt worden und wurde von Aristoteles in seiner *Physik* stark kritisiert. Empedokles zusammenfassend schrieb Aristoteles:

Was hindert also die Annahme, daß es sich auch mit den (organischen) Teilen in der Natur so verhalte, z.B. die Zähne wüchsen mit Notwendigkeit (aus dem Kiefer) heraus, und zwar die vorderen scharf, geeignet zum Abbeißen, die Backenzähne aber breit und (daher) brauchbar zum Zerkleinern der Nahrung, wohingegen dies doch nicht um dessentwillen eintrete, sondern es falle nur so zusammen. Und ähnlich sei es auch mit den übrigen Teilen, in welchen ein „wegen etwas" vorzuliegen scheint. Überall, wo sich nun alles so ergab, als ob es wegen etwas geschehen wäre, da erhielten sich diese (Gebilde), die eben rein zufällig in geeigneter Weise zusammengetreten seien. Wo es sich nicht so ergab, da gingen sie unter und tun es noch, so wie ja Empedokles spricht von „Rindsgattungen mit Mannsbug".[136]

Aristoteles antwortete darauf, indem er die Bedeutung von letzten Ursachen hervorhob: „Daß also Naturbeschaffenheit eine Ursache ist", schrieb er, „und zwar im Sinne eines ‚wegen etwas', ist einsichtig."[137] Epikur spottete zwar über Empedokles'

---

[134] Epikur, zitiert in: Diogenes Laertius, *Leben und Meinungen II*, S. 240-41.

[135] Lukrez, *Von der Natur*, 5.1011-27. Über Empedokles vgl. Farrington, *Science in Antiquity*, S. 40-43.

[136] Aristoteles, *Physik*, Philosophische Schriften Band 6, Hamburg: Felix Meiner, 1995, S. 43-44 (Buch II, Kapitel 8, 198b).

[137] Ebd., S. 47 (Buch II, Kapitel 8, 199b).

„Rindsgattungen mit Mannsbug" als ein bizarres Amalgam von zufälligen Kombinationen, die der Natur zuwiderliefen, verteidigte aber dennoch materialistisch-evolutionäre Anschauungen gegen Aristoteles. Diejenigen Arten, die überlebten und somit fähig waren, „die Kette des Nachwuchses" fortzuführen, erklärte Lukrez, waren solche, die in ihrem Kampf um Existenz spezielle Eigenschaften zum Schutz gegenüber der Umwelt ausgebildet hatten; „[a]ber die Tiere, die nichts von solcher natürlicher Mitgift/ Mitbekamen, [...] Diese nun freilich verfielen dem Raub und der Beute der andern [...] Bis die Natur solch schwaches Geschlecht zum Untergang führte."[138] Daher nimmt man an, dass ein wichtiges Element evolutionärer Analyse, das später bei Darwin wieder auftauchte, seinen Ursprung bei Empedokles, Epikur und Lukrez nahm.[139]

Epikur zufolge, so wie er von Lukrez dargestellt wurde, wurde das Leben auf der Erde geboren und kam nicht vom Himmel herab oder war das Ergebnis einer Schöpfung der Götter. Lukrez schrieb: „Denn es konnten vom Himmel die lebenden Wesen nicht fallen,/ Noch auch Bewohner des Landes aus salzigem Meere entstehen./ So bleibt übrig: die Erde erwarb mit Recht sich den Namen/ Einer Mutter. Denn alles, was lebt, hat die Erde geschaffen."[140] Dies war, so W. K. C. Guthrie, eine Autorität auf dem Gebiet des proto-evolutionären Denkens in der Antike, „vielleicht die einzig vernünftige Alternative, solange das moderne biologische Wissen und eine gründlich durchdachte Theorie der Evolution noch nicht existierte": nämlich, dass die Erde selbst es verdiente, „den Namen einer Mutter" zu führen.[141]

In seinem Werk *Ideas of Life and Matter: Studies in the History of General Physiology 600 B.C. to 1900 A.D.* [dt.: Ideen über das Leben und die Materie: Studien zur Geschichte der allgemeinen Physiologie, 600 v. Chr. bis 1900 n. Chr.] argumentiert Thomas

---

[138] Lukrez, *Von der Natur*, 5.791-895, S. 267-271. [Anm. d. Übers.: In der Übersetzung von Diels heißt es nur „für Nachwuchs weiter zu sorgen" (S. 269). Da das Englische „chain of offspring" jedoch an „chain of beings" erinnert, haben wir diese Übersetzungsvariante gewählt.]

[139] Robert J. Richards, „Evolution", in: Evelyn Fox Keller und Elisabeth A. Lloyd (Hrsg.), *Keywords in Evolutionary Biology*, Cambridge, Mass.: Harvard University Press, 1992, S. 99; Sedley, *Lucretius and the Transformation of Greek Wisdom*, S. 19-20; Henry Fairfield Osborn, *From the Greeks to Darwin*, New York: Charles Scribner's Sons, 1927, S. 36-68.

[140] Lukrez, *Von der Natur*, 5.791-800, S. 267

[141] W. K. C. Guthrie, *In the Beginning: Some Greek Views of the Origin of Life and the Early State of Man*, Ithaca, N.Y.: Cornell University Press, 1957, S. 28.

Hall, Epikur sei als die antike Hauptquelle für die Anschauung vom Leben als eines „emergenten Resultats" der Organisation von Materie zu sehen (wobei dies schon seitens Empedokles und Demokrit vorweggenommen worden sei). „In der Antike", schreibt Hall, „betrachtete Epikur das Leben explizit als ein Beispiel von Emergenz und beharrte darauf, dass es nicht vorhanden war in den Atomen des Körpers, insofern man sie nur einzeln betrachtete." Daher war für Epikur „das Leben, im striktesten Sinne, emergent." Materielle Existenz war also für Epikur nur gegeben durch Veränderung, das heißt Evolution.[142]

Dieselbe evolutionäre Perspektive kann man in Epikurs Analyse der Gesellschaft finden. In den 1860ern und 1870ern, nach „der Revolution in der ethnologischen Zeit", die eng mit Darwins *Die Entstehung der Arten* und den ersten allgemeiner anerkannten wissenschaftlichen Funden von menschlichen Fossilien in Verbindung steht, bezogen sich wichtige darwinistische Denker*innen wie John Lubbock und Henry Morgan immer wieder auf Lukrez' Diskussion ethnologischer Entwicklung: Lukrez beschrieb, wie eine Entwicklung aus einem Zeitalter von Stein und Holz zu einem der Bronze und danach des Eisens stattfand und zog hierbei unter anderem auch die Entwicklung von Sprache, gegenseitiger Hilfe sowie die revolutionäre Umstellung im Gebrauch des Feuers mit in Betracht.[143]

Nicht zuletzt war Epikur der Ansicht, ein Verständnis der Natur und ihrer Gesetze, das heißt der Fortschritt der Wissenschaften, würde den Schrecken enden lassen, den die Religion verbreitete. Lukrez schrieb:

> *Jene Gemütsangst nun und die lastende Geistesverfinsterung*
> *Kann nicht der Sonnenstrahl und des Tages leuchtende*
> *Helle scheuchen, sondern allein die Naturanschauung und Forschung.*[144]

Es ist also nicht weiter erstaunlich, wie der Evolutionsbiologe Michael Rose anmerkte, dass „Lukrez [...] von einigen Gelehrten

[142] Thomas S. Hall, *Ideas of Life and Matter: Studies in the History of General Physiology 600 B.C. to 1900 A.D.*, Bd. 1, Chicago: University of Chicago Press, 1969, S. 19-20, 128. Vgl. auch Lukrez, *Von der Natur*, 2.865-85, S. 123.

[143] Lukrez, *Von der Natur*, 5.916-1448, S. 272-294.

[144] Ebd., 1.145-50, S. 52

als der herausragende antike Vorläufer moderner Naturwissenschaft gesehen [wird].“[145]

Epikur und die Revolution der Wissenschaften und der Vernunft

Epikurs Philosophie sollte eine außergewöhnliche Rolle in der Entwicklung des Materialismus der englischen und französischen Aufklärung spielen, der die Form eines Kampfes gegen die im Grunde aristotelische Naturphilosophie des Christentums annahm.[146] Nach der christianisierten Form des Aristotelismus oder der Scholastik, die nach wie vor an den englischen Universitäten im 17. Jahrhundert gelehrt wurde, bestand Materie aus den vier Elementen Luft, Erde, Feuer und Wasser. Ausgefeilte scholastische Taxonomien wurden kombiniert mit einer Naturanschauung, die im Wesentlichen statisch und tautologisch war. Nichtsdestotrotz konnten solche Anschauungen angesichts der sich verändernden materiellen Verhältnissen der englischen Gesellschaft im 17. Jahrhundert nicht mehr so einfach bestehen bleiben: Mittelalterliche Institutionen verschwanden rapide und eine dynamische kapitalistische Ordnung in Landwirtschaft und Industrie entstand. Als Resultat wandten sich die führenden Wissenschaftler*innen dem griechischen Atomismus und im besonderen Maße den Ideen des Epikurs zu. „Es reicht das rudimentärste Wissen über die Physiologie nach der Renaissance (von Descartes bis heute)“, schrieb Thomas Hall, „um zu erkennen, dass Epikur unter den antiken Wissenschaftlern dem Emergentismus und dem mechanistischen Materialismus der Neuzeit am nächsten war.“[147] Dasselbe galt für die Wissenschaften im Allgemeinen. Thomas Hariot, Francis Bacon, Thomas Hobbes, Robert Boyle und Isaac Newton waren alle zutiefst beeinflusst vom griechischen Atomismus und seit Bacon insbesondere von der Philosophie des

[145] Michael Rose, *Darwins Welt. Von Forschern, Finken und der Evolution*, München/Zürich: Piper, 2003, S. 331.

[146] So schrieb Jonathan Kemp: „Das Werk des Epikur dominiert die Geschichte des frühen Materialismus.“ Notiz des Übersetzers in Jonathan Kemp, *Diderot, Interpreter of Nature*, New York: International Publishers, 1963, S. 343.

[147] Hall, *Ideas of Life and Matter*, Bd. 1, S. 136.

Epikur.[148] Materie wurde als aus Atomen bestehend begriffen und zwar, Epikur folgend, aus Materieteilchen, die einfach mittels Größe, Gestalt, Gewicht und Bewegung beschrieben werden konnten – eine Sichtweise, die einfach in mechanistische Begrifflichkeiten zu übersetzen war.

Thomas Hariot (1560-1621), einer der brillantesten Köpfe der englischen wissenschaftlichen Revolution, machte Bekanntschaft mit dem epikureischen Atomismus durch Bruno. In einem Brief an Johannes Kepler, in dem er die Funktionsweise physikalischer Optik erklärte, schrieb Hariot: „Ich habe Sie nun an die Türen des Hauses der Natur geführt, worin sich alle ihre Gehcimnisse be finden. Wenn Sie nicht eintreten können, weil die Türen zu klein sind, dann abstrahieren und ziehen Sie sich in ein Atom zusammen, und Sie werden auf das allereinfachste eintreten können. Und wenn Sie später wieder herauskommen, sagen Sie mir, welche Wunder Sie gesehen haben."[149] Hariot wurde 1591 als epikureischer Atheist verleumdet und 1605 (nach dem Versuch von Guy Fawkes, das Parlament zu sprengen) auf Grundlage von haltlosen Vorwürfen der Häresie eingekerkert, wobei unter anderem seine Verbindung zu den antiken atheistischen Materialisten wie Lukrez und Epikur hervorgehoben wurde.[150]

Auch Francis Bacon (1561-1626) war stark beeinflusst von Demokrit und Epikur (sowie Lukrez) und versuchte, den griechischen Atomismus – von dem er reichlich Anleihen nahm für die Entwicklung seiner eigenen Ideen – in religiösen Begriffen zu verteidigen. Etwa, indem er behauptete, dass diesbezüglich Epikurs Naturphilosophie derjenigen des Aristoteles unendlich überlegen sei. „Denn es ist tausendmal glaubhafter, daß vier bestimmt und für ewige Zeiten angeordnete wandelbare Elemente und eine unwandelbare Kraft keinen Gott brauchen, als daß eine Unzahl unendlich kleiner, ungeordneter Teilchen und Samenkörner diese Ordnung und Schönheit ohne göttlichen Lenker sollten hervorgebracht haben."[151] Noch zentraler war das Argument in seinem Werk

[148] Robert Hugh Kargon, *Atomism in England from Hariot to Newton*, Oxford: Oxford University Press, 1966.

[149] Hariot, zitiert nach ebd., S. 24.

[150] Ebd., S. 27-29; J. A. Lohue, „Harriot (or Hariot) Thomas", *Dictionary of Scientific Biography*, Bd. 6, S. 124-29.

[151] Francis Bacon, „Über den Atheismus", in: *Ausgewählte Essays*. Übers. von Elisabeth Schücking, Leipzig: Reclam, 1969, S. 55-59, hier: S. 55; Vgl. Ebenfalls Thomas Franklin Mayo, *Epicurus in England* (1650-1725), Dallas: Southwest Press, 1934, S. 19-23.

Über die Würde und die Förderung der Wissenschaften (1605/1623). Dass die Naturphilosophien der antiken Materialisten wie Demokrit und Epikur (und auch Lukrez)

> *Gott und den Geist vom Bau der Dinge lösten und deren Form unendlichen Proben oder Prüfungen der Natur zuschrieben [...] und die Ursachen einzelner Dinge auf den Zwang der Materie zurückführten, ohne irgendwelche Beimischung von letzten Ursachen, scheint mir daher (soweit ich nach den Fragmenten und Überbleibseln ihrer Philosophie urteilen kann) hinsichtlich physikalischer Ursachen weit vernünftiger gewesen und weiter in die Natur eingedrungen zu sein als die von Aristoteles und Platon; aus dem einzigen Grund, daß erstere nie Zeit für letzte Ursachen verschwendeten, während letztere sie ständig ins Feld führten.*[152]

In seinem Essay über Prometheus in *Weisheit der Alten* [lat. Orig.: *De sapientia veterum*] beschrieb Bacon diesen als Repräsentanten von zweierlei Vorsehungen innerhalb der griechischen Mythologie: nämlich als diejenige der Götter und diejenige der Menschen. Bacon ersetzte im Gang seines Essays Prometheus durch Demokrit, der, zusammen mit Epikur, die wahrhaft heroische Qualität des Prometheismus im materialistischen Gewand repräsentierte. Für Bacon war Epikur Demokrit untergeordnet, weil ersterer „seine Naturphilosophie seiner Moralphilosophie anpaßte und unterwarf"[153] und alles verneinte, was der Freiheit entgegengesetzt sein konnte. Dennoch sah Bacon Epikurs Angriff auf den Aberglauben als die Essenz der Aufklärung an. Hier zitierte er Epikurs Satz aus dessen „Brief an Menoikos", dass „[g]ottlos [...] nicht der [ist], welcher mit den Göttern des gemeinen Volks aufräumt, sondern der, welcher den Göttern die Vorstellungen des gemeinen Volks andichtet".[154]

Bacon sollte Epikur auch hinsichtlich dessen Vorstellung der Evolution folgen, indem er auf die Realität der „Transmutation der

[152] Bacon, *Über die Würde*, S. 202-03.

[153] Ebd., S. 141.

[154] Siehe auch Francis Bacon, *Weisheit der Alten*, Frankfurt/M.: Fischer, 1990, S. 60-70; Bacon, *Über die Würde*, S. 141-146; Diogenes Laertius, *Leben und Meinungen*, Bd. 2, Buch X 123-24, S. 262. Das obige Argument hinsichtlich Bacons Interpretation von Prometheus verdankt vieles der brillanten Analyse in Reid Barbour, *English Epicures and Stoics: Ancient Legacies in Early Stuart Culture*, Amherst: University of

Arten“ hinwies. So schrieb er in *Sylva Sylvarum; or a Naturall History in Ten Centuries*: „Die Transmutation der Arten wird, in der vulgären Philosophie, als unmöglich erklärt; […] aber da wir einige manifeste Fälle davon sehen, ist die Meinung der Unmöglichkeit zurückzuweisen, und die Mittel derselben herauszufinden.“[155]

Lukrez' Manuskript, das im Mittelalter vervielfältigt wurde, dann jedoch verloren ging, wurde 1417 wieder gefunden. Es wurde 1473 gedruckt und es folgten 30 Auflagen bis zum Anfang des 17. Jahrhunderts. Aber erst zwischen Anfang und Mitte des 17. Jahrhunderts nahm der Epikureismus großen Einfluss auf das europäische Denken. In den Jahren 1647-49 schuf Pierre Gassendi (1592-1655), ein französischer Kleriker, Theologe, Philosoph, Mathematiker und neben seinen Zeitgenossen Hobbes und Descartes führender Vertreter der mechanistischen Philosophie, eine große epikureisch-christliche Synthesis. Gassendis explizite Absicht war es, das alte aristotelische Naturverständnis zu überwinden.[156] Für Gassendi war es, wie Marx bemerkte, erstaunlich, dass Epikur „rein durch Vernunft geleitet, die Erfahrung antizipiert habe, wonach alle Körper, obgleich an Gewicht und Last höchst verschieden, dennoch gleich schnell sind, wenn sie von oben nach unten fallen.“[157]

Indem Gassendi Epikurs Philosophie restaurierte, wurde er, wie Marx bemerkte, der Hauptkontrahent von René Descartes' Metaphysik, wie sie sich in dessen *Abhandlungen über die Methode* (1637) [fr. Orig.: *Discours de la méthode*] und *Meditationen über die erste Philosophie* (1641) [lat. Orig.: *Meditationes de prima philosophia*] manifestierte. In seinen *Dubitationes*, geschrieben 1644, griff Gassendi die cartesische Metaphysik an, die angeborene Ideen zu ihrem Ausgangspunkt hatte: „Ich denke, also bin ich.“ In seiner Kritik nahm Gassendi im Allgemeinen eine materialistische Position gegenüber der idealistischen Position ein, die sich in Descartes' Begriff des Bewusstseins manifestierte (Descartes' Metaphysik unterschied sich stark von seiner Physik, die mechanistischer Natur war). Indem er den Vorrang der materiellen Welt und

---

Massachusetts Press, 1998, S. 79-91. Zu Bacons Materialismus, vgl. F.H. Anderson, *The Philosophy of Francis Bacon*, Chicago: University of Chicago Press, 1948.

[155] Francis Bacon, *Philosophical Works, Vol. 2*, London: Longman, 1857, S. 507.

[156] Merchant, *Der Tod der Natur*, S. 200f.; Howard Jones, *The Epicurean Tradition*, New York: Routledge, 1992, S. 166-85; Alfred Cobban, *In Search of Humanity: The Role of Enlightenment in Modern History*, New York: Georges Braziller, 1960, S. 75.

[157] Marx, *Differenz der demokritischen und epikureischen Naturphilosophie*, S. 289.

der Sinne hervorhob, bestand Gassendi darauf, dass zu denken, ohne etwas dem Denken Vorhergehendes zu kennen und ohne Sinneswahrnehmung, nur in ein endloses „Ich, Ich, Ich" führen würde, da „man nicht in der Lage wäre, sich selbst im Denken irgendetwas zuzuschreiben, weil man schlicht keine Eigenschaften kennen würde; und man würde die Kraft des Verbes ‚bin' nicht verstehen, da man nicht wüsste, was Sein wäre oder den Unterschied zwischen Sein und nicht-Sein nicht kennen würde."[158]

In England übermittelte Walter Charleton (1619-1707), Arzt von Charles I. und Charles II., der mit dem Werk von Gassendi durch seinen Freund Thomas Hobbes Bekanntschaft machte, die Resultate von Gassendis Untersuchungen an britische Wissenschaftskreise und entwickelte seine eigene Version des mit dem Christentum kompatiblen und „gereinigten" Epikureismus.[159] Charletons *Physiologia Epicuro-Gassendo-Charltonia* (1654) war der erste systematische Versuch in England, Epikur mit der mechanistischen Philosophie zusammenzubringen. Auf dieses Werk von Charleton folgte kurz darauf John Evelyns Übersetzung des Ersten Buches von Lukrez' *De rerum natura* ins Englische im Jahre 1656. In *History of Philosophy, Containing the Lives, Opinions, Actions and Discourses of the Philosophers of Every Sect* [dt.: Geschichte der Philosophie, einschließlich der Lebensgeschichten, Meinungen, und Abhandlungen der Philosophen jeder Anschauung] (1660) widmete Thomas Stanley den größten Teil Werks Epikur. Er nahm darin mehr Seiten ein als Platon und Aristoteles zusammen.[100]

John Evelyn (1620-1706) war nicht nur ein Bewunderer von Epikur, sondern auch eine der Persönlichkeiten hinter der Gründung der Royal Society und einer der größten Verfechter der Umwelterhaltung im England des 17. Jahrhunderts. In seinem Werk *Sylva, Or a Discourse of Forest-Trees and the Propagation of Timber in His Majesties Dominions* [dt.: Sylva, oder eine

[158] Pierre Gassendi, *Selected Works*, New York: Twayne Publishers, 1967, S. 140-41; René Descartes, *Von der Methode des richtigen Vernunftgebrauchs und der wissenschaftlichen Forschung* und ders., *Meditationen über die Grundlagen der Philosophie*, beide in: ders.: *Philosophische Schriften in einem Band*, Hamburg: Felix Meiner, 1996.

[159] Panichas, *Epicurus*, S. 140-41. Sowohl Hobbes als auch Locke wurden beeinflusst von Gassendis Wiederherstellung des epikureischen Atomismus. Vgl. Bernard Pullman, *The Atom in the History of Human Thought*, New York: Oxford University Press, 1998, S. 144-45, 166.

[160] Jones, *The Epicurean Tradition*, S. 204-05.

Abhandlung über die Waldbäume und die Vermehrung des Holzes in den Herrschaftsgebieten Seiner Majestät] (1664), der ersten Publikation der Royal Society (ein Werk, das zu Lebzeiten Evelyns vier weitere Auflagen durchlief), beklagte er die „ungeheure Verwüstung" der englischen Wälder, die durch die Anforderungen der Schifffahrt, der Glasproduktion, der Schmelzöfen und dergleichen verursacht wurde. „Diese Zerstörung", beobachtete er, „ist mittlerweile von solch epidemischem Ausmaße, dass, wenn sich nicht ein geeignetes und dem Problem angemessenes Hilfsmittel zur zukünftigen Ausräumung dieses Missstandes finden lässt und sich schnell und ernsthaft darauf geeinigt wird, eins der größten und bedeutendsten Bollwerke dieser Nation in kürzester Zeit verschwunden sein wird."[161] Evelyn schlug vor, einen elisabethanischen Erlass durchzusetzen, nach dem das Fällen von Bäumen von „einem Quadratfuß" oder mehr im Umkreis von 22 Meilen um London verboten werden sollte und empfahl das Anpflanzen von Setzlingen auf den großen Ländereien.

Noch wichtiger ist, dass Evelyn das große Buch *Fumifugium: Or, the Inconvenience of the Aer and Smoake of London Dissipated* [Fumifugium, oder: Die Unannehmlichkeiten der Londoner Luft und des Londoner Smogs und ihre Auflösung] (1661) schrieb und Charles II. präsentierte. Darin war Evelyns Enthusiasmus nicht nur für den Baconismus, sondern auch für den epikureischen Materialismus klar erkennbar. Im Sechsten Buch seines großen Lehrgedichts schrieb Lukrez: „Gar leicht steigt auch der Kohlendunst mit betäubender Wirkung/ Uns zum Hirn"[162], was Evelyn auf dem Titelblatt seines Werkes zitierte. Die allgemeine Verschmutzung in London anprangernd ging Evelyn dazu über, die Luftverschmutzung zu behandeln, deren Ursache er nicht den Küchenfeuern der Bevölkerung zuschrieb, sondern den

> *Angelegenheiten, die mit den Brauereien, Färbereien, Kalkbrennereien, Salz- und Seifensiedern und einigen anderen privaten Berufen im Zusammenhang stehen.... Während diese es aus ihren rußigen Mäulern ausstoßen, ähnelt die City of London in Wirklichkeit mehr dem Berg Ätna, der Vulkankammer, dem Stromboli oder gar den Vorhöfen der Hölle... Es ist dieser*

[161] John Evelyn, *Sylva, Or a Discourse of Forest-Trees and the Propagation of Timber in His Majesties Dominions*, London: Royal Society, 1664, S. 2-3.

[162] Lukrez, *Von der Natur*, 6.804-06, S. 326.

[abscheuliche Rauch], der die dunklen und schmutzigen Atome überall dort verstreut und verteilt, wohin es ihn trägt.

„Die Folge all dessen", schrieb er, könne man an der Tatsache sehen, dass „die eine Hälfte derer, die in London zugrunde gehen, dies tut auf Grund von physischen und pulmonalen [die Lunge betreffend; Anm. d. Übers.] Missstimmungen; dass die Bewohner niemals frei sind von der Husterei." In all diesen Ausführungen war Evelyn klar beeinflusst von der materialistischen Epidemiologie, die im Sechsten Buch von Lukrez' Lehrgedicht zu finden ist und die betont, dass gewisse Atome von Substanzen existieren, die „Tod und Erkrankung/ Schaffen."[163]

Die Tatsache, dass der Epikureismus in der Zeit von Oliver Cromwell und der Restauration, die auf ihn folgte, wiederbelebt wurde, bedeutete, dass seine radikalen, antireligiösen Implikationen stets auszubrechen drohten. So schrieb der bekannte Dichter und Freund von Hobbes, Edmund Waller, ein Gedicht an Evelyn, in welchem er die atheistische Weltanschauung von Lukrez darlegte:

Lucretius with a stork-like fate
Born and translated in a State
Comes to proclaim in English verse
No Monarch rules the Universe.
But chance and Atomes makes this All
In order Democratical
Without design, or Fate, or Force.[104]

Die dominante Strömung innerhalb der wissenschaftlichen Gemeinschaft lehnte den radikalen Materialismus ab, der oft mit der Englischen Revolution in Verbindung gebracht wurde, obwohl

---

[163] John Evelyn, „Fumifugium: Or, the Inconvenience of the Aer and Smoake of London Dissipated", in: James P. Lodge (Hrsg.): *The Smoake of London: Two Prophesies*, Elmstead, New York: Maxwell Reprint, 1969, S. 15-17, 22; Lukrez, *Von der Natur*, 6.1095-96, S. 338. Siehe auch Carolyn Merchant, *The Death of Nature*, New York: Harper & Row, 1980, S. 236-42 [Anm. d. Übers.: Aus einem unerfindlichen Grund fehlt genau dieses Kapitel in der deutschen Übersetzung von *Death of Nature*].

[164] Waller, zitiert in Kargon, *Atomism in England*, S. 92 [Anm. d. Übers.: Hier unser Übersetzungsversuch, dem Inhalt mehr als dem Stil nach: Es war einst Lukrez mit einem storchengleichen Schicksal/ geboren worden und überführt in eine/n Nation/Zustand / um nun in englischen Versen zu verkünden / dass kein Monarch das Universum beherrscht./ Dass nur Zufall und Atome all Dies machen/ der Ordnung nach demokratisch/ ohne Plan, Schicksal und Gewalt].

sie einen mechanistischen Materialismus und epikureischen Atomismus (wenn auch gereinigt von den stärker atheistischen Elementen) übernahm. Der Chemiker Robert Boyle (1627-1697), der führende britische Wissenschaftler seiner Zeit vor Newton und ein Baconianer, übernahm eine moderate und christianisierte mechanistische Philosophie, die sich in ihrem Verständnis der Materie letztlich auf dem Atomismus stützte. 1648 – ein Jahr, bevor sie veröffentlicht wurde – machte er das erste Mal Bekanntschaft mit Gassendis Arbeit über Epikur, vermittelt über Samuel Hartlib, einem führenden Vertreter der baconschen Tradition.[165] Boyles moderate mechanistische Philosophie wurde ausdrücklich im Gegensatz zum pantheistischen Materialismus entwickelt, den man gewöhnlicherweise mit den radikaleren Elementen der englischen Revolution in Verbindung bringt. Nach 1660 verschrieben sich Boyle und seine Mitstreiter der wiederhergestellten Monarchie. Im Jahre 1662 wurde dann die Royal Society gegründet, die der formale Mechanismus zur Institutionalisierung der neuen Wissenschaften werden sollte und eine anglikanische Ideologie mit dem Fokus auf die Kompatibilität von Wissenschaft und Religion übernahm.[166] Dieser Kompromiss wurde durch Boyles Ablehnung der anti-theologischen Implikationen des griechischen Atomismus repräsentiert:

> *Ich bin weit davon entfernt wie die Epikureer zu behaupten, dass die Atome vermittels zufälliger Begegnung in einem unendlichen Vakuum und allein aus sich selbst heraus eine Welt und all ihre Phänomene hervorbringen konnten: noch gehe ich davon aus, dass als Gott in die große Masse an Materie eine unveränderliche Quantität an Bewegung hinzugefügt hatte, dies ausreichte, um das Universum zu schaffen; noch dass folglich die materiellen Teile des Universums dazu befähigt wären, sich allein durch ihre ungelenkte Bewegung in ein ordentliches System zu entfalten. Die Philosophie, für die ich plädiere, kümmert sich nur um rein körperliche Dinge; und durch die Unterscheidung des ersten Ursprungs der Dinge von dem daraus folgenden Gang der Natur lehrt sie, dass Gott tatsächlich der*

[165] Ebd., S. 95.

[166] Jacob, *The Radical Enlightenment*, S. 70, 81. Vgl. ebenfalls J.J. MachIntosh, „Robert Boyle on Epicurean Atheism and Atomism“, in: Margaret J. Osler (Hrsg.), *Atoms, Pneuma, and Tranquility: Epicurean and Stoic Themes in European Thought*, New York: Cambridge University Press, 1991, S. 197-217.

Materie Bewegung gab, dass er aber die verschiedenen Bewegungen am Anfang so lenkte, dass die Teile sich zusammenfanden zur Welt, für die Gott sie vorhergesehen hatte; und dass also Gott jene Gesetze der Bewegung und jene Ordnung der körperlichen Dinge schuf, für die wir den Namen der Naturgesetze führen. Und so lehrt diese Philosophie also auch, dass nachdem Gott das Universum erschaffen hatte und die Gesetze der Bewegung bestimmte, welches alles durch seine ewige Zusammenführung, die allgemeine Vorsehung, hochgehalten wird; dass also darauf gründend die Phänomene der Welt physikalisch hervorgebracht sind von den mechanischen Eigenschaften der Teile der Materie und dass diese miteinander operieren entsprechend den mechanischen Gesetzen.[167]

So gelang es Boyle, eine mechanistische Vorstellung der Naturgesetze, die in einem atomistischen Verständnis der Materie gründete, mit einer theologischen Position zu verknüpfen, die sowohl den Ursprung der Materie als auch denjenigen der Bewegungsgesetze in der Natur dem Plan eines allwissenden Gottes zuschrieb.

Tatsächlich schrieb Boyle ebenso viel über Theologie wie über die Wissenschaften und kann als einer der Hauptvertreter der Naturtheologie betrachtet werden. Sein Werk *Disquisition About the Final Causes of Natural Things* (1688) [dt.: Abhandlung über die letzten Ursachen natürlicher Dinge] stellt eine frühe Formulierung des teleologischen Arguments dar, demzufolge die Ordnung der Welt auf die Existenz Gottes schließen lasse. Diese Vorstellung wurde auch von Boyles Zeitgenossen John Ray entwickelt. Sie deutete schon die Ideen an, die William Paley knapp ein Jahrhundert später vorbrachte. Für Boyle „verbannen Epikur und die meisten seiner Anhänger die Überlegungen vom Zweck der Dinge [letzte Ursachen], da ihnen zufolge die Welt aus Zufall entstand und ergo kein Zweck von irgendetwas als intendiert vorausgesetzt werden kann."[168] Zufall bedeutete hier nicht absoluter Zufall wie die Ergebnisse eines Würfelwurfs, sondern eher das Argument bezüglich des kontingenten Charakters des Universums und somit der Natur- als auch Sozialgeschichte – eine

[167] Boyle, zitiert in John C. Greene, *The Death of Adam*, Ames, Iowa: Iowa State University Press, 1959, S. 11-12.

[168] Robert Boyle, *Works*, Bd. 4, London: A. Millar, 1744, S. 515.

Anschauung, die im direkten Gegensatz zum Argument vom planmäßigen Entwurf steht. Daher lehnte Boyle einen grundlegenderen Materialismus und Atheismus ab, obwohl er gewisse Hypothesen des epikureischen Atomismus, die wesentlich für die Konstruktion seiner eigenen mechanistischen Anschauungen waren, übernahm. Stattdessen, schreibt Stephen Jay Gould, „vermählte er Mechanismus und Religion geschickt in ein kohärentes System, das beiden Seiten höheren Status verlieh."[169]

Isaac Newton (1642-1727), der mit der Publikation seines Werkes *Mathematische Prinzipien der Naturphilosophie* im Jahre 1687 [lat. Orig.: Philosophiae Naturalis Principia Mathematica] die Wissenschaften revolutionierte, vertrat darin eine fast identische Sichtweise wie Boyle.[170] Newton baute in seinem Frühwerk in starkem Maße auf den epikureischen Atomismus auf. Später sollte er jedoch einige jener frühen Reflexionen über den Atomismus unterdrücken, zweifellos wegen den anti-religiösen Implikationen des klassischen Epikureismus. Zwar übernahm Newton in seiner *Principia* eine partikularistische beziehungsweise atomistische Sichtweise auf die Materie; dies aber erst, nachdem der Atomismus – von den schlimmsten Ketzereien der Epikureer durch die vorhergegangene Entwicklung der mechanistischen Philosophie in den Werken von Gassendi, Charleton und Boyle gereinigt – weithin innerhalb der Wissenschaften akzeptiert war.

Newtons eigene Naturphilosophie und ihr Verhältnis zur Naturtheologie lässt sich am klarsten veranschaulichen durch die vier Briefe, die er 1692-93 an Richard Bentley schrieb. Dieser arbeitete gerade die letzten zwei von acht Predigten über Naturtheologie (die sogenannten Boyle-Vorträge) aus, die auf die Gefahr des epikureischen Materialismus und Atheismus zielten. Bentley bat Newton in den Briefen um Beistand hinsichtlich einer wissenschaftlichen Begründung seiner Position. Aus diesen und auch aus einigen anderen Korrespondenzen Newtons kann man ersehen, dass er durchaus bereit war, auf sein Engagement für die mechanistische Philosophie zu verzichten, insofern er es für nötig hielt, um den Materialismus zu bekämpfen und seinen religiösen Glauben zu verteidigen. In einem Brief an Thomas Burnett stellt er

---

169 Stephen Jay Gould, *Leonardo's Mountain of Clams and the Diet of Worms*, New York: Crown Publishers, 1998, S. 287-98; Mitchell Salem Fosher, *Robert Boyle, Devout Naturalist*, Philadelphia: Oshiver Studio Press, 1945.

170 Greene, *The Death of Adam*, S. 12.

etwa die Vermutung auf, dass die Erdrotation ursprünglich sehr langsam stattgefunden und hierdurch Tage von praktisch jeder erdenklichen Länge generiert habe. Er versuchte damit, die biblische Geschichte der Schöpfung der Welt in sieben Tagen mit den geologischen Beweisen des Erdalters in Einklang zu bringen.[171]

Dennoch ging keiner der Versuche zur Beschneidung des Einflusses des epikureischen Materialismus und dessen Herausforderung der traditionellen religiösen Anschauungen so weit, den zugrundeliegenden Einfluss des antiken Atomismus auf Newton und die Wissenschaftler der frühen Royal Society auszulöschen. Wie der Wissenschaftshistoriker Robert Kargon bemerkt: „Der Großteil der *Principia* kann und wurde verstanden als Darstellung der Mechanik atomarer Bewegung" – wie es Newtons Zeitgenosse Edmund Halley auch tatsächlich tat – „obwohl das Werk" selbst sich, wie Kargon hinzufügt, „primär auf sichtbare Körper bezog." Halleys Lobgesang auf Newton, die der *Principia* vorangestellt wurde, verwendete eine Sprache, die Lukrez entlehnt war, aber gemäß christlicher Maßstäbe „gereinigt" wurde und der Einführung der Leser*innen in dieses Werk von Newton diente.[172] Wie Alan Cook in seiner großartigen neuen Biographie von Halley feststellt, führten Halley und zu einem großen Maß auch Newton genauso wie „Galileo und Gassendi ihre Metaphysik auf Epikur anstatt auf Aristoteles zurück."[173] Peter Gay, Autor vieler maßgebender Bücher zur Untersuchung der Geschichte

[171] Richard Bentley, *Sermons Preached at Boyle's Lecture*, London: Francis Macpherson, 1838, S. 1-50, 146-216. Als Robert Boyle im Jahre 1691 starb, sollte seinem Testament zufolge mit 50 Sterling pro Jahr ein Lehrauftrag geschaffen werden, der den Zwecks haben sollte, darzulegen, dass die Wissenschaften den besten Beweis und die beste Verteidigung der christlichen Religion lieferten. Das Honorar sollte einem „heiligen und predigenden Seelsorger" bereitgestellt werden, dem aufgelegt wurde, jeweils acht Predigten im Jahr zu halten – gegen die „offenkundigen Ungläubigen, d.h. Atheisten, Deisten, Heiden, Juden und Mohammedaner." Richard Bentley wurde als erster Dozent entsprechend dieses Vermächtnisses ausgewählt. Er hielt eine Reihe von acht Predigten unter dem Titel *A Confutation of Atheism*, die sich hauptsächlich gegen Epikur und Lukrez richtete. Bentley wurde später Doctor of Divinity (DD) und Magister an der Trinity College, Cambridge. Vgl. H.S. Thayer (Hrsg.), *Newton's Philosophy of Nature*, New York: Hafner Publishing Company, 1952, S. 63-64, 187-88; Stephen Jay Gould, *Ein Dinosaurier im Heuhaufen. Streifzüge durch die Naturgeschichte*, Frankfurt/M.: Fischer, 2002, S. 36.

[172] Kargon, *Atomism in England*, S. 129; Jacob, *Scientific Culture and the Making of the Industrial West*, S. 69; J.T. Dobbs, „Stoic and Epicurean Doctrines in Newton's System of the World", in: Osler (Hrsg.), *Atoms, Pneuma, and Tranquility*, S. 221-28.

[173] Alan Cook, *Edmund Halley: Charting the Heavens and the Seas*, Oxford: Oxford University Press, 1998, S. 198.

aufklärerischen Denkens, schreibt ebenfalls: „Es ist klar, dass Gassendis korpuskulare Physik einen Eindruck auf Boyle machte und vermittels Boyle auf Newton. [...] [W]ährend das epikureische Modell einer Welt von in der Leere herumschwirrender Atome krud und willkürlich war, bot es doch ein sehr nützliches Korrektiv des wissenschaftlichen Weltbilds, das die christliche Kultur seit vielen Jahrhunderten beherrschte."[174]

Ein Knittelvers, der kurz nach der Eintragung der Royal Society durch Charles II. im Jahre 1662 erschien, fing diese Gemütsstimmung ein. Er ging wie folgt: „These Collegiats do assure us, / Aristotle' an ass to Epicuras."[175]

Die Abnahme des Einflusses der aristotelischen Philosophie im 17. Jahrhundert nahm also nicht, wie gewöhnlicherweise suggeriert wird, die Form eines direkten Konflikts zwischen den Alten und den Neuen an. Stattdessen kann „die Geschichte des frühmodernen Denkens", so Margaret Osler und Letizia Panizza, „vielleicht verstanden werden als ein Zusammenspiel von einem Set antiker Modelle mit einem anderen – zumindest zum Teil."[176] Dennoch resultierte die Herausforderung der Religion durch den epikureischen Materialismus in einem merkwürdigen Kompromiss im Werk vieler führender Wissenschaftler*innen, wie zum Beispiel bei Boyle und Newton, die eine mechanistische Anschauung der materiellen Welt entwarfen und dennoch Gott im Hintergrund als den ersten Beweger innerhalb der Natur intakt ließen.

Es war nicht nur der Atomismus von Epikur und Lukrez, der für den Sturm an Kontroversen im 17. und 18. Jahrhundert verantwortlich war, sondern auch die Vorstellungen der „tiefen Zeit", die man mit den antiken Materialisten in Verbindung brachte – wobei Lukrez die Erde im Vergleich zum Universum ausdrücklich als erst „vor Kurzem entstanden" begriff. Diese Vorstellungen bedrohten die christliche Weltanschauung, schienen aber zunehmend von den Entwicklungen in den Wissenschaften untermauert zu werden. Wichtige naturtheologische Werke wie Edward Stillingfleets *Origines sacrae* [dt.: Heilige Urpsrünge] (1662), John

[174] Peter Gay, *The Enlightenment*, Bd. 1, New York: Alfred A. Knopf, 1966, S. 306.

[175] Mayo, *Epicurus in England*, S. 129. [Anm. d. Übers.: Unser Übersetzungsversuch: Diese Kollegiaten versichern uns nun, / dass Aristoteles im Gegensatz zu Epikur ein Huhn. – wörtlich etwa: Diese Kollegiaten versichern uns, dass Aristoteles im Vergleich zu Epikur ein Esel ist.]

[176] Margaret J. Osler und Letizia A. Panizza, „Introduction", in: Osler (Hrsg.), *Atoms, Pneuma, and Tranquility*, S. 9.

Woodwards *Essay Towards a Natural History of the Earth* [dt.: Abhandlung im Sinne einer Naturgeschichte der Erde] (1695) und Samuel Shuckfords *Sacred and Profane History* [dt.: Heilige und Profane Geschichte] (1728) knöpften sich in erster Linie Epikur und Lukrez und anschließend Hobbes vor. Dem religiösen Kampf gegen das, was heutzutage als „geologische Zeit" verstanden wird, galten also die epikureischen Materialisten als die klassischen Feinde.[177]

Der häretische Charakter des Epikureismus hatte zur Konsequenz, dass der Einfluss von Epikur auf den großen italienischen Philosophen Giambattista Vico (1668-1744), inklusive dessen *magnum opus*, die *Prinzipien einer neuen Wissenschaft* [it. Orig.: Scienza nuova], zu einem großen Teil verdeckt blieb. Vico leitete viele seiner Ideen von Lukrez ab, insbesondere jene hinsichtlich der entwicklungstheoretischen Vorstellungen der menschlichen Kultur, die sich in Lukrez' großem Lehrgedicht finden. Dennoch musste dies verdeckt geschehen, da die Inquisition in Neapel zur Einkerkerung einiger Freunde Vicos, teilweise allein wegen des Vorwurfs der bloßen Erwähnung von Epikur und Lukrez, geführt hatte. Die religiöse Vorstellung, wonach Epikur und seine Anhänger*innenschaft in den sechsten Kreis der Hölle in Dantes Inferno verbannt wurden und dort in zahllosen halb-geöffneten brennenden Gräbern zu finden waren, herrschte immer noch vor. Vico selbst wurde angeklagt, weil er die lukrezschen Ideen des animalischen Ursprungs der Menschen übernommen hatte. Als Folge davon nahm Vico eine Position der „scheinbaren Zurückweisung von Lukrez" ein. Zugleich baute er jedoch auf Lukrez' Ideen auf und gestaltete diese um, wie die moderne Forschung stichhaltig nachweisen konnte.[178]

Im 18. Jahrhundert spielte der Epikureismus weiterhin eine große Rolle in der Entwicklung materialistischer Ideen, sowohl in England als auch auf dem Kontinent. Die Entwicklung der Wissenschaften schien den epikureischen Materialismus ausnahmslos zu bestätigen.[179] In seinem Werk *Untersuchungen über den menschlichen Verstand* (1748) [engl. Orig.: An Enquiry Concerning Human Understanding] widmete der große schottische Philosoph David Hume (1711-1776) einen ganzen Abschnitt des Buches einer

[177] Paolo Rossi, *The Dark Abyss of Time: The History of the Earth and the History of Nations from Hooke to Vico*, Chicago: University of Chicago Press, 1984, S. 25-28, 217-27, 251; Lukrez, *Von der Natur*, 5.326-36, S. 248.

[178] Gino Bedani, *Vico Revisited*, Oxford: Berg, 1989, S. 132.

[179] Cobban, *In Search of Humanity*, S. 140.

imaginierten Verteidigungsrede Epikurs, der in dieser fiktionalen Erzählung in Athen der Leugnung der „göttlichen Existenz“ und der Zerstörung der Moral wegen angeklagt wurde. Mittels der Argumente des antiken Materialisten Epikur präsentierte Hume damit seine eigenen Rechtfertigungen gegenüber denjenigen, die ihm Ähnliches wie Epikur vorwarfen.[180] In seinen letzten Monaten munterte sich Hume angesichts des herannahenden Todes mit der erneuten Lektüre von Lukrez und Lucian auf. Derweil erachtete Voltaire in Frankreich Lukrez' *De rerum natura* für so bedeutend, dass er sechs verschiedene Auflagen und Übersetzungen in seinen Bücherregalen aufbewahrte.[181] „Lukrez“, so schrieb er, „ist bewundernswert, was seine Einleitungen, Analysen, seine Ethik und überhaupt alles, was gegen den Aberglauben gerichtet ist, angeht.“ Die Wirkung von Lukrez auf Voltaire kann besser verstanden werden, wenn man, so schreibt Gay, erkennt, dass die Idee der „Aufklärung“, wie man sie im 18. Jahrhundert begriff, zu einem großen Teil von Lukrez inspiriert wurde. Denn „wo Lukrez vom Ende der Nacht, Vertreibung der Schatten und der Klarheit der Ideen sprach, da bezweckte er die Eroberung der Religion durch die Wissenschaften.“[182] Voltaire war dennoch zu sehr Deist und Anhänger Newtons, um einen grundsätzlichen Materialismus angesichts dessen atheistischen Implikationen anzunehmen. In den 1740ern (als er das erste Mal von Newton beeinflusst wurde) begann er mit einer Reihe von scharfen Angriffen gegen Materialisten wie Buffon und Holbach.[183]

Die Werke der französischen Materialisten wie La Mettrie, Helvétius, Holbach und Diderot wurden zu einem großen Teil auf den epikureischen Materialismus zurückgeführt. Epikureischer

[180] David Hume, *Eine Untersuchung über den menschlichen Verstand*, Hamburg: Felix Meiner, 1973, S. 156-74. Lucian (ca. 120-180 n.Chr.) war ein griechischer Satiriker und Meister der Erzählung, der insbesondere bekannt ist für seine witzreichen Satiren zur Religion. Er war ein Bewunderer Epikurs, wenn auch selbst kein Epikureer.

[181] Gay, *The Enlightenment*, Bd. 1, S. 98-107, 356.

[182] Ebd., S. 102-03. Wie wir sehen werden, wies Marx in seiner Dissertation in dieselbe Richtung, indem er Epikur als den großen Aufklärer der Antike darstellte und dies bewusst verband mit dem griechischen Mythos von Prometheus nach den Darstellungen von Aischylos' *Der gefesselte Prometheus*, wonach Prometheus den Menschen das Feuer (das Licht) brachte und offen den Göttern trotzte.

[183] Shirley A. Roe, „Voltaire versus Needham: Atheism, Materialism, and the Generation of Life“, in: John W. Yolton (Hrsg.), *Philosophy, Religion and Science in the Seventeenth and Eighteenth Centuries*, Rochester, New York: University of Rochester Press, 1990, S. 417-39.

Atomismus und epikureische Ethik, Erörterungen belebter Natur, Kritik der Religion sowie Erörterung der Sterblichkeit waren zentrale Theme dieser Werke. Am Ende seines Lebens schrieb La Mettrie eine Reihe an materialistischen Aphorismen zu Lukrez mit dem Titel *Système d'Épicure* (1750). Holbachs *System der Natur* (1770) war in einem lukretischen Stil abgefasst und noch im Jahr seines Erscheinens durch einen Parlamentserlass zur Verbrennung verurteilt. Die Anklageschrift legte den epikureischen Ursprung seiner Theorien dar.[184]

In seinem großen Beitrag zur wissenschaftlichen Kosmologie, der *Allgemeinen Naturgeschichte und Theorie des Himmels* (1755), stellte der junge Immanuel Kant (1724-1804) nicht nur die revolutionäre Idee von der Erde und dem gesamten Sonnensystem als in der Zeit entstanden dar, sondern entwickelte außerdem die Vorstellung von der „tiefen Zeit", die mit der Vorstellung eines grenzenlosen Raums einhergeht. Kant war im Wesentlichen an einer evolutionären Darstellung des Universums interessiert. Solche Anschauungen wurden gewöhnlicherweise mit dem epikureischen Materialismus in Verbindung gebracht, weshalb Kant folgende Erklärung verfasste:

> *Ich werde es also nicht in Abrede sein, daß die Theorie des Lucrez oder dessen Vorgängers des Epikurs, Leucipps, und Demokritus mit der meinigen viele Ähnlichkeit habe. Ich setze den ersten Zustand der Natur, so wie jene Weltweise, in der allgemeinen Zerstreuung des Urstoffs aller Weltkörper, oder der Atomen, wie sie bei jenen genannt werden. Epikur setzte eine Schwere, die diese elementarische Theilchen zum Sinken trieb, und dieses scheint von der newtonischen Anziehung, die ich annehme, nicht sehr verschieden zu sein; er gab ihnen auch eine gewisse Abweichung von der geradlinichten Bewegung des Falles, ob er gleich in Ansehung der Ursache derselben und ihren Folgen ungereimte Einbildungen hatte: diese Abweichung kommt einigermaßen mit der Veränderung der geradlinichten Senkung, die wir aus der Zurückstoßungskraft der Teilchen herleiten, überein.*[185]

---

[184] Julien Offray de La Mettrie, *Machine Man and Other Writings*, New York: Cambridge University Press, 1996, S. 91-115; Kemp (Hrsg.), *Diderot, Interpreter of Nature*, S. 21; Pullman, *The Atom in the History of Human Thought*, S. 153.

[185] Immanuel Kant, *Allgemeine Naturgeschichte und Theorie des Himmels*, Akademieausgabe Band 1, Vorkritische Schriften I (1747-1756), Berlin: Georg Reimer, 1910,

Dennoch widersprach Kant Epikur dahingehend, dass dieser all dies als „zufällig“ entstanden begriff. Er schlug stattdessen vor, gewisse „notwendige Gesetze“ anzunehmen, die ein „wohlgeordnetes Ganzes“ bildeten. Wie in Newtons mechanischer Philosophie und dessen Gegenpart in Form der Naturtheologie, schrieb Kant die Existenz solcher Gesetze einem „allgenugsame[n] höchste[n] Verstand“ zu.[186] In seiner *Kritik der Urteilskraft* und darin insbesondere in der Kritik der teleologischen Urteilskraft sollte sich der reife Kant, der Begründer der kritischen Philosophie, gegen eine rein teleologische Naturanschauung aussprechen, die der Natur als ontologischer Realität Absicht oder Endzwecke zuschrieb. Er stimmte hierin also zum Teil mit der materialistischen Tradition überein, die von Epikur und dessen starker anti-teleologischer Ausrichtung herrührte. Dennoch behauptete Kant, solche teleologischen Urteile seien notwendig als *heuristische*, das heißt interpretative Mittel, da die Wissenschaften der apriorischen Annahme eines intelligiblen, gesetzmäßigen und zweckhaften Universums bedürften. Es war ihm zufolge also notwendig, die Welt so zu untersuchen, *als ob* es ein intelligentes Wesen dahinter gäbe, obwohl die materielle Welt selbst keinen Beweis der Existenz Gottes liefern konnte. Kant versuchte damit, eine materialistische Methodologie mit der Vorstellung einer teleologischen Urteilskraft als regulativem Prinzip des Wissens zu kombinieren. Für Kant gehörte die epikureische Philosophie zu der Gruppe an Theorien, in denen Zweckmäßigkeit oder Intelligibilität existierten, jedoch nur absichtslos und somit zufällig.[187] Obwohl Kant den Epikureismus aufgrund seiner „hyperphysischen“ Orientierung kritisierte, gründete er dennoch seine eigene Analyse der physischen Welt auf eine mechanistische Anschauung und lehnte die Naturtheologie (die er „Physikotheologie“ nannte) ab. „Dass Kant die Tür für eine mechanistische Erklärung

S. 226-7; James W. Ellington, „Kant, Immanuel“, *Dictionary of Scientific Biography*, Bd. 7, S. 224-35.

[186] Kant, *Allgemeine Naturgeschichte*, S. 227. Kant sollte in seinen *Metaphysischen Anfangsgründen der Naturwissenschaft* (1786) eine kritischere Position zum griechischen Atomismus einnehmen, wenngleich er diesen nicht vollständig ablehnte. Vgl. Immanuel Kant, *Metaphysische Anfangsgründe der Naturwissenschaft*, in: Werkausgabe Band IX, Frankfurt/M.: Suhrkamp, 1977, S. 95-99 (A 100-105).

[187] Immanuel Kant, *Kritik der reinen Urteilskraft*, Werkausgabe Band X, Frankfurt/M.: Suhrkamp, 1977, S. 326-387, 396-409, 443-456; Frederick Copleston, *A History of Philosophy*, Bd. 6, London: Burnes & Oates, 1960, S. 349-56, 370-79; James G. Lennox, „Teleology“, in: Lloyd Keller (Hrsg.), *Keywords in Evolutionary Biology*, S. 324-33.

offenlässt", stellt Daniel Dahlstrom fest, „ist nicht überraschend bei dem Vorrang, den er solch einem Erklärungsansatz permanent zuschreibt. Nur auf Grund des Naturmechanismus, behauptet er, können wir überhaupt Einsicht in die Natur der Dinge erhalten – und ohne diesen Mechanismus kann es überhaupt keine Naturwissenschaft geben."[188]

Die Bedeutung Epikurs für Kant wird in gleichem Maße aus seinen beiden ersten Kritiken, der *Kritik der reinen Vernunft* und der *Kritik der praktischen Vernunft* deutlich. In der *Kritik der reinen Vernunft* betonte Kant, dass Epikur der dialektische Gegensatz zu Platon in der Epistemologie gewesen sei. „Epikur", schreibt er, „kann der vornehmste Philosoph der Sinnlichkeit, Plato des Intellektuellen genannt werden." Als ein Philosoph der Sinnlichkeit war Epikur, so Kant, „viel konsequenter nach seinem Sensualsystem (denn er ging mit seinen Schlüssen niemals über die Grenze der Erfahrung hinaus), als Aristoteles und Locke[.]"[189] In der *Kritik der praktischen Vernunft* betonte Kant dies noch einmal. Er beschrieb Platon und Epikur als die Repräsentanten des fundamentalen Gegensatzes im Feld der Erkenntnistheorie (das heißt des Gegensatzes zwischen Materialismus und Idealismus, Sinnlichem und Intellektuellem), den Kant selbst mit seiner *Kritik der reinen Vernunft* und seiner Analyse apriorischer Erkenntnis überwinden wollte, um eine vollständigere Entwicklung der Theologie und Moral unter Herrschaft der praktischen Vernunft liefern zu können.[190]

In seiner *Logik*, veröffentlicht im Jahre 1800, vier Jahre vor seinem Tode, bezeichnete Kant die Epikureer als „die besten Naturphilosophen unter allen Denkern Griechenlands". Für Kant verdankte die Philosophie „[i]hre Verbesserungen in den neueren Zeiten [...] teils dem größern Studium der Natur [...]. Der erste und größte Naturforscher der neuern Zeit war Baco von Verulamio."[191]

---

[188] Kant, *Kritik der reinen Urteilskraft*, S. 364-365 (A 350, B 354); Daniel O. Dahlstrom, „Hegel's Appropriation of Kant's Account of Teleology in Nature", in: Stephen Houlgate (Hrsg.), *Hegel and the Philosophy of Nature*, Albany: State University of New York Press, 1998, S. 172.

[189] Kant, *Kritik der reinen Vernunft*, S. 710-711 (A 853-854, B 881-882).

[190] Kant, *Kritik der praktischen Vernunft*, S. 275 (A 254-255).

[191] Immanuel Kant, *Logik*, in: Werkausgabe Band VI, Frankfurt/M.: Suhrkamp, 1977, S. 417-582, hier: S. 454-455 (A 35-38). In seiner *Anthropologie* argumentierte Kant, dass der epikureische Ansatz dem stoischen Ansatz hinsichtlich der Befriedigung der Sinne, das heißt dem Streben nach Lust, überlegen sei. Vgl. Immanuel Kant,

Die hier implizit gezogene Verbindung zwischen Epikur und Bacon war sicherlich intendiert.

Im Gegensatz zur großen, kritischen Würdigung Epikurs durch Kant, verstand Friedrich Schelling (1775-1854) in seiner romantischen und pantheistischen Philosophie den epikureischen Materialismus als eine Philosophie des leblosen Mechanismus; als eine, in die die Philosophie der Natur einen mystischen Geist einhauchen musste. Schellings spiritualistische Reaktion auf den Materialismus ist am offensichtlichsten in seinem Gedicht „Epikureisch Glaubensbekenntnis Heinz Widerporstens", in dem der fiktionale Protagonist, Widerporsten, ein irreligiöser, epikureischer Materialist, plötzlich, inmitten eines langen Bekenntnisses, zu einem deutschen Idealisten wird und hinter den Sinnen einen „Riesengeist" erkennt, der, indem er „gegen widrig Element" kämpft, schließlich durch die Entstehung der Menschen triumphiert: „Menschenkind, der Riesengeist sich selber findt."[192]

In der weitaus bedeutungsvolleren Philosophie von Georg Wilhelm Friedrich Hegel (1770-1831) und darüber hinaus in der Philosophie der radikalen Junghegelianer, mit denen Marx in den 1830ern und frühen 1840ern eng verbunden war (insbesondere mit Bruno Bauer und Karl Friedrich Köppen), wurde der Epikureismus zusammen mit dem Stoizismus und dem Skeptizismus als Repräsentation der Entwicklung des „Selbstbewusstseins" im antiken Griechenland und der römischen Gesellschaft begriffen.[193] Selbstbewusstsein bedeutete nach Hegel das Prinzip der abstrakten subjektiven Freiheit, das nach Selbsterkenntnis und Selbstbefriedigung strebte und alles ihm Äußere als von ihm getrennt begriff. Philosophische Kritik bedeutete also, all jene Kräfte zum Bewusstsein zu bringen, die der freien Entwicklung des menschlichen Selbstbewusstseins entgegenstanden, und sie als das zu erkennen, was sie waren – nämlich Entfremdungen des Denkens oder des Geistes. Die höchste Form eines solchen Selbstbewusstseins war die Aufklärung selbst.

In Hegels *Vorlesungen über die Geschichte der Philosophie* wurde der Epikureismus als Realität der Entwicklung der

---

Anthropologie in pragmatischer Hinsicht, in: Werkausgabe Band XII, Frankfurt/M.: Suhrkamp, 2000, S. 395-690, hier: S. 462 (A 64-65, B 64-65), S. 557 (A 176-177, B 176-177).

192 Vgl. Josiah Royce, *The Spirit of Modern Philosophy*, Boston: Houghton Mifflin, 1920, S. 186-89, worin sich Schellings Gedicht in seiner Gesamtheit zitiert findet.

193 Hegel, *Vorlesungen über die Geschichte der Philosophie II*, S. 249-255.

abstrakten Individualität verstanden; der Stoizismus als diejenige der abstrakten Allgemeinheit und der Skeptizismus als die Schule, die die beiden anderen Schulen aufhob.[194] Die epikureische Physik war nach Hegel „das Prinzip moderner Physik überhaupt."[195] „Epikur", so Hegel, „ist der Erfinder der empirischen Naturwissenschaft, empirischen Psychologie [...] Seine Physik wird dadurch berühmt, daß sie den Aberglauben der Astrologie, Furcht vor den Göttern verbannt hat; sie hat *Aufklärung* in Rücksicht aufs Physische aufgebracht."[196] Hier war der abstrakte Individualismus „der sogenannten Aufklärung" im antiken Gewand zu finden. Aber dennoch: Obwohl Epikur für Hegel den Standpunkt der modernen Wissenschaften einnahm, stellte er auch die philosophische Armut der Wissenschaften dar. So schrieb Hegel (nicht ganz konsistent mit dem, was er zuvor geschrieben hatte): „Vor Epikurs philosophischen Gedanken können wir keine Achtung haben; oder vielmehr es sind gar keine Gedanken."[197]

Dieselbe Position zum Epikureismus wurde später von den Junghegelianern eingenommen, die behaupteten, dass insbesondere der Epikureismus die europäische Aufklärung des 17., 18. und 19. Jahrhunderts ankündige, die auch sie als eine Periode des wachsenden Selbstbewusstseins, der abstrakten Individualität und der Ablehnung jedweder göttlichen Gewalt hinsichtlich der Natur verstanden.[198]

Für Hegel und die Junghegelianer war Friedrich der Große (1712-1786), König von Preußen von 1740 bis 1786 sowie Mäzen Voltaires und La Mettries, in Heinrich Heines Worten „der gekrönte Materialismus", das heißt, ein moderner Anhänger des Epikureismus.[199] 1840 veröffentlichte Marx' Freund Köppen, der zehn Jahre älter war als Marx, ein Buch mit dem Titel *Friedrich der Große und Seine Gegner*. Im Gegensatz zu den deutschen Romantikern wie Friedrich Schlegel, der „den kruden Materialismus Epikurs"

---

[194] Ebd., S. 253-55.

[195] Ebd., S. 315.

[196] Ebd., S. 319-20.

[197] Michael Inwood legt recht plausibel dar, dass Marx seine Dissertation schrieb, um „Hegels Ungerechtigkeit gegenüber Epikur zu beheben." Vgl. Michael Inwood, *A Hegel Dictionary*, Oxford: Basil Blackwell, 1992, S. 262.

[198] Interessant ist der Verweis von Gay, dass Voltaire als Philosoph „ein Eklektiker war, der die Ideen der Stoiker, Epikureer und Skeptiker synthetisierte und aktualisierte." Peter Gay, *The Party of the Enlightenment*, New York: W.W. Norton, 1963, S. 11.

[199] Heine, *Zur Geschichte der Religion und Philosophie*, S. 77.

angriff und bedauerte, dass in modernen Zeiten „die Lehren des Epikur, angereichert und erweitert durch die neuen Entdeckungen der Naturwissenschaften, [...] zur dominanten Philosophie des späten 18. Jh. insbesondere in Frankreich wurden“,[200] verstand Köppen – der später bekannte, dass all sein Denken jener Zeit von Marx stammte – die Verbindung von griechischem Atomismus und der Aufklärung als eine Tugend: „Doch alle Aufklärer des vorigen Jahrhunderts sind ja in vielen Rücksichten den Epicuräern verwandt, so wie umgekehrt die Epicuräer sich vorzugsweise als Aufklärer des Alterthums gezeigt haben.“[201] Bezeichnenderweise widmete Köppen das Buch Karl Marx.[202]

Marx und Epikur

Im Vorwort seiner Dissertation, die 1841 eingereicht und kurz danach angenommen wurde, bezog sich Marx positiv auf Carl Friedrich Köppens *Friedrich der Große*. In seiner Dissertation bevorzugte Marx jedoch einen Rückblick auf die epikureische Philosophie selbst, um herauszuarbeiten, wie diese den Aufstieg des Materialismus, Humanismus und des abstrakten Individualismus der europäischen Aufklärung des 17. und 18. Jahrhunderts vorzeichnete. Für Marx war Epikur „der größte griechische Aufklärer und ihm gebührt das Lob des Lukrez.“[203] (Lukrez bezog sich in seiner Lobrede in seinem *De rerum natura* auf Epikur als den Überbringer von Vernunft oder der Aufklärung, verstanden als ein inneres geistiges Licht, das die Schatten des Aberglaubens besser zu vertreiben wüsste als Sonnenstrahlen.[204]) Nicht nur waren die Epikureer, Stoiker und Skeptiker der Schlüssel für das Verständnis der gesamten Entwicklung der griechischen Philosophie, so sein

[200] Schlegel zitiert nach White, *Karl Marx and the Intellectual Origins of Dialectical Materialism*, S. 122-3.

[201] Carl Friedrich Köppen, *Friedrich der Grosse und seine Widersacher. Eine Jubelschrift*, Leipzig: Otto Wigand, 1840, S. 41.

[202] Adams, *Karl Marx in His Earlier Writings*, S. 26. Hinsichtlich des enormen Einflusses von Epikur auf die deutsche Aufklärung, die dann jedoch eher in pantheistische und deistische, statt materialistische Richtungen tendierte, vgl. Thomas P. Saine, *The Problem of Being Modern: Or the German Pursuit of Enlightenment from Leibniz to the French Revolution*, Detroit: Wayne State University Press, 1997.

[203] Marx, *Differenz*, S. 305.

[204] Lukrez, *Von der Natur*, 6.39-42, S. 296.

Argument, sondern ebenfalls, insbesondere der Epikureismus, für das Verständnis der europäischen Gegenwart.[205] Marx, der Bacons *Über die Würde und die Förderung der Wissenschaften* (1605/1623) gelesen hatte noch bevor er sich seinen systematischen Studien zu Hegel zuwandte, kannte Bacons Kritik an Epikur, der zufolge dieser „seine Naturphilosophie seiner Moralphilosophie anpaßte und unterwarf".[206] Aber Marx sollte diese Neigung im Vergleich zu Demokrits Philosophie in eine Stärke Epikurs wenden. Darüber hinaus war Marx unzweifelhaft von Bacons Angriff auf das Denken mittels Letztursachen im Stil der Naturtheologie beeinflusst, wie auch von Bacons Argument, wonach die Naturphilosophien der antiken Materialisten Demokrit, Epikur und Lukrez denen von Platon und Aristoteles überlegen seien, gerade weil sie auf den Rekurs auf Letztursachen in ihren Argumentationen verzichteten und „Gott und den Geist vom Bau der Dinge lösten."[207] Wie Bacon in *Weisheit der Alten* verband Marx das Bild des Prometheus in seiner Dissertation mit den griechischen Atomisten, wobei Marx Epikur statt Demokrit als das antike Pendant von Prometheus wählte. Zur selben Zeit, zu der sich Marx mit Bacon befasste, beschäftigte er sich auch gründlich mit dem Werk des deutschen Naturtheologen (und späteren Deisten) Hermann Samuel Reimarus (1694-1768), insbesondere mit dessen *Allgemeinen Betrachtungen über die Triebe der Thiere* (1760).[208] Reimarus, der vor allem für sein posthumes Werk *Fragmente* (1774-1777) bekannt ist, verfasste zudem eine einflussreiche Kritik des epikureischen Materialismus vom Standpunkt der Naturtheologie aus, die unter dem Titel *Abhandlungen von den vornehmsten Wahrheiten der natürlichen Religion* (1754) erschien. Bis 1791 erlebte es sechs deutsche Auflagen und wurde außerdem ins Niederländische, Englische und Französische übersetzt. Der Untertitel, der der englischen Übersetzung mitgegeben wurde, lautete: *Wherein the Objections of Lucretius, Buffon, Maupertuis, Rousseau, La Mettrie, and other Ancient and Modern Followers of Epicurus are Considered, and their Doctrines Refuted* [dt.: Worin enthalten ist die Erörterung der Einwände von Lukrez, Buffon, Maupertuis, Rousseau, La Mettrie, und anderen

205 „Sind sie nicht so charaktervollen, intensiven und ewigen Wesens, daß die moderne Welt selbst ihnen volles geistiges Bürgerrecht einräumen mußte?" Marx, *Differenz*, S. 267.

206 Bacon, *Über die Würde*, S. 141.

207 Bacon, *Über die Würde*, S. 202.

208 Marx, *Brief an den Vater*, S. 9.

Alten und Neuen Anhänger des Epikur, und ihre Doktrinen abgelehnt werden]. Sowohl in den *Allgemeinen Betrachtungen über die Triebe der Thiere* als auch in den *Abhandlungen von den vornehmsten Wahrheiten der natürlichen Religion* versuchte Reimarus, das teleologische Argument für die Existenz Gottes zu mobilisieren und war somit das deutsche Pendant zu Paley im späten 18. Jahrhundert. Es waren also auch solche Themen, die in Verbindung mit dem Materialismus und dessen Konflikt mit der Naturtheologie standen, denen Marx sich – wenn auch eher indirekt – durch die Wahl des Themas seiner Dissertation zuwenden sollte.[209]

Die Beweisführung der Marxschen Dissertation drehte sich um die Differenz in der Physik der Atome bei Demokrit und Epikur – Unterschiede also, die jenseits der Physik auf die Erkenntnistheorie verweisen. Wie der große Erforscher Epikurs, Cyril Bailey, der Epikur auch ins Englische übersetzte, 1928 anmerken sollte: „Wenn man sich heute Marx' Werk anschaut, dann ist es fast erstaunlich zu sehen, was er bei der damaligen Quellenlage erreicht hat. Beinahe als Pionier lehnt er die alte Tradition ab, die auch in den Geschichtsschreibungen seiner Zeit unbedacht übernommen wurde, von Epikur als jemandem zu reden, der schlicht Demokrits Atomismus zur Gänze übernahm und nur hier und da, und zwar zum Schlechten, Veränderungen durchführte." Marx sei, Bailey zufolge, „wahrscheinlich der Erste" gewesen, der den wahren Unterschied zwischen dem demokritischen und epikureischen System „bemerkte", indem er sich auf die Bedeutung der Abweichung bei Epikur konzentrierte. „Er sieht vollkommen richtig, dass die wirkliche Differenz der beiden Denker in der zugrunde gelegten ‚Theorie der Erkenntnis' liegt." Demokrit hatte schlicht das Paradox akzeptiert, dass Wahrheit zwar in der Erscheinung zu finden sei, die Wahrheit des Atoms jedoch jenseits der menschlichen Sinne liege und somit sowohl unendlich entfernt als auch unerkennbar sei. Epikurs eigener Atomismus erlaubte diesem jedoch, im Unterschied zu Demokrit, sich in die Natur menschlicher

[209] Hermann Samuel Reimarus, *The Principal Truths of Natural Religion Defended and Illustrated, in Nine Dissertations; Wherein the Objections of Lucretius, Buffon, Maupertius, Rousseau, La Mettrie, and other Ancient and Modern Followers of Epicurus are Considered, and their Doctrines Refuted*, London: B. Lawn, 1766; Charles H. Talbert, „Introduction", in: Hermann Reimarus, *Fragments*, Chico, Calif.: Scholars Press, 1970, S. 6; Friedrich Albert Lange, *Geschichte des Materialismus. In zwei Büchern*, Erstes Buch, Frankfurt/M.: Suhrkamp 1974, S. 417; Copleston, *A History of Philosophy*, S. 123-24; Saine, *The Problem of Being Modern*, S. 193-205.

Wahrnehmung und Existenz zu vertiefen.[210] Wie Benjamin Farrington in seinem Buch *The Faith of Epicurus* bemerkt:

> *Merkwürdigerweise war es Karl Marx in seiner Dissertation, der als erster das Ausmaß des Problems erkennen und die Lösung dafür liefern sollte. Marx vertauschte die Rollen und ließ Epikur als den [im Vergleich zu Demokrit] tieferen der beiden Denker erscheinen, insofern er sich abgemüht hatte, einen Raum in seinem System zu finden für belebte als auch unbelebte Materie, für Natur und Gesellschaft, für die Phänomene der äußeren Welt sowie die Anforderungen des moralischen Bewusstseins.*

An einer anderen Stelle bemerkte Farrington: „Während Platon gegen die wissenschaftlichen Materialisten ins Feld zog, baute Epikur [wie Marx zeigen sollte] seine Philosophie auf ihnen auf und lehnte nur den mechanischen Determinismus ab."[211]

Tatsächlich sollte Marx der Erste sein, der entdeckte – was die moderne Forschung bestätigt – dass, wie Farrington in *Science and Politics in the Ancient World* (1939) bemerkte, der Epikureismus „nicht ein rein mechanistisches System war. Es war die besondere Originalität Epikurs im Bereich der Physik, die Freiheit des Willens im Menschen als ein Produkt der Evolution verteidigt zu haben." In seinem „Brief an Herodot" stellte Epikur fest, dass die menschliche Natur ursprünglich durch natürliche Beschränkungen eingeschränkt wurde und „daß der Verstand das von ihr (der Natur) an die Hand Gegebene in der Folge genauer erforscht und mit Erfindungen bereichert [...] in manchen Perioden und Zeiten über ganze Abschnitte aus der Unendlichkeit hin, in anderen wieder in kürzeren Zeiten."[212] Aus den Veränderungen der praktischen Umstände, so Epikur, entstand auch die Sprache. Epikurs sah also die Evolution der menschlichen Kultur als Ausdruck einer Art von Freiheit zur rationalen Organisation des geschichtlich gewordenen Lebens an, die auf Beschränkungen beruhte, die ursprünglich von der materiellen Welt gestellt wurden. „So taucht Zweckmäßigkeit", schreibt Farrington, „im Laufe der Geschichte

---

[210] Cyril Bailey, „Karl Marx on Greek Atomism", *Classical Quarterly*, Band 22, Nr. 3 und 4 (Juli-Oktober 1928), S. 205-06. Bailey betont Marx' Verweis in seinen *Heften* zur immanenten Dialektik des epikureischen Systems. Vgl. Marx, *Hefte*, S. 37.

[211] Farrington, *The Faith of Epicurus*, S. 7-9, 113-19; Farrington, *Science in Antiquity*, S. 123.

[212] Epikur, zitiert in Diogenes Laertius, *Leben und Meinungen II*, S. 241.

auf. Sie ist keine metaphysische, sondern eine historisch erworbene Eigenschaft des Menschen."[213] Dieser Punkt wurde von A. H. Armstrong in einem Essay im *Classical Quartely* im Jahre 1938 energisch vertreten, worin er schreibt:

> *Wir sehen also, dass Epikur – und hierin scheint er der Erste gewesen zu sein – das traditionelle Verständnis von Notwendigkeit und Zufall so aufgespalten hat, dass er, während er strikt innerhalb der Grenzen seines Systems verblieb und keines Rekurses auf Prinzipien der Erklärung immaterieller oder vernunftförmiger Art [d.h. teleologischer Art] bedurfte, sich selbst eine Grundstruktur oder einen Hintergrund an Regularität und Ordnung schaffte und gleichzeitig Platz ließ für ein unberechenbares und unbeständiges Prinzip in der Welt [...] Es ist verlockend, in dieser Unterscheidung den bewussten Versuch zu sehen, einen adäquaten Ersatz für die platonische Kosmologie zu liefern – und zwar auf materialistischer Basis.*[214]

Marx selber begann das Vorwort zu seiner Dissertation mit der Beobachtung, dass „Hegel [...] zwar das Allgemeine"[215] der epikureischen, stoischen und skeptischen Philosophien im Rahmen der Entwicklung des Selbstbewusstseins zwar richtig bestimmt habe, jedoch nicht in der Lage gewesen sei, diese drei Systeme vollständig zu erklären. Im Gegensatz zur dominanten Interpretation von Epikur innerhalb der deutschen romantischen Philosophie, die in ihm nämlich einen schlechten Imitator Demokrits sah, der nur „willkürliche Einfälle"[216] ins System des letzteren hineinbrachte, argumentierte Marx, das philosophische System von Epikur breche mit dem skeptischeren Demokrit, indem Epikur die empirische Welt als „objektive Erscheinung" der Welt der Atome begriff statt eines bloß „subjektiven Schein[s]"[217]. In Epikurs Philosophie war implizit die Idee enthalten, dass die Erkenntnis sowohl von der Welt der Atome (unerkennbar für die Sinne) als auch der sinnlichen Realität aus der

213 Benjamin Farrington, *Science and Politics in the Ancient World*, New York: Barnes & Noble, 1965, S. 146, 159, 173.

214 A.H. Armstrong, „The Gods in Plato, Plotinus, Epicurus", *Classical Quarterly*, Band 32, Nr. 3 & 4 (Juli-Oktober 1938), S. 191-92.

215 Marx, *Differenz*, S. 261-262.

216 Ebd., S. 268.

217 Ebd., S. 271.

inneren Notwendigkeit der menschlichen Vernunft erwächst, die in der abstrakten Individualität und der Freiheit (Selbstbestimmung) verkörpert ist. Epikur, so Marx, überwindet den einseitigen Determinismus von Demokrit. Für Demokrit ist die Notwendigkeit alles, aber Epikur erkennt auch Zufall, Kontingenz und die Möglichkeit von Freiheit an.[218]

Marx' allgemeine Argumentationslinie beginnt mit der Deklination oder der Abweichung des Atoms von der senkrechten Linie, die Epikurs Philosophie von der Demokrits unterschied. Es war ein „altes eingebürgertes Vorurteil", so Marx, „in den Veränderungen Epikurs" an der demokritischen Physik „nur willkürliche Einfälle" zu sehen.[219] Stattdessen schuf Epikurs Abweichung – ein Schwenk, der eine leichte Abweichung darstellt – einen Bereich des Zufalls (im Sinne von Kontingenz) und somit von Möglichkeit, die frei von Notwendigkeit war. Es machte die Welt erst möglich, schrieb Lukrez, da sonst keine Kollision von Atomen hätte entstehen können und „die Welt nie erschaffen worden wäre." Diejenigen, wie Cicero, die keine *Ursache* für solch eine Abweichung sahen und vom Atomismus einen absoluten Determinismus forderten, hielt Marx nicht für logischer, da das Atom selbst keine *Ursache* habe. Und wenn man, wie es einige taten, argumentierte, man müsse dem Argument lediglich einen gewissen Grad an Spiritualität hinzufügen – indem man auf die „Seele des Atoms" verwies –, so hatte dies nichts anderes zur Folge als die Hinzufügung eines Wortes und die Einführung non-materieller Prinzipien.[220]

Was Marx faszinierte, war die Tatsache, dass die epikureische Philosophie von allen einschränkenden Seinsweisen „abwich", so

---

[218] Ebd., S. 274-277. Ludwig Feuerbach, mit dessen *Geschichte der neuern Philosophie von Bacon bis Spinoza* (1833) Marx sich während der Niederschrift seiner Dissertation befasste, betonte die Rolle des Zufalls im Atomismus von Epikur und Gassendi. „Das Atom zum Prinzip der Dinge machen heißt, den Zufall zum Weltprinzip machen." Zitiert in Mark W. Wartofsky, *Feuerbach*, New York: Cambridge University Press, 1977, S. 72.

[219] Marx, *Differenz*, S. 268.

[220] Ebd., S. 269-270, 282-85. Zur Frage der Abweichung, die in Epikurs Philosophie denjenigen beziehungsweise diejenige Zufall/Kontingenz erlaubte, ohne den/die die Natur des Universums, wie sie unseren Sinnen zugänglich ist, unerkennbar bliebe, bemerkte George Strodach in dem von ihm herausgegebenem Werk *The Philosophy of Epicurus*, Evanston, Ill.: Northwestern University Press, 1963, S. 88, dass „die Theorie der Abweichung ein perfektes modernes Analogon in der Heisenbergschen Unschärferelation der modernen Physik hat. Nach diesem Prinzip herrscht eine grundlegende Ungewissheit (manchmal verstanden als A-kausalität) im Kern von Materie vor. Das Verhalten von subatomaren Partikeln ist nicht

wie auch die Götter in der epikureischen Philosophie von der Welt „abwichen" – einer Welt der Freiheit und Selbstbestimmung, über die sie keine Macht hatten. Für Epikur ist „die Repulsion der vielen Atome die notwendige Verwirklichung der lex atomi [Gesetz der Atome]"[221], die Kollision von Elementen; es bedarf keiner Fixierung mehr. Tatsächlich, behauptet Marx (und folgt hierin Kant), habe Epikur „zuerst [...] das Wesen der Repulsion erfaßt."[222] Daher behauptet „Lukrez [...] mit Recht, daß die Deklination [die Abweichung] die *fati foedera* [die Fesseln des Schicksals] bricht[.]"[223]

Grundlegend für Epikurs gesamte Philosophie war, so Marx, dass die Sinnlichkeit als ein zeitlicher Prozess begriffen wurde. *„Die Sinnlichkeit des Menschen ist also die verkörperte Zeit, die existierende Reflexion der Sinnenwelt in sich."*[224] Auch Sinneswahrnehmungen sind nur möglich, weil sie ein aktives Verhältnis zur Natur ausdrücken – und tatsächlich der Natur zu sich selbst. „Im Hören hört daher die Natur sich selbst, im Riechen riecht sie sich selbst, im Sehen sieht sie sich selbst."[225] Aber dies wird zugleich notwendigerweise als „Vergehen" der Dinge im selben Moment ihrer Wahrnehmung erfahren, da nach Epikur die Sinne durch externe Stimuli aktiviert werden, die selbst vergänglich sind. Daher ist „die reine Form der erscheinenden Welt [...] die Zeit."[226] Auf dieser Grundlage argumentierte Marx, dass „erst bei Epikur die Erscheinung als Erscheinung aufgefaßt [wird], d.h. als eine Entfremdung des Wesens, die sich selbst in ihrer Wirklichkeit als solche Entfremdung betätigt."[227]

Der antike Materialismus wird oft als eine Anschauung verstanden, die das Denken auf „passive Sinnesempfindungen" reduziert, die selbst „nur Produkte von äußeren Kräften [sind] entsprechend Demokrits Vorstellung, dass nichts existiert außer ‚Atomen

einheitlich und auch nicht vollständig vorhersehbar, auch nicht unter identischen Bedingungen der experimentellen Anordnung."

[221] Marx, *Differenz*, S. 283.

[222] Ebd., S. 285.

[223] Ebd., S. 281

[224] Ebd., S. 296.

[225] Ebd., S. 297.

[226] Ebd., S. 295.

[227] Ebd., S. 296. Heutzutage können wir die Bedeutung dieser Thesen so begreifen, dass wir festhalten, dass für Epikur unsere Erkenntnis der materiellen Welt durch unsere Sinne gleichzeitig die Kenntnis des „Pfeils der Zeit" mit sich bringt – eines materiellen Vergehens.

und dem leeren Raum'" – wie der junge Sidney Hook schrieb. Im Gegensatz dazu rechnet man es dem Idealismus zu, die „aktive" Seite der „Dialektik der Wahrnehmung" entwickelt zu haben. Für Marx jedoch war bereits in Epikurs Materialismus diese aktive Seite vorhanden und zwar deshalb, weil dieser die Wahrnehmung in ein Verhältnis zu Veränderung und zum „Vergehen" setzte. Schon bei Epikur herrscht ein Verständnis der Existenz des entfremdeten Selbstbewusstseins vor und auch ein Verständnis der Erkenntnis, das Wahrnehmung und intellektuelle Abstraktion einschließt – ein komplexes Verhältnis, das Marx in seinen Notizen zu Epikur die „Dialektik der sinnlichen Gewissheit" nennen sollte.[228] Darüber hinaus findet sich bei Epikur sogar die Vorstellung, dass unser Bewusstsein von der Welt selbst (zum Beispiel unsere Sprache) im Verhältnis zur Evolution der materiellen Bedingungen stehe, die unser Leben und unsere Bedürfnisse regeln.

Daher ist *„[b]ei Epikur"*, so Marx, *„die Atomistik mit allen ihren Widersprüchen als die Naturwissenschaft des Selbstbewußtseins [...] bis zur höchsten Konsequenz [...] durchgeführt und vollendet."*[229] Indem Epikur die Realität der Erscheinungswelt als „Entfremdung des Wesens" wahrnahm, erkennt er die Entfremdung der Menschen von der menschlichen Welt an. Menschen hören auf, bloße Produkte der Natur oder gar übernatürlicher Kräfte zu sein – stellt Marx in Anlehnung an Epikur fest –, sobald sie sich nicht zu einer „anderen Existenz", sondern zu anderen individuellen Menschen verhalten.[230] Statt einer „gewöhnlichen Logik", wie Hegel annahm, bot Epikur für Marx schon eine Dialektik des Selbstbewusstseins, wenn auch noch weitestgehend in kontemplativer Form.[231]

Epikurs Philosophie, so Marx, zeichne sich vor allem dadurch aus, dass sie sich zugleich vom Determinismus der demokritischen Physik als auch von den teleologischen Prinzipien der Religion abgrenzte. So schrieb Epikur: „Es wäre besser, dem Mythos über die Götter zu folgen, als Knecht zu sein der *heimarmenê* [Schicksal] der Physiker. Denn jener läßt Hoffnung der Erbarmung wegen der Ehre der Götter, diese aber die unerbittliche Notwendigkeit. Der *Zufall* aber, *nicht Gott*, wie die Menge glaubt, ist

---

[228] Sidney Hook, *Towards the Understanding of Karl Marx*, New York: John Day Company, 1933, S. 93-96; Marx, Hefte, S. 125.

[229] Marx, *Doktordissertation*, S. 305.

[230] Hook, *Towards the Understanding of Karl Marx*, S. 52, 73.

[231] Hegel, *Vorlesungen über die Geschichte der Philosophie II*, S. 394.

anzunehmen."[232] Der Philosophie zu dienen hieß nach Epikur der wahren Freiheit zu folgen.[233] Zentrale Bedeutung in der Philosophie Epikurs kam nach Marx der Betonung der Freiheit zu, die keine endgültigen Beschränkungen kennt. Das zeigt sich in einer Feststellung von ihm, die Seneca in seinen *Epistulae* zitiert: „‚Ein Leben in Not ist schlimm; aber: in Not zu leben, dazu nötigt nichts.' Und warum nicht? Überall führen Wege in die Freiheit, viele, kurze und mühelose. Danken wir Gott, daß niemand an das Leben gefesselt ist: wir haben die Freiheit, die Nöte des Lebens zu Boden zu treten. – ‚Wieder ein Wort Epikurs', sagst du".[234] Wie Marx ungefähr zwei Jahrzehnte später Ferdinand Lasalle erklären sollte, war es so, „daß, obgleich er [Epikur; Anm. d. Übers.] von Demokrits Naturphilosophie ausgeht, er überall die Pointe umdreht"[235] – eine Tatsache, die nicht nur Cicero und Plutarch, sondern auch Hegel entgangen war.

In den letzten Jahren seit der Wiederherstellung von Teilen von Epikurs großem Werk *Über die Natur* aus den verkohlten Papyrusresten, die in der Bibliothek des Philodemos in Herculaneum gefunden wurden, haben diese Überreste eine eindeutige und unmittelbare Bestätigung der Stichhaltigkeit von Marx' Interpretation geliefert, die zumeist auf Vermutung und dialektischen Schlussfolgerungen beruhten. So lieferte Epikur im 25. Buch von *Über die Natur* eine Kritik des mechanistischen Determinismus von Empedokles und Demokrit. „Die ersten Menschen, die eine angemessene Beschreibung der Ursachen gaben – Menschen, die sich nicht nur gegenüber ihren Vorgängern, sondern auch, um ein Vielfaches, gegenüber ihren Nachfolgern auszeichneten, und obgleich sie viele große Probleme minderten", so schrieb er, „waren blind gegenüber sich selbst, so dass sie alle Schuld auf Notwendigkeit und Zufall abladen konnten." (*Ereignisse*, die durch Menschen *gemacht* wurden, waren, betonte

[232] Diogenes Laertius, *Leben und Meinungen*, Bd. 2, (Buch X, 134-35), S. 266-67, zitiert nach Marx, *Differenz*, S. 274. Für eine detailliertere Kritik der demokritischen Physik wegen dessen Determinismus, die in Von der Natur zu finden ist, vgl. Long/Sedley, *Die hellenistischen Philosophen*, S. 119-21. Dieser Abschnitt aus *Von der Natur* zeigt, wie genau Marx' Verständnis von Epikur war – trotz des Mangels an Quellen, die ihm zugänglich waren.

[233] Vgl. mit Verweisen auf das Werk von Lukrez: Marx, *Differenz*, S. 273, 275, 319, 323.

[234] Seneca, *Briefe an Lucilius*, Reinbek: Rowohlt, 1965, 1. Buch, 12. Brief, S. 29.

[235] Karl Marx, „Brief an Lasalle vom 22. Februar 1858", in: MEW Bd. 29, S. 549-552, hier: S. 549

Epikur, das Produkt menschlicher Freiheit und nicht *reiner Notwendigkeit* und auch nicht *reinen Zufalls*.) Epikur leugnete freilich nicht die Notwendigkeit als solche (was bedeuten würde, dass, wie er sagte, alles Mögliche aus allem Möglichen entstehen könnte). Er betonte schlicht und einfach die *Möglichkeit* von Freiheit, die die Fesseln jener Notwendigkeit brechen konnte. In seiner Verteidigung des Materialismus stellte er sich damit jeder Art von striktem Determinismus entgegen, denn wenn Deterministen ihre Vorstellungen ernst nähmen, wäre das Leben selbst bedeutungslos.[236] „Von allem Anfang an", schreibt Epikur in *Über die Natur*, „haben wir immer Samen, die uns teils zu diesem, teils zu jenem, teils zu diesem *und* jenem hinlenken, zu Handlungen und Gedanken und Charakteren, in größerer und kleinerer Anzahl. Infolgedessen steht das, was wir zustande bringen, Eigentümlichkeiten dieser oder jener Art, erstens schlechthin in unserer Macht[.]"[237]

Tatsächlich irrte Epikur, obgleich er Materialist war, Marx zufolge nur hinsichtlich der abstrakten Möglichkeit, die den Zufall und den freien Willen überbetonte, im Unterschied zu realer Möglichkeit, die auch Notwendigkeit kennt und somit gebunden ist. Darauf bestehend, dass kein Urteil den Sinnen widersprechen sollte, zog er es vor, einen klaren Begriff der Möglichkeit zu haben, der dadurch offen und nicht-determiniert blieb (dies tat Epikur selbst auf die Gefahr hin, diese Möglichkeit zu einer abstrakten zu machen). Epikurs entschieden non-deterministische Denkweise konnte, nach Marx, erkannt werden an seiner Haltung, der zufolge „es gewagt sei, über das, was nur aus Konjekturen zu folgern [ist], apodiktisch zu urteilen."[238] Epikur verachtete deshalb zuweilen die einseitigen Behauptungen der positiven Wissenschaften und verhöhnte den einfachen Empirismus.[239]

Im Anhang zur Dissertation von Marx befand sich eine „Kritik der plutarchischen Polemik gegen Epikurs Theologie", von der aber nur ein kleines Fragment erhalten ist. Wir haben aber noch die extensiven *Hefte zur epikureischen, stoischen und skeptischen Philosophie* von Marx, von denen der Großteil einer Kritik des

---

[236] Epikur, aus *Über die Natur*, zitiert in Sedley, *Lucretius and the Transformation of Greek Wisdom*, S. 142, 88.

[237] Epikur zitiert nach Long/Sedley, *Die hellenistischen Philosophen*, S.120.

[238] Marx, *Differenz*, S. 277.

[239] Ebd., S. 273. Der Einfluss von Epikur auf die Entwicklung der Wissenschaften genügt, um zu zeigen, dass seine Philosophie in keinster Weise dem Realismus widersprach, auch wenn er auf die rein abstrakte Möglichkeit starken Wert legte.

Plutarch und der Verteidigung des Epikurs gegen den Angriff des Ersteren gewidmet ist. Diese *Hefte* stehen in engem Zusammenhang zum Fragment aus dem Appendix, das uns überliefert ist. Hier formuliert Marx, zum Teil unter dem Einfluss von Epikur und Lukrez, seine erste große Religionskritik und verlangt die Abschaffung aller übernatürlichen und teleologischen Prinzipien aus der Natur. Plutarch griff Epikur an, weil dieser allen Genuss aus der Welt verbannte, indem er Gott aus der Welt verbannte. Er kritisierte Epikur auch dafür, dass dieser versuchte, mittels der Naturwissenschaften die Angst vor der Sterblichkeit aufzuheben, die dem Glauben an die Unsterblichkeit der Seele zugrunde lag. Für Plutarch war solch eine Angst ein wichtiges Element des Glaubens an Gott.[240] Marx antwortete dieser Kritik in den Notizen zum Appendix seiner Dissertation (die umfangreicher sind als der fragmentarische Appendix selbst) mit einem Zitat aus Holbachs *System der Natur*, in welchem Holbach im lukretischen Stil argumentiert, die Vorstellung von göttlichen Kräften, die die Welt regieren, sei „von jeher mit der Idee des Schreckens verbunden[.] [...] Nichts konnte also gefährlicher sein als ihm einzureden, daß ein der Natur überlegenes Wesen existiere, vor dem die Vernunft verstummen und dem man, um glücklich zu werden, auf Erden alles opfern müsse."[241] In „der Furcht, und zwar einer inneren, nicht zu erlöschenden Furcht", schrieb Marx – und folgte darin Epikur –, sei „der Mensch als Tier bestimmt" und aller Selbstbestimmung verlustig.[242] Dies ist nach Marx die größte Sünde der Religion. Es ist nicht weiter verwunderlich, dass die epikureische Philosophie, die all jenes aufdeckte, den Gründern des Christentums so verhasst war. „Lukrez", beobachteten Marx und Engels in *Die deutsche Ideologie*, hat Epikur „als einen Helden gefeiert, der zuerst die Götter gestürzt und die Religion mit Füßen getreten habe[;] daher hat Epikur bei allen Kirchenvätern, von Plutarch bis Luther, den Ruf des gottlosen Philosophen par excellence, des

---

240 Plutarch, „Daß man nach Epikurs Lehrsätzen nicht einmal vergnügt leben könne", in: ders., *Moralische Abhandlungen*. Übersetzt von Johann Friedrich Salomon Kaltwasser, Band 8, Frankfurt/Main, 1798, S. 358-366. Plutarchs Kritik an Epikur ist enthalten in zwei Teilen seiner Moralia, nämlich: „Daß man nach Epikurs Lehrsätzen nicht einmal vergnügt leben könne" und „Gegen Kolotes". Mit beiden setzte sich Marx ausführlich in seinen Notizbüchern und im übriggebliebenen Fragment aus dem Appendix seiner Dissertation auseinander.

241 Holbach, zitiert in Marx, *Differenz*, S. 367.

242 Ebd., S. 306.

Schweins, behalten, weshalb auch Clemens Alexandrinus sagt, wenn Paulus gegen die Philosophie eifere, so meine er damit nur die epikuräische."[243]

Für Marx bestand der wesentliche Kern des epikureischen Materialismus in dessen Verständnis der Sterblichkeit des Menschen wie auch des Universums. Lukrez schrieb: „Ferner daß wer nicht lebt, auch niemals elend kann werden,/ Ja, daß es grade so ist, als wären wir nimmer geboren,/ Wenn der unsterbliche Tod uns das sterbliche Leben genommen."[244] Für Marx war dies der Schlüssel zum epikureischen Materialismus: „Man kann sagen, daß in der epikureischen Philosophie das Unsterbliche der Tod ist. Das Atom, die Leere, Zufall, Willkür, Zusammensetzung sind an sich der Tod."[245] Die epikureische Betonung der materiellen „Bedingungen" war eine Anerkennung des unsterblichen Todes – die Rolle des Zufalls und der vorhergehenden Bedingungen –, welcher der Kontext ist, in dem sich menschliches Selbstbewusstsein und menschliche Freiheit entwickeln müssen.

In seiner Kritik an Plutarch lässt Marx ebenfalls seine Opposition zum Philosophen des Deutschen Idealismus, Friedrich Schelling, aufleuchten. Er stellte dessen frühere Kritik eines „objektiven Gottes" seinen damals aktuellen reaktionären Positionen – nämlich die Verteidigung religiöser Prinzipien – entgegen, die letztendlich auch die Grundlage wurden für die ebenso reaktionäre Naturphilosophie des späten Schellings. Entscheidend war die Berufung Schellings als Rektor an die Universität von Berlin, da dadurch den Junghegelianern der Zugang zu den deutschen Universitäten versperrt und sicherlich das akademische Schicksal von Karl Marx besiegelt wurde.[246] Es ist also nicht allzu überraschend, dass sich Marx in seiner Dissertation, wenn auch nur im Appendix, mit Epikur und Holbach als Vertretern der „alten" und neuen Aufklärung gegen Plutarch und Schelling verbündete. Plutarch, so Marx, stellte „das Verhältnis des theologisierenden Verstandes zur Philosophie" dar.[247] Epikur indessen

---

[243] Marx/Engels, *Die deutsche Ideologie*, S. 125.

[244] Lukrez, *Von der Natur*, 3.867-869, S. 171; zitiert auch in Marx, *Hefte*, S. 180 und 181.

[245] Marx, *Hefte*, S. 181.

[246] Mehring, *Karl Marx*, S. 33.

[247] Marx, *Differenz*, S. 262.

hatte Gott aus der Welt entfernt. Tatsächlich gab es für Epikur, so Marx, „nichts Gutes, was für den Menschen außer ihm läge [.]“[248]

Im Vorwort, das Marx für die geplante Veröffentlichung seiner Doktorarbeit schrieb, lobte er Epikur dafür, dass dieser die Götter aus der natürlichen Welt vertrieben und allen Aberglauben abgelehnt habe. „Die Philosophie, solange noch ein Blutstropfen in ihrem weltbezwingenden, absolut freien Herzen pulsiert, wird stets den Gegnern mit Epikur zurufen: ‚Gottlos aber ist nicht der, welcher mit den Göttern der Menge aufräumt, sondern der, welcher die Vorstellungen der Menge den Göttern andichtet.‘“[249] Damit knüpfte Marx bewusst an Bacon an, der (wie wir gesehen haben), eben dieselbe Passage bei Epikur lobte.

Vom „Ruf des Epikur“ wider jene, die die Natur auf Teleologie reduzierten, wendet sich Marx Prometheus' Missachtung der Götter in Aischylos' *Der gefesselte Prometheus* zu, worin Prometheus, angekettet an einen Felsen durch Zeus, Hermes, dem Götterboten, erwidert:

> *Mit deinem Frohndienst möcht' ich dies mein Jammerloos,*
> *Daß du es wissest, nimmermehr vertauschen; nein,*
> *Mir ist es süßer, diesem Fels frohnbar zu sein,*
> *Denn so dem Vater Zeus ein Bote treu und fein!*[250]

Für Marx vertrat Epikur den Bringer des Lichts oder die Aufklärung, welche die Ablehnung der religiösen Naturanschauung

---

[248] Marx, *Hefte*, S. 101. Diese Charakterisierung Epikurs durch Marx ähnelt sehr stark dem, was Marx später seine „Lieblingsmaxime“ nennen sollte: „*Nihil humanum a me alienum puto* [Nichts Menschliches ist mir ein Fremdes].“ Vgl. Karl Marx, „Confessions“, in: Teodor Shanin (Hrsg.), *Late Marx and the Russian Road*, New York: Monthly Review Press, 1983, S. 140.

[249] Marx, *Differenz*, S. 262.

[250] Aischylos, zitiert ebd., S. 263 [Das Originalzitat bei Marx ist Griechisch, deutsche Übersetzung z.B. von Johann Gustav Droysen, überarbeitet von Wiktor Steffen, in Aischylos, „Der gefesselte Prometheus“, in: *Werke* in einem Band, Berlin/Weimar: Aufbau-Verlag, S. 115-52, hier S. 148, Verse 966-970; Anm. d. Übers.] Die Religionskritik des antiken Materialismus wurde Marx zufolge mit Lukrez und Lukian vollendet. Er verachtete jedoch diejenigen Anschauungen, die jene Ideen (d.h. die Zerstörung der antiken Mythologien) am Untergang der antiken Zivilisation schuldig erklärten. „Wäre die alte Welt nicht untergegangen“, fragte er, „wenn die Forschung die Irrtümer der Religionen verschwiegen hätte, wenn Lucretius' und Lucians Schriften [...] den römischen Behörden zum Ausschneiden empfohlen worden wären?“ Karl Marx, „Der leitende Artikel in Nr. 179 der ‚Kölnischen Zeitung‘“, in: MEW Bd. 1, S. 92. Marx kannte natürlich Lucians leidenschaftliche biographische

darstellte – und somit einen Materialismus, der zugleich eine Art von Naturalismus und Humanismus war. Epikurs Philosophie legte Wert auf die sinnliche und empirische Welt, wobei er gleichzeitig die Rolle der Vernunft in der Interpretation jener Welt anerkannte und daher keiner Götter mehr bedurfte, die sich deshalb nur mehr in den Intermundien der Welt aufhielten.

Dennoch übernahm Marx Hegels Rahmung, insofern er argumentierte, dass „bei Epikur […] der Atomismus […] bis zur höchsten Konsequenz, welches ihre Auflösung und bewußter Gegensatz gegen das Allgemeine ist, durchgeführt und vollendet [ist]."[251] Epikurs Materialismus, insofern er sich nur auf einem reinen Atomismus gründete und somit mechanistisch wurde, sei selbst eine einseitige Verzerrung, die ihn in einen Gegensatz zum Allgemeinen brachte und seine eigene Auflösung markierte. Der größte Mangel der epikureischen Naturphilosophie sei, dass Epikur „keine andere [Natur] als die mechanische [kennt] [.]"[252] Es stimme, dass Epikur die Wahrnehmung preist – schreibt Marx mit Rekurs auf Lukrez' großartiges Lehrgedicht –, aber dies mache auch den merkwürdigen Charakter der epikureischen Naturphilosophie aus, insofern sie „von der Sphäre des Sinnlichen ausgeht" und dennoch „als das höchste Kriterium […] ein so Abstraktes […], wie [es] das Atom ist" hinstellt.[253] Diese Spannung wird nie vollständig aufgelöst, obwohl Epikur, wie Marx selbst in seiner Dissertation betonte, zu einem bemerkenswerten Ausmaß über den mechanistischen Materialismus hinauswies. Wie Farrington bemerkt:

Erzählung „Alexander oder der Lügenprophet", in welchem die Epikureer als die mutigsten Gegner des Aberglaubens und religiöser Quacksalberei dargestellt wurden, wobei die letztere vornehmlich durch Alexander von Abonoteichus dargestellt wurde (der allerdings diese Gegnerschaft erwiderte mit der Verbrennung von Epikurs *Hauptlehrsätzen* und dem Versuch, einen Anhänger Epikurs zu steinigen). Vgl. Lucian, *Selected Satire*, New York: W.W. Norton, 1962, S. 267-300.

251 Marx, *Differenz*, S. 305.

252 Ebd., S. 303.

253 Marx, *Hefte*, S. 159. Hegel behauptete in seiner Logik, dass das Prinzip des Atoms selbst eine Negation des Endlichen und somit ein „Prinzip des Idealismus", das heißt des Intellekts, ist. Vgl. Georg Wilhelm Friedrich Hegel, *Wissenschaft der Logik I*, S. 172.

Es war nicht die Absicht von Epikur, das physikalische System des Demokrit ohne Veränderung wiederherzustellen, gesetzt dem Fall, dass ihm die Rettung der griechischen Welt vom Einfluss der Akademie [Platon und Aristoteles] gelänge. Das atomistische System, wie es seitens Leukipp und Demokrit entwickelt wurde, litt seiner Meinung nach an einem fundamentalen Fehler: Es begründete eine Doktrin des universellen Determinismus, die den Menschen in dieselbe Kette mechanischer Kausalität einreihte wie unbelebte Materie. Die Doktrin des mechanistischen Determinismus war in Epikurs Augen eine bedrückendere Last auf dem Menschengeschlecht als der Glaube an die Mythen.[254]

Marx' gelegentliche Vorbehalte gegenüber dem Mechanismus, den Epikur in gewissem Maße von Demokrit übernommen hatte, verneinten jedoch nicht die wirkliche Leistung Epikurs, die auf eine Überwindung eines solchen Mechanismus verwies; und auch nicht die Leistung von Lukrez, den Marx als „frische[n], kühne[n], poetische[n] Herr[n] der Welt" beschrieb.[255] Von anhaltender Bedeutung war nicht so sehr die epikureische (oder demokritische) Physik, sondern die Grundlegung für den aufklärerischen Materialismus/Humanismus, die durch Epikurs Revolution in der antiken Philosophie vorgezeichnet war.

Marx' Dissertation war ein Übergangswerk. Sie war in einem bedeutenden Maße im hegelschen Geiste – wenn auch weniger dem Inhalt nach hegelianisch – zu einer Zeit verfasst worden, in der Marx gemeinsam mit anderen Junghegelianern wie Bruno Bauer den Hegelianismus für eine revolutionäre Philosophie hielt. Der wahre Geist Hegels, so glaubten sie, sei zu finden in dessen antireligiösen (wenn nicht gar atheistischen) Potenzialen und in der Tatsache, dass er die radikale Aufklärung mit der Vernunft derart vereinte, dass sie sich im idealen Staat verkörperte. Wegen der transzendenten Natur der hegelschen Doktrin, die alle vorhergehende Philosophie als eine Teilentwicklung auf dem Weg zu Hegels eigener totalen Philosophie sah, war es für Marx möglich, sich grundlegend mit dem revolutionären Selbstbewusstsein Epikurs sowie der britischen und französischen Materialisten zu identifizieren, während er gleichzeitig auch dessen Einseitigkeit

---

[254] Farrington, *Science and Politics in the Ancient World*, S. 148.

[255] Marx, *Hefte*, S. 155.

festhalten konnte, da es noch nicht mit dem Prinzip der Vernunft in seiner idealen Form vereint war. Aber in Wirklichkeit war die Antinomie zwischen materialistischer und spekulativer Philosophie nicht so einfach aufzuheben.

Marx bewegte sich schon entschieden in eine materialistische Richtung – und zwar derart, dass seine Ideen der äußeren Form nach spekulativ (oder idealistisch) blieben, jedoch ihrem Wesen nach zunehmend materialistisch wurden. Marxens Religionskritik nahm an diesem Punkt, vielleicht als Antwort auf die romantische Reaktion des späten Schelling, die Form einer Ablehnung der Naturphilosophie des Deutschen Idealismus an.[256] Zur selben Zeit nahm er sehr enthusiastisch die im weitesten Sinne (das heißt, im Gegensatz zum Aristotelismus stehende) materialistischen/naturalistischen Anschauungen solcher Denker wie Epikur, Lukrez, Bacon, Hume und Holbach an.[257]

Marx erkannte klar, dass seine Interpretation von Epikur stark von Sekundärquellen abhing. Der Großteil des detaillierteren Wissens über Epikur, insbesondere hinsichtlich dessen Begriff der Freiheit, entstammte aus Fragmenten in den Werken anderer Schreiber wie beispielsweise Seneca und Sextus Empiricus. (Heutzutage, nachdem uns weitaus größere Teile von Epikurs Werk überliefert sind, hat sich die Interpretation von Marx jedoch im Wesentlichen als richtig erwiesen.) So räumte Marx später in einem Brief an Ferdinand Lasalle vom 31. Mai 1858 ein, dass er sich beim Schreiben seiner Dissertation vollends bewusst war, dass das um den Begriff der abstrakten Individualität zentrierte Denksystem, das er Epikur zuschrieb, nur „implizit" aus den übriggebliebenen Fragmenten dieses großen Denkers herauszulesen war, er aber dennoch glaube, dass er richtig lag. Marx konnte also seine Interpretation nicht befriedigend genug „beweisen". Auch konnte er nicht so einfach ausdrücken, was er von Epikur gelernt hatte, da dies auf der detaillierten Kenntnis zahlreicher griechischer und lateinischer Texte beruhte und deutlich von den bestehenden

[256] Marx schrieb einen Abriss der Inhalte von Hegels *Philosophie der Natur,* während er an seiner Dissertation arbeitete.

[257] In Marx' Dissertation werden sowohl Hume, nämlich im Vorwort wegen seines antitheologischen Standpunktes, als auch – etwas zwiespältiger als Hume – Kant gelobt, letzterer im Appendix auf Grund seiner Widerlegung des ontologischen Gottesbeweises in seiner *Kritik der reinen Vernunft*. Auf Bacon bezieht sich Marx hinsichtlich der Religionskritik schon seit 1842. Vgl. Marx, *Differenz,* S. 262, 371; ders., „Der leitende Artikel in Nr. 179...", S. 103.

philosophischen Interpretationen abwich. Es scheint also, dass er zwar den epikureischen Materialismus in seinem Denken internalisiert hatte (wie vieles andere auch, so zum Beispiel Hegels Dialektik), aber nur gelegentlich *explizit* darauf verwies.

In gewisser Weise wurden Marx' Einsichten in die Ursprünge des Materialismus in seine späteren Analysen integriert, da man damals allgemein vom Ursprung der modernen Wissenschaften in den materialistischen Philosophien von Epikur und Bacon ausging. Tatsächlich kann man eine ähnliche Anstrengung zur Überwindung des hegelschen Idealismus und zur Vereinigung der Philosophie mit dem Naturalismus/Materialismus im 1845-46 geschriebenen Werk *Briefe über das Studium der Natur* des russischen Populisten Alexander Herzen finden. In seinem Versuch, die Wissenschaften und Philosophie, Materialismus und Idealismus miteinander in Einklang zu bringen, wandte sich auch Herzen den großen Materialisten zu – das heißt Epikur, Lukrez, Bacon, Hume, Holbach und schließlich Feuerbach. Seiner Herangehensweise fehlte es zwar an Tiefe (und dialektischer Einsicht) im Vergleich zu Marx, er konnte dies aber teilweise durch die Klarheit und den Schwung seiner Analyse wettmachen. „[D]er Epikureismus", beobachtete Herzen, war „der letzte Schlag, der das Heidentum tödlich traf"[258] (das heißt die antike Religion). Epikur war also ein Vorläufer von Bacon und den modernen Wissenschaften. Auch war der Epikureismus nicht frei von der Dialektik. „Lukrez beginnt à la Hegel mit Sein und Nichtsein als den tätigen, in Wechselwirkung stehenden und koexistenten Prinzipien."[259] Er schildere nicht nur „eine Art brüderlich-verwandtschaftliche Betrachtungsweise alles Lebendigen"[260], sondern habe auch die Existenz der „fossilen Tiere angenommen"[261]. Hierin lag, nach Herzen, die Stärke des Materialismus, insbesondere in seiner dialektischeren, antiken Variante. Im Gegensatz gilt für den modernen Idealisten, „daß die Natur Unsinn ist, und daß alles Zeitliche seiner Aufmerksamkeit nicht würdig ist."[262]

[258] Alexander Herzen, „Briefe über das Studium der Natur", in: ders., *Ausgewählte philosophische Schriften*, Moskau: Verlag für fremdsprachige Literatur, 1953, S. 103-319, hier: S. 215.

[259] Ebd., S. 232.

[260] Ebd.

[261] Ebd., S. 233 [Anm. d. Übers.: Bei Herzen allerdings formuliert als Frage].

[262] Ebd., S. 110.

Marx' eigene Leistung auf diesem Gebiet endeten nicht mit seiner Dissertation. Stattdessen griffen Marx und Engels später die weiter gefasste historische Bedeutung der epikureischen Philosophie in *Die Heilige Familie* wieder auf. Bei der Behandlung der dualistischen Philosophie von Descartes erklären sie, dass darin der Materialismus in der Physik mit einer Metaphysik des Geistes einhergehe. Diese aus der cartesischen Metaphysik entstehende Anschauung im 17. Jahrhundert hatte als ihren natürlichen Gegner den epikureischen Materialismus, der von Gassendi wiederhergestellt wurde. „Der französische und englische Materialismus", bemerken Marx und Engels, „blieb immer in einem innigen Verhältnis zu *Demokrit* und *Epikur*."[263] Gassendi, der Restaurator des Epikureismus, und Hobbes waren die größten Feinde der cartesischen Metaphysik.[264] Der Epikureismus spielte in diesem Kampf eine wesentliche Rolle, wie Marx und Engels in der *Deutschen Ideologie* bemerken, schlicht deshalb, weil „Epikur [...] der eigentliche radikale Aufklärer des Altertums"[265] war, dessen Einfluss bis die Aufklärung hineinreiche. Die Epikureer argumen-tierten: „Die Welt muß *enttäuscht*, namentlich von der Furcht der Götter befreit werden, denn sie ist meine *Freundin*."[266] Tatsächlich finde sich bei Epikur, so Marx und Engels, „zuerst die Vorstellung [...], daß der Staat auf einem gegenseitigen Vertrage der Menschen, einem *contrat social* [...] beruhe."[267] Lukrez beschrieb die Gründung des Gesellschaftsvertrages unter freien Individuen als einen Prozess, der dem Königsmord folgte:

---

263 Marx/Engels, *Die heilige Familie*, S. 133.

264 Siehe ebd., S. 132-135. Das Denken des deutschen Aufklärers Gottfried Wilhelm Leibniz (1646-1716) stellte für Marx eine Verlängerung der metaphysischen Tradition des 17. Jahrhunderts dar, die von Descartes und Spinoza repräsentiert wurde. Leibniz' Metaphysik erhielt seine Kohärenz aus der unnachgiebigen Ablehnung des Materialismus von Epikur, Gassendi, Hobbes und Locke, aus der Verteidigung von „Endursachen (Gott)" und aus seinem idealistischen Standpunkt im Allgemeinen. Vgl. Gottfried Wilhelm Leibniz, *Philosophical Essays*, Indianapolis: Hackett, 1989, S. 245, 281-82, 292, 318, 329.

265 Marx/Engels, *Die deutsche Ideologie*, S. 125.

266 Ebd.

267 Ebd. Zum Einfluss von Epikur (über Lukrez vermittelt) auf Hobbes' Vorstellung des Gesellschaftsvertrages, vgl. Mayo, *Epicurus in England*, S. 121. Marx bezog sich auf den Gesellschaftsvertrag in einer Passage, die er bei der Revision seiner Dissertation hinzufügte. Vgl. Marx, *Differenz*, S. 285.

Also die Könige fielen! Gestürzt lag ihrer erhabnen
Throne vergangene Pracht und ihr stolzes Szepter am Boden;
Blutig vom Herrscherhaupt ward gerissen die strahlende Krone,
Die zu Füßen des Pöbels die einstige Ehre betrauert.[268]

Die umstürzlerischen Implikationen des epikureischen Materialismus waren also ebenso klar für eine Zeitgenoss*in im Europa des 17. und 18. Jahrhunderts ersichtlich, wie sie es für die antiken Kommentatoren waren, obwohl Epikur selbst von seinen Anhänger*innen verlangte, dass sie sich aus dem hellenistischen öffentlichen Leben zurückzogen. Plutarch beschwerte sich, dass die Epikureer danach verlangten, die „Gesetze und Staatsverwaltungen auf[zu]heben."[269] Es war genau die Tatsache, dass der Epikureismus mehr war als nur ein Atomismus – mehr auch als eine bloße Ablehnung der Götter als wirkende Kräfte in der materiellen Welt –, aus der sich seine Bedeutung für die Aufklärung verstehen lässt; und zwar weil er, aus einem positiven Standpunkt heraus, die selbstbewusste Entwicklung des wirklichen Humanismus und Naturalismus im Leben der Antike darstellte.

Der Materialismus der Aufklärung beschränkte sich nicht einfach nur auf Frankreich, wie Marx und Engels in der *Heiligen Familie* hervorhoben, sondern er war im Grunde „der *eingeborne Sohn Großbritanniens*"[270] in den Jahren unmittelbar vor und nach der englischen Revolution. Der „wahre Stammvater des *englischen Materialismus* und aller *modernen experimentierenden* Wissenschaft", schreiben sie, „ist Baco."[271] Dennoch sei der Materialismus bei Bacon, „seinem ersten Schöpfer", eine aphoristische Doktrin, in der es „noch [wimmelt] von theologischen Inkonsequenzen."[272] Hobbes wurde als „*Systematiker des baconischen Materialismus*"[273] beschrieben. Aber es war Locke in seinem *Versuch über den menschlichen Verstand,* der „das Prinzip des Baco und Hobbes", nämlich „den Ursprung der Kenntnisse und Ideen aus der Sinnenwelt"[274] begründete. Und

[268] Lukrez, *Von der Natur*, 5.1136-1139, S. 281.

[269] Plutarch, „Gegen Kolotes", in: ders., *Moralische Abhandlungen*, Bd. 8, S. 443.

[270] Marx/Engels, *Die heilige Familie*, S. 135.

[271] Ebd.

[272] Ebd., S. 135-36.

[273] Ebd., S. 136.

[274] Ebd.

Wissenschaftler wie Hartley und Priestley griffen noch die „letzte theologische Schranke des Lockeschen Sensualismus“[275] an. Die Bedeutung von Locke war es, so Marx und Engels im Jahre 1845, dass er „die Philosophie [...] des gesunden Menschenverstandes begründet [hat], d.h. auf einem Umweg gesagt [hat], daß es keine von den gesunden menschlichen Sinnen und dem auf ihnen basierenden Verstand unterschiedne Philosophie gebe.“[276]

Es war aber Denker*innen wie Helvétius und Holbach in Frankreich überlassen, den Materialismus in die soziale Sphäre zu tragen. Und dies führte dann letztlich, vermittelt durch geschichtliche Kämpfe, zum Aufstieg des radikaleren Materialismus des Kommunismus und Sozialismus.

> *Wenn der Mensch aus der Sinnenwelt und der Erfahrung in der Sinnenwelt alle Kenntnis, Empfindung etc. sich bildet, so kommt es also darauf an, die empirische Welt so einzurichten, daß er das wahrhaft Menschliche in ihr erfährt, sich angewöhnt, daß er sich als Mensch erfährt. Wenn das wohlverstandne Interesse das Prinzip aller Moral ist, so kommt es darauf an, daß das Privatinteresse des Menschen mit dem menschlichen Interesse zusammenfällt.*[277]

Als Marx seine Doktorarbeit beendete, erreichte er einen philosophischen Standpunkt, der materialistisch war in seiner Ausrichtung, sich aber von den französischen Materialisten des 18. Jahrhunderts durch seinen nicht-mechanistischen und nicht deterministischen Charakter unterschied (da er sich auf eine andere Interpretation von Epikur gründete). Nichtsdestotrotz war seine Position nach wie vor „gefärbt[]“[278], wie er es später selbst

---

[275] Ebd.

[276] Ebd., S. 137. Vgl. ebenfalls Boris Hessen. „The Social and Economic Roots of Newton's *Principia*“, in: Nikolai Bukharin et al., *Science at the Cross Roads: Papers Presented at the International Congress of the History of Science, and Technology, 1931*, London: Frank Cass, 1971, S. 181. Hessen behauptet, dass der Materialismus durch Hobbes akzeptabler wurde, da er nur die gebildete Schicht und die wissenschaftliche Gemeinschaft anvisierte, die Religion aber weiter die Massen beherrschen ließ. „Die lebende Seele des Materialismus wurde ihm herausgerissen und so wurde dieser ein Feind der Menschheit. Dieser abstrakte, berechnende und formal-mathematische Materialismus konnte keine revolutionären Taten mehr animieren.“

[277] Marx/Engels, *Die Heilige Familie*, S. 138; vgl. ebd., S. 135-138.

[278] Karl Marx, *Zur Kritik der Politischen Ökonomie*, in: MEW Bd. 13, Berlin: Dietz, 1962, S. 3-160, hier: S. 8.

ausdrücken sollte, von der Philosophie des deutschen Idealismus. Seine Begegnung mit Epikur sowie den britischen und französischen Materialisten brachte ihn in direkten Kontakt mit dem, was Engels später „die materialistische Naturauffassung" nennen sollte. Jedoch war Marx misstrauisch gegenüber jeder Tendenz in Richtung eines vulgären oder mechanistischen Materialismus, der die praktische Rolle der Rationalität ignorierte.[279] Von Epikur und Bacon inspiriert, übernahm er eine anti-teleologische Anschauung als Kern des Materialismus. Genauso wie Darwin in den 1840ern konzentrierte sich Marx mit all seiner kritische Aufmerksamkeit auf die Anmerkung von Bacon über die „unfruchtbaren Jungfrauen". „Baco von Verulam", schrieb er 1842, „erklärte die theologische Physik für eine gottgeweihte Jungfrau, die unfruchtbar sei, er emanzipierte die Physik von der Theologie und – sie wurde fruchtbar."[280]

Wir können Marx' philosophische Entwicklung besser verstehen, wenn wir verstehen, dass sie in vielerlei Hinsicht analog zu der von Kant verlief (und tatsächlich von ihm beeinflusst gewesen zu sein scheint), da für Kant „Epikur der vornehmste Philosoph der Sinnlichkeit, Plato des Intellektuellen" war. Diese Antinomie sollte der Ausgangspunkt für Kants eigene kritische Transzendentalphilosophie sein. (Kant stellte außerdem, wie wir festgestellt haben, Bacon als den führenden modernen Naturforscher dar.) Für Marx blieb Epikur der führende Philosoph der Sinnlichkeit, der die Entfremdung der Menschen von der Welt entdeckte und damit einhergehend die Notwendigkeit der Wissenschaften (Aufklärung) – gestützt auf eine materialistische Naturauffassung –, um jener Entfremdung entgegenzuwirken. Hegel löste jedoch im Verständnis von Marx Platon als größten Philosoph des Intellektuellen ab, der, wie wir in der Hegelkritik Marxens weiter unten sehen werden, die Entfremdung der Arbeit im Gang der Geschichte entdeckte – wenn auch auf abstrakte Weise, das heißt in Form der *geistigen* Arbeit. Durch eine kritische Überwindung jener Anschauungen in dialektischer Art und Weise sollte sich letztlich Marxens eigener praktischer Materialismus herausbilden, der gleichwohl eine realistische Ontologie (das heißt eine materialistische Naturauffassung) zur Grundlage hatte. Feuerbach, wie im nächsten Kapitel gezeigt wird, sollte

279 Engels, *Ludwig Feuerbach*, S. 284.

280 Marx, „Der leitende Artikel in Nr. 179...", S. 103.

eine ähnliche Kritik an Hegel üben und zwar von einem explizit humanistischen und materialistischen Standpunkt aus. Dabei war er mehr von Bacon und Gassendi als direkt von Epikur beeinflusst. Aber wie bei Epikur war auch Feuerbachs Materialismus zum Großteil kontemplativer Art. Marx bezweckte aber einen *praktischen* Materialismus.

Im Jahre 1893, mehr als ein halbes Jahrhundert nachdem Marx seine Dissertation verfasst hatte, besuchte der russische Literat Alexei Mikhailovich Voden (1870-1939), der in den 1890ern an den Aktivitäten der Sozialdemokratischen Partei teilnahm, London und führte eine Reihe von Gesprächen mit Engels. Über das letzte dieser Gespräche sagt Voden folgendes:

> *Engels fragte mich, ob ich mich mit der Geschichte der griechischen Philosophie beschäftigt habe. Er erklärte sich bereit, mir die erste philosophische Arbeit von Marx zu erläutern. Er gab mir eine Darstellung von Marxens Dissertation, und zwar auswendig, ohne auf das Manuskript zurückzugreifen, und bis in viele Einzelheiten hinein. Dabei zitierte er aus dem Gedächtnis nicht nur Lucretius und Cicero, sondern auch eine lange Reihe von griechischen Autoren, darunter Diogenes Laertius, Sextus Empiricus und Clementius.*[281]

Engels erklärte weiterhin, dass die Kritiken an Epikur – wie jene von Cicero und einigen anderen, die behaupteten, dass es Epikurs Theorie nicht gelänge, Kausalität erschöpfend zu erklären – falsch wären und behauptete, dass Epikurs Werk eine dialektisch selbstbewusste Aufforderung sei, „den Kausalnexus nach seinen verschiedenen Seiten zu untersuchen, vorausgesetzt, wir verstießen damit nicht gegen seine Grundthese."[282] Voden erinnert sich weiter:

> *Als ich ihn fragte, ob Marx je ein Hegelianer in des Wortes strikter Bedeutung gewesen sei, antwortete Engels mir, gerade die Dissertation über die Unterschiede zwischen der Lehre des Demokrit und des Epikur zeige, daß Marx, der damals bereits die dialektische Methode Hegels vollkommen meisterte, ohne*

---

[281] „Erinnerungen von A. M. Voden", in: Hans Magnus Enzensberger (Hrsg.), *Gespräche mit Marx und Engels*, Frankfurt/M.: Suhrkamp, 1981, S. 673-674.

[282] Ebd., S. 674.

daß ihn der Gang seiner Studien schon gezwungen hätte, sie durch die Methode des dialektischen Materialismus zu ersetzen, gleich zu Beginn seiner literarischen Laufbahn seine völlige Unabhängigkeit von Hegel unter Beweis gestellt hat, und zwar eben bei seiner Anwendung von Hegels eigener Dialektik, noch dazu auf dem Gebiet, wo Hegels Stärke lag, in der Geschichte der Philosophie. Hegel sei der Rekonstruktion der immanenten Dialektik im System Epikurs ausgewichen und habe statt dessen nur eine Reihe höhnischer Bemerkungen über dieses System gegeben. Marx dagegen habe die Dialektik des epikureischen Systems in ihrem Bau richtig erfaßt, allerdings, ohne es zu idealisieren, vielmehr, indem er seine inhaltliche Armut im Vergleich zu Aristoteles aufwies. […] Er erwähnte auch, daß Marx die Absicht gehabt hätte, sein Studium der Geschichte der griechischen Philosophie fortzusetzen, und daß er auch in späteren Jahren manches Gespräch mit ihm darüber geführt hatte. Dabei hätte Marx keinerlei einseitige Vorliebe für die materialistischen Systeme an den Tag gelegt; er sei vielmehr besonders auf die platonische und aristotelische Dialektik eingegangen.[283]

Vodens Erinnerungen an die Gespräche mit Engels erschienen erst 1927 (als sie zum ersten Mal auf Russisch veröffentlich wurden) und scheinen von allen, die Marx' Dissertation kommentierten, übersehen worden zu sein. Damals bat Engels Voden darum, herauszufinden, ob es aktuelle Epikur-Interpretationen gäbe, die der Marxschen ähnelten, um sodann Engels darüber zu informieren. Wir wissen allerdings nichts darüber, ob Voden dieser Bitte nachgegangen ist. (Voden, rechtzeitig vorgewarnt, verbrannte die Briefe von Engels an ihn 1893 in Paris in aller Eile nur Minuten vor dem tatsächlichen Eintreffen der Polizei zwecks Durchsuchung nach Dokumenten, die revolutionäre Verbindungen aufwiesen.[284]) Die Tatsache, dass Epikurforscher*innen des 20. Jahrhunderts wie Cyril Bailey der Meinung sind, dass Marx' Epikur-Interpretation die erste war, die ein wahres

[283] Ebd., S. 674-675.

[284] [Anm. d. Übers.: Der Hinweis auf die Verbrennung der Briefe ist in der deutschen Übersetzung nicht vorhanden; J. B. Fosters eigener Quellenhinweis lautet wie folgt: Alexei Mikhailovich Voden, „Talks with Engels", in: Institute of Marxism-Leninism, *Reminiscences from Marx and Engels*, Moscow: Foreign Languages Publishing House, o.J., S. 326.]

Verständnis vom System des Epikur an den Tag legte, hätte Engels sicherlich sehr interessiert. All dies lässt vermuten, dass Engels hinsichtlich Marxens Entwicklung eine von der mittlerweile zum Standard gewordenen Interpretation stark abweichende Vorstellung hatte. Nicht nur bewies Marx in seinem ersten schriftstellerischen Werk eine Unabhängigkeit von Hegel, sondern er tat dies sogar noch auf Grundlage einer Begegnung mit dem antiken Materialismus, der sein Denken nachhaltig beeinflussen sollte. Engels Bemerkungen deuten darauf hin, dass Marx' Dissertation weder vollständig hegelianisch noch vollständig materialistisch, sondern ein Übergangswerk war, in dem Marx sich bereits mit der Frage der materialistischen Dialektik auseinandersetzte, die hegelsche dialektische Methode aber noch nicht durch eine „materialistisch-dialektische Methode" ersetzt hatte.

Im Jahre 1842, nicht lange, nachdem Marx seine Dissertation fertiggestellt hatte, beendete Darwin seinen inneren Kampf um seine metaphysischen Notizbücher (die *M and N Notebooks*) und wagte es, die erste kurze Version seiner Theorie der Transmutation der Arten mit einem Bleistift zu verschriftlichen. In eben demselben Jahr begann Marx sich nach der Fertigstellung seiner Doktorarbeit systematisch mit der Philosophie von Ludwig Feuerbach, der englischen politischen Ökonomie und dem französischen Sozialismus auseinanderzusetzen. Die polit-ökonomischen Realitäten Deutschlands, Frankreichs und Englands, die sich ihm zunehmend aufdrängten, sollten Marx innerhalb der nächsten paar Jahre viel entschiedener in die materialistische Richtung drängen und ihn letztendlich dazu motivieren, die umfassendere Synthese des historischen Materialismus zu entwickeln.

Kapitel II. Die eigentlich irdische Frage

Marx' Dissertation wurde im April 1841 angenommen, aber seine Hoffnungen auf eine akademische Karriere wurden kurz darauf enttäuscht, weil die preußischen Behörden hart gegen die radikalen Junghegelianer vorgingen. Im März 1842 wurde Marxens enger Gefährte Bruno Bauer wegen der Verbreitung unorthodoxer Doktrinen seiner Lehrtätigkeit enthoben. Dazu gezwungen, auf seine akademische Karriere zu verzichten, wandte sich Marx dem Journalismus zu und übernahm im Oktober 1842 einen Redakteursposten in einem großen rheinländischen Blatt, der *Rheinischen Zeitung*. Die *Rheinische Zeitung* war zwar das Sprachrohr der aufsteigenden Mittelklasse von Köln war, dessen Redaktion jedoch von Junghegelianern dominiert wurde. Sein Artikel „Debatten über das Holzdiebstahlsgesetz", geschrieben, nachdem er Redakteur geworden war, markierte einen intellektuellen Wendepunkt in seinem Leben. Dies, so betonte er, war die „eigentlich irdische[] Frage in ihrer Lebensgröße."[285] Zum ersten Mal nahm sich Marx der Sache der Armen an und tat dies mit einer Inbrunst, die sein weiteres Werk kennzeichnen sollte. Später sollte er sich an diesen Moment erinnern, als er wegen des Mangels an Wissen auf dem Gebiet der politischen Ökonomie „in die Verlegenheit"[286] kam und das Bedürfnis spürte, wirtschaftliche Themen zu studieren.

Indem er die Frage nach dem Holzdiebstahl aufgriff, adressierte Marx keine unbedeutende Angelegenheit. In fünf Sechstel aller strafrechtlichen Verfolgungen und Anklagen in Preußen der damaligen Zeit ging es um Holzangelegenheiten und im Rheinland war dieser Anteil noch höher.[287] Die Auflösung der letzten übriggebliebenen Rechte der Bauern auf Gemeindeland stand hierbei auf dem Spiel – Rechte, die seit alters her existiert hatten, nun aber durch die Ausbreitung der Industrialisierung und des Systems des Privateigentums beseitigt wurden. Traditionellerweise hatten die Menschen das Recht, totes Holz zu sammeln (Holz von

[285] Karl Marx, „Debatte über das Holzdiebstahlsgesetz", in: MEW Bd. 1, S. 109.

[286] Marx, *Zur Kritik der Politischen Ökonomie*, S. 7

[287] David McLellan, *Karl Marx*, New York: Harper & Row, 1973, S. 56; Mehring, *Karl Marx*, S. 47.

abgestorbenen oder umgefallenen Bäumen), mit dem sie ihre Häuser heizen und ihr Essen kochen konnten. Die Landbesitzer*innen verweigerten jedoch einfachen Leuten zunehmend das Recht auf totes Holz, zugleich mit allem anderen in den Wäldern. Holzdiebstahl wie auch Wilderei und unerlaubtes Betreten eines Grundstücks wurden mit äußerster Härte verfolgt.

Marx befasste sich mit dieser Angelegenheit im Rahmen einer gründlichen Untersuchung der Debatten, die im rheinischen Provinziallandtag, der Regionalversammlung des Rheinlands, über den Holzdiebstahl geführt wurden. Die Debatten drehten sich primär um die Frage, ob den Großgrundbesitzer*innen derselbe Schutz für ihre Wälder gewährt werden sollte, wie er den Kleingrundbesitzer*innen schon zugestanden worden war. Den letzteren war es erlaubt, ihre Wälder gegen unerlaubtes Betreten, Wilderei, Hacken von lebenden Bäumen und das Sammeln von totem Holz zu schützen, da sie nur über einen kleinen Besitz verfügten und selbst auf ihren Grundstücken lebten. Die Großgrundbesitzer*innen jedoch waren hinsichtlich des Schutzes ihrer Wälder auf Förster*innen angewiesen, der nur dann möglich war, wenn die genannten Handlungen der Armen wie das Sammeln von totem Holz unter Strafe gestellt wurden. Niemand kümmerte sich in diesen parlamentarischen Debatten um die Rechte der Armen. Mit seinem Artikel übernahm Marx diese Aufgabe.[288]

Marx stellte fest, dass das Sammeln von totem Holz nun unter der Kategorie des „Diebstahls“ geführt und genauso streng verfolgt wurde wie das Abholzen und Stehlen von lebendem Holz. Auf diese Art und Weise konnte der*die Waldeigentümer*in etwas in einen „Wert“, das heißt eine Quelle privaten Reichtums verwandeln, was zuvor nicht verkauft worden war und keinen Marktpreis gehabt hatte. Auch das Sammeln von Preiselbeeren im Wald wurde nun als Diebstahl kategorisiert, obwohl dies eine traditionelle Tätigkeit der Armenkinder war. Alle gewohnheitsmäßigen Beziehungen der Armen zum Land, inklusive dessen, was als „unerlaubtes Betreten“ bezeichnet wurde, wurden verboten und als Verstöße gegen das Monopol der Waldeigentümer*innen über das Land begriffen. „Holzdiebe“, deren einziges Vergehen es war, den Gewohnheitsrechten der Armen nachzugehen, um ihre Familien zu erhalten, wurden, auf Grund der barbarischen Waldreglementierungen, den Waldbesitzer*innen übergeben und zu

[288] Sidney Hook, *Towards the Understanding of Karl Marx*, S. 259-61.

Zwangsarbeit für diese verdonnert, wodurch die Waldbesitzer*innen zusätzliche Profite einheimsten. Marx hackte unerbittlich auf die widersprüchliche Rolle der Wächter*innen dieser Privatwälder ein, die, angeblich Hüter*innen der Wälder, das heißt Förster*innen, auf „Gutachter" reduziert wurden. Deren unter Eid vorgelegte Bewertungen hätten ebenso direkt den Waldbesitzer*innen überlassen werden können, da sie schlicht deren Interessen dienten. Marx zufolge verwandelte der Staat durch die Unterstützung solch eines irrationalen Gesetzes die gewöhnlichen Bürger*innen, die den Gewohnheits-rechten folgten (die wiederum in Wirklichkeit „Antizipationen" rationaler Gesetze waren), in Verbrecher*innen und „Feinde der Wälder". Den Armen wurde auf diese Weise jedes Verhältnis zur Natur, das nicht über die Institutionen des Privateigentums vermittelt wurde, versagt – auch wenn es um ihr Überleben ging. Von diesem Moment an und bis zum Ende seines Lebens sollte Marx gegen die Parzellierung von Teilen der Erde unter Privateigentümer*innen opponieren.[289]

All seine Argumente über das rationale Gesetz und die Gewohnheitsrechte, so schloss Marx letztlich, reichten jedoch nicht aus, um die Gründe für den unaufhaltsamen Prozess der Expropriation zugunsten der Waldeigentümer aufzudecken. Die Antworten waren in der politischen Ökonomie zu finden. Deren Studium widmete sich Marx mit einzigartigem Eifer, nachdem er – als Resultat der wachsenden staatlichen Repression und der fehlenden Unterstützung der Anteilseigner*innen – beschloss, dass es keinen anderen Ausweg gab, als im März 1843, nach fünf stürmischen Monaten, von der Funktion des Redakteurs der *Rheinischen Zeitung* zurückzutreten.

Feuerbach

Bevor Marx jedoch ernsthaft das Studium der politischen Ökonomie aufnahm, war ein entscheidender philosophischer Bruch mit dem hegelschen System notwendig, das die Entwicklung der Geschichte als eine Reflexion der Entwicklung des Geistes begriff. Für Marx vollzog sich dieser Bruch in Auseinandersetzung mit Ludwig Feuerbachs (1804 1872) Kritik des hegelschen Systems. Feuerbach war eine zentrale Figur der Junghegelianer und wandte

[289] Marx, „Debatten über das Holzdiebstahlsgesetz".

sich schon 1833 in seiner *Geschichte der neuern Philosophie von Bacon von Verulam bis Benedikt Spinoza* einer Erörterung des Materialismus als Mittel zur Bekämpfung der positiven Religion zu. In diesem Werk legte er eine kritische Verbundenheit mit der Philosophie Bacons an den Tag, dem er zuschrieb, „der wahre Vater der Naturwissenschaften" zu sein, wie auch einen qualitativen (im Gegensatz zu einem quantitativen oder mechanistischen) Materialismus entwickelt zu haben. Bacon, so Feuerbach, war es, „der zuerst die *Originalität* der Natur erkannte – erkannte, daß die Natur nicht aus mathematischen, logischen und theologischen Voraussetzungen, Antizipation, sondern nur aus sich selbst begriffen und erklärt werden könne und dürfe".[290] In dieser Hinsicht war Bacons Natur- und Wissenschaftsphilosophie, so Feuerbach, derjenigen von Descartes weit überlegen. „B[acon] nimmt die Natur, wie sie ist, bestimmt sie positiv, durch sich selbst, C[artesius] nur negativ, als das Gegenteil des Geistes; B[acon] hat zu seinem Gegenstand die wirkliche Natur, C[artesius] nur eine abstrakte, mathematische, gemachte Natur."[291]

Feuerbach erwarb sich zunehmenden Ruhm durch die Veröffentlichung des Werks *Das Wesen des Christentums* im Jahre 1841, in welchem er argumentierte, dass die Idee Gottes schlicht eine Umkehrung der wahren, genuin menschlichen Empfindsamkeit sei und dass die Menschheit Gott nach ihrem Bilde geschaffen habe. Obwohl der Haupteinfluss Feuerbachs auf Marx gewöhnlicherweise diesem Werk zugeschrieben wird (eine Interpretation, die von Engels selbst vorgebracht wurde), gibt es keinen wirklichen Beweis für diese Behauptung. Für Marx war Feuerbachs Argument in *Das Wesen des Christentums* alles andere als neu oder überraschend, da es schon von anderen Junghegelianern antizipiert wurde, insbesondere von David Strauss in dessen Schrift *Das Leben Jesu* (1835). Schon in seiner Dissertation hatte Marx Hegel dafür kritisiert, dass „Hegel diese theologischen Beweise [für das Dasein Gottes] sämtlich umgedreht, das heißt verworfen [hat], um sie zu rechtfertigen."[292] Viel wichtiger für Marx, ja fast schon eine

---

[290] Ludwig Feuerbach, *Geschichte der neuern Philosophie von Bacon von Verulam bis Benedikt Spinoza*, Berlin: Akademie Verlag, 1981, S. 37.

[291] Ebd. Marx' Sichtweise von Bacon und Descartes war, wie man der *Heiligen Familie* entnehmen kann, der Feuerbachs erstaunlich ähnlich, wie auch sein Verständnis des Verhältnisses von Bacon zu Hobbes.

[292] Wartofsky, *Feuerbach*, S. 197; Marx, *Doktordissertation*, S. 370.

Offenbarung, waren Feuerbachs *Vorläufige Thesen zur Reformation der Philosophie* (1842).[293]

Die *Vorläufigen Thesen* brachen mit Hegel an der schwächsten Stelle seines Systems, der Naturphilosophie. In Hegels Philosophie war die Natur nicht etwas, das in sich selbst die Mittel seiner Selbstbestimmung, seiner sinnvollen Tätigkeit enthielt, sondern nur eine Entfremdung, die das Denken in abstrakt-allgemeiner Form durchlaufen musste, um wieder vollständig zu sich selbst als Geist zu kommen. Die Natur, die somit kein aktives Prinzip in sich hatte, wurde in seinem System auf eine bloße mechanische Entität oder auf ein taxonomisches Gebiet reduziert.

Feuerbach brach entschieden mit diesem Verständnis. Er beharrte darauf, dass die materielle Welt eine Realität eigener Art sei, eine Wirklichkeit, die menschliche Wesen und deren sinnliche Wahrnehmung der Welt umfasste. Für Feuerbach hatte Hegel das Wesen von der Existenz getrennt, deshalb war für ihn

> *das Wesen der Hegelschen „Logik" das Wesen der Natur und des Menschen [...], aber ohne Wesen, ohne Natur, ohne Mensch. [...] Leben und Wahrheit [...] [ist n]ur da also, wo sich mit dem Wesen die Existenz, mit dem Denken die Anschauung, mit der Aktivität die Passivität, mit dem scholastischen Phlegma der deutschen Metaphysik das antischolastische, sanguinische Prinzip des französischen Sensualismus und Materialismus vereinigt.*[294]

Den Junghegelianern galt Hegels spekulative Philosophie bis zu diesem Zeitpunkt als anti-theologisch in ihren Implikationen; in der Tat machte die Kritik der Religion ihren eigentlichen Zweck aus. Diese Interpretation wurde trotz des Lutherismus, den Hegel explizit in der Entwicklung seines Systems übernahm und auch trotz der Tatsache, dass Hegels Werk in seiner Zeit als Bollwerk des Glaubens angesehen wurde, beibehalten. In den *Vorläufigen Thesen* (und später in seinen *Grundsätzen der Philosophie der Zukunft*) vertrat Feuerbach jedoch die Position, dass die spekulative Philosophie, statt einer Kritik der Theologie, tatsächlich deren

[293] Mehring, *Karl Marx*, S. 58f.; Alfred Schmidt, *Der Begriff der Natur in der Lehre von Marx*, 4., überarbeitete und verbesserte Auflage mit einem neuen Vorwort von Alfred Schmidt, Hamburg, 1993, S. 15.

[294] Ludwig Feuerbach, *Vorläufige Thesen zur Reformation der Philosophie*, in: Kleinere Schriften II, GW 9, Berlin: Akademie Verlag, 1970, S. 253-55.

„letzte rationelle Stütze“[295] gewesen sei: „Wie einst die katholischen Theologen de facto Aristoteliker wurden, um den Protestantismus, so müssen jetzt die protestantischen Theologen de jure Hegelianer werden, um den ‚Atheismus‘ bekämpfen zu können.“[296] Die Trennung des menschlichen Geistes und des Begriffs der Menschheit von der Natur, die von Descartes initiiert wurde, stellte für Feuerbach den Ursprung der modernen spekulativen Philosophie dar. Sie schuf eine dualistische Welt, in der die Essenz (der Geist) von der Existenz getrennt war, was zu dem philosophischen Endresultat der Unterordnung jedweder Existenz unter die Entwicklung des Geistes führte.[297]

Für Feuerbach lief das hegelsche System auf eine Leugnung der sinnlich existierenden Welt hinaus; auf ein System, das im Namen der säkularen Philosophie anstelle der religiösen Theologie lediglich die Entfremdung des Menschen von der Natur reproduzierte. Dies stellte nach Feuerbach das hauptsächliche Hindernis in der Entwicklung der Freiheit dar. Die spekulative Philosophie schritt also, wie zuvor die Theologie, in umgekehrter Form „vom Idealen zum Realen [...] *[N]ur die Anschauung der Dinge und Wesen in ihrer objektiven Wirklichkeit macht den Menschen frei und ledig aller Vorurteile.* Der Übergang vom Idealen zum Realen hat seinen Platz nur in der praktischen Philosophie.“[298] Das Selbstbewusstsein, das in der hegelschen Philosophie glorifiziert wurde, war nach Feuerbach nur ein entfremdetes Selbstbewusstsein (trotz der Vortäuschung abstrakter Aufklärung), da es von der Menschheit, das heißt aus der realen sinnlichen Existenz, abstra hiert wurde. Es war „eine Abstraktion ohne Realität“[299]. In Wirklichkeit jedoch sei „[d]er Mensch [...] das Selbstbewusstsein“[300] und die Natur der Grund für den Menschen.

[295] Ebd., S. 258.

[296] Ebd.

[297] Ludwig Feuerbach, *Grundsätze einer Philosophie der Zukunft*, in: Kleinere Schriften II, GW 9, Berlin: Akademie Verlag, 1970, S. 264-341, hier: S. 274ff.

[298] Feuerbach, *Vorläufige Thesen*, S. 251.

[299] Ebd., S. 261.

[300] Ebd.

Für Feuerbach galt, „daß der Mensch kein andres Wesen als *absolutes* Wesen denken, ahnden, vorstellen, fühlen, glauben, wollen, lieben und verehren kann als *das Wesen der menschlichen Natur*".[301] Er bezeugte ein anerkennendes Verhältnis zur

> *Natur, denn wie der Mensch zum Wesen der Natur – dies gilt gegen den gemeinen Materialismus –, so gehört auch die Natur zum Wesen des Menschen – dies gilt gegen den subjektiven Idealismus, der auch das Geheimnis unserer ‚absoluten' Philosophie, wenigstens in Beziehung auf die Natur, ist. Nur durch die Verbindung des Menschen mit der Natur können wir den supranaturalistischen Egoismus des Christentums überwinden.*[302]

Feuerbachs Kritik war, aus Marxens Sicht, entscheidend, da sie Hegels spekulative Philosophie als eine rationale Rechtfertigung einer im Grunde theologischen Weltanschauung entlarvte, in der das menschliche Selbstbewusstsein und die materielle Existenz sowie die darin enthaltenen Möglichkeiten von Freiheit auf dem Altar des abstrakten Geistes geopfert wurden. Der Modus der spekulativen Philosophie musste also zugunsten materialistischerer Formen der Analyse aufgegeben werden. So erklärte Marx 1842:

> *Und euch, ihr spekulativen Theologen und Philosophen, rate ich: macht euch frei von den Begriffen und Vorurteilen der bisherigen spekulativen Philosophie, wenn ihr anders zu den Dingen, wie sie sind, d.h. zur Wahrheit kommen wollt. Und es gibt keinen andern Weg für euch zur Wahrheit und Freiheit, als durch den Feuerbach. Der Feuerbach ist das Purgatorium der Gegenwart.*[303]

Diese Beschäftigung mit Feuerbachs Naturalismus verstärkte wiederum Marx' wachsendes Interesse für die politische Ökonomie, die, wie Marx im Anschluss an den Artikel zu den Holzdiebstählen bemerken sollte, den Schlüssel zur menschlichen Aneignung der Natur bereithielt.

---

301 Ludwig Feuerbach, *Das Wesen des Christentums*, GW 5, Berlin: Akademie Verlag, 1984, S. 444.

302 Ebd.

303 Karl Marx, „Luther als Schiedsrichter zwischen Strauß und Feuerbach", in: MEW Bd.1, S. 26-27, hier: S. 27.

Darüber hinaus war nicht nur Feuerbachs Ablehnung der spekulativen Philosophie Hegels wichtig für Marx, sondern auch der sinnliche Charakter des feuerbachschen Materialismus, seine Betonung des Naturalismus. Durch die Ablehnung von Hegel lieferte Feuerbach auch die Grundzüge einer materialistischen Anschauung als eine Alternative, die die Kluft zwischen philosophischer Kritik und Naturwissenschaften überbrückte. „Alle Wissenschaften", so Feuerbach,

> *müssen sich auf die Natur gründen. Eine Lehre ist solange nur eine Hypothese, solange nicht ihre natürliche Basis gefunden ist. Dieses gilt insbesondere von der Lehre der Freiheit. Nur der neuen Philosophie wird es gelingen, die Freiheit, die bisher eine anti- und supranaturalistische Hypothese war, zu naturalisieren.*[304]

Diese Naturgrundlage war nach Feuerbach in der Materie selbst zu finden. „Die Materie", schrieb er, „ist der wesentliche Gegenstand der Vernunft. Wäre keine Materie, so hätte die Vernunft keinen *Reiz* und *Stoff* zum Denken, keinen Inhalt. Die Materie kann man *nicht aufgeben, ohne die Vernunft aufzugeben, nicht anerkennen, ohne die Vernunft anzuerkennen.* Materialisten sind Rationalisten."[305] Für Feuerbach löste sich die reale Welt, die Endlichkeit, nicht in den universalen Geist auf; stattdessen wurde die Endlichkeit, in wahrlich epikureischer Manier, selbst die Unendlichkeit.

Marx reagierte begeistert auf diesen Entwurf eines humanistischen Materialismus, der auf einer sensualistischen Epistemologie gründete. Ein wesentliches Merkmal des epikureischen Materialismus war dessen Betonung der Wahrheit der Sinneseindrücke. Dieser Aspekt von Epikur wurde in der *Apologie von Raymond Sebond* (1580) des französischen Renaissancehumanisten Michel de Montaigne explizit hervorgehoben, und ihm wurde durch Lockes Sensualismus neues Leben eingehaucht.[306] Feuerbachs Materialismus, der einen solchen Sensualismus stark betonte, schien daher alles andere als mechanistisch zu sein. Er war vielmehr verwandt mit dem, was Marx später in der *Heiligen Familie* als diejenige Spielart des Materialismus bezeichnen sollte, die aus der sinnlichen Erfahrung entsprang. In der modernen

[304] Feuerbach, *Vorläufige Thesen*, S. 262.

[305] Feuerbach, *Grundsätze einer Philosophie der Zukunft*, S. 289.

[306] Montaigne, *Apologie von Raymond Sebond*, passim.

Philosophie begann diese mit Locke, konnte aber in der antiken Philosophie bis zu Epikur zurückverfolgt werden. Obwohl Feuerbachs Materialismus im Wesentlichen ein anthropologischer Materialismus war, negierte diese Betonung der menschlichen Sensibilität nicht die übrige Natur. „Die neue Philosophie", schrieb er in den *Grundsätzen einer Philosophie der Zukunft*, „macht den Menschen mit *Einschluß der Natur*, als der Basis des Menschen, zum *alleinigen, universalen und höchsten Gegenstand* der Philosophie – die *Anthropologie* also, mit *Einschluß der Physiologie, zur Universalwissenschaft*."[307]

Marx schrieb 1843 an den Junghegelianer Arnold Ruge, dass

> *Feuerbachs Aphorismen [mir] [...] nur in dem Punkt nicht recht [sind], daß er zu sehr auf der Natur und zu wenig auf die Politik hinweist. Das ist aber das einzige Bündnis, wodurch die jetzige Philosophie eine Wahrheit werden kann. Doch wird's wohl gehen wie im 16ten Jahrh[undert], wo den Naturenthusiasten eine andere Reihe von Staatsenthusiasten entsprach.*[308]

Marx' erstes größeres Werk nach dem Rücktritt als Redakteur der *Rheinischen Zeitung* war eine umfangreiche textbasierte *Kritik der Hegelschen Rechtsphilosophie*, in der er versuchte, Feuerbachs transformative Methode auf den Bereich der Politik anzuwenden.

Die Entfremdung von Natur und Menschheit

Marx' Kritik der hegelschen Staatsphilosophie sollte jedoch unvollendet bleiben. Im Herbst 1843 zog der frisch mit Jenny von Westphalen vermählte Marx nach Paris, um dort eine neue Publikationsreihe zu gründen, die *Deutsch-Französischen Jahrbücher*, die – frei von der preußischen Zensur – in Paris gedruckt und dann nach Deutschland zurückgeschickt werden sollten. Das Projekt entpuppte sich als sehr kurzlebig. Es sollte lediglich eine Doppelausgabe im Jahre 1844 erscheinen. Die Zeitschrift wurde in Preußen sofort

---

[307] Feuerbach, *Grundsätze einer Philosophie der Zukunft*, S. 337.

[308] Marx, „Brief an Anrnold Ruge vom 13. März 1843", in: MEW Bd. 27, S. 416-418, hier: 417.

verboten und Exemplare der Zeitschrift beim Grenzübertritt konfisziert. Gegen Marx und die anderen Chefredakteure wurden Haftbefehle erlassen. Zugleich erfuhren die Jahrbücher in Frankreich keine große Aufmerksamkeit.

Dennoch: im politisch radikaleren Klima von Paris verfasste Marx, damals intensiv beschäftigt mit der Lektüre der englischen politischen Ökonomie und der französischen sozialistischen Politik, seine *Ökonomisch-Philosophischen Manuskripte von 1844*. Sie waren das erste umfangreiche Ergebnis seiner weitreichenden kritischen Studien und vor allem für die Entwicklung des Begriffs der entfremdeten Arbeit bekannt. Aber diese Entfremdung der Arbeiter*in (1) vom Gegenstand ihrer Arbeit, (2) vom Arbeitsprozess, (3) vom menschlichen Gattungswesen (das heißt, die transformative und schöpferische Aktivität, die die Menschen als gegebene Spezies charakterisierte) und (4) voneinander – wobei alle vier zusammen Marx' Begriff der entfremdeten Arbeit ausmachen – war nicht zu trennen von der Entfremdung des Menschen von der Natur. Und zwar einer Entfremdung des Menschen sowohl von seiner inneren als auch seiner äußeren Natur.

„Die Universalität des Menschen", schrieb Marx,

> *erscheint praktisch eben in der Universalität, die die ganze Natur zu seinem unorganischen Körper macht, sowohl insofern sie 1. ein unmittelbares Lebensmittel, als inwiefern sie [2.] die Materie, der Gegenstand und das Werkzeug seiner Lebenstätigkeit ist. Die Natur ist der unorganische Leib des Menschen, nämlich die Natur, soweit sie nicht selbst menschlicher Körper ist. Der Mensch lebt von der Natur, heißt: Die Natur ist sein Leib, mit dem er in beständigem Prozeß bleiben muß, um nicht zu sterben. Daß das physische und geistige Leben des Menschen mit der Natur zusammenhängt, hat keinen andren Sinn, als daß die Natur mit sich selbst zusammenhängt, denn der Mensch ist ein Teil der Natur.*[309]

Von den *Ökonomisch-Philosophischen Manuskripten* an bis ans Ende seines Lebens behandelte Marx die Natur, insofern sie über die Produktion direkt in die Menschheitsgeschichte eintrat,

[309] Karl Marx, *Ökonomisch-philosophische Manuskripte* (1844), in: MEW Ergänzungsband 1, S. 465-588, hier: S. 515-16.

stets als eine Erweiterung des menschlichen Körpers (das heißt, als „unorganischen Körper“ der Menschheit).

Das menschliche Verhältnis zur Natur wurde, nach seinem Verständnis, nicht nur durch die Produktion vermittelt, sondern direkter auch durch Werkzeuge – selbst Produkte einer menschlichen Veränderung der Natur durch Produktion –, die die Menschheit in die Lage versetzten, die Natur in mannigfaltiger Hinsicht zu verändern. Für Marx war dieses Verhältnis definitiv organischer Art, aber auf solche Weise, dass sie einerseits physikalisch die tatsächlichen körperlichen Organe der Menschen transzendierte und andererseits in praktischer Hinsicht dieselben erweiterte. Daher rührt der Verweis auf die Natur als „unorganischen Körper des Menschen“.

Dieser Auffassung zufolge produzieren die Menschen also ihr eigenes geschichtliches Verhältnis zur Natur zum Großteil durch die Produktion der Mittel ihrer Subsistenz. Die Natur nimmt dadurch für die Menschheit eine praktische Bedeutung an: als Resultat von Lebensaktivität, der Produktion der Mittel zum Leben. „[D]er Mensch“, schrieb Marx, „[reproduziert] die ganze Natur.“[310] Aber die praktische Aktivität, durch die die Menschen dies vollbringen, ist nicht bloß Produktion im engen, ökonomischen Sinne; „der Mensch formiert [...] auch nach den Gesetzen der Schönheit“.[311]

Daraus folgt, dass die Entfremdung zugleich die Entfremdung der Menschheit von ihrer eigenen arbeitenden Tätigkeit und von ihrer aktiven Rolle in der Umgestaltung der Natur ist. Diese Entfremdung, so Marx, „entfremdet dem Menschen seinen eignen Leib, wie die Natur außer ihm, wie sein geistiges Wesen, sein *menschliches* Wesen.“[312] Darüber hinaus ist dies stets auch eine soziale Entfremdung: „[j]ede Selbstentfremdung des Menschen von sich und der Natur erscheint in dem Verhältnis, welches er sich und der Natur zu andern, von ihm unterschiednen Menschen gibt“.[313]

Für Marx war es Hegel, der zuerst den Begriff der Entfremdung der menschlichen Arbeit entwickelt hatte. Aber er hatte dies in einem idealistischen Kontext getan insofern sie schlicht als Entfremdung der intellektuellen Arbeit verstanden wurde.

310 Ebd., S. 517.

311 Ebd.

312 Ebd.

313 Ebd., S. 519.

Deshalb war Hegel nicht in der Lage, die Selbstentfremdung der menschlich-praktischen Aktivität als Grundlage der Entfremdung der Menschen nicht nur voneinander, sondern ebenso von ihrer realen, sinnlichen Existenz, von ihrem Verhältnis zur Natur zu begreifen.[314]

Marx' Begriff der Entfremdung von der Natur, die ihm zufolge aus dem menschlich-praktischen Leben entsprang, war in seinem Kern so wenig abstrakt wie sein Begriff der entfremdeten Arbeit. Beide waren in seinem Verständnis der polit-ökonomischen Stoßrichtung der kapitalistischen Gesellschaft begründet. Die entfremdete Arbeit war Resultat der Tatsache, dass die Arbeit(-skraft) praktisch auf den Status einer Ware reduziert wurde, die von den Gesetzen von Angebot und Nachfrage geregelt wurde. Diese Proletarisierung der Arbeit war jedoch abhängig von der Veränderung des menschlichen Verhältnisses zu Land und Boden, wie die klassischen politischen Ökonomen Smith, Malthus, Ricardo und James Mill nicht müde wurden hervorzuheben. „[D]ie Erde ist nur durch die Arbeit, die Agrikultur für den Menschen“[315], schrieb Marx. Aber die Beziehung zu Land und Boden wurde durch das, was Adam Smith „ursprüngliche Akkumulation“ nannte und das die Einschließung von Gemeindeland, das Anwachsen großer Landgüter und die Freisetzung der Bauernschaft umfasste, rapide transformiert.

Die Beherrschung der Erde nahm für Marx nun eine komplexere, dialektische Bedeutung an, die sich aus seinem Begriff der Entfremdung ableitete. Zum einen bedeutete sie die Herrschaft über die Erde *durch* diejenigen, die das Land und somit die elementaren Kräfte der Natur monopolisierten; zum anderen jedoch die Herrschaft der Erde und toter Materie (die die Macht der Großgrundbesitzer*innen und Kapitalist*innen darstellte) über den Großteil der Menschheit. Die Entfremdung der Erde und die damit einhergehende Herrschaft derselben *über* den Großteil der Menschheit (nämlich dadurch, dass sie entfremdet wurde zugunsten einiger Weniger) sei ein zentrales Element des Privateigentums und habe schon vor dem Aufstieg des Kapitalismus bestanden – nämlich im feudalen Grundbesitz, das selbst „die Wurzel des Privateigentums“[316] war. „Schon im Feudalgrundbesitz liegt

[314] Ebd., S. 574-575.

[315] Ebd., S. 532.

[316] Ebd., S. 505.

die Herrschaft der Erde als einer fremden Macht über die Menschen."[317] Auch „erscheint [die Erde] als der unorganische Leib seines Herrn"[318], der wiederum als dessen Meister sie benutze, um über die Bauernschaft zu herrschen. Aber es sei die bürgerliche Gesellschaft, die diese Herrschaft über die Erde (und mittels der Herrschaft über die Erde die Herrschaft über die Menschheit) zur Vollkommenheit bringt. Während die bürgerliche Gesellschaft auf den ersten Blick dem System des Grundbesitzes entgegengesetzt ist, zeigt sich, dass sie in einer Schlüsselphase ihrer eigenen Entwicklung umso mehr von der Entwicklung desselben abhängt. „Denn das große Grundeigentum, wie in England, treibt die überwiegende Mehrzahl der Bevölkerung der Industrie in die Arme und reduziert seine eignen Arbeiter auf völliges Elend."[319]

Die Rolle des Großgrundbesitzes in der Monopolisierung des Landes – und der damit einhergehenden Entfremdung der Erde – war, Marx zufolge, analog zur Herrschaft des Kapitals über das Geld, verstanden als „totgeschlagne[] Materie".[320] Der Ausdruck „*l'argent n'a pas de maître* [Geld kennt keinen Herrn]" war schlicht einer, „worin die ganze Herrschaft der totgeschlagnen Materie über die Materie ausgesprochen ist".[321] Es war der vollendete Ausdruck der Tatsache, dass „die Erde ebenso zum Schacherwert herabsinkt wie der Mensch."[322]

„Die Anschauung, welche unter der Herrschaft des Privateigentums und des Geldes von der Natur gewonnen wird", schrieb Marx 1843 in *Zur Judenfrage*, „ist die wirkliche Verachtung, die praktische Herabwürdigung der Natur [...]. In diesem Sinn erklärt es Thomas Müntzer für unerträglich, ‚daß alle Kreatur zum Eigentum gemacht worden sei, die Fische im Wasser, die Vögel in der Luft, das Gewächs auf Erden – auch die Kreatur müsse frei werden.'"[323] Hier ließ sich Marx vom Revolutionsführer der großen Bauernkriege in Deutschland am Anfang des 16. Jahrhunderts inspirieren, der die Verwandlung so vieler Arten in ebenso viele Formen des Eigentums als einen Angriff auf Menschheit und

317 Ebd.

318 Ebd., S. 506.

319 Ebd., S. 508.

320 Ebd., S. 507.

321 Ebd.

322 Ebd.

323 Karl Marx, „Zur Judenfrage", in: MEW Bd. 1, S. 347-77, hier: S. 375.

Natur zugleich begriff. Müntzer hatte weiter behauptet: „Öffnet eure Augen! Was ist das böse Gebräu von dem aller Wucher, Diebstahl und Raub herrührt, als die Annahme unserer Herren und Prinzen, dass alle Kreaturen ihr Eigentum seien?“[324]

Für Marx wurde diese von Müntzer beschriebene Entfremdung von der Natur im Geldfetisch ausgedrückt, der das dem Menschen „entfremdete Wesen seiner Arbeit“ wird: „Das Geld ist der allgemeine, für sich selbst konstituierte Wert aller Dinge. Es hat daher die ganze Welt, die Menschenwelt wie die Natur, ihres eigentümlichen Wertes beraubt.“[325]

Das System des Privateigentums stand jedoch nicht nur in Bezug auf Landwirtschaft und Großgrundbesitz in einem antagonistischen Verhältnis zur Natur. Die ökologische Degradation zeigte sich auch darin, was Marx in seinen *Ökonomisch-Philosophischen Manuskripten* als „die allgemeine Vergiftung, wie sie in großen Städten sich zeigt“ beschrieb.[326] In solchen Großstädten, erklärte er, hört

> *[s]elbst das Bedürfnis der freien Luft [...] bei dem Arbeiter auf, ein Bedürfnis zu sein, der Mensch kehrt in die Höhlenwohnung zurück, die aber nun von dem mephytischen Pesthauch der Zivilisation verpestet ist und die er nur mehr prekär, als eine fremde Macht, die sich ihm täglich entziehn, aus der er täglich, wenn er [...] nicht zahlt, herausgeworfen werden kann, bewohnt. Dies Totenhaus muß er bezahlen. Die Lichtwohnung, welche Prometheus bei Aeschylus als eines der großen Geschenke, wodurch er den Wilden zum Menschen gemacht, bezeichnet, hört auf, für den Arbeiter zu sein. Licht, Luft etc., die einfachste tierische Reinlichkeit hört auf, ein Bedürfnis für den Menschen zu sein. Der Schmutz, diese Versumpfung, Verfaulung des Menschen, der Gossenablauf (dies ist wörtlich zu verstehn) der Zivilisation wird ihm ein Lebenselement. Die völlige unnatürliche Verwahrlosung, die verfaulte Natur, wird zu seinem Lebenselement.*[327]

[324] Thomas Müntzer, *Collected Works*, Edinburgh: T.&T. Clark, 1988, S. 335. Vgl. ebenfalls Friedrich Engels, *Der deutsche Bauernkrieg*, in: MEW Bd. 7, Berlin: Dietz 1960, S. 327-413, hier: S. 354-355.

[325] Marx, *Judenfrage*, S. 375.

[326] Marx, *Ökonomisch-Philosophische Manuskripte*, S. 490.

[327] Ebd., S. 548.

Die Entfremdung der Arbeiter in den Großstädten hatte also einen Punkt erreicht, an dem Licht, Luft und Sauberkeit nicht mehr Teil ihrer Existenz waren, sondern Dunkelheit, verpestete Luft und schmutzige Abwässer ihre unmittelbare Umwelt ausmachten. Nicht nur das kreative Arbeiten, sondern die wesentlichen Elemente des Lebens selbst wurden durch diese Entfremdung von Menschheit und Natur eingebüßt.

Insoweit Feuerbachs naturalistischer Materialismus Marx dabei half, sich die Natur und die Entfremdung bewusst zu machen, warf diese Betrachtungsweise auch ein Licht auf die Schwächen des hegelschen Systems, worin die Natur – als unterschieden vom Geist betrachtet – in den „krassesten Materialismus" degenerierte. „Das Ziel der Natur", so schrieb Hegel in seiner *Philosophie der Natur*, „ist sich selbst zu töten und ihre Rinde des Unmittelbaren, Sinnlichen durchbrechen, sich als Phönix zu verbrennen, um aus dieser Äußerlichkeit verjüngt als Geist hervorzutreten."[328] Deshalb sei in Hegels System, nach Marx, die Natur (genauer: die Materie) „nichts für sich mehr [...] gegen den menschlichen Willen" oder den Geist, welcher allein ihr ihre Bedeutung gibt.[329] Gleichzeitig wurden Menschen von Hegel als nicht-objektive geistige Wesen begriffen.

Entfremdung ist für Hegel also eine Entfremdung der geistlosen Materie von nicht-materiellen geistigen Wesen, wobei dieser Prozess die Selbstentfremdung des Geistes ausdrückt. Am Ende überwindet Hegel diesen entfremdeten Dualismus durch die Aufhebung der objektiven Welt (des Realismus), das heißt der Materie oder Wirklichkeit insofern sie noch unterschieden ist vom Bewusstsein des Geistes von seiner eigenen Selbstvermittlung. Hegels *Philosophie der Natur* ist wenig mehr als die Große Kette des Seins, eine Sichtweise der Natur als entsprechend den Prinzipien der Logik gestaltet – und als eine, die, vom selbstbewussten Geist abgesehen, ohne wirkliches Leben oder Entwicklung aus ihr selbst heraus existiert. Die Frage der Ontologie ist somit vollständig der

[328] Georg Wilhelm Friedrich Hegel, *Enzyklopädie der philosophischen Wissenschaften im Grundrisse 1830. Zweiter Teil*, in: Werke Bd. 9, Frankfurt/M.: Suhrkamp 1970, S. 538.

[329] Karl Marx, *Kritik des Hegelschen Staatsrechts*, in: MEW 1, S. 203-333, hier: S. 310; Hegel, *Enzyklopädie II*, S. 538. Hegel fügt hinzu: „Der Zweck dieser Vorlesungen ist, ein Bild der Natur zu geben, um diesen Proteus zu bezwingen, in dieser Äußerlichkeit nur den Spiegel unserer selbst zu finden, in der Natur einen freien Reflex des Geistes zu sehen, – Gott zu erkennen, nicht in der Betrachtung des Geistes, sondern in diesem seinem unmittelbaren Dasein." Ebd., S. 539.

Epistemologie untergeordnet, das heißt dem menschlichen Wissen und dem menschlichen Selbstbewusstsein.

Am deutlichsten wird dies in Hegels Auseinandersetzung mit der Evolution in seiner *Philosophie der Natur*. Für Hegel besteht die Natur aus einem „*System von Stufen*"[330], die jedoch durch die Entwicklung der Idee eingegrenzt sind. „Die *Metamorphose* kommt nur dem Begriff als solchem zu, da dessen Veränderung allein Entwicklung ist."[331] Hegel wurde durch seine idealistische Dialektik also zu einer Verneinung der materiellen Evolution der Natur, das heißt ihrer Entwicklung unabhängig von menschlicher Erkenntnis, geleitet. Hegel schrieb: „Solcher nebuloser, im Grunde sinnlicher Vorstellungen, wie insbesondere das sogenannte *Hervorgehen* z.B. der Pflanzen und Tiere aus dem Wasser und dann das Hervorgehen der entwickelteren Tierorganisationen aus den niedrigeren usw. ist, muß sich die denkende Betrachtung entschlagen."[332]

Der idealistische Versuch, die reale Welt der absoluten Idee unterzuordnen, resultierte in offenkundigen Absurditäten und zwar in einer Form, die typisch ist für teleologisches Denken. Wie schon Auguste Cornu in *Karl Marx und die Entwicklung des modernen Denkens* schrieb:

> *Wenn es in der Tat in diesem Bereich [gemeint ist im reinen Denken; d. Übers.] leicht ist, zwischen den Begriffen eine rationale Verkettung, eine dialektische Ordnung herzustellen, ist es wohl schwieriger es in der Geschichte zu tun, wo der Anteil des Zufälligen größer ist; wenn man schließlich in das Gebiet der Natur kommt, kann diese Angleichung des Wirklichen an das Vernünftige nur auf eine sehr willkürliche Weise vorgenommen werden.* [333]

Die Schwäche von Hegels *Philosophie der Natur* rührte also unmittelbar von seinem Versuch her, natürliche Phänomene auf die Dialektik der Begriffe zu reduzieren. Hegel versuchte, die Unfähigkeit der Natur bei der Realisierung der absoluten Idee dadurch zu

330 Hegel, *Enzyklopädie II*, S. 31.

331 Ebd.

332 Ebd., S. 31-32.

333 Auguste Cornu, *Karl Marx und die Entwicklung des modernen Denkens. Beitrag zum Studium der Herausbildung des Marxismus*, Berlin: Dietz, 1950, S. 47-48.

erklären, indem er argumentierte, die Natur sei die Veräußerlichung oder Entfremdung der Idee in einer Form außerhalb ihrer selbst und somit, in gewisser Hinsicht, die Negation der Idee. Entfremdet von der Vernunft ist die Natur blindem Zufall und blinder Notwendigkeit unterworfen; die in ihr stattfindende Veränderung sei mechanisch (Mineralien), unbewusst (Pflanzen) und instinktiv (Tiere) – und resultiere nicht, wie bei menschlicher Aktivität, aus einem bewussten und zweckgerichteten Willen. Dennoch stimme die Natur als Teil der vernünftigen Realität, so Hegel, mit der wesentlichen Form der Vernunft überein und weise eine rationale Ordnung auf; eine gewisse Art innerer Zweckmäßigkeit, der nur mehr der Geist fehlte, um vollkommen zu sein.

Genau an diesem Punkt war Feuerbachs Kritik vernichtend, da sie diese haarsträubende Naturphilosophie überführte und so den König ohne Kleider dastehen ließ. Gerade in dem Unvermögen, einen genuinen Naturalismus zu entwickeln und in der notdürftigen Art und Weise, in der Hegel versuchte, die äußere Natur (als mechanistische verstanden) unter die absolute Idee zu subsumieren, scheiterte die spekulative Philosophie Hegels und seine Dialektik am spektakulärsten.[334]

Nach Marx, im Anschluss an Feuerbach, ist es von größter Bedeutung, die Existenz einer objektiven Welt und der Menschen als objektiver Wesen anzunehmen, das heißt, einen genuinen Realismus und Naturalismus.

> *Daß der Mensch ein leibliches, naturkräftiges, lebendiges, wirkliches, sinnliches, gegenständliches Wesen ist, heißt, daß er wirkliche, sinnliche Gegenstände zum Gegenstand seines Wesens, seine Lebensäußerung hat oder daß er nun an wirklichen, sinnlichen Gegenständen sein Leben äußern kann. [...] Der Hunger ist ein natürliches Bedürfnis; er bedarf also einer Natur außer sich, eines Gegenstandes außer sich, um sich zu befriedigen, um sich zu stillen. [...] Ein Wesen, welches seine Natur nicht außer sich hat, ist kein natürliches Wesen, nimmt nicht teil am Wesen der Natur.*[335]

[334] Vgl. ebd., S. 47-56.

[335] Marx, *Ökonomisch-Philosophische Manuskripte*, S. 578.

Für Marx, der zu jener Zeit versuchte, einen konsistenten Naturalismus, Humanismus und Materialismus auszuarbeiten, ist

> *[d]er Mensch [...] unmittelbar Naturwesen [...] [ausgerüstet] mit natürlichen Kräften [...] [.] [T]eils ist er als natürliches, leibliches, sinnliches, gegenständliches Wesen ein leidendes, bedingtes und beschränktes Wesen, wie es auch das Tier und die Pflanze ist, d.h. die Gegenstände seiner Triebe existieren außer ihm, als von ihm unabhängige Gegenstände[.]* [336]

Dennoch unterscheiden sich Menschen von anderen lebendigen Spezies dadurch, dass sich diese Objekte menschlicher Triebe, das heißt die menschlichen Bedürfnisse, im Prozess ihrer Realisierung in einer spezifisch menschlichen Art und Weise im Laufe der Menschheitsgeschichte – welche die „wahre Naturgeschichte“ der Menschheit ist – verändern. Tatsächlich, so Marx, sei „nur der Naturalismus fähig [...] den Akt der Weltgeschichte zu begreifen.“[337]

Indem Marx im Kontext seiner Hegelkritik auf das materialistisch-humanistische Argument von Epikur zurückgriff, demgemäß „der Tod nichts für uns ist“, argumentierte Marx, dass „auch die *Natur*, abstrakt genommen, für sich, in der Trennung vom Menschen, [nichts] ist für den Menschen [...]“.[338] Unsere Ideen über die Natur bestehen nur in *„Abstraktionen von Naturbestimmungen.“*[339]

Marx' naturalistischer Materialismus geht klar aus seiner Behauptung hervor, dass „die *Sinnlichkeit* (siehe Feuerbach) [...] die Basis aller Wissenschaft sein [muss]. Nur, wenn sie von ihr, in der doppelten Gestalt sowohl des *sinnlichen* Bewußtseins als des *sinnlichen* Bedürfnisses, ausgeht – also nur wenn die Wissenschaft von der Natur ausgeht –, ist sie *wirkliche* Wissenschaft.“[340] Aber damit nicht genug. Auch die Geschichte war für Marx „ein *wirklicher* Teil der *Naturgeschichte* [...]. Die Naturwissenschaft wird später ebensowohl die Wissenschaft von dem Menschen wie die Wissenschaft von dem Menschen die Naturwissenschaft

---

336 Ebd., S. 578.

337 Ebd., S. 577-578.

338 Ebd., S. 587.

339 Ebd.

340 Ebd., S. 543.

unter sich subsumieren: es wird *eine* Wissenschaft sein."[341] Marxens kritischer Realismus drückte sich in seiner Anerkennung der Objektivität der Menschheit und der Welt (das heißt ihrer ontologischen Basis) und seiner Anerkennung der Verknüpfung von Naturgeschichte und Menschheitsgeschichte aus. Die Vorstellung von „eine[r] [...] Basis für das Leben [und] eine[r] andre[n] für die *Wissenschaft* ist von vornherein eine Lüge."[342] Die Naturwissenschaft habe, so Marx, dazu gedient, das menschliche Verhältnis zur Natur in praktischer Hinsicht mittels der Umgestaltung der Industrie selbst zu verändern und so „die menschliche Emanzipation vorbereitet, sosehr sie unmittelbar die Entmenschung vervollständigen mußte".[343]

Feuerbach müsse, laut Marx, in dreifacher Hinsicht für den Bruch mit dem hegelschen System gelobt werden: erstens dafür, dass er aufzeigte, dass die spekulative Philosophie Hegels den Spiritualismus, das heißt die Theologie, nicht verdrängt, sondern diese schließlich im Namen der Philosophie wieder instandgesetzt hatte; zweitens für „die Gründung des *wahren Materialismus* und der *reellen Wissenschaft*, indem Feuerbach das gesellschaftliche Verhältnis ‚des Menschen zum Menschen' ebenso zum Grundprinzip der Theorie macht".[344] Und schließlich für die Ablehnung der Hegelschen Negation der Negation, die die Verknüpfung vom „unkritische[n] Positivismus und [...] ebenso unkritische[n] Idealismus"[345] repräsentierte, vermittelt durch das, was Hegel selbst „Offenbarung des Geistes" nannte: „*Setzen* der Natur als seiner Welt".[346]

Nachdem Marx sich mittels Feuerbach vollständig vom hegelschen Idealismus befreit hatte – der trotz Marxens früher Faszination für den Materialismus und seiner durchgehenden Opposition gegenüber theologischen Begrifflichkeiten gleichwohl Einfluss auf ihn nahm –, ging er dazu über, alle rein philosophischen Lösungen für das Problem der Entfremdung abzulehnen. Außerdem war es aus Marx' Sicht nicht mehr möglich, vorzugeben, die Trennung des Objektiven und des Nicht-Objektiven

[341] Ebd., S. 544.

[342] Ebd., S. 543.

[343] Ebd.

[344] Ebd., S. 570.

[345] Ebd., S. 573.

[346] Georg Wilhelm Friedrich Hegel, *Enzyklopädie der philosophischen Wissenschaften III*, Werke 10, Frankfurt/M.: Suhrkamp, 1970, S. 29; vgl. ebenfalls Marx, *Ökonomisch-Philosophische Manuskripte*, S. 570, 573, 588.

überwinden zu können – ein Problem, das sich nur dann stellte, wenn man das Verhältnis zur Welt rein theoretisch statt sinnlich und in Begriffen der Praxis betrachtete. Menschen waren selbst objektiv begrenzte und leidende Wesen, insofern sie endlich waren und ihre Objekte außerhalb ihrer selbst fanden. Die Natur konnte also nicht in anthropozentrischer (oder geistiger) Art und Weise betrachtet werden als „das Sein des Geistes". Zudem waren Menschen nicht schlicht beschränkt durch die Natur. Wie Epikur schon hervorhob, waren die Menschen dazu fähig, ihr Verhältnis zur Natur durch ihre Erfindungen zu verändern. Marx beharrte darauf, dass die Lösung der Entfremdung des Menschen von der Natur nur im Bereich der Praxis, in der Menschheitsgeschichte, zu finden war. Die Selbstentfremdung der Menschen zugleich von der menschlichen Spezies als auch von der Natur, die einen solch großen Teil der Menschheitsgeschichte ausmachte, fand in eben derselben ihre notwendige Lösung: nämlich im Kampf um die Überwindung jener Selbstentfremdung.

Assoziation versus politische Ökonomie

In seinen *Ökonomisch-Philosophischen Manuskripten* führte Marx zum ersten Mal seinen Begriff der „Assoziation" oder der „assoziierten Produzenten" ein: eine Idee, die er aus seiner Kritik des Eigentums an Grund und Boden heraus entwickelte und die bis an sein Lebensende eine bestimmende Rolle in seiner Vorstellung des Kommunismus spielen sollte. Die Abschaffung des Monopols des Privateigentums an Grund und Boden wurde, so Marx, durch „die Assoziation" realisiert werden, die, „auf Grund und Boden angewandt",

> *den Vorteil des großen Grundbesitzes in nationalökonomischer Hinsicht [teilt] und [...] erst die ursprüngliche Tendenz der Teilung [realisiert], nämlich die Gleichheit, wie sie denn auch auf eine vernünftige und nicht mehr durch Leibeigenschaft, Herrschaft und eine alberne Eigentumsmystik vermittelte Weise die gemütliche Beziehung des Menschen zur Erde herstellt, indem die Erde aufhört, ein Gegenstand des Schachers zu*

sein, und durch die freie Arbeit und den freien Genuß wieder ein wahres, persönliches Eigentum des Menschen wird.[347]

Der Nutzen der Landwirtschaft im großen Maßstab sei, so Marx, in der Apologetik im Interesse der Großgrundbesitzer stets verbunden mit dem Großgrundbesitz selbst – „als wenn dieser Vorteil nicht eben erst durch die Aufhebung des Eigentums teils seine [...] möglichst große Ausdehnung erhielte, teils erst von sozialem Nutzen würde."[348]

Kommunismus war für Marx nichts anderes als die positive Abschaffung des Privateigentums vermittels der Assoziation. Solch positiver Kommunismus

ist als vollendeter Naturalismus = Humanismus, als vollendeter Humanismus = Naturalismus, er ist die wahrhafte Auflösung des Widerstreites zwischen dem Menschen mit der Natur und mit dem Menschen, die wahre Auflösung des Streits zwischen Existenz und Wesen, zwischen Vergegenständlichung und Selbstbestätigung, zwischen Freiheit und Notwendigkeit, zwischen Individuum und Gattung.[349]

Dieses menschliche Wesen der Natur und das natürliche Wesen der Menschheit existieren nur für die (vollständig gesellschaftlichen) assoziierten Wesen. Die kommunistische Gesellschaft, die nicht mehr länger durch die Institution des Privateigentums und die Akkumulation von Reichtum als Motor der Industrie entfremdet ist, „ist die vollendete Wesenseinheit des Menschen mit der Natur, die wahre Resurrektion der Natur, der durchgeführte Naturalismus des Menschen und der durchgeführte Humanismus der Natur."[350] Sie steht in Kontrast zu einer Welt der „allgemeinen Prostitution des Arbeiters"[351] und der „allgemeine[n] Vergiftung" der Großstädte: eine Welt, in der „totgeschlagne Materie" in Form von Geld die menschlichen Bedürfnisse und die menschliche Selbstentwicklung dominiert. Die revolutionäre Erkenntnis einer Welt jenseits des Kapitalismus, einer Welt „de[s] durchgeführten

[347] Marx, *Ökonomisch-Philosophische Manuskripte*, S. 507-08.

[348] Ebd., S. 508.

[349] Ebd., S. 536.

[350] Ebd., S. 538.

[351] Ebd.

Naturalismus des Menschen und de[s] durchgeführten Humanismus der Natur“[352], die das Wesen des historischen Prozesses ausmacht, ist nach Marx nicht direkt zu erlangen, sondern „in der [entfremdeten] Bewegung des Privateigentums, eben der Ökonomie, [findet] die ganze revolutionäre Bewegung sowohl ihre empirische als [auch] theoretische Basis [.]“[353] Marx’ naturalistische und humanistische Vision ist also zugleich eine der historischen Transzendenz – die Überwindung einer entfremdeten Welt.

In den letzten Jahren seines Lebens war Feuerbach, was Marx vielleicht nicht wusste, ein großer Bewunderer des *Kapitals*. Er bezeichnete es 1868 als Marxens „großartige Kritik der politischen Ökonomie“. Insbesondere die Behandlung der Entfremdung von der Natur in Marxens *Kapital* sollte ihn beeindrucken. Um Feuerbach selbst zu zitieren:

> *Wo die Menschen so aufeinander gepreßt sind, wie z. B. in den englischen Fabriken und Arbeiterwohnungen, wenn man anders Schweineställe Wohnungen nennen kann, wo ihnen selbst nicht der Sauerstoff der Luft in zureichender Menge zugeteilt wird – man vergleiche hierüber die wenigstens an unbestreitbaren Tatsachen interessantester, aber auch schauerlichster Art reiche Schrift von K. Marx: „Das Kapital“ – da ist auch der Moral aller Spielraum genommen, da ist die Tugend höchstens nur ein Monopol der Herren Fabrikbesitzer, der Kapitalisten.*[354]

Da Feuerbach nie Marxens *Ökonomisch Philosophische Manuskripte* in den Händen hielt, war er sich bei der Abfassung seiner Schrift nicht des Umfangs bewusst, in dem Marx seine Kritik der „allgemeine[n] Vergiftung“ der Großstädte schon in den 1840ern als Produkt seiner frühen Auseinandersetzung mit Feuerbachs naturalistischem Materialismus entwickelt hatte.

Obwohl Marx in seinen späteren Werken die kontemplativen und ahistorischen Aspekte der Philosophie Feuerbachs ablehnen sollte, hallte Feuerbachs naturalistischer Materialismus noch im historischen Materialismus des reifen Marx nach. Darüber hinaus

---

352 Ebd.

353 Ebd., S. 536.

354 Ludwig Feuerbach, „Zur Moralphilosophie“, in: Hans-Jürgen Braun (Hrsg.), *Solidarität oder Egoismus: Studien zu einer Ethik bei und nach Ludwig Feuerbach, sowie eine kritisch revidierte Edition „Zur Moralphilosophie“ (1868)*, besorgt von W. Schuffenhauer, Berlin: Akademie-Verlag, 1994, S. 353-410, hier: S. 404-05.

fand Marx in Feuerbach, wie schon in Epikur, eine Religionskritik, die in der Entwicklung seiner eigenen materialistischen Weltanschauung eine zentrale Rolle spielen sollte.

Kapitel III. Pfäffische Naturalisten

Darwin legte gegen Ende seines Lebens, in seiner *Autobiographie*, ein überraschendes Bekenntnis ab: das Werk von William Paley, dem Naturtheologen des 18. und 19. Jahrhunderts, habe großen intellektuellen Einfluss auf sein frühes Denken gehabt. In Cambridge musste Darwin für seine BA-Prüfungen Paleys *Evidences of Christianity* [dt.: Beweise des Christentums] zusammen mit seinen *Principles of Moral and Political Philosophy* [dt.: Prinzipien der politischen und der Moralphilosophie] lesen und kannte beide fast auswendig. Darwin erinnert sich an folgendes: „Die Logik dieses Buches [die Evidences; Anm. d. Übers.], auch der *Natural Theology*, das möchte ich hinzufügen, begeisterte mich genauso wie der Euklid. [...] Ich zerbrach mir damals nicht den Kopf über die Angemessenheit von Paleys Voraussetzungen; ich nahm sie unbesehen hin und war von seiner langen Argumentationskette bestrickt und überzeugt."[355]

Diese Aussage Darwins ist deshalb so wichtig, weil es Paleys Naturtheologie war, die zu der Zeit, als Darwin seine eigene Theorie entwickelte, die einflussreichste Erörterung der Zweckmäßigkeit der Welt als Beweis für die Existenz Gottes darstellte. Darwins eigene intellektuelle Entwicklung, sein Materialismus und die Herausbildung seiner evolutionären Perspektive können somit weitestgehend als ein Kampf gegen Paley verstanden werden. Tatsächlich stellte dies Darwin selbst so dar, der aus seiner späten Perspektive schrieb, dass „[d]as alte Argument vom Bauplan in der Natur, das Argument Paleys, das mir früher so schlüssig vorgekommen war, [...] inzwischen, seit das Gesetz der natürlichen Selektion entdeckt ist, seine Kraft verloren [hat]."[356] Wenn es aber stimmt, wie Darwin hier selbst einräumt, dass ihm Paleys Anschauung einst „schlüssig" erschien, dann kann sein eigenes Werk verstanden werden als ein mehr oder minder bewusster Kampf gegen eine idealistische und theologische Weltanschauung. Tatsächlich haben Darwinforscher*innen die intellektuelle Revolution von Darwin häufig als einen Versuch

[355] Darwin, *Mein Leben*, S. 63.

[356] Ebd., S. 92.

charakterisiert, Paley zu überwinden – oder zumindest als Versuch, Paley auf den Kopf zu stellen.[357]

Das lässt sich auch konkret an Darwins eigener Biographie aufzeigen. Darwin hatte sich auf das Drängen seines Vaters hin ursprünglich darauf eingestellt, für den Klerus bestimmt zu sein, nachdem die Idee einer medizinische Karriere verworfen wurde.[358] Dies stand nicht notwendigerweise im Widerspruch zu seinen Naturstudien, da es zu der damaligen Zeit eine anerkannte Praxis war, dass Geistliche (gewöhnlicherweise „pfäffische Naturalisten") sich mit solchen Studien als Teil der Tradition der Naturtheologie beschäftigten. Genau in diesem Feld stach Paleys *Natural Theology: Or Evidences of the Existence and Attiributes of the Deity, Collected from the Apperances of Nature* (1802) hervor.

Der Wirkungskreis der Natürlichen Theologie reichte damals weit über die Gebiete der Natur und Theologie hinaus und beinhaltete gleichfalls die weiter gefassten moralischen Sphären des Staates und der Ökonomie. Thomas Malthus, ein protestantischer Kleriker und einer der frühen klassischen politischen Ökonomen – vor allem bekannt für seinen berühmten *Essay on Population*, der eine wichtige Inspirationsquelle für Darwins Theorie der natürlichen Selektion werden sollte –, war Teil der Tradition des pastoralen Naturalismus und nahm eine Perspektive ein, die im Wesentlichen paleyianisch war. Umgekehrt integrierte auch Paley Malthus' Bevölkerungstheorie in seine *Natural Theology*. Für Malthus hatte das oberste Wesen durch „die gnädigen Pläne der Vorsehung [...] bestimmt", dass die Bevölkerung stets dazu tendieren sollte, Druck auf die Mittel der Subsistenz auszuüben.[359] Im Jahr 1834 sollte schließlich der Pfarrer Thomas Chalmers, ein Anhänger von Malthus, versuchen, Paleys Natürliche Theologie mit Malthus' politischer Ökonomie zu verbinden, nämlich in dem ersten seiner *Bridgewater Treatises*, einer Serie von acht Abhandlungen, die durch das Erbe des Francis Henry

[357] Gillispie, *Genesis and Geology*, S. 219; Antonella La Vergata, „Images of Darwin", in: David Kohn (Hrsg.), *The Darwinian Heritage*, S. 949; Gould, *Leonardo's Mountain*, S. 296.

[358] Darwin, *Mein Leben*, S. 60-62.

[359] Thomas Malthus, *An Essay on the Principle of Population and A Summary View of the Principle of Population*, Harmondsworth: Penguin, 1970, S. 205. (Alle weiteren Zitationen aus dem *Essay on Population* dieser Edition werden als *First Essay* bezeichnet.) [Anm. d. Übers.: Aufgrund der unklaren Übersetzungslage haben wir uns dafür entschieden, Malthus jeweils selbst direkt aus dem Englischen zu übersetzen.]

Egerton, achter Earl von Bridgewater, der 1829 gestorben war, finanziert wurde und den größten systematischen Versuch im 19. Jahrhundert darstellte, eine Natürliche Theologie zu schaffen, die alle Bereiche intellektuellen Schaffens beherrschen sollte.

Darwins großen intellektuellen Durchbruch kann also vor dem Hintergrund der Naturtheologie verstanden werden, die ihm vorherging. Aber nicht nur das Werk von Darwin; auch Karl Marx sollte sich als ein vehementer Kritiker des pastoralen Naturalismus von Thomas Malthus und Thomas Chalmers und allen Versuchen, teleologische Prinzipien in die Natur hineinzutragen, erweisen – und er sollte Darwin vor allem für seinen Triumph über die teleologische Naturanschauung würdigen.

Natürliche Theologie

Auch wenn die Aufklärung und dabei insbesondere die wissenschaftlichen Revolutionen des 16. und 17. Jahrhunderts mit den alten scholastischen Weltanschauungen und deren teleologischen Perspektiven, die sich auf die antike aristotelische Philosophie gründeten, brachen, bedeutete dies nicht, dass die Aufklärung eindeutig antireligiös oder gar materialistisch war. Es gab auch elaborierte Versuchte, die Religion mit einer im Allgemeinen aufklärerischen Perspektive zu verknüpfen, was durch die erneute Verbindung der Sphären der Natur, der Wissenschaften, der Religion, des Staates und der Ökonomie im Rahmen einer einheitlichen Teleologie darauf hinauslief, die bestehenden Eigentums- und Herrschaftsverhältnisse zu stabilisieren. Denker*innen wie Boyle und Newton versuchten gar ihren Atomismus mit einer theologischen Weltanschauung zu verbinden. Bei Boyle führte dies zur Entwicklung einer Natürlichen Theologie, wie sie sich in seinem Werk *Disquisition About the Final Causes of Natural Things* (1688) [dt.: Eine Abhandlung über die Endursachen der Natürlichen Dinge] manifestierte. Tatsächlich war es die Tradition der Natürlichen Theologie, die zur damaligen Zeit in den Werken von John Ray und Boyle an Bedeutung gewann, die am weitesten ging in der Verknüpfung von Natur, Wissenschaft, Religion, Staat und Ökonomie zwecks der Wiederherstellung einer teleologischen Anschauung. Diese sollte, wenn schon nicht mehr mit der Welt des Feudalismus, so doch mindestens mit dem System des

Großgrundbesitzes und der Industrie kompatibel sein, die den frühen agrarischen Kapitalismus bestimmten.

Die Natürliche Theologie wurde zuerst von Theologen im späten 16. und 17. Jahrhundert entwickelt, um die Existenz Gottes aus dem Studium der Natur zu beweisen (wenngleich die Vorstellung von der planmäßigen Anordnung der Dinge bis zu den Stoikern und ihren Repliken wider die epikureische Religionskritik zurückverfolgt werden kann, wie zum Beispiel in Ciceros *Vom Wesen der Götter* [lat. Orig.: De natura deorum]). Bacon stellte den Sachverhalt in seinem *Über die Würde und die Förderung der Wissenschaften* wie folgt dar:

> *Denn die Naturtheologie wird mit Recht göttliche Philosophie genannt. Sie wird definiert als jenes Wissen oder eher Rudiment des Wissens über Gott, das man durch die natürlichen Verstandeskräfte und die Betrachtung seiner Geschöpfe zu erlangen vermag; und man kann sie wahrlich als göttlich in Hinsicht auf den Gegenstand und als natürlich in Hinsicht auf die Verstandeskräfte bezeichnen*[360]

das heißt die Quelle der Aufklärung. Bacon ließ in seiner Philosophie jedoch wenig Platz für die Natürliche Theologie. Stattdessen warnte er vor allen Argumenten, die auf Endursachen oder der Teleologie basierten, und lobte die antiken Materialisten, die „Gott und den Geist vom Bau der Dinge lösten“[361].

Nichtsdestotrotz wurden im 17., 18. und 19. Jahrhundert unzählige Abhandlungen über die Naturtheologie verfasst, die sich alle auf eben jene teleologischen Argumente stützten, vor denen Bacon gewarnt hatte. Einer der führenden Naturalisten und frühesten pastoralen Naturalisten Englands im 17. Jahrhundert war der Pfarrer John Ray (1627-1705), der Verfasser des Buchs *The Wisdom of God Manifested in the Works of Creation* (1691) [dt.: Die Weisheit Gottes, manifestiert im Werk seiner Schöpfung] und, zusammen mit Boyle, einer der Gründer der Royal Society zu London, der sich auch Newton wenig später anschließen sollte. Zum Priesteramt ordiniert im Jahre 1660 konnte Ray seiner Berufung nicht folgen, da er die anti-puritanische eidesstattliche Erklärung, die unter Charles II. Voraussetzung für die

[360] Bacon, *Über die Würde*, S. 170.

[361] Ebd., 202.

Geistlichkeit war, verweigerte. Stattdessen betrieb er Naturstudien, immer mit dem Ziel, „Gottes Weisheit, wie sie sich in seiner Schöpfung offenbart", darzustellen. In seinem Versuch, das zu beschreiben, was er „Natursystem" nannte, war Ray ein Vorläufer von Linnaeus, Paley und sogar Darwin.[362]

Aber Rays *Wisdom of God* vertrat nicht nur einen naturalistischen Standpunkt, sondern die einflussreichste Abhandlung über Naturtheologie schlechthin vor Paleys Werk. Rays Abhandlung beginnt mit einer Kritik atheistischer und materialistischer Anschauungen mit einem besonderen Fokus auf das, was er die „atheistischen Hypothesen von Epikur und Demokrit" nannte. Er argumentierte mit großer Vehemenz gegen Epikurs Theorie der Schräglage des Atoms (wie sie von Lukrez überliefert wurde) und bestand stattdessen darauf, dass die turbulenten Bahnen der Atome nicht in der Lage seien, die geordnete Struktur der natürlichen Welt, wie wir sie kennen, hervorbringen. (Ray, der wie seine wissenschaftlichen Kollegen Robert Boyle und Isaac Newton zu einer gewissen Art des Atomismus bekehrt war, lehnte die Existenz der Atome nicht rundheraus ab, sondern nur einen umfassenden Materialismus, der sich aus einem solchen Atomismus ableiten ließe.) „Es müsst gar allzu sehr an ein Wunder grenzen", schrieb Ray, „einen Mann zu finden, der so bar jedes Verstandes und jeder Vernunft ist, um sich selbst davon zu überzeugen, dass diese so schöne und gezierte Welt aus dem zufälligen Zusammentreffen der Atome hat entstehen können." Auch war Ray nicht dazu geneigt die Anschauung von Descartes zu teilen, der unter dem Einfluss der antiken Materialisten behauptete, dass die Begriffe der Materie und der Bewegung ohne Zwecke gedacht werden müssten und Gott ergo nur mehr die ursprüngliche Aufgabe der Schöpfung und Einrichtung einiger weniger konstitutiver Gesetze innehatte.[363]

Für Ray war die planmäßige Anordnung der Natur ein Zeichen der göttlichen Vorsehung. In der „Vielfalt der Arten" – er schätzte die Gesamtzahl aller Spezies in der Welt auf „vielleicht mehr als 20.000" – als auch in der organischen Vielfalt dessen, was er „plastische Natur oder vitales Prinzip" nannte, konnte man die Komplexität der göttlichen Schöpfung entdecken. Wenn Gott

[362] L. Eiseley, *Darwin's Century*, S. 14-15; Greene, *Death of Adam*, S. 1-3.

[363] John Ray, *The Wisdom of God Manifested in the Works of Creation*, London: Benjamin Walford, 1699, S. 35-39, 41, 49; Greene, *Death of Adam*, S. 8-10.

untergeordnete Prinzipien solcher Art wie die plastische Natur oder die vegetative Seele erschuf, um die Entwicklung der natürlichen Welt zu leiten, so war dieser Vitalismus (belebter Geist) selbst ein Zeichen für die aktive Rolle des Heiligen Geistes. „Wenn also die Werke der *Natur* besser, genauer und vollkommener sind als diejenigen der *Kunst* und die *Kunst* nichts vermag ohne Vernunft; so können also auch die Werke der *Natur* nicht ohne Vernunft gedacht werden." Für Ray war dies die Vernunft des göttlichen Architekten. In seinem Argumentationsgang griff Ray auf die Teleologie zurück, auf Argumente der Zweckmäßigkeit und Erklärungen über den allseitig arrangierten Charakter der Natur: die Luft war dazu da, um den Tieren die Atmung zu ermöglichen; Pflanzen und Tiere waren mit „einer vegetativen Seele" ausgestattet; der aufrechte Gang des Menschen diente explizit der Unterstützung des Kopfes. Für Ray konnte man die planmäßige Ordnung der Natur darstellen in Analogie zur Uhr. Wie die Uhr auf ihren Macher verwies, verwies die Natur auf ihren eigenen, den höchsten Schöpfer. Das Bild, das Ray von der Natur entwarf, war eines des unveränderlichen Seins, das auf dem Bauplan Gottes beruhte.[364]

Wie John Greene in seinem Werk *The Death of Adam* schrieb: „Der Begriff der Natur, den Ray in seinem Werk darlegte, sollte für knapp 200 Jahre die Gestalt der Naturgeschichte prägen. Zutiefst nicht-revolutionär dem Wesen nach, sollte er das hauptsächliche Hindernis für die Entstehung evolutionärer Anschauungen werden."[365] Die *Natural Theology* des Erzdiakons Paley, die nur knapp ein Jahrhundert nach Rays *The Wisdom of God* erschien, ähnelte letzterem in ihrem Argumentationsgang, wurde jedoch in einer Art und Weise geschrieben, die den veränderten Zeitgeist des späten 18. und frühen 19. Jahrhunderts widerspiegelte. Daher liest sich Paleys Werk wie ein geometrischer Beweis und leitete einen Großteil seiner Bedeutung aus seiner Synthese des Utilitarismus des 18. Jahrhunderts mit der Natürlichen Theologie ab.

Nichtsdestotrotz ähnelten seine Argumente denen von Ray. Derselbe Schwerpunkt liegt auf dem Argument der planmäßigen Anordnung, durch die sich Gott im Werk seiner Schöpfung manifestiert. Wo Ray auf die Uhr verwiesen hatte, machte Paley die Armbanduhr und die Vorstellung eines Uhrmachers als Analogie für Gott zum Fundament seiner Natürlichen Theologie. Für Paley

[364] Ray, *Wisdom of God*, S. 53, 81, 116, 257, 425.

[365] Greene, *Death of Adam*, S. 5.

gab es nichts so Ausgetüfteltes wie die Armbanduhr, von der jedermann zugeben würde, dass es derartig kunstvolles ohne einen Macher nicht geben konnte; und doch war die Natur noch wunderbarer und komplizierter – sollte dies also nicht auch für die Natur gelten? In der Einleitung zu seiner *Natural Theology* trieb er die Analogie mit der Armbanduhr so weit, dass er die phantastische Vorstellung einer Uhr entwickelte, die andere Uhren hervorbringt – eine Vorstellung, die zur „Bewunderung der Erfindung" und „des perfekten Geschicks des Erfinders" führen sollte.[366]

Paley blieb nicht bei der Uhrmetapher stehen, sondern diskutierte en Detail einige „Erfindungen" der Natur und der Vorsehung im Besonderen, aus denen seiner Meinung nach die planmäßige Anordnung klar hervorging. So maß er den Wundern des menschlichen Auges und der geometrischen Perfektion des Bienenstocks große Bedeutung bei. Darwin, auf den diese Teile der Argumentation von Paley großen Eindruck machten, hielt es für notwendig, dieselben naturgeschichtlichen Phänomene anders zu erklären, um die teleologische Anschauung der Naturtheologie zu widerlegen.

Vielleicht ist das beste Beispiel für die Überstrapazierung des Arguments der Planmäßigkeit bei Paley in seinen Ausführungen zum instinktiven Verhalten der weiblichen Vögel beim Eierausbrüten zu finden: „Ich sehe in einer solchen Situation nie einen Vogel", schrieb er, „aber ich nehme eine unsichtbare Hand wahr, die den zufriedenen Gefangenen von seinen Feldern und Hainen zurückhält." Hier klang Paley wie Adam Smiths „unsichtbare Hand" – jedoch war diese Hand bei Paley direkt die Hand Gottes.[367]

Trotz seines detaillierten biologischen Wissens war Paleys naturtheologische Anschauung statisch und mechanisch, bar jeder

[366] Paley, *Natural Theology*, S. 9.

[367] Ebd., S. 344. Beim Vergleich von Paleys Gebrauch der Metapher der „unsichtbaren Hand" mit der von Adam Smith stellte Stephen Jay Gould fest, dass „die beiden Formen des Gebrauchs diametral entgegengesetzt sind. [...] Paleys unsichtbare Hand ist Gottes explizite Absicht (auch wenn Er, in diesem Fall, nicht direkt, sondern indirekt durch den Instinkt des Vogels wirkt; nicht also durch unmittelbaren Eingriff). Smiths unsichtbare Hand derweil ist der *Eindruck* einer höheren Macht, die aber nicht existiert." Stephen Jay Gould, *Eight Little Piggies*, New York: W.W. Norton, 1993, S. 150-51. Nichtsdestotrotz kann man im Gegensatz zu Gould argumentieren, dass die beiden Formen des Gebrauchs, einmal für den Markt und das andere Mal für Gott, sich wechselseitig verstärkende Aspekte desselben dominanten, bürgerlichen Verständnisses von Gesellschaft sind. Die Smith'sche Perspektive ist zwar nicht direkt teleologisch orientiert, tendiert aber dazu, den Markt zu verdinglichen und mit einer fast schon providentiellen Perfektion auszustatten. Es ist kein Zufall, dass Malthus, ein protestantischer

Vorstellung von Zeit, das heißt von Natur*geschichte*. In der Uhranalogie von Paley diente die Uhr als Maschine nur als Kernstück einer teleologischen Argumentation, die sich um Gottes Gunst drehte; das Ticken der Uhr, das die fortwährenden und häufig unumkehrbaren Veränderungen in der Natur selbst symbolisierte, spielte in seiner Betrachtung keine Rolle. Es gibt in seiner Analyse keine Vorstellung vom Pfeil der Zeit. Genau aus diesem Grund sollte Darwins *Ursprung der Arten* Paleys Vorstellung vom Uhrmacher-Gott als Schöpfer des Universums verdrängen.[368]

Naturtheologie und politische Ökonomie

Paleys Mischung aus Utilitarismus und Naturtheologie im typischen Stile des 18. Jahrhunderts, wie er sie in seinen *Principles of Moral and Political Philosophy* (1785) entwickelt hatte, verteidigte die bestehenden Eigentumsverhältnisse selbst dort, wo sie unnatürlich, willkürlich und ungerecht erschienen. Solche Eigentumsrechte, schloss er, sollten, auch wenn sie nicht durch Naturrecht, sondern ziviles Recht installiert wurden, als unantastbar behandelt werden. Sie sollten schlicht so angesehen werden, als seien sie „vom Himmel eingesetzt". „Die Welt", argumentierte Paley, „strotzt nur so vor Erfindungen; und alle Erfindungen, mit denen wir vertraut sind, sind auf wohltätige Zwecke gerichtet" – sie bewiesen somit die Existenz der „planmäßigen Ordnung" und „göttlicher Güte". Er schrieb in einer Zeit, knapp vier Jahre vor der Französischen Revolution, in der die Eigentumsverhältnisse relativ stabil und die Zweckmäßigkeit stets auf der Seite der besitzenden Klassen zu sein schien(en), so dass Paley mit Zuversicht darauf beharrte: „Was auch immer zweckmäßig ist, ist richtig."[369]

In Paleys *Principles of Moral and Political Philosophy* lassen sich noch Anzeichen einer patriarchalen Sicht auf die Gesellschaft finden – die Vorstellung der Verantwortung gegenüber den Armen

Pfarrer, die harsche religiöse als auch die nicht minder harsche polit-ökonomische Perspektive der englischen Gesellschaft des 19. Jahrhunderts repräsentieren sollte. In seinem Werk waren beide unsichtbaren Hände – die gedoppelte Teleologie von Smith und Paley – gleichermaßen präsent.

368 Vgl. D. L. LeMathie, *The Mind of William Paley*, Lincoln: University of Nebraska Press, 1976, S. 177-81.

369 William Paley, *The Principles of Moral and Political Philosophy*, New York: Harper & Brothers, 1867, S. 36-38, 44.

–, die später aus seiner Natürlichen Theologie verschwinden sollte. Die allgemeine Glückseligkeit der Gesellschaft, meinte er damals, steige mit dem Wachstum der Bevölkerung. Obgleich die Bevölkerung letztlich durch das Angebot an Subsistenzmitteln und der Fruchtbarkeit des Bodens begrenzt sei, gäbe es genug überschüssiges fruchtbares Land, um mit einem Wachstum der Bevölkerung Schritt zu halten. „Die Abnahme der Bevölkerung", schrieb er, „ist das größte Unglück, das ein Staat erleiden kann; und ihre Zunahme ist das Ziel, das in allen Ländern zuvörderst verfolgt werden sollte, übergeordnet jeglichem anderen politischen Zwecke." Überdies glaubte Paley, in diesen Jahren unmittelbar vor der Französischen Revolution, dass ein gewisser Grad an öffentlicher Wohlfahrt natürlich sei. Bei den „Urchristen", so argumentierte er, habe es einst gemeinschaftliches Eigentum aller Dinge gegeben, doch sei eine Teilung des Eigentums unter den Menschen notwendig für eine Entwicklung von einer großen und gemischten Gesellschaft und zudem von Gott „gesegnet" gewesen. Dennoch habe der „Oberste Eigentümer" nur einer solchen Eigentumsverteilung eingewilligt, in der jede und jeder noch genug Mittel zum Leben behielt. Hierin, so Paley, seien die naturtheologischen Gründe für die öffentliche Wohlfahrt finden: Das Bedürfnis der Pauper, vom absoluten Leid – von Armut und Elend – frei zu sein, entspreche dem Willen Gottes.[370]

Doch sollten sich Paleys Anschauungen in dieser Angelegenheit bis zum Erscheinen der *Natural Theology* dramatisch ändern. Im späten 18. und frühen 19. Jahrhundert stellte die Bevölkerungsfrage das charakteristische Feld des pastoralen Naturalismus dar, der somit in den Diskurs der klassischen politischen Ökonomie eindrang. Im Jahre 1798 wurde ein anonymes Werk in England mit dem Titel *An Essay on the Principle of Population as it Effects the Future Improvement of Society; with Remarks on the Speculations of Mr. Godwin, M. Condorcet and Other Writers* [dt.: Eine Abhandlung über das Populationsprinzip und ihrer Auswirkung auf die zukünftigen Verbesserungsmöglichkeiten der Gesellschaft; mit Kommentaren zu den Spekulationen von Herrn Godwin, M. Condorcet und anderen Schriftstellern] publiziert. Es bestand aus einem lose gehefteten, kleinen Oktavband von 396 Seiten mit knapp 50.000 Wörtern. Dieses anonyme Werk sollte, wie man schon dem Titel entnehmen kann, in erster Linie Argumente gegen die Ideen so

[370] Ebd., S. 99-103, 278.

einflussreicher Denker wie William Godwin in England und dem Marquis von Condorcet in Frankreich liefern, die beide im allgemeinen Geiste der Aufklärung und in Reaktion auf die Französische Revolution argumentierten, dass ein endloser menschlicher Fortschritt möglich sei. Demgegenüber vertrat der Autor des anonymen Essays die düstere Ansicht, dass das grundsätzliche Prinzip der menschlichen Gesellschaften, welches die Perspektive ihrer zukünftig möglichen Entwicklungen regulierte, das „Prinzip der Bevölkerung" sei. Demnach tendiere die menschliche Bevölkerung, falls unbeschränkt, dazu, entsprechend einer geometrischen Rate (1, 2, 4, 8, 16, usw.) zuzunehmen, die Subsistenzmittel jedoch nur nach einer arithmetischen Rate (1, 2, 3, 4, 5, usw.). Da das Bevölkerungswachstum nie für lange Zeit das Wachstum der Subsistenzmittel überschreiten konnte, waren gewisse natürliche Schranken hinsichtlich des Bevölkerungswachstums vonnöten, um ein Gleichgewicht zwischen Bevölkerung und Subsistenzmitteln zu erhalten. Aber alle diese unterschiedlichen natürlichen Schranken konnten, so wurde betont, im Kern reduziert werden auf Elend oder Laster und stellten somit eine unüberwindliche Barriere für die endlose Fortentwicklung der Gesellschaft und die naiven Entwürfe der aufklärerischen Optimisten dar.

Beeindruckt von dieser Abhandlung schloss Paley seine *Natural Theology* mit der Warnung, dass „sich die Menschheit in allen Ländern" immer „bis zu einem gewissen Zustand des Elends fortpflanzen" werde, was selbst Teil des Plans der Gottheit sei. Daher „hat die Bevölkerung stets die Tendenz, dem Fortschritt auf die Ferse zu treten". Dennoch, betonte Paley, galten solche Grenzen, wenn man von ihnen überhaupt reden konnte, „nur für tierische Bedürfnisse", während moralische Bedürfnisse in unbegrenzter Art und Weise erfüllt werden könnten.[371]

Der anonyme Verfasser des *Essay on Population*, der bei Paley einen so starken Eindruck hinterließ, war niemand anderer als Thomas Robert Malthus (1766-1834). Zur Zeit, als er die erste Version seines Essays schrieb, war Malthus ein 32-jähriger englischer Hilfsprediger. Später sollte er sich als einer der führenden klassischen politischen Ökonomen erweisen. Malthus kam aus einer gut betuchten Familie und studierte an der Cambridge University. Sein Vater, David Malthus, war sowohl ein Freund von David Hume als auch ein Freund und Anhänger von Jean-Jacques Rousseau.

[371] Paley, *Natural Theology*, S. 539-42.

Infolge eines Streitgesprächs am Kamin mit seinem Vater über das Werk des englischen Aufklärers und Utopisten, William Godwin, entwickelte Malthus zum ersten Mal die Idee für seinen Essay über die Bevölkerung.

Nach einigen Jahren als Hilfsprediger auf dem Land wurde Malthus 1805 in die Fakultät des Colleges der East India Company zu Haileybury berufen und übernahm dort die erste britische Professur für politische Ökonomie – eine Stelle, die er bis zu seinem Tode im Jahre 1834 innehalten sollte. Zu Lebzeiten war er nicht nur berühmt für seinen *Essay on the Principle of Population*, das durch sechs Auflagen gehen sollte, sondern ebenfalls für seine *Principles of Political Economy* [dt.: Grundsätze der Politischen Ökonomie] die im Jahre 1820 veröffentlicht wurden.

Malthus' *Essay on Population* war zwar ein Werk der politischen Ökonomie, aber zugleich auch Produkt von Malthus' pastoralem Naturalismus. Indem er den Standpunkt der Natürlichen Theologie übernahm, beharrte Malthus darauf, dass „wir von der Natur hinauf zum Gott der Natur räsonieren sollten und uns nicht anmaßen sollten, von Gott zur Natur zu räsonieren." Das oberste Wesen habe durch den „gütigen Plan der Vorsehung [...] bestimmt, dass die Bevölkerung schneller zunehmen sollte als die Nahrung" – ein allgemeines Gesetz, das seiner Meinung nach zwar „teils Böses", aber letztendlich ein „Übergewicht des Guten" hervorbrachte, indem es zu weiterer Anstrengung, in Form von menschlicher Arbeit, zur Erlangung von Subsistenzmitteln verpflichte. Auch menschliche Ungleichheit und menschliches Elend konnten auf der Grundlage legitimiert werden, dass „ein gleichmäßiger Gang des Wohlstandes" verstanden wurde als „den Charakter eher schwächend als erhöhend". So erweckte das Elend die „christlichen Tugenden". Tatsächlich gab es nach Malthus gute Gründe, sich diesem „höheren Zweck der Schöpfung" – wie er sich darstellte durch das Bevölkerungsprinzip – anzupassen, statt ihn zu stören. Der verarmte Hausherr, der sich dazu entschlossen hatte zu heiraten, ohne die Mittel zu besitzen eine Familie zu ernähren, so beharrte Malthus, „sollte belehrt werden, dass die Gesetze der Natur, welche die Gesetze Gottes sind, ihn und seine Familie verdammt haben zu hungern dafür, dass diese ihre wiederholten Ermahnungen nicht befolgt haben; ebenso sollte er belehrt werden, dass er keinen Anspruch gegenüber der Gesellschaft auf auch nur die kleinste Portion an Nahrung hat jenseits dessen, was er sich durch seine Arbeit leisten kann.“[372]

Malthus unterfütterte solche scharfen Mahnungen mit Verweisen auf Gott. Nichtsdestotrotz bemühte er sich darum – in Übereinstimmung mit der Natürlichen Theologie – zuerst aufzuzeigen, dass solche Gesetzmäßigkeiten, wie er sie zu entdecken glaubte, Naturgesetze seien. Erst nachdem man die natürliche Zweckmäßigkeit dahinter gezeigt hatte, durfte man sie als „ausdrückliche Befehle Gottes“ interpretieren – als gütige Absicht des Schöpfers, das allgemeine Glück zu steigern. Malthus übernahm seine Ethik vollständig von Paleys Version des Utilitarismus, der behauptete, dass die Tugend darin zu finden sei, aus den vom Schöpfer bereitgestellten Materialien der Natur das größtmögliche Glück für die größtmögliche Zahl an Menschen herzustellen.[373]

Von Anfang an also verfolgte Malthus' Essay eine sehr polemische Absicht, die sich aus der Natürlichen Theologie herleitete. Das Wesen seines Arguments jedoch – sein besonderer polemischer Zweck – veränderte sich in den späteren Auflagen des Werks. Der *Essay on Population* durchlief noch zu Malthus' Lebenszeiten sechs unterschiedliche Auflagen (1798, 1803, 1806, 1807, 1817 und 1826). Die 1803er-Ausgabe war fast viermal so umfangreich wie die erste Ausgabe und beinhaltete große Teile der früheren nicht mehr. Sie besaß auch einen neuen Titel und eine veränderte Beweisführung. Es war also eigentlich ein neues Buch. In den Auflagen nach 1803 waren die Veränderungen im Text eher unwesentlicher Natur. Daher wird die 1798er-Ausgabe üblicherweise der *Erste Essay* über die Bevölkerung und die 1803er-Version (zusammen mit den Auflagen aus den Jahren 1806, 1807, 1817 und 1826) der *Zweite Essay* genannt. Um Malthus' Gesamtargumentation zu verstehen, ist es deswegen notwendig nachzuvollziehen, wie sich seine Positionen vom *Ersten Essay* zum *Zweiten Essay* veränderten.

---

[372] Malthus, *First Essay*, S. 201-12; Thomas Robert Malthus, *An Essay on the Principle of Population; or A View of its Past and Present Effects on Human Happiness; With an Inquiry into Our Prospects Respecting the Future Removal or Mitigation of the Evils which it Occasions*, Bd. II, Cambridge: Cambridge University Press, 1989, S. 140-41. (In allen weiteren Zitaten aus dieser Auflage wird auf sie verwiesen als: *Second Essay*.)

[373] Malthus, *Second Essay*, Bd. II, S. 101-05; Leslie Stephen, *The English Utilitarians*, Bd. 2, London: Duckworth 1900, S. 156.

Der *Erste Essay*

Der vollständige Titel des Ersten Essays lautete, wie wir schon gesehen haben, *An Essay on the Principle of Population as it Effects the Future Improvement of Society; with Remarks on the Speculations of Mr. Godwin, M. Condorcet and Other Writers*. Wie sich aus dem Titel schließen lässt, stellte der Essay einen Versuch dar, in eine Debatte über die zukünftige Entwicklung der Gesellschaft zu intervenieren. Die fragliche Kontroverse ging zurück auf das Erscheinen des Werkes *Various Prospects of Mankind, Nature and Providence* [dt.: Perspektiven der Menschheit, Natur und Vorsehung] von Robert Wallace, einem Priester aus Edinburgh, im Jahre 1761. In seinen früheren Schriften hatte Wallace dargestellt, dass die menschliche Bevölkerung, wenn sie unkontrolliert wuchs, dazu tendierte, exponentiell zu wachsen und sich alle paar Jahrzehnte zu verdoppeln. In *Various Prospects* argumentierte er überdies, dass die Schaffung einer „perfekten Regierung" auf Grundlage einer egalitären Basis zwar möglich, im besten Falle aber nur temporär sei, da bei diesen Umständen „die Menschheit so außerordentliches Wachstum an den Tag legen würde, so dass die Erde letzten Endes überflutet und ergo unfähig werden würde, so viele Einwohner zu erhalten." Schließlich würde ein Zeitpunkt kommen, „an dem unsere Erde, trotz fleißigster Bearbeitung, nicht mehr genug produzieren würde, um die zahlreichen Bewohner zu ernähren." Wallace schloss damit, dass es zu bevorzugen sei, wenn menschliche Laster durch die Reduktion des Bevölkerungsdruckes das Entstehen einer Regierung verhinderten, die nicht kompatibel wäre mit „den Bedingungen der Menschheit auf dieser Erde".[374]

Der führende Kontrahent von Wallace in dieser Sache war der englische Radikale William Godwin (1756-1836), der in seinem *Enquiry Concerning Political Justice and its Influence on Morals and Happiness* [dt.: Untersuchung der politischen Gerechtigkeit und ihres Einflusses auf die Moral und die Glückseligkeit] eine aufklärerische Utopie formulierte, die sich für eine egalitärere Gesellschaft aussprach. Sie wurde erstmals im Jahre 1793 veröffentlicht, woraufhin 1796 eine zweite und 1798 eine dritte Version folgten. Als Antwort auf Wallace, der behauptet hatte, dass jede perfekte

[374] Robert Wallace, *Various Prospects of Mankind, Nature and Provindence*, London: A. Millar, 1761, S. 107, 114-17, 125.

Regierung letztlich zu einer Überbevölkerung führen würde, vertrat Godwin die Ansicht, dass die menschliche Bevölkerung immer zu einem Gleichgewicht im Verhältnis zu ihren Subsistenzmitteln strebe und die Bevölkerung „somit, in ihrem normalen Zustand, wohl nie derart wachsen wird, dass sie die Mittel der Subsistenz übersteigt." Für Godwin wurde die Bevölkerung in menschlichen Gesellschaften durch Reichtum und Arbeitslöhne reguliert. „Es ist unmöglich, dass die Menschen nicht zu einem beträchtlichen Maße dem Einfluss von Furcht unterliegen und sich zu früher Heirat und zahlreicher Familie entschließen sollten, wo der Preis der Arbeit stark gedrückt wird und eine zusätzliche Bevölkerung weitere Senkung provoziert." Er hielt weiterhin fest, dass es „unterschiedliche Methoden gibt, mittels deren Anwendung die Bevölkerung kontrolliert werden kann; durch das Aussetzen der Kinder wie bei den Alten und heutzutage in China; durch die Kunst der Abtreibung, die, wie es heißt, heutigentags auf der Insel von Ceylon vorhanden zu sein scheint [...] oder, letztlich, durch systematische Abstinenz, wie sie in Klöstern beiderlei Geschlechts bis zu einem gewissen Grade anzunehmen ist." Aber auch ohne solch extreme Praktiken und Institutionen „wird die Ermutigung oder Entmutigung, die durch den allgemeinen Zustand des Gemeinwesens herbeigeführt wird", so beharrte Godwin, „in ihrem Wirken wahrscheinlich mächtig genug sein."[375]

Wäre es jedoch nicht so, wie Godwin derweil felsenfest glaubte, dass das Bevölkerungswachstum dazu tendierte, durch die und im Gleichgewicht mit den Subsistenzmitteln reguliert zu werden, so bestünden die von Wallace formulierten Probleme nur „in großer Distanz", denn „drei Viertel der bewohnten Erde sind noch nicht kultiviert." Außerdem

> *können weder die Verbesserungen in der Kultivation, die noch zu machen sind, noch die Verbesserungen, die die Erde hinsichtlich ihrer Produktivität zu empfangen die Kapazität hat, keineswegs schon auf irgendwelche berechenbaren Grenzen bezogen werden. [...] Die selbe Erde, die wir bewohnen, und das Sonnensystem, können, all unserem Wissen nach, auch dem Verfall unterliegen.*

[375] William Godwin, *Enquiry Concerning Political Justice and its Influence on Morals and Happiness*, Bd. II, Toronto: University of Toronto Press, 1946, S. 515-18.

Für Godwin war es unter diesen Bedingungen also äußerst vernünftig, alles Mögliche zu tun, um die Bedingungen der menschlichen Gesellschaft zu verbessern und Gleichheit und Gerechtigkeit mit der Hoffnung voranzutreiben, dass Hilfsmittel (von denen man sich einige zum gegeben Zeitpunkt noch gar nicht vorstellen könne) beizeiten zur praktischen Anwendung vorhanden sein würden, um bei Eintritt solch entfernter Möglichkeiten wie der Überbevölkerung der Erde oder sonstig vorstellbarer apokalyptischer Perspektiven wie dem Verfall der Erde Abhilfe zu leisten.[376]

Eine ähnliche Position nahm der Marquis de Condorcet (1743-1794) in seinem großen Werk mit dem Titel *Entwurf einer historischen Darstellung der Fortschritte des menschlichen Geistes* [fr. Orig.: Esquisse d'un tableau historique des progrès de l'esprit humain] ein, das erstmals 1794 publiziert wurde. „Muß dann nicht einmal der Zeitpunkt kommen", fragte Condorcet in seinen Ausführungen über die Zukunft der Menschheit,

> *wo die Vermehrung der Menschen die Zahl ihrer Hilfsmittel übersteigt, woraus mit Notwendigkeit, wenn nicht eine dauernde Abnahme der Wohlfahrt und der Bevölkerung und ein ernster Rückschritt, so doch wenigstens eine Art von Schwanken zwischen dem Wohl und dem Übel sich ergäbe? Wäre dies Schwanken der an diesem Punkt gelangten Gesellschaften nicht eine dauernde Ursache gewissermaßen periodisch sich einstellenden Elends? Bezeichnete es nicht die Grenze, über die hinaus jede Verbesserung unmöglich würde, und für die Möglichkeit, das Menschengeschlecht zu vervollkommnen, den Endpunkt, an den diese im Laufe unermeßlicher Zeiten käme, ohne ihn je überschreiten zu können?*[377]

Cordorcets Antwort auf diese Frage lautete: „Es ist gleicherweise unmöglich, für oder gegen die künftige Wirklichkeit eines Ereignisses zu sprechen, das erst in einer Epoche eintreten würde, in der die Menschheit mit Notwendigkeit eine Stufe der Aufklärung erreicht hat, von der wir uns kaum eine Vorstellung machen können."[378] Man könne hoffen, „daß bis zu dieser Zeit der

[376] Ebd., S. 518.

[377] Jean-Antoine-Nicholas Caritat, Marquis de Condorcet: *Entwurf einer historischen Darstellung der Fortschritte des menschlichen Geistes*, Frankfurt/M.: Suhrkamp, 1976, S. 208.

[378] Ebd.

Fortschritt der Vernunft mit dem in Wissenschaft und Technik Schritt gehalten"[379] haben würde; und wenn dann also eines Tages die Grenzen der Erde hinsichtlich ihrer Fähigkeit Subsistenzmittel zu produzieren erreicht sein sollten, so würde dies stattfinden „ohne daß sich daraus eine vorzeitige, der Natur wie dem Gedeihen der Gesellschaft so sehr widersprechende Vernichtung eines Teiles der Wesen ergeben würde, die das Leben empfangen haben".[380] Wenn Menschen dann erkennen, dass „sie gegenüber den Wesen verpflichtet sind, die noch nicht sind"[381], werden sie die menschliche Bevölkerung dementsprechend regulieren und „nicht das kindische Vorhaben, die Erde mit unnützen und unglücklichen Wesen zu bevölkern" umsetzen.[382]

Malthus versuchte in seinem Essay von 1798, den Argumenten von Godwin und Condorcet entgegenzuwirken und zu beweisen, dass das Bevölkerungsprinzip der Verwirklichung einer egalitäreren Gesellschaft im Wege stand. Dabei nahm Malthus eine weitaus radikalere Haltung ein als jene, durch die Wallace zuvor Berühmtheit erlangt hatte. Während dieser lediglich argumentierte, dass das Bevölkerungswachstum zu gegebener Zeit von den von der Erde gesetzten Schranken gebremst werden würde, beharrte Malthus darauf, dass eine Kontrolle des Bevölkerungswachstums *immer* notwendig sei und die Form „einer starken und konstant wirkenden Schranke" annehmen müsste, da sich das Bevölkerungsprinzip nicht um die absoluten Grenzen der Erde, sondern um die unmittelbaren Grenzen der Subsistenz (Lebensmittel) drehe.[383] Wie Godwin argumentierte auch Malthus, dass es eine Tendenz zum Gleichgewicht zwischen Bevölkerung und Subsistenzmitteln gäbe. Dennoch behauptete er, dass die Bevölkerung natürlicherweise, das heißt wenn ihr Wachstum nicht beschränkt wurde, dazu tendierte, in einer geometrischen Rate zu wachsen, während die Subsistenzmittel bestenfalls in einer arithmetischen Rate wuchsen. Unter diesen Umständen musste man seine Aufmerksamkeit den konkreten Schranken zuwenden, die dafür sorgten, dass die Bevölkerung – abgesehen von kleinen Schwankungen – im Gleichgewicht mit den begrenzten Mitteln der

379 Ebd.

380 Ebd., S. 209.

381 Ebd., S. 208.

382 Ebd., S. 208-09.

383 Malthus, *First Essay*, S. 71.

Subsistenz blieb. Diese Schranken, so Malthus, waren alle verbunden mit Laster und Elend und nahmen Formen an wie Promiskuität vor der Ehe, was zu einer sinkenden Fertilität führte (eine landläufige Überzeugung zu Malthus' Zeiten), Krankheit, Seuchen und letztendlich, wenn alle anderen Maßnahmen scheiterten, die furchterregende Geißel des Hungers. Da solche Laster und solches Elend zu allen Zeiten notwendig waren, um die Bevölkerung in ein Gleichgewicht mit den vorhanden Subsistenzmitteln zu bringen, waren zukünftige Verbesserungen der Gesellschaft, wie sie von solch Denkern wie Godwin und Cordorcet erdacht wurden, nach Malthus schlicht unmöglich. „Das Hauptargument dieses Essays", schrieb Malthus in einer Passage, die später von Marx in seinen Exzerpten aus Malthus' Werk hervorgehoben werden sollte, „sucht schlicht die Notwendigkeit einer Klasse von Besitzern und einer Klasse von Arbeitern zu beweisen."[384]

Malthus selbst benutzte den Begriff der „Überbevölkerung" in seiner Argumentation nicht, seine Kritiker hingegen taten dies von Anfang an.[385] Die natürlichen Schranken für die Bevölkerung waren, aus Malthus' Perspektive des späten 18. Jahrhunderts, so effektiv, dass Überbevölkerung im Sinne einer Überflutung der Erde mit menschlichen Bewohnern nicht zu befürchten war. Das Problem der „überhöhten Bevölkerung" war kein Problem „in ferner Zukunft" (wie Godwin meinte), sondern *immer* relevant, auch in Zeiten, in denen der Großteil der Erde noch nicht kultiviert war.[386] In Reaktion auf Condorcet schrieb Malthus:

> *Herr Condorcet meint, dass sie [die Ankunft einer Periode, in der die Weltbevölkerung die Grenzen der Subsistenz erreicht hätte] unmöglich eintreten könne außer in einer weit*

---

[384] Ebd., S. 177; Karl Marx, „Exzerpte aus Thomas Robert Malthus: An essay on the principle of population", in: *Marx/Engels Historisch-Kritische Gesamtausgabe (MEGA)*, Abteilung 4, Bd. 9, Berlin: Dietz Verlag, 1991, S. 226-229, hier: S. 229 [Anm. d. Übers.: Das Exzerpt von Karl Marx ist Englisch im Original; die Übersetzung ist von uns].

[385] Malthus war äußerst konsequent darin, Verweise auf die Überbevölkerung der Erde im modernen Sinne zu vermeiden und korrigierte penibel die wenigen Passagen in seinem Werk, in denen er unachtsamerweise den Eindruck hinterließ, dass die menschliche Bevölkerung die Subsistenzmittel überschritten hätte. Er veränderte diese Passagen dahingehend zu sagen, dass die „einfachen Subsistenzmittel" nicht mehr zur Verfügung stünden. Vgl. Edwin Cannan, *A History of Theories of Production and Distribution in English Political Economy from 1776 to 1848*, New York: Augustus M. Kelley, 1917, S. 108.

[386] Malthus, *First Essay*, S. 120, 134.

entfernten Zukunft. Wenn die Proportion zwischen der natürlichen Zunahme der Bevölkerung und der Nahrung, die ich dargelegt habe, auch nur einigermaßen nahe an der Wahrheit dran ist, dann scheint es eher so zu sein, dass, im Gegenteil, die Periode, in der die Zahl der Menschen die ihrer Subsistenzmittel [in späteren Ausgaben wurde dies verändert zu „einfache Subsistenzmittel"] überschreitet, schon lange da ist und dass das notwendige Schwanken, dieses konstant fortbestehende Problem periodischen Elends, immer existiert hat, solange es die Geschichte der Menschheit gibt, in der Gegenwart existiert und für immer weiter fort existieren wird, es sei denn ein entscheidender Wandel in der physischen Konstitution der Natur vollzöge sich.[387]

In der 1803er-Edition seines Werkes über die Bevölkerung fügte Malthus hinzu: „Andere Personen neben Herrn Godwin haben sich vorgestellt, dass ich bestimmte zukünftige Perioden im Sinn hatte, in denen die Bevölkerung die Subsistenzmittel in einem viel größeren Ausmaß als heute überschreiten werde, und dass die Übel, die vom Bevölkerungsprinzip herstammen, eher in der Grübelei denn in der Realität zu finden seien; dies aber ist eine völlig falsche Darstellung des Arguments."[388]

Anstatt sein Argument auf die Vorstellung zu stützen, dass das Bevölkerungswachstum und die Produktion die Tragfähigkeit der Erde sprengen würden, beharrte Malthus vielmehr darauf, dass „es keine Grenzen der Produktivität der Erde gäbe; sie mag ewig ansteigen und größer sein als jede annehmbare Quantität".[389] In seiner Analyse war das Problem also nicht die Tragfähigkeit der Erde als solche (wie spätere Interpretationen seiner Doktrinen irrtümlicherweise behauptet haben), sondern nur die natürliche Wachstumsrate der Bevölkerung relativ zur natürlichen Wachstumsrate der Subsistenzmittel. Und da die erstere, trotz „überhöhtem" Charakter, sich notwendigerweise der zweiteren anpassen musste, deutete dies auf die gesetzmäßige Notwendigkeit der verschiedenen natürlichen Schranken der menschlichen Bevölkerung in Form von Elend und Laster hin.

---

387 Ebd., S. 124.

388 Malthus, *Second Essay*, Bd. I, S. 329.

389 Malthus, *First Essay*, S. 76.

Ein relativ niedriges oder stagnierendes Bevölkerungswachstum wurde nach Malthus als Zeichen dafür angesehen, dass die Bevölkerung Druck auf die Subsistenzmittel ausübte, während hohes Bevölkerungswachstum ein Zeichen dafür war, dass ein Land unterbevölkert war. „Wenn man die wichtigsten Staaten Europas untersucht", schrieb er, „dann findet man heraus, dass sie trotz eines beträchtlichen Bevölkerungszuwachses seit der Zeit ihres Daseins als Nationen von Schafhirten heute ein langsames Wachstum haben und anstatt dass sich ihre Bevölkerungszahlen alle 25 Jahre verdoppeln, benötigen sie nun 300 oder 400 oder sogar noch mehr Jahre dafür".[390] Nichts anderes zeigte aus Malthus' Perspektive so deutlich, dass die Bevölkerung die Grenzen der Subsistenz erreicht hatte.

Malthus stimmte mit der vorherrschenden Meinung von Godwin, Condorcet und anderen überein, dass die Bevölkerung im Grunde immer im Gleichgewicht mit den Mitteln der Subsistenz geblieben war. Doch die ihm vorhergehenden Denker schafften es seiner Meinung zufolge nicht, folgendes zu erkennen: 1. die konstant vorherrschende *Disproportion* zwischen einer „überhöhten Bevölkerung", die, insofern sie nicht beschränkt wurde, natürlicherweise dazu tendierte, in geometrischer Rate zu wachsen und sich alle 25 Jahre zu verdoppeln, und dem Wachstum der Subsistenzmittel, die bestenfalls entsprechend einer arithmetischen Rate wuchsen; und 2. den *Mechanismus*, der zwingenderweise vonnöten war, um das Gleichgewicht zwischen dem Bevölkerungswachstum und dem Wachstum der Subsistenzmittel unter diesen Bedingungen herzustellen: die Existenz von Laster und Elend als notwendigen Beschränkungsmaßnahmen der Rate des Bevölkerungswachstums.

Aber gerade in Bezug auf die logische Kohärenz dieser beiden Punkte, auf denen Malthus' eigenständiger Beitrag zu dieser Debatte basierte, geriet er in Schwierigkeiten. Zur Debatte stand nie, dass die Bevölkerung gemäß einer geometrischen Rate wachsen konnte. Diese Tatsache war empirisch schon vor Malthus bewiesen worden. Malthus' origineller Beitrag hinsichtlich der erwartbaren Wachstumsraten von Bevölkerung und Nahrungsmitteln beschränkte sich also ausschließlich auf seine Behauptung, dass das Angebot an Nahrungsmitteln nur in einer arithmetischen Rate wachsen konnte. Aber die Grundlage dieser Behauptung war von Beginn an fadenscheinig. Malthus argumentierte einfach, dass

[390] Ebd., S. 89.

sich die Bevölkerung von Nordamerika in 25 Jahren verdoppelt habe und es unmöglich sei zu erwarten, dass das Angebot an Nahrungsmitteln auch nur annähernd bei einer derartigen Rate habe wachsen können. Aber es war ein großer Trugschluss, daraus abzuleiten, wie Malthus es zu tun schien, dass die Nahrungsmittel nicht entsprechend einer Rate wachsen könnten, die höher war als eine arithmetische. Wie Edwin Cannan hervorhob, könnte man auch dann von einer geometrischen Wachstumsrate sprechen, wenn sich das Angebot an Nahrungsmitteln nur einmal alle 50.000 Jahre verdoppelte. Mit der Aussage, dass die Subsistenzmittel nur entsprechend einer arithmetischen Rate wachsen könnten, meinte Malthus im Grunde zugleich, dass die periodischen Zusätze zum jährlichen Durchschnittsprodukt der Landwirtschaft niemals gesteigert werden können.[391]

Letztlich gründete Malthus' Argument auf einem Taschenspielertrick. Nachdem er sein Axiom des Wachstums der Subsistenzmittel bei einer fixen Rate zum Zwecke der weiteren Argumentation eingeführt hatte – eine Vorannahme, die sehr vernünftig schien, da er als das Maximum dieser fixen Rate das gesamte aktuelle Nahrungsmittelprodukt setzte –, behandelte er dieses Axiom als eine feststehende Schlussfolgerung, ohne weitere Beweise dafür zu liefern. Das Axiom wurde so zur Grundlage eines unüberwindlichen Widerspruchs zwischen der exponentiellen Wachstumsrate der Bevölkerung (falls unbeschränkt) und eines Nahrungsmittelangebots, das nie exponentiell wachsen konnte. Es erübrigt sich zu betonen, dass Malthus' eigene empirische Daten dieses Axiom nicht unterstützten. In seiner Analyse des rapiden Bevölkerungswachstums in Nordamerika, die entsprechend einer geometrischen Rate wuchs, sah er sich dazu gezwungen, auf Daten hinweisen, die nahelegten, dass auch das Nahrungsmittelangebot geometrisch anstieg. Mit diesem offensichtlichen Widerspruch konfrontiert, begnügte er sich damit, unter der Zuhilfenahme der Metapher des Reservoirs zu behaupten, dass die Bewohner von einer fixen Ressource zehrten, die eines Tages erschöpft sein würde, so dass sich anschließend das Bevölkerungswachstum dem wirklichen Anstieg der Nahrungsmittelbestände anpassen würde. Dies zuzugeben hieße jedoch, eine Position einzunehmen, die eher der von Wallace und Godwin (die beide argumentierten, dass die Grenzen der Erde erst dann vollständig gelten würden, wenn die

---

391 Cannan, *A History of Theories*, S. 112.

gesamte Erde kultiviert wäre) entspräche als derjenigen, die Malthus selbst versuchte einzunehmen.[392]

Kurz gesagt hatte Malthus keinen Beweis zur Unterstützung dessen, was Marx später Malthus' einzige originelle Idee in seiner Bevölkerungstheorie nennen sollte: die arithmetische Rate. Er führte einzig den – seines Ermessens – hinreichenden Grund an, dass ihm jeder sachkundige Beobachter des Zustands der Landwirtschaft zustimmen würde (eine Vorstellung, die von James Anderson, politischer Ökonom aus Schottland, Agronom und praktizierender Farmer sowie einer der führenden Autoritäten auf dem Gebiet der Agrikultur seiner Zeit, sofort heftig kritisiert wurde). Wenn es überhaupt eine Grundlage für Malthus' Vorstellung einer arithmetischen Rate gab, so war diese in seinem prädarwinistischen Verständnis der natürlichen Welt zu finden (wie es zu seiner Zeit in den Werken von solch Denkern wie Carl von Linné und William Paley vertreten wurde), das davon ausging, dass es nur einen begrenzten Raum für „Verbesserungen" in den Pflanzen- und Tierarten gab.[393]

Später war es zwar üblich, das sogenannte „Gesetz des abnehmenden Bodenertrags" der klassischen Ökonomie als Grundlage für Malthus' arithmetische Rate anzusehen. Aber diese Theorie existierte – mit Ausnahme des Werks von James Anderson, einem der stärksten Gegner Malthus' – bis zu den Napoleonischen Kriegen nicht einmal in Ansätzen und lässt sich auch bei Malthus, abgesehen von einigen vagen Andeutungen hinsichtlich Andersons Ansichten, in keinem der sechs Auflagen seines *Essays* aufzeigen. Man kann es also nicht als die Grundlage von Malthus' Argument ausgeben. Wie der große konservative Ökonom und Historiker des ökonomischen Denkens Joseph Schumpeter bemerken sollte, war es das „‚Gesetz' vom abnehmenden Bodenertrag – was bemerkenswerter Weise im *Essay* von Malthus völlig fehlt".[394]

Nur im letzten Werk von Malthus über die Bevölkerung, das kurz vor seinem Tode im Jahre 1830 unter dem Titel *A Summary View of the Principle of Population* [dt.: Eine Kurzfassung des Bevölkerungsprinzips] erschien, wurde dieser Widerspruch zum Teil behoben und seine Analyse auf der Annahme des abnehmenden

392 Malthus, *First Essay*, S. 106.

393 Ebd., S. 129; *Second Essay*, Bd. I, S. 312-13; Eiseley, *Darwin's Century*, S. 332.

394 Josef A. Schumpter, *Geschichte der ökonomischen Analyse*. 2 Bände. Erster Teilband, Göttingen: Vandenhoeck & Ruprecht, 2007, S. 709.

Bodenertrags gegründet. Aber hier ging Malthus zu weit, indem er argumentierte, dass, sobald das beste Land kultiviert sei,

> *die Zuwachsrate der Lebensmittel sicherlich eine größere Ähnlichkeit mit einer abnehmenden geometrischen Rate als mit einer zunehmenden hätte. Die jährliche Erhöhung der Lebensmittel würde in jedem Fall eine konstant abnehmende Tendenz haben und die Menge des Zuwachses wäre alle folgenden 10 Jahre geringer als jeweils in den 10 Jahren davor.*[395]

Hier ist es wichtig zu verstehen, dass Malthus' *Essay on Population* knapp vier Jahrzehnte vor der Entstehung der modernen Bodenkunde durch die Arbeiten von Justus von Liebig und anderen erschien. Wie sein großer Zeitgenosse Ricardo war auch Malthus der Überzeugung, dass die Fruchtbarkeit des Bodens nur minimalen Verbesserungen zugänglich sei. Gleichzeitig gab es noch nicht das Problem der Bodendegradation, wie Marx später Liebig folgend behaupten sollte. Für Malthus waren die Eigenschaften des Bodens nicht historischen Veränderungen ausgesetzt, sondern schlicht „Gaben der Natur an den Menschen" und, wie Ricardo sagte, „unzerstörbar"; auch seien für Rohstoffe keine natürlichen Grenzen gegeben. Stattdessen, so Malthus, seien Rohstoffe im Gegensatz zu Nahrungsmitteln „in großem Überfluss vorhanden" und „eine Nachfrage [...] wird sie immer in der Quantität schaffen können, in der sie gewollt werden."[396]

Die Tatsache, dass Malthus keine Grundlage für seine arithmetische Rate liefern konnte, sowie das Zugeständnis, das er im Gang seiner Argumentation hinsichtlich der Tatsache machen musste, dass geometrische Steigerungen der Nahrungsmittelbestände gelegentlich vorkamen, um eine geometrische Steigerung der Bevölkerung auszugleichen (wie in Nordamerika) – wodurch er seine eigene These widerlegte –, entgingen den zeitgenössischen Kritikern von Malthus nicht, die seine Doktrin schonungslos zerrissen. Im *Zweiten Essay* (1806) griff Malthus deshalb auf reinen Bombast statt auf Argumente zurück. So meinte er,

---

[395] Malthus, *An Essay on the Principle of Population and a Summary View of the Principle of Population*, S. 239.

[396] Thomas Robert Malthus, *Pamphlets*, New York: Augustus M. Kelley, 1970, S. 185; David Ricardo, *Über die Grundsätze der Politischen Ökonomie und der Besteuerung*, München: CapitalBuch, 2006, S. 55; Malthus, *First Essay*, S. 100.

dass gesagt wurde, ich hätte einen Band in Quartformat geschrieben, um zu beweisen, dass sich die Bevölkerung in geometrischer Rate vermehre und die Lebensmittel in arithmetischer Rate; aber dies ist wohl nicht ganz wahr. Die erste dieser Annahmen erachtete ich als bewiesen an in dem Moment, wo sie auf die amerikanische Zunahme verwies; und die zweite Annahme, sobald sie geäußert wurde.

Daraufhin entgegnete einer seiner zeitgenössischen Kritiker: „Diese Phrasen, so sie überhaupt etwas bedeuten, sagen nichts anderes aus, als dass die geometrische Rate auf sehr dünnen Beweisen beruht und die arithmetische Rate gleich ohne jeden Beweis anzunehmen sei."[397]

Ebenso fragwürdig in ihrer Empirie und Logik waren Malthus' Behauptungen, alle Schranken der natürlichen Tendenz des Bevölkerungswachstums seien auf Laster und Elend zu reduzieren. Malthus hatte, vielleicht in der Absicht, einen logischen Bruch in seinem Argument herunterzuspielen, zwei verschiedene Schemata für die Beschreibung der Schranken der Bevölkerung verwendet. Im neutraleren Schema sprach er von „präventiven" und „positiven" Schranken der Bevölkerung. Präventive Maßnahmen wirkten im Allgemein durch Geburtenkontrolle; positive Beschränkungen durch das Ansteigen der Sterbefälle. Zu den präventiven Maßnahmen zählte Malthus auch die Möglichkeit moralischer Zurückhaltung, die er jedoch nur den höheren Klassen zusprach. Bei den positiven Schranken wies er dagegen auf die Effekte hin, die aus der Armut hervorgingen – das, was er eine Existenz des „von der Hand in den Mund zu leben" bezeichnete – und die fast ausschließlich die unteren Klassen betrafen. Diese Schranken seien jedoch wiederum auf sein zweites Schema reduzierbar und zwar dasjenige von Laster und Elend (das erstere mehr in Verbindung mit den präventiven Maßnahmen und das zweitere mehr in Verbindung mit den positiven Beschränkungen).[398]

Malthus, so sollte bemerkt werden, führte nicht aus, was genau er unter „Laster" verstand und wie genau dieses als präventive Maßnahme wirken solle; er sagte jedoch, dass sich die Beschränkungen hinsichtlich der Ehe „nur zu deutlich zeigen in den

---

397 Malthus, *Second Essay*, Bd. 2, S. 212; Piercy Ravenstone, zitiert in Kenneth Smith, *The Malthusian Controversy*, London: Routledge & Kegan Paul, 1951, S. 224.

398 Malthus, *First Essay*, S. 89, 98.

darauffolgenden Lastern, die in jedem Teil der Welt entstehen und beide Geschlechter unaufhörlich in unlösbares Unglück stürzen". Ferner erwähnte er „lasterhafte Gewohnheiten hinsichtlich der Frauen" als Bestandteile solch eines Lasters (gemeinsam mit dem Wachstum der Großstädte, sowie der Verbreitung des Luxus und der „ungesunden Manufakturen"). Später kritisierte er Condorcet für dessen Anspielung „auf entweder promiske Konkubinate, die die Fortpflanzung behinderten, oder auf andere unnatürliche Verhaltensweisen", um die Moral an den Verkehr der Geschlechter und die Geburtenprävention anzupassen.[399] Im *Zweiten Essay* spricht Malthus vom „liederlichen Geist der Räuberei" der „wandernden Stämme" in Russland als präventiver Maßnahme gegen das Bevölkerungswachstum. Er deutet auch auf „irreguläre Beziehungen mit Frauen" oder „unerlaubtem Verkehr der Geschlechter" als Formen des Lasters hin, die in Verbindung mit den präventiven Schranken des Bevölkerungswachstums stünden, während er gleichzeitig auch auf „promisken Verkehr in einem solchen Ausmaß, dass die Geburt von Kindern verhindert ist", anspielt.[400] Aus all dem lässt sich schließen, dass Malthus die im 18. Jahrhundert weit verbreitete Ansicht – offen vertreten durch Godwin – teilte, wonach der „promiske Verkehr der Geschlechter" selbst eine präventive Maßnahme gegen das Bevölkerungswachstum darstelle. John Avery bemerkte in Hinblick auf Condorcet, dass „dieser Glauben wahrscheinlich auf Beobachtungen gründete, da das, was wir heute als relativ geringfügige Geschlechtskrankheiten erachten, zu Condorcets Zeiten oft zur Unfruchtbarkeit führten."[401]

Laster können auch Elend hervorrufen und somit die Sterblichkeit erhöhen. Aber das Laster, das zum Elend führte, war zu unterscheiden vom Elend als solchem, da dieses die Konsequenz schädlicher Handlungen war. „Die Laster der Menschheit", sagte Malthus in der Fortsetzung seines Arguments,

> *sind aktive und fähige Gehilfen der Entvölkerung. Sie sind die Vorboten der Armee der Zerstörung; und oft vollenden sie die grausame Arbeit selbst. Aber wenn sie scheitern sollten in*

399 Ebd., S. 81, 92, 103, 124.

400 Malthus, *Second Essay*, Bd. 1, S. 17-19, 81; Bd. 2, S. 97.

401 Godwin, *Enquiry Concerning Political Justice*, Bd. 2, S. 517; John Avery, *Progress, Poverty and Population: Re-reading Condorcet, Godwin and Malthus*, London: Frank Cass, 1997, S. 11.

diesem Auslöschungskrieg, dann folgen Krankheitssaisonen, Epidemien, Seuche und Pestilenz in furchterregender Abfolge und raffen Abertausende hinweg. Sollte der Erfolg immer noch unvollständig sein, dann lauert schon eine gigantische, unvermeidliche Hungersnot und setzt mit einem mächtigen Schlag die Bevölkerung mit den Lebensmitteln der Welt auf eine Ebene.[402]

Wichtiger als die bloßen Laster unter den „entvölkernden Ursachen" war also für Malthus das „knirschende Gesetz der Notwendigkeit, das Elend und die Furcht vor Elend", das ungleichmäßig die Armen traf. Wenn Krieg, Krankheitswellen, Epidemien und Seuchen, die alle verursacht wurden durch Nahrungsmittelknappheit und Überbevölkerung, nicht ausreichten, „dann scheint die Hungersnot die letzte und grausamste Ressource der Natur zu sein".[403]

In seiner Darstellung der positiven Beschränkungen, die sich im Allgemeinen auf Elend reduzieren ließen, behauptete Malthus, dass diese in Wahrheit aus der Armut resultierten und dass der Versuch, sich in die Armut einmischen zu wollen, wie zum Beispiel mit den Armengesetzen Englands, als Konsequenz noch größere Katastrophen wie Hunger und die Verschlechterung der Lage der oberen Klassen mit sich führen würde. „Es können sich nicht alle gleichermaßen an den Großzügigkeiten der Natur ergötzen", schrieb er. Daher sei es so, „dass wegen den unabänderlichen Gesetzen unserer Natur einige Menschen Not leiden müssen. Dies sind die unglücklichen Personen, die in der großen Lotterie des Lebens eine Niete gezogen haben."[404]

Elend war also notwendig und unumgänglich, da es eine zentrale Schranke für die überhöhte Bevölkerung bildete. Was übrig blieb, war die Notwendigkeit, all diejenigen fraglos gutherzigen, jedoch fehlgeleiteten Individuen zu kritisieren, die unfähig waren, diesen Zusammenhang zu begreifen. Die Armengesetze Englands, „obwohl sie möglicherweise die Intensität individuellen Unglücks ein wenig gemildert haben [...], haben auch das allgemeine Böse über eine viel größere Oberfläche ausgebreitet". Sie tendierten dazu, „den allgemeinen Zustand der Armen herabzusetzen". Indem sie Anteile an die weniger verdienstvollen Armen verteile, so Malthus, verringere die Gesellschaft die Anteile, die sie den

402 Malthus, *First Essay*, S. 118-19.

403 Ebd., S. 118, 133.

404 Ebd., S. 134, 143.

verdienstvolleren Armen geben konnte. Sollten also die Armengesetze beibehalten werden, sollten sie möglichst Arbeitshäuser beinhalten, um die schlechten Auswirkungen abzuschwächen.[405]

Alle diejenigen, die eine Besserung der Lebensbedingungen der Armen vorschlugen oder gar eine zukünftige Gesellschaft anvisierten, die sich durch allgemeine Verbesserungen auszeichnete, leugneten laut Malthus schlicht die unerbittliche Notwendigkeit des Lasters und des Elends. Das Beste, was man erwarten könne, wenn zu früher Heirat ermutigt würde, sei eine Art der Stagnation wie in China. Dort habe ein „erzwungenes" Bevölkerungswachstum dadurch stattgefunden, dass das Land in relativ egalitärer Art und Weise in sehr kleine Teile aufgeteilt wurde, so dass in normalen Jahren nur sehr wenige Menschen verhungerten – auch wenn diese normalen Jahre dann und wann von Hungerperioden erschüttert wurden – und das Bevölkerungswachstum durch solch unnatürliche Methoden wie der „Aussetzung" von Kleinkindern verhindert wurde.[406]

Nichtsdestotrotz: Sobald die Klassenfrage ins Spiel kam und ersichtlich wurde, dass Malthus zwischen einem Gleichgewicht auf hohem Niveau und einem Gleichgewicht auf niedrigem Niveau unterschied, wobei das erstere Luxus für die Privilegierten beinhaltete, da verloren seine Thesen die Qualität eines „geometrischen Beweises". In Malthus' Thesen war von Anfang an ein Klassenelement enthalten, das die Situation der Reichen und der Armen als völlig voneinander verschieden darstellte. So hatte Malthus in seinem Argument über präventive Ursachen praktisch zugegeben, dass Menschen – und zwar aus den oberen Klassen – dazu fähig waren, bis zu einem gewissen Grad moralische Zurückhaltung auszuüben, so wie die verspätete Heirat, die in England oft praktiziert wurde. Dies war tatsächlich aus den Heiratsmustern der oberen Klassen in England ersichtlich.[407] Wohl waren solche aufgeschobenen Eheschließungen in den oberen Klassen für Malthus bedingt durch die ungleichen und unsicheren Eigentumsverhältnisse, die es vielen Gentlemen der oberen Klassen im Grunde unmöglich machten, zu heiraten und eine Familie zu gründen, bevor sie ein sicheres Auskommen hatten (Malthus

[405] Ebd., S. 94, 97, 102.

[406] Ebd., S. 115.

[407] Vgl. Alan Macfarlane, *Marriage and Love in England: Modes of Reproduction 1300-1840*, Oxford: Blackwell, 1986.

selbst war zur damaligen Zeit immer noch ein Hilfspfarrer auf dem Lande mit bescheidenen Einkünften). Solche Motive für moralische Zurückhaltung wären in einer Gesellschaft, die nicht auf Eigentumsungleichheit gründete, weniger vorhanden. Nichtsdestotrotz war es unmöglich, die Tatsache zu ignorieren, dass oft eine Art moralischer Beschränkung ausgeübt wurde. So war Malthus letztlich dazu gezwungen, in Reaktion auf Kritiken zuzugeben, dass eine Art von „moralischer Beschränkung", besonders in den oberen Klassen, tatsächlich möglich war – eine moralische Beschränkung aber derart, dass er sie nur in äußerst restriktiver Art und Weise definierte als „zeitweiliger oder endgültiger Verzicht auf Heirat auf Grundlage weiser Voraussicht [meist in Verbindung mit Eigentum] bei strikter Keuschheit als Junggeselle." Aus Malthus' Sicht war die Wirkungsmacht einer derart eng definierten moralischen Zurückhaltung „nicht allzu groß".[408] Aber sobald einmal diese Möglichkeit, wenn auch nur sehr zaghaft, eingeräumt wurde, fiel Malthus' Argument von der Unmöglichkeit zukünftiger Verbesserungen in sich zusammen.[409]

Der *Zweite Essay*

Aus diesem Grund ist Malthus' *Zweiter Essay*, in welchem er die Möglichkeit moralischer Zurückhaltung einräumt, ein ganz anderes Werk als der *Erste Essay*. Dementsprechend änderte er auch den Titel in *An Essay on the Principle of Population; or a View of its Past and Present Effects on Human Happiness; With an Inquiry into Our Prospects Respecting the Future Removal or Mitigation of the Evils which it Occasions* [dt.:Eine Abhandlung über das Populationsprinzip; oder, eine Sicht auf ihre vergangenen und gegenwärtigen Auswirkungen auf das menschliche Glück; mit einer Untersuchung der Perspektiven der zukünftigen Abschaffung oder Milderung der Übel, die von ihm hervorgebracht werden]. Der Titel enthält keinen Verweis mehr auf die Frage nach „den zukünftigen Verbesserungen der Gesellschaft" oder auf Godwin oder Condorcet. Die Hauptstoßrichtung des *Zweiten Essays* ist ein

[408] Thomas Robert Malthus, *Occasional Papers*, New York: Burt & Franklin, 1963, S. 139.
[409] Cannan, *History of Theories*, S. 104, 113.

Angriff auf die englischen Armengesetze, die im *Ersten Essay* nur eine Nebenrolle spielten.

Laut der großen Malthusforscherin Patricia James (Herausgeberin der Variorum-Ausgabe von Malthus' *Essay*) „war es der 1803er-Essay [die erste Edition des Zweiten Essays], der den größten Eindruck auf das zeitgenössische Denken hinterließ“[410], und zwar wegen der Schärfe des Angriffs auf die Armen, die darin zu finden ist. Obwohl Malthus im Vorwort zum *Zweiten Essay* schrieb, er habe sich „bemüht, einige der härtesten Schlussfolgerungen des ersten Essays aufzuweichen“, bezog sich dies hauptsächlich auf die Einführung der Möglichkeit moralischer Beschränkung (die für die oberen Klassen galt). Hinsichtlich der Armen, die seiner Meinung nach solcher moralischer Zügelung unfähig waren, war sein Essay sogar schärfer als zuvor. Daher finden sich darin, insbesondere in der 1803er-Edition, viele berühmt-berüchtigte Passagen. So schrieb er, dass „illegitime Kinder, nachdem die entsprechende Benachrichtigung ergangen ist, keinen wie auch immer gearteten Anspruch auf Gemeindezuschüsse haben [...]“ sollten. „Das Kleinkind hat, vergleichend gesprochen, keinen Wert für die Gesellschaft, da andere sofort seinen Platz einnehmen werden“.[411]

In derselben gleichgültigen Art schrieb Malthus folgendes:

> *Ein Mann, der in eine bereits mit Eigentum beschlagene Welt geboren ist, hat, wenn er von seinen Eltern keine Subsistenz bekommen kann, auf die einzig er einen Anspruch hat, und wenn die Gesellschaft seiner Arbeit nicht bedarf, keinen Anspruch auf ein Recht auch nur auf die kleinste Ration Lebensmittel und hat tatsächlich überhaupt nichts dort verloren, wo er sich befindet. An der großen Festtafel der Natur gibt es kein freies Gedeck für ihn. Sie gebietet ihm zu verschwinden und sie wird ihre eigenen Befehle recht rasch selbst ausführen, wenn er nicht das Mitleid von einigen ihrer Gäste erregt. Wenn diese Gäste sich erheben und ihm Platz machen, dann werden andere Eindringlinge auftauchen und sofort dieselbe Wohlgefälligkeit verlangen [...] Die Ordnung und Harmonie der Festtafel sind gestört, der zuvor herrschende Überfluss ist in Mangel umgeschlagen [...] Die Gäste haben ihren Fehler zu spät verstanden, als sie entgegen*

[410] Patricia James, „Introduction“, *Second Essay*, Bd. 1, IX-XV.

[411] Malthus, *Second Essay*, Bd. 2, S. 141.

den strengen Regeln, die die große Herrin der Festtafel gegen die Eindringlinge erlassen hat, handelten, weil jene Herrin sich wünschte, dass alle ihre Gäste ausreichend bekommen und weiß, dass sie nicht für unbegrenzt viele alles zur Verfügung stellen kann und so – sehr human – Neuankömmlinge aufzunehmen verweigerte, als ihr Tisch bereits voll war.[412]

Diese berüchtigte Passage wurde, wie die davor zitierte, aus den späteren Auflagen des Essays entfernt. Aber der Grundgedanke, der darin zum Ausdruck kam – die Behauptung, dass die Armen nicht einmal das mindeste an Fürsorge verdienten und dass jeder Versuch, sie gegen den Willen der „Herrin" (die die Natur der Natürlichen Theologie darstellte) zur „herrlichen Feier" einzuladen, nur scheitern würde –, blieb die ideologische Hauptstoßrichtung des *Zweiten Essays* durch all ihre zahlreichen Auflagen hindurch. „Wir können nicht", so Malthus, „den Armen helfen, ohne sie dadurch in die Lage zu versetzen, eine größere Zahl ihrer Kinder zur Reife zu erziehen"; dies läge in der Natur der Dinge.[413]

Nirgendwo anders als in seinen Vorstellungen von weiblicher Indiskretion waren Malthus' borniert-pastorale Werte so klar ersichtlich. So strebte er danach, den Doppelstandard betreffs Frauen zu rechtfertigen, die „aus der Gesellschaft getrieben werden wegen eines Vergehens [„ein Verstoß gegen die Keuschheit" außerhalb der Ehe, besonders wenn dieser in einer illegitimen Geburt endet], das Männer beinah straffrei begehen" und zwar mit der Begründung, dass es „die offensichtlichste und effektivste Methode war, um das häufige Auftreten einer ernsthaften Störung der Gemeinschaft zu verhindern".[414]

In seinem Angriff auf die englischen Armengesetze argumentierte Malthus, dass, während die Grenzen des Wachstums der Nahrungsmittel das Bevölkerungswachstum begrenzten, die Gesellschaft entweder auf niedrigem Gleichgewicht und unter relativ egalitären Bedingungen existieren könne – wie beispielsweise in China, wo die Bevölkerung zu einem solchen Maße „gezwungen" würde, dass praktisch jeder und jede an der Hungergrenze leben müsse. Oder die Gesellschaft könne bei hohem Gleichgewicht

[412] Ebd., S. 127-28.

[413] Ebd., S. 192.

[414] Malthus, *First Essay*, S. 142.

existieren wie in England, wo die Aristokratie, der niedere Adel und die mittleren Klassen in der Lage waren, „die herrliche Festtafel der Natur“ zu genießen – aber nur solange die Armen davon abgehalten wurden – und wo Beschränkungen, die fast einer verallgemeinerten Hungersnot glichen (und fast solche Praktiken wie „das Aussetzen der Kinder“ beinhalteten), auf die Bevölkerung drückten. Malthus' größte Angst, deren Verbreitung in der Oligarchie Großbritanniens er maßgeblich förderte, war, dass – als Resultat von maßlosem Bevölkerungswachstum in Verbindung mit egalitären Vorstellungen – „die mittleren Klassen der Gesellschaft [...] sich mit den Armen vermischen“.[415]

Die Lösung für das Problem der ländlichen Armut bestand schlicht darin, die Armen vom Land zu entfernen und zu Proletarier*innen zu machen. Auf das Problem des Hungers und der Not in Irland reagierend argumentierte er in einem Brief an Ricardo im August 1817, dass die erste Priorität nicht die Armenhilfe, sondern die Enteignung der Bauernschaft sein müsse: „Das Land in Irland ist weitaus stärker bevölkert als dasjenige Englands. Um die Potenziale der natürlichen Rohstoffe Irlands zur vollständigen Entfaltung zu bringen, sollte der Großteil der Bevölkerung vom Boden weg in die großen Manufakturen und kommerziellen Städte getrieben werden“.[416]

Malthus starb 1834, dem Jahr der Einführung der neuen Armengesetze in England, die als ein Triumph des Malthusianismus galten. Diese Gesetzgebung war darauf ausgelegt, sicherzustellen, dass die Arbeiter*innen und Armen eher Ausbeutung am Arbeitsplatz und sogar die Aussicht eines langsamen Hungertods vorziehen würden, als Hilfe im Rahmen der Armengesetze zu beantragen. Dem lag, wie Marx mit Bezug auf Malthus' Essay im Jahre 1844 bemerken sollte, die Vorstellung zugrunde, dass „die Wohltätigkeit, [...] das soziale Gebrechen “ begünstigte. Die Armut, die „früher aus einem *Wohltätigkeitsmangel*, wurde nun aus einem *Wohltätigkeitsüberfluß* hergeleitet.“[417]

Es ist also nicht weiter überraschend, dass die Radikalen der Arbeiter*innenklasse den Malthusianismus im Allgemeinen als

---

[415] Malthus, *Pamphlets*, S. 18.

[416] Malthus an Ricardo, 17. August 1817, in: David Ricardo, *Works and Correspondence*, Bd. 7, Cambridge: Cambridge University Press, 1952, S. 175.

[417] Karl Marx, „Kritische Randglossen zu dem Artikel »Der König von Preußen und die Sozialreform. Von einem Preußen« (»Vorwärts!« Nr. 60)“, in: MEW Bd. 1, S. 392-409, hier: S. 398.

ihren größten Gegner ansahen. In ihrem Sinne kämpfend erhob William Cobbett 1819 gegen Malthus den Vorwurf: „Pfaffe!“ – ein Vorwurf sowohl der Klassenherrschaft als auch der bornierten moralistischen Kriecherei angesichts der Doktrinen der Natürlichen Theologie und der etablierten protestantischen Kirche. In Cobbetts eigenen Worten: „Ich habe, in meinem ganzen Leben, viele Männer verabscheut; niemanden jedoch so sehr wie Sie. [...] Keine Ansammlung an Wörtern kann eine angemessene Kennzeichnung Ihrer Person geben; und so nenne ich sie, mit dem einzig möglichen Einzelwort, das dem Charakter solch eines Mannes wie Ihnen gebührt: Pfaffe!; welches da, unter anderem, auch bedeutet: Werkzeug der Stadthändler.“[418]

Von Anfang an gehörte zu den heftigsten Implikationen von Malthus' Argumentation, dass, da das Maß an Nahrungsmitteln notwendig für den Erhalt der Arbeiter*innen zu jeder Zeit limitiert war, jeder Versuch der Erhöhung der Löhne im Allgemeinen nur zu einer Erhöhung der Preise für den begrenzten Nahrungsmittelbestand führen würde – nicht jedoch würde es den Arbeiter*innen einen größeren Teil an Subsistenzmitteln verschaffen.[419] Diese falsche Doktrin, die später in ausgefeilteren Versionen bekannt wurde als die „Lohnfondstheorie“, wurde dazu genutzt, für die Unmöglichkeit von Verbesserungen der allgemeinen Arbeitsverhältnisse mittels Gewerkschaften oder anderen Mitteln zu argumentieren.[420]

Ein Grund für den Hass, den Cobbett und andere Radikale der Arbeiter*innenklasse gegen Malthus hegten, war die Tatsache, dass Malthus' Einfluss so weitreichend war, dass er sich nicht nur auf Reformer aus den mittleren Klassen wie John Stuart Mill beschränkte, sondern sich sogar auf Denker*innen und Aktivist*innen der Arbeiter*innenbewegung wie Francis Place ausdehnte. Für Place, der die malthusianische Lohnfondstheorie übernahm, wurde die Geburtenkontrolle zu einer Art Ersatz für Klassenorganisationen. In seiner irrigen Auffassung verstand Place dies nicht im Interesse des Kapitals, sondern tatsächlich im Interesse der Arbeiter*innenklasse liegend. Die malthusianische

[418] Cobbett, zitiert in Smith, *The Malthusian Controversy*, S. 120.

[419] Malthus, *First Essay*, S. 183-84.

[420] Zur Lohnfondstheorie vgl. Maurice Dobb, *Wert- und Verteilungstheorien seit Adam Smith. Eine nationalökonomische Dogmengeschichte*, Frankfurt: Suhrkamp, 1977, S. 148-152.

Ideologie diente also von Anfang an dazu, den Widerstand der Arbeiter*innen gegen das Kapital zu schwächen.[421]

Wegen dieser ideologischen Dienstbarkeit für die herrschenden Interessen wurde, wie Joseph Schumpeter schrieb, „die in dem *Essay* von Malthus enthaltene Lehre in das System der ökonomischen Orthodoxie jener Zeit fest eingebaut [...], obwohl sie bereits im Jahre 1803 als grundsätzlich unhaltbar und wertlos hätte erkannt werden müssen – was in gewissem Sinne auch geschehen ist – und sich weitere Gründe für ihre Unhaltbarkeit häuften". Mit der Anerkennung der moralischen Beschränkung als einen Faktor verbesserte Malthus nicht so sehr seine Theorie, fügte Schumpeter hinzu, sondern vollzog „einen geordneten Rückzug nach Verlust der Artillerie".[422]

Thomas Chalmers und die *Bridgewater Treatises*

Malthus' wichtigster früher Jünger war der Naturtheologe und schottische Geistliche Thomas Chalmers (1780-1847).[423] Chalmers war nicht nur ein malthusianischer politischer Ökonom, sondern auch Professor für Religionswissenschaften an der Universität zu Edinburgh, ein Gemeindepfarrer sowie einflussreicher Prediger

---

421 Die Tatsache, dass Reformer wie Place sich für Gewerkschaften einsetzten und sich zugleich für die malthusianische Lohnfondstheorie begeisterten, stellte keinen so großen Widerspruch dar, wie auf den ersten Blick erscheinen mag. Für Place bestand der Zweck der Gewerkschaften darin, die Löhne auszugleichen. Zwar konnten die Löhne nicht im Allgemeinen erhöht werden (wegen dem Verhältnis der Bevölkerung zur Subsistenz), aber einige bestimmte Teile der Arbeiter*innenklasse konnten enorm profitieren. Um die allgemeinen Bedingungen der Arbeiter*innen zu verbessern, war es, nach Place, zuerst nötig, die Geburtenkontrolle voranzutreiben, welche dann wiederum den Druck der Bevölkerung auf die Subsistenz senken würde. Unnötig zu sagen, dass solche malthusianischen Vorstellungen bei den Radikalen der Arbeiter*innenklasse nur inbrünstige Verachtung hervorriefen. Vgl. Edward P. Thompson, *Die Entstehung der englischen Arbeiterklasse*, Frankfurt/M.: Suhrkamp, 1987, S. 845-863; Pedro Schwartz, *The New Politcal Economy of J.S. Mill*, London: London School of Economics and Political Science, 1968, S. 28, 74, 245-56.

422 Schumpeter, *Geschichte der ökonomischen Analyse*, S. 708-710.

423 Malthus war, wie man weiß, sehr stolz auf den Einfluss, den sein *Essay* auf solch wichtige zeitgenössische Denker wie William Paley, William Pitt und David Ricardo ausübte. Es sollte aber Thomas Chalmers sein, der sich, als Malthus' wichtigster Jünger, alle Implikationen der malthusschen Bevölkerungstheorie zu eigen machte, inklusive der Verbindung zwischen Natürlicher Theologie und politischer Ökonomie.

und Kirchenreformer innerhalb der etablierten Kirche von Schottland. Er sollte schließlich als Führer der evangelischen Partei aus dem Schisma hervortreten, aus dem 1843 die Freie Schottische Kirche hervorging. Chalmers ist bekannt für *On the Power, Wisdom and Goodness of God as Manifested in the Adaptation of External Nature to the Moral and Intellectual Constitution of Man* (1834) [dt.: Über die Macht, Weisheit und Güte Gottes, wie sie erscheint in der Anpassung der Äußeren Welt an die natürliche und intellektuelle Beschaffenheit des Menschen]. Dieses Werk sollte der erste Band der *Bridgewater Treatises* werden, einer Serie von acht Abhandlungen, die vom Earl von Bridgewater in Auftrag gegeben wurden und den umfassendsten und wichtigsten Versuch darstellten, die Natürliche Theologie in den Jahrzehnten unmittelbar vor dem Erscheinen von Darwins *Der Ursprung der Arten* gegen materialistische und evolutionäre Irrlehren zu verteidigen. Paleys „Vorstellung der Natürlichen Theologie", so der Geisteshistoriker Robert Young, „erwies sich zu einer Zeit der zunehmenden wissenschaftlichen Detailgenauigkeit als unhaltbar und brach letztendlich mit den *Bridgewater Treatises* zusammen: die *reductio ad absurdum* der Darstellung jedes einzelnen Details der Wissenschaften als eine kumulative Serie an Beweisen für die Weisheit, Güte und Gunst Gottes."[424]

Chalmers begann seine Bridgewater Abhandlungen mit einem Angriff auf den Materialismus und Atheismus. „Die atheistischen Schreiber tendieren dazu", hielt er fest,

> *nur auf Grundlage der Naturgesetze zu denken und deren Anordnung zu übersehen. Wenn all die Schönheiten und Vorteile des astronomischen Systems auf das einzelne Gesetz der Schwerkraft reduziert werden könnten, dann würde das die Möglichkeit einer planenden Ursache äußerst stark verringern. [...] Wenn wir aber von der Materie sagen, dass sie mit solchen Kräften ausgestattet ist, die sie vielen nützlichen Resultaten dienstbar macht, so behalten wir uns das stärkste und unanfechtbarste Argument für einen Gott. Es ist viel angemessener und überzeugender, von der Materie zu sagen, dass sie in Teile derart unterteilt ist, dass eine angemessene Richtung und*

[424] Robert Young, „The Historiographic and Ideological Contexts of the Nineteenth-Century Debate on Man's Place in Nature", in: Mikuláš Teich und Robert Young (Hrsg.), *Changing Perspectives in the History of Science: Essays in Honour of Joseph Needham*, London: Heinemann, 1973, S. 373.

nützliche Anwendung ihrer Kräfte ermöglicht wird. Es ist also nicht so sehr die Herstellung gewisser Gesetze für die Materie, die uns die Zwecke oder Absichten einer Intelligenz annehmen lässt, als vielmehr die Existenz gewisser Eigenschaften der Materie, die sie dazu befähigen, derart zu sein, dass Gesetze zweckmäßig auf sie wirken können.[425]

Nach Chalmers war es eine göttliche Intelligenz, die sich in der Natur zeigte und „die Evolution dieses Chaos" an Materie bewirkte, indem sie die Materie „mit den richtigen Eigenschaften" ausstattete. Im Zuge dieser Argumentation benutzte er all die Beispiele von Paley wie den Uhrmacher-Gott, die Überlegenheit des Auges im Vergleich zum Planetarium usw.[426]

Die „Handschrift einer Gottheit" war nach Chalmers nicht nur der äußeren Natur als solcher sichtbar, sondern auch in der Moral und dem geistigen Leben, insbesondere dem Gebiet der Ökonomie: „Wenn nun ein Gesetzgeber mit höchster Weisheit und ausgerüstet mit despotischer Macht in der Lage wäre, das beste Schema für die Vergrößerung der Reichtümer und der Annehmlichkeiten der menschlichen Gesellschaft zu erschaffen, würde er nichts Effektiveres herstellen als die bestehenden Eigentumsverhältnisse, die allgemein auf der Welt vorherrschen." Für Chalmers gehörten der Handel und der Markt zu den „belebten Maschinen der menschlichen Gesellschaft" und waren Zeichen des „Intellekts, der ihn entworfen und erschaffen hatte." Die unsichtbare Hand von Smith, durch die das Eigeninteresse vermittels des Marktes das allgemeine Gute herstellen sollte, war laut Chalmers das Zeichen eines „höheren Akteurs". In ähnlicher Weise habe Gott der Menschheit ein starkes „Besitzgefühl" gegeben, wogegen solch unnatürliche menschliche Erfindungen wie die Armengesetze vergebens ankämpften.[427]

Vielleicht hat kein anderer politischer Ökonom so stark das betont, was er den „selbstregulierenden" Charakter des Marktes nannte oder die Notwendigkeit, den Markt von allen äußeren Regulierungen freizuhalten. Chalmers zufolge „passt sich das Kapital immer auf die bestmögliche Weise den Umständen des

[425] Thomas Chalmers, *On the Power, Wisdom and Goodness of God as Manifested in the Adaptation of External Nature to the Moral and Intellectual Constitution of Man*, Bd. 1, London: William Pickering, 1834, S. 17-21.

[426] Ebd., S. 15, 24, 64-65.

[427] Ebd., S. 22, 252; ebd., Bd. 2, S. 7, 34-35.

Landes an und verlangt somit nach keiner ökonomischen Regulation durch die Weisheit des Menschen; und zwar gerade, weil ihm eine moralische und geistige Regulation durch Gott vorhergeht." Tatsächlich, „wenn irgendwas das Wirken der Hand des rechtschaffenen Gottes im Wesen und der Art und Weise [...] der besonderen Mechanismen des Handels beweist; so besteht sie im gesunden Impuls, der all diese Bewegungen belebt."[428] Auf diesen rechtschaffenen Grundlagen konnte also der Angriff auf die Armengesetze und die Verteidigung der malthusschen Populationstheorie gegründet werden:

> *Wie verwerflich auch die moderne Doktrin der Bevölkerung, wie sie dargestellt wurde von Mr. Malthus, den schwachen und begrenzten Sentimentalisten schien und weiterhin scheint, ist sie diejenige Wahrheit, die unter allen anderen die größte Klarheit über die irdischen Aussichten der Menschheit verschafft und zwar trotz der widerlichen und dennoch beharrlichen Welle der Entrüstung, die sich gegen diese Doktrin richtet. Es ist dies schlicht eine Frage der Anpassung und zwar zwischen der externen Natur der Welt, innerhalb derer wir unser Dasein fristen, und der moralischen Natur des Menschen, des hauptsächlichen Bewohners dieser Erde.*[429]

In seinem späteren Werk *On Political Economy in Connexion with the Moral State and the Moral Prospects of Society* (1853) [dt.: Über die politische Ökonomie in Verbindung mit dem moralischen Zustand und den moralischen Aussichten der Gesellschaft] ließ sich Chalmers endlos in malthusianischen Begriffen über das „Verschwinden des Pauperismus" durch die Abschaffung aller Armengesetze und aller Verfahren staatlicher Wohlfahrt als wichtigstes Ziel der christlichen politischen Ökonomie aus. Die existierenden Systeme der Armenhilfe, behauptete er, hätten die Bodenrenten und ergo die Kultivierung von Grund und Boden derart untergraben, dass sie ganz klar eine Missachtung der Natur darstellten, daher „ein Urteil vom Himmel [motivierten], bis endlich" die Erde sich geweigert habe, weiteren Reichtum und Nahrung denen zu liefern, die „sie im Stich

[428] Ebd., Bd. 2, S. 45-47.

[429] Ebd., S. 49.

gelassen hatten."[430] Chalmers verteidigte nicht nur die malthusianische politische Ökonomie. Er attackierte auch die aktualistische Geologie von Charles Lyell (ein enger Freund und Mentor von Darwin) dafür, dass sie „allein den Naturgesetzen" die Verursachung geologischer Veränderungen zuschrieb, Gott somit aus der Geologie entfernte und den Katastrophismus sowie aufeinander folgende Schöpfungsakte verneinte.[431] Bei Chalmers vereinten sich, wenn auch in einer äußerst kruden Art und Weise, Naturtheologie und politische Ökonomie zu einer Verteidigung der bestehenden sozialen und religiösen Ordnung.

Es war genau diese Vermählung von politischer Ökonomie mit der christlichen Naturtheologie – verkörpert durch Paley, Malthus und Chalmers –, die die pastoralen Naturalisten zu einer solch großen Gefahr nicht nur für die Arbeiter*innenklasse, sondern für alle Versuche der Vereinigung des Menschen mit der Natur machte. Die radikale Opposition gegenüber solchen Ansichten sollte folglich bei der Entwicklung der materialistischen Geschichtsauffassung bei Marx und Engels von Anfang an eine wichtige Rolle spielen.

---

430 Thomas Chalmers, *On Political Economy in Connexion with the Moral State and Moral Prospects of Society*, Bd. 2, Glasgow: William Collins, 1853, S. 338. Chalmers versuchte, klassisch malthusianisch, die öffentliche Wohlfahrt durch ein gemeindebasiertes System der Selbst- und Kirchenhilfe zu ersetzen und half in Glasgow mit bei der Einrichtung solch eines Systems.

431 Chalmers, *On the Power*, S. 28-29; vgl. ebenfalls Gilliespie, *Genesis and Geology*, S. 210-16.

Kapitel IV
Die materialistische Geschichtsauffassung

„Mit Ausnahme des venetianischen Mönches Ortes, eines originellen und geistreichen Schriftstellers, sind die meisten Populationslehrer protestantische Pfaffen", schrieb Marx im *Kapital*: „Pfaffe Wallace, Pfaffe Townsend, Pfaffe Malthus und sein Schüler, der Erzpfaff Th[omas] Chalmers, von kleineren pfäffischen Skribenten in this line [engl. i. Orig; dt.: dieser Art] gar nicht zu reden. [...] [M]it dem ‚Bevölkerungsprinzip' [in der politischen Ökonomie] schlug die Stunde der protestantischen Pfaffen."[432] Wie William Cobbett, der Malthus im Jahre 1819 als „Pfaffe" beschimpfte, war Marx ein unnachgiebiger Kritiker des Eindringens der Naturtheologie, der Idee der Vorsehung und der bornierten pastoralen Moralvorstellungen in die politische Ökonomie, das vor allem von Malthus repräsentiert wurde. Die Kritik an Malthus und am gesamten Verständnis des Zusammenhangs von Bevölkerung zu Grund und Boden, für das Malthus' Werk stand, stellte eines der zentralen Themen von Marx' eigener politischer Ökonomie von 1844 an bis zu seinem Tode im Jahre 1883 dar. Tatsächlich kann die Entstehung des historischen Materialismus als eines eigenständigen Ansatzes für die Erklärung der Gesellschaft durch diese Linse betrachtet werden. Die Kritik an Malthus in Bezug auf dessen Verständnis von Grund und Boden und die Kritik an Proudhon hinsichtlich dessen Verständnis der Industrie sollten, nebst dem Bruch mit Feuerbachs kontemplativen Materialismus, die entscheidenden Momente in der Entwicklung von Marxens materialistischer Geschichts- und Naturauffassung sein.

[432] Marx, *Kapital Bd. I*, S. 645, Fn. 75. Giammaria Ortes (1713-1790) war ein politischer Ökonom, Philosoph, Dichter und Arzt. Bis zum 30. Lebensjahr war er ein venezianischer Mönch, verließ dann aber das Kloster, um zu forschen. Er war ein Kritiker der bürgerlichen Eigentumsverhältnisse und der Geldwirtschaft und betonte die falsche Verteilung des Vermögens. Vgl. Hal Daper, *The Marx-Engels Glossary*, New York: Schocken Books, 1986, S. 158.

Die Kritik an Malthus und die Ursprünge des historischen Materialismus

Es waren Friedrich Engels' *Umrisse zu einer Kritik der politischen Ökonomie,* in denen die marxistische Kritik des Malthusianismus zum ersten Mal formuliert wurde. Marx und Engels hatten sich Ende 1842 in Köln kennengelernt, als Marx noch Redakteur der *Rheinischen Zeitung* war. Engels war Sohn eines deutschen Textilfabrikanten und befand sich auf der Reise nach England, um Mitarbeiter des großen Baumwollspinnereibetriebs Ermen und Engels in Manchester zu werden, in der sein Vater Teilhaber war. Das erste Treffen der zwei Gründer des historischen Materialismus verlief, bedingt durch die Auseinandersetzungen innerhalb der Bewegung der Junghegelianer, eher kühl. Es sollte bis zur Veröffentlichung von Engels' *Umrissen zu einer Kritik der Nationalökonomie* in den von Marx herausgegebenen *Deutsch-Französischen Jahrbüchern* im Jahre 1844 und einem Treffen in Paris im selben Jahr dauern, bis sie ihre lebenslange Zusammenarbeit begannen.

Für Engels lag die Essenz der malthusschen Populationstheorie in dessen religiösem Naturverständnis, wie er in seinen *Umrissen* darlegt. „[D]ie Malthussche Theorie“, schrieb er, „ist nur der ökonomische Ausdruck für das religiöse Dogma von dem Widerspruch des Geistes und der Natur und der daraus folgenden Verdorbenheit beider.“[433] Aber mehr als nur ein religiöses Dogma war es ein Versuch, die protestantische Theologie (und den pastoralen Naturalismus) mit den ökonomischen Sachzwängen der bürgerlichen Gesellschaft zu vereinigen. „[Eine] Folge des Privateigentums war“, für Engels, „die Spaltung der Produktion in zwei entgegengesetzte Seiten, die natürliche und die menschliche; den Boden, der ohne die Befruchtung des Menschen tot und steril ist, und die menschliche Tätigkeit, deren erste Bedingung eben der Boden ist.“[434] Die bürgerliche Gesellschaft hatte die Bevölkerung zunehmend vom Land vertrieben und dadurch die Grundlagen für eine intensivere Ausbeutung der natürlichen als auch menschlichen Seite der Produktion geschaffen:

[433] Friedrich Engels, *Umrisse zu einer Kritik der Nationalökonomie,* MEW Bd. 1, S. 499-524, hier: S. 520.

[434] Ebd., S. 513.

Es war der letzte Schritt zur Selbstverschacherung, die Erde zu verschachern, die unser Eins und Alles, die erste Bedingung unserer Existenz ist; es war und ist bis auf den heutigen Tag eine Unsittlichkeit, die nur von der Unsittlichkeit der Selbstveräußerung übertroffen wird. Und die ursprüngliche Appropriation, die Monopolisierung der Erde durch eine kleine Anzahl, die Ausschließung der übrigen von der Bedingung ihres Lebens, gibt der spätern Verschacherung des Bodens an Unsittlichkeit nichts nach.[435]

Um dieses System der Ausbeutung von Mensch und Natur – bei gleichzeitiger Verneinung der Möglichkeit jeglicher Verbesserung – zu verteidigen, entstand die malthusianische Bevölkerungstheorie – „das rauhste barbarischste System, das je existierte, ein System der Verzweiflung"[436], nur dafür erdacht, die Menschen dazu zu zwingen, die harten Gesetze der politischen Ökonomie zu akzeptieren. Nach eingehender Prüfung der malthusschen Theorie übte Engels scharfe Kritik gegenüber der Unerbittlichkeit seiner Prämissen, die besagten, dass dasselbe Populationsprinzip für alle Zeiten und an allen Orten unabhängig von den geschichtlichen Bedingungen anwendbar sei. Für Malthus, so hob Engels hervor, galt das Populationsprinzip genauso für die Kolonien in Australien und Amerika wie für das dicht bevölkerte Europa. Tatsächlich war der Punkt, den Malthus mit seinem Argument machte, der, „daß die Erde schon übervölkert war, als nur ein Mensch existierte".[437] Weiterhin sind „[d]ie Folgen dieser Entwicklung [...] nun, daß, da die Armen gerade die Überzähligen sind, man nichts für sie tun soll, als ihnen das Verhungern so leicht als möglich zu machen, sie zu überzeugen, daß es sich nicht ändern läßt und daß für ihre Klasse keine Rettung da ist als in einer möglichst geringen Fortpflanzung".[438]

Im Gegensatz dazu argumentierte Engels, dass es notwendig sei, „die wahnsinnige Behauptung, daß die Erde nicht die Kraft habe, die Menschen zu ernähren"[439] zurückzuweisen – eine

[435] Ebd., S. 510-11.

[436] Ebd., S. 500-01.

[437] Ebd., S. 518.

[438] Ebd.

[439] Ebd., S. 520.

Vorstellung, die er als „höchste Spitze der christlichen Ökonomie“[440] beschrieb – zu einer Zeit, in der erst ein Drittel der Erde kultiviert wurde und es möglich war, die Produktivität allein dieses Drittels um vielleicht das Sechsfache zu steigern. Engels beharrte zudem darauf, dass, „selbst wenn Malthus durchaus recht hätte“[441], es umso notwendiger sei, den Übergang zum Sozialismus einzuleiten; und zwar „müßte man diese Umgestaltung auf der Stelle vornehmen“, da nur er allein „diejenige moralische Beschränkung des Fortpflanzungstriebes möglich macht, den Malthus selbst als das wirksamste und leichteste Gegenmittel gegen Überbevölkerung darstellt“.[442] In diesem Sinne war die malthussche Theorie also „ein durchaus notwendiger Durchgangspunkt gewesen“, die auf die „tiefste Erniedrigung der Menschheit“ und ihre Abhängigkeit vom Privateigentum und einem System der Konkurrenz hinwies, das systematisch und maßlos Menschenleben vergeudete.[443]

Malthus’ Doktrin unterstrich auch deutlich, dass trotz aller Betonung von „Natur“ und zeitweise gar des Materialismus die bürgerliche Ökonomie stets „wesentlich christlich“[444] blieb. An dieser Stelle ist es wichtig, noch einmal auf das unvollständige Wesen der materialistischen Revolte gegen die Religion im 18. Jahrhundert hinzuweisen, die schlicht „statt des christlichen Gottes die Natur dem Menschen als Absolutes gegenüber [stellte]“.[445] Es war genau diese Ablehnung des revolutionären Materialismus in der Form eines Utilitarismus der natürlichen Nützlichkeit, hinter der sich die alte religiöse Idee der Vorsehung versteckte, die den Malthusianismus so gefährlich sowie „jede[n] Satz“[446] der Ökonomie, nach Engels, dem Wesen nach christlich machte.

Die ahistorische Natur der malthusschen Doktrin enthüllte sich in der Verweigerung jeder Vorstellung von Verbesserung, außer freilich in der sehr eng gefassten Form der Notwendigkeit von Einfriedungen. Anders formuliert verneinte der Malthusianismus jede Vorstellung von schnellem und kontinuierlichem Fortschritt in der menschlichen Kultivierung der Erde oder der

440 Ebd.

441 Ebd.

442 Ebd.

443 Ebd.

444 Ebd.

445 Ebd., S. 500.

446 Ebd., S. 520.

Tierhaltung, als auch jedwede Möglichkeit von sozialem Fortschritt. Engels zufolge wurde dieser Pessimismus des 18. Jahrhunderts hinsichtlich der Verbesserungen durch den wissenschaftlichen Fortschritt, der seitdem stattgefunden hatte, weitgehend widerlegt – und zwar insbesondere hinsichtlich der Entwicklung der Bodenkunde, wobei Engels hier auf die revolutionären Errungenschaften von Persönlichkeiten wie Humphry Davy und Liebig verwies. Obwohl Malthus darauf bestand, dass die Bevölkerung, wofern nicht beschränkt, dazu neige, entsprechend einer geometrischen Rate zu wachsen, während zugleich die Nahrungsbestände nur entsprechend einer arithmetischen Rate wuchsen, wies Engels darauf hin, dass die gesamte Doktrin in sich zusammenfiel, sobald es um das zentrale Axiom der arithmetischen Rate ging, für die es nämlich kaum Beweise gab. Engels bezog sich dabei auf ein Argument, das der britische utopische Sozialist Robert Owen (ebenfalls ein strenger Kritiker des Malthusianismus) vorgebracht hatte und beharrte darauf, dass die Wissenschaften dazu tendierten, zusammen mit der Bevölkerung geometrisch zu wachsen, was die landwirtschaftliche Produktion gemeinsam mit der Produktion im Allgemeinen revolutioniere und dadurch die Nahrungsmittelproduktion verbessere. Zu einer Zeit, in der das ganze Mississippi-Tal noch großteils unkultiviert war und man ganz Europa hätte dort hinpflanzen können, bedeuteten diese zukünftigen Möglichkeiten der Wissenschaften, dass es keinen Grund zur Verzweiflung gab. Die Vorstellung, die Lebensbedingungen der Armen seien Resultat von Naturgesetzen (die selbst wiederum in göttlicher Vorsehung grundeten), war also schlicht falsch. Wie Owen feststellte, war es ein Fehler von Malthus, das Problem der Subsistenz „einem Mangel im Geschäfte der Natur [zuzuschreiben], und nicht der menschlichen Gesetzgebung im Widerspruch zu der Gesetzgebung der Natur!“[447]

Auch Marx kritisierte bereits 1844 die malthussche Theorie. Sein hauptsächliches Interesse galt der Art und Weise, wie der Angriff auf die englischen Armengesetze, der sich dann in den neuen Armengesetzen 1834 niederschlug, in der Idee eines *„ewige[n] Naturgesetz[es]*, nach der Theorie von *Malthus*“[448] begründet war. In

[447] Ebd., S. 519-520; Robert Owen, *Selected Works*, Bd. 2, London: William Pickering, 1993, S. 361, 367-69.

[448] Marx, „Kritische Randglossen zu dem Artikel »Der König von Preußen...“, S. 398.

dieser Theorie war der „progressive[] Fortschritt des Pauperismus nicht die notwendige Konsequenz der modernen *Industrie*, sondern vielmehr die Konsequenz der *englischen Armentaxe*".[449] Nicht der Mangel, sondern der Überfluss an Almosen war damit der Kern des Problems. Mit dem neuen Wohlfahrtssystem der neuen Armengesetze von 1834 versuchte der englische Staat nicht mehr länger den Pauperismus zu bekämpfen – denn, so verstand es der englische Staat nun, aus diesem Pauperismus bezog er seine Kraft –, sondern „administriert[e] nur noch *den* Pauperismus, der die Verzweiflung besitzt, sich einfangen und einsperren zu lassen".[450] In diesem Rahmen bildete der pastorale Naturalismus von Malthus, der nun in das Feld der politischen Ökonomie übertragen wurde, das wesentliche und nicht mehr wegzudenkende Fundament.

„Die offenste Kriegserklärung der Bourgeoisie gegen das Proletariat ", schrieb Engels in *Die Lage der arbeitenden Klasse in England* (1845), „ist indes die *Malthussche Theorie der Population* und das aus ihr entstandene *neue Armengesetz*".[451] Engels erklärte:

> *Das alte Armengesetz, das auf der Akte vom Jahre 1601 (43rd of Elizabeth) [43. Jahr der Regierung Elisabeths] beruht, ging naiverweise noch von dem Prinzip aus, daß es die Pflicht der Gemeinde sei, für den Lebensunterhalt der Armen zu sorgen. Wer keine Arbeit hatte, erhielt Unterstützung, und der Arme sah auf die Dauer, wie billig, die Gemeinde für verpflichtet an, ihn vor dem Verhungern zu schützen. Er forderte seine wöchentliche Unterstützung als ein Recht, nicht als eine Gnade, und das wurde zuletzt der Bourgeoisie doch zu arg.*[452]

Das malthussche Bevölkerungsgesetz sollte jede Vorstellung von der Armenhilfe als einem „Recht" beseitigen und stattdessen deutlich machen, dass die pauperisierten Elemente der Gesellschaft „überflüssig" und deshalb nicht vor dem Hungertod zu schützen seien. Der Malthusianismus als die „Leibtheorie"[453] der Bourgeoisie wurde so zu einer rationalen Legitimierung des Baus

---

449 Ebd.

450 Ebd., S. 399.

451 Friedrich Engels, *Die Lage der arbeitenden Klasse in England*, in: MEW Bd. 2, Berlin: Dietz, 1958, S. 225-506, hier: S. 493.

452 Ebd., S. 494-95.

453 Ebd., S. 494.

der Arbeitshäuser oder „Armengesetz-Bastillen“[454], die zwar nicht die Armengesetze verletzten, aber dafür sorgten, dass diese so weit wie möglich mit den brutalen Anforderungen der malthusschen Doktrin übereinstimmten.[455]

Erst in Reaktion auf Malthus' Theorie entwickelte Engels die Theorie der industriellen Reservearmee oder der relativen Surplusbevölkerung – eine Idee, die später zu einem Kernelement der marxistischen politischen Ökonomie werden sollte. „Malthus [...] hat [...] in seiner Weise recht“, argumentierte Engels, „wenn er behauptet, es sei stets überflüssige Bevölkerung da, es seien immer zuviel Menschen in der Welt; er hat nur dann unrecht, wenn er behauptet, es seien mehr Menschen da, als von den vorhandenen Lebensmitteln ernährt werden könnten.“[456] Es existierte nicht eine Überbevölkerung im Verhältnis zum Nahrungsbestand, sondern eine Überbevölkerung im Verhältnis zur Beschäftigung, welches die niedrigen Löhne und die Armut erklärte. Eine „unbeschäftigte Reserve von Arbeitern“[457] gab es zu allen Zeiten in der Industrie und ihre Größe war abhängig davon, inwiefern die Marktlage die Beschäftigung förderte oder nicht. In dieser Art und Weise also entstand die „überzählige Bevölkerung“.[458] Aber die Arbeiter*innen, die weit davon entfernt waren sich selbst als überflüssig zu sehen, „haben sich vielmehr in den Kopf gesetzt, daß sie mit ihren fleißigen Händen gerade die Nötigen, und die reichen Herren Kapitalisten, die nichts tun, eigentlich die Überflüssigen seien“.[459]

Daher entstand der Begriff des Proletariats im Marxismus also ursprünglich durch die Opposition gegen den Malthusianismus. Englische Fabrikarbeiter*innen lebten zu dieser Zeit im Elend und wurden von Hunger und Krankheit heimgesucht. In der Beschreibung des englischen Proletariats aus erster Hand führte Engels in seiner *Lage der arbeitenden Klasse in England* die Leser*in durch alle Bezirke Manchesters, Straße um Straße, und beschrieb all das, was zu sehen war. Er schlussfolgerte daraus, dass die Lebensbedingungen der Arbeiter*innenklasse und der Bourgeoisie in

---

454 Ebd., S. 496.

455 Ebd., S. 493-502.

456 Ebd., S. 311.

457 Ebd., S. 314-15.

458 Ebd., S. 315.

459 Ebd., S. 494.

Manchester regelrecht zwei verschiedene Welten darstellten. Die Häuser der „höhere[n] Bourgeoisie“ waren zu finden „in den entfernteren villenartigen Gartenhäusern von Chorlton und Ardwick oder auf den luftigen Höhen von Cheetham Hill, Broughton und Pendleton – in einer freien, gesunden Landluft, in prächtigen, bequemen Wohnungen, an denen halbstündlich oder viertelstündlich die nach der Stadt fahrenden Omnibusse vorbeikommen. Und das schönste bei der Sache ist“, beobachtete Engels, „daß diese reichen Geldaristokraten mitten durch die sämtlichen Arbeiterviertel auf dem nächsten Wege nach ihren Geschäftslokalen in der Mitte der Stadt kommen können, ohne auch nur zu merken, daß sie in die Nähe des schmutzigsten Elends geraten, das rechts und links zu finden ist.“[460]

Bei der Inspektion der Lebensbedingungen der Arbeiter*innenklasse in den Industriestädten interessierten den jungen Engels vor allem die Umweltgifte. Gestützt auf Untersuchungen von Medizinern und Fabrikinspektoren sowie auf seine eigenen Beobachtungen lieferte Engels eine detaillierte Analyse des öffentlichen Gesundheitszustandes. Anhand von demographischem Datenmaterial, das von Beamten des öffentlichen Gesundheitswesens zusammengestellt wurde, leistete Engels Pionierarbeit hinsichtlich der These, dass Sterblichkeitsraten im umgekehrten Verhältnis zur sozialen Klasse standen, was sich am deutlichsten aus der Untersuchung verschiedener Bezirke von Städten ablesen ließ. Die schlecht belüfteten Häuser der Arbeiter*innen, so Engels, erlaubten keine adäquate Entlüftung von toxischen Substanzen und so blieben aus Verbrennung entstandene Kohlenstoffgase im Haushalt und belasteten die menschliche Atmung. Da es kein System zur Entsorgung von menschlichen und tierischen Abfallstoffen gab, sammelten und verwesten sie in den Wohnungen, Höfen und Straßen und führten zu schwerwiegender Luft- und Wasserverschmutzung. Die durch ansteckende Krankheiten wie Tuberkulose (Ansteckung vermittels Luftübertragung) und Typhus (verbreitet durch Läuse) bedingte hohe Sterblichkeitsrate war, so Engels, verursacht durch Ballung, schlechte Hygiene und unzureichende Belüftung.

Engels beschrieb auch die durch Rachitis erzeugten Knochendeformierungen als ein Problem der Fehlernährung, obwohl der dazu führende spezifische Ernährungsmangel, der Mangel an

---

[460] Ebd., S. 279.

Vitamin D, damals noch nicht bekannt war. Er lieferte Untersuchungen zu Berufskrankheiten, die detaillierte Beschreibungen von orthopädischen Störungen, Funktionsstörungen des Auges, Bleivergiftungen und Staublungenerkrankungen umfassten.[461]

Dennoch gab es viele Befürworter*innen des Fabriksystems. Als Mediziner*innen vor einem Fabrik-Untersuchungskomittee aussagten, dass Sonnenlicht für die physische Entwicklung der Kinder unerlässlich sei, entgegnete Andrew Ure, ein führender Vertreter der Prinzipien der Manufaktur, äußerst entrüstet, das Gaslicht der Fabriken stelle einen adäquaten Ersatz für das Sonnenlicht dar.[462]

Marx' eigene Vorstellung vom Proletariat entwickelte sich im Gegensatz zu den Unmenschlichkeiten der klassischen liberalen politischen Ökonomen vom Schlage eines Malthus oder Ure. Mit der allgemeinen Entfremdung der menschlichen Bedürfnisse, die nach Marx charakteristisch war für den Kapitalismus, „[hört] Licht, Luft etc., die einfachste *tierische* Reinlichkeit [...], [auf] ein Bedürfnis für den Menschen zu sein. [...] Der Irländer kennt nur mehr das Bedürfnis des *Essens* und zwar nur mehr des *Kartoffelessens* und zwar nur der *Lumpenkartoffel*, der schlechtesten Art von Kartoffel. Aber England und Frankreich haben schon in jeder Industriestadt ein *kleines* Irland."[463] Die „allgemeine Vergiftung", die nach Marx die großen Industriestädte kennzeichnete, stellte die Lebensbedingung der Arbeiter*innenklasse dar. Das Proletariat wurde dadurch zu einer universalen Klasse, die der „allgemeinen Vergiftung" und dem allgemeinen Elend ausgesetzt wurde; eine Klasse, der der totale Verlust der Menschlichkeit drohte und eine Klasse, die sich nur emanzipieren konnte durch Emanzipation der gesamten Menschheit.[464]

[461] Vgl. ebd., S. 324-430; Howard Waitzkin, *The Second Sickness*, New York: Free Press, 1983, S. 66-71. Diese Darstellung von Engels' Behandlung der ökologischen Zustände in Manchester wurde übernommen aus John Bellamy Foster, *The Vulnerable Planet: A Short Economic History of the Environment*, New York: Monthly Review Press, 1994, S. 57-59.

[462] Lewis Mumford, *The City in History*, New York: Harcourt, Brace & World, 1961, S. 472.

[463] Marx, *Ökonomisch-philosophische Manuskripte*, S. 548.

[464] Ebd., S. 490.

Der neue Materialismus

Marx' zunehmende Fokussierung auf den Klassenkampf, die Lebensumstände des Proletariats und die Analyse der bürgerlichen politischen Ökonomie (in ihrer inhumansten Form durch den Malthusianismus repräsentiert) bedeutete, dass der feuerbachsche Naturalismus mit seinem abstrakten und statischen Naturverständnis nicht länger ausreichend war und zunehmend als Sackgasse erschien, die überwunden werden musste. In ihrem „Kampf[] gegen die positive Religion", so erinnerte sich Engels viele Jahre später, wurde „[d]ie Masse der entschiedensten Junghegelianer [...] auf den englisch-französischen Materialismus zurückgedrängt."[465] Das rief aber einen Widerspruch unter den radikalen Hegelianern hervor, da das hegelsche System dem Materialismus entgegengesetzt und die Natur nur als die entfremdete Existenz der absoluten Idee, „gleichsam [als] eine Degradation der Idee"[466], begriffen wurde. Feuerbach „zerstäubte" diesen Widerspruch, und setzte hierdurch „den Materialismus ohne Umschweife wieder auf den Thron [...]. Die Natur existiert unabhängig von aller Philosophie; sie ist die Grundlage, auf der wir Menschen, selbst Naturprodukte, erwachsen sind; außer der Natur und den Menschen existiert nichts, und die höhern Wesen, die unsere religiöse Phantasie erschuf, sind nur die phantastische Rückspiegelung unsers eignen Wesens."[467] So war „[d]er Bann [...] gebrochen; das [hegelsche] ‚System' [...] gesprengt und beiseite geworfen".[468]

Doch der abstrakte Materialismus von Feuerbach war, trotz seiner immensen Bedeutung in der Widerlegung des hegelschen Systems, statisch und ahistorisch in seiner Grundausrichtung und schien nirgendwohin zu führen. Seinem Humanismus fehlte ein Verständnis von verändernder Praxis. Marx, der damals erpicht darauf war, die historischen Grundlagen des Klassenkampfes und zwar insbesondere des Kampfes zwischen Bourgeoisie und Proletariat, zu verstehen, erschien das feuerbachsche System leer und als eine schlichte Umkehrung des hegelschen Systems, frei von allen eigenständigen Inhalten und deshalb für immer im Schatten jenes großen Systems stehend, das es anfocht.

465 Engels, *Ludwig Feuerbach*, S. 271-72.

466 Ebd., S. 272.

467 Ebd.

468 Ebd.

Außerdem hatte der Junghegelianer Max Stirner (1806-1856) in seinem *Der Einzige und sein Eigentum* (1844) gezeigt, dass Feuerbachs abstrakter Humanismus, da er jeder echten Fundierung entbehrte, dialektisch überwunden und in einen schlichten Egoismus und Nihilismus umformiert werden konnte – in die Doktrin „Mir geht nichts über Mich!“ und deshalb auch: „Ich hab' mein Sach' auf Nichts gestellt“.[469]

Feuerbach, so betonten Marx und Engels in der *Deutschen Ideologie*, hatte zugleich die existierende Realität akzeptiert als auch falsch verstanden. Sein und Wesen waren für Feuerbach dasselbe, ein Widerspruch zwischen beiden konnte es deshalb nicht geben. In der Auflösung von religiöser Entfremdung in materielle Existenz übersah Feuerbach somit die wirkliche irdische Entfremdung. Es gelang ihm daher nicht, einen praktischen Materialismus zu entwickeln. Die Natur und das Wesen bei Feuerbach waren Abstraktionen, wenn auch im Namen des Materialismus.

„Das ‚Wesen‘ des Fisches“, sollten Marx und Engels in der *Deutschen Ideologie* schreiben,

> *sein „Sein“, ist das Wasser [...] Das „Wesen“ des Flußfisches ist das Wasser eines Flusses. Aber dies hört auf, sein „Wesen“ zu sein, es wird ein für ihn nicht mehr passendes Existenzmedium, sobald dieser Fluß der Industrie untertan gemacht, sobald er durch Farbstoffe und sonstige Abfälle verunreinigt, durch Dampfschiffe befahren, sobald sein Wasser in Gräben geleitet wird, in denen man dem Fisch sein Existenzmedium durch einfaches Ablassen entziehen kann.*[470]

Sie verweisen damit darauf, dass das Sein des Fisches im gewissen Sinne durch menschliche Praxis entfremdet wurde. All diese Widersprüche zwischen Sein und Wesen verlangten also nach rein praktischen Lösungen.

Marx' Bruch mit dem feuerbachschen Materialismus war also unvermeidbar. Erst im Kontext dieses Bruches jedoch drückte sich erstmals Marx' mehr praktischer Materialismus, seine

[469] Max Stirner, *Der Einzige und sein Eigentum*, Freiburg/München: Karl Alber, 2009, S. 13, 15, 369.

[470] Marx/Engels, *Deutsche Ideologie. Manuskripte und Drucke*, in: MEGA I/5, Bd. 1, Berlin/Boston: De Gruyter, 2017, S. 58. [Anm. d. Übers.: Wo aus der MEGA-Edition der deutschen Ideologie zitiert wird, schreiben wir den Titel, so wie in der MEGA, groß; wo aus der MEW-Ausgabe, da klein, so wie in der MEW.]

materialistische Geschichtsauffassung aus. Der Bruch fand im Frühling 1845 statt, als Marx, nachdem er aus Frankreich auf Verlangen der preußischen Regierung exiliert wurde, in Brüssel lebte. Dort schrieb Marx seine *Thesen über Feuerbach*, die 40 Jahre später von Engels in einem alten Notizbuch gefunden werden sollten.

Nach Marx war es

> *[d]er Hauptmangel alles bisherigen Materialismus (den Feuerbachschen mit eingerechnet) [...], daß der Gegenstand, die Wirklichkeit, Sinnlichkeit, nur unter der Form des Objekts oder der Anschauung gefaßt wird; nicht aber als sinnlich menschliche Tätigkeit, Praxis; nicht subjektiv. Daher die tätige Seite abstrakt im Gegensatz zu dem Materialismus von dem Idealismus – der natürlich die wirkliche, sinnliche Tätigkeit als solche nicht kennt – entwickelt.*[471]

Der Materialismus war von jeglichem Sinn für Geschichte und menschlich-praktischem Handeln abgeschnitten, die wiederum ironischerweise besser durch die idealistische Philosophie gefasst wurden, wenn auch in abstrakter Form. Das Ziel des neuen Materialismus, argumentierte Marx, musste es also sein, die „‚*revolutionäre*[]', [...] ‚praktisch-kritische[]' Tätigkeit"[472] zu begreifen. Folglich sollte die aktive Seite des Lebens, die menschliche Freiheit, vom Idealismus übernommen werden, ohne aber die materialistische Grundlage zu verlassen.

In seiner Kritik von „alle[m] bisherigen Materialismus" seines kontemplativen Charakters wegen verschonte Marx auch, wie man hervorheben sollte, den epikureischen Materialismus nicht. Für die Epikureer, stellte Marx fest, tritt „an die Stelle des ‚beweglichen Lebens' die göttliche Muße".[473] Dennoch war der epikureische Materialismus praktischerer Art – das heißt selbstbewusst politisch in seiner Ablehnung des platonischen Ideals der *polis* und des hellenistischen Staates – als der Materialismus von Feuerbach, wie Marx nur allzu gut wusste. Tatsächlich hatte Epikur, so Marx in seiner Dissertation, versucht, dem vormals

[471] Karl Marx, „Thesen über Feuerbach", in: MEW Bd. 3, Berlin: Dietz, 1981, S. 5-7, hier: S. 5.

[472] Ebd.

[473] Marx/Engels, *Die deutsche Ideologie*, S. 122.

mechanistisch-deterministischen Materialismus eine aktive Seite zu geben, indem er die Kontingenz und somit die menschliche Freiheit betonte.

Feuerbach hingegen, argumentierte Marx, vergaß, dass die religiöse Selbstentfremdung, das heißt die Bildung einer verdoppelten, imaginierten, religiösen Welt, die auf die reale Welt unter ihr aufgesetzt wurde, auch bedeutete, dass die irdischen Formen durch eine Selbstentzweiung charakterisiert waren und ergo auch kritisiert und überwunden werden mussten. „Also nachdem z.B. die irdische Familie als das Geheimnis der heiligen Familie entdeckt ist, muß nun erstere selbst theoretisch und praktisch vernichtet werden."[474] Die Kritik der religiösen Grundlagen des Denkens war erst der erste Schritt in Richtung einer Kritik der realen irdischen Widersprüche. Wendet man dieses Prinzip auf das materialistische Naturverständnis von Marx an, so kann man sagen, dass für Marx die Abschaffung teleologischer Naturverständnisse, das heißt die Selbstentfremdung der Menschen von der Natur wie sie ausgedrückt wurde durch die christliche Theologie, schlicht der erste Schritt in Richtung einer Kritik der realen, materiellen Entfremdung der Menschen von der Natur in der Produktion war.

Marx lehnte jeden Essentialismus ab (außer dem praktischen und verändernden Wesen der Menschheit, *Homo faber*) und behauptete, dass „das menschliche Wesen [...] kein dem einzelnen Individuum inwohnendes Abstraktum [ist]. In seiner Wirklichkeit ist es das ensemble der gesellschaftlichen Verhältnisse".[475] Anders ausgedrückt gibt es keine fixe *menschliche Natur*, die in jedem Individuum vorhanden ist. Stattdessen war, wie Marx später argumentieren sollte, alle Geschichte nichts anderes als die Entwicklung (das heißt die Selbstentfaltung) der menschlichen Natur durch sozialen Verkehr.

Unter dem Eindruck von Stirners Kritik an Feuerbach, die gezeigt hatte, dass Feuerbachs abstraktes Verständnis des Humanismus wehrlos gegenüber einer Kritik war, die den Humanismus auf reinen Egoismus reduzierte, schrieb Marx, dass

> *[d]as Höchste, wozu der anschauende Materialismus kommt, d.h. der Materialismus, der die Sinnlichkeit nicht als praktische Tätigkeit begreift, [...] die Anschauung der einzelnen*

[474] Marx, Thesen über Feuerbach, S. 6.

[475] Ebd.

> *Individuen und der bürgerlichen Gesellschaft [ist]. Der Standpunkt des alten Materialismus ist die bürgerliche Gesellschaft; der Standpunkt des neuen die menschliche Gesellschaft, oder die gesellschaftliche Menschheit.*[476]

Ein praktischer Materialismus erkennt daher, dass „[d]as Zusammenfallen des Ändern[s] der Umstände und der menschlichen Tätigkeit oder Selbstveränderung [...] nur als *revolutionäre Praxis* gefaßt und rationell verstanden werden [kann]. [...] Die Philosophen haben die Welt nur verschieden *interpretiert*; es kömmt drauf an, sie zu *verändern*".[477]

Eine Konsequenz aus Marxens neuem, praktischen Materialismus war es jedoch, dass sich der Fokus des materialistischen Denkens von der Natur zur Geschichte verschob, ohne jedoch die ontologische Priorität der ersteren zu leugnen. Es stimmt, dass Marx tendenziell der Meinung war, dass seine materialistische Geschichtsauffassung in einer materialistischen Naturauffassung begründet war, wobei beide zusammen das Reich der Naturgeschichte ausmachten (und zwar im baconschen Sinne, das heißt inklusive der menschlichen Produktion). Nichtsdestotrotz lag der Schwerpunkt seiner Gesellschaftskritik überwiegend auf der historischen Entwicklung der Menschheit und ihrem entfremdeten Verhältnis zur Natur und nicht so sehr auf der Evolution der Natur selbst.

Dass die materialistische Naturauffassung und die materialistische Geschichtsauffassung weiterhin in Marxens praktischem Materialismus miteinander verbunden blieben, war primär, wie er selbst später in *Das Elend der Philosophie* andeuten sollte, dem Begriff des „*mors immortalis*" (unsterblicher Tod) geschuldet, den er Lukrez entnahm und der, in Marx' Worten, die Vorstellung ausdrückte, dass die einzige ewige und unveränderliche Tatsache die „Abstraktion von der Bewegung", das heißt „der unsterbliche Tod" war.[478] Die Natur- und Sozialgeschichte stellten nur jeweils vorübergehende Entwicklungsprozesse dar; es gab keine ewigen Wesenheiten, göttlichen Formen oder teleologischen Prinzipien jenseits dieser endlichen Welt.[479]

---

[476] Ebd., S. 7.

[477] Ebd., S. 6-7.

[478] Karl Marx, *Das Elend der Philosophie*, in: MEW Bd. 4, Berlin: Dietz, 1972, S. 63-182, hier: S. 130; Lukrez, *Von der Natur*, S. 171, 3.861-870.

[479] Ebd., S. 134-35.

Der Bereich der äußeren Natur wurde in Marx' Analyse zu keinem Zeitpunkt einfach ignoriert. Dennoch bevorzugte er es, sich in der Entwicklung seines historischen Materialismus mit der Natur nur in dem Maße zu beschäftigen, in der sie Teil der Menschheitsgeschichte wurde, da eine von der menschlichen Geschichte unberührte Natur kaum mehr aufzufinden war. Die Stärke seiner Analyse in dieser Hinsicht lag in der Hervorhebung der Qualität der Interaktion von Menschheit und Natur oder dem, was er beizeiten als den „Stoffwechsel" der Menschheit mit der Natur begreifen sollte – nämlich (durch) Produktion.

Der „neue Materialismus" der *Thesen über Feuerbach* wurde in weitaus systematischerer Weise im großen Gemeinschaftswerk von Marx und Engels, *Die deutsche Ideologie* (1846), entwickelt, in der sie mit dem rein kontemplativen Materialismus, Naturalismus und Humanismus von Feuerbach brachen und ihn durch einen praktischen Materialismus, Naturalismus und Humanismus, das heißt durch die materialistische Geschichtsauffassung ersetzten. Auch wenn der Bruch mit Feuerbach das zentrale Element dieses Werkes darstellte (das zu ihren Lebzeiten nie veröffentlicht werden sollte), beinhaltete es auch eine umfangreiche Kritik der Philosophie des Egoismus von Stirner – die Stirner als dialektische Antwort auf den feuerbachschen Humanismus formuliert hatte – als auch eine Kritik der sogenannten „wahren Sozialisten", die versuchten, einen Sozialismus auf Grundlage des abstrakten Humanismus und Naturalismus von Feuerbach zu konstruieren. Die Methode der Junghegelianer bestand darin, aufzuzeigen, dass Religion, Gott und Teleologie der Reihe nach in jeder Kategorie der Welt vorhanden waren und diese deswegen – das heißt, weil sie dem Wesen nach religiös waren – abgelehnt werden mussten. Stirner ging diesbezüglich am weitesten und erklärte „den Menschen" oder die Menschheit selbst zu einem religiösen Begriff und verwarf ihn. Die menschliche Welt, das heißt der Humanismus, sollte demzufolge *en bloc* abgeschafft werden.[480] Marx und Engels zufolge musste all diesen abstrakten und spekulativen Anschauungen der „kritischen Kritik" mit der Entwicklung einer materialistischen Geschichtsauffassung entgegnet werden. „Die Voraussetzungen, mit denen wir beginnen", schrieben sie,

[480] Marx/Engels, *Die deutsche Ideologie*, S. 19.

sind keine willkürlichen, keine Dogmen, es sind wirkliche Voraussetzungen, von denen man nur in der Einbildung abstrahieren kann. Es sind die wirklichen Individuen, ihre Aktion und ihre materiellen Lebensbedingungen, sowohl die vorgefundenen wie die durch ihre eigne Aktion erzeugten. Diese Voraussetzungen sind also auf rein empirischem Wege konstatierbar.
Die erste Voraussetzung aller Menschengeschichte ist natürlich die Existenz lebendiger menschlicher Individuen. Der erste zu konstatierende Tatbestand ist also die körperliche Organisation dieser Individuen und ihr dadurch gegebenes Verhältnis zur übrigen Natur. Wir können hier natürlich weder auf die physische Beschaffenheit der Menschen selbst noch auf die von den Menschen vorgefundenen Naturbedingungen, die geologischen, orohydrographischen, klimatischen und andern Verhältnisse, eingehen. Alle Geschichtsschreibung muß von diesen natürlichen Grundlagen und ihrer Modifikation im Lauf der Geschichte durch die Aktion der Menschen ausgehen.
Man kann die Menschen durch das Bewußtsein, durch die Religion, durch was man sonst will, von den Tieren unterscheiden. Sie selbst fangen an, sich von den Tieren zu unterscheiden, sobald sie anfangen, ihre Lebensmittel zu produzieren, ein Schritt, der durch ihre körperliche Organisation bedingt ist. Indem die Menschen ihre Lebensmittel produzieren, produzieren sie indirekt ihr materielles Leben selbst.
Die Weise, in der die Menschen ihre Lebensmittel produzieren, hängt zunächst von der Beschaffenheit der vorgefundenen und zu reproduzierenden Lebensmittel selbst ab. Diese Weise der Produktion ist nicht bloß nach der Seite hin zu betrachten, daß sie die Reproduktion der physischen Existenz der Individuen ist. Sie ist vielmehr schon eine bestimmte Art der Tätigkeit dieser Individuen, eine bestimmte Art, ihr Leben zu äußern, eine bestimmte Lebensweise derselben. Wie die Individuen ihr Leben äußern, so sind sie. Was sie sind, fällt also zusammen mit ihrer Produktion, sowohl damit, was sie produzieren, als auch damit, wie sie produzieren. Was die Individuen also sind, das hängt ab von den materiellen Bedingungen ihrer Produktion.
Diese Produktion tritt erst ein mit der Vermehrung der Bevölkerung. Sie setzt selbst wieder einen Verkehr der Individuen untereinander voraus. Die Form dieses Verkehrs ist wieder durch die Produktion bedingt.[481]

[481] Ebd., S. 20-21.

Marx und Engels gingen also von einer materialistischen oder realistischen Ontologie aus, in der die Natur, die materielle Welt, eine Vorbedingung für die menschliche Existenz und die Produktion von Subsistenzmitteln eine Vorbedingung für das menschliche Leben in der Mannigfaltigkeit seiner Bestimmungen und somit der menschlichen Gesellschaft war. Die darauffolgende Analyse baut auf diesem Punkt auf und verfolgt die Entwicklung der verschiedenen Produktionsweisen, die jeweils mit verschiedenen Phasen in der Entwicklung der Arbeitsteilung und der Klassen im Laufe der langen Menschheitsgeschichte einhergingen, und zwar insbesondere die großen Epochen der antiken, feudalen und kapitalistischen Gesellschaften.

Feuerbach, so Marx und Engels, kenne nur „,den Menschen' statt d[ie] ,wirklichen historischen Menschen'."[482] In ähnlicher Art und Weise fokussiere er auf Natur statt auf Naturgeschichte. Er erkenne die bestehende Disharmonie zwischen Menschheit und Natur und somit die Entfremdung von der Natur. Aber seine Antwort sei es stets, das „wahre Wesen" der Dinge, das heißt der Natur und der Menschheit, zu suchen. „Er sieht nicht, wie die ihn umgehende sinnliche Welt nicht ein unmittelbar von Ewigkeit her gegebenes, sich stets gleiches Ding ist, sondern [...] daß sie ein geschichtliches Produkt ist, das Resultat der Tätigkeit einer ganzen Reihe von Generationen[.]"[483]

Für Marx und Engels stellte das, was Bruno Bauer „,Gegensätze in Natur und Geschichte'"[484] genannt hatte, eine Tendenz dar, die Natur und die Geschichte als „zwei voneinander getrennte ,Dinge'" zu sehen, als ob die historische Natur und die Naturgeschichte nicht zwei Seiten einer einzigen materiellen Wirklichkeit wären. Im Gegensatz dazu ließ sich sagen, dass „die vielgerühmte ,Einheit des Menschen mit der Natur' in der Industrie von jeher bestand[.] [...] Selbst [die] ,reine' Naturwissenschaft erhält ja ihren Zweck sowohl wie ihr Material erst durch Handel und Industrie, durch sinnliche Tätigkeit der Menschen."[485] Auf der einen Seite kann die Natur- nicht auf die Menschheitsgeschichte reduziert werden. Andererseits jedoch lässt sich die Natur, wie wir sie kennen, nicht so einfach vom Gang der Menschheitsgeschichte

482 Ebd., S. 42.

483 Ebd., S. 43.

484 Ebd.

485 Ebd., S. 43-44.

und der sinnlichen Aktivität der Menschen trennen, wie sie sich mit der jeweils gegebenen Arbeitsteilung entwickelt und dabei stets spezifische Verhältnisse zur Natur umfasst. „Allerdings", hoben sie hervor, „bleibt dabei die Priorität der äußeren Natur bestehen, und allerdings hat dies Alles keine Anwendung auf die ursprünglichen, durch *generatio aequivoca* [Urzeugung] erzeugten Menschen[.]"[486] Dennoch sei es richtig, dass „diese der menschlichen Geschichte vorhergehende Natur ja nicht die Natur [ist], in der Feuerbach lebt, nicht die Natur, die heutzutage, ausgenommen etwa auf einzelnen australischen Koralleninseln neueren Ursprungs, nirgends mehr existiert, also auch für Feuerbach nicht existiert."[487] Letztlich sei das Problem des feuerbachschen Materialismus seine Abkopplung von Aktivität, Praxis und Geschichte. „Soweit Feuerbach Materialist ist, kommt die Geschichte bei ihm nicht vor, und soweit er die Geschichte in Betracht zieht, ist er kein Materialist. Bei ihm fallen Materialismus und Geschichte ganz auseinander, was sich übrigens schon aus dem Gesagten erklärt."[488]

Im Gegensatz dazu setzen Marx und Engels als

> *erste Voraussetzung aller menschlichen Existenz, also auch aller Geschichte […],[…] die Voraussetzung, daß die Menschen imstande sein müssen zu leben, um „Geschichte machen" zu können. Zum Leben aber gehört vor Allem Essen und Trinken, Wohnung, Kleidung und noch einiges Andere [„die geologischen, oro-hydrographischen, klimatischen und andern Verhältnisse"]. Die erste geschichtliche Tat ist also die Erzeugung der Mittel zur Befriedigung dieser Bedürfnisse, die Produktion des materiellen Lebens selbst, und zwar ist dies eine geschichtliche Tat, eine Grundbedingung aller Geschichte, die noch heute, wie vor Jahrtausenden, täglich und stündlich erfüllt werden muß, um die Menschen nur am Leben zu erhalten.*[489]

[486] Ebd., S. 44.

[487] Ebd. Es macht Sinn, darauf hinzuweisen, dass Darwins wegweisende Theorie der Korallenriffe nur einige wenige Jahre vor dieser Aussage von Marx und Engels etabliert wurde. Dieser Theorie zufolge sind Korallenriffe in der Natur vergleichsweise späten Ursprungs in der geologischen Zeit und weitestgehend von der Menschheit unberührt.

[488] Ebd., S. 42-45.

[489] Ebd., S. 28.

Daraus folgt: „Die Produktion des Lebens, sowohl des eignen in der Arbeit wie des fremden in der Zeugung, erscheint nun schon sogleich als ein doppeltes Verhältnis – einerseits als natürliches, andrerseits als gesellschaftliches Verhältnis[.]“[490]

In der Erörterung der historischen Entwicklung der Arbeitsteilung präsentierten Marx und Engels nicht nur ihre bekannten Überlegungen hinsichtlich des Stammeseigentums, des antiken Kommunen- oder Staatseigentums, des feudalen oder Standeseigentums, sowie des bürgerlichen Privateigentums, sondern legten von Anfang an großes Gewicht auf die historische Entwicklung des Antagonismus von Stadt und Land. So erklärten sie, dass „[d]ie Teilung der Arbeit innerhalb einer Nation [...] zunächst die Trennung der industriellen und kommerziellen von der ackerbauenden Arbeit und damit die Trennung von *Stadt* und *Land* und den Gegensatz der Interessen Beider herbei[führt].“[491] Wo die antike Gesellschaft primär auf der Stadt beruhte – hier dachten sie in erster Linie an die *polis* –, so beruhte die feudale Gesellschaft primär auf dem Land. Nur im Kapitalismus jedoch wird der Antagonismus von Stadt und Land voll zur Entfaltung gebracht, nämlich als „größte Teilung der materiellen und geistigen Arbeit“.[492] Tatsächlich konnte „[d]er Gegensatz zwischen Stadt und Land [...] nur innerhalb des Privateigentums existieren. Er ist der krasseste Ausdruck der Subsumtion des Individuums unter die Teilung der Arbeit, unter eine bestimmte, ihm aufgezwungene Tätigkeit, eine Subsumtion, die den Einen zum bornierten Stadttier, den Andern zum bornierten Landtier macht und den Gegensatz der Interessen Beider täglich neu erzeugt.“[493] Diese Spaltung, betonen Marx und Engels, führe zur Abkopplung der ländlichen Bevölkerung von „allem Weltverkehr und folglich von aller Bildung“[494]. So ist „die Aufhebung des Gegensatzes von Stadt und Land [...] eine der ersten Bedingungen der Gemeinschaft[.]“[495]

[490] Ebd., S. 29.

[491] Ebd., S. 22.

[492] Ebd., S. 50.

[493] Ebd.

[494] Ebd., S. 385.

[495] Ebd., S. 50.

Historische Geologie und historische Geographie

Um das Wesen des Konkurrenzsystems des bürgerlichen Privateigentums zu verstehen, musste man zunächst verstehen, dass diese Konkurrenz eine erweiterte Stufe der Spaltung von Stadt und Land darstellte, in der die Konkurrenten vermittels eines Weltmarktes operierten und deshalb dazu befähigt waren, Vorteile aus günstigen geographischen, geologischen und hydrologischen Bedingungen zu ziehen.[496] In der Entwicklung ihres materialistischen Geschichtsverständnisses in der Deutschen Ideologie argumentierten Marx und Engels daher, dass grundlegende Bedingungen der Geologie und Geographie einen Teil der Bedingungen der Produktion darstellten, ohne die die Industrie und tatsächlich auch die lebendige Natur (wie zum Beispiel das Wachstum der Pflanzen) nicht existieren konnten.[497] Marx besaß beträchtliches Wissen über die Entwicklung der Geologie. Im Gymnasium in Trier hatte er bei dem damals berühmten deutschen Geologen Johann Steininger (1794-1874) studiert, einem Anhänger des ebenfalls großen deutschen Geologen Abraham Gottlob Werner (1749-1817), der oft auch als der „Vater der historischen Geologie" angesehen wird. Später an der Berliner Universität besuchte Marx Vorlesungen zur Anthropologie von Heinrich Steffens (1773-1845), einem Naturphilosophen in der Tradition von Friedrich Schelling und ebenfalls wichtiger Geologe und Mineraloge, der auch Vorlesungen bei Werner besucht hatte.[498] Auch Hegel bediente sich in seiner *Naturphilosophie* umfangreich an der wernerschen Theorie der historischen Geologie (Werner selbst nannte dieses Gebiet „Geognosie", gebildet aus den griechischen Wörtern für Erde und Wissen).[499]

Werner war es, so schreibt die zeitgenössische Geologiehistorikerin Rachel Laudan, der „die Formation zum Zentralbegriff der

---

[496] Marx/Engels: *Deutsche Ideologie*, MEGA I/5, S. 352-53.

[497] Ebd., S. 464.

[498] Y.M. Uranovsky, „Marxism and Natural Science", in: Nikolai Bukharin et al. (Hrsg.), *Marxism and Modern Thought*, New York: Harcourt, Brace, 1935, S. 136-174, hier: S. 139; Alexander Ospovat, „Werner, Abraham Gottlob", in: *Dictionary of Scientific Biography*, Bd. 14, S. 256-264, hier: S. 257-9. Bezüglich Steininger vgl. Karl Alfred von Zittel, *Geschichte der Geologie und Paläontologie bis Ende des 19. Jahrhunderts*, München/Leipzig: Oldenbourg, 1899, S. 386f.

[499] Abraham Gottlob Werner, *Short Classification and Description of the Various Rocks*, New York: Hafner Publishing Co., 1971, S. 102; Rachel Laudan, *From*

historischen Geologie avancierte." Vor Werner wurden Steine durch Geologen entsprechend der Kriterien der Bergleute klassifiziert, das heißt, nach der Methode der Bearbeitung, dem Ausmaß und der Lage, oder dem Schwerpunkt der Mineralogen nach, das heißt hinsichtlich der Mineralstoffe. Werner aber bestand darauf, dass, nach seinen eigenen Worten, der „wesentliche Unterschied" zwischen verschiedenen Steinen in ihrer „Art und Zeit der Formation" zu finden sei. Laudan hält entsprechend fest: „Indem er die zeitliche Begrenzung zur bestimmenden Eigenschaft der Formationen machte, das heißt, indem er Zeit zur Essenz machte, definierte Werner die Formationen als einzigartige, geschichtliche Gebilde und nicht als natürliche Gattungen."[500]

Die Grundannahmen von Werners mehr spekulativer Theorie der geologischen Langzeitentwicklung besagten, dass die Erde ursprünglich von einem großen Ozean umfasst wurde und dass sich die wichtigen Felsen, aus denen die Erdkruste besteht, als Ablagerungen und Sedimente jenes Ozeans bildeten. Wichtiger als dies war aber vermutlich die Tatsache, dass Werner schon früh die Bedeutung der geologischen Zeitspannen betonte und die Zeit zwischen der Gegenwart und von der vom Ozean umfassten Erde mit „vielleicht 1.000.000 Jahre" angab (eine Zahl, die, verglichen mit den Zahlen der Geolog*innen kaum ein oder zwei Generationen später, winzig klein war, aber nichtsdestotrotz eine bedeutende Abkehr von den früheren christlichen Darstellungen bedeutete). In seinen Vorlesungen zur Geognosie sprach er von der Geschichte der Erde, „gegenüber welcher die geschriebene Geschichte nur einen Punkt in der Zeit darstellt." Werners Argument für die Tiefenzeit erhielt auch von anderen Unterstützung. Kant schrieb in seinem großen Werk *Allgemeine Naturgeschichte und Theorie des Himmels* (1755), das sich mit der Entstehung des Sonnensystems beschäftigte, dass „vielleicht eine Reihe von Millionen Jahren und Jahrhunderten verflossen, ehe die Sphäre der gebildeten Natur, darin wir uns befinden, zu der Vollkommenheit gediehen ist, die ihr jetzt beiwohnet".[501] Kant sprach weiterhin von der unbegrenzten Zeit und dem unbegrenzten Raum und erkannte an, dass

Min-eralogy to Geology: The Foundations of a Science, 1650-1830, Chicago: University of Chicago Press, 1987, S. 88.

500 Laudan, *From Mineralogy to Geology*, S. 94-95.

501 Immanuel Kant, *Allgemeine Naturgeschichte und Theorie des Himmels*, Werkausgabe Bd. 1: Vorkritische Schriften bis 1768, Frankfurt/M.: Suhrkamp, 1968, S. 334 (A113).

dies mit den epikureischen Annahmen übereinstimmte. Im Bewusstsein über den „tiefen Abgrund der Zeit", zu dem seine eigenen Untersuchungen hindeuteten, spürte Werner, der zur selben Zeit schrieb wie Kant, kein Bedürfnis danach, seine Geologie in der biblischen Schöpfungsgeschichte begründet zu sehen. Sein Ansatz war entschieden materialistisch und gründete im Prinzip der geologischen Abfolge.[502]

Werners Werk war von großem Einfluss auf die Entwicklung der Geologie in ganz Europa. In der Generation, die auf Werner folgte, fand die historische Geologie zu sich. Sie gründete auf den Begriff der „Formationen", die die Mineralienklassen als Schlüssel zur Rekonstruktion der Vergangenheit ersetzten. Wie der englische Geologe W. H. Fitton (1780-1861) erklärte, war Werner auf Grund der Entwicklung des Begriffs der Formationen „der erste, der die Aufmerksamkeit der Geologen explizit auf die Struktur der Abfolge lenkte, welche die verschiedenen natürlichen Arten von Steinen im Allgemeinen aufwiesen."[503] Dieser Aspekt von Werners Denken sollte großen Einfluss auf das Werk des großen französischen Paläontologen Georges Cuvier (1769-1832) haben, der sich in der Entwicklung seiner eigenen vergleichenden Anatomie und Theorie der Erde, die er durch die Untersuchung von Fossilien verfolgte, der deutschen Tradition der Geognosie zuwandte. Auch Cuvier sprach schon seit 1804 beiläufig von vergleichsweise neu entdeckten Fossilien in der Nähe von Paris, die vielleicht „Tausende von Jahrhunderten" alt seien – und wies somit auf eine Vorstellung von geologischer Zeit hin, die sich über immense, praktisch unvorstellbare Entfernungen erstreckte.[504]

Dennoch wurde Werners Ruf innerhalb der Geschichte der Geologie durch die theologischen Dispute schwer beschädigt, die zu jener Zeit um die Geologie geführt wurden. Da Werners

[502] Werner, zitiert in Ospovat, „Werner, Abraham Gottlob", S. 259-60; Paolo Rossi, *The Dark Abyss of Time*, S. 111-12.

[503] Laudan, *From Mineralogy to Geology*, S. 139-40.

[504] Martin J.S. Rudwick (Hrsg.), *Georges Cuvier, Fossil Bones and the Geological Catastrophes: New Translations and Interpretations of the Primary Texts*, Chicago: University of Chicago Press, 1997, S. 70, 80, 265-66. Marx kannte das große Werk von Cuvier, *Die Revolutionen der Erde*, und las es vermutlich zur Zeit seiner frühen geologischen Studien. Vergleiche auch Marx' „Brief an Engels vom 3. Oktober 1866", in: MEW Bd. 31, Berlin: Dietz, 1965, S. 257-58. Cuviers Werk wurde auch in Hegels *Naturphilosophie* hervorgehoben, die Marx gut kannte. Marx setzte seine Studien zur Geologie sein ganzes Leben lang fort und exzerpierte später ausgiebig aus Charles Lyells *Principles of Geology*.

weitergefasste spekulative Theorie davon ausging, dass Mineralien als Ablagerungen oder Sedimente eines universalen Ozeans entstanden seien, wurde sein Ansatz von vielen übernommen, die die biblische Version von Noahs Flut verteidigen wollten. Die Anhänger*innen dieser Vorstellung in den geologischen Debatten nannte man „Neptunisten", denen sich die „Vulkanisten" entgegenstellten, deren wissenschaftliche Fundierung im Werk des englischen Geologen James Hutton (1726-1797) zu finden war. Diese Herangehensweise war dem Katastrophismus entgegengesetzt und führte zur „aktualistischen" Geologie, die später mit Charles Lyell verknüpft werden sollte. Die Tatsache, dass Werner selbst nicht die theologische Haltung der Neptunisten übernommen hatte und der hauptsächliche Beitrag seiner theoretischen Überlegungen darin bestand, sorgfältig die Grundlagen für eine historische Geologie zu schaffen, die als solche – durch den Schwerpunkt auf die Unermesslichkeit der geologischen Zeit – die biblischen Erzählungen konterkarierte, wurde in den späteren Geschichtsschreibungen zur Geologie (insbesondere in der englischen Tradition) oft vergessen.[505]

In seiner *Naturphilosophie* lehnte Hegel ausdrücklich die neptunistische Hypothese ab, argumentierte aber zugleich, dass „*Werners* großes Verdienst"[506] darin bestanden habe, dass seine Theorie auf die „Folge von Formationen"[507] in der Erdgeschichte aufmerksam gemacht hatte. Tatsächlich lag nach Hegels Sicht der hauptsächliche Beitrag der Geognosie (das heißt der wernerschen Tradition) darin, dass sie in der Behandlung des Bildungsprozesses der Erde zum ersten Mal die Vorstellung etablierte, wonach die Erde „eine *Geschichte* gehabt hat, d. h. daß ihre Beschaffenheit

505 Die Neigung, Werner ausdrücklich im Sinne der „neptunistischen" Tradition zu lesen, ist ein wesentlicher Aspekt des Arguments von Charles Coulston Gillispie in seinem Werk *Genesis and Geology*. Darüber hinaus gehört es zu den Allgemeinplätzen der englischen Tradition in der Geschichtsschreibung der Geologie, dass die Vorstellung der geologischen Zeit zuerst von James Hutton und Charles Lyell entwickelt wurde. Obwohl es stimmt, dass Hutton und Lyell entsprechend ihren allgemeinen „aktualistischen" Perspektiven ein für ihre damalige Zeit beispielloses Gewicht auf das Prinzip der geologischen Tiefenzeit legten, wäre es falsch anzunehmen, dass sich die Vorstellung der geologischen Zeit nicht zugleich, wenn auch auf anderer Grundlage, auf dem Kontinent mittels der wernerschen Tradition entwickelte, die sich im Werk von Werner und vielen anderen ausdrückte, darunter auch Cuvier.

506 Gottfried Wilhelm Friedrich Hegel, *Enzyklopädie der philosophischen Wissenschaften im Grundrisse 1830. Zweiter Teil*, S. 348.

507 Ebd.

ein Resultat von sukzessiven Veränderungen ist, zeigt diese Beschaffenheit unmittelbar selbst. Sie weist auf eine Reihe ungeheurer Revolutionen hin, die einer fernen Vergangenheit angehören."[508] Nach Hegel, hierin Werner folgend, war das ein Prozess, der sich über die unermesslich große Zeitspanne der geologischen Zeit, das heißt über Millionen von Jahren hinweg zog. Hegel betonte das Phänomen der *„generatio aequivoca"*, der spontanen Entstehung von Leben aus unbelebter Materie, die an einem bestimmten Punkt in der geologischen Zeit stattgefunden hatte: „Die allgemeine Weise der Belebung, welche Meer und Land zeigen, ist die *generatio aequivoca*"[509], eine „Revolution aus dem Chaos"[510]. (Hier scheint Hegel eine evolutionärere Vorstellung von der Natur zu vertreten, als es für sein sonstiges Denken typisch war.[511])

Marx, der seinen Zugang zu diesen Ideen durch Steininger und Hegel und vielleicht Steffens (dessen Vorlesungen zur Anthropologie fraglos auch die Fragen der Erdgeschichte behandelten) fand, war nicht nur die wernersche Theorie gut bekannt,

---

[508] Ebd., S. 345.

[509] Ebd., S. 368. Der Begriff der *generatio aequivoca* wurde von Aristoteles, Lukrez, Bacon und auch Hegel genutzt. Er bezeichnete einerseits einen speziellen Sachverhalt, nämlich die Annahme, dass beispielsweise Würmer spontan aus Mist entstehen konnten; jedoch auch einen allgemeineren Sachverhalt, nämlich die Vorstellung, dass das Leben ursprünglich aus unbelebter Materie ohne einen notwendigen Eingriff Gottes entstand. Lukrez benutzte den Begriff in beiden Bedeutungen, legte den Schwerpunkt allerdings auf die allgemeinere. Bei Hegel und Marx kann man nur mehr die allgemeine Bedeutung finden, die stark beeinflusst ist von den Anschauungen der wernerschen Geognosie. So stimmt Hegels allgemeine Behandlung der Geognosie und der *generatio aequivoca* überein mit einem tiefergehenden Materialismus. Dennoch dringt in seine Analyse auch eine andere (und seines Ermessens überlegenere) Hypothese ein, die der Vorstellung der Abstammung des Menschen von den Tieren entgegengesetzt ist und der Vorstellung einer gesonderten Schöpfung entspricht, ergo mit der Darstellung in der Genesis besser übereinstimmt. Es gibt keinen Zweifel daran, dass Hegel eine anthropozentrische (und somit letzten Endes religiöse) Anschauung in diesen Gebieten verteidigen wollte und nur widerstrebend den Entdeckungen der Wissenschaften gegenüber nachgab. Ebd., S. 349.

[510] Ebd., S. 349.

[511] Hegel bezog sich nicht nur auf die *generatio aequivoca*, sondern bestand auch darauf, dass das Leben und die unbelebte Materie radikal voneinander unterschieden waren: „*Wenn* also auch die Erde in einem Zustande war, wo sie kein Lebendiges hatte, nur den chemischen Prozeß usw., so ist doch, sobald der Blitz des Lebendigen in die Materie einschlägt, sogleich ein bestimmtes, vollständiges Gebilde da, wie Minerva aus Jupiters Haupte bewaffnet springt. Die Mosaische Schöpfungsgeschichte macht es insofern noch am besten, als sie ganz naiv sagt: Heute entstanden die Pflanzen, heute die Tiere und heute der Mensch." Ebd., S. 348.

sondern er verortete sich selbst in dieser Tradition, die er nicht entsprechend der neptunistischen Vorstellungen begriff, sondern als Wissenschaft der historischen Geologie. Er verstand die Revolution im Zeit- und Evolutionsverständnis, die diese Tradition mit sich brachte. So schrieb Marx in seinen *Ökonomisch-philosophischen Manuskripten*: „Die Erdschöpfung hat einen gewaltigen Stoß erhalten durch die *Geognosie*, d.h. durch die Wissenschaft, welche die Erdbildung, das Werden der Erde, als einen Prozeß, als Selbsterzeugung darstellte. Die *generatio aequivoca* ist die einzige praktische Widerlegung der Schöpfungstheorie."[512] In ihren späteren Bemerkungen zur „*generatio aequivoca*" in der *deutschen Ideologie* beharrten Marx und Engels auf der materialistischen Ontologie als adäquater Herangehensweise hinsichtlich der Frage nach dem Ursprung des Lebens auf der Erde. In dieser Hinsicht blieb Marx der von Lukrez überlieferten epikureischen Anschauung treu, der zufolge „die Erde erwarb mit Recht sich den Namen Einer Mutter. Denn alles, was lebt, hat die Erde geschaffen."[513]

Valentino Gerratana hat vor einiger Zeit argumentiert, dass die Vorstellung der *generatio aequivoca* zur Zeit des frühen 19.

---

[512] Marx, *Ökonomisch-philosophische Manuskripte*, MEW Bd. 40, S. 545. [Anm. d. Übers.: Die folgenden Ausführungen von JBF beziehen sich auf die Quellenlage im Englischen.] (Anders als die *Collected Works* Edition machen hier die *Vintage* und *International Press* Editionen von Marx' *Early Writings* einen ganz offensichtlichen Fehler, indem sie den Begriff der „Geogenie" statt „Geognosie" benutzen.)

[513] Lukrez, *Von der Natur*, S. 266-67, 5.780-800. Als sich Marx auf die „generatio aequivoca" bezog (obwohl er dies in erster Hinsicht in einem geologischen Kontext tat, das heißt hinsichtlich der Selbsterzeugung der Erde), kannte er vielleicht das Werk von Pierre Louis Moreau de Maupertuis (1698-1759), der als erster die newtonschen Erkenntnisse in Frankreich etablierte. Maupertuis lehnte die deterministischen und kreationistischen Aspekte des Newtonismus ab, griff auf Epikur und Lukrez als Inspirationsquellen zurück und betonte die Zufälligkeit. Er war großer Kritiker der Naturtheologie und der These der planmäßigen Anordnung. Wie andere Materialisten bezog sich Maupertuis auf die „spontane Erzeugung" als Erklärung des Ursprungs des Lebens. Diese Idee nahm viele verschiedene Formen an, einige ausgeklügelter als andere. In ausgeklügelterer Form wurde sie von Jean-Baptiste Pierre Antoine de Monet, Chevalier de Lamarck (1744-1829) entwickelt, demzufolge die spontane Entstehung nur der simpelsten Organismen aus unbelebter Materie stattfand, die sich dann erst allmählich in komplexere Organismen weiterentwickelten entsprechend der Ordnung der Natur. Die Idee der spontanen Erzeugung wurde somit assoziiert mit der Transformation (oder Evolution) der Spezies. (Maupertuis hatte im Gegensatz zu Lamarck eine sprunghafte Evolutionstheorie formuliert, die landläufigste Form der Evolutionstheorie vor Darwin, der zufolge neue Arten nicht graduell, sondern durch plötzliche Sprünge entstanden.) Für Materialisten/Evolutionisten, die im Gegensatz zum Kreationismus standen,

Jahrhunderts in einen *allgemeinen* philosophischen Begriff transformiert wurde und über jeden besonderen philosophischen Kontext hinausging. „Die Funktion des Begriffs der *generatio aequivoca* ist also in den Schriften des jungen Marx dieselbe wie die Idee der Evolution." Sie bedeutete nicht mehr als die Hypothese vom materialistischen Ursprung des Lebens, welche die Wissenschaften zu diesem Zeitpunkt noch nicht nachzuweisen vermocht hatten. Später, im *Anti-Dühring* (1877-78) bestand Engels in seiner Kritik der „verwegensten Vertreter der Urzeugung" innerhalb der Naturwissenschaften darauf, dass die Naturwissenschaften „über den Ursprung des Lebens bis jetzt nur soviel mit Bestimmtheit sagen [können], daß er sich auf chemischem Wege vollzogen haben muß".[514] Zugleich reagierte Engels noch schroffer auf diejenigen, die auf einer kreationistischen Grundlage die gesamte materialistische Untersuchungsrichtung ablehnten, die der allgemeinen Vorstellung der spontanen Entstehung als Antwort auf das Rätsel der Existenz zugrunde lag.

Heutzutage kann, auf Grundlage weitaus umfangreicherer wissenschaftlicher Einsichten, die Frage des Ursprungs des Lebens auf der Erde viel präziser beantwortet werden. Der vorherrschende Ansatz ähnelt diesen früheren, eher spekulativen Anschauungen, die aus dem materialistischen Naturverständnis heraus entstanden waren und davon ausgingen, dass das Leben aus unbelebter Materie entstand und nicht als Resultat einer göttlichen Schöpfung. Es ist heutzutage aber auch möglich zu klären, warum das Leben, wenn es aus unbelebter Materie entstand, nicht weiterhin neu entsteht. So schreiben die renommierten Wissenschaftler Richard Levins und Richard Lewontin,

> Das Gesetz, dass alles Leben aus Leben entsteht, entstand erst vor ungefähr einer Milliarde Jahren. Ursprünglich entstand das Leben aus der unbelebten Materie. Jedoch machte diese Art der

---

war es von zentraler Bedeutung, dass das Leben zu irgendeinem Zeitpunkt aus unbelebter Materie entstand, auch wenn der Prozess der Entstehung weiterhin unklar blieb. Vgl. Ernst Mayr, *Die Entwicklung der biologischen Gedankenwelt. Vielfalt, Evolution, Vererbung*, Berlin/Heidelberg: Springer, 2002, S. 467-469 sowie ders., *...und Darwin hat doch recht: Charles Darwin, seine Lehre und die moderne Evolutionstheorie*, München: Piper, 1994, S. 34-35.

514 Valentino Gerratana, „Marx and Darwin", *New Left Review*, Nr. 82 (November-December 1973), S. 60-82; Friedrich Engels, *„Anti-Dühring": Herrn Eugen Dühring's Umwälzung der Wissenschaft*, in: MEW Bd. 20, Berlin: Dietz, 1962, S. 1-303, hier: S. 67-68.

Entstehung ihre Wiederholung unmöglich, da lebende Organismen die komplexen organischen Moleküle verbrauchen, die zur erneuten Entstehung des Lebens aus unbelebter Materie notwendig sind. Darüber hinaus wurde die reduzierende Atmosphäre, die vor dem Anfang des Lebens auf der Erde existierte, danach durch die lebenden Organismen selbst umgewandelt in eine, die reich an reaktivem Sauerstoff ist.

Oder in Rachel Carsons eloquenten Worten: „Die Bedingungen der jungen Erde produzierten das Leben; das Leben modifizierte dann die Bedingungen der Erde, so dass diese einzelne und außergewöhnliche spontane Entstehung nicht wiederholt werden konnte."[515]

Carsons Anspielung auf die „spontane Entstehung" bezieht sich hier auf die Tatsache, dass, als endlich in den 1920ern eine materialistische Erklärung der Ursprünge des Lebens in Form der Oparin-Haldane-Hypothese vorgelegt wurde – unabhängig entwickelt von zwei Materialisten und marxistischen Denkern, Alexander Oparin in der Sowjetunion und J. B. S. Haldane in Großbritannien –, die Erörterung darauf fokussierte, zu erklären, warum das Leben spontan aus der Natur entstehen konnte, wo es doch bekannt war, dass „spontane Entstehung" als solche bekanntermaßen unmöglich stattfinden konnte. Die Antwort lag zum Teil im Feld der Biochemie, zum Teil aber in der Analyse, die schon der russische Ökologe W. I. Wernadski mit seiner Theorie im Buch *Die Biosphäre* (1926) lieferte: nämlich, dass die Atmosphäre wie wir sie kennen, selbst ein Produkt des Lebens ist. Durch die Veränderung der Atmosphäre hatte das Leben die Bedingungen geändert, unter denen einst die „spontane Entstehung" möglich gewesen war.[516]

Neben der historischen Geologie war Marx auch stark beeinflusst von der Entwicklung der historischen Geographie. Als Student der Universität zu Berlin besuchte er auch Vorlesungen des großen idealistischen historischen Geographen Karl Ritter (1779-1859), dessen historische und teleologische Herangehens-weise an geographische Studien einen wichtigen Einfluss auf Hegels *Vorlesungen über die Philosophie der Geschichte* ausüben sollten. Hegel übernahm, nebst der besonderen geographischen

[515] Levins/Lewontin, *Dialectical Biologist*, S. 277; Carson, *Lost Woods*, S. 230.

[516] Die Originale von Oparin und Haldane sind zu finden im Appendix I von John Desmond Bernals monumentalem Werk *Der Ursprung des Lebens*, Lausanne: Editions Rencontre, 1972.

Heran-gehensweise Ritters hinsichtlich des Verhältnisses der verschiedenen Kontinente, auch Ritters umgekehrte Korrelation von Zivilisation und Ausmaß der Abhängigkeit von der Natur.[517] Ritters berühmte These lautete:

> *Entfernungen, Raumunterschiede, Natureinflüsse, selbst Naturproductionen aller Art, weichen immer mehr in ihrem bedingenden Einfluß auf das Persönliche der Volksentwicklung zurück. Oder mit anderen Worten: das Menschengeschlecht, wird immer freier von den Banden der Naturgewalten, der Mensch immer mehr von der Erdscholle, die ihn geboren, entfesselt. Die Geschichte einzelner Länder und ganzer Erdtheile bestätigt das.*[518]

Ritters Herangehensweise an die Erdgeschichte war letzten Endes teleologisch, da sie auf die göttliche Leitung der Vorsehung zurückgeführt wurde. Aber in unmittelbarer Hinsicht war Ritters Herangehensweise evolutionär dem Wesen nach, insofern sie den langzeitlichen Prozess der organischen Entwicklung vermittels mechanischer Ursachen reflektierte.

Deshalb musste für Ritter die Erde, das Objekt der Geographie, sowohl historisch als auch teleologisch betrachtet werden. „Die Geschichte der Erde lehrt in ihren Monumenten, daß sie ihren Theilen, wie ihrem Ganzen nach, einer fortschreitenden Umbildung unterworfen", was bewies, „daß sie einer fortschreitenden Ausbildung fähig ist."[519] Es gab also einen rationellen Kern innerhalb der mystischen Hülle von Ritters Geographie.

Ritters wichtigster Beitrag zum ökologischen Denken war sein Einfluss auf den großen Umweltschützer aus New England, George Perkins Marsh, den Autor von *Man and Nature* [dt.: Mensch und Natur] (1864) – ein Werk, das Lewis Mumford „die Urquelle der Umweltschutzbewegung" nannte. Marsh sagte über sein Buch, es sei „ein kleines Bändchen, das im Gegensatz zu Ritter und Guyor [ein Schweizer Anhänger von Ritter, der in die Vereinigten Staaten

---

[517] Georg Wilhelm Friedrich Hegel, *Vorlesungen über die Philosophie der Geschichte*, Werke Bd. 11, Frankfurt/M.: Suhrkamp, 1986, S. 120f.; Quaini, *Geography and Marxism*, S. 20-26.

[518] Karl Ritter, *Allgemeine Erdkunde. Vorlesungen an der Universität zu Berlin gehalten*, Berlin: Georg Reimer, 1862, S. 69.

[519] Ebd., S. 18. Zu Ritter vgl. T.W. Freeman, *A Hundred Years of Geography*, London: Gerald Duckworth, 1961, S. 32-40, 321.

emigrierte], die denken, dass die Erde den Menschen gemacht hat, zeigt, dass tatsächlich der Mensch die Erde gemacht hat.“[520] Damit meinte Marsh, dass es notwendig war, Ritters grundlegende und kritische Erkenntnis hinsichtlich der Befreiung der Menschheit von der Natur mit fortschreitender Zivilisationsentwicklung – die von seinem sonstigen geologischen Determinismus abwich – zu übernehmen und gleichzeitig durch die Einsicht zu erweitern, dass der Mensch nun eine mächtige Kraft bei der Umgestaltung der Erde war, was oft verheerende Konsequenzen mit sich brachte (Marshs Buch führte den Untertitel *The Earth as Transformed by Human Action* [dt.: Die Veränderung der Erde durch den Menschen]).

Folglich wurden Ritters geschichtliche Einsichten von Marsh dazu genutzt, ihn auf den Kopf zu stellen und die Frage nach der menschlichen Herrschaft über die Erde aufzuwerfen. Ein ähnlicher Prozess vollzog sich bei Ritters Student Marx, der in der *deutschen Ideologie*, wie wir schon gesehen haben, die Tatsache betonte, dass es zunehmend schwieriger werde, die Erde, wie sie vor der Entstehung der Menschheit existierte, noch irgendwo zu finden. Außerdem zeichnete sich ab, dass das Wesen dieser menschlichen Transformation der Natur – und seine teils desaströsen Folgen – einen wichtigen Stellenwert im Denken von Marx einnehmen sollte.

Kritik der wahren Sozialisten

Aufgrund ihrer Anschauungen über die immensen Zeitspannen der Natur- und Menschheitsgeschichte konnten Marx und Engels die ahistorischen und mystifizierenden Vorstellungen über die Natur und die Menschheit in den Werken der „wahren Sozialisten“ in der Mitte der 1840er-Jahre nicht ernst nehmen – eine intellektuelle Strömung, die sehr weit verbreitet war, jedoch mit den Revolutionen von 1848 verschwand. Sie bestand aus einer Gruppe von deutschen Schriftstellern, die einen abstrakten Humanismus und einen abstrakten Naturalismus mit unterschiedlichen Begriffen aus der politischen Ökonomie vermischten, um eine Vorstellung vom „Sozialismus“ zu entwickeln, die auf der Idee einer Wiederherstellung der wahren Menschheit und der wahren Natur beruhte. Gleichzeitig ignorierten sie jedoch die materiellen Grundlagen der

520 George Perkins Marsh, *Man and Nature*, Cambridge, Mass.: Harvard University Press, 1965, IX, S. 35-36, 42-43; Lewis Mumford, *The Brown Decades*, New York: Dover, 1971, S. 35.

menschlichen Entwicklung und Naturgeschichte. Den Ausdruck „wahrer Sozialismus“ selbst übernahmen Marx und Engels von Karl Grün, einem der führenden Vertreter jener Strömung.

Ein Hauptangriffspunkt für Marx und Engels war ein Artikel mit dem Titel „Eckpunkte des Sozialismus“, der von Rudolph Matthäi verfasst wurde. Indem sie Matthäi nicht als einen wichtigen Intellektuellen an sich, sondern lediglich als Repräsentanten der Tradition des „wahren Sozialismus“ behandelten, zitierten sie sein Lamentieren wie folgt: „Vermag er die Erde wiederum als das *Land* seines Glücks zu begrüßen? Hat er in ihr wieder seine ursprüngliche Heimat *erkannt*? Warum trennt er dann noch länger Leben und Glück, warum hebt er die letzte Scheidewand nicht auf, welche das irdische Leben selbst noch immer in zwei feindliche Hälften spaltet.“[521] Durch den Wunsch beseelt, die Menschheit mit der Natur zu versöhnen, lud dieser wahre Sozialist die Leser*innenschaft auf einen Spaziergang im Reiche der „freien Natur“ ein, um die Entfremdung der Menschen von der Natur vermittels einer besonderen Spiritualität zu überwinden, die die Natur selbst bereitstellte:

> *„... bunte Blumen ... hohe und stolze Eichen ... ihr Wachsen und Blühen, ihr Leben ist ihre Befriedigung, ihr Glück... eine unermeßliche Schar von kleinen Tieren auf den Wiesen ... Waldvögel ... mutige Schar junger Rosse ... ich sehe (spricht „der Mensch“), daß diese Tiere kein anderes Glück kennen noch begehren als dasjenige, welches für sie in der Äußerung und im Genusse ihres Lebens liegt. Wenn die Nacht herabsinkt, begegnet dem Blick meines Auges eine unzählbare Schar von Welten, welche nach ewigen Gesetzen im unendlichen Raum kreisend sich umschwingen. In diesen Schwingungen sehe ich eine Einheit von Leben, Bewegung und Glück.“*[522]

Der wahre Sozialist sah die Zwietracht durch die Hand des „Menschen“ – das heißt, der abstrakten Menschheit – in diese Welt eindringen. Für Marx und Engels lag der Fehler dieser Form der „philosophischen Mystifikation“ in der Vorstellung, dass die Menschheit mit einer „freien Natur“ wiedervereinigt werden sollte. Der wahre Sozialist sieht die Lösung gegeben, indem er „die

521 Marx/Engels, *Die deutsche Ideologie*, S. 458.

522 Rudolf Matthäi, zitiert nach: Marx/Engels, *deutsche Ideologie*, S. 459.

Natur zu Hülfe“ nimmt, in der nämlich „dieser Zwiespalt nicht existiere“.[523] Und da auch „der Mensch“ ein „Naturkörper“ ist, sollte dieser Zwiespalt auch für die Menschheit nicht existieren. Dem setzen Marx und Engels den Kampf um die Existenz entgegen, der in der Natur stattfindet, die somit nicht mehr als rein verstanden werden kann. Schreibend in einem Stil, der zwei Jahrzehnte später als „darwinsche“ Sprache bezeichnet werden sollte, bemerken sie, dass „‚[d]er Mensch‘ [...] noch eine Masse andrer Dinge in der Natur sehen [konnte], z.B. die größte Konkurrenz unter Pflanzen und Tieren“.[524] Tatsächlich gehen sie soweit zu behaupten: „Mit viel größerem Rechte konnte Hobbes sein *bellum omnium contra omnes* aus der Natur beweisen und Hegel, auf dessen Konstruktion unser wahrer Sozialist fußt, in der Natur den Zwiespalt, die liederliche Periode der absoluten Idee erblicken und das Tier sogar die konkrete Angst Gottes nennen.“[525]

Der wahre Sozialist, wie ihn Matthäi verkörperte, argumentierte dann weiter, es sei für eine freie Gesellschaft notwendig, nach dem Modell der Natur umgemodelt zu werden. Matthäi hatte gesagt, dass „[w]ie die einzelne Pflanze Boden, Wärme, Sonne, Luft und Regen verlangt, um zu wachsen, ihre Blätter, Blüten und Früchte zu tragen, so *will* auch der Mensch in der Gesellschaft die *Bedingungen* für die allseitige Ausbildung und Befriedigung aller seiner Bedürfnisse, Neigungen und Anlagen finden.“[526] Woraufhin Marx und Engels, auf Grundlage der materialistischen Naturauffassung, entgegnen, dass

> *Erstens „verlangt“ nicht die Pflanze von der Natur alle die oben aufgezählten Existenzbedingungen, sondern sie wird gar nicht Pflanze, sie bleibt Samenkorn, wenn sie sie nicht findet. Dann hängt die Beschaffenheit der „Blätter, Blüten und Früchte“ sehr von dem „Boden“, der „Wärme“ pp., von den klimatischen und geologischen Verhältnissen ab, unter denen sie wächst. Während also das der Pflanze untergeschobene „Verlangen“ sich in eine vollständige Abhängigkeit von den vorliegenden Existenzbedingungen auflöst, soll ebendies Verlangen unsren wahren Sozialisten berechtigen, eine Einrichtung der Gesellschaft*

[523] Ebd., S. 460.
[524] Ebd., S. 459.
[525] Ebd., S. 460.
[526] Ebd., S. 463.

nach seiner individuellen „Eigenheit“ zu verlangen. Das Postulat der wahren sozialistischen Gesellschaft begründet sich auf das eingebildete Postulat einer Kokospalme an „das Gesamtleben“, ihr am Nordpol „Boden, Wärme, Sonne, Luft und Regen“ zu verschaffen.[527]

Der wahre Sozialist benutzt diese mystifizierende Naturanschauung dazu, um eine mystifizierende Anschauung der Gesellschaft zu entwickeln, so dass die Gesellschaft, das heißt das Produkt des „wahren Sozialismus“, ebenfalls eine bloße Frage des Willens und nicht eine Frage der Bedingungen ihrer Existenz wird.

In ihrer Reaktion auf den wahren Sozialismus stellten Marx und Engels also klar und deutlich das Verhältnis zwischen der materialistischen Naturauffassung und der materialistischen Geschichtsauffassung dar. Indem er nicht zwischen den Menschen als Naturwesen und den Menschen als Gesellschaftswesen unterscheidet – und wegen der Unfähigkeit, die Arbeit, durch die die Menschheit die Natur und ihre eigenen gesellschaftlichen Verhältnisse verändert, als das Wesen des menschlichen Geschichtsprozesses zu begreifen –, reduziere der wahre Sozialist den Menschen schlicht auf die „Gleichheit mit jedem Floh, jedem Strohwisch, jedem Stein.“[528] Für Marx und Engels ist es in ihrer Entgegnung auf den sentimentalen und spiritualistischen Naturalismus der wahren Sozialisten wichtig, den „Kampf des Menschen mit der Natur“[529] anzuerkennen, der Teil der Menschheitsgeschichte ist. Die wahren Sozialisten schufen die sozialen Kriterien ab, welche die Menschen von den Tieren unterschieden und schlugen auch darin fehl, die wirkliche menschliche Grundlage der Entfremdung von der Natur zu begreifen.

Diese Kritik des wahren Sozialismus und seiner rein spirituellen und sentimentalen Einstellung zur Natur, die einer Naturanbetung gleichkommt, hilft uns, die Reaktion von Marx und Engels auf Georg Friedrich Daumers *Die Religion des neuen Weltalters* (1850) zu verstehen, das sie 1850 rezensierten. Daumer (1800-1875) kritisierte nicht nur das Christentum, sondern bemühte sich auch, Religion und Gesellschaft auf eine Art und Weise wiederherzustellen, die Marx und Engels zufolge „selbst

527 Ebd., S. 464.

528 Ebd., S. 467.

529 Ebd., S. 470.

gegenüber dem Christentum reaktionär" war.[530] Was sie Daumers „Naturkultus" nannten, konnte man folgenden Zeilen aus Daumers Werk entnehmen:

Süße, heilige Natur,
Laß mich geh'n auf deiner Spur,
Leite mich an deiner Hand,
Wie ein Kind am Gängelband![531]

Für Marx und Engels war das einfach zu viel. Zusätzlich hoben sie hervor, dass Daumers „Naturkultus" in seinen Werken einen oberflächlichen und ahistorischen Charakter aufwies. Tatsächlich konnte man sehen, dass dabei mit den gleichen Karten gespielt wurde wie in der Naturtheologie (wobei Marx und Engels dies nicht explizit hervorhoben). Durch penibles Zitieren wiesen Marx und Engels auf, dass sich Daumers sentimentale Beobachtungen hinsichtlich der Natur in seinem Werke beschränkten auf

> *die sonntäglichen Spaziergänge des Kleinstädters, der seine kindliche Verwunderung darüber zu erkennen gibt, daß der Kuckuck seine Eier in fremde Nester legt (II. Bd. p. 40), daß die Tränen die Bestimmung haben, die Oberfläche des Auges feucht zu erhalten (II. Bd. p. 73) etc., und der schließlich seinen Kindern mit heiligen Schauern Klopstocks Frühlingsode vordeklamiert (II. Bd. p. 23 ff.). Von der modernen Naturwissenschaft, die in Verbindung mit der modernen Industrie die ganze Natur revolutioniert und neben andern Kindereien auch dem kindischen Verhalten der Menschen zur Natur ein Ende macht, ist natürlich keine Rede. Dafür erhalten wir geheimnisvolle Andeutungen und erstaunte Philisterahnungen über Nostradamus' Prophezeiungen, das zweite Gesicht der Schotten und den animalischen Magnetismus. Es wäre übrigens zu wünschen, daß die träge Bauernwirtschaft Bayerns, der Boden, worauf die Pfaffen und die Daumers gleichmäßig wachsen, endlich einmal durch modernen Ackerbau und moderne Maschinen umgewühlt würde.*[532]

530 Marx/Engels, „[Rezensionen aus der ‚Neuen Rheinischen Zeitung. Politisch-ökonomische Revue'. Zweites Heft, Februar 1850]", in: MEW Bd. 7, Berlin: Dietz, 1973, S. 198-212, hier: S. 202.

531 Ebd.

532 Ebd.

Für Marx und Engels musste diese reaktionäre Gefühlsduselei gegenüber der Natur, die sich danach sehnte, die alten feudalen Hierarchien wiederherzustellen und dabei gleichzeitig veränderte materielle Umstände leugnete, abgelehnt werden. Für die Bäuer*innen sei es besser, ihr Verhältnis zum Land würde durch die „moderneren" Produktionsverhältnisse verändert. Beiden fehlte dabei nicht die Sympathie für die Bäuer*innen oder „das Land": Ihre Ablehnung jener Gefühlsduselei gründete sich schlicht auf der Zurückweisung eines reaktionären Verständnisses von Bauerntum und Land. Im selben Jahr schrieb Engels sein großes Werk *Der Bauernkrieg in Deutschland* (1850), in dem er das revolutionäre Bauerntum des 16. Jahrhunderts und dessen Kampf unter der Führung von Thomas Müntzer gegen das Privateigentum und für ein neues kommunales Verhältnis zum Land in den Himmel lobte.

Der mechanistische „Prometheismus" von Proudhon

Marx war bereits 1842 mit den Schriften französischer Sozialisten vertraut, da er sich in einem Artikel für die *Rheinische Zeitung* auf die Werke von Charles Fourier (1772-1837) und Pierre Joseph Proudhon (1809-1865) bezog. Fourier lieferte bedeutende Einsichten hinsichtlich der Lage der Frauen, der Degradierung der Natur und dem Wesen der assoziierten Arbeit. Für Fourier galt: „[D]ie Erweiterung der Privilegien der Frauen ist die allgemeine Grundlage allen sozialen Fortschritts."[533] Über die Natur schrieb er: „Wie werden unsere Nachfahren die Zivilisation verfluchen, wenn sie so viele geplünderte und brachgelegte Berge sehen wie jene im Süden Frankreichs!" In seinem „assoziativen System" sah Fourier voraus, dass der Fischfang um einen Faktor von 20 in normalen Jahren steigen würde, „wenn eine Übereinkunft getroffen werden könnte, nur zu den richtigen Zeiten zu fischen, wobei die Quantität gemäß den Anforderungen der Reproduktion reguliert werden würde, und ein Viertel der Zeit, die für das Ruinieren der Flüsse genutzt wird, auf das Jagen von Ottern verwendet werden könnte." Fourier bemühte sich, ähnlich dem britischen utopischen Sozialisten Robert Owen, darum, Bevölkerungsprobleme durch die Verteilung der Bevölkerung zu lösen – im Gegensatz zur

533 Charles Fourier, *Theorie der vier Bewegungen und der allgemeinen Bestimmungen*, Frankfurt: EVA, 1966, S. 190.

steigenden Konzentration der Bevölkerung in großen, städtischen Ballungsgebieten der bürgerlichen Gesellschaften, die mit einer Entvölkerung auf dem Lande einhergingen.[534]

Aber es sollte Proudhon sein, der einen viel größeren Einfluss – positiv wie negativ – auf Marx' Denken haben sollte. Spätere Anhänger von Proudhon neigten dazu, insbesondere von dessen frühem Werk *Was ist das Eigentum?* (1840) beeinflusst zu werden – ein Werk, das am besten bekannt ist für seine Antwort auf den Titel: „Es ist Diebstahl." In diesem Werk offenbarte Proudhon seine anarchistische Gesinnung. Auch Marx war stark beeinflusst von diesem Werk. In seinem frühesten Artikel zum Kommunismus, den er für die *Rheinische Zeitung* im Jahr 1842 schrieb, bezog sich Marx auf „das scharfsinnige Werk Proudhons", das, nebst einigen anderen weniger theoretischen Texten mit ähnlicher Ausrichtung, „nicht durch oberflächliche Einfälle des Augenblicks, sondern nur nach lang anhaltendem und tief eingehendem Studium kritisiert werden" könne.[535]

In *Was ist das Eigentum*? entwickelte Proudhon einen Punkt, der später für Marx' Werk zentral werden sollte: nämlich die Vorstellung, dass das Hinzufügen von Arbeit zu Land oder Rohmaterialien im Laufe der Produktion nicht das Privateigentum auf Land und den Ausschluss des Großteils der Bevölkerung von dem, was ein gemeinschaftliches Verhältnis zur Erde bleiben sollte, legitimierte (wie in der lockeschen Theorie des natürlichen Privateigentums angenommen wurde). In seinen Ausführungen über den staatlichen Verkauf der Wälder und anderer Ländereien, die rechtmäßig der ganzen Bevölkerung gehörten, hielt Proudhon fest (und zwar in einer Art und Weise, wie es später in der marxschen Kritik im Kapital widerhallen sollte), dass,

> *[s]elbst wenn das Volk Eigentümer wäre, kann die jetzige Generation die vorige ihres Besitzes entsetzen? Das Volk besitzt als Nutznießer; die Regierung verwaltet, überwacht, schützt und vollzieht die Handlungen der verteilenden Gerechtigkeit; tritt sie auch Boden ab, so kann sie dies nur zum Gebrauch thun; sie hat nicht das Recht, auch nur irgend etwas zu verkaufen oder zu veräußern. Da sie nicht Eigentümerin ist, wie könnte sie das*

[534] Charles Fourier, *Selections*, London: Swan Sonnenschein, 1901, S. 77, 109, 115-17, 120; Owen, *Selected Works*, Bd. 2, S. 69, 84-85.

[535] Karl Marx, „Der Kommunismus und die Augsburger ‚Allgemeine Zeitung'", in: MEW Bd. 1, S. 105-108, hier: S. 108.

Eigentum übertragen? [...] Vernichtet die Erde, oder was auf dasselbe herauskommt, verkauft sie: nicht nur veräußert Ihr dadurch eine oder mehrere Ernten, sondern Ihr vernichtet auch alle Produkte, die Ihr, Eure Kinder und Kindeskinder davon gehabt hättet.[536]

Marx und Engels setzten ihr großes Lob an *Was ist das Eigentum?* in der *heiligen Familie* fort und stellten fest, dass

Proudhon nun [...] die Basis der Nationalökonomie, das Privateigentum, einer kritischen Prüfung [unterwirft], und zwar der ersten entschiednen, rücksichtslosen und zugleich wissenschaftlichen Prüfung. Dies ist der große wissenschaftliche Fortschritt, den er gemacht hat, ein Fortschritt, der die Nationalökonomie revolutioniert und eine wirkliche Wissenschaft der Nationalökonomie erst möglich macht.[537]

Nur zwei Jahre später sollte Marx jedoch ganz anders auf ein späteres Werk Proudhons reagieren. Seit 1843 hatte Marx die britische politische Ökonomie in einem unerbittlichen Tempo studiert. Der Einschlag dieser Studien war schon sehr deutlich in den *Ökonomisch-philosophischen Manuskripten, der heiligen Familie* und der *deutschen Ideologie* erkennbar. Aber *Das Elend der Philosophie* (1847) war das erste Werk von Marx, das sich mehr auf die Ökonomie konzentrierte als auf die Philosophie – und zwar ironischerweise in der Form einer Kritik von Proudhons Philosophie der *Staatsökonomie oder Notwendigkeit des Elends* (1846) [fr. Orig.: Système des contradictions économique ou philosophie de la misère].

Die *Philosophie der Staatsökonomie* war dem Wesen nach etwas völlig anderes als *Was ist das Eigentum?*. Besser bekannt mit seinem Untertitel *Die Philosophie des Elends,* ist es eine eigentümliche Mischung aus einer Kritik der politischen Ökonomie einerseits und andererseits einem Versuch, die bürgerliche Gesellschaft sozialer zu gestalten. Garniert wird all dies mit Allegorien aus der Antike und teleologischen Verweisen auf die Vorsehung. Für Marx wurde dies zu einem Beispiel dessen, was er und Engels

---

536 Pierre-Joseph Proudhon, *Was ist das Eigentum?*, Wien: Verlag Monte Verita (Nachdruck der Übersetzung von Alfons Fedor Cohn von 1896), o. J., S. 82-84.

537 Marx/Engels, *heilige Familie*, S. 32-33.

später in *Das Manifest der kommunistischen Partei* den „Bourgeoissozialismus“ nennen sollten, worunter sie den Versuch verstanden, die bürgerliche Gesellschaft ohne ihr Elend und ohne das Proletariat– oder zumindest ohne die Opposition des Proletariats – zu gestalten.[538]

Die *Philosophie der Staatsökonomie* beginnt und endet (im ersten Band) mit dem Begriff der Vorsehung, wonach die Menschheit „dem Absoluten assimilirt [und] die Identität der Natur- und Vernunftgesetze vorausgesetzt“[539] ist. Die „Hypothese Gottes“ in einer Zivilisation, die am Ende Gott verneinte, schreibt Proudhon in einem ironischen Ton, sei notwendig, um die providentielle Natur der Geschichte zu verstehen. So wie Gott als die wirkende Ursache der Vorsehung nicht bejaht werden kann durch die Vernunft, so kommt der Humanismus, welcher „darauf hinauskommt, in der sozialen Oekonomie den Kommunismus, in der Philosophie den Mystizismus und den Status quo zu wollen“[540], der Entwicklung der Idee der Vorsehung (dieses Mal mit der Menschheit als der wirkenden Ursache) gleich, welche selbst jedoch nichts anderes ist als „religiöse Restauration“[541] und ebenfalls nicht durch die Vernunft bestätigt werden kann. Was uns bleibt ist nach Proudhon nur mehr die Vorstellung einer Vorsehung im Sinne von Ordnung, Fortschritt und Schicksal: „eine geheime Beziehung unserer Seele, und folglich der ganzen Natur“.[542]

Innerhalb dieses eigentümlichen philosophischen Rahmens versuchte Proudhon, seine „Philosophie des Elends“ zu entwickeln, dic mit Konzepten des Werts begann und im weiteren Verlauf Phänomene wie die Arbeitsteilung, die Maschinerie, die Konkurrenz und das Monopol unter die Lupe nahm. Um seine ökonomischen Anschauungen darzulegen, entschied sich Proudhon dazu, die Gesellschaft und die menschliche Aktivität durch die Personifizierung beider im Namen von „Prometheus“ zu symbolisieren. „Prometheus ist nach der Fabel“, schreibt er, „das Symbol der menschlichen Thätigkeit. Prometheus stiehlt dem Himmel das Feuer, und erfindet die ersten Künste; Prometheus sieht die

[538] Karl Marx und Friedrich Engels, *Das Manifest der Kommunistischen Partei*, in: MEW Bd. 4, Berlin: Dietz, 1959, S. 459-493, hier: S. 488-89.

[539] Pierre-Joseph Proudhon, *Philosophie der Staatsökonomie oder Notwendigkeit des Elends*, Bd. 1, Aalen: Scientia Verlag, 1966 (Neudruck von 1847), S. XXVIII.

[540] Ebd., S. 400.

[541] Ebd.

[542] Ebd., S. 401.

Zukunft voraus, und will dem Jupiter gleich sein; Prometheus ist Gott. Nennen wir also die Gesellschaft Prometheus."[543] Für Proudhon dehnt Prometheus „seine Eroberung über die Natur" aus. Er lernt, dass „Gerechtigkeit nichts Anderes, als die Verhältnismäßigkeit der Werthe"[544] ist. Und tatsächlich:

> *Prometheus weiß, daß dieses Produkt eine Stunde Arbeit kostet, jenes einen Tag, eine Woche, ein Jahr; er weiß zugleich, daß alle diese Produkte durch den Anwachs ihrer Kosten die Zunahme seines Reichthums bilden. Er wird also seine Existenz damit zu sichern beginnen, daß er sich mit den wenigst kostspieligen und folglich nothwendigsten Dingen versieht; hierauf, wenn er seine Sicherheitsmaßregeln getroffen hat, wird er an Luxusgegenstände denken, indem er beständig, wenn er weise ist, die natürliche Stufenleiter des Preises, zu dem ihn jede Sache zu stehen kommt, zum Maßstabe nimmt.*[545]

Die Gesellschaft, oder „Prometheus", erkannte also, entsprechend dem „Gesetz der Verhältnismäßigkeit"[546], dass die Waren sich in Preisen anordneten von den billigsten Gütern, den Gütern des täglichen Bedarfs, bis zu den teuersten Gütern, den Luxusgütern. Dies sei so, weil „die Gesellschaft zuerst die wenigst kostspieligen und folglich nothwendigsten Dinge hervor[bringe]."[547] Diejenigen Gewerbe, die am einfachsten und wenigsten kostspielig waren, entstanden zu Beginn der Zivilisation: „Fruchtbrechen, Weiden, Jagd und Fischfang, nach denen, und lange Zeit nachher, erst der Ackerbau gekommen ist"[548] (alles, laut Proudhon, Formen der „Extraktiven Industrie"). Fortgeschrittenere Gewerbe konnten nur mit weiteren Fortschritten in der Produktivität entstehen, deren Modell in jenen einfachsten Gewerben zu finden war. Für Proudhon war die Bestimmung des Werts/des Reichtums schlicht die verhältnismäßige Verteilung der Kosten, die durch Arbeitszeit bestimmt wurde. Die Produktivität steigt dann, wenn „Prometheus [in den die Begriffe Gott,

[543] Ebd., S. 51-52.

[544] Ebd., S. 52.

[545] Ebd.

[546] Ebd., S. 55.

[547] Ebd., S. 53.

[548] Ebd., S. 54.

Land und Eigentümer aufgelöst werden] Mittel findet, in Einem Tage eben so viel von einem gewissen Gegenstande zu produziren, als ehedem in zehn".[549] Solche Innovationen, meint Proudhon, nehmen ihren Anfang in den extraktiven Gewerben, die verantwortlich sind für die Entwicklung des Kalenders und die Herstellung von Uhren und Taschenuhren.[550]

Proudhon argumentiert in mythisch aufgeladener und biblischer Sprache weiter, dass am ersten Tag der Schöpfung „Prometheus aus dem Schoße der Natur" hervorgeht und zu arbeiten beginnt. Am zweiten Tag entdeckt er die Arbeitsteilung und am dritten Tag „erfindet Prometheus Maschinen, entdeckt neue brauchbare Werthe in den Körpern, neue Kräfte in der Natur".[551] Das Ziel der Gesellschaft, in solchen „prometheischen" Begriffen verstanden, ist es dann, den größtmöglichen ökonomischen Reichtum und die größtmögliche Mannigfaltigkeit für die Gesellschaft zu produzieren und diese verhältnismäßig für jedes Individuum entsprechend der gerechten Verteilung von ökonomischen Vergütungen in Übereinstimmung mit der Arbeitszeit zu realisieren. Dies ist, nach Proudhon, die Sozialisierung der Arbeit, die auf den Fundamenten der bestehenden Gesellschaft gegründet werden kann. „Ueberall, wo die Arbeit nicht sozialisirt [...] worden ist, herrscht Verwirrung und Unredlichkeit im Tausch" und ist die Gesellschaft unharmonisch. Die Vorsehung, die nicht von Gott repräsentiert wird, sondern von Prometheus (der zugleich Gott und nicht-Gott ist, das heißt entfremdete Menschheit, Bourgeoisie und Proletariat), deutet auf ein Gesetz der Verhältnismäßigkeit hin, das selbst wiederum zu harmonischeren Verhältnissen führt.[552]

Für Proudhon bestand das Wesen des Antagonismus zwischen Proletariat und Gesellschaft schlicht und ergreifend in der Arbeitsteilung, die eine harmonische Entwicklung zu verhindern schien. Das Problem war dann eines der Darlegung der „Synthese, welche die Verantwortlichkeit, die Persönlichkeit, mit einem Worte die Spezialität des Arbeiters bewahren, und die äußerste Theilung und die größte Mannigfaltigkeit in einem komplexeren und harmonischen Ganzen vereinigen soll."[553] Die Lösung war die

[549] Ebd., S. 55.

[550] Ebd., S. 55ff.

[551] Ebd., S. 71-72.

[552] Ebd., S. 79-81.

[553] Ebd., S. 118.

Maschinerie, die Verkörperung von Proudhons mechanistischem Prometheismus, der Schlüssel zu Fortschritt und Vorsehung. „Jede Maschine", schreibt er,

> *kann erklärt werden als das Zusammenfassen mehrerer Verrichtungen, als eine Vereinfachung des Kräfteansatzes, als eine Verdichtung der Arbeit, als eine Verminderung der Kosten. In allen diesen Bezügen ist die Maschine das Gegenstück zur Theilung. Also findet durch die Maschine Wiederherstellung des Stückarbeiters, Abnahme seiner Mühe, Ermäßigung des Produktionspreises, Bewegung im Verhältnis der Werthe, Fortschritt zu neuen Entdeckungen, Wachsthum des allgemeinen Wohles statt.*[554]

So kann durch die Maschinerie „Prometheus, wie Neptun [...] in drei Schritten das Ende der Welt" erreichen.[555]

Dieselbe Tendenz, in der Vergesellschaftung der bestehenden ökonomischen Formen Harmonie zu entdecken, findet sich auch in Proudhons Analyse der Rente, in der er, auf Grundlage einer verworrenen Behandlung der ricardianischen Rententheorie, argumentiert, dass es an diesem Punkt der Entwicklung notwendig geworden sei

> *den Menschen stärker an die Natur zu fesseln: Nun wohl, die Rente war der Preis für diesen neuen Kontrakt. [...] Nach Wesen und Bestimmung ist somit die Rente ein Instrument der verteilenden Gerechtigkeit [...] Die Rente, oder, um es besser auszudrücken, das Grundeigentum, hat den agrikolen Egoismus gebrochen und eine Solidarität geschaffen, die keine Macht, keine Teilung des Bodens hätte ins Leben rufen können [...] Gegenwärtig, wo die moralische Wirkung des Grundeigentums erreicht ist, bleibt die Verteilung der Rente zu vollziehen.*[556]

Für Marx stellten diese Ideen des späten Proudhon eine unmittelbare theoretische Herausforderung für die aufstrebende sozialistische Bewegung dar, die eine umfassende Kritik erforderten.

---

554 Ebd., S. 125.

555 Ebd.

556 Proudhon, zitiert nach Marx, *Elend der Philosophie*, S. 166-67.

Im *Elend der Philosophie* wandte sich Marx gegen Proudhons gesamte *Philosophie der Staatsökonomie* und stellte in diesem Kontext seine eigene und sich erst entwickelnde Kritik der politischen Ökonomie als auch die materialistische Geschichtsauffassung in einem weitaus umfangreicheren Ausmaß dar, als er es bisher getan hatte. Marx argumentierte, dass Proudhon, nicht auf die Erklärung der historischen Genesis von gesellschaftlichen Verhältnissen mittels der Erkenntnis der Menschen als „Verfasser und Schausteller ihres eigenen Dramas"[557] – und der Geschichte als in diesem Sinne „profan" –, sondern auf verdinglichte Vorstellungen zurückgriff: unabänderliche Gesetze und ewige Prinzipien, wie zum Beispiel sein Verweis auf die Gesetze der Verhältnismäßigkeit, Prometheus (ein „sonderbarer Heiliger"[558], vollständig aus dem ursprünglichen Mythos herausgelöst und nur Projektion von Proudhons eigener Mythologie), und natürlich die Vorsehung. Proudhons „Art, die Dinge zu erklären"[559], schreibt Marx, indem er auf Prometheus' Schöpfung der gesellschaftlichen Welt in drei biblischen Tagen verweist, „tappt gleichzeitig ins Griechische und Hebräische, sie ist mystisch und allegorisch zu gleicher Zeit".[560] Später, in den *Grundrissen*, sollte Marx diese Kritik stärker hervorheben, indem er darlegte, dass für einen Denker wie Proudhon nichts bequemer war, als „den Ursprung eines ökonomischen Verhältnisses, dessen geschichtliche Entstehung er nicht kennt, dadurch geschichtsphilosophisch zu entwickeln, daß er mythologisiert, Adam oder Prometheus sei auf die Idee fix und fertig gefallen, dann sei sie eingeführt worden etc."[561] Solch Denken in Allgemeinplätzen war ahistorisch, da es alle tatsächlichen historischen *Entwicklungen* und somit historischen Eigenheiten ignorierte. Ein mechanistischer Prometheismus solcher Art war also eine Form der Verdinglichung (der Übersetzung von wirklichen menschlichen Verhältnissen in Verhältnisse zwischen Dingen) und somit eine Form des historischen Vergessens, das dem Status quo diente.

Im *Elend der Philosophie* griff Marx Proudhons gesamte Grundlage der Vorsehung an und argumentierte: „Vorsehung,

[557] Ebd., S. 135.

[558] Ebd., S. 121.

[559] Ebd.

[560] Ebd.

[561] Marx, *Grundrisse*, S. 20-21.

providentielles Ziel, das ist das große Wort, dessen man sich heute bedient, um den Gang der Geschichte zu erklären. Tatsächlich erklärt dieses Wort nichts. Es ist höchstens eine rhetorische Form, eine der vielen Arten, die Tatsachen zu umschreiben."[562] Wenn man sagen würde, „daß es das providentielle Ziel der Institution des Grundbesitzes in Schottland war, Menschen durch Hammel verdrängen zu lassen", hätte man „providentielle Geschichte getrieben."[563] Doch hinter dem schlichten Wort „Vorsehung", so Marx, verberge sich eine ganze Geschichte der Expansion des Grundbesitzes, der Produktion von Wolle, der Umwandlung von Ackerland in Weide, die Abschaffung des Kleingrundbesitzes, die Einhegungen, die gewaltsame Vertreibung der Bauern vom Land; kurz: die reale, materiale Substanz und der Gang der Geschichte. Indem er die Vorsehung ins Zentrum seiner Analyse rückte, nahm Proudhon, so Marx, trotz seiner respektlosen Kommentare über Gott im Wesentlichen eine Art von theologischer Position ein, oder anders ausgedrückt, hatte er einen teleologischen Zugang zu Natur und Gesellschaft.[564]

Marx war insbesondere kritisch gegenüber Proudhons mechanistischem Prometheismus, seiner Ableitung der Maschinerie in direktem Verhältnis zur Arbeitsteilung und seiner Darstellung dieses Verhältnisses als Entwicklung einer „providentiellen Absicht". Der „neue Prometheus" Proudhons ist eine gottgleiche Abbildung, die die metaphysische Anschauung Proudhons hinsichtlich der Maschinerie verdeckt, die er nämlich von gesellschaftlichen Produktions- und Ausbeutungsverhältnissen trennt und als einer eigenen technologischen Logik folgend begreift. Marx lehnt Proudhons Vorstellung der Maschinerie als „die Synthese", das heißt als Lösung für das Problem der Arbeitsteilung, ab und geht ausführlich auf die geschichtlichen Ursprünge der Maschinerie und ihr Verhältnis zur Arbeitsteilung (inklusive der „internationalen Arbeitsteilung"), zum Markt, zur Produktion, zur Ausbeutung und zur Degradation der Arbeiter*innen ein. „Herr Proudhon hat die Frage der Arbeitsteilung so wenig verstanden", schrieb Marx in einem Brief an P. W. Annenkow vom 28. Dezember 1846, „daß er nicht einmal die Trennung von Stadt und Land erwähnt,

[562] Marx, *Elend der Philosophie*, S. 138.

[563] Ebd.

[564] Marx wusste natürlich, dass der Begriff der Vorsehung in der Antike, wie er von Cicero in seinem Werk *Über das Wesen der Götter* gebraucht wurde, von den Stoikern gegen den epikureischen Materialismus gewendet wurde.

die sich, zum Beispiel in Deutschland, vom 9. bis zum 12. Jahrhundert vollzogen hat."[565] Für Marx produziert Proudhons fetischistische Herangehensweise an die Maschinerie, die ihr einen verdinglichten „prometheischen" Charakter verleiht sowie die geschichtlichen Ursprünge und Bedingungen nicht begreifen kann, nur eine falsche, mechanistische Teleologie, die der schlechtesten der bürgerlichen industriellen Ideologien eigentümlich sei. „Nichts abgeschmackter", schreibt Marx, „als in den Maschinen die *Antithese* der Arbeitsteilung zu erblicken, die *Synthese*, die die Einheit in der zerstückelten Arbeit wiederherstellt."[566]

Gesellschaftliche Verhältnisse, Technologien und Ideen waren nach Marx konstanter Veränderung unterworfen, und konnten nur durch einen Prozess der Verdinglichung, die ihre geschichtlichen Ursprünge verdeckte, als unveränderliche Formen verstanden werden. Ideen selbst sind, so schrieb er, „ebensowenig ewig wie die Verhältnisse, die sie ausdrücken. Sie sind *historische, vergängliche, vorübergehende Produkte*. Wir leben inmitten einer beständigen Bewegung des Anwachsens der Produktivkräfte, der Zerstörung sozialer Verhältnisse, der Bildung von Ideen; unbeweglich ist nur die Abstraktion von der Bewegung - ‚*mors immortalis*'."[567]

Marx formulierte auch eine umfangreiche Kritik von Proudhons Vorstellung, dass die Gesellschaft zuerst die Güter des täglichen Bedarfs produziere, da sie zu den niedrigsten Kosten hergestellt werden könnten – und dann erst zu der Produktion der kostenaufwendigeren Luxusgüter übergehe. Im Gegensatz zu Proudhon argumentierte Marx, dass, im Vergleich zum Mittelalter, die Preise für Industriegüter tendenziell fielen, während die der

---

565 Karl Marx, „Brief an Pawel W. Annenkow vom 28. Dezember 1846", in: MEW Bd. 27, S. 455.

566 Marx, *Elend der Philosophie*, S. 153-54.

567 Marx, *Elend der Philosophie*, S. 130; Lukrez, *Von der Natur*, S. 171, 3.861-870. Im selben Abschnitt stellte Marx seine berühmte (und oft falsch interpretierte) epigrammatische Behauptung auf, dass „[d]ie Handmühle [...] eine Gesellschaft mit Feudalherren, die Dampfmühle eine Gesellschaft mit industriellen Kapitalisten [ergibt]." Vgl. Marx, *Elend der Philosophie*, S. 130. Anstatt einen technologischen Determinismus zu verteidigen, bemühte sich Marx hier aber vielmehr darum, Proudhons ahistorische Vorstellungen über Technologie, Gesellschaft, Ideen und Kategorien zu überwinden, indem er hervorhob, dass alle gesellschaftlichen Verhältnisse, Technologien und Ideen selbst dem Wesen nach geschichtlich seien, Teil also eines unaufhörlichen Veränderungsprozesses. Alle Versuche auf der Grundlage von ewigen Prinzipien zu urteilen seien daher von Anfang an mangelhaft. Die einzig wirklich unveränderliche Tatsache sei, wie schon Epikur sagte, die Endlichkeit.

landwirtschaftlichen Güter stiegen. „In unserer Epoche ist das Überflüssige leichter herzustellen als das Notwendige.“[568] Für Marx war die Produktion und der Gebrauch von Gütern bestimmt durch den gesellschaftlichen Produktionsprozess, der letztlich auf Klassenantagonismen gründete. Baumwolle, Kartoffeln und Branntwein seien die am meist gebrauchten Objekte; aber die Kartoffeln „haben die Skrofeln erzeugt“[569]; Baumwolle habe Wolle und Leinen ersetzt, obwohl die beiden letzteren von „von viel größerem Nutzen sind“[570]; und nicht zuletzt wird bevorzugt Branntwein statt Bier oder Wein hergestellt, obwohl der schädlichere Charakter des ersteren hinreichend bekannt ist. „Warum aber sind Baumwolle, Kartoffeln und Branntwein die Angelpunkte der bürgerlichen Gesellschaft? Weil zu ihrer Herstellung am wenigsten Arbeit erforderlich ist und sie infolgedessen am niedrigsten im Preise stehen. [...] [I]n einer auf das *Elend* begründeten Gesellschaft [haben] die *elendesten* Produkte das naturnotwendige Vorrecht [...], dem Gebrauch der großen Masse zu dienen.“[571]

Marx war nicht minder kritisch, als es um Proudhons Vorstellung der Grundrente als Mittel, „*um den Menschen an die Natur zu fesseln*“[572] ging. Marx schrieb:

> *Die Rente hat den Grundbesitzer so vollständig vom Boden, von der Natur losgelöst, daß er nicht einmal nötig hat, seine Ländereien zu kennen, wie wir das in England sehen. Was den Pächter, den industriellen Kapitalisten und den Landarbeiter angeht, so sind sie nicht mehr an den Boden, den sie bewirtschaften, gefesselt, als der Unternehmer und der Arbeiter in der Industrie an die Baumwolle oder Schafwolle, die sie verarbeiten. Sie fühlen sich an nichts anderes gefesselt als an den Preis ihrer Bewirtschaftung, als an den Geldertrag.*[573]

[568] Ebd., S. 92.

[569] Ebd.

[570] Ebd.

[571] Ebd., S. 93.

[572] Ebd., S. 166.

[573] Ebd., S. 170.

Entgegen Proudhons Behauptung könne die Grundrente kein angemessener Maßstab für die Fruchtbarkeit des Landes sein,

> *da die moderne Anwendung der Chemie jeden Augenblick die Natur des Grundstückes ändern kann und da gerade heute die geologischen Kenntnisse die ganze frühere Abschätzung der relativen Fruchtbarkeit umzuwälzen beginnen[.] [...] Endlich ist die Fruchtbarkeit nicht eine so bloß natürliche Eigenschaft, wie man wohl glauben könnte: sie steht in engem Zusammenhang mit den jeweiligen gesellschaftlichen Verhältnissen.*[574]

Im Gegensatz zu Proudhon hält Marx fest: „Statt *den Menschen an die Natur zu fesseln*, hat die Rente lediglich die Ausbeutung des Bodens an die Konkurrenz gefesselt."[575]

Proudhons bürgerlicher Sozialismus, oder anders formuliert, Proudhons fehlerhafter Versuch, die bürgerliche Produktion sozialer zu gestalten, ohne ihre wesentlichen Bestimmungen zu verändern, zeigt sich nach Marx am deutlichsten dort, wo jener behaupte, Gerechtigkeit sei schlicht eine Frage der verhältnismäßigen Verteilung der Arbeitszeit, das heißt, der Verallgemeinerung des Prinzips jede/r nach seiner/ihrer Arbeit. Im Gegensatz dazu ist für Marx

> *[d]ie Bestimmung des Wertes durch die Arbeitszeit, d.h. die Formel, welche Herr Proudhon uns als diejenige hinstellt, welche die Zukunft regenerieren soll, [...] nur der wissenschaftliche Ausdruck der ökonomischen Verhältnisse der gegenwärtigen Gesellschaft, wie Ricardo lange vor Herrn Proudhon klar und deutlich bewiesen hat.*[576]

Für Marx liefert Proudhons Herangehensweise nur eine inadäquate Lösung der Probleme, die aus der kapitalistischen Gesellschaft heraus entstehen, da eine revolutionäre Strategie nach einem Bruch mit diesem System der Produktion und Distribution auf Grundlage der Arbeit (und somit mit dem Wertgesetz der kapitalistischen Gesellschaft) verlangt sowie nach der Veränderung der Produktions- und Distributionsverhältnisse entsprechend

[574] Ebd., S. 172.

[575] Ebd., S. 170.

[576] Ebd., S. 98.

genuin menschlichen Bedürfnissen. Wie Marx viele Jahre später in der *Kritik des Gothaer Programms* erklären sollte, musste das Prinzip jede*m nach seiner*ihrer Arbeit ersetzt werden durch das Prinzip: „Jeder nach seinen Fähigkeiten, jedem nach seinen Bedürfnissen!“[577] Deshalb war ein entscheidender Bruch mit dem „Wertgesetz“ der kapitalistischen Produktionsweise nötig, nicht aber seine Verallgemeinerung.

Marx zufolge war Proudhons Analyse geringer einzuschätzen als die eines wissenschaftlichen Ökonomen (wie zum Beispiel Ricardo), da sich Proudhon auf „Magie“ berufen musste (Marx denkt hier an Proudhons Vorstellungen über Prometheus), um zu erklären – oder eher: zu verklären –, wie die Produktions- und Distributionsverhältnisse innerhalb der kapitalistischen Produktionsweise gestaltet sind. Zugleich greift Proudhons Analyse und Kritik des Kommunismus in seiner *Philosophie der Staatsökonomie* zu kurz, da sie sich nicht, „und sei es auch nur spekulativ, über den Bourgeoishorizont“[578] erhob. Gegen Proudhons verworrenen Mystizismus, gar Idealismus, mobilisierte Marx das von Lukrez übernommene materialistische Prinzip des *„mors immortalis“* (unsterblicher Tod) oder der absoluten Endlichkeit – das heißt, einen praktischen Materialismus und die Anerkennung der geschichtlichen, kontingenten und vergänglichen Natur der Realität, welche man nach Marx nur vom Standpunkt der materiellen Produktion oder des Kampfes der Menschen um die Existenz ausgehend verstehen konnte.

Das *Manifest der kommunistischen Partei*

Die Kritik am Malthusianismus und an Proudhons mechanistischem „Prometheismus“ standen im Mittelpunkt der Argumentation des *Manifests der kommunistischen Partei* (1848), in dem zum ersten Mal die materialistische Geschichtsauffassung in revolutionärer Form präsentiert wurde. Das Manifest wurde durch den deutschen Bund der Kommunisten 1847 in Auftrag gegeben. Es nahm seinen Ursprung in den „Grundsätzen des Kommunismus“, die Engels auf Anfrage des Bundes abgefasst hatte und die sich

[577] Karl Marx, *Kritik des Gothaer Programms. Randglossen zum Programm der deutschen Arbeiterpartei*, in: MEW Bd. 19, Berlin: Dietz, 1973, S. 13-32, hier: S. 22.

[578] Marx, *Elend der Philosophie*, S. 144.

gegen einen Vorschlag von Prinzipien unter dem Titel „Glaubensbekenntnisse" richteten, welche in Anlehnung an Moses Hess' früheres und fourieristisches *Kommunistisches Glaubensbekenntnis* (1844) verfasst worden waren. (Es gab zwei „Glaubensbekenntnisse", die als Reaktion auf Hess im Kampf um das credo des Bundes der Kommunisten abgefasst wurden. Das erste der beiden, bekannt unter den Namen „Entwurf eines Kommunistischen Glaubensbekenntnis", datiert vom Juni 1847, war im Grunde ein erster Entwurf, der provisorisch vom Bund angenommen wurde und den Einfluss von Engels erkennen lässt. Das zweite, vom Oktober 1847, waren Engels „Grundsätze des Kommunismus".) Der Erfolg von Engels „Grundsätzen" und der überwältigende Einfluss, den Marx und Engels auf dem zweiten Kongress des Bundes der Kommunisten im November und Dezember 1847 ausübten, führte dazu, dass der Bund Marx und Engels aufforderte, einen letzten Entwurf der „Grundsätze" anzufertigen. Im Rückgriff auf Engels „Grundsätze" verfasste Marx das anonyme Meisterwerk *Das Manifest der kommunistischen Partei*, das erstmals im Februar 1848 in London veröffentlicht wurde (Marx und Engels wurden 1850 als die Autoren identifiziert).[579]

Vor dem Hintergrund von Marx' früherer Kritik am mechanistischen „Prometheismus" von Proudhon ist es eher ironisch, dass das Manifest heute aus ökologischer Sicht oft als der zentrale Ort von Marxens sogenannter „prometheischer" Sichtweise des Mensch-Natur-Verhältnisses angesehen wird. Dieser sehr weitverbreiteten Kritik zufolge übernahm Marx das, was der sozialistische Ökologe Ted Benton – in dieser Hinsicht selbst Kritiker von Marx – eine „‚produktivistisch-prometheische' Geschichtsauffassung" nannte. Reiner Grundmann behauptet in seinem Werk *Marxism and Ecology*, dass „Marxens grundsätzlichste Prämisse" das „prometheische Modell" der Herrschaft über die Natur sei – eine Position, die Grundmann versucht zu verteidigen. Für den liberalen Victor Ferkiss aber ist solch eine Verteidigung unmöglich: „Marx' Verhältnis zur Welt behielt stets diese prometheische Stoßrichtung bei und verherrlichte die Eroberung der Natur durch den Menschen." Diese Sichtweise erhält Unterstützung durch den Soziologen Anthony Giddens, der sich über die „prometheische

[579] Zu den Ursprüngen des *Manifests*, siehe Rob Beamish, „The Making of the Manifesto", in Leo Panitch und Colin Leys (Hrsg.), *The Communist Manifesto Now: Socialist Register 1998*, London: Merlin, 1998, S. 218-39; und Dirk J. Struik (Hrsg.), *The Birth of the Communist Manifesto*, New York: International Publishers, 1971.

Einstellung" hinsichtlich der Erörterungen über das Mensch-Natur-Verhältnis beschwert, die sich durch das Werk Marx' ziehe (mit Ausnahme der frühen Schriften) und zur Folge hätte, dass „sich Marx' Anliegen der Veränderung der ausbeuterischen sozialen Verhältnisse der Menschen, die in Klassensystemen vorherrschen, nicht auf die Ausbeutung der Natur ausdehnt." Der Sozialökologe John Clark geht hierin sogar noch weiter:

> *Der marxsche prometheische „Mensch" ist ein Wesen, das nicht zu Hause ist in der Natur, das die Erde nicht als den „Haushalt" der Ökologie begreift. Er ist ein unbezwingbarer Geist, der sich die Natur unterwerfen muss in seinem Streben zur Selbsterfüllung. Solch ein Wesen muss sich die Kräfte der Natur, ob nun in der Form seiner eigenen unbeherrschten inneren Natur oder der bedrohlichen Kräfte der äußeren Natur, unterwerfen.*

Sogar der revolutionäre Sozialist Michael Löwy wirft Marx vor, dass dieser ein „optimistisches, ‚prometheisches' Verständnis der grenzenlosen Entwicklung der Produktivkräfte" angenommen habe, welches jedoch „völlig unhaltbar [sei] vom Standpunkt der Bedrohung, die solch eine Grenzenlosigkeit für das ökologische Gleichgewicht des Planeten stellen würde."[580] Es ist wichtig zu verstehen, dass dieser Vorwurf des „Prometheismus" implizit gewisse anti-modernistische (postmoderne oder prämoderne)

---

[580] Ted Benton, „Marxism and Natural Limits", S. 82; Reiner Grundmann, *Marxism and Ecology*, New York: Oxford University Press, 1991, S. 52, und ders., „The Ecological Challenge to Marxism", *New Left Review*, Nr. 187 (Mai-Juni 1991), S. 120; Victor Ferkiss, *Nature, Technology and Society*, New York: New York University Press, 1993, S. 108; Anthony Giddens, *A Contemporary Critique of Historical Materialism*, S. 59-60; John Clark, „Marx's Inorganic Body", *Environmental Ethics*, Bd. 11, Nr. 3 (Herbst 1989), S. 258; Michael Löwy, „For a Critical Marxism", *Against the Current*, Bd. 12, Nr. 5 (November-Dezember 1997), S. 33-34. Sogar Roy Bhaskar, der sich sonst durch eine außerordentliche Wissenschaftlichkeit auszeichnet, geht dieser Anschauung auf den Leim, indem er sich auf „den technologischen Prometheismus" von Marx' „mittleren und späteren Werken" bezieht. Bhaskar, „Materialism", S. 325. Am einflussreichsten ist in dieser Hinsicht Leszek Kolakowski, *Die Hauptströmungen des Marxismus. Entstehung, Entwicklung, Zerfall*, Bd. 1, München: Piper, 1988, S. 470-473. Diese Kritik von Marx als „prometheistisch" wurde in letzter Zeit von verschiedensten Autor*innen widerlegt. Siehe John Bellamy Foster, „Marx and the Environment", in Ellen Meiksins Wood und John Bellamy Foster (Hrsg.), *In Defense of History*, New York: Monthly Review Press, 1997, S. 149-62; Paul Burkett, *Marx and Nature: A Red and Green Perspective*, New York: St. Martin's Press, 1999, und Walt Sheasby, „Anti-Prometheus, Post-Marx", *Organization & Environment*, Bd. 12, Nr. 1 (March 1999), S. 5-44.

Annahmen beinhaltet, die in weiten Teilen der grünen Theorie sakrosankt wurden. Wahrer Umweltschutz, so scheint es, verlangt nichts weniger als die Ablehnung der Moderne als solcher. Der Vorwurf des Prometheismus ist daher ein Umweg, um Marx' Werk und des Marxismus insgesamt als eine extreme Version des Modernismus zu brandmarken, wodurch es einfacher zu verdammen wird als der Liberalismus. So schreibt der postmoderne Umweltschützer Wade Sikorski, dass „Marx einer der strenggläubigsten Anbeter der Maschine in unserer Zeit war. Man konnte dem Kapitalismus seine Sünden verzeihen, denn er befand sich im Prozess der Perfektionierung der Maschine."[581]

Paradoxerweise scheint diese Kritik an Marx als „Prometheist" – die eine lange Geschichte innerhalb der Marxkritik aufweist und bis zu den frühen Jahren des Kalten Krieges zurückreicht – auf sehr indirektem Wege aus Marx' eigener Kritik an Proudhon in dieser Hinsicht entstanden zu sein. So verschob sich gewissermaßen die Kritik von Marx an den mythisch-religiösen Grundlagen von Proudhons Analyse der Maschinerie und der Moderne bei denen, die die wirkliche geschichtliche Entwicklung dieser Kritik nicht kennen, in eine Kritik an Marx selbst, als ob diese Anschauungen für ihn und nicht Proudhon charakteristisch wären. Solche Art der Kritik folgt in Wahrheit einem wohlbekannten Schema. Schon Jean-Paul Sartre bemerkte, dass oft „ein ‚anti-marxistisches' Argument [...] lediglich die scheinbare Verjüngung einer vormarxistischen Idee [ist]".[582] Daher ist unter Kritiker*innen von Marx nichts häufiger anzutreffen – so ironisch dies auch erscheint – als ihm Vorstellungen anderer radikaler Denker (wie Proudhon, Blanqui, Lasalle, usw.) zu unterstellen, die er zu überwinden suchte. Im Fall des sogenannten „Prometheismus" konnte Marx' Kritik an Proudhon in dieser Hinsicht gar nicht klarer sein – außer freilich für diejenigen, die Proudhon nicht gelesen haben und daher das Wesen der marxschen Kritik nicht richtig verstehen.[583]

Für Marx war der Prometheus, den man bewundern musste, die revolutionäre mythische Figur in Äschylus' *Der gefesselte Prometheus*, der die Götter des Olymps herausforderte und den Menschen das Feuer (Licht, Aufklärung) brachte. Wie Bacon brachte

[581] Sikorski, *Modernity and Technology*, S. 138.

[582] Sartre, „Marxismus und Existenzialismus", S. 13.

[583] Über das Wesen der Marxkritik, die Marx regelmäßig mit Vorstellungen in Verbindung bringt, die dieser energisch attackierte, siehe Foster, „Introduction", in Ernst Fischer, *How to Read Karl Marx*, S. 7-30.

Marx Prometheus mit dem Aufkommen der Wissenschaften und des Materialismus in Verbindung – und somit mit *der* Gestalt der Aufklärung in der Antike, Epikur.[584] Die spätere Vorstellung von Prometheus als Repräsentanten des Mechanismus war in seinen Schriften überhaupt nicht vorhanden, außer im Kontext seiner Kritik des mechanistischen Prometheismus bei Proudhon.

Der Vorwurf des „Prometheismus", der von solch Denkern wie Benton und Giddens gegen Marx erhoben wurde, richtet sich vor allem gegen *Das Manifest der kommunistischen Partei*, worin sich Marx und Engels auf die „Unterjochung der Naturkräfte"[585] und den „Idiotismus des Landlebens"[586] beziehen – Punkte, die, wenn sie isoliert und als solche für bare Münze genommen werden, einen unzureichend kritischen, ja tatsächlich „prometheistischen" Standpunkt widerzuspiegeln scheinen. Doch enthielt das Manifest, trotz seiner populären und polemischen Absicht, bereits implizit ein Verständnis der Beziehung zwischen der materialistischen Naturauffassung und der materialistischen Geschichtsauffassung, sowie wichtige Bestandteile einer ökologischen Perspektive (im Unterschied zum mechanistischen Prometheismus des späteren Proudhon), die die notwendige Einheit von menschlicher und natürlicher Existenz hervorhob.[587]

Teil Eins des Manifests enthält die berühmte Lobrede von Marx und Engels auf die Bourgeoisie, in der sie deren revolutionäre Errungenschaften feiern, durch die „[a]lles Ständische und Stehende verdampft"[588], aber auch Passagen, die über diese Errungenschaften hinaus auf die hauptsächlichen Widersprüchlichkeiten hinweisen, die die Bourgeoisie mit sich brachte: periodische ökonomische Krisen und die Geburt ihres eigenen Totengräbers in der Form des industriellen Proletariats. Im Kontext der Lobrede beriefen sich Marx und Engels auf die Tatsache, dass der Kapitalismus

[584] Das Verhältnis von Äschylos' *Der gefesselte Prometheus* zu Debatten in der Antike über Wissenschaft und Materialismus ist in bewundernswertem Detail dargestellt worden von Benjamin Farrington in seinem Werk *Science and Politics in the Ancient World*, S. 67-86.

[585] Marx/Engels, *Manifest der kommunistischen Partei*, S. 467.

[586] Marx/Engels, *Manifest der kommunistischen Partei*, S. 466.

[587] Teile des folgenden Argumentationsgangs zum *Manifest* wurden schon früher entwickelt in John Bellamy Foster: „The Communist Manifesto and the Environment", in Panitch/Ley (Hrsg.): *The Communist Manifesto Now*, S. 169-89.

[588] Marx/Engels, *Manifest der kommunistischen Partei*, S. 465.

das Land der Herrschaft der Stadt unterworfen [hat]. [Er] hat enorme Städte geschaffen, [er] hat die Zahl der städtischen Bevölkerung gegenüber der ländlichen in hohem Grade vermehrt und so einen bedeutenden Teil der Bevölkerung dem Idiotismus des Landlebens entrissen. Wie [er] das Land von der Stadt, hat [er] die barbarischen und halbbarbarischen Länder von den zivilisierten, die Bauernvölker von den Bourgeoisvölkern, den Orient vom Okzident abhängig gemacht.[589]

Allein wegen des Gebrauchs der Phrase „Idiotismus des Landlebens" wurde dieser Passage oft eine anti-ökologische Position angekreidet. Es lohnt sich also ein wenig genauer den Kontext der Analyse von Marx und Engels zu untersuchen, in der diese Aussage eingebettet ist. Erstens hatte Marx eine klassische Bildung und wusste deshalb, dass die Bedeutung des Wortes „Idiot" im antiken Athen von „*Idiotes*" kam und einen Bürger bezeichnete, der vom öffentlichen Leben abgeschnitten war und der, im Gegensatz zu denen, die an den öffentlichen Versammlungen teilnahmen, das öffentliche Leben (das Leben der *polis*) von einem engen, beschränkten Standpunkt aus betrachtete, somit also „idiotisch" war. Zweitens, und das ist viel wichtiger, sagten Marx und Engels hier nichts anderes, als was sie schon in der *deutschen Ideologie* in ihrer Erörterung der antagonistischen Teilung der Arbeit zwischen Stadt und Land gesagt hatten. Dort hatten sie beobachtet, dass die Teilung zwischen Stadt und Land die „größte Teilung der materiellen und geistigen Arbeit"[590] ist: eine Form der „Subsumtion, die den Einen zum bornierten Stadttier, den Andern zum bornierten Landtier macht"[591], die zugleich dazu diente, die ländliche Bevölkerung „von allem Weltverkehr und folglich von aller Bildung"[592] auszuschließen.

Während seines ganzen intellektuellen Lebens beharrte Marx darauf, dass, während der Proletarier*in die Luft, die Sauberkeit und die physischen Mittel des Lebens vorenthalten wurden, der Bäuer*in im Kapitalismus das Verhältnis zur Weltkultur und zur umfassenderen Welt des sozialen Verkehrs versagt blieb. Ein Teil der ausgebeuteten Bevölkerung hatte Zugang zur Welt des

[589] Ebd., S. 466. [Anm. d. Übers.: Das Subjekt der drei Sätze bei Marx und Engels ist allerdings die Bourgeoisie, nicht der Kapitalismus wie Foster meint.]

[590] Marx/Engels, *Die deutsche Ideologie*, S. 50.

[591] Ebd.

[592] Ebd., S. 386.

gesellschaftlichen Verkehrs als Teil der urbanen Existenz, aber ihm fehlte es an physischer Gesundheit und am leiblichen Wohl. Der andere Teil hatte oft eine gewisse physische Gesundheit und ein gewisses leibliches Wohl durch Zugang zu frischer Luft und so weiter, aber ihm fehlte jede Verbindung zur Weltkultur. Tatsächlich nahm Marx die Beobachtung von David Urquhart ernst, wonach sich die Gesellschaft fortschreitend in „plumpe Bauern und verweichlichte Zwerge" teilte als Resultat der extremen Spaltung zwischen ländlicher und urbaner Existenz, die dem einen Teil der arbeitenden Bevölkerung die intellektuelle Lebensgrundlage raubte, dem anderen Teil den materiellen Lebensunterhalt.[593] Mit diesen Argumenten wollte Marx erklären, warum das Proletariat eine größere revolutionäre Kraft war als die Bauernschaft. Durch die Einzwängung in die Städte hatten die städtischen Massen zwar ihre wesentliche Verbindung zu den natürlichen Bedingungen verloren, aber Formen der Assoziation gewonnen, die sie zu einer revolutionäreren sozialen Realität drängten. Marx und Engels beharrten darauf, dass eine der ersten Errungenschaften der Revolution gegen den Kapitalismus die Abschaffung der antagonistischen Teilung zwischen Stadt und Land sein musste. Der Punkt war hier also nicht, die Natur zu verachten, sondern den Antagonismus zwischen Stadt und Land als eine der wesentlichen Verkörperungen des entfremdeten Wesens der bürgerlichen Zivilisation zu verstehen.

Marx und Engels sahen die Abhängigkeit des Landes von den Städten teilweise als Resultat der Bevölkerungsagglomeration, die in den Städten der bürgerlichen Epoche entstand[594] – eine Angelegenheit, die sie übrigens unmittelbar im Anschluss an den Absatz, der ihre Äußerung hinsichtlich der Rettung des Proletariats vor dem „Idiotismus des Landlebens" beinhaltete, behandelten. In Teil Zwei des *Manifests*, der den historisch spezifischen Forderungen der Proletarier*innen und Kommunist*innen gewidmet war, bestanden sie deshalb auch auf das „Hinwirken auf die allmähliche Beseitigung des Unterschieds von Stadt und Land" durch eine gleichmäßigere Verteilung der Bevölkerung über das Land – was nur durch die „Vereinigung des Betriebs von Ackerbau und Industrie"[595] erreicht werden könne. Marx und Engels strebten

[593] Marx, *Kapital Bd. 1*, S. 528, Fn. 324.

[594] Marx/Engels, *Manifest der kommunistischen Partei*, S. 466-67.

[595] Ebd., S. 481.

also danach, das, was auseinandergerissen wurde, auf einer höheren Stufe wieder zusammenzuführen: nämlich das, was Marx später den Stoffwechsel der Menschen mit der Natur nennen sollte. Solche Maßnahmen mussten, weiterhin, verbunden werden mit der „Expropriation des Grundeigentums und Verwendung der Grundrente zu Staatsausgaben" und der „Urbarmachung und Verbesserung aller Ländereien nach einem gemeinschaftlichen Plan".[596] Alle diese Maßnahmen konnten auch als Antworten auf die malthusianische Herangehensweise an das Verhältnis der Bevölkerung zum Land gesehen werden. Im Gegensatz zu Malthus, der vorschlug, die Bauern vom Land zu „fegen", um die Zahl der städtischen Arbeiter zu steigern, schlugen Marx und Engels (bis zum gewissen Grade beeinflusst durch frühere Vorschläge von Fourier und Owen) vor, die Bevölkerung gleichmäßig über das ganze Land zu *verteilen* und den Antagonismus von Stadt und Land, den sie als konstitutiv für die bürgerliche Ordnung ansahen, aufzuheben.[597] Anstatt wie Malthus darauf zu bestehen, dass Verbesserungen im Ackerbau äußerst beschränkt seien (und somit zwar nicht dem absoluten Potenzial aber doch dem Tempo des Fortschrittes extreme Beschränkungen auferlegten), argumentierten Marx und Engels, dass solche Verbesserungen erreicht werden könnten, insbesondere, wenn sie durch die assoziierte Arbeit unter einem „gemeinsamen Plan" ausgeführt würden. Die hauptsächliche Antwort auf den Malthusianismus war also die Aufhebung der Entfremdung des Menschen von der Natur.

Offensichtlich jedoch war dies keine Position, die sich dafür aussprach, dass die Natur unberührt von Menschenhand gelassen werden sollte. Marx und Engels hatten schon früher rein „sentimentale" Vorstellungen von der Natur abgelehnt, die auf der Illusion der Unberührtheit und Unverdorbenheit der Natur gründeten. Wie fast alle anderen Individuen ihrer Zeit prangerten sie das Vorhandensein von „Brachland" an, wo doch das Nahrungsmittelangebot ein solch drängendes Anliegen war. Ihre Position, die sich im Laufe ihrer Schriften immer weiter konkretisierte, bestand eher darin, ein nachhaltiges Verhältnis zwischen den Menschen und der Natur durch eine Organisation der Produktion

596 Ebd.

597 Siehe Friedrich Engels, *Zur Wohnungsfrage*, in: MEW Bd. 18, Berlin: Dietz, 1973, S. 209-287, hier: S. 280 und vgl. ebenfalls Engels, *Anti-Dühring*, S. 272-73.

herzustellen, die das Stoffwechselverhältnis zwischen Menschen und Erde berücksichtigt.

Das *Manifest der kommunistischen Partei* wurde, wie wir schon sahen, oft für sein angeblich widerspruchsloses Eintreten für einen mechanistischen „Prometheismus" proudhonscher Art kritisiert, was oft Marx und Engels selbst zugeschrieben wird, trotz der früheren Kritik von Marx an Proudhon. Diese Kritik verweist oft auf die Aussage von Marx und Engels in ihrer einseitigen Lobrede auf die Bourgeoisie, die besagt, dass

> *[d]ie Bourgeoisie [...] in ihrer kaum hundertjährigen Klassenherrschaft massenhaftere und kolossalere Produktionskräfte geschaffen [hat] als alle vergangenen Generationen zusammen. Unterjochung der Naturkräfte, Maschinerie, Anwendung der Chemie auf Industrie und Ackerbau, Dampfschiffahrt, Eisenbahnen, elektrische Telegraphen, Urbarmachung ganzer Weltteile, Schiffbarmachung der Flüsse, ganze aus dem Boden hervorgestampfte Bevölkerungen – welches frühere Jahrhundert ahnte, daß solche Produktionskräfte im Schoß der gesellschaftlichen Arbeit schlummerten.*[598]

Hauptsächlich wegen der Rede von der „Unterjochung der Naturkräfte" und der „Urbarmachung ganzer Weltteile" wurden Marx und Engels, zur Zeit der Abfassung des *Manifests der kommunistischen Partei*, als zu unkritisch gegenüber den ökologischen Widersprüchen der bürgerlichen Produktion charakterisiert.[599] Gewiss waren sie Baconianer genug in ihrem Ausblick, um die Unterwerfung der Naturkräfte unter die Kontrolle der Menschheit, die sie mit der Entwicklung der Wissenschaften und der Zivilisation verbanden, im Großen und Ganzen für gut zu befinden. Dennoch lässt dies die Frage nach der Nachhaltigkeit offen, die sie in jener Lobrede an die Bourgeoisie im ersten Teil des *Manifests* nicht stellen.

Es ist wichtig darauf hinzuweisen, dass die Rede von der „Unterjochung der Naturkräfte" unterschiedlich interpretiert werden kann und vollständig vereinbar ist mit Bacons berühmtester Aufforderung: „Die Natur nämlich läßt sich nur durch Gehorsam

[598] Marx/Engels, *Manifest*, S. 467.

[599] Siehe z.B. Michael Löwy, „Globalization and Internationalism: How Up-to-Date is the ‚Communist Manifesto'?", *Monthly Review*, Bd. 50, Nr. 6 (November 1998), S. 20.

bändigen".[600] Was die „Urbarmachung ganzer Weltteile" angeht, so war dies Marx und Engels zufolge ein Grund zum Feiern, da die Hungersnot, das malthussche Gespenst, durch diese und andere Maßnahmen durch die bürgerliche Produktion zurückgedrängt wurde. Nichts davon deutete jedoch auf einen mechanistischen Prometheismus hin, demzufolge die Maschine und die Industrialisierung uneingeschränkt gepriesen wurden zum Nachteil der Landwirtschaft – wohl aber auf die Tatsache, dass die Erhaltung der Wildnis nicht Marx' und Engels' Hauptsorge war.

Jede*r, der*die einmal das *Manifest der kommunistischen Partei* gelesen hat, musste bemerken, dass die Lobeshymne auf die bürgerliche Gesellschaft, die den einleitenden Teil dieses Werkes dominiert, nur eine Hinführung zur Betrachtung der sozialen Widersprüche darstellt, die der Kapitalismus hervorgebracht habe und die eventuell zu seinem eigenen Untergang führen werden. Niemand würde behaupten, dass Marx in der Darstellung des Kapitalisten als heroischer Persönlichkeit oder in der feierlichen Erörterung der Vorteile der Arbeitsteilung, Konkurrenz, Globalisierung, und so weiter in Teil Eins des *Manifests* alle kritische Perspektive verloren habe. Stattdessen wird die Einseitigkeit dieser Entwicklungen im folgenden Beweisgang dialektisch herausgearbeitet. So, wie Marx und Engels erkannten, dass die Reichtum produzierenden Eigenschaften des Kapitalismus von einem Anstieg der relativen Armut für den Großteil der Bevölkerung begleitet wurden, so verstanden sie auch, dass die „Unterjochung der Naturkräfte" mit einer Entfremdung von der Natur einherging, die sich in der Spaltung in Stadt und Land manifestierte, welche sie als dem Kapitalismus wesentlich begriffen. Deshalb ging das *Manifest*, wenn auch in aller Kürze, dahingehend fort, dieses Problem in ihrem Zehn-Punkte-Plan im weniger bekannten Teil Zwei zu thematisieren. In ihren späteren Schriften sollten Marx und Engels die Berücksichtigung solcher ökologischer Widersprüche bezeichnenderweise zu einem zentralen Element ihrer Kritik der modernen Zivilisation und insbesondere der kapitalistischen Gesellschaft machen.

Marx und Engels beendeten ihren Lobgesang auf die Bourgeoisie auf den ersten Seiten des ersten Teiles des Manifests mit der Beobachtung, dass der Kapitalismus mit seinen riesigen

---

600 Francis Bacon, *Das Neue Organon (Novum Organon)*, Berlin: Akademie Verlag, 1962, S. 41.

Mitteln der Produktion und des Austausches „dem Hexenmeister, der die unterirdischen Gewalten nicht mehr zu beherrschen vermag, die er heraufbeschwor“[601] gleiche. Zwar bezog sich dies letztlich auf das Proletariat, aber ebenfalls auf das gesamte Ensemble von Widersprüchen, die durch die einseitige Natur der kapitalistischen Zivilisation gezeitigt wurden.

Im weiteren Verlauf des ersten Teils des Manifests beschränkten sich Marx und Engels darauf, diejenigen Widersprüche zu beschreiben, die ihres Ermessens im revolutionären Übergang vom Kapitalismus zum Sozialismus eine wichtige Rolle spielen sollten. Hier scheinen ökologische Faktoren wie die Spaltung in Stadt und Land keine Rolle zu spielen. Erst in ihren Vorschlägen darüber, wie eine Gesellschaft der assoziierten Produzent*innen geschaffen werden kann, das heißt am Ende von Teil Zwei des Manifests, betonen Marx und Engels das, was man als ökologische Faktoren bezeichnen kann.

Der Grund für die Auftrennung der verschiedenen Angelegenheiten scheint relativ nahe zu liegen. Marx und Engels behandelten die Umweltzerstörung (außer der Rolle, die sie direkt im Leben des Proletariats spielte, das heißt den Mangel an sauberer Luft, Hygiene, den Erfordernissen der Gesundheit, usw.) im Allgemeinen nicht als einen wesentlichen Faktor der revolutionären Bewegung gegen den Kapitalismus, von der sie glaubten, sie stünde kurz bevor. Wo sie ökologische Widersprüche hervorhoben, schienen sie nicht zu glauben, dass sie so weit entwickelt seien, um bei einem Übergang in den Sozialismus eine zentrale Rolle spielen zu können. Eher waren Betrachtungen hinsichtlich der Schaffung eines nachhaltigen Verhältnisses zur Natur Teil und sogar entscheidendes Merkmal der späteren Dialektik des Aufbaus des Kommunismus.

Gerade weil Marx und Engels so viel Gewicht auf die Auflösung des Widerspruchs zwischen Stadt und Land als Schlüssel zur Überwindung der Entfremdung der Menschheit von der Natur legten, neigten sie dazu, das ökologische Problem so zu betrachten, dass es zugleich den Standpunkt der bürgerlichen Gesellschaft als auch die unmittelbaren Ziele der proletarischen Bewegung überstieg. Mit aller Umsicht versuchten sie, den Fehler der utopischen Sozialisten zu vermeiden, die fertige Entwürfe für zukünftige Gesellschaften jenseits der Realität der jeweiligen

[601] Marx/Engels, *Manifest*, S. 467.

zeitgenössischen Bewegungen lieferten – und betonten nichtsdestotrotz zugleich wie Fourier und einige andere utopischen Sozialisten die Notwendigkeit für die Bewegung, sich mit der Entfremdung von der Natur beim Versuch der Gründung einer nachhaltigen Gesellschaft zu beschäftigen. In dieser Hinsicht griff ihre Analyse nicht nur auf ihre materialistische Geschichtsauffassung zurück, sondern ebenso auf ihre tiefergehende, materialistische Naturauffassung. Sie bildete somit die Grundlage, auf der sich die ökologische Perspektive des reifen Marx bilden sollte: seine Theorie der metabolischen Wechselwirkung von Natur und Gesellschaft.

Kapitel V
Der Stoffwechsel der Natur und der Gesellschaft

Noch bevor die Tinte, mit der das *Kommunistische Manifest* geschrieben wurde, trocken war, brach 1848 in Paris eine revolutionäre Welle los, die sich rasch über Europa ausbreitete. Obwohl das *Manifest* selbst keine unmittelbare Rolle in dieser neuen Phase der bürgerlichen Revolutionen spielte, hätte der Zeitpunkt des Erscheinens kaum besser gewählt werden können, und die Ereignisse schienen die Bedeutung seiner revolutionären Analyse zu unterstreichen. Sowohl Marx als auch Engels beteiligten sich an den Aufständen, die damals in Frankreich und Deutschland stattfanden. Marx gründete eine revolutionäre Zeitung in Köln, die *Neue Rheinische Zeitung*, aber die Revolutionen waren bald besiegt und Marx, der in Preußen, Frankreich und Belgien nicht länger willkommen war, suchte mit seiner Familie Schutz in England, wo er sich in London niederließ. Hier sollte er den Rest seines Lebens verbringen und sein großes Werk schreiben: *Das Kapital. Eine Kritik der politischen Ökonomie*.

Im *Kapital* wurde Marx' materialistische Naturauffassung vollständig in seine materialistische Geschichtsauffassung integriert.[602] In seiner im *Kapital* entwickelten politischen Ökonomie verwendete Marx den Begriff „Stoffwechsel", um den Arbeitsprozess zu definieren als „ein[en] Prozeß zwischen Mensch und Natur, ein[en] Prozeß, worin der Mensch seinen Stoffwechsel mit der Natur durch seine eigne Tat vermittelt, regelt

[602] Die folgende Analyse geht höchstens am Rande auf das Verhältnis von Marx' Analyse des ökonomischen Wertes im *Kapital* zu seiner Naturauffassung ein, da diese Darstellung bereits von Paul Burkett in seinem magnum opus *Marx and Nature: A Red and Green Perspective* geleistet wurde. Für mich ist im Folgenden vielmehr die unmittelbare ökologische Analyse im *Kapital* von Interesse, die mit den Begriffen des metabolischen Bruchs und der Nachhaltigkeit in Verbindung steht. Ebenso das Verhältnis dieser Begriffe zu Marx' materialistischer Natur- und Geschichtsauffassung. Um ein besseres Verständnis davon zu gewinnen, wie sich meine Argumente zu Marx' Kritik der politischen Ökonomie verhalten, lege ich der Leser*in Burketts Buch nahe.

und kontrolliert".[603] Jedoch habe sich, als ein Ergebnis der kapitalistischen Produktionsweise und der antagonistischen Trennung von Stadt und Land, in diesem Stoffwechsel ein „unheilbarer Riß"[604] herausgebildet. In der Gesellschaft der assoziierten Produzent*innen sei es daher notwendig, „diesen Stoffwechsel mit der Natur rationell [zu] regeln"[605], was den Horizont der bürgerlichen Gesellschaft vollends überschreite.

Dieser begriffliche Rahmen war wichtig, weil er es Marx ermöglichte, seine Kritik der drei hauptsächlichen Schwerpunkte der bürgerlichen politischen Ökonomie miteinander zu verbinden: die Analyse der Extrahierung des Mehrproduktes vom unmittelbaren Produzenten; die damit verwandte Theorie der kapitalistischen Grundrente; und die malthussche Bevölkerungstheorie, die die ersten beiden miteinander verband. Außerdem ermöglichte es Marx' Begriff des metabolischen Bruchs [engl. Orig.: metabolic rift] im Verhältnis zwischen Stadt und Land und auch in jenem zwischen Menschen und Erde, zu den Wurzeln dessen vorzudringen, was Historiker*innen manchmal die „Zweite Agrarrevolution" genannt haben, die sich im Kapitalismus zu Marxens Zeit vollzog. Ebenso ermöglichte es dieser Begriff, zur Wurzel der Krise der Landwirtschaft vorzudringen, mit der die Zweite Agrarrevolution verbunden war. Dadurch konnte Marx eine Kritik der Umweltzerstörung entwickeln, die viele Elemente des zeitgenössischen ökologischen Denkens vorwegnahm. Analytisch durchschritt Marx' Kritik der kapitalistischen Landwirtschaft zwei Phasen: 1. Die Kritik an Malthus und Ricardo (eine Kritik, in der James Andersons Analyse eine wesentliche Rolle einnahm) und 2. eine Betrachtung der Zweiten Agrarrevolution und der Implikationen der Bodenchemie von Justus von Liebig, die Marx dazu veranlasste, die Bedingungen einer nachhaltigen Beziehung zur Erde zu untersuchen.

---

[603] Marx, *Kapital Bd. I*, S. 192.

[604] Marx, *Das Kapital. Kritik der politischen Ökonomie, Bd. III, Buch III: Der Gesamtprozeß der kapitalistischen Produktion*, herausgegeben von Friedrich Engels, MEW Bd. 25, Berlin: Dietz, 1964, S. 821.

[605] Ebd., S. 828.

Überbevölkerung und die Bedingungen der Reproduktion des Menschen

Im Zentrum von Marx' Analyse stand immer seine Kritik an Bevölkerungstheorien malthusianischer Art, die Malthus mit – in Marx' Worten – „pfäffischem Eifer"[606] vorgetragen habe. Wie Marx in den *Grundrissen* (1857-1858) argumentierte – dem ersten großen Versuch, seine gesamte Kritik der politischen Ökonomie zu skizzieren –, war das, was auf dem Spiel stand, das sehr komplexe historische und theoretische Problem der „Bedingungen der Reproduktion des Menschen"[607], in denen sich die gesamte menschliche Geschichte wiederspiegelte, die sich aber unter sich verändernden Bedingungen in unterschiedlichen Gesellschaftsformen und unterschiedlichen geschichtlichen Epochen vollzog.

Malthus' Theorie, so Marx, sei aus zwei Gründen bedeutsam: Erstens, weil sie der „brutalen Ansicht des Kapitals brutalen Ausdruck verliehen"[608] hat; zweitens, weil sie „das fact der Überpopulation unter allen Gesellschaftsformationen *behauptet* hat."[609] Obgleich Marx nicht das Vorkommen der Überpopulation in früheren Gesellschaften leugnete – tatsächlich betonte er es –, erhob er Einwände gegen Malthus' Weigerung, den „spezifischen Unterschied"[610], den die Überbevölkerung in verschiedenen Gesellschaftsformationen in verschiedenen Phasen der geschichtlichen Entwicklung angenommen hatte, zu untersuchen. Ebenso kritisierte er Malthus' Reduktion all dieser unterschiedlichen Fälle auf ein Zahlenverhältnis, das auf einem unveränderlichen Naturgesetz beruhte. „So verwandelt er die historisch verschiednen Verhältnisse in ein abstraktes Zahlenverhältnis, das rein aus der Luft gefischt ist und weder auf Naturgesetzen noch auf historischen beruht."[611]

Insbesondere habe Malthus, Marx zufolge, sowohl logische als auch historische Fehler begangen, insofern er alle Fragen der Reproduktion auf zwei Gleichungen reduzierte: eine für Pflanzen und Tiere, die vom Menschen als Mittel für den Lebensunterhalt

[606] Marx, *Grundrisse*, S. 506.

[607] Ebd., S. 509.

[608] Ebd., S. 506.

[609] Ebd.

[610] Ebd.

[611] Ebd., S. 507.

benutzt werden und nach Malthus darauf beschränkt sind, entsprechend einer arithmetische Rate zu wachsen; und eine zweite für Menschen, die laut Malthus dazu neigt, geometrisch fortschreitend zu wachsen (sofern sie nicht beschränkt wird). Mit der Behauptung, die menschliche Bevölkerung wachse so lange in geometrischer Progression, bis sie äußerlicher Kontrolle unterliege (durch natürliche Faktoren wie eine hohe Säuglingssterblichkeit, Krankheit und Hungertod), weigerte sich Malthus, den geschichtlichen und gesellschaftlichen Charakter der menschlichen Reproduktion anzuerkennen. Zur gleichen Zeit erschien es bei Malthus manchmal so, als hätten Pflanzen und Tiere eine immanente Tendenz, auf eine arithmetische Rate des Bevölkerungswachstums beschränkt zu sein (tatsächlich hatte Malthus ursprünglich keine Erklärung für dieses Verhältnis). Im Gegensatz dazu, so Marx, gebe es keine solche klare immanente Grenze des demographischen Wachstums der Pflanzen und Tiere; das Wachstum der Pflanzen und Tiere sei tatsächlich nur von außen beschränkt. Wenn sie auf keine äußere Schranke stießen, „[überdeckten] die Farrenkräuter die ganze Erde. Ihre Reproduktion hörte nur auf, wo der Raum für sie aufhörte."[612] Demzufolge habe Malthus, laut Marx, fälschlicherweise „[d]ie immanenten, historisch wandelnden Grenzen des menschlichen Fortpflanzungsprozesses [...] in *äußre Schranken* [verwandelt]; die *äußren Check* der Naturreproduktion [d.h. die äußeren Beschränkung des Zuwachses an Lebensmitteln] in *immanente Grenzen oder natürliche Gesetze* der Fortpflanzung."[613]

Wichtig in der Auseinandersetzung mit der Frage der Überpopulation sei die spezifische geschichtliche Entstehungsweise der jeweiligen Überbevölkerung. „In verschiednen gesellschaftlichen Produktionsweise", schrieb Marx, „existieren verschiedne Gesetze der Population und der Überpopulation [...] Wie klein erscheinen uns die Zahlen, die den Atheniensern Überpopulation bedeuten!"[614] Malthus, argumentierte Marx,

[612] Ebd., S. 508.

[613] Ebd.

[614] Ebd., 505 (für den Teil vor der Auslassung [...]), 507 (für den Teil nach der Auslassung [...]).

ist es, der abstrahiert von diesen bestimmten historischen Gesetzen der Populationsbewegungen, die, da die Historia der Natur des Menschen die natürlichen Gesetze sind, aber nur natürliche Gesetze des Menschen auf bestimmter historischer Entwicklung [...] Der Malthussche Mensch, abstrahiert von dem historisch bestimmten Menschen, existiert nur in seinem Hirn; daher auch die diesem natürlichen Malthusschen Menschen entsprechende geometrische Fortpflanzungsmethode.[615]

Marx stimmte mit Ricardos Kritik an Malthus überein, in der Ricardo hervorgehoben hatte, dass nicht die Menge Getreide für die Bestimmung der Überpopulation (das heißt die Existenz von Paupern) ausschlaggebend sei, sondern vielmehr der Grad an Beschäftigung. Marx' Einwand in dieser Hinsicht: „Dies ist aber allgemeiner zu fassen und bezieht sich überhaupt auf die *soziale Vermittlung*, durch welche das Individuum sich auf die Mittel zu seiner Reproduktion bezieht und sie schafft; also auf die *Produktionsbedingungen* und sein Verhältnis zu ihnen."[616] Überbevölkerung im Kapitalismus war also nicht einfach nur durch die Existenz einer relativen Surplusbevölkerung von Arbeiter*innen bestimmt, die Arbeit und dadurch Mittel für den Lebensunterhalt suchten, sondern viel grundlegender durch die Produktionsverhältnisse, die die fortwährende Existenz einer solchen relativen Surplusbevölkerung für die Erhaltung des Systems notwendig machten.

Eine ausführlichere Kritik der Malthus'schen Bevölkerungstheorie erforderte jedoch, wie Marx erkannte, eine Kritik der klassischen Theorie der Differentialrente, mit der jene letztlich verknüpft war. Auch wenn Malthus in keiner der sechs Auflagen seines *Essay on Population* eine ernsthafte Erklärung der arithmetischen Rate liefern konnte und Marx daher gewöhnlich betonte, dass eine Theorie der Rente „Malthus eigentlich gar nicht angehört"[617], so ist es nichtsdestotrotz wahr, dass Malthus gegen Ende seines Lebens in seinem *A Summary View of the Principle of Population* auf die klassische Rententheorie zurückgriff, um seine arithmetische Rate zu verteidigen und dass eben dies die Grundlage war, auf der schließlich der klassische Malthusianismus fußte.

[615] Ebd. S. 507.

[616] Ebd., S. 508.

[617] Ebd., S. 509.

James Anderson und die Ursprünge der differentiellen Fruchtbarkeit

Obwohl oft angenommen wird, dass Marx hinsichtlich der Rententheorie und der Analyse der landwirtschaftlichen Entwicklung schlicht Ricardo folgte, war er tatsächlich ein scharfer Kritiker von dessen Theorie, da diese daran scheiterte, die geschichtliche Entwicklung der Kultivierung der Erde oder des Bodens zu erklären. Die Hauptschwächen der ricardoschen Rententheorie (manchmal auch als die malthussche/ricardosche Rententheorie bekannt) rührten nach Ansicht von Marx' daher, dass sie es versäumten, eine Theorie der geschichtlichen Entwicklung miteinzubeziehen (und gleichfalls von der Tatsache, dass die spätere geschichtliche Entwicklung der Landwirtschaft diese Theorie überholt hatte). In dieser Hinsicht, so Marx, war das Werk des wahren Urhebers der klassischen Theorie der Differentialrente, das Werk des schottischen politischen Ökonomen und Gutsbesitzers James Anderson (1739-1808), Malthus und Ricardo weit überlegen.[618]

Anderson entwickelte bereits 1777 alle zentralen Theoreme der klassischen Rententheorie in *An Enquiry into the Nature of the Corn Laws* [dt.: Eine Untersuchung über das Wesen der Getreidegesetze] und erweiterte diese in seinen darauffolgenden Werken. Er war der Ansicht, dass die Rente eine Abgabe für die Benutzung der fruchtbareren Böden sei. Die am wenigsten fruchtbaren kultivierten Böden erzeugten ein Einkommen, das bloß die Produktionskosten deckt. Demgegenüber erzielen die fruchtbareren Böden „einen gewissen Bonus für das exklusive Recht, sie zu bestellen; dieser wird größer oder kleiner sein je nach Fertilität des Bodens. Es ist diese Prämie, die das ausmacht, was wir jetzt Rente nennen; ein Medium, vermittels dem die Ausgaben für die Bestellung der Böden verschiedener Fertilitätsgrade auf eine perfekte Gleichheit reduziert werden können."[619]

Malthus und Ricardo, die einige Jahrzehnte später ihre Gedanken entwickelten, suchten den Ursprung der differentiellen Fruchtbarkeit fast ausschließlich in den Bedingungen der vom

[618] Zur Entstehung der klassischen Rententheorie bei Anderson, vgl. Schumpeter, *Geschichte der ökonomischen Analyse*, erster Teilband, S. 337-340.

[619] James Anderson, *An Enquiry into the Nature of the Corn Laws; with a View to the New Corn Bill Proposed for Scotland*, Edinburgh: Mrs. Mundell, 1777, S. 45-50 und ders.: *Observations on the Means of Exciting a Spirit of National Industry*, Edinburgh: T. Cadell, 1777, S. 376.

Menschen unabhängigen natürlichen Produktivität des Bodens. So schrieb Ricardo, die Rente sei „jener Teil des Produkts der Erde, der dem Grundeigentümer für den Gebrauch der ursprünglichen und unzerstörbaren Kräfte des Bodens gezahlt wird."[620] Außerdem argumentierten Malthus und Ricardo – vermeintlich auf Grundlage von Naturgesetzen –, dass das Land, das von Natur aus am fruchtbarsten sei, als erstes für die Produktion genutzt wurde. Sie argumentierten zudem, dass die steigende Rente auf ebendieses Land sowie die abnehmende landwirtschaftliche Produktivität im Gesamten das Ergebnis davon war, dass Land mit immer geringerer Fruchtbarkeit in Reaktion auf den steigenden Bevölkerungsdruck kultiviert wurde.

Im Gegensatz dazu schrieb Anderson in seinem früheren Ansatz die Existenz der differentiellen Fruchtbarkeit hauptsächlich den geschichtlichen Veränderungen der Bodenfertilität zu und nicht den Bedingungen der „absoluten Fruchtbarkeit". Die fortwährende Verbesserung des Bodens durch Düngen, Drainieren und Bewässern sei möglich und die Produktivität des am wenigsten fruchtbaren Landes könne auf ein Niveau angehoben werden, die jener des fruchtbarsten Landes näherkomme. Aber auch das Gegenteil sei wahr: Die Menschen konnten den Boden degradieren. Anderson zufolge waren es solche Veränderungen der relativen Produktivität des Bodens, die für die Differentialrente verantwortlich waren – und nicht die Bedingungen der absoluten Fruchtbarkeit, wie es später Malthus und Ricardo behaupten sollten.

Wo allgemeine Misserfolge in der Verbesserung der Bodenfruchtbarkeit auftraten, waren diese, laut Anderson, größtenteils eine Folge des Versäumnisses, rationale und nachhaltige landwirtschaftliche Praktiken anzuwenden. Die Tatsache, dass das Land in England von Grundeigentümer*innen besessen und von kapitalistischen Farmpächtern bewirtschaftet wurde, stellte seiner Ansicht nach ein großes Hindernis für eine vernünftige Landwirtschaft dar. Dies geschehe daher, weil die Pächter dazu neigten, keine Verbesserungen zu vollziehen, da sie den vollen Ertrag nicht während ihrer Pachtdauer erhalten würden.[621]

In *A Calm Investigation of the Circumstances that have Led to the Present Scarcity of Grain in Britain* (1801) [dt.: Eine

[620] Ricardo, *Über die Grundsätze der Politischen Ökonomie und der Besteuerung*, S. 55.

[621] James Anderson, *Essays Relating to Agriculture and Rural Affairs*, Bd. 3, London: John Bell, 1796, S. 97-135. Der Konflikt zwischen Farmpächter*innen und Grundeigentümer*innen über Investitionen in landwirtschaftliche Verbesserungen, der ein zentrales

unaufgeregte Untersuchung der Umstände, die zu der gegenwärtigen Getreideknappheit in Britannien führten] behauptete Anderson, die wachsende Spaltung zwischen Stadt und Land habe zum Verlust natürlicher Düngerquellen geführt. Er schrieb:

> *Jede Person, die von Landwirtschaft auch nur gehört hat, weiß, dass auf den Boden angewandter Tierdünger dazu tendiert, zur Fruchtbarkeit des Bodens beizutragen. Natürlich muss einer jeden solchen Person bewusst sein, dass jeder Umstand, der dazu führt, dem Boden diesen Dünger zu entziehen, als unökonomische Verschwendung betrachtet werden muss, der Tadel verdient.*

Tatsächlich sei es, so Anderson, durch vernünftigen Einsatz von Tier- und Menschenabfällen möglich, „den Boden für immer [zu erhalten], ohne Hinzugeben von fremdem Dünger." London jedoch, mit seiner gigantischen Verschwendung natürlicher Düngerquellen, „welche täglich zur Themse getragen und im Zuge dessen die Menschen in den unteren Teilen der Stadt den aggressivsten Ausdünstungen ausgesetzt werden", sei ein Zeichen dafür, wie weit sich die Gesellschaft von einer nachhaltigen Agrarwirtschaft entfernt habe.[622] Mit dieser kritischen Analyse und einer historischen Perspektive bewaffnet, widersetzte sich Anderson direkt der Malthus'schen Sicht, gemäß der die Getreideknappheit auf die steigende menschliche Bevölkerung und ihren Druck auf das begrenzte Angebot von Land zurückgeführt werden könne.[623]

Marx studierte Andersons Arbeit bereits 1851 und inkludierte kurze Exzerpte von zwei Werken Andersons in seine Notizbücher.[624] Als er in den 1850ern und 1860ern die *Theorien über den Mehrwert* schrieb, seine lange, dreibändige Erörterung der Entwicklung der klassischen politischen Ökonomie, argumentierte Marx, der Kern

---

Element von Marx' Kritik der kapitalistischen Landwirtschaft in Großbritannien werden sollte, war bereits in Engels „Umrissen" von 1844 vorhanden. S. Engels, *Umrisse zu einer Kritik der Nationalökonomie,* S. 510.

622 James Anderson, *A Calm Investigation of the Circumstances that have Led to the Present Scarcity of Grain in Britain: Suggesting the Means of Alleviating that Evil, and Preventing the Recurrence of such a Calamity in the Future,* London: John Cumming, 1801, S. 73-75.

623 Ebd., S. 12, 56-64; Cannan, *A History of Theories of Production and Distribution,* S. 114-15.

624 Siehe Marx/Engels Historisch-Kritische Gesamtausgabe (MEGA), Abt. 4, Bd. 9, Berlin: Dietz Verlag, 1991, S. 119-123.

von Andersons Beitrag läge darin, dass dieser das Problem der Bodenfruchtbarkeit historisiert habe. „Anderson nimmt keineswegs [...] an, daß die verschiednen degrees of fertility [Grade der Fruchtbarkeit] bloßes Naturprodukt sind."[625] Stattdessen nähme er an, „daß die Differentialrente des landlords, z.T. das Resultat der dem Boden vom Pächter künstlich gegebnen fertility ist".[626] Marx hob ursprünglich die Bedeutung von Andersons Modell für das Verständnis der Möglichkeit landwirtschaftlicher Verbesserungen hervor und den Aspekt, dass dieses Modell mit der Theorie der Differentialrente übereinstimmte. Aus Andersons *historischer* Perspektive folgte aber auch, wie dieser in seinen späteren Schriften darlegte, dass ein allgemeiner Rückgang der Bodenfruchtbarkeit nicht, wie in der ricardianischen Theorie, der Abnahme der aggregierten Produktivität wegen der Kultivierung der Grenzertragsböden zugeschrieben werden sollte. Vielmehr hob Anderson Faktoren hervor wie das Versagen, wegen des Klassenkonflikts zwischen kapitalistischen Farmpächter*innen und Grundeigentümer*innen in die Verbesserung des Bodens zu investieren, oder die tatsächliche Verarmung des Bodens, die einherging mit dem Versagen, den Dünger wiederzuverwerten aufgrund der wachsenden Trennung von Stadt und Land.[627]

Ende des 18. Jahrhunderts entwickelte Anderson deshalb durch die Verbindung von politischer Ökonomie und Agronomie ein Gedankengebäude, das ungewöhnlich vorausschauend war: Es antizipierte die Beschäftigung mit der Wechselbeziehung zwischen Bodenfruchtbarkeit und Bodenchemie (sowie auch solche Fragen wie das Verhältnis von Stadt und Land, oder von Grundeigentum und kapitalistischer Landwirtschaft), die etwa vier Jahrzehnte später als Ergebnis der wissenschaftlichen Revolution in der Bodenchemie in den Vordergrund treten sollte. Anderson half Marx dabei, das Problem der kapitalistischen Grundrente zu historisieren und gleichzeitig den Zustand des Bodens besser zu verstehen. Die Krise der Bodenfruchtbarkeit in der europäischen und der nordamerikanischen Landwirtschaft und die großen Fortschritte in der Bodenwissenschaft zu Marx' Zeit sollten es Marx jedoch ermöglichen, seinen historischen Zugang zur Frage der

[625] Karl Marx, *Theorien über den Mehrwert. Zweiter Teil*, MEW Bd. 26.2, Berlin: Dietz, 1974, S. 142.

[626] Ebd., S. 144.

[627] Anderson, *Essays Relating to Agriculture and Rural Affairs*, Bd. 3, S.97-135; Marx, *Kapital Bd. III*, S. 632-33; Marx, *Theorien über den Mehrwert. Zweiter Teil*, S. 235-239.

landwirtschaftlichen Verbesserung in eine ökologische Kritik der kapitalistischen Landwirtschaft zu transformieren.[628]

Anderson entwickelte nicht nur eine geschichtlich fundierte Analyse der Rente und der landwirtschaftlichen Verbesserung (und Degradation), er wurde gegen Ende seines Lebens auch zu einem führenden Kritiker von Malthus' *Essay on Population* aus dem Jahr 1798. Andersons *Calm Investigation* war größtenteils als Antwort auf Malthus' *Essay on Population* geschrieben worden und wahrscheinlich auch als Antwort auf Malthus' Pamphlet *An Investigation of the Cause of the Present High Price of Provisions* [dt.: Eine Untersuchung über den Grund der gegenwärtig hohen Preise für Lebensmittel] (1800). Anderson sandte ein Exemplar der *Calm Investigations* an Malthus, was für den Letzteren wahrscheinlich die erste Bekanntschaft mit dem Werk des Ersteren war, und Malthus kämpfte in den folgenden Auflagen seines Essays wiederholt mit einer Antwort auf Anderson. (Marx behauptete, dass Malthus' Bekanntschaft mit dem im Bereich der Ökonomie relativ unbekannten Werks Andersons es ihm ermöglichte, Elemente von Andersons Rententheorie in seine *Inquiry into the Nature and Progress of Rent* [dt.: Untersuchung des Wesens und der Entwicklung der Rente] aus dem Jahr 1815 aufzunehmen, ohne diese auszuweisen und ohne sie vollständig verstanden zu haben).

Andersons Kritik an Malthus' arithmetischer Rate, die er ebenso im dritten Band von *Recreations in Agriculture* (1801) vorbrachte, war umso vernichtender, da Malthus in seiner Darlegung der arithmetischen Rate (das heißt die Annahme, dass die Rate der Lebensmittelzunahme niemals über eine bestimmte Fixrate hinausgehen könne, die jedoch bestenfalls so groß war wie die gesamte landwirtschaftliche Produktion im Jahr 1798) als „Beweis" für seine Rate die Tatsache präsentierte, kein kompetenter Kenner der Landwirtschaft könne sein Argument widerlegen. Anderson jedoch, der gewiss einer der kenntnisreichsten Analytiker der Landwirtschaft seiner Zeit war, machte sich daran, genau dies zu tun. So argumentierte Anderson, dass „wenn die Bevölkerung

[628] Es ist interessant, dass sich trotz der allgemeinen Nichtbeachtung von Andersons Werk im 19. Jahrhundert nicht nur Marx, sondern auch Darwin ausführlich auf Anderson bezog. Darwin betrachtete Anderson als eine verlässliche Informationsquelle hinsichtlich der Züchtung und Abstammung von Tieren und er zitierte diesen oft in *The Variation of Animals and Plants* [dt.: Das Variieren der Thiere und Pflanzen im Zustande der Domestication]. Vgl. Charles F. Mullett, „A Village Aristotle and the Harmony of Interests: James Anderson (1739 – 1808) of Monks Hill", *The Journal of British Studies*, Bd. 8, Nr. 1 (1968), S. 94-118.

eines Landes wachsen sollte und die Bewohner dieses Landes sich hauptsächlich mit der Kultivierung des Bodens beschäftigten, dann wird dessen Produktivität mit der Bevölkerungszunahme schritthalten, wie groß diese auch sein mag; und sie werden zu jeder Zeit im Überfluss leben: dies wurde durch die Erfahrungen aller Nationen bestätigt." Nichtsdestotrotz sei es möglich – durch die Trennung von Stadt und Land, unangemessene Kultivierung, und die Unfähigkeit zur Verwertung der organischen Abfälle – einen „gegenteiligen Entwicklungszustand zu schaffen, bis, durch einen schrittweisen Prozess der Verschlechterung, der Boden beinahe wieder auf den Ausgangspunkt zurückfallen würde"; das heißt, dass der Nutzen aller Verbesserungen verloren ginge. In diesem letzteren Fall könnten unzureichend Lebensmittel vorhanden sein, und zwar aufgrund der Verwerfungen innerhalb der Gesellschaft und bei der Kultivierung des Bodens (und nicht so sehr wegen den der Landwirtschaft an sich inhärenten Unzulänglichkeiten). Anderson fuhr damit fort, die Degradation des Bodens in Nordafrika, Sizilien und Italien im Vergleich zur römischen Zeit zu diskutieren.[629]

Liebig, Marx und die Zweite Agrarrevolution

Auch wenn Andersons historische Herangehensweise zur Frage der Landwirtschaft, der die Möglichkeit der Verbesserung (aber auch Degradation) betonte, den Ansätzen von Malthus und Ricardo, die auf die seine folgten, weit überlegen war, so ist es nichtsdestotrotz wahr, dass alle diese frühen klassischen ökonomischen Theorien unter einem fehlenden wissenschaftlichen Verständnis der Zusammensetzung des Bodens litten. Dies war im Werk von Malthus und Ricardo, die sich fast ausschließlich auf eine naturgesetzliche Konzeption bezogen, am offensichtlichsten. Zwar erkannte Ricardo die Möglichkeit der Verbesserung des Landes durch besseres Düngen, Wechselwirtschaft, und so weiter, doch betonte er dies nur am Rande und hob hervor, dass der Spielraum für Verbesserungen sehr gering sei. Seine Theorie sah die Eigenschaften des Bodens im Allgemeinen als gegeben an. Folglich konnten die Mängel der Landwirtschaft fast

[629] James Robert Anderson, *Recreations in Agriculture, Natural-History, Arts, and Miscellaneous Literature*, Band 4, London: T. Bentley, 1801, S. 376-80.

ausschließlich auf die Kultivierung schlechterer Böden in Reaktion auf den durch eine gestiegene Bevölkerungszahl gestiegenen Bedarf zurückgeführt werden.

Als Marx Mitte der 1860er-Jahre, als er gerade am *Kapital* arbeitete, diese frühen Theorien der Agrikultur und der Rente rekapitulierte, betonte er die historische Distanz, die solche Analysen von denen seiner Zeit trennten, indem er festhielt, dass „die wirklichen naturgemäßen Ursachen der Erschöpfung des Bodens [...] sämtlichen Ökonomen, die über Differentialrente geschrieben haben, unbekannt waren wegen des Zustands der Agrikulturchemie zu ihrer Zeit".[630] Marx machte diese Feststellung, nachdem er Liebigs Ausführungen über den agrarwissenschaftlichen Kenntnisstand vor 1840 – dem Zeitpunkt, an dem Liebigs bahnbrechendes Werk erschien – in der siebten Auflage von Liebigs Buch *Die Chemie in ihrer Anwendung auf Agricultur und Physiologie* gelesen hatte. Liebig zufolge hatte das landwirtschaftliche Wissen vor den 1840er-Jahren vor allem die Rolle des Düngers und die „latente Kraft" des Landes oder des Bodens betont. Da die chemischen Eigenschaften des Bodens zu der Zeit unbekannt waren, war auch das Wesen der Pflanzenernährung unbekannt. Deshalb wurde die latente Kraft, die dem Boden zugeschrieben wurde, häufig als grundsätzlich beschränkt und zur selben Zeit als unzerstörbar verstanden. Die wirklichen Probleme der Landwirtschaft konnten so natürlich nicht erforscht werden.[631]

Diese Beobachtungen von Liebig und Marx unterstreichen, was einige Agrarhistoriker*innen die „Zweite Agrarrevolution"

[630] Marx, *Kapital Bd. III*, S. 789. Auf diesen Aspekt wurde von Marx schon im Rückgriff auf Liebig – in den Grundrissen hingewiesen, vgl. Marx, *Grundrisse*, S. 644-45.

[631] [Anm. d. Übers.: Die folgende Fußnote von J.B.F. bezieht sich auf die englische Quellenlage zu Justus von Liebigs langer Einleitung aus dem Jahr 1862, die nicht ins Englische übersetzt wurde, sich aber in der siebten Auflage des Buches in deutscher Sprache finden lässt.] Vgl. die ausführliche Zusammenfassung und ausführlichen Auszüge aus Liebigs langer Einleitung zur siebten Auflage (1862) von *Die Chemie in ihrer Anwendung auf Agricultur und Physiologie* in *The Chemical News*, Bd. 7, Nr. 181 (30. Mai 1863), S. 256-58; ebenso Bd. 7, Nr. 183 (6. Juni 1863), S. 368-79; Bd. 7, Nr. 165 (20. Juni, 1863), S. 292-94; Bd. 7, Nr. 186 (27. Juni 1863), S. 302-05. Übersetzungen des „Vorworts" und der „Einleitung" zur siebten Auflage von Liebigs großem Werk über Agrikulturchemie wurden auf Englisch nicht veröffentlicht, obwohl das restliche Buch schließlich publiziert wurde und obwohl alle vorhergehenden Auflagen nur Monate nach deren Erscheinen im Deutschen ins Englische übertragen wurden. Der Grund dafür war, dass die „Einleitung" als zu kritisch gegenüber dem englischen *high farming* [bezeichnet eine „Goldene Ära" der britischen Landwirtschaft 1840-80, die als besonders intensiv und exzellent betrachtet wurde; Anm. d.

genannt haben.[632] Obwohl Historiker*innen häufig immer noch auf eine einzige Agrarrevolution rekurrieren, die im Großbritannien des 17. und 18. Jahrhunderts stattgefunden und die Grundlagen für den Industriekapitalismus bereitgestellt habe, verweisen andere Agrarhistoriker*innen auch auf eine zweite und sogar dritte Agrarrevolution. Dieser Auffassung zufolge war die erste Revolution ein schrittweiser Prozess, der sich über einige Jahrhunderte hinweg vollzog und mit den Einfriedungen und der wachsenden Bedeutung des Marktes verbunden war. Technische Veränderungen in dieser Zeit waren zum Beispiel die Verbesserung des Düngens, der Wechselwirtschaft, der Trockenlegungen und der Viehwirtschaft. Im Gegensatz dazu vollzog sich die Zweite Agrarrevolution über einen kürzeren Zeitraum hinweg, von etwa 1830 bis 1880, und war durch das Wachstum der Mineraldüngeindustrie und die Entwicklung der Bodenchemie charakterisiert, die besonders mit dem Werk von Liebig assoziiert wird.[633] Die Dritte Agrarrevolution fand noch später, nämlich im 20. Jahrhundert,

---

Übers.] angesehen wurde. Der englische Verleger vernichtete tatsächlich das Exemplar, das sich in seinem Besitz befand. (Vgl. William H. Brock, *Justus von Liebig. Eine Biographie des großen Wissenschaftlers und Europäers*, Braunschweig/Wiesbaden: Vieweg, 1999, S. 145). Folglich waren die einzigen auf Englisch veröffentlichten Übersetzungen die langen Auszüge aus *The Chemical News*, auf die oben verwiesen wurde. Eine unveröffentlichte Übersetzung der „Einleitung" wurde von Lady Gilbert, der Frau von Henry Gilbert, einem der angesehensten Agrikulturchemiker Englands, im Januar 1863 angefertigt und blieb für viele Jahre in den Archiven der Rothhamsted Experimental Station (nun IACR-Rothhamsted) in Hertfordshire verwahrt. Dieses Manuskript wurde mir großzügigerweise von der Bibliothekarin des Instituts, von Frau S. E. Allsopp, zur Verfügung gestellt. Für die veröffentlichte deutsche Version, vgl.: Justus von Liebig, *Die Chemie in ihrer Anwendung auf Agricultur und Physiologie*, Braunschweig: Vieweg, 1862, S. 1-156.

632 F. M. L. Thompson, „The Second Agricultural Revolution, 1815-1880", in: *Economic History Review*, Bd. 21, Nr. 1 (1968), S. 62-77. Einige Teile des Folgenden wurden zuerst in meinem Artikel „Marx's Theory of Metabolic Rift ..." entwickelt.

633 Die klassische Argumentation für diese These wurde von Thompson in seinem Aufsatz „Second Agricultural Revolution" vorgebracht – vgl. die vorhergehende Fußnote. Thompson setzt die Zweite Agrarevolution zwischen 1815 und 1880 an, das heißt mit dem Beginn der Landwirtschaftskrise, die unmittelbar auf die Napoleonischen Kriege folgte (und die den Hintergrund darstellte, vor dem Malthus und Ricardo das Problem der Differentialrente diskutierten). Ich habe den Zeitraum auf 1830 bis 1880 eingeschränkt, um die Krise, die der Zweiten Agrarrevolution vorausging, von der Revolution selbst zu unterscheiden. Die Wendepunkte dieser Revolution waren zum einen der Auftrag der *British Association for the Advancement of Science* an Liebig im Jahr 1837, ein Werk über die Anwendung der Chemie auf die Agrikultur zu verfassen, 1840 die Veröffentlichung seiner *Agricultur-Chemie* und zum anderen die Errichtung der ersten Fabrik für die Produktion von künstlichem Mineraldünger seitens J. B. Lawes.

statt, und beinhaltete die Ersetzung der tierischen Zugkraft durch die Mechanisierung der Landwirtschaft, gefolgt von der Konzentration von Tieren in gigantischen Mastanlagen, verbunden mit der genetischen Veränderung von Pflanzen (was beschränktere Monokulturen erzeugte) und dem intensiveren Gebrauch von chemischen Mitteln, wie zum Beispiel Mineraldünger und Pestizide.[634]

Marx' Kritik der kapitalistischen Landwirtschaft und seine Beiträge zum ökologischen Denken in diesem Bereich müssen im Kontext der Zweiten Agrarevolution verstanden werden, die sich zu seiner Zeit vollzog. Die Anfänge dieser Revolution korrespondieren eng mit den Anfängen von Marx' eigenem Denken. Bereits 1844 hatte Engels in den „Umrissen zu einer Kritik der Nationalökonomie" auf die mit Liebig verbundene wissenschaftliche Revolution als Grund dafür verwiesen, warum die Malthus'schen Ängste über einen Mangel an Nahrung für eine wachsende Bevölkerung unangebracht waren.

Wie viele andere Beobachter*innen der Zeit, Liebig inklusive, reagierten auch Marx und Engels auf die Agrarrevolution mit der Schlussfolgerung, dass der landwirtschaftliche Fortschritt in der näheren Zukunft möglicherweise sogar die Industrie selbst überholen würde. Bezeichnenderweise beginnt eines von Marx' Notizbüchern aus dem Jahr 1851 mit Exzerpten von Liebig, gefolgt von Exzerpten von Malthus und verschiedenen anti-malthusianischen Denkern, und endet (einige kleinere Exzerpte, die noch folgten, ausgenommen) mit Exzerpten von James F. W. Johnston, einem britischen Bodenchemiker, dessen Werk eng mit dem von Liebig verbunden war. Der Schwerpunkt von Johnstons Werk in jener Zeit – wie auch demjenigen von Liebig – lag sehr eindeutig auf der Möglichkeit landwirtschaftlicher Verbesserung, was Marx ganz klar als eine Widerlegung der Malthus'schen Annahmen über die Bodenproduktivität verstand. Diese optimistischen Einschätzungen wurden aber in der Marx'schen Analyse ab den 1860er-Jahren – in enger Anlehnung an die Veränderungen der Ansichten von Liebig – durch ein ausgeklügelteres Verständnis der

[634] Wenn die Erste Agrarrevolution mit den Ursprüngen des Kapitalismus verbunden war (wie Ellen Meiksins Wood argumentierte), so war die Zweite Agrarrevolution mit dem Übergang zum Industriekapitalismus und die Dritte Agrarevolution mit dem Aufstieg des Monopolkapitalismus verbunden. Vgl. Ellen Meiksins Wood, *The Origins of Capitalism*, New York: Monthly Review Press, 1999; und Fred Magdoff, Fred Buttel und John Bellamy Foster (Hrsg.), *Hungry for Profit*, New York: Monthly Review Press, 1999.

ökologischen Degradation im Rahmen der kapitalistischen Landwirtschaft ersetzt.[635]

Liebig und die Degradation des Bodens

Während des 19. Jahrhunderts war die Erschöpfung der Bodenfruchtbarkeit das hauptsächliche ökologische Problem in den kapitalistischen Gesellschaften ganz Europas und Nordamerikas, vergleichbar nur mit der wachsenden Verschmutzung der Städte, der Entwaldung ganzer Kontinente und den malthusianischen Ängsten vor Überbevölkerung. Die Bedeutung dieses Problems des Verhältnisses zum Boden wurde offensichtlich in den 1820ern und 1830er Jahren, einer Zeit der offenen Krise, die die Zweite Agrarrevolution hervorbrachte. Aber das Problem wurde nicht einfach durch die Wissenschaft der Bodenchemie gelöst. Vielmehr setzte sich zunehmend die Erkenntnis durch, dass die neuen Methoden schlicht dazu dienten, den Prozess der ökologischen Destruktion zu rationalisieren.

In den 1820er und 1830er Jahren führten in Großbritannien – und kurz darauf auch in anderen entwickelten kapitalistischen Ökonomien Europas und Nordamerikas – die allgegenwärtigen Bedenken bezüglich der „Bodenerschöpfung" zu einer regelrechten Panik und zu einem rasanten Anstieg in der Nachfrage nach Mineraldüngemitteln. Bäuer*innen in Europa zogen über die napoleonischen Schlachtfelder von Waterloo und Austerlitz und gruben, Berichten zufolge, Katakomben aus – so verzweifelt war ihre Suche nach Knochen, die sie über ihre Felder ausstreuen konnten. Der Wert von Knochenimporten nach Großbritannien explodierte von £14.400 im Jahr 1823 auf £254.600 im Jahr 1837. Das erste Schiff mit peruanischem Guano (akkumulierter Kot von Seevögeln) kam 1835 in Liverpool an; bereits 1841 wurden 1.700 Tonnen importiert, 1847 schon 220.000.[636]

[635] Siehe MEGA, Abt. 4, Bd. 9, S. 199-324. Marx' Exzerpte von Liebig und Johnston über Agrikulturchemie und Geologie in seinen Notizbüchern während der Zeit von 1850 bis 1853 waren sehr ausführlich. Die Exzerpte von Liebig erstrecken sich über etwa 40 Seiten in der MEGA (ebd., S. 172-213), wohingegen seine Exzerpte von Johnston beinahe 55 Seiten lang sind (ebd., S. 276-317, 372-86).

[636] Lord Ernle, *English Farming Past and Present*, Chicago: Quadrangle, 1961, S. 369; Daniel Hille, *Out of the Earth*, Berkeley: University of California Press, 1991, S. 131-32. Liebig behauptete, dass „die Schlachtfelder von Leipzig, Waterloo und der Krim" nach Knochen durchsucht wurden. Liebig, „Einleitung", S. 85.

Diese mit den Ursprüngen der modernen Bodenwissenschaft verbundene Zweite Agrarevolution stand im engen Zusammenhang mit dem Bedarf einer erhöhten Bodenfruchtbarkeit zur Unterstützung der kapitalistischen Landwirtschaft. Die *British Association for the Advancement of Science* beauftragte Liebig im Jahr 1837, eine Arbeit über das Verhältnis von Agrikultur und Chemie zu schreiben. Die Gründung der *Royal Agricultural Society of England*, einer führenden Organisation im britischen „high farming movement“ – eine Bewegung der reichen Landbesitzer*innen für die Verbesserung der landwirtschaftlichen Betriebsführung – fand im folgenden Jahr statt. Zwei Jahre später, 1840, veröffentlichte Liebig sein Werk *Die organische Chemie in ihrer Anwendung auf Agricultur und Physiologie* (auch bekannt als *Agricultur-Chemie*), die die erste überzeugende Erklärung der Rolle von Bodennährstoffen wie beispielsweise Stickstoff, Phosphor und Kalium für das Wachstum der Pflanzen bot.[637] Der reiche englische Grundbesitzer und Agrarwissenschaftler J. B. Lawes war einer derjenigen, die von Liebig am stärksten beeinflusst waren – gleichzeitig war er ein Gegenspieler von Liebig, dessen Entdeckungen mit denjenigen Liebigs konkurrierten. 1842 erfand Lawes ein Mittel zur Herstellung einer Phosphatlösung, was ihm ermöglichte, den ersten landwirtschaftlichen Mineraldünger zu entwickeln. 1843 baute er eine Fabrik für die Produktion dieser neuen „Superphosphate“. In Folge der Außerkraftsetzung der Getreidegesetze 1846 wurde Liebigs organische Chemie zusammen mit Lawes' neuem künstlichen Mineraldünger von den großen landwirtschaftlichen Interessen in Großbritannien als geeignetes Mittel angesehen, um höhere Ernteerträge zu erhalten.[638]

Nichtsdestotrotz verbreitete sich die von Lawes' Mineraldüngerfabrik repräsentierte neue Technologie außerhalb Großbritanniens nur langsam. Die ersten Fabriken für die Produktion von Superphosphaten wurden in Deutschland erst 1855 eingeführt; in den Vereinigten Staaten erst nach dem Bürgerkrieg (1861-65); und

[637] Dieses Werk wird manchmal als *Agricultur-Chemie* bezeichnet, um es von Liebigs *Thier-Chemie* (1842) zu unterscheiden, in dessen Titel ebenfalls auf die *Organische Chemie* verwiesen wird. In der folgenden Diskussion wird (dieser Konvention folgend) *Agricultur-Chemie* als Kurztitel für sein erstes Werk über Landwirtschaft verwendet, das sich hauptsächlich mit Pflanzen beschäftigte; wohingegen der Titel *Thier-Chemie* für das Werk aus dem Jahr 1842 über die Physiologie und Pathologie der Tiere verwendet wird.

[638] Brock, *Justus von Liebig*, S. 137-142.

in Frankreich erst nach dem Deutsch-Französischen Krieg (1870-71). Ferner tendierten die Erträge, die durch die Anwendung eines einzigen Nährstoffes (wie zum Beispiel Phosphat) am Boden erzeugt wurden, dazu, sich nach anfangs dramatischer Zunahme schnell zu verringern, da die Gesamtfruchtbarkeit des Bodens immer durch den am knappsten vorhandenen Nährstoff beschränkt wird (Liebigs Minimumgesetz).

Liebigs Entdeckungen verstärkten daher zunächst noch das Krisengefühl bezüglich der kapitalistischen Landwirtschaft, da sie die Bäuer*innen stärker auf die Erschöpfung der Bodenmineralien und den Mangel an Mineraldünger aufmerksam machten. Überdies war die Fähigkeit des Kapitals, sich diese Durchbrüche in der Bodenchemie zunutze zu machen, beschränkt durch die dem System immanente Arbeitsteilung, insbesondere durch den wachsenden Antagonismus von Stadt und Land. Folglich war Marx in den 1860ern, als er am *Kapital* schrieb, bereits überzeugt von der Unhaltbarkeit der kapitalistischen Landwirtschaft, was auf zwei geschichtliche Entwicklungen seiner Zeit zurückzuführen war: (1) die sich ausweitende Krisenstimmung sowohl bezüglich der europäischen, als auch der nordamerikanischen Landwirtschaft aufgrund der Erschöpfung der natürlichen Fruchtbarkeit des Bodens – eine Krisenstimmung, die durch die Fortschritte in der Bodenwissenschaft in keiner Weise verringert, sondern sogar noch verschärft wurde; und (2) den Wandel in Liebigs eigenem Werk in den 1850ern und 1860ern, hin zu einer starken ökologischen Kritik der kapitalistischen Entwicklung.

Die Widersprüche innerhalb der Landwirtschaft dieser Zeit wurden vor allem in den Vereinigten Staaten besonders intensiv erfahren, und hier besonders von Bäuer*innen im Hinterland des Bundesstaats New York und in der Plantagenwirtschaft des Südostens. Durch das britische Monopol auf peruanische Guano-Vorräte vom einfachen und günstigen Zugang zu Guano (das sowohl reich an Stickstoff als auch an Phosphaten war) abgehalten, führten die Vereinigten Staaten, zuerst noch inoffiziell, danach als vorsätzliche Staatspolitik, die imperialistischen Annexionen all jener Inseln durch, die als reich an natürlichen Mineraldüngern galten. Befugt durch den sogenannten Guano Islands Act, der 1856 vom Kongress abgesegnet worden war, beschlagnahmten US-Kapitalist*innen zwischen 1856 und 1903 insgesamt 94 Inseln, Felsen und kleine Sandinseln rund um den Globus, von denen 66 vom Department of State [US-amerikanisches Außenministerium; Anm.

d. Übers.] offiziell als Bestandteile der Vereinigten Staaten anerkannt wurden. „Die britischen und amerikanischen Schiffer", hielt Liebig im Jahre 1862 fest, „haben in den letzten zehn Jahren alle Meere durchfurcht und es ist kein noch so kleines Inselchen, keine Küste ihrer Forschung nach Guano entgangen."[639] Neun dieser Guanoinseln sind heute noch im Besitz der Vereinigen Staaten. Dennoch gelang es dem Guanoimperialismus nicht, die Vereinigen Staaten mit der ausreichenden Quantität und Qualität an natürlichen Düngern zu versorgen.[640]

Währenddessen gingen in den 1860ern die Vorräte an peruanischem Guano zur Neige und mussten zunehmend durch chilenische Nitrate ersetzt werden. Obwohl Kaliumsalze, die in Europa entdeckt wurden, einen direkten Zugriff auf dieses Mineral erleichterten und sowohl natürliche als auch künstliche Phosphatbestände diesen Nährstoff einfacher verfügbar machten, war der beschränkende Faktor weiterhin der Stickstoffdünger. (Synthetischer Stickstoffdünger wurde erst 1913 entwickelt, als der deutsche Chemiker Fritz Haber, der später einer der Pionier*innen in der Entwicklung von Sprengstoff und Nervengas für die Kriegsproduktion werden sollte, ein solches Verfahren erfand.)

Der Rückgang der natürlichen Fruchtbarkeit aufgrund der mit der kapitalistischen Landwirtschaft einhergehenden Störung des Bodennährstoffzyklus, das wachsende Wissen über die Notwendigkeit bestimmter Bodennährstoffe und die Beschränkungen in der Zufuhr sowohl natürlicher als auch künstlicher Mineraldünger, die den Verlust der natürlichen Fruchtbarkeit hätten kompensieren können, trugen alle zu einer weitverbreiteten Wahrnehmung der Krise der Bodenfruchtbarkeit bei.

In den Vereinigten Staaten wurde diese Situation zusätzlich durch geographische Faktoren verkompliziert. Im Norden des Bundesstaats New York, der um 1800 New England als Zentrum des Weizenanbaus abgelöst hatte, wurde die relative Erschöpfung des Bodens dadurch stark abgemildert, dass die Konkurrenz von neuen Agrarflächen im Westen in den Jahrzehnten nach der Eröffnung des Eriekanals im Jahr 1825 stark zugenommen hatte. Währenddessen erfuhren die Sklavenplantagen im Südosten dramatische Rückgänge in der Fruchtbarkeit, besonders auf den für den Tabakanbau bestimmten Flächen.

---

639 Liebig, *Die Chemie in ihrer Anwendung („Einleitung")*, S. 122.

640 J.M. Skaggs, *The Great Guano Rush*, New York: St. Martin's Press, 1994, S. 225.

In New York antworteten Bäuer*innen auf die Krise, indem sie eine vernünftigere Landwirtschaft durch die Schaffung von Landwirtschaftsgesellschaften propagierten. 1832 wurde die *New York Agricultural Society* gegründet. Zwei Jahre später lancierte Jesse Buel, Redakteur einer Zeitung aus Albany, den *Cultivator*, eine Zeitung, die versuchte, die verbesserte Art der Landwirtschaft, wie sie in Großbritannien bereits eingeführt worden war, zu verbreiten. Diese Zeitung konzentrierte sich auf Themen wie Düngung, Trockenlegung feuchter Böden und Wechselwirtschaft. Mit dem Erscheinen von Liebigs *Agricultur-Chemie* 1840 wandten sich die New Yorker Bäuer*innen der neuen Bodenwissenschaft wie einem Erlöser zu. 1850 reiste der schottische Agrikulturchemiker James F. W. Johnston, den Marx den „englischen Liebig" nennen sollte, nach Nordamerika und dokumentierte in seinem einflussreichen Werk *Notes on North America* [dt.: Bemerkungen über Nordamerika] den Verlust der natürlichen Bodenfruchtbarkeit, wobei er insbesondere den schlechten Zustand des Bodens in New York im Vergleich mit dem fruchtbareren Ackerland im Westen betonte.[641]

Dieser Probleme nahm sich der US-amerikanische politische Ökonom Henry Carey (1793-1879) an. 1853 stellte Carey in *The Slave Trade Domestic and Foreign* [dt.: Der Sklavenhandel im Inland wie im Ausland] – ein Werk, das er Marx zusandte –, das Folgende fest: „Es ist erstaunlich, dass alle politischen Ökonomen Englands das Faktum übergingen, dass der Mensch bloß ein Schuldner der Erde ist und dass wenn er seine Schulden nicht begleicht, diese es wie bei all ihren Schuldnern tut und ihn von seinem geliehenen Besitze verjagt." Am 11. Januar 1855 hielt ein junger Agronom, George Waring (1833-1898), der seine Karriere in den 1850ern als ein Landwirt begann und der später zum führenden Sanitärtechniker in den Vereinigten Staaten und Hauptverfechter und -fachmann der Stadtreinigung innerhalb der städtischen Umweltschutzbewegung wurde, eine Rede mit dem Titel „The Agricultural Features of the Census for 1850" vor der *New York State Geographical Society*. In dieser Rede versuchte er empirisch zu demonstrieren, dass der Boden systematisch seiner Nährstoffe beraubt werde. Die Rede

[641] Margaret W. Rossiter, *The Emergence of Agricultural Science: Justus Liebig and the Americans 1840-1880*, New Haven: Yale University Press, 1975, S. 3-9; Karl Marx, „Brief an Engels vom 13. Oktober 1851", in: MEW Bd. 27, S. 356-359, hier: S. 359; James F.W. Johnston, *Notes on North America*, Bd. 1, London: William Blackwood & Sons, 1851, S. 356-65; Marx, *Kapital Bd. III*, S. 682.

wurde später, 1857, im *Bulletin of the American Geographical and Statistical Association* veröffentlicht. In einem wichtigen Aufsatz in seinen *Letters to the President, on the Foreign and Domestic Policy of the Union* [dt.: Briefe an den Präsidenten über die Außen- und Innenpolitik der Union] (1858) zitierte Carey ausführlich aus der Rede eines „angesehenen Landwirtes" (Waring, aus der oben angeführten Rede), der grobe Schätzungen auf nationaler Ebene geliefert habe über den Verlust an Bodennährstoffen durch den Handel von Nahrung und Ballaststoffen über lange Distanzen in einer einseitigen Richtung vom Land in die Stadt. Waring schloss sein Argument mit der Erklärung:

> *Was wir mit unserer Bodenschlächterei und Verschwendung verlieren, ist die Essenz unserer Lebensfähigkeit [...] Die Frage der Ökonomie sollte nicht sein, wie viel wir jährlich produzieren, sondern wie viel der jährlichen Produktion für den Boden erhalten bleibt. Die Arbeit, die dafür eingesetzt wird, die Erde ihres Kapitalstocks an Düngematerial zu berauben, ist schlechter als verschwendete Arbeit. Im letzteren Fall ist es ein Verlust für die gegenwärtige Generation; im ersteren Fall wird die Armut an die Nachfolger vererbt. Der Mensch ist nur ein Pächter der Erde und er macht sich eines Verbrechens schuldig, wenn er ihren Wert für andere Pächter, die nach ihm leben, reduziert.*[642]

In den späten 1840er und 1850er Jahren betonte Carey die Tatsache, dass der Fernhandel, bedingt durch die Trennung von Stadt und Land (das heißt die Trennung von landwirtschaftlichen Produzent*innen und Konsument*innen) ein entscheidender Faktor für den Verlust an Bodennährstoffen und die sich verschärfende Krise in der Landwirtschaft war. Ein ebensolches Argument wurde später

[642] George E. Warring, „The Agricultural Features of the Census of the United States for 1850", *Bulletin of the American Geographical and Statistical Association*, Bd. 2 (1857), S. 189-202 (wiederabgedruckt in *Organization & Environment*, Bd. 12, Nr. 3 [September 1999], S. 298-307); Henry Carey, *Letters to the President on the Foreign and Domestic Policy of the Union and its Effects as Exhibited in the Condition of the People and the State*, Philadelphia: M. Polock, 1858, S. 54-55. Für eine allgemeine Bewertung von Warings Arbeit, vgl. John Bellamy Foster, „Robbing the Earth of its Capital Stock", *Organization & Environment*, Bd. 12, Nr. 3 (September 1999), S. 293-97.

von Liebig und Marx weiterentwickelt.[643] „Da die ganze Energie des Landes", schrieb Carey, wiederum Waring zitierend, „auf die Vergrößerung der Macht der Gewerbetreibenden verwendet wird, ist es keine Überraschung, dass die Leute überall damit beschäftigt sind, ‚die Erde ihres Kapitalstocks' zu berauben."[644]

Die Ansichten Warings und Careys sollten großen Einfluss auf Liebig ausüben. In seinen *Naturwissenschaftlichen Briefen über die moderne Landwirtschaft* (1859) wiederholte Liebig das gesamte Argument des „angesehenen Landwirts" (Waring), das auch Carey

[643] Henry Carey, *The Past, Present and Future*, New York: Augustus M. Kelley, 1967, S. 298-99, 304-308; ursprünglich erschien dieses Werk im Jahr 1847.

[644] Henry Carey, *Principles of Social Science*, Bd. 2, Philadelphia: J. B. Lippincott, 1867, S. 215 und *The Past, Present and Future*, S. 298-99, 304-308. Marxens Verhältnis zu Carey war komplexer Natur. Im Jahre 1853 hatte Marx bereits alle von Careys bis dahin verfassten bedeutenden Werke gelesen, inklusive *The Slave Trade Domestic and Foreign*, das Carey selbst an Marx gesandt hatte. Jedoch hatte er die *Principles of Social Science*, vermutlich Careys wichtigstes Werk, bis 1869, also eine Dekade nach ihrem Erscheinen, nicht gelesen. Marx war Carey gegenüber im Allgemeinen sehr kritisch, er sah in ihm einen „Harmonisierer" und einen indifferenten Ökonomen. Dennoch fand er seine Werke in gewissem Sinne brauchbar. Sowohl Carey als auch Marx argumentierten auf ähnliche Weise hinsichtlich der Degradation des Bodens und ihres Verhältnisses zum Handel über lange Distanzen und zur Stadt-Land-Trennung; beide bauten in großem Ausmaß auf das Werk von Liebig; beide waren der Malthus'schen-Ricardo'schen Rententheorie gegenüber sehr kritisch. Außerdem sah Marx Carey (neben James Anderson) als einen der hauptsächlichen Vertreter des wichtigen Begriffs „Erde-Kapital" an (Kapital verbunden mit den menschlichen „Verbesserungen" an der Natur und folglich Teil des Wertkalküls – ein Begriff, den Marx von jenem der Erde-Materie abgrenzte). Bezüglich Marx' Sicht auf Carey, vgl. Marx, „Brief an Engels vom 14. Juni 1853", in: MEW Bd. 28, S. 264-69, hier: S. 265-66; vgl. auch Marx, „Brief an Engels vom 26. November 1869", MEW Bd. 32, S. 401-405, hier: S. 401-04; sowie auch Marx, *Grundrisse*, S. 3-8. Marx, das sollte hervorgehoben werden, hatte seinerseits Einfluss auf Carey, der in seinem Werk über den Sklavenhandel an zwei Stellen ausführlich aus Marx' Texten aus dem *New York Daily Tribune* zitierte. Die detaillierteste Darlegung des Verhältnisses von Marx und Carey findet sich in Michael Perelman, „Political Economy and the Press: Karl Marx and Henry Carey at the *New York Tribune*", Discussion Paper Series, Nr. 85-9, School of Behavioral and Social Sciences, California State University, Chico, 1985. Perelman zeigt, dass Marxens berühmte Artikel über die britische Herrschaft in Indien im *Tribune* – die oft so verstanden werden, als ob sie die These verteidigten, dass der Imperialismus eine progressive Rolle bei der Industrialisierung der Peripherie spiele – ausdrücklich geschrieben wurden, um Careys ausschließlich negativer Interpretation der Rolle Großbritanniens auf der internationalen Bühne entgegenzutreten. Sie waren ebenso Teil eines Kampfes um die theoretische Hegemonie innerhalb des *Tribunes* selbst. Für eine ausgewogene Darstellung von Carey vgl. Schumpeter, *Geschichte der ökonomischen Analyse*, erster Teilband, S. 631-635. Für eine neuere ausführliche Darstellung, vgl. Michael Perelman, „Henry Carey's Political-Ecological Economics", *Organization & Environment*, Bd. 12, Nr. 3 (September 1999), S. 280-92.

in seine *Letters to the President* aufnahm, und argumentierte dann weiter, dass die „empirische Landwirthschaft“ des Unternehmers eine „Raubwirthschaft“ ermöglicht habe, in dem die „Bedingungen [der] Wiedererzeugung“[645] des Bodens untergraben würden. „[E]in Feld, von welchem genommen wird, kann nachhaltig an Kraft nicht gleichbleiben oder zunehmen“[646], schrieb er (den praktischen Landwirt Albrecht Block zitierend). Er fügte hinzu: „Eine jede auf Raub gebaute Wirthschaft erzeugt Armuth.“[647] Für Liebig beruhte „die rationelle Cultur im Gegensatz zur Raubwirthschaft [...] auf dem Ersatz; durch die Wiederkehr der Bedingungen erhält der Landwirth die Fruchtbarkeit der Felder.[648] Britische „intensive Landwirthschaft [high farming]“, argumentierte er, „ist nicht die rohe Beraubung des amerikanischen Farmers [...], sondern es ist ein feinerer Raub, dem man auf den ersten Blick nicht ansieht, dass es Raub ist“[649]. Liebig folgte Careys Beobachtung, dass in den Vereinigten Staaten oftmals tausende Meilen zwischen den Zentren des Getreideanbaus und ihren Märkten lagen. Die Bestandselemente des Bodens wurden somit zu Orten fernab ihres Ursprungs verschifft, was die Reproduktion der Bodenfruchtbarkeit um ein Vielfaches erschwerte.[650] Einige Jahre später warnte Liebig in seiner berühmten Einleitung zur Ausgabe von 1862 seiner *Agricultur-Chemie*, die Marx beeinflusste, etwas apokalyptisch:

> *Wenn es nicht gelingen sollte, dem Landwirt eine bessere Einsicht in seinen Betrieb beizubringen und ihm die nöthigen Mittel zur Steigerung seiner Produktion zu schaffen, so werden von einem gewissen Zeitpunkte an Kriege, Auswanderung, Hungersnoth und epidemische Krankheiten naturgesetzlich einen Gleichgewichtszustand zu Wege bringen, der die Wohlfahrt aller tief erschüttern und zuletzt den Ruin des Feldbaues nach sich ziehen muß.*[651]

[645] Justus von Liebig, *Chemische Briefe*, Hildesheim: Georg Olms, 2003 [1878], S. 421.

[646] Ebd., S. 420.

[647] Ebd., S. 421.

[648] Ebd.

[649] Ebd., S. 424.

[650] Ebd., S. 438-440.

[651] Liebig, zitiert nach: William K. Kapp, *Volkswirtschaftliche Kosten der Privatwirtschaft*, Tübingen: Mohr Siebeck, 1958, S. 3. Originalzitat: Liebig, *Die Chemie in ihrer Anwendung*, S. 155.

Wie Liebig an einem anderen Punkt seines Werkes festhielt, war es daher notwendig, dass „Mist- oder Guanolager entdeckt werden von der Ausdehnung etwa wie die englischen Kohlenfelder.“[652] Letztlich war dies, wie Liebig in seinen *Familiar Letters on Chemistry* schrieb, eine Frage der „Wiederherstellung der elementaren Bodenbestandteile“, die ihm entzogen wurden durch den Vertrieb von Nahrung und Ballaststoffen über lange Distanzen und durch das Entfernen des Viehs.[653]

Das Problem der Auszehrung des Bodens war, Liebig zufolge, auch mit der Verschmutzung der Städte mit menschlichen und tierischen Abfällen verbunden. Das Verhältnis von Liebigs Auseinandersetzung mit dem Bodennährstoffzyklus und dem Abfallproblem in den großen Städten wurde bereits 1842 von Edwin Chadwick hervorgehoben, und zwar in seinem *Report on the Sanitary Condition of the Labouring Population of Great Britain* [dt.: Bericht über die gesundheitlichen Bedingungen der arbeitenden Bevölkerung Großbritanniens], der eine Bewegung für die öffentliche Gesundheit initiierte und Engels stark beeinflusste.[654] In seinen einflussreichen *Letters on the Subject of the Utilization of the Municipial Sewage* [dt.: Briefe zum Thema der Nutzung städtischer Abwässer] (1865) bestand Liebig selbst – gestützt auf eine Analyse des Zustands der Themse – darauf, dass organische Wiederverwertung, die dem Boden die im Abfall enthaltenen Nährstoffe zurückgeben würde, unverzichtbarer Bestandteil eines rationalen urban-landwirtschaftlichen Systems sei. „Wenn es praktikabel wäre, all die festen und flüssigen Exkremente der Stadtbewohner ohne den geringsten Verlust einzusammeln“, schrieb er, „und jedem Landwirt den Teil zurückzugeben, der durch das Produkt, das ursprünglich von ihm an die Stadt geliefert wurde, entstand, dann könnte die Produktivität seines Landes vielleicht für viele Jahre fast unvermindert erhalten werden und der bestehende Speicher an Mineralelementen in

[652] Liebig, zitiert nach: Karl Kautsky, *Die Agrarfrage. Eine Uebersicht über die Tendenzen der modernen Landwirthschaft und die Agrarpolitik der Sozialdemokratie*, Stuttgart: Dietz, 1899 (Reprint 1972), S. 49; Liebig, *Die Chemie in ihrer Anwendung („Einleitung“)*, S. 123.

[653] Justus von Liebig, *Familiar Letters on Chemistry*, Philadelphia: T. B. Peterson, 1852, S. 44. Veröffentlicht als Teil der *Complete Works on Chemistry*, die mehrere verschiedene Werke in einem Band zusammenfassen.

[654] Edwin Chadwick, *Report on the Sanitary Condition of the Labouring Population of Great Britain*, Edinburgh: Edinburgh University Press, 1965, S. 121-22; Engels, *Die Lage der arbeitenden Klasse*.

jedem fruchtbaren Feld wäre bei weitem ausreichend für die Bedürfnisse einer zunehmenden Bevölkerung".[655]

Marx' Theorie des metabolischen Risses

Marx war stark von Liebigs Analysen beeinflusst, als er in den frühen 1860ern am *Kapital* schrieb. 1866, ein Jahr vor der Veröffentlichung des ersten Bandes des *Kapitals*, schrieb er an Engels, dass für die Entwicklung seiner Kritik der Grundrente im dritten Band des Kapitals „[d]ie neue Agriculturchemie in Deutschland, speziell Liebig und Schönbein, die wichtiger für diese Sache als alle Ökonomen zusammengenommen [...] durchgeochst werden [musste]."[656] Tatsächlich sei „[d]ie Entwicklung der negativen Seite der modernen Agrikultur, vom naturwissenschaftlichen Standpunkt", wie Marx im ersten Band des *Kapitals* bemerkte, „eins der unsterblichen Verdienste Liebigs."[657]

Unter dem Einfluss Liebigs, den er sehr genau studiert und dessen Werk er in seinen wissenschaftlichen Notizbüchern ausführlich exzerpiert hatte, entwickelte Marx eine systematische Kritik der kapitalistischen „Ausbeutung" des Bodens (im Sinne von Raub, das heißt des Unvermögens, die Reproduktionsmittel zu erhalten).[658] Folglich endeten beide wichtigen Erörterungen von Marx über die kapitalistische Landwirtschaft mit Erklärungen darüber, wie die große Industrie und die große Landwirtschaft zusammen zur Verarmung von Boden und der Arbeiter*innen führten. Ein großer Teil dieser Kritik wurde von Marx in einer bemerkenswerten Passage am Ende seiner Darlegung der „Genesis

[655] Justus von Liebig, *Letters on the Subject of the Utilization of the Metropolitan Sewage*, London: W. H. Collingridge, 1865. [Anm. d. Übers.: Dies ist die einzige von Liebigs Schriften, von der es keine deutsche Version gibt, vgl. Brock, *Justus von Liebig*, S. 206.] Justus von Liebig, *The Natural Laws of Husbandry*, New York: D. Appleton, 1863, S. 261.

[656] Karl Marx, „Brief an Engels vom 13. Februar 1866", MEW Bd. 31, S. 178.

[657] Marx, *Kapital 1*, S. 529.

[658] Marx' Notizbücher enthalten ausführliche Exzerpte von zwei Werken Liebigs, darunter auch seine *Agricultur-Chemie*, sowie von drei Werken des englischen Bodenwissenschaftlers James F. W. Johnston und von zahlreichen Werken über Geologie, darunter Charles Lyells *Principles of Geology*. Vgl. E. Coleman, „Short Communications on the Unpublished Writings of Karl Marx Dealing with Mathematics, the Natural Sciences and Technology and the History of these Subjects", in: Nikolai Bucharin et al. (Hrsg.), *Science at the Cross Roads*, S. 233-34.

der kapitalistischen Grundrente“ im dritten Band des *Kapitals* zusammengefasst, in der er schrieb:

> *[D]as große Grundeigentum [reduziert] die agrikole Bevölkerung auf ein beständig sinkendes Minimum und setzt ihr eine beständig wachsende, in großen Städten zusammengedrängte Industriebevölkerung entgegen; es erzeugt dadurch Bedingungen, die einen unheilbaren Riß hervorrufen in dem Zusammenhang des gesellschaftlichen und durch die Naturgesetze des Lebens vorgeschriebnen Stoffwechsels, infolge wovon die Bodenkraft verschleudert und diese Verschleuderung durch den Handel weit über die Grenzen des eignen Landes hinausgetragen wird. (Liebig.) [...] Große Industrie und industriell betriebene große Agrikultur wirken zusammen. Wenn sie sich ursprünglich dadurch scheiden, daß die erste mehr die Arbeitskraft und daher die Naturkraft des Menschen, die letztere mehr direkt die Naturkraft des Bodens verwüstet und ruiniert, so reichen sich später im Fortgang beide die Hand, indem das industrielle System auf dem Land auch die Arbeiter entkräftet und Industrie und Handel ihrerseits der Agrikultur die Mittel zur Erschöpfung des Bodens verschaffen.*[659]

Marx lieferte eine damit eng verwandte und ebenso wichtige Zusammenfassung seiner Kritik der kapitalistischen Landwirtschaft in seiner Diskussion der „Große[n] Industrie und Agrikultur“ im ersten Band des *Kapitals*:

> *Mit dem stets wachsenden Übergewicht der städtischen Bevölkerung, die sie in großen Zentren zusammenhäuft, häuft die kapitalistische Produktion einerseits die geschichtliche Bewegungskraft der Gesellschaft, stört sie andrerseits den Stoffwechsel zwischen Mensch und Erde, d.h. die Rückkehr der vom Menschen in der Form von Nahrungs- und Kleidungsmitteln vernutzten Bodenbestandteile zum Boden, also die ewige Naturbedingung dauernder Bodenfruchtbarkeit. [...] Aber sie zwingt zugleich durch die Zerstörung der bloß naturwüchsig entstandnen Umstände jenes Stoffwechsels, ihn systematisch als regelndes Gesetz der gesellschaftlichen Produktion und in einer der vollen menschlichen Entwicklung adäquaten Form*

[659] Marx, *Kapital Bd. III*, S. 821.

herzustellen. [...] Und jeder Fortschritt der kapitalistischen Agrikultur ist nicht nur ein Fortschritt in der Kunst, den Arbeiter, sondern zugleich in der Kunst, den Boden zu berauben, jeder Fortschritt in Steigerung seiner Fruchtbarkeit für eine gegebne Zeitfrist zugleich ein Fortschritt in Ruin der dauernden Quellen dieser Fruchtbarkeit. [...] Die kapitalistische Produktion entwickelt daher nur die Technik und Kombination des gesellschaftlichen Produktionsprozesses, indem sie zugleich die Springquellen alles Reichtums untergräbt: die Erde und den Arbeiter.[660]

Was diesen beiden Passagen aus Marx' *Kapital* – wobei die erste Passage die Erörterung der kapitalistischen Grundrente im dritten Band abschließt und die zweite die Auseinandersetzung mit der großen Agrikultur und der großen Industrie im ersten Band – gemein ist, ist die zentrale theoretische Vorstellung eines „Risses" im „Stoffwechsel zwischen Mensch und Erde", das heißt, dem „gesellschaftlichen und durch die Naturgesetze des Lebens vorgeschriebnen Stoffwechsel". Dieser Widerspruch entwickele sich durch das gleichzeitige Wachstum der Großindustrie und der Großlandwirtschaft im Kapitalismus, wobei die erstere der letzteren die Mittel für die intensive Ausbeutung des Bodens bereitstelle. Wie Liebig argumentierte auch Marx, dass der Handel mit Nahrung und Fasern für Kleidung über lange Distanzen hinweg das Problem der Entfremdung der Bestandselemente des Bodens zu einem „unheilbaren Riß" werden ließ. Für Marx war dies ein Aspekt des natürlichen Gangs der kapitalistischen Entwicklung. Wie er 1852 schrieb: „Der Grund und Boden soll verkäufliche Ware und seine Ausbeutung den allgemeinen Gesetzen des Warenverkehrs unterworfen sein. So wie es Garn- und Baumwollfabrikanten gibt, soll es Nahrungsmittelfabrikanten, aber keine Grundherren geben."[661]

Überdies waren die mit dieser Entwicklung verbundenen Widersprüche globalen Charakters. Wie Marx im ersten Band des *Kapitals* festhielt, hatte die „blinde Raubgier", die in England „die Erde erschöpft", zur Folge, dass das „Guano auf die englischen

---

[660] Marx, *Kapital Bd. I*, S. 529-30. Die Notwendigkeit der „Wiederherstellung" der Bodenbestandteile war ein Argument, das Marx direkt aus Liebigs „Einleitung" zur Ausgabe von 1862 der *Agricultur-Chemie* übernahm. Vgl. Liebig, *Die Chemie in ihrer Anwendung („Einleitung")*, S. 97.

[661] Karl Marx, „Die Chartisten", in: MEW Bd. 8, Berlin: Dietz, 1972, S. 342-350, hier: S. 342.

Felder aus[ge]goß[en]"[662] werden musste, der aus Peru importiert wurde. Alleine die Tatsache, dass Samen, Guano, und so weiter aus „fernen Ländern" importiert würden, bemerkte Marx in den *Grundrissen* (1857-1858), wies schon darauf hin, dass die Landwirtschaft im Kapitalismus aufgehört hatte, länger „self-sustaining" zu sein, dass sie „die Bedingungen ihrer eigenen Produktion nicht mehr in sich, naturwüchsig vorfindet, sondern daß diese als selbstständige Industrie außer ihr existiert".[663] Ein zentraler Punkt von Marx' Argument war die These, dass der immanente Charakter der großen Agrikultur im Kapitalismus jede rationale Anwendung der neuen Wissenschaft der Bodenbewirtschaftung verhinderte. Trotz aller wissenschaftlichen und technologischen Entwicklungen in der Landwirtschaft war das Kapital nicht in der Lage, die notwendigen Bedingungen für die Wiederverwertung der Bestandselemente des Bodens bereitzustellen.

Die zentrale begriffliche Kategorie in Marx' theoretischer Analyse auf diesem Gebiet ist der Begriff des Stoffwechsels. Das deutsche Wort „Stoffwechsel" [dt. im Original] beinhaltet bereits die Vorstellung des „stofflichen Austausches", die der Vorstellung strukturierter Prozesse biologischen Wachstums und Verfalls zugrunde liegt, welche wiederum mit dem Begriff „Stoffwechsel" erfasst werden. In seiner Bestimmung des Arbeitsprozesses machte Marx den Begriff des Stoffwechsels zu einer zentralen Kategorie seines gesamten Analysesystems, indem er sein Verständnis des Arbeitsprozesses auf ihn gründete. Daher benutzte Marx in seiner Bestimmung des Arbeitsprozesses im Allgemeinen (im Unterschied zu dessen geschichtlich spezifischen Konkretisierungen) den Begriff des Stoffwechsels, um das menschliche Verhältnis zur Natur durch Arbeit zu beschreiben:

> *Die Arbeit ist zunächst ein Prozeß zwischen Mensch und Natur, ein Prozeß, worin der Mensch seinen Stoffwechsel mit der Natur durch seine eigne Tat vermittelt, regelt und kontrolliert. Er tritt dem Naturstoff selbst als eine Naturmacht gegenüber. Die seiner Leiblichkeit angehörigen Naturkräfte, Arme und Beine, Kopf und Hand, setzt er in Bewegung, um sich den Naturstoff in einer für sein eignes Leben brauchbaren Form anzueignen. Indem er durch diese Bewegung auf die Natur außer ihm wirkt*

662 Marx, *Kapital Bd. I*, S. 253.

663 Marx, *Grundrisse*, S. 433.

und sie verändert, verändert er zugleich seine eigne Natur. [...] Der Arbeitsprozeß [...] ist [...] allgemeine Bedingung des Stoffwechsels zwischen Mensch und Natur, ewige Naturbedingung des menschlichen Lebens.[664]

Einige Jahre zuvor hatte Marx in seinem *Ökonomischen Manuskript 1861-63* geschrieben, dass „die *wirkliche* Arbeit die Aneignung des Natürlichen zur Befriedigung der menschlichen Bedürfnisse, [d.h.] die Tätigkeit ist, wodurch der Stoffwechsel zwischen dem Menschen und der Natur vermittelt wird".[665] Daraus folgte, dass die tatsächliche Tätigkeit der Arbeit niemals unabhängig war von dem Reichtum schaffenden Potenzial der Natur, „da der stoffliche Reichtum, die Welt der Gebrauchswerte, nur aus Naturstoff besteht, der durch die Arbeit modifiziert ist".[666]

Marx verwendet den Begriff des Stoffwechsels in seinen späteren Werken durchgehend, wenngleich auch in verschiedenen Kontexten. Sogar noch 1880 in seinen *Randglossen zu Adolph Wagners „Lehrbuch der politischen Ökonomie"*, seinem letzten ökonomischen Werk, hob Marx die Bedeutung des Begriffs für seine allgemeinere Kritik der politischen Ökonomie hervor, indem er betonte: „[I]ch habe das Wort aber auch beim ‚naturalen' Produktionsprozeß angewandt als Stoffwechsel zwischen Mensch und Natur".[667] „Interruptionen des Formwechsels" in der Warenzirkulation wurden, so betonte er, „später auch als Interruptionen des Stoffwechsels bezeichnet".[668] Der wirtschaftliche Kreislauf war also in Marx' Analyse eng verbunden mit dem stofflichen

664 Marx, *Kapital Bd. I*, S. 192, 198.

665 Karl Marx, *Ökonomisches Manuskript 1861-63. Teil I*, in: MEW Bd. 43, Berlin: Dietz, 1990, S. 36.

666 Ebd., S. 37.

667 Marx, *Randglossen zu Adolph Wagners...*, S. 377.

668 Ebd. Adolph Wagner hatte den Begriff des Stoffwechsels laut Marx in einer spezifischen Art und Weise verwendet. Marx meinte darin seine Ansichten widergespiegelt zu finden, die Wagner vermutlich, ohne sie auszuweisen, in sein Werk übernommen hatte. [Anm. d. Übers.: Das englische Zitat entspricht nicht dem deutschen Original, das formal nicht so glatt ist. Marx macht hier Anmerkungen zu Adolph Wagners Buch, aber im Stil eines Exzerptheftes. Die Passage im Original ist hier vollständig wiedergegeben.: „Aus *p. 82:* wo der ‚*Wechsel in den (naturalen) Bestandteilen der Gütermasse*' {einer Wirtschaft, alias bei Wagner getauft ‚*Güterwechsel*' für Schäffles ‚*sozialen Stoffwechsel*' erklärt wird - wenigstens ein Fall desselben; ich habe das Wort aber auch beim ‚naturalen' Produktionsprozeß angewandt als Stoffwechsel zwischen Mensch und Natur} von mir *entlehnt* ist, wo der Stoffwechsel zuerst auftritt in Analyse von W-G-W und Interruptionen des

Austausch (also dem ökologischen Kreislauf), der mit dem Stoffwechselverhältnis zwischen den Menschen und der Natur verbunden war. Marx schrieb: „Im chemischen Prozeß haben sich im von der Arbeit geregelten Stoffwechsel überall Äquivalente (natürliche) ausgetauscht".[669] Aufbauend auf dem allgemeinen Charakter des stofflichen Austausches, auf den bezogen der formale Tausch ökonomischer Äquivalente in der kapitalistischen Ökonomie nur ein entfremdeter Ausdruck war, verwies Marx in den *Grundrissen* auf den Begriff des Stoffwechsels im weiteren Sinne eines „System[s] des allgemeinen gesellschaftlichen Stoffwechsels, der universalen Beziehungen, allseitiger Bedürfnisse und universeller Vermögen"[670], das zum ersten Mal vollständig in der verallgemeinerten Warenproduktion in Erscheinung trat.

Marx benutzte den Begriff folglich sowohl, um auf das tatsächliche Stoffwechselverhältnis zwischen Mensch und Natur, vermittelt durch die menschliche Arbeit, zu verweisen (welches der Kontext ist, in dem der Begriff in seinem Werk normalerweise verwendet wird), als auch in einem weiteren Sinn (besonders in den *Grundrissen*), um das komplexe dynamische Wechselverhältnis zwischen einem Set an Bedürfnissen und Verhältnissen, die vom Kapitalismus hervorgebracht und permanent in entfremdeter Form reproduziert werden, sowie der Frage der menschlichen Freiheit, die dadurch aufgeworfen wird, zu begreifen. All dies konnte mit der Art und Weise verbunden angesehen werden, in der der menschliche Stoffwechsel mit der Natur durch die konkrete Organisation der menschlichen Arbeit zum Ausdruck kommt. Der Begriff des Stoffwechsels besitzt daher sowohl eine spezifisch ökologische, als auch eine weitergefasste gesellschaftliche Bedeutung.[671]

Große Teile von Marx' Erörterung des Stoffwechselverhältnisses zwischen Mensch und Natur können als Fortsetzung der eher philosophischen Versuche des frühen Marx gesehen werden, die komplexe Wechselbeziehung zwischen Mensch und Natur zu fassen. In seinen *Ökonomisch-philosophischen Manuskripten*

Formwechsels, später auch als Interruptionen des Stoffwechsels bezeichnet werden." Marx, *Randglossen zu Adolph Wagner*, S. 377.]

[669] Marx, *Grundrisse*, S. 278.

[670] Ebd., S. 91.

[671] Dieses weitergefasste Verständnis des Stoffwechsels, das vor allem in den *Grundrissen* zum Tragen kommt, hat István Mészáros in überzeugender Weise entwickelt in *Beyond Capital*, New York: Monthly Review Press, 1995.

schrieb Marx im Jahr 1844: „Der Mensch *lebt* von der Natur, heißt: Die Natur ist sein *Leib*, mit dem er in beständigem Prozeß bleiben muß, um nicht zu sterben. Daß das physische und geistige Leben des Menschen mit der Natur zusammenhängt, hat keinen andren Sinn, als daß die Natur mit sich selbst zusammenhängt, denn der Mensch ist ein Teil der Natur."[672] Marx' später entwickelter Begriff des Stoffwechsels erlaubte ihm jedoch, diesem grundlegenden Verhältnis einen solideren, wissenschaftlicheren Ausdruck zu geben, und dadurch den komplexen dynamischen Austausch zwischen Mensch und Natur, der aus der menschlichen Arbeit resultiert, darzustellen. Der Begriff des Stoffwechsels, samt den zu ihm gehörenden Vorstellungen des stofflichen Austausches und der regulativen Tätigkeit, erlaubte es Marx, das menschliche Verhältnis zur Natur als eines auszudrücken, das die „Naturbedingungen" aber auch die Fähigkeit der Menschen, diesen Prozess zu prägen, beinhaltete.

Vor allem aber ermöglichte es der Begriff des Stoffwechsels Marx die Idee der Entfremdung von der Natur (und ihr Verhältnis zur Entfremdung von der Arbeit), die seiner Kritik von seinen frühesten Schriften an wesentlich war, auf konkrete Art und Weise auszudrücken. Wie er in den *Grundrissen* erklärte:

> *Nicht die Einheit der lebenden und tätigen Menschen mit den natürlichen, unorganischen Bedingungen ihres Stoffwechsels mit der Natur und daher ihrer Aneignung der Natur – bedarf der Erklärung oder ist Resultat eines historischen Prozesses, sondern die Trennung zwischen diesen unorganischen Bedingungen des menschlichen Daseins und diesem tätigen Dasein, eine Trennung, wie sie vollständig erst gesetzt ist im Verhältnis von Lohnarbeit und Kapital.*[673]

Darin war die Essenz der gesamten Marx'schen Kritik des entfremdeten Charakters der bürgerlichen Gesellschaft enthalten.

Tim Hayward zufolge fasst Marx' Begriff des sozio-ökologischen Stoffwechsels

[672] Marx, *Ökonomisch-philosophische Manuskripte*, S. 516.

[673] Marx, *Grundrisse*, S. 397.

> *die grundlegenden Aspekte der menschlichen Existenz als sowohl natürliche wie physische Wesen: dies beinhaltet den energetischen und materiellen Austausch zwischen den Menschen und ihrer natürlichen Umwelt. […] Dieser Stoffwechsel ist seitens der Natur geregelt durch Naturgesetze, die die verschiedenen physikalischen Prozesse regeln und seitens der Gesellschaft durch institutionalisierte Normen, die die Arbeitsteilung, die Verteilung des Reichtums, usw. regeln.*[674]

In Anbetracht der zentralen Bedeutung, die Marx dem Begriff des Stoffwechsels beimaß – als den komplexen wechselseitigen Prozess, der die Menschen durch die menschliche Arbeit mit der Natur verbindet – sollte es nicht überraschen, dass dieser Begriff auch in Marx' Vorstellung einer zukünftigen Gesellschaft der assoziierten Produzent*innen eine bedeutende Rolle spielte: „Die Freiheit in diesem Gebiet [dem Reich der Naturnotwendigkeit]", schrieb er im dritten Band des *Kapitals*,

> *kann nur darin bestehn, daß der vergesellschaftete Mensch, die assoziierten Produzenten, diesen ihren Stoffwechsel mit der Natur rationell regeln, unter ihre gemeinschaftliche Kontrolle bringen, statt von ihm als von einer blinden Macht beherrscht zu werden; ihn mit dem geringsten Kraftaufwand und unter den ihrer menschlichsten Natur würdigsten und adäquatesten Bedingungen vollziehn.*[675]

Um die Bedeutung von Marx' Gebrauch des Begriffs „Stoffwechsel" für die Erklärung des Mensch-Natur-Verhältnisses durch die gesellschaftliche Produktion vollständig zu verstehen, ist es notwendig, kurz zu analysieren, wie dieser Begriff entstand und wie er sich entwickelte. Der Begriff „Stoffwechsel" wurde bereits im Jahr 1815 eingeführt und von deutschen Physiologen in den 1830ern und 1840ern adaptiert, um in erster Linie auf den materiellen Austausch im Körper im Zuge der Atmung zu verweisen. Doch durch Liebigs Gebrauch in seiner *Thier-Chemie* 1842, dem großartigen Werk, das auf die *Agricultur-Chemie* von 1840 folgte, wurde der Begriff umfassender verwendet (und erhielt somit eine größere Verbreitung). In seiner *Thier-Chemie* führte Liebig den

---

674 Tim Hayward, *Ecological Thought*, Cambridge: Polity, 1994, S. 116.

675 Marx, *Kapital Bd. III*, S. 828.

Begriff des Stoffwechselprozesses im Kontext des Gewebeabbaus ein. Später wurde er noch weiter verallgemeinert und entwickelte sich somit zu einem Schlüsselbegriff in der Biochemie, da er sowohl in der Analyse auf der zellularen Ebene, als auch in der Analyse ganzer Organismen genutzt werden konnte.[676]

In Liebigs *Thier-Chemie* wurde der materielle Begriff des Stoffwechsels ziemlich inkonsistent mit der Idee einer „vitalen Kraft" vermischt, mit der Liebig auf einen früheren Vitalismus zurückgriff, der die physiologische Bewegung mit unbekannten, ja sogar mystischen Quellen (Unwägbarkeiten), die nicht auf den materiellen Austausch reduziert werden konnten, in Verbindung brachte. (Liebigs Beitrag leitete damit eine ganze Analysetradition des sogenannten „vitalen Materialismus" ein, der versuchte, mechanistische Zugänge zur Biochemie zu vermeiden.) Seine diesbezügliche Analyse wurde 1845 von dem deutschen Wissenschaftler Julius Robert Mayer angegriffen, einem der vier Entdecker des Energieerhaltungssatzes in den frühen 1840ern Jahren. In einem Aufsatz mit dem Titel „Die organische Bewegung in ihrem Zusammenhange mit dem Stoffwechsel"[677] argumentierte Mayer im Gegensatz zu Liebig, dass die Vorstellung einer „vitalen Kraft" nicht notwendig sei und dass der Stoffwechsel vollständig in Begriffen eines wissenschaftlichen Materialismus erklärt werden könne, der die Energetik (die Erhaltung von Energie und ihr Austausch) betonte. Deshalb wurde die ganze Vorstellung des Stoffwechsels mit dem allgemeinen Wandel hin zur Energetik in der Wissenschaft verbunden und war somit auch wesentlich für die Entwicklung der „quantitativen Ökologie". Marx' eigener Gebrauch des Begriffs in den 1860ern, um das Verhältnis der menschlichen Arbeit zu ihrer Umwelt zu erklären, stimmte mit dem allgemeinen Wandel hin zur Energetik in der Wissenschaft überein.[678]

Dies war kein bloßer Zufall, denn Marx war sich dieser wissenschaftlichen Debatten wohl bewusst. Er verfolgte das Werk des

---

[676] Justus von Liebig, *Die Thierchemie, oder die organische Chemie in ihrer Anwendung auf Physiologie und Pathologie*, Braunschweig: Vieweg, 1842; Franklin C. Bing, „The History of the Word ‚Metabolism'", *Journal of the History of Medicine and Allied Arts*, Bd. 26, Nr. 2 (April 1971), S. 158-80; Brock, *Justus von Liebig*, S. 157; Kenneth Caneva, *Robert Mayer and the Conservation of Energy*, Princeton: Princeton University Press, 1993, S. 117.

[677] Julius Robert Mayer, *Die organische Bewegung in ihrem Zusammenhange mit dem Stoffwechsel*, Heilbronn: C. Drechsler'sche Buchhandlung, 1845.

[678] Caneva, *Robert Mayer*, S. 262-65; Brock, *Justus von Liebig*, S. 251-2; Juan Martinez-Alier, *Ecological Economics*, Oxford: Basil Blackwell, 1987, S. 110. Zum „vitalen

britischen Physikers John Tyndall sehr genau und eben dieser hatte Mayers Arbeit in den 1860ern verteidigt. Engels war ebenso mit Mayers Beiträgen und den allgemeinen wissenschaftlichen Diskussionen auf diesem Gebiet vertraut und gab sicherlich einige seiner Kenntnisse auch an Marx weiter. Zusätzlich hatte Marx 1864 das Werk des deutschen Physiologen Theodor Schwann studiert, der 1839 die Vorstellung eines zellularen Stoffwechsels eingeführt und damit Liebig, Mayer und andere beeinflusst hatte, und war tief davon beeindruckt.[679]

Beginnend mit den 1840ern bis zum heutigen Tag wird der Begriff des Stoffwechsels als eine Schlüsselkategorie in systemtheoretischen Zugängen zur Wechselbeziehung von Organismen und ihrer Umwelt verwendet. Er fasst den komplexen biochemischen Prozess des Stoffwechsels, durch den ein Organismus (oder eine gegebene Zelle) Material und Energie aus ihrer Umwelt aufnimmt und diese durch verschiedene Stoffwechselreaktionen in Bausteine für Wachstum verwandelt. Zusätzlich wird der Begriff des Stoffwechsels verwendet, um auf spezifische *regulatorische Prozesse* zu verweisen, die das komplexe Wechselverhältnis zwischen Organismen und ihrer Umwelt regulieren. Eugene Odum und andere führende Systemökolog*innen verwenden den Begriff des „Stoffwechsels" heute auf allen biologischen Ebenen, beginnend mit der einzelnen Zelle bis hin zum Ökosystem.[680]

In Anbetracht all dessen ist es einigermaßen überraschend, dass Alfred Schmidt in seinem Buch *Der Begriff der Natur in der Lehre von Marx* (1962) behauptet, Marx habe die Stoffwechsellehre des deutschen Chemikers Jakob Moleschott einfach nur mit nur einigen wenigen Änderungen übernommen. Als Beleg dafür

---

Materialismus" siehe Timothy Lenoir, *The Strategy of Life: Teleology and Mechanics in Nineteenth Century German Biology*, Boston: D. Reidel Publishing Co., 1982. Thomas Hall liefert zwei Gründe dafür, warum Liebig eher als ein „vitaler Materialist" statt als ein Vitalist anzusehen ist: erstens wegen seiner Behauptung, dass hinter der „Lebenskraft" chemische Prozesse steckten (auf die erstere jedoch nicht zu reduzieren war); zweitens wegen seines Arguments über die Entstehung der „Lebenskraft" aus der einfachen Materie, was ein „emergentistisches" Argument nahelegt. Hall, *Ideas of Life and Matter*, Bd. 2, S. 269-71.

[679] Uranovsky, „Marxism and Natural Science", S. 140; Robert Bruce Lindsay (Hrsg.), *Julius Robert Mayer: Prophet of Energy*, New York: Pergamon, 1973, S. 11-12; Draper, *Marx-Engels Glossary*, S. 189.

[680] Marina Fischer-Kowalski, „Society's Metabolism", in: Redclift/Woodgate (Hrsg.), *International Handbook of Environmental Sociology*, S. 120; Eugene Odum, „The Strategy of Ecosystem Development", *Science*, Bd. 164 (1969), S. 262-70.

zitiert Schmidt aus einem Buch von Moleschott aus dem Jahr 1857, in dem Moleschott folgendes festhält:

> *Diesem Austausch des Stoffs hat man den Namen Stoffwechsel gegeben. Man spricht das Wort mit Recht nicht ohne ein Gefühl der Verehrung aus. Denn wie der Handel die Seele ist des Verkehrs, so ist das ewige Kreisen des Stoffs die Seele der Welt. [...] Ich habe kein Hehl, es auszusprechen: die Angel, um welche die heutige Weltweisheit sich dreht, ist die Lehre vom Stoffwechsel.*[681]

Nun gibt es aber für Schmidts Schlussfolgerung bezüglich Moleschotts direktem Einfluss auf Marx keine logische Grundlage oder Beweise. Der Begriff „Stoffwechsel" war in der wissenschaftlichen Literatur bereits gut etabliert, als Moleschott dies schrieb. Und obwohl Marx Moleschotts Werk kannte (in London besuchte er Vorlesungen von Moleschott, wie auch von Liebig, Tyndall und Thomas Huxley), und dieses bei der Verwendung des Begriffs durchaus eine Rolle gespielt haben mag, gibt es keine Beweise dafür, dass Marx das Werk von Moleschott besonders ernst nahm.[682] Im Unterschied dazu hatte Marx Liebig sehr genau studiert und war zweifellos auch mit dessen früherem und einflussreicherem Gebrauch des Begriffs vertraut. Darüber hinaus blieb Marx im *Kapital* bei dem Gebrauch des Begriffs sehr nahe an Liebigs Argumentation – oft auch mit direkten Anspielungen auf Liebig. Angesichts Moleschotts Tendenz, zwischen mechanistischem Materialismus und Mystizismus hin- und herzuschwanken, ist es unwahrscheinlich, dass seine Analyse Marx zusagte.

Der weitverbreitete Gebrauch des Begriffs des Stoffwechsels in diesem Jahrzehnt, der nicht einem Denker allein zugeschrieben werden kann – obwohl freilich Liebig eine wichtige Rolle spielte – wurde auch von Engels im *Anti-Dühring* (1877-1878) hervorgehoben. Die Tatsache, dass der „Stoffwechsel" oder der „organische Stoffwechsel", so Engels, die „allgemeinste und bezeichnendste

681 Jacob Moleschott, *Der Kreislauf des Lebens*, Mainz 1857, S. 40f., zitiert nach Schmidt, *Der Begriff der Natur in der Lehre von Marx*, S. 86f.

682 Paul Heyer, *Nature, Human Nature, and Society: Marx, Darwin and the Human Science*, Westport, Conn.: Greenwod Press, 1982, S. 12. Jedoch muss festgehalten werden, dass Schmidt in einer Fußnote einräumt, dass Liebig den Begriff in seinen *Chemischen Briefen* bereits 1851, vor Moleschott, auf die soziale Sphäre angewandt hatte. Schmidt, *Der Begriff der Natur in der Lehre von Marx*, S. 87.

Erscheinung des Lebens [ist], ist seit dreißig Jahren von physiologischen Chemikern und chemischen Physiologen unzähligemal gesagt"[683] worden. Später, in der *Dialektik der Natur*, fügte er in einer Erörterung von Liebig, Helmholtz und Tyndall, die alle zur Wendung zur Energetik in der Wissenschaft in den 1840ern und 1850ern beigetragen hatten, hinzu: „Leben ist die Daseinsweise der Eiweißkörper, deren wesentliches Moment im *fortwährenden Stoffwechsel mit der äußeren sie umgebenden Natur besteht* und die mit dem Aufhören dieses Stoffwechsels auch aufhört und die Zersetzung des Eiweißes herbeiführt."[684] (Für Engels war dieser Stoffwechsel eine Grundbedingung, ja gar die „Definition des Lebens" – wobei ihm diese Definition natürlich „natürlich sehr ungenügend"[685] schien. Darüber hinaus wurde der Austausch von Materie auch in Abwesenheit von Leben beobachtet). Es scheint also keine ernsthafte Grundlage für die Annahme zu geben, dass sich Marx in seiner Anwendung des Begriffs des Stoffwechsels in den späten 1850ern und den 1860ern hauptsächlich (oder überhaupt) auf Moleschott bezog.[686]

Marina Fischer-Kowalski, die ihre Bemerkungen auf Schmidts Interpretation gründet, argumentiert noch eigentümlicher, indem sie behauptet, dass „Schmidt zufolge Marx sein Verständnis des Stoffwechsels aus dieser Quelle [Moleschott] gewann und somit eine Vorstellung von trophischer Hierarchie, Nahrungsketten und Nährstoffkreisläufen übernahm und nicht ein organismisches, biochemisches Verständnis des Stoffwechsels." Die Tatsache, dass Marxens Analyse auf diesem Gebiet hauptsächlich von Liebig abgeleitet war (und zweifellos auch von Mayer, Tyndall und Schwann beeinflusst wurde), widerspricht jedoch der Behauptung, seine Analyse sei weder wesentlich biochemisch noch wesentlich organismisch. In der Tat ist es zweifellos ein Fehler, solche Themen wie den „Nährstoffkreislauf" vom „biochemischen Verständnis des Stoffwechsels" zu trennen, wie Fischer-Kowalski dies getan hat, da der erstere ja Teil des Stoffwechselprozesses im Leben der Organismen ist. Deswegen verweist Marx auf den „natürlichen Stoffwechsel des Menschen", wenn er den komplexen,

[683] Engels, *Anti-Dühring*, S. 75.

[684] Friedrich Engels, *Dialektik der Natur*, in: MEW Bd. 20, S. 305-570, Hier: S. 559-60

[685] Engels, *Anti-Dühring*, S. 77.

[686] Engels, *Dialektik der Natur*, S. 559-60. Der hauptsächliche Kontext von Engels' Erörterung war eine Kritik an Liebigs Spekulation über die Ursprünge des Lebens, der zufolge Leben genauso lange existierte wie Materie.

ineinandergreifenden biochemischen Prozess bei der Aufnahme von Nährstoffen und der Produktion von menschlichem Abfall und menschlichen Exkrementen erörtert.[687]

Brauchbarer ist Fischer-Kowalskis Verweis darauf, dass der Begriff des Stoffwechsels der „neue Lieblingsbegriff“ im sozioökologischen Denken ist, und zwar aufgrund des Aufkommens fächerübergreifender Forschung über den „industriellen Stoffwechsel“. Diese Forschung beschäftigt sich mit den regulativen Prozessen, die den Ausstoß von Materialien und Energie eines gegebenen industriellen Komplexes untersuchen.[688] Darüber hinaus wird der Begriff des Stoffwechsels häufig in einem umfassenderen Kontext angewandt, um den materiellen Austausch zwischen Stadt und Land zu analysieren, ähnlich wie Liebig und Marx den Begriff verwendeten. Für Forscher*innen auf diesem Gebiet ist heute üblich, wie Fischer-Kowalski festhielt, anzuerkennen, dass „in den Grundlegungen der Gesellschaftstheorie im 19. Jahrhundert es Marx und Engels waren, die den Begriff ‚Stoffwechsel‘ auf die Gesellschaft anwandten“.[689]

In jüngster Zeit bestehen Umwelttheoretiker*innen, die mit dem Begriff des „industriellen Stoffwechsels“ arbeiten, darauf, dass der Materialfluss in der menschlichen Produktion als wesentlicher Teil des menschlichen Stoffwechsels angesehen werden kann – ähnlich wie auch das Material, das Vögel nutzen, um ihre Nester zu bauen, gewöhnlich als ein Materialfluss verstanden wird, der mit dem Stoffwechsel der Vögel verbunden ist. Zum Beispiel inkludiert Fischer-Kowalski „als Teil des Stoffwechsels eines gesellschaftlichen Systems *jene Materie- und Energieflüsse, die die materiellen Teile des Systems stützen.*“[690] Nichtsdestoweniger bleibt die Frage offen, wie ein solches System reguliert wird, insbesondere im Fall der menschlichen Gesellschaft. Im Fall von Marx war die Antwort die menschliche Arbeit in ihrer Entwicklung innerhalb geschichtlich spezifischer Gesellschaftsformationen.

687 Fischer-Kowalski, „Society's Metabolism“, S. 133; vgl. Marx, *Kapital Bd. III*, S. 110-13.

688 Fischer-Kowalski, „Society's Metabolism“, S. 119-20.

689 Ebd., S. 122.

690 Ebd., S. 121, 131.

Marx' Analyse der Nachhaltigkeit

Eine wesentliche Komponente des Stoffwechselkonzepts war immer die Vorstellung, dass der Stoffwechsel die Grundlage für die Aufrechterhaltung des komplexen, lebensnotwendigen Geflechts von Wechselwirkungen darstellt und Wachstum möglich macht. Marx nutzte den Begriff des „Risses" im Stoffwechselverhältnis von Mensch und Erde, um die materielle Entfremdung der Menschen innerhalb der kapitalistischen Gesellschaft von den natürlichen Bedingungen zu fassen, welche die Grundlage ihrer Existenz darstellen (und die Marx die „ewige[n] Naturbedingung[en] des menschlichen Lebens"[691] nannte).

Marx bestand darauf, dass die kapitalistische Gesellschaft einen solchen metabolischen Riss zwischen Menschen und dem Boden geschaffen hatte, und argumentierte so, dass die Naturbedingungen der Nachhaltigkeit zerstört worden waren. „Die kapitalistische Produktion", schrieb Marx, „wirft sich erst auf Land, nachdem ihr Einfluß es erschöpft und seine Naturgaben verwüstet hat."[692] Dies bezog sich aber nicht nur auf das Verhältnis zum Boden, sondern auch auf den Antagonismus zwischen Stadt und Land. Für Marx, wie auch für Liebig vor ihm, fand das Versagen, dem Boden die Nährstoffe zurückzugeben, die ihm in Form von Nahrung und Ballaststoffen entzogen worden waren, seine Entsprechung in der Verschmutzung der Städte und der Irrationalität des modernen Abwassersystems. Im dritten Buch des *Kapitals* hielt er fest, dass man „in London [...] mit dem Dünger von 41/2 Millionen Menschen nichts Beßres anzufangen [weiß], als ihn mit ungeheuren Kosten zur Verpestung der Themse zu gebrauchen."[693] Engels war in diesem Punkt nicht weniger deutlich. Als er in der *Wohnungsfrage* die Notwendigkeit festhielt, die antagonistische Arbeitsteilung zwischen Stadt und Land zu überwinden, verwies er, dabei Liebig folgend, auf die Tatsache, dass „in London allein eine größere Menge Dünger, als das ganze Königreich Sachsen produziert, Tag für Tag unter Aufwendung ungeheurer Kosten – in die See geschüttet wird".[694] Es sei deshalb

[691] Marx, *Kapital Bd. I*, S. 198.

[692] Marx, *Theorien über den Mehrwert. Dritter Teil*, MEW 26.3, Berlin: Dietz, 1972, S. 295.

[693] Marx, *Kapital Bd. III*, S. 110.

[694] Engels, *Zur Wohnungsfrage*, S. 279

notwendig, „eine innige Verbindung der industriellen mit der ackerbauenden Produktion", sowie „eine möglichst gleichmäßige Verteilung der Bevölkerung über das ganze Land"[695] wiederherzustellen (ein Argument, das Marx und Engels bereits im *Manifest* vorgetragen hatten). Im dritten Band des *Kapitals* beharrte Marx mit Nachdruck darauf, dass „die Exkremente, die aus dem natürlichen Stoffwechsel des Menschen hervorgehn"[696], zusammen mit dem Abfall der industriellen Produktion und Konsumtion dem Boden wieder zugeführt werden müssten, und zwar als Teil des vollständigen Stoffwechselkreislaufes.

Für Marx war der metabolische Riss, der auf der gesellschaftlichen Ebene mit der antagonistischen Trennung von Stadt und Land verbunden war, ebenso auf einer globaleren Ebene offensichtlich: Ganze Kolonien mussten zusehen, wie ihr Land, ihre Ressourcen, *und ihr Boden* (aus)geraubt wurden, um die Industrialisierung der kolonisierenden Nationen zu unterstützen. Liebig folgend, der behauptete, „Großbritannien raubt allen Ländern die Bedingungen ihrer Fruchtbarkeit" und dabei Irland als ein extremes Beispiel angeführt hatte, schrieb Marx, „daß England seit 11/2 Jahrhunderten den Boden von Irland indirekt exportiert hat, ohne seinen Bebauern auch nur die Mittel zum Ersatz der Bodenbestandteile zu gönnen."[697]

Die Schlussfolgerung ist also unvermeidbar, dass Marx' Sichtweise der kapitalistischen Landwirtschaft und des metabolischen Risses im naturbedingten Verhältnis des Menschen zum Boden ihn zu einem weitergefassten Begriff der ökologischen Nachhaltigkeit geführt hatte – eine Vorstellung, von der er meinte, sie habe wenig praktische Relevanz in der kapitalistischen Gesellschaft, da diese nicht in der Lage war, rationale wissenschaftliche Methoden auf diesem Gebiet anzuwenden. Jedoch war diese Vorstellung für die Gesellschaft der assoziierten Produzent*innen unerlässlich.

> *Aber die Abhängigkeit der Kultur der besondren Erdprodukte von den Schwankungen der Marktpreise, und der beständige Wechsel dieser Kultur mit diesen Preisschwankungen, der ganze Geist der kapitalistischen Produktion, der auf den*

[695] Ebd.

[696] Marx, *Kapital Bd. III*, S. 110.

[697] Marx, *Kapital Bd. I*, S. 730; Liebig, *Die Chemie in ihrer Anwendung („Einleitung")*, S. 133.

unmittelbaren nächsten Geldgewinn gerichtet ist, widerspricht der Agrikultur, die mit den gesamten ständigen Lebensbedingungen der sich verkettenden Menschengenerationen zu wirtschaften hat.[698]

Marx' Betonung der Notwendigkeit, die Erde zum Wohle der „sich verkettenden Menschengenerationen" zu erhalten (ein Gedanke, dem er bereits in den frühen 1840ern in Proudhons *Was ist Eigentum?* begegnete), fasst eben gerade das Wesen der heutigen Vorstellung einer nachhaltigen Entwicklung, wie sie bekannterweise durch die Brundtland-Kommission als „Entwicklung, die die Bedürfnisse der Gegenwart befriedigt, ohne zu riskieren, daß künftige Generationen ihre eigenen Bedürfnisse nicht befriedigen können" definiert wurde. Auch Marx brachte dies auf den Punkt, indem er schrieb, die „selbstbewußte[] rationelle[] Behandlung des Bodens als des gemeinschaftlichen ewigen Eigentums" sei die „unveräußerliche[] Existenz- und Reproduktionsbedingung der Kette sich ablösender Menschengeschlechter."[699] In einer wahrlich bemerkenswerten Passage des *Kapitals* schrieb Marx:

> *Vom Standpunkt einer höhern ökonomischen Gesellschaftsformation wird das Privateigentum einzelner Individuen am Erdball ganz so abgeschmackt erscheinen wie das Privateigentum eines Menschen an einem andern Menschen. Selbst eine ganze Gesellschaft, eine Nation, ja alle gleichzeitigen Gesellschaften zusammengenommen, sind nicht Eigentümer der Erde. Sie sind nur ihre Besitzer, ihre Nutznießer, und haben sie als boni patres familias [gute Familienväter] den nachfolgenden Generationen verbessert zu hinterlassen.*[700]

Gegen Ende seines Lebens wurden diese Themen für Marx zunehmend wichtiger, als er, als Ergebnis seiner Nachforschungen über das revolutionäre Potential der archaischen russischen Dorfgemeinde, den Gedanken entwickelte, dass es möglich sei, „organisierte[] und auf genossenschaftlicher Arbeit beruhende[]

---

[698] Marx, *Kapital Bd. III*, S. 630.

[699] Ebd., S. 820

[700] Ebd., S. 784.

Landwirtschaft“[701] zu schaffen und zwar durch den Gebrauch von „agronomischen Methoden“[702], die im Kapitalismus nicht vollständig oder rational angewandt werden würden. Der Vorteil eines solchen Systems wäre es dann, so argumentierte er, dass es „sich alle positiven Errungenschaften aneignen [könnte], die von dem kapitalistischen System geschaffen worden sind“[703], ohne jedoch auf dessen rein ausbeuterisches Verhältnis zum Boden, das heißt den Raub, der den Kapitalismus charakterisiert, zurückzufallen. Marx' Beschäftigung mit der Literatur der russischen Populisten gegen Ende seines Lebens und seine wachsende Überzeugung, dass die Revolution gegen den Kapitalismus zuerst in Russland stattfinden würde – wo ökonomischer und besonders auch landwirtschaftlicher Überfluss keineswegs selbstverständlich waren –, zwangen ihn, sich auf landwirtschaftliche Unterentwicklung und die ökologischen Erfordernisse eines rationaleren Agrarsystems zu fokussieren.[704]

Obwohl ihm solche Sichtweisen gewöhnlich zugeschrieben wurden, glaubte Marx keineswegs, dass die Antwort auf die Probleme der landwirtschaftlichen Entwicklung einfach in der Steigerung des Produktionsumfangs bestand. Vielmehr lehrte ihn seine Analyse die Gefahren der großen Agrikultur und auch, dass sich die Hauptfrage um das Stoffwechselverhältnis der Menschen zur Erde drehte. Deswegen konnte die Landwirtschaft nur dann in einem relativ großen Umfang betrieben werden, wenn die Bedingungen der Nachhaltigkeit aufrechterhalten blieben – etwas, das seiner Meinung nach jedoch unter den Bedingungen der großen kapitalistischen Landwirtschaft unmöglich war. Im dritten Band des *Kapitals* schrieb Marx: „Die Moral von der Geschichte [...] ist die, daß das kapitalistische System einer rationellen Agrikultur widerstrebt oder die rationelle Agrikultur unverträglich ist mit dem kapitalistischen System (obgleich dies ihre technische Entwicklung befördert) und entweder der Hand des selbst arbeitenden Kleinbauern oder der Kontrolle der assoziierten Produzenten bedarf.“[705] Marx und Engels argumentierten in ihren

[701] Karl Marx, „Entwürfe einer Antwort auf den Brief von V.I. Sassulitsch“, in: MEW Bd. 19, S. 384-406, hier: S. 392.

[702] Ebd.

[703] Ebd.

[704] Vgl. auch Shanin, *Late Marx and the Russian Road,* 1983.

[705] Marx, *Kapital Bd. III*, S. 131.

Schriften durchgehend, dass Großgrundbesitzer*innen in ihrem Verhältnis zur Erde destruktiver seien als freie Bäuer*innen. So schrieb Engels im *Anti-Dühring*, dass in Nordamerika „die großen Grundherrn des Südens mit ihren Sklaven und ihrem Raubbau den Boden erschöpften, bis er nur noch Tannen trug".[706]

Obwohl sie sich in einem beträchtlichen Ausmaß auf die Widersprüche der Zweiten Agrarrevolution und deren Verhältnis zur antagonistischen Trennung zwischen Stadt und Land konzentrierten, so folgte aus Marx' und Engels' materialistischer Geschichtsauffassung ebenso, dass sie (wenngleich weniger ausführlich) auch andere ökologische Problemfelder in den Blick nahmen, wie zum Beispiel die Erschöpfung der Kohlereserven, die Zerstörung der Wälder, und so weiter. So bemerkte Engels in einem Brief an Marx, „daß der arbeitende Mensch nicht nur ein Fixierer gegenwärtiger, sondern ein noch viel größerer Verschwender vergangner Sonnenwärme ist. Was wir in Verschleuderung von Energievorräten, Kohlen, Erze, Wälder usw. leisten, kennst Du besser als ich."[707] Marx selbst verwies auf die „verödend[en]" Effekte der „Entholzung"[708] und sah diese als ein langfristiges geschichtliches Ergebnis des ausbeuterischen Verhältnisses zur Natur, das alle bisherigen Zivilisationen charakterisiert hatte, nicht nur den Kapitalismus: „Die Entwicklung der Kultur und Industrie überhaupt hat sich von jeher so tätig in der Zerstörung der Waldungen gezeigt, daß dagegen alles, was sie umgekehrt zu deren Erhaltung und Produktion getan hat, eine vollständig verschwindende Größe ist."[709] Marx prangerte auch die Tatsache an, dass die Wälder in England „keine eigentlichen Wälder" mehr seien, da „[d]as Wild in den Parks der Großen [...] konstitutionelles Hausvieh, fett wie Londoner Aldermen"[710] wurde; während in Schottland die sogenannten „Wildwaldungen" [711], die zum Nutzen

[706] Engels, *Anti-Dühring*, S. 164. Engels schrieb die Zerstörung des Bodens durch den großen Grundbesitz nicht einfach dem Kapitalismus zu, sondern erwähnte auch die Zerstörungen in der römischen Zeit, wobei er sich auf Plinius berief.

[707] Friedrich Engels, „Brief an Marx vom 19. Dezember 1882", in: MEW Bd. 35, S. 133-135, hier: S. 134.

[708] Karl Marx, „Brief an Engels vom 25. März 1868", MEW Bd. 32, S. 51-53, hier: S. 53.

[709] Karl Marx, *Das Kapital. Kritik der politischen Ökonomie, Zweiter Band, Buch II: Der Zirkulationsprozeß des Kapitals*, herausgegeben von Friedrich Engels, MEW 24, Berlin: Dietz, 1963, S. 247.

[710] Marx, *Kapital Bd. 1*, S. 759.

[711] Ebd.

der Jäger (auf Kosten der bäuerlichen Arbeiter) angelegt worden waren, zwar Hirsche, aber keine Bäume umfassten. Unter dem Einfluss der antiken Materialisten und Darwin hatten Marx und Engels die uralte Vorstellung vom Menschen als Zentrum des Universums zurückgewiesen. Engels besaß „eine schmähliche Verachtung gegen die idealistische Überhebung des Menschen über die andern Bestien."[712] Von der cartesianischen Reduktion der Tiere auf bloße Maschinen findet sich im Denken von Marx und Engels keine Spur.

In den letzten Jahren hat sich die ökologische Ökonomie stark auf die Energetik und das Entropiegesetz konzentriert. In diesem Kontext wurde manchmal argumentiert, dass Marx und Engels einen Fehler begingen, indem sie die Bedeutung der Energie- und der Materialflüsse für die Theorie des ökonomischen Werts verkannten, und zwar im Kontext ihrer Zurückweisung der Arbeit des frühen ökologischen Ökonomen Sergei Podolinsky, der ab den 1880er Jahren einige Pionierarbeit auf diesem Gebiet geleistet hatte und sich selbst als einen Anhänger Marxens begriff. Diese Kritik wurde besonders von Juan Martinez-Alier in einer Reihe von Arbeiten geäußert.[713]

Nichtsdestotrotz besteht das gesamte „Beweismaterial" für solche Interpretationen aus zwei Briefen, die Engels auf Anfrage von Marx an diesen schrieb zur Einschätzung der Analyse Podolinskys, keine drei Monate vor Marx' Tod. In diesen Briefen akzeptierte Engels die allgemeine wissenschaftliche Basis, auf der Podolinskys Arbeit aufbaute, kritisierte jedoch die Mängel in dessen Analyse des Energietransfers, die die Energie, die von Düngemitteln in der Landwirtschaft übermittelt wurde, sowie die Bedeutung fossiler Energieträger nicht berücksichtigte. Im Allgemeinen war Engels der Auffassung, dass die Hindernisse zu groß seien, um den Energietransfer, den ökonomische Transaktionen mit sich führten, zu berechnen, so dass dies letztlich ein unpraktikables

712 Friedrich Engels, „Brief an Marx vom 14. Juli 1858", in: MEW Bd. 29, S. 337-339, hier: S. 338.

713 Juan Martinez-Alier und J. M. Naredo, „A Marxist Precursor of Energy Economics: Podolinsky", *Journal of Peasant Studies*, Bd. 9, Nr. 2 (1982), S. 207-24; Martinez-Alier, *Ecological Economics*, S. 45-63; und ders., „Political Ecology, Distributional Conflicts and Economic Incommensurability", *New Left Review*, Nr. 211 (Mai-Juni 1995), S. 71.

Unterfangen wäre. Jedoch war Engels mit solch Aussagen weit davon entfernt, das Gesetz der Entropie zurückzuweisen.

Marx selbst hat nie auf diesen Brief von Engels geantwortet, noch hat er Podolinskys Werk kommentiert; und da er einige Monate später verstarb, sagt auch dieses Schweigen nichts aus.[714] Wenn daher also Marx nicht in der Lage war, von Podolinskys Werk Gebrauch zu machen, so gilt dies jedoch nicht für Liebigs Einsichten, die er sehr wohl in seine eigene Analyse einbaute. Daher ist es bezeichnend, dass einige ökologische Ökonom*innen Marx' Werk so verstanden, dass dieses im Einklang mit Liebig die wesentlichen Elemente für eine thermodynamische Kritik an der kapitalistischen Landwirtschaft lieferte.[715]

Eine prominentere Kritik an Marx ist die, dass er die Bedeutung der Natur bei der Erzeugung von Reichtum geleugnet habe, indem er eine Arbeitswerttheorie aufstellte, die allen Wert von der Natur herleitete und die Natur als „Gratisnaturkraft des Kapitals"[716] auffasste. Eine solche Kritik leitet sich von einem fundamental falschen Verständnis von Marx' Zugang zur Frage der Nachhaltigkeit sowie auch der Marx'schen Ökonomie im Allgemeinen ab.[717] Die Vorstellung, die Erde sei ein „Geschenk" der Natur an das Kapital, wurde lange vor Marx von Malthus etabliert. Marx akzeptierte dies zwar als eine Realität der kapitalistischen Produktionsweise, war sich jedoch der sozialen und ökologischen Widersprüche bewusst, die eine solche Sicht beinhaltete. In seinen *Ökonomischen Manuskripten 1861-63* griff er Malthus wiederholt dafür an, den „ganze[n] Irrthum der Physiokraten"[718] potenziert zu wiederholen, wonach die Natur „a gift of nature to

---

[714] Friedrich Engels, „Brief an Marx vom 19. Dezember 1882", MEW Bd. 35, S. 133-35; ders., „Brief an Marx vom 22. Dezember 1882", in: MEW Bd. 35, S. 136-37. Vgl. auch Burkett, *Marx and Nature*, S. 131-32.

[715] Kozo Mayumi, „Temporary Emancipation from the Land", *Ecological Economics*, Bd. 4, Nr. 1 (1991), S. 35-36.

[716] Marx, *Kapital Bd. III*, S. 754.

[717] Vgl. Jean-Paul Deléage, „Eco-Marxist Critique of Political Economy", in: Martin O'Connor (Hrsg.), *Is Capitalism Sustainable?*, New York: Guilford, 1994, S. 48; Ward Churchill, *From a Native Son*, Boston: South End Press, 1996, S. 467-68; Nicholas Georgescu-Roegen, *The Entropy Law in the Economic Process*, Cambridge: Harvard University Press, 1971, S. 2. Eine überzeugende Antwort auf diese Kritiken, die mit der hier folgenden auch sehr eng verwandt ist, lieferte Burkett, *Marx and Nature*, S. 79-98.

[718] Karl Marx, *Zur Kritik der politischen Ökonomie (Manuskript 1861-1863). Teil 6*, in: MEGA Abt. II, Bd. 3.6, Berlin: Dietz, 1982, S. 2191.

man [engl. im Original, dt.: ein Geschenk der Natur an den Menschen]"[719] sei, und zu übersehen, wie dies mit den historisch spezifischen gesellschaftlichen Verhältnissen zusammenhing, die vom Kapital generiert wurden.

Nichtsdestotrotz wurde dieses Dogma der klassischen liberalen politischen Ökonomie in die neoklassische Ökonomie übernommen, und zwar im Werk des großen Wirtschaftstheoretikers Alfred Marshall, und in den Lehrbüchern der neoklassischen Ökonomie bis weit in die 1980er-Jahre hinein beibehalten. So heißt es beispielsweise in der zehnten Auflage (1987) eines weit verbreiteten einführenden Lehrbuchs in die Ökonomie von Campbell McConnell: „Land meint alle natürlichen Ressourcen – alle ‚Geschenke der Natur' –, die im Produktionsprozess genutzt werden können." Und etwas weiter finden wir dann Folgendes: „Land führt keine Produktionskosten mit sich; es ist ein ‚freies und nichtreproduzierbares Geschenk der Natur'".[720]

Marx stimmte zwar mit der klassischen liberalen politischen Ökonomie überein, dass *im Rahmen des Wertgesetzes im Kapitalismus* der Natur kein Wert zugestanden wurde. Marx schrieb im dritten Buch des Kapitals: „Die Erde ist z.B. als Produktionsagent bei der Herstellung eines Gebrauchswerts, eines materiellen Produkts, des Weizens, tätig. Aber sie hat nichts zu tun mit der Produktion des *Weizenwerts*."[721] Der *Wert* des Weizens entsteht, so wie bei jeder Ware im Kapitalismus, durch Arbeit. Für Marx war dies jedoch bloß ein Hinweis darauf, wie eng und beschränkt die Vorstellung von Reichtum war, die mit den kapitalistischen Warenverhältnissen und dem auf Tauschwert basierenden System verbunden war. Wahrer Reichtum, so argumentierte er, bestand aus Gebrauchswerten. Diese zeichnen die Produktion im Allgemeinen aus unabhängig von ihrer spezifisch kapitalistischen Form. Tatsächlich war es der dem Kapitalismus inhärente Widerspruch zwischen Gebrauchswert und Tauschwert, den Marx als einen der zentralen Widersprüche der gesamten Dialektik des Kapitals erachtete. Die Natur, die zur Produktion von Gebrauchswerten beitrug, war genauso eine Quelle des Reichtums wie Arbeit – obwohl ihr Beitrag zum Reichtum vom System negiert wurde. Sogar die

[719] Ebd., S. 2193. S. Malthus, *Pamphlets*, S. 185.

[720] Campbell McConnell, *Economics*, New York: McGraw Hill, 1987, S. 20, 672; Alfred Marshall, *Principles of Economics*, London: Macmillan, 1920.

[721] Marx, *Kapital Bd. III*, S. 824.

Arbeit selbst war letztlich auf natürliche Eigenschaften reduzierbar – eine Aussage, die tief in der materialistischen Tradition verankert ist und bis auf Epikur zurückreicht. So schrieb Marx im Kapital: „Es versteht sich von selbst mit Lucretius ‚nil posse creari de nihilo'. Aus nichts wird nichts. ‚Wertschöpfung' ist Umsatz von Arbeitskraft in Arbeit. Ihrerseits ist die Arbeitskraft vor allem in menschlichen Organismus umgesetzter Naturstoff."[722]

In den *Grundrissen* schrieb Marx: „Die Natur baut keine Maschinen, keine Lokomotiven, Eisenbahnen, electric telegraphs [elektrische Telegraphen], selfacting mules [automatische Spinnmaschine], etc. Sie sind Produkte der menschlichen Industrie; natürliches Material, verwandelt in Organe des menschlichen Willens über die Natur oder seine Betätigung in der Natur. Sie sind von der *menschlichen Hand geschaffne Organe des menschlichen Hirns*; vergegenständlichte Wissenskraft."[723] Die Menschen geben also durch ihre Arbeit der schon existierenden materiellen Natur eine neue Form, das heißt sie transformieren sie aktiv. „Die Arbeit ist das lebendige, gestaltende Feuer; die Vergänglichkeit der Dinge, ihre Zeitlichkeit, als ihre Formung durch die lebendige Zeit."[724] (Dabei knüpfte Marx an Epikurs Vorstellung des vergänglichen Wesens der Dinge an, der Materie als bloß „verkörperter Zeit", wie er es in seiner Doktordissertation formuliert hatte; vgl. Kapitel 2.)

In Übereinstimmung mit dieser Auffassung, die sowohl die materielle Natur, als auch die transformative Rolle der Arbeit in Betracht zog, hielt Marx im *Kapital* fest: „Arbeit ist also nicht die einzige Quelle der von ihr produzierten Gebrauchswerte, des stofflichen Reichtums. Die Arbeit ist sein Vater, wie William Petty sagt, und die Erde seine Mutter."[725] In der *Kritik des Gothaer Programms* brachte Marx eine scharfe Kritik jener Sozialisten wie Ferdinand Lassalle vor, die, wie Marx meinte, „der Arbeit *übernatürliche Schöpfungskraft*" zuschrieben und sie als die einzige Quelle des

---

722 Marx, *Kapital Bd. I*, S. 229.

723 Marx, *Grundrisse*, S. 602.

724 Ebd., S. 40. Marx' Vorstellung der Arbeit als „lebendige[s], gestaltende[s] Feuer" kann hier in Bezug gesetzt werden zu dem, was im *Kapital* regelmäßig als „Lebenskraft" bezeichnet wird. In dieser Hinsicht scheint er Liebigs Vorstellung einer „Lebenskraft" als Leben-in-Bewegung, das aktiv Materie transformiert und neue Organisationsformen schafft, übernommen zu haben. Dies stimmt überein mit Marx' eigener „emergentistischer" Herangehensweise. Vgl. Hall, *Ideas of Life and Matter*, S. 269-71.

725 Marx, *Kapital Bd. I*, S. 58.

Reichtums angesehen hatten und den Beitrag der Natur unter den Tisch fallen ließen.[726] Im Kommunismus, darauf bestand Marx, musste Reichtum in viel allgemeineren Begriffen gefasst werden, nämlich als bestehend aus den materiellen Gebrauchswerten, die die Grundlage für eine vollständige Entwicklung der menschlichen Kreativität bildeten, „die Entwicklung der reichen Individualität, die ebenso allseitig in ihrer Produktion als Konsumtion ist"[727] sind. Dabei würde der Reichtum an Verbindungen, welche die Natur ermöglicht, ausgedehnt und zugleich der komplexe und veränderliche menschliche Stoffwechsel mit der Natur ausgedrückt werden.[728]

Eine noch wichtigere ökologisch motivierte Kritik, die oft gegen Marx vorgebracht wurde, behauptet, dass er eine sehr optimistische, ja technikgläubige Sicht auf die Bedingungen hatte, die in einer post-kapitalistischen Gesellschaft aufgrund der Produktivkraftentwicklung im Kapitalismus bestehen würden. Gemäß dieser Interpretation verließe sich Marx in seiner Vorstellung der zukünftigen Gesellschaft so sehr auf dem Überfluss, dass ökologische Bedenken – wie zum Beispiel die Knappheit an natürlichen Ressourcen und äußere Schranken der Produktion – einfach ausgeblendet würden. So behauptete Alec Nove, Marx habe geglaubt, dass „das Problem der Produktion im Kapitalismus ‚gelöst' wurde" und dass die zukünftige Gesellschaft der assoziierten Produzent*innen das „Problem der Allokation knapper Ressourcen nicht ernst nehmen müsste", was natürlich auch impliziere, ein „ökologisch bewusster" Sozialismus sei gar nicht nötig.[729]

Anstatt aber zu argumentieren, dass natürliche Ressourcen „unerschöpflich" und der ökologische Überfluss schlicht durch die Entwicklung der kapitalistischen Produktivkräfte garantiert wäre, wie Nove dies Marx unterstellt, bestand dieser selbst jedoch immer wieder darauf, dass der Kapitalismus mit einem chronischen Problem der Produktion in der Landwirtschaft zu kämpfen habe, das letztlich auf die nicht-nachhaltige Art und Weise, in der diese Produktion organisiert war, zurückgeführt werden konnte. Marx argumentierte, dass die Landwirtschaft im

[726] Marx, *Kritik des Gothaer Programms*, MEW Bd. 19, S. 15.

[727] Marx, *Grundrisse*, S. 244.

[728] Vgl. auch Michael Lebowitz, *Beyond Capital*, New York: St. Martin's Press, 1992, S. 69-100.

[729] Alec Nove, „Socialism", S. 399.

Allgemeinen „wenn naturwüchsig vorschreitend und nicht bewußt beherrscht [...][,] Wüsten hinter sich zurückläßt, Persien, Mesopotamien etc., Griechenland.“[730]

Marx war sich der enormen Abfälle in der Industrie bewusst und betonte die Notwendigkeit der „Reduktion“ und der „Wiederbenutzung“ der Abfälle, insbesondere in einem Abschnitt des dritten Bandes des *Kapitals* mit dem Titel „Nutzbarmachung der Exkremente in der Produktion“. Darüber hinaus deutete er an, dass diese Probleme jede Gesellschaft plagen würden, die versuche, den Sozialismus oder den Kommunismus aufzubauen. Wenngleich einige Kritiker*innen wie Andrew McLaughlin meinen, dass sich Marx „einen verallgemeinerten materiellen Überfluss als Grundlage des Kommunismus“ vorstellte und daher „keinen Grund dafür sah, sich um Befreiung der Natur aus der menschlichen Herrschaft zu kümmern“, so widerspricht solchen Ansichten das überwältigende Beweismaterial in Marx' Texten selbst, in denen er eine tiefe Besorgnis für Fragen der ökologischen Schranken und der Nachhaltigkeit an den Tag legt.[731]

Darüber hinaus gibt es in Marx' gesamten umfangreichen Werk schlicht keine Hinweise darauf, dass er der Ansicht gewesen sei, ein nachhaltiges Verhältnis zur Erde würde sich mit dem Übergang zum Sozialismus automatisch einstellen. Vielmehr betonte er die Notwendigkeit einer Planung auf diesem Gebiet, die mit Maßnahmen zur Aufhebung der Arbeitsteilung zwischen Stadt und Land beginnen sollte. Diese beinhalteten eine gleichmäßigere Verteilung der Bevölkerung, die Integration von Industrie und Landwirtschaft sowie die Wiederherstellung und Verbesserung des Bodens durch die Wiederverwertung der Bodennährstoffe. All dies erforderte offensichtlich eine revolutionäre Umwandlung des menschlichen Verhältnisses zur Erde. Der Kapitalismus, so Marx, „schafft aber zugleich die materiellen Voraussetzungen einer neuen, höheren Synthese, des Vereins von Agrikultur und Industrie, auf Grundlage ihrer gegensätzlich ausgearbeiteten Gestalten.“[732] Um jedoch diese „höhere[] Synthese“ zu schaffen, so argumentierte er, wäre es für die assoziierten Produzent*innen in der neuen Gesellschaft notwendig, „diesen ihren Stoffwechsel mit der

---

730 Marx, „Brief an Engels vom 25. März 1868“, MEW Bd. 32, S. 53.

731 Marx, *Kapital Bd. III*, S. 112; Andrew McLaughlin, „Ecology, Capitalism and Socialism“, *Socialism and Democracy*, Bd. 10 (1990), S. 69-102.

732 Marx, *Kapital Bd. I*, S. 528.

Natur rationell [zu] regeln“[733] – eine Anforderung, die für die postrevolutionäre Gesellschaft eine grundsätzliche und fortwährende Herausforderung darstellt.[734]

Im Übergang zur Gesellschaft der assoziierten Produzent*innen

Marx verstand den Kapitalismus als eine Klassengesellschaft, die von einer extremen Spaltung der Bevölkerung innerhalb der Gesellschaft gekennzeichnet war, die wiederum in einer nicht weniger extremen Trennung der Bevölkerung von der Erde wurzelte. „Alle Produktion“ in allen Gesellschaftsformen, schrieb er in den *Grundrissen*, „ist Aneignung der Natur von seiten des Individuums innerhalb und vermittelst einer bestimmten Gesellschaftsform.“[735] Das kapitalistische System des Privateigentums jedoch, das sich sowohl vom Gemeineigentum, als auch jenem Privateigentum, das in dem individuellen Landbesitz der freien Bäuer*in gründet, unterscheidet, entsteht durch die Abtrennung jeglicher unmittelbaren Verbindung der Masse der Bevölkerung zur Erde, oft auch durch gewaltsame Entfernung. Folglich ist die „Voraussetzung“ für die Entwicklung der kapitalistischen Lohnarbeit „die Trennung der freien Arbeit von den objektiven Bedingungen ihrer Verwirklichung – von dem Arbeitsmittel und dem Arbeitsmaterial [...] Also vor allem Loslösung des Arbeiters von der Erde als seinem natürlichen Laboratorium“.[736] Die schiere Existenz des Kapitals setzte für Marx deshalb einen „historischen Prozeß [voraus], der die verschiednen Formen auflöst, in denen der Arbeiter Eigentümer ist oder der Eigentümer arbeitet. Also vor allem 1. das *Auflösen* des Verhaltens zur Erde – Grund und Boden – als natürlicher Produktionsbedingung –, zu der er sich als seinem eignen unorganischen Dasein verhält [...] 2. *Auflösen der Verhältnisse,* worin er *als Eigentümer des Instruments* erscheint.“[737] Diese Auflösung des organischen Verhältnisses zwischen der menschlichen Arbeit und der Erde nahm die Form dessen an, was klassische Ökonomen, so auch

733 Marx, *Kapital Bd. III,* S. 828.

734 Vgl. ebenfalls Friedrich Engels, *Grundsätze des Kommunismus,* MEW Bd. 4, S. 361-380, hier: S. 375-77 (Antwort auf die 20. Frage).

735 Marx, *Grundrisse,* S. 23.

736 Ebd., S. 383.

737 Ebd., S. 405

Marx, „ursprüngliche“ Akkumulation genannt hatten. In diesem Prozess vollzog sich die Genese des kapitalistischen Systems.

Am Ende des ersten Bandes des *Kapitals*, im siebten Abschnitt, der wiederum aus fünf Kapiteln besteht, beschrieb Marx die „sogenannte ursprüngliche Akkumulation“, in dem er, beginnend mit dem 14. Jahrhundert, den langwierigen geschichtlichen Prozess darstellte, im Zuge dessen die große Masse der Bevölkerung oft gewaltsam von ihrem Boden entfernt „und als vogelfreie Proletarier auf den Arbeitsmarkt geschleudert [wurde].“[738] Dieser geschichtliche Prozess der „Expropriation des ländlichen Produzenten, des Bauern“[739] ging Hand in Hand mit der Genesis des kapitalistischen Pächters und des industriellen Kapitalisten.

In England, wo dieser Prozess zur Zeit, als Marx darüber schrieb, am weitesten fortgeschritten war – und das er deshalb als Beispiel für die klassische Form der ursprünglichen Akkumulation ansah – machte der Adel, der sich früh in einen Geldadel gewandelt hatte, die „Verwandlung von Ackerland in Schafweide“ zu seinem „Losungswort“.[740] Der Prozess der Enteignung der Bäuer*innen nahm die Form der Einfriedung von Gemeindeland an, was folglich die freien Landarbeiter*innen von ihren Produktionsmitteln trennte und sie zu Paupern und Proletarier*innen machte, die nur durch den Verkauf ihrer Arbeitskraft in den Städten überleben konnten. In der Entwicklung seiner Kritik dieser geschichtlichen Bewegung wies Marx Bacons Kritik der „entvölkernde[n] Usurpation der Gemeindeländereien“[741] in *The Reign of Henry VII* [dt.: Die Herrschaft Henry VII.] und Thomas Morus' *Utopia*, in der dieser festhielt, England sei ein „sonderbare[s] Land, wo ‚Schafe die Menschen auffressen‘“[742], einen gesonderte Bedeutung zu. Die Reformation und der „Diebstahl“ der Kirchengüter gab diesem ganzen Prozess neuen Auftrieb. „Die katholische Kirche“ war zur Zeit der Reformation, wie Marx anmerkte, „Feudaleigentümerin eines großen Teils des englischen Grund und Bodens.“[743] Mit der Beschlagnahmung der kirchlichen Ländereien wurden unzählige Bäuer*innen vertrieben. Die Pauperisierung war so gewaltig, dass Königin Elizabeth

[738] Marx, *Kapital Bd. I*, S. 744.

[739] Ebd.

[740] Ebd., S. 746.

[741] Zitiert in ebd., S. 747.

[742] Zitiert ebd.

[743] Ebd., S. 749.

gezwungen war, eine Armensteuer einzuführen, die den Beginn der Armengesetze darstellte. „In der Tat wirkten Usurpation des Gemeindelands und die sie begleitende Revolution der Agrikultur", nach Marx, „so akut auf die Ackerbauarbeiter, daß [...] zwischen 1765 und 1780 ihr Lohn anfing, unter das Minimum zu fallen und durch offizielle Armenunterstützung ergänzt"[744] werden musste.

Diese Veränderungen läuteten auch das Ende der *Yeomanry* [unabhängige Bauernschaft, die Freibauern; Anm. d. Übers.] ein, die noch im 17. Jahrhundert viel zahlreicher als die Pächter*innenklasse war und die das Rückgrat von Cromwells *New Model Army* [Parlamentsarmee während des englischen Bürgerkriegs 1645-60; Anm. d. Übers.] gebildet hatte. Im 18. Jahrhundert war die Yeomanry einfach verschwunden. Zahlreiche parlamentarische „Bills for Inclosure of Commons" [Gesetze für die Einhegung des Gemeindelandes; Anm. d. Übers.] wurden eingeführt, um die Aneignung des Gemeindelandes zu legalisieren. „Im 19. Jahrhundert verlor sich natürlich selbst die Erinnerung des Zusammenhangs zwischen Ackerbauer und Gemeindeeigentum."[745] Der Prozess der Einhegungen ging jedoch auch im 19. Jahrhundert weiter. „Als Beispiel der im 19. Jahrhundert herrschenden Methode", schrieb Marx,

> *genügen hier die „Lichtungen" der Herzogin von Sutherland. Diese ökonomisch geschulte Person beschloß gleich bei ihrem Regierungsantritt eine ökonomische Radikalkur vorzunehmen und die ganze Grafschaft, deren Einwohnerschaft durch frühere, ähnliche Prozesse bereits auf 15.000 zusammengeschmolzen war, in Schaftrift zu verwandeln. Von 1814 bis 1820 wurden diese 15.000 Einwohner, ungefähr 3.000 Familien, systematisch verjagt und ausgerottet. Alle ihre Dörfer wurden zerstört und niedergebrannt, alle ihre Felder in Weide verwandelt. Britische Soldaten wurden zur Exekution kommandiert und kamen zu Schlägen mit den Eingebornen. Eine alte Frau verbrannte in den Flammen der Hütte, die sie zu verlassen sich weigerte. So eignete sich diese Madame 794.000 Acres Land an, das seit undenklichen Zeiten dem Clan gehörte. Den vertriebnen Eingebornen wies sie am Seegestad ungefähr 6.000 Acres zu, 2 Acres per Familie. Die 6.000 Acres hatten bisher wüst gelegen und den Eigentümern kein Einkommen abgeworfen. Die*

---

[744] Ebd., S. 755.

[745] Ebd., S. 756. Vgl. auch ebd., S. 750-756.

Herzogin ging in ihrem Nobelgefühl so weit, den Acre im Durchschnitt zu 2 sh. 6 d. Rente zu verpachten an die Clanleute, die seit Jahrhunderten ihr Blut für die Familie vergossen hatten. Das ganze geraubte Clanland teilte sie in 29 große Schafpachtungen, jede bewohnt von einer einzigen Familie, meist englische Pächterknechte. Im Jahre 1825 waren die 15.000 Gaelen bereits ersetzt durch 131.000 Schafe. Der an das Seegestad geworfne Teil der Aborigines suchte vom Fischfang zu leben. Sie wurden Amphibien und lebten, wie ein englischer Schriftsteller sagt, halb auf dem Land und halb auf dem Wasser und lebten mit alledem nur halb von beiden.[746]

All dies bedeutete, dass es möglich wurde, „den Grund und Boden dem Kapital" einzuverleiben und gleichzeitig die für die städtische Industrie notwendige Surplusbevölkerung zu schaffen.[747]

Marx fragte jedoch: „[W]o kommen die Kapitalisten ursprünglich her? Denn die Expropriation des Landvolks schafft unmittelbar nur große Grundeigentümer."[748] Marx teilt die Antwort auf diese Frage in zwei Teile: den Ursprung des kapitalistischen Pächters und den Ursprung der industriellen Kapitalist*in. Ersterer bildete sich nur langsam heraus und entstand aus einer früheren Form des *Bailiffs* [Gutsverwalter und/oder Gerichtsdiener; Anm. d. Übers.] in der zweiten Hälfte des 14. Jahrhunderts. Zu dieser Zeit begann die Grundherr*in Samen, Vieh und Ackerwerkzeug zur Verfügung zu stellen, so dass die Pächter*in die eigentliche landwirtschaftliche Arbeit durchführen konnte. Schließlich entwickelte sich dies zu einem auf Grundrente basierenden System. Der ganze Prozess wurde außerdem durch die Agrarrevolution, die im späten 15. Jahrhundert begann, und die Einfriedungen massiv erleichtert. „Die Usurpation von Gemeindeweiden usw. erlaubt ihm [dem Pächter] große Vermehrung seines Viehstands fast ohne Kosten, während ihm das Vieh reichlichere Düngungsmittel zur Bestellung des Bodens liefert."[749]

Der Grad der Arbeitsteilung ist, wie Adam Smith betont hatte, teilweise von der Ausdehnung des Marktes abhängig. Für Marx war die „Genesis des industriellen Kapitalisten" nicht so sehr englische

[746] Ebd., S. 757-758.

[747] Ebd., S. 761.

[748] Ebd., S. 770.

[749] Ebd., S. 771.

Geschichte als Weltgeschichte. Sie fand nicht schrittweise statt, sondern mit einem Schlag. Dies geschah in der Form der Plünderung der nicht-kapitalistischen Welt und der Schaffung des transatlantischen Sklavensystems in Form eines Dreieckshandels zwischen Europa, Nordamerika und Afrika. In Marx' berühmten Worten:

> *Die Entdeckung der Gold- und Silberländer in Amerika, die Ausrottung, Versklavung und Vergrabung der eingebornen Bevölkerung in die Bergwerke, die beginnende Eroberung und Ausplünderung von Ostindien, die Verwandlung von Afrika in ein Geheg zur Handelsjagd auf Schwarzhäute, bezeichnen die Morgenröte der kapitalistischen Produktionsära. Diese idyllischen Prozesse sind Hauptmomente der ursprünglichen Akkumulation.*[750]

Der von den Briten und den Puritanern aus New England geförderte Handel mit Skalps, der Sklavenhandel in Java, die Eroberung und Plünderung Indiens, der Opiumhandel, und so weiter waren alles Wege, mittels derer das Kapital ein Weltsystem unter seiner Kontrolle schuf, das Reichtum und Rohstoffe für die kapitalistische Industrie zum Vorteil Europas abschöpfte und zugleich kommunale Eigentumssysteme anderswo zerstörte. Dies alles ist Teil einer größeren, globalen Enteignung, die die für die Entstehung des Industriekapitals notwendige ursprüngliche Akkumulation darstellte. Deshalb, so Marx, war es „sicher nicht mit Unrecht", dass Carey England beschuldigte, „daß es jedes andre Land in ein bloßes Agrikulturvolk zu verwandeln strebt, dessen Fabrikant England"[751] ist. In England selbst, das bald „Werkbank der Welt" genannt werden sollte, war der Wandel tiefgreifend. Es verwandelte „auf dem einen Pol die gesellschaftlichen Produktions- und Lebensmittel in Kapital [...], auf dem Gegenpol die Volksmasse in Lohnarbeiter, in freie ‚arbeitende Arme', dies Kunstprodukt der modernen Geschichte."[752]

Die sogenannte „ursprüngliche Akkumulation" stellte die Vorgeschichte und die Vorbedingung für die kapitalistische Produktionsweise dar. Die von ihr verursachte Umwandlung resultierte in der Entstehung der kapitalistischen Produktionsweise, die

750 Ebd., S. 779.

751 Ebd., S. 777.

752 Ebd., S. 787-88.

wiederum auf der Ausbeutung entfremdeter, aber formal freier Arbeit beruht. Daraus wiederum erwächst die welthistorische Tendenz der kapitalistischen Akkumulation, das heißt, ihre „immanenten Entwicklungsgesetze“. Für Marx drückt sich dies am deutlichsten in den neuen Gesetzen aus, die die Bevölkerung unter diesen Bedingungen beherrschen und die er zusammengefasst das „absolut allgemeine Gesetz“ der kapitalistischen Akkumulation nennt: die Tendenz der in der Ausbeutung des Proletariats gründenden kapitalistischen Klassengesellschaft zu polarisieren, so dass sich immer mehr Reichtum in immer weniger Händen konzentriert, während die große Masse der Bevölkerung, niedergehalten von der ständigen Reproduktion einer industriellen Reservearmee der Arbeitslosen, sich selbst in einer Situation der relativen Verarmung und Erniedrigung wiederfindet. In Marx eigenen Worten:

> *Je größer der gesellschaftliche Reichtum, das funktionierende Kapital, Umfang und Energie seines Wachstums, also auch die absolute Größe des Proletariats und die Produktivkraft seiner Arbeit, desto größer die industrielle Reservearmee. [...] Je größer aber diese Reservearmee im Verhältnis zur aktiven Arbeiterarmee, desto massenhafter die konsolidierte Übervölkerung, deren Elend im umgekehrten Verhältnis zu ihrer Arbeitsqual steht. Je größer endlich die Lazarusschicht der Arbeiterklasse und die industrielle Reservearmee, desto größer der offizielle Pauperismus. Dies ist das absolute, allgemeine Gesetz der kapitalistischen Akkumulation. Es wird gleich allen andren Gesetzen in seiner Verwirklichung durch mannigfache Umstände modifiziert, deren Analyse nicht hierher gehört.*[753]

Auf diese Art weist Marx im letzten Abschnitt des ersten Bandes des *Kapitals* auf die Bevölkerungsgesetze hin, die bei ihm jedoch eine ganz andere Form annehmen als die transhistorischen und unveränderlichen von Malthus. Die Vorbedingung des Kapitalismus ist die Vertreibung der Masse der Bevölkerung von Grund und Boden, was erst die historische Entwicklung des Kapitals selbst möglich macht. Dies geschieht in der Form der zunehmenden Klassenpolarisierung der Bevölkerung in Reiche und Arme und der antagonistischen Trennung von Stadt und Land

[753] Ebd., S. 673-74.

(was sich im Weltmaßstab darin widerspiegelt, dass einige Länder zu bloßen landwirtschaftlichen Weidegründen, zu bloßen Rohstoffquellen für die industrielle Entwicklung im Zentrum des Systems gemacht werden).

Für Marx war all dies untrennbar verbunden mit dem – vielmehr, tatsächlich ist es sogar die logische Folge dessen –, was er die „differentia specifica" des Systems des kapitalistischen Privateigentums nannte: die Tatsache, dass es auf die systematische Entfremdung von allen Formen naturbasierter Bedürfnisse gegründet war. Deshalb stellt unter der künstlichen Herrschaft des Kapitals die Jagd nach dem Tauschwert (das heißt dem Profit), und nicht die Erfüllung genuiner, universaler, natürlicher Bedürfnisse das Objekt, das Motiv für die Produktion dar. Die daraus folgende extreme Polarisierung zwischen einem grenzenlosen Reichtum auf der einen Seite und auf der anderen Seite einer entfremdeten, ausgebeuteten, erniedrigten Existenz, die die Verleugnung all dessen darstellt, was menschlich ist, erzeugt einen Widerspruch, der sich wie eine Bruchlinie durch das kapitalistische System zieht. Beizeiten wird die „kapitalistische Hülle", die die Entwicklung der gesellschaftlichen Arbeit verdreht und beschränkt, „gesprengt. Die Stunde des kapitalistischen Privateigentums schlägt. Die Expropriateurs werden expropriiert."[754]

Bei all dem besteht Marx jedoch fortwährend darauf, dass die Entfremdung von der Erde das *sine qua non* [unabdingbare Bedingung] des kapitalistischen System ist. Folglich weist Marx in dem oft außer Acht gelassenen letzten Kapitel des ersten Bandes des *Kapitals*, „Die moderne Kolonisationstheorie", auf Edward Wakefields Theorie der Kolonisation hin, in der Wakefield argumentierte, dass es nur einen Weg gebe, eine billige proletarische Arbeiter*innenschaft für die Industrie in den Kolonien zu erhalten, nämlich durch eine künstliche Anhebung des Preises von Grund und Boden. Andernfalls würden die Arbeiter*innen nämlich schnell die Industrie verlassen und sich auf Grund und Boden als Kleineigentümer*innen einrichten. Marx sah darin einen Hinweis auf den Widerspruch der Trennung und Entfremdung der Bevölkerung von Grund und Boden, der die Basis für das ganze System der formal freien Arbeit bildete. Die Umwandlung von Grund und Boden in Kapital, schrieb Marx in den *Grundrissen*, „clears dann, wie Steuart sagt, das Land von seinen überflüssigen Mäulern,

[754] Ebd., S. 647, 791.

reißt die Kinder der Erde los von seiner Brust, worauf sie gewachsen, und verwandelt so selbst die Erdarbeit, die ihrer Natur nach als unmittelbare Subsistenzquelle erscheint, in vermittelte Subsistenzquelle, von gesellschaftlichen Beziehungen rein abhängige."[755] Die Überwindung des Kapitalismus, die Abschaffung der Lohnarbeit und die Errichtung einer Gesellschaft der assoziierten Produzent*innen erforderte folglich die Aufhebung dieser Entfremdung der Menschen von der Erde.[756]

Deshalb bestanden sowohl Marx als auch Engels von den 1840er Jahren an auf der Notwendigkeit der Überwindung dieser Form der Entfremdung von der Natur, auf die sich der Kapitalismus gründete. Ihre Argumentation beinhaltete immer die Abschaffung des antagonistischen Verhältnisses zwischen Stadt und Land durch die Integration von Landwirtschaft und Industrie, die Verteilung der Bevölkerung und das, was Marx die „Wiederherstellung" des Stoffwechselverhältnisses zwischen den Menschen und der Erde nannte. Marx zitierte Hippolyte Colins, der meinte, es sei

> *der Aneignung des Bodens und der Kapitalien zu verdanken, daß der Mensch, der nur seine Arme besitzt, Beschäftigung findet und sich ein Einkommen schafft [...]. Wenn ihr einen Menschen in den luftleeren Raum versetzt, raubt ihr ihm die Luft. So handelt ihr auch, wenn ihr euch des Bodens bemächtigt [...]. Das heißt, ihn in die alles Reichtums bare Leere versetzen, damit er nicht anders als nach eurem Willen leben kann.*[757]

Die Überwindung des Antagonismus von Stadt und Land drückte sich für Engels in Anlehnung an Liebig in ökologischer Hinsicht wie folgt aus:

> *Die Aufhebung des Gegensatzes von Stadt und Land ist hiernach nicht nur möglich. Sie ist eine direkte Notwendigkeit der industriellen Produktion selbst geworden, wie sie ebenfalls eine Notwendigkeit der Agrikulturproduktion und obendrein der öffentlichen Gesundheitspflege geworden ist. Nur durch Verschmelzung von Stadt und Land kann die heutige Luft-,*

[755] Marx, *Grundrisse,* S. 202.

[756] Marx hatte umfangreiche Exzerpte zu Wakefield in seinen Notizbücher 1850-53 angefertigt und mit vertikalen Anstreichungen am Rande genau diese Punkte hervorgehoben. Siehe Marx/Engels, MEGA, Abt. 4, Bd. 9, S. 486-91.

[757] Colins zitiert nach Marx, *Kapital Bd. I,* S. 800.

Wasser- und Bodenvergiftung beseitigt, nur durch sie die jetzt in den Städten hinsiechenden Massen dahin gebracht werden, daß ihr Dünger zur Erzeugung von Pflanzen verwandt wird, statt zur Erzeugung von Krankheiten.[758]

In ihrer Vorstellung einer zukünftigen Gesellschaft schlugen Marx und Engels daher eine höhere Synthese im Verhältnis von Stadt und Land vor, die, wie Bertell Ollman bemerkte, „die Verlegung bestimmter Teile der Industrie aufs Land, sowie die enorme Ausweitung von unbebauter Bodenfläche innerhalb der Stadt als Parks, Waldgegenden oder Kleingärten beinhaltet. Ich nehme auch an, dass Marx die Anzahl der in den Städten lebenden Menschen reduziert haben und stattdessen mehr kleine und mittelgroße Städte über das Land verstreut sehen wollte."[759]

Die enge Verbindung zwischen Marx' Vorstellung des Kommunismus und der ökologischen Nachhaltigkeit wird in den utopischen Entwürfen des englischen Künstlers, Meisterhandwerkers, Kunstgewerblers, Dichters und sozialistischen Aktivisten William Morris (1834-1896) deutlich, der nicht nur ein entschiedener Verfechter des Marx'schen Sozialismus war, sondern auch einer der prägenden grünen Denker im englischen Kontext. In seinem vielgelesenen utopischen Roman *Kunde von Nirgendwo* beschrieb Morris eine Gesellschaft, in der der Zusammenbruch des Weltmarkts zu einem Niedergang der auf künstliche Notwendigkeiten um des Profits willen ausgerichteten und ergo verschwenderischen Formen der ökonomischen Produktion führt und die darauffolgende Produktion auf solche Weise gestaltet wird, dass „nichts [...] gemacht werden [kann], außer für den wirklichen Gebrauch."[760] Weil die Gesellschaft ihre eng definierten, instrumentellen Zwecke aufgegeben hatte, stand mehr freie Zeit für intellektuelle Tätigkeit und unabhängiges Kunsthandwerk zur Verfügung, und die Arbeit selbst diente nun sowohl den Bedürfnissen der menschlichen Kreativität wie auch der Erfüllung gesellschaftlicher Bedürfnisse.

---

758 Engels, *Anti-Dühring*, S. 276.

759 Bertell Ollman, *Social and Sexual Revolution*, Boston: South End Press, 1979, S. 56-57.

760 William Morris, *Kunde von Nirgendwo. Eine Utopie der vollendeten kommunistischen Gesellschaft und Kultur aus dem Jahre 1890*, Köln: M. DuMont Schauber, 1974, S. 132.

In dieser postrevolutionären utopischen gesellschaftlichen Ordnung, schrieb Morris im Geiste Marxens, verschwand „der Gegensatz zwischen Stadt und Land bald mehr und mehr."[761] Unmittelbar nach der Revolution strömten die Menschen von den Städten aufs Land, aber sie gaben „dem Einfluß ihrer Umgebung nach und wurden Landleute"[762] – so wurde die Landbevölkerung zahlreicher als die Stadtbevölkerung. Das England des 19. Jahrhunderts, so wurde erklärt, war zu einem „Land ungeheurer giftiger Werkstätten und noch giftigerer Spielhöllen [geworden], umgeben von schlecht bewirtschafteten, armseligen Farmen und Hütten, und das arbeitende Volk wurde ausgeplündert durch die Herren der Werkstätten. Jetzt ist England ein Garten, in dem nichts öde, nichts verwahrlost ist, mit den nötigen Wohnungen, Scheunen und Werkstätten, die über das ganze Land zerstreut sind, alle schmuck, gesund und bequem."[763] Das Bestehen solch eines Gartens schloss jedoch die Erhaltung von Wildnisgebieten nicht aus, die wegen ihres Eigenwerts geschätzt wurden. Die Bevölkerung hatte sich in der Zwischenzeit stabilisiert und ausgebreitet (dies war Teil des Programms, das Marx und Engels im *Manifest der kommunistischen Partei* dargelegt hatten).[764]

Morris' Vision, der Marxens (den er immer wieder las) sehr ähnlich war, verweist auf den revolutionären Charakter der Marx'schen Analyse, die, von seinen frühesten Schriften an, die Entfremdung der Menschen von der Erde im Kapitalismus als Vorbedingung für die Entfremdung im Regime der Kapitalakkumulation berücksichtigte. Marx bewegte sich in dieser Hinsicht nie weit von den epikureischen Lehrsätzen weg, dass nichts aus dem Nichts komme und das nichts zu Nichts reduziert werden könne, das heißt, dass alle menschliche Produktivität die Transformation und Erhaltung der Materie beinhaltete.[765] Gleichermaßen hielt er beständig an der sich daraus ergebenden These fest, dass das Land um der zukünftigen Generationen willen erhalten und kultiviert werden müsse. Die Erhaltung und Kultivierung des Landes dieser Art waren naturbedingte Grundlagen der menschlichen

761 Ebd., S. 111.

762 Ebd.

763 Ebd. S. 112.

764 Siehe auch ders., „Three Letters on Epping Forest"; in: *Organization & Environment*, Bd. 11, Nr. 1 (1998), S. 93-97.

765 Lukrez, *Von der Natur*, I.145-225, S. 52-55.

Produktion und Existenz, wobei deren Nichteinhaltung der allgemeinste Ausdruck der Entfremdung des Kapitalismus von den Bedingungen der Produktion im Allgemeinen darstellte. Die revolutionäre Überwindung des Kapitalismus erforderte daher nicht nur den Umsturz der ihm spezifischen Verhältnisse der Ausbeutung der Arbeit, sondern auch die Überwindung der Entfremdung von der Erde – das ultimative Fundament und die Vorbedingung des Kapitalismus – und zwar durch die rationale Regulierung des Stoffwechsels zwischen den Menschen und der Natur mittels der modernen Wissenschaft und Industrie. Nur in dieser Hinsicht macht Marx' häufig getätigter Aufruf für die „Abschaffung der Lohnarbeit" einen Sinn.

Kapitel VI
Die naturhistorische Grundlage für unsere Ansicht

Darwin schrieb den ersten Entwurf seiner Theorie der Transmutation der Arten 1842 mit weichem Bleistift. Zwei Jahre später schrieb er einen viel längeren, etwa 50.000 Wörter umfassenden Entwurf und gab seiner Frau Emma die strikte Anweisung, ihn nach seinem Tod zu veröffentlichen. Erst 1858 – zwei Jahrzehnte, nachdem er seine Theorie erstmals in seinen *Notebooks* zur Sprache gebracht hatte – machte er sie in einer gemeinsamen Präsentation von Aufsätzen zusammen mit seinem jungen Rivalen Alfred Russell Wallace öffentlich (im folgenden Jahr veröffentlichte Darwin dann die *Entstehung der Arten*). Und er tat dies erst, als es so schien, dass Wallace ihm zuvorkommen würde. Dies warf (wie wir in Kapitel 2 gesehen haben) das Rätsel auf, das Stephen Jay Gould „Darwins Verspätung" genannt hat – ein Rätsel, das für Darwinforscher*innen insbesondere seit dem Bekanntwerden von Darwins frühen Gedanken durch die Veröffentlichung seiner Notizbücher über die Transmutation von wachsendem Interesse ist.

Die traditionelle Interpretation dieser Verspätung war, dass ein rationaler Wissenschaftler wie Darwin schlicht über einen langen Zeitraum Beweise sammelte, um seine Theorie hieb- und stichfest zu gestalten. Eine solche Interpretation müsste jedoch erklären, warum er während dieser Zeit mit Aktivitäten wie dem Schreiben einer mehrbändigen Arbeit über Taxonomie und der Naturgeschichte der Rankenfußkrebse beschäftigt war. Auf der Grundlage der *Notebooks* sind Wissenschaftshistoriker*innen jüngst zu ganz anderen Schlussfolgerungen gelangt, die nun von fast allen Darwinforscher*innen geteilt werden: dass nämlich Darwin ein „geplagter Evolutionist" war, ein „Revolutionär wider Willen" und ein alarmierter Materialist, der versuchte, seine wissenschaftlichen Entdeckungen mit seinen traditionellen Whig-Ansichten und seinem anglikanischen Glauben zu versöhnen – und der zudem voller Angst war, er könne sein Ansehen und seine

Stellung in Elitezirkeln verlieren.[766] Dennoch wäre es ein schwerwiegender Fehler, Darwins Verspätung auf Feigheit zu schieben. Vielmehr muss er nicht nur einfach als ein Wissenschaftler, sondern als ein komplexer gesellschaftlicher Akteur in einer Zeit turbulenter gesellschaftlicher Umbrüche verstanden werden, der versuchte, seine wissenschaftlichen Ansichten, die in einem Materialismus wurzelten, darzulegen – und gleichzeitig eine bestimmte Klassenposition zu verteidigen. Darwin war mütterlicherseits der Enkel des Industriellen Josiah Wedgwood, lebte in einem Anwesen in Down House in Kent und hatte sein Geld (sowie auch das Geld seiner Frau) in Eisenbahnaktien investiert. Demgemäß glaubte er fest an die bürgerliche Ordnung. Seine Wissenschaft war revolutionär, aber Darwin als Mensch war es nicht und eben das war sein innerliches Dilemma.[767]

England war zu Darwins Zeiten ein vor Unzufriedenheit brodelnder Kessel. Im August 1839, als er ein Treffen der *British Association for the Advancement of Science* in Birmingham besuchte, fand er eine Stadt vor, die sich am Rande des Ausnahmezustands befand. In der Stadt wurde der chartistische Kongress abgehalten und es befanden sich Sozialist*innen und rote lamarckistische Evolutionist*innen unter ihnen – eine halbe Million Flugblätter, die Eigentum, Ehe und den unkooperativen Staat anprangerten, wurden verbreitet. 1842, während Darwin an seinem Entwurf zur Evolution arbeitete, wurde das ganze Land von einem von den Chartisten organisierten Generalstreik lahmgelegt. In vielen Industriestädten wurde den Streikenden die Hölle heiß gemacht und in einigen wurden Demonstrierende beschossen und ermordet. In der Zwischenzeit hatten Atheist*innen eine illegale Groschenzeitung gegründet, das *Oracle of Reason* [dt.: Orakel der Vernunft], das sich zu Tausenden verkaufte. Es griff die Religion mit geologischen Spitzfindigkeiten und revolutionärem Lamarckismus an. William Chilton präsentierte im Oracle den Materialismus in revolutionären Klassenbegriffen und verband ihn mit evolutionären Vorstellungen: „Der Mensch ist bloß eine

[766] Die Wendung „geplagter Evolutionist“ stammt von Adrian Desmond und James Moore in *Darwin. The Life of a Tormented Evolutionist*, New York: W.W. Norton, 1991. [Anm. d. Übers.: In der deutschen Ausgabe des Buches fehlt der Untertitel.] Der Ausdruck „Revolutionär wider Willen“ in Bezug auf Darwin ist von Michael Rose entlehnt. Michael Rose, *Darwins Welt*, a. a. O.

[767] In dieser Hinsicht sah sich Alfred Russell Wallace als Sozialist nicht demselben Dilemma ausgesetzt.

Ansammlung organisierter Atome." Das *Oracle* attackierte Paleys natürliche Theologie als eine „schädliche" Rechtfertigung des Status quo. Im August 1842 wurde der Herausgeber des *Oracle* George Holyoake öffentlich angeklagt, weil er solche Blasphemien wie die Nichtexistenz Gottes und das Unvermögen der Armen, die Pfarrer während ökonomisch schlechter Zeiten zu unterstützen, geäußert hatte. Darwin hatte derweil William Cobbetts *Rural Rides* mit seinen Attacken auf den Pfarrer Malthus und die Korngesetze gelesen. Wegen eines befürchteten Aufstandes ließ der alte „eiserne Herzog", der Herzog von Wellington, die Garde und die Sondereinheiten der Polizei in Bereitschaft versetzen. Der Zoologe Richard Owen, ein Kollege und Mitarbeiter Darwins, exerzierte mit der *Honourable Artillery Company* [einem Regiment der British Army, Anm. d. Übers.], welches zur Verstärkung der Polizei gerufen wurde. Tagelang versammelten sich bis zu zehntausend Demonstrierende auf den öffentlichen Plätzen in ganz London. Darwin und seine Frau Emma verließen die Hauptstadt erleichtert in der vierten Woche des Generalstreiks, um sich in der ländlichen Umgebung ihres neuen Heims in Down House, Kent niederzulassen.[768]

Die neue Umgebung verringerte jedoch nicht das Ausmaß des Dilemmas, in dem Darwin gefangen war, als er seine Theorie zum ersten Mal aufschrieb. So halten Adrian Desmond und James Moore in ihrer Biographie *Darwin* (1992) fest:

> *Jedenfalls konnte Darwin nicht veröffentlichen. Der Materialismus jagte ihm Angst ein, und man kann verstehen, warum, da er von den Stützen der Kirche und des Staates als gotteslästerliche Verhöhnung der christlichen Gesellschaftsordnung verurteilt wurde. Darwin war zu weltklug, um nicht die Gefahr, die verheerenden Klassenimplikationen, zu spüren. Er hegte keine Illusionen darüber, wie man ihn behandeln würde. [...] Durch die Verknüpfung von Mensch und Affe riskierte er, mit dem atheistischen Bodensatz oder mit extremen Freidenkern identifiziert zu werden, die über die „herumhurende" Kirche herzogen. Das „ganze Gebäude" der Gesellschaftsordnung war auch ohne seine Hilfe im Begriff einzustürzen. Jetzt, da die alte Welt „wankt und fällt", durfte er sich nicht dabei ertappen lassen, daß er ihr den Todesstoß versetzte.*

---

[768] Adrian Desmond und James Moore, *Darwin*, München: List, 1992, S. 326-340.

Letzten Endes fürchtete er um seinen guten Ruf. Für einen Gentleman aus den Oxbridge-Kreisen, die sich dafür wappneten, die Seele des Menschen gegen die sozialistischen Gleichmacher zu verteidigen, wäre die Veröffentlichung einem Verrat gleichgekommen – Verrat an der alten Ordnung.[769]

Evolutionäre Ideen wurden schon lange mit dem Materialismus in Verbindung gebracht, wobei beide als sich wechselseitig bedingend verstanden wurden. Das Aufkommen evolutionärer Ideen wurde mit den antiken Materialisten Empedokles, Epikur und Lukrez assoziiert. Die Vorstellung des Überlebens der Arten durch Anpassung an die Umwelt und, noch wichtiger, die Vorstellung des Aussterbens jener Arten, die sich nicht angepasst hatten (bekannt als „Eliminationstheorie"), wurde in der Antike am klarsten von Lukrez formuliert. Lukrez starb 55 v. Chr. und das evolutionäre Denken der Ursprünge des Lebens tauchte erst in der Mitte des 18. Jahrhunderts wieder auf. Wie Paul Sears in seinem Buch *Charles Darwin: The Naturalist as a Cultural Force* (1950) festhält, „lagen Spekulationen über den Ursprung und die Entwicklung des Lebens nach Lukrez 18 Jahrhunderte lang im Tiefschlaf", bis sie schließlich von Denkern wie Jean-Baptiste Lamarck (1744-1829) und Erasmus Darwin wiederbelebt wurden. Bis zur Veröffentlichung von Darwins *Entstehung der Arten* waren solche Ansichten jedoch hauptsächlich auf den materialistischen Untergrund beschränkt und waren aus dem Rahmen der anerkannten Wissenschaften und des Denkens der bestehenden Ordnung ausgeschlossen. Außerdem fehlte ihnen jede überzeugende Erklärung des Mechanismus der Evolution.[770]

Wir wissen heute, dass Darwin durch seinen Weggefährten und früheren Mentor, dem lamarckschen Biologen Robert Grant, mit den materialistischen Evolutionstheorien vertraut gemacht wurde, als er noch ein junger Medizinstudent in Edinburgh war. In Edinburgh erlebte er auch, wie materialistische Ansichten innerhalb der *Plinian Society* zuerst geäußert und dann zensiert

---

[769] Ebd., S. 338.

[770] Rose, *Darwins Welt*, S. 80; Paul B. Sears, *Charles Darwin: The Naturalist as a Cultural Force*, New York: Charles Scribner's Sons, 1950, S. 20; Henry Fairfield Osborn, *From the Greeks to Darwin*, S. 37-43, 57-63. Ähnlich wie Sears, aber weniger weitreichend meint Ernst Mayer: „Nach Lucrez und Galen geschah bis zur Renaissance nichts mehr in der Biologie, was wirkliche Konsequenzen gehabt hätte." Mayr, *Die Entwicklung der biologischen Gedankenwelt*, S. 75.

wurden. Obwohl sich Darwin später in Cambridge immer noch zu Paleys *Natural Theology* hingezogen fühlte – bezaubert von der Logik des Arguments und der Betonung der perfekten Anpassung der Arten an ihre Umgebung, was als Beweis für eine planmäßige Anordnung angesehen wurde –, wirkten diese materialistisch-evolutionistischen Zweifel in ihm nach.

In seiner Zeit in Cambridge verstand sich Darwin als strenggläubiger Christ. Dennoch gibt es keinen Zweifel daran, dass sein unmittelbares Familienumfeld die Tendenz zum Freidenkertum förderte, die ihn stets auszeichnen sollte und die sich nach seiner Rückkehr von der Reise auf der Beagle noch verstärkte. Sein Großvater Erasmus war ein schwacher Deist, sein Vater Robert ein Ungläubiger, sein Onkel Josiah Wedgwood war Unitarier [eine sehr liberale Kirche, Anm. d. Übers.] und sein Bruder Erasmus war – zur Zeit, als Darwin von seiner Reise auf der Beagle zurückkehrte – ebenfalls ein Ungläubiger. Darwins freidenkerischer Familienhintergrund war also ein mögliches Konfliktfeld gegenüber den führenden Naturforschern seiner Zeit, denn, so Ernst Mayr, „damals [waren] praktisch alle Naturwissenschaftler ordinierte Pfarrer, etwa die Professoren, die in Cambridge Botanik (J. S. Henslow) und Geologie (Adam Sedgwick) lehrten".[771]

Darwins evolutionistische Spekulationen wurden durch seine Lektüre von Charles Lyells *Principles of Geology* bestärkt, deren ersten Band er auf seine Reise auf der Beagle, bei der er als Naturforscher des Schiffes fungierte, mitgenommen hatte. Es war Lyells Verständnis eines unglaublich langsamen, konstanten Prozesses des geologischen Wandels über einen für damalige Verhältnisse schier endlosen Zeitraum hinweg, der die Grundlage bildete, auf der Darwin Schritt für Schritt seine Ideen über die Transmutation der Arten aufbauen konnte (obwohl Lyell selbst zu der damaligen Zeit die Hypothese der Transmutation der Arten zurückwies). In den frühen 1840ern fuhr Darwin im Rahmen seiner *Notebooks* mit seinen Spekulationen fort und reformulierte seine Theorie immer wieder neu, aber die Bedingungen für eine Veröffentlichung schienen nicht günstig zu sein. Während Darwin folglich mit der Veröffentlichung seines *Journals* über die Reise um die Welt auf der *HMS Beagle* (welches ihn sowohl in wissenschaftlichen als auch in nicht-wissenschaftlichen Zirkeln schlagartig berühmt machte) und der Abfassung von Werken

---

[771] Ernst Mayr, *...und Darwin hat doch recht*, S. 18, 28.

über die Geologie von Südamerika, Korallenriffe und vulkanische Inseln seinen wissenschaftlichen Ruf entwickelte, arbeitete er weiterhin an seiner wichtigsten Theorie, der Theorie der natürlichen Selektion, in der Hoffnung auf eine etwaige Veröffentlichung. Der Botaniker Joseph Hooker, einer von Darwins wenigen Vertrauten, schrieb ihm 1847, dass niemand das Recht habe, „die Frage der Arten zu untersuchen, der nicht viele davon eingehend beschrieben hat." Obwohl Hooker gar nicht Darwin im Sinn hatte, als er dies schrieb, nahm dieser es dennoch persönlich und sah sich aus diesem Grund genötigt, seine umfassende Studie über Rankenfußkrebse auszuführen und sich dadurch das Recht zu verdienen, über die Transmutation der Arten zu sprechen. Da er über eine wissenschaftliche Revolution nachsann, die ebenso bedeutsam und für die herrschenden Sichtweisen so bedrohlich war wie die kopernikanische Revolution, versuchte Darwin zunächst, sich einen unangreifbaren Ruf als empirischer Forscher aufzubauen. Dies war jedoch eine Art Verzögerungstaktik, denn Darwins Hauptproblem war, dass er sich aufgrund der gesellschaftlichen Implikationen und des geistigen Klimas der Zeit nicht in der Lage sah, seine Theorie zu publizieren.[772]

1854 hatte Darwin seine Studie über Rankenfußkrebse abgeschlossen und kehrte erneut zu seiner Arbeit über natürliche Selektion zurück. Er begann 1856 damit, seine Arbeit über die Transmutation der Arten zu schreiben. Seine Aufgabe wurde diesmal dadurch erleichtert, dass sich die historischen Umstände beträchtlich verändert hatten, seit er zum ersten Mal einen Entwurf seiner Theorie erstellt hatte. Als 1851 die *Great Exhibition* [die erste Welt-Industrieausstellung in London, Anm. d. Übers.] abgehalten wurde, schien das „Zeitalter der Revolution" schon vorüber und durch das „Zeitalter des Kapitals" abgelöst worden zu sein. Die Weltausstellung feierte Großbritanniens hegemoniale Position als industrielle Werkbank der Welt. Die Abschaffung der Korngesetze fünf Jahre zuvor spiegelte die zunehmende Dominanz des Manufakturkapitals innerhalb der britischen Wirtschaft wider. Diese Umstände bedeuteten, dass materialistisch-evolutionistische Wissenschaft nicht mehr so einfach unterdrückt werden konnte, zumindest, insofern sie mit dem System des Industriekapitalismus kompatibel war.

[772] Desmond/Moore, *Darwin*, S. 388, 419.

Wie Thomas Huxley (1825-1895) 1859 zur Zeit der ersten Veröffentlichung von der *Entstehung der Arten* schrieb, war „die Transmutationslehre, wie sie genannt wurde, eine ‚Leiche im Keller'", die jederzeit entdeckt werden konnte. Warum, so wurde er oft gefragt, stimmte der Bereich der Biologie, des Lebens, nicht als ein Teil eines „konsistenten Ganzen" mit jenen materiellen Gesetzen überein, die erwiesenermaßen in der Astronomie, Physik, Chemie und Medizin galten? In den 1850ern verschwand das Problem der Transmutation nicht mehr von der Tagesordnung. Zum Beispiel wurde es durch die anonyme Publikation *Natürliche Geschichte der Schöpfung des Weltalls, der Erde und der auf ihr befindlichen Organismen, begründet auf die durch die Wissenschaft errungenen Thatsachen* (1844) [engl. Orig.: The Vestiges of the Natural History of Creation] des Verlegers Robert Chambers (1802-1871) aus Edinburgh aufgeworfen. Chambers' Buch wurde schnell zum Bestseller: Vier Ausgaben erschienen in den ersten sieben Monaten und letztlich erlebte es zehn Auflagen. Bis 1860 waren schon 24.000 Exemplare verkauft worden. Chambers zielte mit seinem Werk nicht so sehr auf die Wissenschaftler*innen, noch weniger auf jene, die er als „Hunde der Kleriker" bezeichnete, sondern auf die gewöhnlichen gebildeten Viktorianer*innen. Seine Argumente waren, obwohl fehlerhaft, beeindruckend – auf jeden Fall überzeugend genug, sodass die Doktrin der Evolution zum ersten Mal zu einem offen diskutierten Thema in der gebildeten Öffentlichkeit wurde. Das Buch war voller Schwächen und wurde nicht nur von Leuten wie Sam Wilberforce, dem Bischof von Oxford, und Adam Sedgwick, Geologe in Cambridge und Verteidiger der natürlichen Theologie, sondern auch von Thomas Huxley, der später als „Darwins Bulldogge" bekannt werden sollte, attackiert. Nichtsdestotrotz, sein Beitrag zur Entkräftung des Widerstands gegen evolutionistische Vorstellungen, die Darwins späteren Erfolg erst ermöglichte, sollte nicht unterschätzt werden. „Mitte der 1840er", schreiben Desmond und Moore mit Blick auf das Buch von Chambers, „schaffte das Thema der Transmutation den Aufstieg aus den Straßen und den schäbigen Seziersälen in die Salons."[773] Der große englische Romantiker John Ruskin hatte dereinst die Natur in teleologischen Begriffen gefasst, in den frühen 1850ern aber kamen ihm Zweifel: „Wenn nur die Geologen mich alleine lassen würden", schrieb er 1851 in einem Brief, „käme ich gut zurecht,

[773] Ebd., S. 364-368, das Zitat findet sich auf S. 364.

aber diese fürchterlichen Hämmer! Ich höre ihren Lärm am Ende jeder Kadenz von Bibelversen."[774]

Darwin hatte in den späten 1850er Jahren beschlossen, seine Ideen im großen Stil zu veröffentlichen, und allen Widerstand durch das schiere Ausmaß seiner Forschung im Keim zu ersticken. 1858 hatte er einige Kapitel für das Buch geschrieben, das sein großes Werk über *Natürliche Selektion* werden sollte. Im Juni 1858 erhielt er jedoch postalisch mehrere Bögen von Alfred Russel Wallace, in denen dieser seine eigene Theorie der natürlichen Selektion darlegte, die er unabhängig entwickelt hatte und deren Argumentation derjenigen, die Darwin in seinem Entwurf von 1842 dargelegt hatte, sehr ähnlich war. Darwin, von Panik erfasst, war nun gezwungen, seine Theorie zu präsentieren – und zwar zusammen mit Wallace in einer gemeinsamen Präsentation ihrer jeweiligen Aufsätze (organisiert von Charles Lyell und Joseph Hooker in Abwesenheit der beiden Hauptvertreter) im selben Jahr, gefolgt von einer raschen Fertigstellung der *Entstehung der Arten* im Folgejahr, wobei Darwin darauf bestand, sie nur als einen Entwurf zu einem längeren Werk, das nie ausgearbeitet wurde, zu betrachten.

Die Entstehung der Arten

Wie bei vielen großen Entdeckungen so war auch in Darwins Werk, dessen voller Titel *Über die Entstehung der Arten durch natürliche Zuchtwahl oder die Erhaltung der begünstigten Rassen im Kampfe um's Dasein* [engl. Orig.: *On the Origins of Species by Means of Natural Selection; Or the Preservation of Favoured Races in the Struggle for Life*] lautete, die wesentliche Idee recht einfach, wenngleich in ihrer inneren Funktionsweise und ihren Verzweigungen unendlich komplex. Die grundlegende Theorie, die er in den einleitenden Kapiteln des Buches darlegte, wurde folgendermaßen entwickelt: Alle Organismen sind durch eine „übermäßige Fruchtbarkeit" gekennzeichnet, das heißt durch die Tendenz, mehr Nachkommen zu erzeugen, als überleben können. Diese Nachkommen sind untereinander verschieden und keine bloßen Kopien des ursprünglichen Typs. Ein Teil dieser Variation wird an zukünftige Generationen weitergegeben. (Darwin kannte die

[774] Thomas H. Huxley, *Darwiniana*, New York: D. Appleton und Co., 1897, S. 13; Ruskin, zitiert nach J. W. Burrow, „Editor's Introduction", in: Charles Darwin, *The Origin of Species by Means of Natural Selection*, Hamondsworth: Penguin Books, 1968, S. 20.

Gesetze der Vererbung zu jener Zeit vor der Entwicklung der Genetik noch nicht, aber die Tatsache, dass es Vererbung gibt, war natürlich gut bekannt.) Da nicht alle Nachkommen überleben, schloss Darwin, müsse es unter diesen zahlreichen Nachkommen notwendigerweise einen Kampf ums Dasein geben, und dass jene, die bei diesem Prozess der immanenten Variation am besten an die begrenzten Bedingungen der lokalen Umwelt, in der sie lebten, angepasst seien, statistisch betrachtet dazu tendierten, eine höhere Überlebensrate zu haben und dadurch diese Variationen (zumindest zum Teil) an ihre Nachkommen zu vererben. Die Akkumulation solcher günstigen Variationen über die sehr lange Spanne geologischer Zeit hinweg würde die Evolution der Art – oder Abstammung mit Modifikation – nach sich ziehen.[775]

Darwin machte gleich in der Einleitung klar, dass der Hauptbeitrag seines Werkes nicht darin lag, schlicht die Transmutation der Arten zu postulieren, was schon zahlreiche Male davor vorgeschlagen wurde, wie zum Beispiel in den Arbeiten von Robert Chambers; sondern darin, den besonderen Mechanismus, durch den sich Transmutation vollzog, zu erklären – nämlich natürliche Selektion durch immanente Variation. Darüber hinaus war es das Ziel seiner Theorie, die wundersame Anpassung (und Koadaption) an die Umwelt zu erklären, die sich überall in der Natur findet und die von der Tradition der natürlichen Theologie so stark betont wurde.

Darwins Darstellungsweise war einfach und elegant. Er begann im ersten Kapitel mit dem, was seine Leser*innen am besten kannten – mit den Bedingungen der „Variation im Zustande der Domestikation" von Pflanzen und Tieren, wobei er sich der langen menschlichen Geschichte des Gartenbaus und der Viehzucht bediente. Er zeigte, dass die künstliche Selektion Variationen erzeugte, die oft größer waren als das, was unterschiedliche Arten voneinander trennte, und dass diese Variationen gleichzeitig auf eine gemeinsame Herkunft zurückgeführt werden konnten. Im zweiten Kapitel wandte er sich dann der Frage nach der „Variation im Naturzustand" zu. Es gab nicht nur enorme Variation in der Natur; es stellte sich auch die Frage, ob es einen Mechanismus in der Natur gab, der ähnlich dem Züchter dasselbe Resultat

775 Stephen Jay Gould, *Illusion Fortschritt. Die vielfältigen Wege der Evolution*, Frankfurt/M.: Fischer, 2004, S. 170.

hervorbringen würde – wenngleich freilich in viel größerem Ausmaß über einen immens langen Zeitraum hinweg.

Die Antwort darauf fand sich im dritten Kapitel, das den Titel „Der Kampf ums Dasein“ trug, in dem Darwin begann, die Funktionsweise eines solchen Mechanismus darzulegen. Dies wurde im vierten Kapitel hinsichtlich des Prinzips der „natürlichen Selektion“ umfassender ausgearbeitet. Der Rest des Buchs wurde der Erforschung der Komplexität der durch die natürliche Selektion im Kontext des Kampfes ums Dasein aufgeworfenen Themen gewidmet. Im sechsten Kapitel zum Beispiel untersuchte Darwin das Thema der Evolution absolut perfekter Organe – beispielsweise des Auges –, die die Paley'sche natürliche Theologie so stark betont hatte. Und im siebten Kapitel nahm er die Frage nach der Entwicklung komplexen Instinktverhaltens auf, wie jenem der Bienen, die einen Stock bauen. In all diesen Fällen erklärte er, wie all dies seinen Ursprung in unzähligen Abstufungen mittels natürlicher Selektion haben konnte. Als ein Ergebnis der Beweisführung des Buches wurde die naturtheologische Argumentation über die Genauigkeit der Anpassung als unwiderlegbarem Beweis für göttliche Eingriffe in die Natur endlich zu Grabe getragen. Darwin ging sogar noch weiter als die natürliche Theologie, was die Variationen und Adaptionen der Organismen in der Natur anging, ohne jedoch auf finale Ursachen zu rekurrieren.

Im Mittelpunkt der ganzen Argumentationskette stand die Vorstellung des „Kampfes ums Dasein“; eine Vorstellung, die zu einem beträchtlichen Teil von Malthus inspiriert wurde. Wie Darwin in der Einleitung zur *Entstehung* schrieb:

> *[Dies ist] die Lehre von Malthus auf das gesamte Tier- und Pflanzenreich angewendet. Da viel mehr Einzelwesen jeder Art geboren werden, als leben können, und da infolgedessen der Kampf ums Dasein dauernd besteht, so muß jedes Wesen, das irgendwie vorteilhaft von den anderen abweicht, unter denselben komplizierten und oft sehr wechselnden Lebensbedingungen bessere Aussicht für das Fortbestehen haben und also von der Natur zur Selektion ausgewählt werden. Nach dem Prinzip der Vererbung hat dann jede durch Selektion*

entstandene Varietät die Neigung, ihre neue veränderte Form fortzupflanzen.[776]

Dieses Prinzip wurde im Kapitel „Der Kampf ums Dasein" selbst etwas anders formuliert. Dort schrieb Darwin:

Der Kampf ums Dasein ist die notwendige Folge des stark entwickelten Strebens aller Lebewesen, sich zu vermehren. Jedes Wesen, das während seiner natürlichen Lebensdauer mehrere Eier oder Samen hervorbringt, muß in einer gewissen Zeit seines Lebens oder in einer bestimmten Jahreszeit vernichtet werden, weil sonst seine Zahl nach dem Prinzip der geometrischen Vermehrung so groß werden würde, daß kein Land das Erzeugte zu ernähren imstande wäre. Da also mehr Individuen ins Leben treten als bestehen können, so muß auf jeden Fall ein Kampf ums Dasein stattfinden, entweder zwischen Individuen derselben oder verschiedener Arten oder zwischen Individuen und äußeren Lebensbedingungen. Das ist die Lehre von Malthus mit verstärkter Kraft auf das ganze Tier- und Pflanzenreich angewendet, denn in unserem Falle [im Gegensatz zur menschlichen Gesellschaft, mit der sich Malthus beschäftigt hatte; J. B. F.] ist keine künstliche Vermehrung der Nahrungsmittel und keine vorsichtige Eheenthaltung möglich. Obwohl sich einige Arten mehr oder minder rasch vermehren: alle können es nicht tun, weil sonst die Erde sie nicht fassen könnte. Es gibt keine Ausnahme von der Regel, daß sich jedes organische Wesen auf natürlichem Wege so stark vermehrt, daß, wenn es nicht der Vernichtung ausgesetzt wäre, die Erde bald von den Nachkommen eines einzigen Paares erfüllt sein würde. Selbst der sich langsam vermehrende Mensch verdoppelt in fünfundzwanzig Jahren seine Kopfzahl; wenn also alle Kinder heranwüchsen, würde seine Nachkommenschaft nach kaum

---

[776] Charles Darwin, *Die Entstehung der Arten durch natürliche Zuchtwahl*, Stuttgart: Philipp Reclam, 1963, S. 27f. [Anm. d. Übers.: Die zentralen Begriffe Darwins wurden unsererseits verändert übersetzt und folglich sind auch die Zitate adaptiert. So wurde „selection" statt mit „Zuchtwahl" mit „Selektion", „variation" statt mit „Abänderung" mit „Variation" übersetzt und „adaptation" je nach Kontext als „Anpassung" oder „Adaption". Das begründen wir damit, dass die gängigen Übersetzungen Darwins vor langer Zeit angefertigt wurden und die Sprache (z. B. Zuchtwahl) heute nicht nur problematisch anmutet, sondern auch Darwin kaum gerecht wird. „Selection", was sich am ehesten mit „Auswahl" übersetzen lässt, hat schlicht und einfach eine andere Konnotation als „Zuchtwahl".]

einem Jahrtausend buchstäblich keinen Platz zum Stehen mehr finden.[777]

Der Kampf ums Dasein in der Natur war so heftig, dass Darwin nur in der Lage war, ihn unter Zuhilfenahme einer dramatischen Metapher zu erklären, die er zuerst in seinen *Notebooks* verwendet hatte: „Das Gesicht der Natur mag mit einer beweglichen Oberfläche verglichen werden, auf der zehntausende scharfe Keile eng zusammengepfercht sind und mit konstanten Schüben nach innen gedrückt werden – manchmal wird ein Keil getroffen und dann ein weiterer mit größerer Kraft."[778] Das Bild der Keile, das Darwin wiederholt verwendete, war, in Stephen Jay Goulds Worten, „das Bild einer mit Keilen vollgestopften Oberfläche, welches die Arten in einer Ökonomie der Natur darstellen soll, die ein Schild mit der Aufschrift ‚Keine Stelle frei!' hochhalten. Evolutionäre Veränderung kann nur stattfinden, wenn eine Art es schafft sich in die Fülle einzuschleichen, indem sie andere Arten hinaustreibt."[779] Alle organischen Lebewesen, argumentierte Darwin, streben danach, sich „im geometrischen Verhältnis zu vermehren" und jedes dieser organischen Lebewesen muss, „in einer gewissen Zeit seines Lebens, in einer gewissen Jahreszeit, während einer bestimmten Generation oder sonst wie den Kampf ums Dasein führen" und ist „starken vernichtenden Einflüssen ausgesetzt".[780]

Darwin hob jedoch hervor, dass der Begriff des „Kampfes ums Dasein" nicht einfach (oder sogar hauptsächlich) als ein direkter Kampf zwischen individuellen Organismen und/oder Arten verstanden werden sollte. Er schrieb:

Es sei vorausgeschickt, daß ich die Bezeichnung „Kampf ums Dasein" in einem weiten metaphorischen Sinne gebrauche, der die Abhängigkeit der Wesen voneinander, und was noch wichtiger ist: nicht nur das Leben des Individuums, sondern auch seine Fähigkeit, Nachkommen zu hinterlassen, mit einschließt. Mit Recht kann man sagen, daß zwei hundeartige Raubtiere in Zeiten des Mangels um Nahrung und Dasein miteinander kämpfen; aber man kann auch sagen, eine Pflanze kämpfe am

---

777 Ebd., S. 102f.

778 Ebd., S. 104.

779 Gould, S. J., *Eight Little Piggies*, S. 302.

780 Darwin, *Entstehung der Arten*, S. 119.

Rande der Wüste mit der Dürre ums Dasein, obwohl man das ebensogut so ausdrücken könnte: sie hängt von der Feuchtigkeit ab. [...] Die Mistel ist vom Apfelbaum und einigen anderen Baumarten abhängig, aber es kann von ihr nur in gewissem Sinne gesagt werden, sie kämpfe mit diesen Bäumen, denn wenn zu viele dieser Schmarotzer auf demselben Baume wachsen, so verdorret er und geht ein. Wenn aber mehrere Mistelsämlinge auf demselben Ast beisammen wachsen, so kann man schon mit mehr Grund sagen: sie kämpfen miteinander. Da der Samen der Mistel durch Vögel verbreitet wird, so hängt ihr Dasein von diesen ab, und man könnte bildlich sagen, die Misteln kämpften mit anderen fruchttragenden Pflanzen, um die Vögel zu verleiten, lieber ihre Samen zu fressen und zu verstreuen. In diesen verschiedenen Bedeutungen, die ineinander übergehen, gebrauche ich der Bequemlichkeit halber die allgemeine Bezeichnung „Kampf ums Dasein".[781]

Der Gebrauch des Begriffs „Kampf ums Dasein", den Darwin oft mehr in einem metaphorischen als in einem wörtlichen Sinn versteht, gab seiner Theorie einen „Malthus'schen" Anstrich, der zu einem großen Teil irreführend ist. Obwohl ihn die Lektüre von Malthus' *Essay on Population* gewiss inspiriert hat, stand Darwin in intellektueller Hinsicht kaum in der Schuld von Malthus, denn diese beschränkte sich weitestgehend auf die Hypothese, dass ein geometrisches Verhältnis der natürlichen Zunahme irgendeiner einer äußeren Kontrolle unterliegen müsse, die mit dem Kampf ums Dasein zusammenhängt. Selbstverständlich scheint Malthus Darwin dazu inspiriert zu haben, sich mit dem, was Evolutionsbiologen „Populationsdenken" nennen, zu beschäftigen. In den Worten Ernst Mayrs, der wichtige Beiträge zur neodarwinistischen Synthese geliefert hat (und den Stephen Jay Gould als „unseren größten lebendenden Evolutionsforscher" bezeichnet hat), ist Populationsdenken eine „Sichtweise, die die Einzigartigkeit eines jeden Individuums in Populationen sexuell sich fortpflanzender Arten und daher die reale Variabilität von Populationen betont".[782] Malthus strich in seiner Erörterung der geometrischen Rate des Bevölkerungszuwachses (wenn es unbeschränkt erfolgt) den Kampf zwischen Individuen einer einzigen Art hervor, ebenso wie

[781] Ebd., S. 101f.

[782] Mayr, *...und Darwin hatte doch Recht*, S. 231.

deren Anwendung sogar auf die dominante Art, den Menschen, und zwar weil es, wie die menschliche Art nahelegt, keine Ausnahme zu dieser allgemeinen Regel gab. Indem er diese Einsicht mit dem Populationsdenken verband und sich auf Variationen und somit den Kampf ums Dasein innerhalb einer Population fokussierte (und nicht bloß auf die zwischen unterschiedlichen Arten), war Darwin in der Lage, die ganze Kraft des evolutionären Prozesses, der sich mittels unzähliger kleiner immanenter Variationen vollzieht – oder das, was er „Abstammung mit Modifikation" nannte –, darzustellen. Doch obwohl Darwin selbst diesen intellektuellen Durchbruch (den Moment seiner Inspiration) seiner Lektüre von Malthus zuschrieb, wies dieser jedoch, wie Mayr hervorgehoben hat, die Idee der Variabilität der Arten jenseits strenger Grenzen und somit jegliche Möglichkeit einer „Verbesserung" in der Anpassung zurück. Tatsächlich war die für Malthus entscheidende arithmetische Rate, die er auf Pflanzen und Tiere anwandte, ursprünglich auf dieser negativen Annahme gegründet (insofern sie eine Grundlage hatte): nämlich, dass die Produktivität in der Landwirtschaft durch die Unfähigkeit zur Verbesserung (mit Ausnahme marginaler Veränderungen) der Bodenbedingungen oder der Pflanzen oder Tiere begrenzt war, von denen die menschliche Subsistenz abhing. Gemäß Malthus' naturtheologischer Sichtweise war die Anpassung ein Geschenk Gottes an die Natur – Teil des unveränderlichen Plans Gottes – und kein Ergebnis der Transformation der Arten. Daher lassen sich keine Spuren evolutionärer Analyse in seinem Denken ausfinden machen. Außerdem fehlte bei Malthus das „Populationsdenken", wie es heute in der Biologie begriffen wird, völlig. Mayr betont dies explizit: „Seltsam aber ist: In Malthus' Schriften finden wir auch bei gründlicher Durchforschung keinerlei Spur eines Populationsdenkens. In diesen ersten Kapiteln von Malthus, die Darwin auf den Gedanken des exponentiellen Wachstums brachten, steht nichts, was auch nur im Entferntesten mit diesem Thema zu tun hat."[783]

Auch wenn der unmittelbare theoretische Einfluss von Malthus auf Darwin sehr gering war, so kann man dennoch nicht leugnen, dass Darwins Artikulation seiner Ansichten in Malthus'schen Metaphern erhebliche Auswirkungen auf die Rezeption seiner Theorien hatte. Wie Marx sagte, war es die Entdeckung des „Hobbes'schen *bellum omnium contra omnes*" angewandt auf die

[783] Ebd., S. 111; Gould, *Illusion Fortschritt*, S. 63.

natürliche Welt.[784] Angesichts der weiten Verbreitung malthusianischer Ansichten in der britischen Oberschicht war eine malthusianische Interpretation des Kampfes ums Dasein vermutlich unvermeidbar. Darwins eigene Bekanntschaft mit dem Malthusianismus war sowohl eine intime familiäre (und spiegelte die Klasse, zu der er gehörte, wider) als auch eine intellektuelle: Harriet Martineau, eine führende Malthusianerin und eine enge Bekannte von Malthus selbst, unterhielt eine lange Beziehung mit Darwins Bruder Erasmus. Darwins Cousin (und der Bruder seiner Frau Emma – Emma war eine Wedgwood und Darwins Cousine ersten Grades) Hensleigh Wedgwood hatte Fanny Mackintosh geheiratet, die Tochter des Ökonomen Sir James Mackintosh, einem engen Freund und Kollegen von Malthus am East India College in Haileybury. Malthus' Tochter Emily war die Brautjungfer bei der Hochzeit von Fanny und Hensleigh. All dies garantierte praktisch, dass Malthus ein ständiges Diskussionsthema am Esstisch des erweiterten Wedgwood-Darwin Clans war.[785] Darwin trug sogar noch weiter zur malthusianischen Interpretation seiner Theorie bei – und wies damit schon den Weg für das, was später als „Sozialdarwinismus" bekannt werden sollte – nämlich, indem er in der Ausgabe der *Entstehung der Arten* aus dem Jahr 1869 zögernd den Begriff „survival of the fittest" [das Überleben des Stärkeren[786]], der erstmals 1864 von Herbert Spencer gebraucht wurde, als annähernd synonym mit „natürlicher Selektion" übernahm.[787] In der Biologie sollte die Vorstellung des „fittest" letztlich das Überleben eines individuellen Organismus bis zu dem Punkt bedeuten, an dem dieser seine Gene an seine Nachkommen weitergeben konnte. Im spencerianischen/malthusianischen, das heißt sozialdarwinistischen Sinne, gemäß dem der Begriff auf die menschliche Gesellschaft angewandt wurde, schien er jedoch eine

---

[784] Karl Marx, „Brief an Engels vom 18. Juni 1862", in: MEW Bd. 30, Berlin: Dietz, 1974, S. 248-249, hier: S. 249.

[785] Desmond/Moore, *Darwin*, S. 232.

[786] [Anm. d. Übers.: „Survival of the fittest" ist eine zuhöchst problematische und mehrdeutige, daher auch unterschiedlich übersetzte Begriffskonstruktion. In seiner ursprünglichen und dann von Darwin übernommenen Form beschreibt er schlicht das „Überleben des am besten Angepassten". In ihm schwingt aber immer auch die Bedeutungshinsicht des „Überlebens des Stärkeren" mit. Im Deutschen wird er daher mal so, mal so übersetzt oder, was noch problematischer ist, schlicht mit „natürlicher Selektion".]

[787] Diane Paul, „Fitness: Historical Perspectives", in: Keller/Lloyd (Hrsg.): *Keywords in Evolutionary Biology*, S. 112-14.

Rechtfertigung des Gesetzes des Stärkeren und Argumente für die Überlegenheit jener zu liefern, die sich an der Spitze befanden. Malthus' Theorie war eine typische Gleichgewichtstheorie des 18. Jahrhunderts, die zeigen sollte, dass Verbesserungen oder Fortschritt im sozialen Bereich aufgrund strikter Naturgesetze unmöglich waren, da diese einen Kampf ums Dasein erzwangen, der das Bevölkerungswachstum mit den Subsistenzmitteln im Gleichgewicht halten sollte. Wie jedoch J. W. Burrow in seiner Einführung zu Darwins *Entstehung der Arten* herausgestrichen hat, stellte Spencer „Malthus auf den Kopf, indem er Malthus' Theorie zur Grundlage einer Theorie des menschlichen Fortschritts basierend auf der Auslöschung der ‚Schwachen' [‚unfit'] machte."[788]

In den Vereinigten Staaten wurde diese Sichtweise von dem Sozialdarwinisten William Graham Sumner aufgegriffen, der argumentierte, dass „die Millionäre ein Produkt der natürlichen Selektion" seien. Eine solche Ansicht war für Raubritter wie John D. Rockefeller, James J. Hill oder Andrew Carnegie sehr attraktiv. Rockefeller erzählte der Klasse eines Kindergottesdienstes, dass „das Wachstum der großen Konzerne bloß ein Überleben des Passendsten sei, [...] bloß die Ausführung eines Naturgesetzes und eines göttlichen Gesetzes." International wurde der Sozialdarwinismus dazu benutzt, die imperialistische Politik der massenhaften Gewalt und Auslöschung zu rechtfertigen, die von Kurtz in Joseph Conrads *Herz der Finsternis* kurz und bündig zusammengefasst wurde – „Schlagt diese Bestien alle tot!"[789] All dies war Darwin selbst ein Gräuel und war seiner Theorie, sofern man sie richtig verstand, entgegengesetzt. Dennoch war dieses Bild so kraftvoll und so weit verbreitet, dass es das populäre Bild des Darwinismus bis heute prägt.

Nicht nur die Idee des „survival of the fittest" und der Spencerismus-Malthusianismus schienen zeitweise Darwins wissenschaftliche Botschaft zu überdecken, sondern auch der Begriff der „Evolution", der, ebenso wie „survival of the fittest", in der

---

788 Burrow, „Editor's Introduction", S. 33.

789 Sumner, zitiert nach: Richard Hofstadter, *Social Darwinism in American Thought*, Boston: Beacon Press, 1955, S. 58. Vgl. ebenso William Graham Sumner, *Social Darwinism*, Englewood Cliffs: Prentice Hall, 1963. John D. Rockefeller zitiert nach Allan Chase, *The Legacy of Malthus: The Social Costs of the New Scientific Racism*, New York: Alfred A. Knopf, 1977. Zu Conrad und zur Kritik des Exterminismus vgl. Sven Lindqvist, *Durch das Herz der Finsternis. Ein Afrika-Reisender auf den Spuren des europäischen Völkermords*, Frankfurt/New York: Campus Verlag, 1999.

ersten Auflage der *Entstehung der Arten* nicht vorkam. In dieser ursprünglichen Version hatte Darwin lediglich auf die „natürliche Selektion“, die „Veränderlichkeit“ der Arten und die „Abstammung mit Modifikation“ verwiesen (nur einmal benutzte er das Verb „evolve“ [sich entwickeln], niemals jedoch „evolution“). „Evolution“, im Sinne von „Entwicklung“ und „Fortschritt“, enthielt eine beinahe teleologische Sichtweise, das heißt eine Bewegung hin zu immer größerer Perfektion im Bereich allgemeiner organischer Prozesse, die Darwins entschieden materialistischen Ansichten entgegengesetzt war. „Niemals höher oder niedriger“, hatte er epigrammatisch an den Rändern seiner Ausgabe von Chambers' *Natürliche Geschichte* notiert.

Natürliche Selektion bezog sich in Darwins Theorie nur auf die Anpassung an die lokale Umwelt. Wenn sich die Umwelt veränderte, dann war eine Art (sagen wir das Wollhaarmammut), die perfekt an die alte Umgebung angepasst war, es möglicherweise nicht mehr ebenso gut in der neuen. Die Anpassungsfähigkeit an eine sich verändernde lokale Umwelt legte keineswegs eine Überlegenheit oder Unterlegenheit nahe. Nichtsdestotrotz setzte sich auch hier eine spencerianische Sicht, die die Evolution mit allgemeinem Fortschritt in Verbindung brachte, durch. Darwins Theorie wurde folglich rasch in etwas umgewandelt, was sie nicht war – eine Theorie, die spezifisch bürgerliche Ideale des Fortschritts verstärkte. Die revolutionäreren materialistischen Aspekte seiner Theorie wurden somit beschnitten und mussten tatsächlich von späteren Biolog*innen wiederentdeckt werden. Heute denken Biolog*innen die Evolution nicht mehr in Vorstellungen von höher oder niedriger, doch im Alltagsgebrauch wird der Begriff weiterhin in seinem spencerianischen Sinn verwendet.[790]

Leider ließ Darwin gelegentlich zu, dass sich solche Inkonsistenzen in seine Analyse einschlichen – Ungereimtheiten, die auf seine Klassenposition zurückgeführt werden können. Auf diese Weise trug er selbst zu einer Sichtweise bei, die Evolution als Fortschritt verstand. Im vorletzten Paragraphen der *Entstehung der Arten* (einem Absatz, der die revolutionäre Natur seiner Doktrinen herunterspielen und der Beruhigung seiner aufgewühlten Leser*innen gewidmet war), schrieb er: „Und da die natürliche Selektion nur durch und für den Vorteil der Geschöpfe wirkt, so werden alle körperlichen Fähigkeiten und geistigen Gaben immer mehr

[790] Gould, *Darwin nach Darwin*, S. 26-30.

nach Vervollkommnung streben."[791] Für einen Denker, der zuvor eine so entschieden materialistische, das heißt anti-essentialistische/anti-teleologische Haltung eingenommen hatte, und zwar nicht nur in seinem Buch, sondern noch stärker in seinen theoretischen Notizbüchern, war dies eine Verstellung im großen Stil.

Darwin, Huxley und die Niederlage der Teleologie

Dennoch ließ sich der revolutionäre Charakter von Darwins Denken nicht so einfach verbergen und stach am Anfang schroff hervor. Im Juni 1860 traf sich die *British Association for the Advancement of Science* (BAAS) in Oxford und läutete damit einen der denkwürdigsten Konflikte der Wissenschaftsgeschichte ein. Am Samstag, dem 30. Juni, ungefähr sieben Monate nach dem Erscheinen der *Entstehung der Arten*, drängte sich eine große öffentliche Menge von 700 bis 1.000 Personen im neugebauten neugotischen Museum von Oxford zusammen. Sowohl Thomas Huxley als auch Joseph Hooker, beides führende Darwinisten, waren anwesend. Die weißen Kragen des Klerus dominierten das Zentrum des Raumes. Auf dem Podium saß der Bischof von Oxford, Sam Wilberforce (der von seinen Studenten den Spitznamen „Soapy Sam" [Seifiger Sam] erhalten hatte aufgrund seiner rednerischen Fähigkeiten), ein Mathematiker und Ornithologe und außerdem Vizepräsident der BAAS. Nachdem er sich lange über Darwins *Entstehung* ausgelassen hatte, zielte der Bischof mit einem sarkastischen Seitenhieb auf Huxley, der im Publikum saß, und fragte ihn, ob die Affen auf der mütterlichen oder der väterlichen Seite seiner Familie zu finden seien. Die Absicht war eindeutig, dadurch einen Punkt zu machen, indem er zeigte, dass Huxley die Unantastbarkeit der viktorianischen Lady angezweifelt hatte. Anstatt die Implikationen einfach zu verneinen (oder zu bejahen) und sich somit in die Fallstricke einer Vulgarität zu begeben – denn als solche wäre es aufgefasst worden –, antwortete Huxley (so erzählte er diese Geschichte später in einem Brief):

> *Es wäre mir zwar nicht eingefallen, ein solches Thema selbst zur Diskussion zu bringen, aber ich war doch bereit dem Herrn Bischof entgegenzutreten, auch auf dieser Grundlage. Wenn*

[791] Darwin, *Entstehung*, S. 677.

also, sagte ich, die Frage mir gestellt war, ob ich lieber einen elenden Affen zum Großvater hätte oder einen Mann, der von der Natur reichlich ausgestattet wurde und große Einflussmittel besäße, jedoch diese seine Fähigkeiten und den Einfluss bloß für den Zweck verwende, Lächerlichkeiten in eine ernste wissenschaftliche Diskussion einzuführen, dann würde ich unverzüglich dem Affen den Vorzug geben.

Die Studenten in der Halle brachen in unaufhaltsames Gelächter aus. Der Angriff auf den Einfluss von gesellschaftlicher Stellung und Reichtum in der Wissenschaft hätte nicht klarer ausgeführt werden können. Robert Fitzroy, der Kapitän der *HMS Beagle* zur Zeit von Darwins berühmter Reise, der danach geistig aus dem Gleichgewicht geriet und sich selbst dafür beschuldigte, dass Darwin die Teleologie angegriffen hatte, stakste während dieser großen Kontroverse im Raum herum, hielt die Bibel über seinen Kopf und schrie: „Das Buch, das Buch." In diesem ganzen Tumult unterschieden sich die Wahrnehmungen darüber, was geschehen war, natürlich enorm, aber Huxley, Joseph Hooker und die darwinistische „New Model Army" verließen die Veranstaltung in der Überzeugung, gesiegt zu haben und informierten Darwin in Down House schnell über ihren Sieg. Die Naturtheologie, so würde es die Geschichte verzeichnen, hatte eine empfindliche Niederlage erlitten.[792]

Die Darwin'sche Revolution versetzte zwei grundlegenden Dogmen des traditionellen Denkens einen schweren Schlag: Essentialismus und Teleologie. Wie Mayr schrieb:

Keine der […] durch Darwins Theorien in Frage gestellten Ideologien war so tief verwurzelt wie die Philosophie des Essentialismus. […] Als festumrissene Philosophie wird der Essentialismus in der Regel Platon zugeschrieben, obwohl dieser längst nicht so dogmatisch war wie einige seiner späteren Nachfolger […] Platons Höhlengleichnis ist allgemein bekannt: Was wir von den Phänomenen der Welt wahrnehmen, entspricht den Schatten der realen Objekte, die der Schein eines Feuers an die Höhlenwand wirft. Die Essenzen als solche bekommen wir nie

[792] Adrian Desmond, *Huxley: From Devil's Disciple to Evolution's High Priest*, Reading: Perseus books, 1997, S. 276-80; Gould, *Darwin nach Darwin*, S. 25; Hal Hellman, *Zoff im Elfenbeinturm. Große Wissenschaftsdispute*, Weinheim: Wiley-VCH, 2000, S. 85-89.

zu Gesicht. Variation ist die Offenbarung unvollkommener Widerspiegelungen der zugrundeliegenden konstanten Essenzen.[793]

Alle Lehrer von Darwin in Cambridge waren Essentialisten (sowie auch Teleologen), die im Platonismus und in der Scholastik geschult waren und mit der Naturtheologie konform gingen. Sogar Charles Lyell, der große Geologe und Darwins späterer Mentor, vertrat die Ansicht: „Es gibt feste Grenzen, jenseits derer die Nachkommen gemeinsamer Eltern nie von einem bestimmten Typus abweichen können." Ebenso schrieb John Stuart Mill, Arten seien „Klassen, zwischen denen eine unüberwindliche Barriere besteht." Im Gegensatz dazu waren für Darwin die Arten veränderlich und es gab für ihn in der Tat keine starren Trennungen. Die unterschiedlichen Bezeichnungen von Arten waren heuristisch brauchbar, jedoch inhärent zufällig und veränderbar. „Eine einmal hervorgebrachte Rasse", schrieb Huxley, „ist genauso wenig eine fixe und unveränderliche Entität wie der Stamm, von dem sie entsprang". Dasselbe galt auch für Arten. Das war ja gerade das Wesen der „Transmutationshypothese".[794] Überdies reichten die Implikationen von Darwins Kritik des Essentialismus noch weiter und stellten die vorgeblich fixierte und erhöhte Stellung des Menschen und die Beständigkeit der „menschlichen Natur" in Frage.

Darwins revolutionäre Kritik der Teleologie war insofern von noch größerer Bedeutung, weil sie gegen das zentrale Dogma der Naturtheologie gerichtet war. Wie Thomas Huxley es 1864 ausdrückte, hatte „Teleologie, wie sie gewöhnlich verstanden wird, von Herrn Darwins Hand ihren Todesstoß erhalten." Das teleologische Argument funktionierte laut Huxley folgendermaßen:

ein Organ oder Organismus (A) ist genau angepasst, um eine Funktion oder einen Zweck (B) auszuführen; daher wurde er besonders geschaffen für die Ausführung dieser Funktion. In Paleys berühmter Darstellung wird die Anpassung aller Teile der Uhr an ihre Funktion, das heißt das Angeben der Zeit, als ein Beweis dafür gehalten, dass die Uhr eben zu diesem Zweck geschaffen worden war. Und zwar deshalb, weil die einzige Ursache, die wir kennen, die kompetent genug ist, einen solchen Effekt wie eine Uhr, die die Zeit misst, hervorzubringen, eine

---

793 Mayr, *...und Darwin hatte doch recht,* S. 63-64.

794 Lyell und Mill zitiert in ebd., S. 64; Huxley, *Darwiniana,* S. 42, 54.

planende Intelligenz ist, die die Mittel unmittelbar an diesen Zweck anpasst.

Wenn jedoch gezeigt werden könnte, dass es ein völlig kontingenter natürlicher Prozess ist, der die gleichen Resultate erzielte und zwar ohne Absicht oder Erfinder, dann wäre das teleologische Argument des Bauplans für die „Doktrin einer besonderen Schöpfung" widerlegt. Eben dies gezeigt zu haben machte nach Huxley die enorme Leistung von Darwin aus.[795]

Die teleologische Sichtweise hatte argumentiert, die Katzen im Allgemeinen seien deswegen so gut für das Mäusejagen geeignet, weil sie besonders dafür geschaffen worden seien, was ihren Hauptzweck ausmache. Jedoch waren solche teleologischen Argumente für Huxley „als eine Frage der Dialektik [...] nicht sehr beeindruckend." „Weit davon entfernt anzunehmen, dass Katzen existieren, *um* gut Mäuse zu fangen, nimmt der Darwinismus an," so Huxley, „dass Katzen existieren, *weil* sie gut Mäuse fangen können – der Mäusefang ist nicht der Zweck, sondern die Bedingung ihrer Existenz." Jenen antwortend, die einen Weg finden wollten, Darwin mit der Teleologie zu vereinen, und die ihre Argumente auf Darwins irreführende Aussage am Ende der *Entstehung der Arten* über die Tendenz von Organismen, sich zur „Perfektion" hin zu entwickeln, gründeten, bestand Huxley darauf, dass „wenn wir den Geist der ‚Entstehung der Arten' richtig verstehen, nichts völlig und absolut der Teleologie, wie sie gewöhnlich verstanden wird, mehr entgegengesetzt sein kann, als die Darwin'sche Theorie." Huxley spielte Darwins Verweis auf die Tendenz der Organismen, sich hin zur „Perfektion" zu entwickeln herunter und bestand darauf, dass Darwins Theorie, wenn richtig verstanden, unabhängig war von jedweder linearen Konzeption des Fortschritts oder von zweckbestimmtem teleologischem Fortschritt:

Weit davon entfernt einen graduellen Fortschritt zur Perfektion als einen notwendigen Teil der Darwin'schen Überzeugungen anzunehmen, erscheint uns vielmehr, dass diese völlig konsistent ist mit unendlichem Fortdauern in einem Zustand oder auch mit einer graduellen Rückentwicklung. Man nehme zum Beispiel an, die Eiszeit kehre zurück und die polaren Klimabedingungen breiteten sich über den ganzen Globus aus. Die

[795] Huxley, *Darwiniana*, S. 54, 82-85.

natürliche Selektion würde unter diesen Bedingungen im Allgemeinen dazu tendieren, die höheren Organismen zu entfernen und die niedrigeren Lebensformen zu erhalten.

Die Tatsache, dass die Umwelt sich radikal verändern kann und damit einen Organismus, der vorher perfekt an seine Umwelt angepasst war, wie zum Beispiel das Wollhaarmammut, zu einem nicht mehr so gut angepassten machen kann (und ihn gar zum Aussterben bringt), widerspricht an sich selbst schon jedem simplen Begriff von Fortschritt.[796]

Für Huxley bestand die Bedeutung der Darwin'schen Revolution von Anfang an in der Zerstörung der „Doktrin der finalen Ursachen". Darüber hinaus geschah dies ohne auf Lamarck'sche Annahmen zurückzugreifen wie die „Modifikation durch Übung" und die erbliche Übertragung solcher Modifikationen, sobald sie einmal erworben waren. (Lamarck hatte z.B. fälschlicherweise behauptet, dass „die Anstrengungen einiger Vögel mit kurzen Hälsen, Fische zu fangen ohne dabei nass zu werden, mit Zeit und Beharrlichkeit alle unsere Reiher und Sumpfvögel mit langen Hälsen erzeugt hat".) Dennoch blieb immer die Frage bestehen, die Huxley schon in seinen frühesten Überlegungen zur *Entstehung der Arten* in den Raum gestellt hatte, ob nämlich Darwin die Rolle der natürlichen Selektion „überschätzt" habe. Nach Huxleys Sicht

wäre Herrn Darwins Position vielleicht noch stärker, als sie ist, wenn jener sich nicht mit dem Aphorismus „Natura non facit saltum" [Die Natur macht keine Sprünge], der in seinen Werken so oft vorkommt, in eine peinliche Lage gebracht hätte. Wir glauben [...], dass die Natur hin und wieder Sprünge macht und eine Anerkennung dieser Tatsache ist nicht von geringer Bedeutung für die Widerlegung vieler geringerer Einwände gegen die Theorie der Transmutation.[797]

Solche Zweifel über Darwins ausschließliche Betonung des langsamen Prozesses der natürlichen Selektion als des einzigen Mechanismus der Evolution blieben sogar unter Darwins größten Anhänger*innen bestehen, und diese Zweifel sollten sich im Laufe seines Lebens noch vergrößern. Gegen Ende seines Lebens wies

[796] Ebd., S. 57, 85-91.

[797] Ebd., S. 6, 12, 20, 77.

Darwin selbst die natürliche Selektion als einzigen Grund für die evolutionäre Entwicklung zurück, und zwar aufgrund dreier Einwände, die gegen seine Theorie erhoben wurden. Der erste dieser Einwände konzentrierte sich auf die Unvollständigkeit der Fossilienfunde und die Abwesenheit von Zwischentypen zwischen den einzelnen Spezies. Aufbauend auf Lyells aktualischer Geologie, die katastrophische Ereignisse zur Erklärung geologischen Wandels zurückgewiesen und dadurch die Länge der geologischen Zeit, die durch langsamen, schrittweisen Wandel wirkte, enorm verlängert hatte, schloss Darwin „Sprünge" in der Natur aus. Aber die paläontologischen Erkenntnisse, die zu jener Zeit rasant wuchsen, schienen auf große, unüberbrückbare Lücken hinzuweisen. (Heutzutage erkennen Wissenschaftler*innen die Existenz plötzlicher, abrupter Verschiebungen in der Evolutionsgeschichte an, integrieren diese aber durch Konzepte wie den „Punktualismus" in die Theorie der Evolution mittels natürlicher Selektion.)

Eine zweite Kritik kam aus der Physik. Der größte Physiker in Darwins Zeit, William Thomson (später Lord Kelvin), argumentierte auf der Grundlage von Berechnungen zur angenommenen Abkühlungsrate der Erdkruste (in denen die Sonne symbolisch als ein riesiger Kohlehaufen angenommen wurde), dass die Erde etwa 100 Millionen Jahre alt sei (angesichts der simplifizierenden Annahmen in seinen Schätzungen erweiterte er die Spanne manchmal zu 20 bis 400 Millionen Jahre) – deutlich älter also, als die biblische Vorstellung der 6.000 Jahre, aber dennoch eine viel kürzere Zeitspanne, als für die Erklärung der Evolution aller bekannten Spezies mittels langsamer Akkumulation von Zufallsvariationen angenommen werden musste, wie in Darwins Theorie der natürlichen Selektion. (Infolge der Entdeckung der Radioaktivität durch den französischen Physiker Antoine Henri Becquerel 1896 zeigte sich, dass Thomsons Schätzungen – aufgrund von unzureichendem Wissen – inkorrekt waren und das geschätzte Alter der Erde wurde erneut auf Lyell'sche Ausmaße angehoben.)

Schließlich führte der Professor der Ingenieurswissenschaft Fleeming Jenkin im Jahr 1867 das Argument an, dass, wenn, wie damals angenommen wurde, die vererbten Eigenschaften eines jeden Elternteils in der Nachkommenschaft miteinander vermischt wurden, die tatsächlichen Chancen für eine Wiederholung einer wichtigen Variation in der Nachkommenschaft sehr gering waren, zumal die Chancen mit jeder folgenden Generation fortgehend halbiert würden. Die Annahme war hierbei die, dass sich die Variation in stetig verringerter Menge verteilen und in einer jeden gegebenen Bevölkerung zunehmend verwischt werden würde. (Ironischerweise gab es die Antwort auf diesen Einwand bereits, jedoch war er der wissenschaftlichen Gemeinde bis ins 20. Jahrhundert nicht bekannt oder wurde von ihr verkannt. Es handelte sich nämlich um die Mendel'sche Genetik, die bewies, das genetische Faktoren sich verhielten, als ob sie unteilbare Partikel wären, die sich nicht durch Vererbung abschwächten.[798])

Mit der Kritik des Physikers Thomson konfrontiert, startete Huxley einen Gegenangriff, indem er argumentierte, dass

> *die Biologie ihre Zeit von der Geologie nimmt. Unser einziger Grund an die langsame Veränderung in den Lebensformen zu glauben, ist die Tatsache, dass sie in einer Serie von Ablagerungen fortbestehen, die, wie uns die Geologie informiert, eine lange Zeit benötigten, um zu entstehen. Wenn die geologische Uhr falsch ist, dann ist alles, was die Naturalisten zu tun haben, ihre Vorstellungen über die Geschwindigkeit der Veränderung demgemäß zu modifizieren.*

Diese Verteidigung war jedoch im besten Fall eine bloße Verzögerungstaktik, da Huxley keine Theorie bei der Hand hatte, die die natürliche Selektion zwecks Erklärung des Evolutionsprozesses hätte ersetzen können. Im Hinblick auf die Geologie wies er auf die Notwendigkeit hin, sich von einem reinen Aktualismus hinsichtlich der Erklärung geologischen Wandels zu verabschieden und Elemente, die traditionell mit dem Katastrophismus verbunden waren, zu integrieren. Für die biologische Evolution schienen die einzigen Alternativen, um die natürliche Selektion zu ersetzen und den evolutionären Wandels zu beschleunigen, entweder der Lamarckismus oder eine Theorie der Makromutationen oder der plötzlichen Umschwünge zu sein. In seiner Antwort auf Thomson ging Huxley jedoch auf keine dieser Alternativen ein.[799]

Darwin selbst war von solchen rhetorischen Spielereien unbeeindruckt und sah sich durch die Albträume, die Thomson und Jenkin bei ihm verursachten, gezwungen, sich immer weiter auf die lamarckistischen Begriffe seiner Jugendzeit (und seines

---

[798] Burrow, „Editor's Introduction", S. 46-47; Eiseley, *Darwin's Century*, S. 211-16, 233-44, 252-53; Hellman, *Zoff im Elfenbeinturm*, S. 105-118.

[799] Thomas Huxley, *Lay Sermons, Addresses and Reviews*, New York: Appleton and Co., 1871, S. 246.

Großvaters) zurückzuziehen. Zunehmend übernahm er Lamarcks Vorstellung der Vererbung der erworbenen Eigenschaften, obgleich er immer darum kämpfte, so viel wie möglich von seiner Theorie der natürlichen Selektion zu bewahren. Sogar in der ersten Version der *Entstehung der Arten* waren solche lamarckistischen Ansichten nicht gänzlich abwesend; jedoch befanden sie sich dort noch im Hintergrund, während die natürliche Selektion im Vordergrund stand. Ab der sechsten Auflage spielte der Lamarckismus jedoch eine große Rolle in Darwins Beweisführung, und zwar aus dem schlichten Grund, dass er auf diese Weise in der Lage war, die biologische Uhr zu beschleunigen, um sie der viel kürzeren Zeit anzugleichen, die nun von der Geologie angenommen wurde (denn diese hatte sich mittlerweile der Thomson'schen Physik angepasst).[800]

Trotz der Tatsache, dass Darwins Theorie der natürlichen Selektion gegen Ende seines Leben sogar von seinen prominentesten Anhängern – und teilweise gar von ihm selbst – zu einem großen Teil aufgegeben worden war und auch für den Rest des Jahrhunderts weiterhin an Einfluss verlor (und erst mit der neo-darwinistischen Synthese im 20. Jahrhundert wiederbelebt wurde), hatte die evolutionistische Sichtweise im Allgemeinen triumphiert und die Naturtheologie war besiegt. „Ausgestorbene Theologen", meinte der Materialist Huxley 1860, „liegen an der Wiege jeder Wissenschaft herum wie die erwürgten Schlangen neben der Wiege des Herkules." Huxleys kämpferische Verteidigung der Darwin'schen Theorie der Abstammung mit Modifikation stellte, in den Worten eines Biographen Huxleys, „einen Anschlag auf das ‚Pfaffentum'" dar. Charles Lyell sah die Sache ähnlich, obgleich er weniger streitlustig als Huxley und erst spät zum Evolutionismus konvertiert war. So beschwerte er sich einmal bei Freunden in den Vereinigten Staaten, sein eigenes Land sei „mehr von den Pfaffen dominiert ist als jedes andere in Europa, mit Ausnahme Spaniens." Geologische Fragen, so beklagte er, könnten nicht debattiert werden, ohne dass 30.000 Kleriker ihren Senf dazu abgeben würden. Folglich wurde die Darwin'sche Revolution von ihren führenden Vertreter*innen als ein Sieg der Wissenschaft (und von einigen gar als ein Sieg des Materialismus) über die Naturtheologie angesehen, die versucht hatte, die Wissenschaft an die Religion zu fesseln. Statt die Religion umzustürzen, versuchte diese

[800] Eiseley, *Darwin's Century*, S. 239-242.

wissenschaftliche Revolution jedoch nur, wie andere vor ihr auch, die Religion ein wenig in den Hintergrund zu drängen (so wie die Götter, die in Epikurs Philosophie in die *Intermundien* verwiesen wurden), und der Wissenschaft die alleinige Entscheidungsgewalt über die materielle Welt zu überlassen.[801]

Für materialistische Wissenschaftler*innen wie Thomas Huxley und den britischen Physiker John Tyndall war „das großartige Gedicht von Lukrez", wie Paul Shorey in *Platonism: Ancient and Modern* schreibt, „der wahrhaftigste Ausdruck des Geistes und der Poesie der Wissenschaft." Als der große viktorianische Dichter Alfred Lord Tennyson 1892 verstarb, erklärte Huxley, der sich bei Tennysons Begräbnis der Elite der Royal Society anschloss, dass Tennyson – der dafür bekannt war, angeblich „darwinistische" Ideen antizipiert zu haben (mit seinem berühmten Verweis auf die „grausame Natur" [eng. Orig.: Nature, red in tooth and claw]) – einen Anspruch auf solch wissenschaftliche Ehren hatte, „als der erste Dichter seit Lukrez, der den Gang der Wissenschaft verstand." Der stets kämpferische Huxley, der viele Jahre zuvor von Robert Owen als „Lukrez'scher" Emporkömmling attackiert wurde, entschied sich dafür, Tennysons Lebenswerk dadurch zu würdigen, indem er die Welt (vermittels Lukrez) daran erinnerte, welch großen materialistischen Sieg über die Teleologie der Darwinismus dargestellt hatte. Wie Huxley an anderer Stelle bemerkte, war Lukrez „tiefer in den wissenschaftlichen Geist eingetaucht, als irgendein anderer antiker oder moderner Dichter, mit Ausnahme Goethes."[802]

Ein anderer Denker, mit dem Huxley stark verbunden war und der Lukrez als einen seiner wissenschaftlichen Vorfahren ansah, war Darwins führender Anhänger in Deutschland, Ernst Haeckel

---

801 James A. Secord, „Introduction", in: Charles Lyell, *Principles of Geology*, Harmondsworth: Penguin Books, 1997, S. xxiv; Huxley, *Darwiniana*, S. 52; Desmond, *Huxley*, S. 271-72.

802 Paul Shorey, *Platonism: Ancient and Modern*, Berkeley: University of California Press, 1938, S. 17; Desmond, *Huxley*, S. 595; Huxley, *Lay Sermons*, S. 346. Huxley kritisierte Lukrez, zusammen mit früheren Philosophen und Wissenschaftlern, dafür, dass er die Vorstellung einer spontanen Erzeugung angenommen hatte. Für den historischen Kontext von Tennysons großem Gedicht *In Memoriam* aus dem Jahre 1850, aus dem die Zeile „grausame Natur" stammt, vgl. Gould, *Ein Dinosaurier im Heuhaufen*, S. 87-103. Tennyson schrieb außerdem ein langes Gedicht mit dem Titel „Lucretius" – eine phantasiereiche Version des Todes des großen römischen Dichters, die auch in Lukrez' philosophische Terminologie eintauchte. Alfred Lord Tennyson, *The Poems of Tennyson in Three Volumes*, Bd. 2, Berkeley: University of California Press, 1987, S. 707-21.

(1834-1919).[803] Haeckel prägte das Wort „Ökologie" in seinem Buch *Generelle Morphologie der Organismen* aus dem Jahr 1866, ein Jahr vor der Veröffentlichung von Marx' Kapital. Dabei bezog er sich auf dieselbe griechische Wurzel, *oikos*, was Haushalt bedeutet, aus der schon das Wort „Ökonomie" entstand. Für Haeckel bezog sich Ökologie auf das, was Darwin in der *Entstehung der Arten* die „Ökonomie der Natur" genannt hatte. So schrieb Haeckel 1866, als er das Wort „Ökologie" definierte:

> *Unter Oecologie verstehen wir die Lehre von der Oeconomie, von dem Haushalt der thierischen Organismen. Diese hat die gesammten Beziehungen des Thieres sowohl zu seiner anorganischen, als zu seiner organischen Umgebung zu untersuchen, vor allem die freundlichen und feindlichen Beziehungen zu denjenigen Pflanzen und Thieren, mit denen es in directe oder indirecte Berührung kommt; oder mit einem Worte alle diejenigen verwickelten Wechselbeziehungen, welche DARWIN als die Bedingungen des Kampfes ums Dasein bezeichnet. Diese Oecologie (oft auch unpassend als Biologie im engsten Sinne bezeichnet) bildete bisher den Hauptbestandtheil der sogenannten „Naturgeschichte" im gewöhnlichen Sinn des Wortes.*[804]

Haeckels Begriff der „Ökologie" setzte sich nur langsam durch und wurde in der darwinistischen Literatur nicht sofort willkommen geheißen, sondern sollte letztlich erst im 20. Jahrhundert in Mode kommen. Marx und Engels, die mit Haeckels Werk wohl vertraut waren und die menschliche Spezies in evolutionären Begriffen als Teil der Tierwelt verstanden (und dabei die teleologische Sicht, die die Menschen ins Zentrum der Schöpfung stellte, zurückwiesen), machten sich den älteren Begriff der „Naturgeschichte" (das Äquivalent, wie Haeckel selbst sagte, zu seinem neuen Wort „Ökologie") zu eigen, anstatt den neueren Begriff „Ökologie" zu nutzen. Zugleich nutzten sie den Begriff der „Naturgeschichte" auf Bacon'sche Weise, das heißt, sie konzentrierten sich auf die „Naturgeschichte" der Menschen im Verhältnis

---

803 Ernst Haeckel, *Der Monismus als Band zwischen Religion und Wissenschaft. Glaubensbekenntnis eines Naturforschers*, Leipzig: Alfred Kröner, 1911, S. 10; Bramwell, *Ecology in the 20th Century*, S. 44.

804 Ernst Haeckel, „Über Entwicklungsgang und Aufgabe der Zoologie", in: *Jenaische Zeitschrift für Medizin und Naturwissenschaft*, Bd. 5, 1870, S. 365.

zur Produktion. Im Gegensatz dazu war Haeckels Begriff der „Ökologie“ mit sozialdarwinistischen Konnotationen durchtränkt, die mit seinem philosophischen „Monismus“ verbunden waren. In seinem Buch *Der Monismus als Band zwischen Religion und Wissenschaft. Glaubensbekenntnis eines Naturforschers* (1892) trat dies klar zutage, wo er schrieb:

> *Wir wissen seitdem, dass die ganze organische Natur auf unserem Planeten nur durch einen schonungslosen Kampf Aller gegen Alle besteht. Tausende von Thieren und Pflanzen müssen an jedem Ordte der Erde alltäglich zu Grunde gehen, damit einzelne auserlesene Individuen bestehen bleiben und sich des Lebens freuen. [...] Der wütende Interessenkampf in der menschlichen Gesellschaft ist nur ein schwaches Bild des unaufhörlichen und grausamen Existenzkampfes, der in der ganzen lebendigen Welt herrscht. Die schöne Dichtung von „Gottes Güte und Weisheit in der Natur“, die wir als Kinder noch vor fünfzig Jahren mit Andacht anhörten, findet heute keine Gläubigen mehr, wenigstens unter den denkenden Gebildeten! Sie ist vernichtet durch unsere tiefere Erkenntniss der Wechselbeziehungen zwischen den Organismen, durch die fortgeschrittene Oekologie und Sociologie, durch die Parasitenkunde und Pathologie.*[805]

Diese sozialdarwinistischen Ansichten führten dazu, dass Haeckels Vorstellungen letztlich in eine fürchterliche Richtung Einfluss haben sollten, nämlich tragischerweise auf den Nationalsozialismus. So schrieb Stephen Jay Gould:

> *Sein evolutionärer Rassismus; sein Aufruf an das deutsche Volk für eine rassische Reinheit und die entschlossene Hingabe an einen „gerechten“ Staat; sein Glaube, dass brutale und unerbittliche Gesetze der Evolution die menschliche Zivilisation und auch die Natur gleichermaßen beherrschten und den auserwählten Rassen das Recht zugestanden, die anderen zu beherrschen; sein irrationaler Mystizismus, der immer in einem seltsamen Verhältnis zu seinen mutigen Worten über die Objektivität der Wissenschaft stand – all dies hatte zum Aufstieg des Nazismus beigetragen. Die Monistische Liga, die er gegründet*

[805] Haeckel, *Der Monismus*, S. 31.

und geführt hatte, schwenkte, obwohl sie einen Flügel von Pazifisten und Linken hatte, bereitwillig hin zur aktiven Unterstützung von Hitler.[806]

Marx und Engels: Die Arbeit und die menschliche Evolution

Als Marxens produktivste Lebensperiode begann (*Zur Kritik der Politischen Ökonomie* wurde 1859 veröffentlicht, der erste Band des *Kapitals* 1867), wurde ganz England von der Darwin'schen Revolution erschüttert. Marx konnte diese wissenschaftliche Revolution nicht ignorieren und nutzte diese Gelegenheit dazu, seine materialistische Naturauffassung (beziehungsweise seinen Zugang zur Naturgeschichte) weiter zu spezifizieren und ihre Beziehung zur materialistischen Geschichtsauffassung konkreter zu bestimmen. Für Marx hatte die Bedeutung der *Entstehung der Arten*, die er ein „epochemachendes Werk" nennen sollte, letztlich mit der Vorstellung der Evolution des Menschen, die aus ihr folgte, zu tun. Dieses Buch führte Marx dazu, eine klar formulierte Hypothese über das Verhältnis der menschlichen Arbeit und der menschlichen Evolution aufzustellen. Um den komplexen und kritischen Charakter dieser Hypothese wertschätzen zu können, ist es notwendig, Marx' Gedanken über Darwin Schritt für Schritt von 1859 bis 1867 nachzuzeichnen (also von der Veröffentlichung der *Entstehung der Arten* bis zur Veröffentlichung des ersten Band des *Kapitals*, in dem Marx sein Verhältnis zu Darwin klärte). Darauffolgend soll hier gezeigt werden, wie diese theoretische Position in weiterer Folge (hauptsächlich von Engels) weiterentwickelt wurde.

Die erste Ausgabe der *Entstehung der Arten* wurde Ende November 1859 veröffentlicht. Sie bestand aus bloß 1.250 Exemplaren und war am ersten Tag ihres Erscheinens ausverkauft. Am 12. Dezember 1859 berichtete Engels, der eines dieser 1.250 Exemplare in Händen hielt, an Marx:

Übrigens ist der Darwin, den ich gerade lese, ganz famos. Die Teleologie war nach einer Seite hin noch nicht ganz kaputt gemacht. Das ist jetzt geschehen. Dazu ist bisher noch nie ein so

[806] Stephen Jay Gould, *Ontogeny and Phylogeny*, Cambridge: Harvard University Press, 1977, S. 77-78.

großartiger Versuch gemacht worden, historische Entwicklung in der Natur nachzuweisen, und am wenigsten mit solchem Glück. Die plumpe englische Methode muß man natürlich in Kauf nehmen.[807]

Ein Jahr später begann Marx selbst mit dem Studium von Darwin und antwortete seinem Freund am 19. Dezember 1860: „In meiner Prüfungszeit [Marx' Frau Jenny war gerade schwer erkrankt und er kümmerte sich um sie; J.B.F.] – während der letzten vier Wochen – habe ich allerlei gelesen. U. a. Darwins Buch über ‚Natural Selection'. Obgleich grob englisch entwickelt, ist dies das Buch, das die naturhistorische Grundlage für unsere Ansicht enthält."[808] Ein Monat später bemerkte Marx gegenüber dem deutschen Sozialisten Ferdinand Lasalle:

Sehr bedeutsam ist Darwins Schrift und passt mir als naturwissenschaftliche Unterlage des geschichtlichen Klassenkampfs. Die grob englische Manier der Entwicklung muss man natürlich in den Kauf nehmen. Trotz allem Mangelhaften ist hier zuerst der ‚Teleologie' in der Naturwissenschaft nicht nur der Todesstoß gegeben, sondern der rationelle Sinn derselben empirisch auseinandergelegt.[809]

Die Auswirkungen von Darwins Werk auf Marx waren sehr groß, wie sich sein deutscher kommunistischer Freund und Gefährte in der Emigration Wilhelm Liebknecht erinnerte: „[A]ls Darwin die Konsequenzen seiner Forschungen zog und sie der Öffentlichkeit vorlegte, da war bei uns [Marx und Liebknecht; J.B.F.] monatelang von nichts anderem die Rede als von Darwin und der umwälzenden Gewalt seiner wissenschaftlichen Eroberungen."[810]

[807] Friedrich Engels, „Brief an Marx vom 11. oder 12. Dezember 1859", in: MEW Bd. 29, Berlin: Dietz, 1978, S. 524.

[808] Karl Marx, „Brief an Engels vom 19. Dezember 1860", in: MEW Bd. 30, Berlin: Dietz, 1974, S. 130-131, hier: S. 131.

[809] Ders., „Brief an Lasalle, 16. Januar 1861", MEW Bd. 30, Berlin: Dietz, 1974, S. 577-579, hier: S. 578. Marx' Aussage erinnert an Kants „Kritik der teleologischen Urteilskraft". Die Teleologie wird negiert, aber die wesentliche Aufgabe, eine *rationale* Erklärung für *wirkliche* Naturprozesse zu finden, wird affirmiert.

[810] Wilhelm Liebknecht, „Erinnerungen an Karl Marx", in: *Erinnerungen an Karl Marx*, Berlin: Dietz Verlag, 1953, S. 126; Friedrich Lessner, „Before 1848 and After", in: *Reminiscences of Marx and Engels*, Moscow: Foreign Language Publishing House, o. J., S. 161.

Paul Heyer schlug in seinem Buch *Nature, Human Nature and Society* (1982) vor, dass Marx' Vorliebe für den offenen Materialismus Epikurs, „der sowohl Freiheit als auch Determinismus berücksichtige", dabei helfe, seine gewaltige Begeisterung für Darwin zu erklären. „Ein Aspekt der Darwin'schen Theorie der Evolution durch natürliche Selektion, der Marxens philosophische Sensibilität angesprochen haben muss", strich Heyer hervor, „war ihre Betonung des Wechselspiels von Zufall, Opportunismus und Determiniertheit durch die Umwelt. Während viele von Darwins Kritikern dessen Zugang fälschlicherweise als mechanistisch bezeichneten – oder als das, was Philosophen manchmal mechanischen Materialismus nennen –, glaubte Marx, dass Darwin eine materialistische Perspektive geliefert hatte, die mit seiner eigenen kompatibel war, wenngleich sie auf ganz andere Phänomene angewandt wurde."[811]

Im Juni 1862 wandte sich Marx erneut der *Entstehung der Arten* zu und schrieb Engels:

> *Mit dem Darwin, den ich wieder angesehn, amüsiert mich, daß er sagt, er wende die „Malthussche" Theorie auch auf Pflanzen und Tiere an, als ob bei Herrn Malthus der Witz nicht darin bestände, daß sie nicht auf Pflanzen und Tiere, sondern nur auf Menschen – mit der geometrischen Progression – angewandt wird im Gegensatz zu Pflanzen und Tieren. Es ist merkwürdig, wie Darwin unter Bestien und Pflanzen seine englische Gesellschaft mit ihrer Teilung der Arbeit, Konkurrenz, Aufschluß neuer Märkte, „Erfindungen" und Malthusschem „Kampf ums Dasein" wiedererkennt. Es ist Hobbes' bellum omnium contra omnes.*[812]

Während dieser Periode besuchte Marx zusammen mit seinem deutschen kommunistischen Freund Wilhelm Liebknecht einige „öffentliche Vorlesungen", die Thomas Huxley über den Darwinismus und die Evolutionstheorie vor englischen Arbeiter*innen hielt. Diese Vorlesungen waren, obgleich sie vor Arbeiter*innen gehalten wurden, höchst anspruchsvoll und Huxley war mit jenen aus dem Jahr 1863 so zufrieden, dass er sie am Ende seines Lebens in seine Sammlung der *Darwiniana* aufnahm. Überdies besuchte

---

[811] Heyer, *Nature, Human Nature and Society*, S. 12-13.

[812] Marx, „Brief an Engels vom 18. Juni 1862", MEW 30, S. 249.

Marx zwischen 1860 und 1864, zusammen mit Friedrich Leßner, einem deutschen Freund aus der Internationalen Arbeiterassoziation, gelegentlich auch Vorlesungen von Huxley und Tyndall an der London University. Obwohl Marx Huxleys Materialismus bewunderte, kritisierte er dessen Tendenz, immer eine „Hintertür" für eine religiöse Anschauung offen zu lassen. Teilweise ging Huxley sogar so weit, den philosophischen Materialismus als spekulativ (und somit in dieser Hinsicht um keinen Deut besser als die Religion) abzukanzeln, während er zugleich den Materialismus in der Wissenschaft als absolut setzte. In eben einem solchen verworrenen Kontext erklärte Huxley auch, im scheinbaren Widerspruch zu seinen früheren Aussagen: „ich, als Individuum, bin kein Materialist, sondern, im Gegenteil, ich glaube, dass der Materialismus grobe philosophische Fehler beinhaltet."[813] Letztendlich scheint Huxley eine Sichtweise angenommen zu haben, die für den Materialismus im Rahmen einer Kantischen Betrachtungsweise eine untergeordnete Stellung vorsah, wie in Langes *Geschichte des Materialismus.*[814]

In Fortsetzung seiner eigenen Studien über die Darwin'sche Revolution und die Durchbrüche in der Paläontologie und der Ethnologie, die sich damals vollzogen, widmete Friedrich Engels einen Teil des Frühlings 1863 dem Studium von Charles Lyells *Das Alter des Menschengschlechts auf der Erde* [engl. Orig.: Geological Evidences of the Antiquity of Man] und Thomas Huxleys *Evidence as to Man's Place in Nature,* die beide in diesem selben Jahr publiziert worden waren und die er beide für „sehr gut" befand.[815] Huxleys Buch zeigte die anatomische Ähnlichkeit – das enge genealogische Verhältnis – zwischen Menschen und Affen auf. Nach Lyell fand die Revolution in der ethnologischen Zeit parallel zur Darwin'schen Revolution statt. In dieser Arbeit lieferte Lyell Beweise dafür, dass die menschliche Art sehr alt war. Entgegen dem wissenschaftlichen Konsens der Zeit – der auch seine eigenen *Principles of Geology* umfasste – war Lyell gezwungen, zuzugeben, wenngleich zögerlich, dass die Menschen nicht erst seit einigen

[813] Liebknecht, „Erinnerungen an Karl Marx", S. 126; Huxley, *Darwiniana,* S. 303-475; Karl Marx, „Brief an Engels vom 12. Dezember 1868", in: MEW Bd. 32, Berlin: Dietz, 1965, S. 228-229, hier: S. 229. Huxley, *Lay Sermons,* S. 130-39. Es ist hervorzuheben, dass auch Jenny Marx und Marxens Töchter gelegentlich Huxleys Vorlesungen besuchten und darüber berichteten.

[814] Friedrich Albert Lange, *Geschichte des Materialismus.*

[815] Hal Draper, *The Marx-Engels Chronicle,* New York: Schocken Books, 1985, S. 116.

Tausend Jahren auf der Erde existieren, sondern schon seit vielen 100.000 Jahren.[816]

Im August 1866 hatte Marx ein Buch mit dem Titel *Origine et transformation de l'homme et des autres êtres* [dt.: Ursprung und Wandlung des Menschen und anderer Wesen] gelesen, das in Paris von Pierre Trémaux veröffentlicht worden war. Obwohl sich Trémaux' Arbeit letztlich als ungeheuer fehlerhaft und von geringer wissenschaftlicher Bedeutung erwies, war Marx anfänglich von dessen Versuch beeindruckt, die biologische Evolution als durch die geologische Abfolge und die sich verändernden Verhältnisse des Bodens bedingt zu verstehen. Für Marx stellte dieser Ansatz, trotz aller Unzulänglichkeiten, „ein[en] *sehr bedeutenden* Fortschritt über Darwin" dar, insofern, als er sowohl den Fortschritt als auch „dégénérescence [Degeneration], die Darwin nicht erklären kann" als ein Ergebnis geologischen Wandels begriff.[817] Dieser Ansatz wies auch auf „die rasche Erlöschung bloßer Übergangsformen" hin, verglichen mit der viel langsameren Entwicklung der Arten, „so daß die Lücken der Paläontologie, die den Darwin stören, hier notwendig"[818] sind. Aus diesen Andeutungen scheint es so, als ob Marx nach einer Theorie der Evolution suchte, die mit der geologischen Abfolge verbunden wäre und den Einfluss des Bodens betonte. Außerdem wird Marx wohl die Lücken in den paläontologischen Erkenntnissen als ein gravierendes Problem der Evolutionstheorie angesehen haben. Dennoch muss Engels, der Trémaux für seine schlechten Kenntnisse der Geologie und seine absurden Vorstellungen über Rasse scharf kritisierte, Marx in dieser Hinsicht überzeugt haben, da nach dem Oktober 1866 keine weitere Erwähnung Trémaux' seitens Marx verzeichnet ist.[819]

---

816 Francis C. Haber, *The Age of the World: Moses to Darwin*, Baltimore: Johns Hopkins University Press, 1959, S. 285.

817 Karl Marx, „Brief an Engels vom 7. August 1866", in: MEW Bd. 31, S. 247-249, hier: S. 248.

818 Ebd.

819 Friedrich Engels, „Brief an Marx vom 2. Oktober 1866", in: MEW Bd. 31, S. 256; Karl Marx, „Brief an Engels vom 3. Oktober 1866", in: ebd., S. 257-58; Friedrich Engels, „Brief an Marx vom 5. Oktober 1866", in: ebd., S. 259-261, hier: S. 260; Karl Marx, „Brief an Ludwig Kugelmann vom 9. Oktober 1866", in: ebd., S. 529-30, hier: S. 530. Marxens irrtümlicher Lob auf Trémaux (obschon er sich freilich dessen bewusst war, dass dieser „weder Geologie versteht", noch „der literarisch-historischen Kritik fähig" ist) wurden jüngst auch von Stephen Jay Gould betont, der über Trémaux' Buch meinte: „Ich habe nie eine absurdere und schwächer belegte These

Bis zur Veröffentlichung des ersten Bandes des *Kapitals* hatten Marx und Engels in ihrem Briefwechsel also folgende Aspekte der Darwin'schen Theorie diskutiert: die Tatsache, dass Darwin der Teleologie im Bereich der Naturgeschichte den Todesstoß versetzt hatte; die Ironie, die darin lag, dass Darwin malthusianische/hobbesianische Verhältnisse im Pflanzen- und Tierreich entdeckte (und ergo nicht in der Lage war, zu verstehen, dass die malthusianische Theorie behauptete, dass das Pflanzen- und Tierreich sich nicht entwickelte); und die Tatsache, dass Darwins Theorie die naturhistorische Grundlage „unserer Ansicht" geliefert hatte. Zusätzlich nahmen sie Bezug auf das Verhältnis von geologischer Abfolge zur Evolution und auf das Problem der Unvollständigkeit der paläontologischen Erkenntnisse.

Die Tatsache, dass Marx betonte, Darwins Theorie habe die naturgeschichtliche „Grundlage" seiner eigenen Analyse geliefert, stellt für einige zeitgenössische Kritiker*innen ein ernsthaftes Rätsel dar, da Marx in seinen Briefen nicht wirklich spezifizierte, was er damit gemeint hatte, was wiederum zu allen möglichen Spekulationen über das Verhältnis von natürlicher Selektion und „survival of the fittest" zum Klassenkampf führte. „Wie genau", fragte der Darwinforscher Ralph Colp, „kann eine Theorie der natürlichen Selektion als die ‚Grundlage' für die Theorie des Klassenkampfes ausgewiesen werden?"[820]

Der Schlüssel zur Antwort auf diese Frage kann im ersten Band des Kapitals gefunden werden, wo Marx kurz (in zwei Fußnoten) auf das Verhältnis der Darwin'schen Theorie zu seiner eigenen Analyse der Entwicklung der menschlichen Geschichte durch sich verändernde Produktion und Technologie eingeht. Auf Darwins „epochemachende[s] Werk" verweisend, benutzt Marx Darwins Vergleich der Entwicklung spezialisierter Organe bei Pflanzen und Tieren mit der von spezialisierten Werkzeugen (dies findet sich in Darwins *Entstehung der Arten* im fünften Kapitel mit dem Titel „Gesetze der Variation"), um seine eigene Vorstellung über den geschichtlichen Prozess in der Entwicklung der Manufaktur darzulegen, die „die Arbeitswerkzeuge durch deren Anpassung an die ausschließlichen Sonderfunktionen der Teilarbeiter [vermannigfacht]"[821] (wobei die

---

gelesen." Stephen Jay Gould, „A Darwinian Gentleman at Marx's Funeral", *Natural History,* Vol. 108, Nr. 7 (Frühling 1999), S. 64.

820 Ralph Colp, Jr., „The Contacts Between Karl Marx and Charles Darwin", *Journal of the History of Ideas,* Bd. 35, Nr. 2 (April-Juni 1974), S. 329-338, hier: S. 330.

821 Marx, *Kapital Bd. I,* S. 361.

einzelnen Arbeiter*innen schon durch die Arbeitsteilung voneinander getrennt wurden). Im weiteren Verlauf des *Kapital* greift Marx auf dieselbe Unterscheidung bei Darwin zurück, um die Entwicklung der „natürlichen Technologie" im Prozess der natürlichen Evolution der Pflanzen und Tiere und die Entwicklung der menschlichen Technologie im Gang der menschlichen Geschichte (der menschlichen Evolution) voneinander zu unterscheiden:

> *Darwin hat das Interesse auf die Geschichte der natürlichen Technologie gelenkt, d.h. auf die Bildung der Pflanzen- und Tierorgane als Produktionsinstrumente für das Leben der Pflanzen und Tiere. Verdient die Bildungsgeschichte der produktiven Organe des Gesellschaftsmenschen, der materiellen Basis jeder besondren Gesellschaftsorganisation, nicht gleiche Aufmerksamkeit? Und wäre sie nicht leichter zu liefern, da, wie Vico sagt, die Menschengeschichte sich dadurch von der Naturgeschichte unterscheidet, daß wir die eine gemacht und die andre nicht gemacht haben? Die Technologie enthüllt das aktive Verhalten des Menschen zur Natur, den unmittelbaren Produktionsprozeß seines Lebens, damit auch seiner gesellschaftlichen Lebensverhältnisse und der ihnen entquellenden geistigen Vorstellungen.*[822]

In seinem Rückgriff auf diesen Vergleich von „natürliche[r] Technologie" und menschlicher Technologie war sich Marx selbstverständlich bewusst, dass das griechische Wort „Organ" (organon) auch Werkzeug bedeutete und dass Organe anfänglich als „angewachsene" Werkzeuge der Tiere angesehen wurden – und ebenso die Werkzeuge als die künstlichen Organe der Menschen.[823] So meinte Engels: „Tiere im engern Sinne haben Werkzeuge, aber nur als Glieder ihres Leibes."[824] Menschliche Technologie wurde somit von der natürlichen Technologie unterschieden, insofern sie nicht aus solchen angewachsenen Organen bestand, sondern vielmehr durch die gesellschaftliche Produktion von Werkzeugen hervorgebracht wurde: die „produktiven Organe des Gesellschaftsmenschen." Aufbauend

[822] Ebd., S. 392-93.

[823] Anton Pannekoek, *Marxism and Darwinism*, Chicago: Charles H. Kerr, 1912, S. 50; K. Timiryazeff, „Darwin and Marx", in: David Ryazanoff, *Karl Marx: Man, Thinker and Revolutionist*, New York: International Publishers, 1927, S. 170-73.

[824] Engels, *Dialektik der Natur*, S. 322.

sowohl auf einer Vorstellung des menschlichen Verhältnisses zur Natur, das bereits in den *Ökonomisch-philosophischen Manuskripten* offensichtlich war – in denen Marx die Werkzeuge als eine äußere Verlängerung der Menschen, das heißt als den „unorganischen Leib des Menschen“ begriff – sowie auf den Ergebnissen der Darwin'schen Analyse, war Marx im Kapital in der Lage, den Arbeitsprozess und das menschliche Verhältnis zur Natur materialistisch und evolutionistisch zu fassen. Dies führte ihn schließlich zu seinem Begriff des Stoffwechsels zwischen den Menschen und der Natur:

> *Der Gegenstand, dessen sich der Arbeiter unmittelbar bemächtigt – abgesehn von der Ergreifung fertiger Lebensmittel, der Früchte z.B., wobei seine eignen Leibesorgane allein als Arbeitsmittel dienen – ist nicht der Arbeitsgegenstand, sondern das Arbeitsmittel. So wird das Natürliche selbst zum Organ seiner Tätigkeit, ein Organ, das er seinen eignen Leibesorganen hinzufügt, seine natürliche Gestalt verlängernd, trotz der Bibel. Wie die Erde seine ursprüngliche Proviantkammer, ist sie sein ursprüngliches Arsenal von Arbeitsmitteln. Sie liefert ihm z.B. den Stein, womit er wirft, reibt, drückt, schneidet usw. Die Erde selbst ist ein Arbeitsmittel, setzt jedoch zu ihrem Dienst als Arbeitsmittel in der Agrikultur wieder eine ganze Reihe andrer Arbeitsmittel und eine schon relativ hohe Entwicklung der Arbeitskraft voraus. Sobald überhaupt der Arbeitsprozeß nur einigermaßen entwickelt ist, bedarf er bereits bearbeiteter Arbeitsmittel. In den ältesten Menschenhöhlen finden wir Steinwerkzeuge und Steinwaffen. Neben bearbeitetem Stein, Holz, Knochen und Muscheln spielt im Anfang der Menschen-geschichte das gezähmte, also selbst schon durch Arbeit veränderte, gezüchtete Tier die Hauptrolle als Arbeitsmittel. Der Gebrauch und die Schöpfung von Arbeitsmitteln, obgleich im Keim schon gewissen Tierarten eigen, charakterisieren den spezifisch menschlichen Arbeitsprozeß, und Franklin definiert daher den Menschen als „a toolmaking animal“, ein Werkzeuge fabrizierendes Tier. Dieselbe Wichtigkeit, welche der Bau von Knochenreliquien für die Erkenntnis der Organisation untergegangner Tiergeschlechter, haben Reliquien von Arbeitsmitteln für die Beurteilung untergegangner ökonomischer Gesellschaftsformationen. Nicht was gemacht wird, sondern wie, mit*

welchen Arbeitsmitteln gemacht wird, unterscheidet die ökonomischen Epochen.[825]

Für Marx musste also die Evolution des Menschen vielmehr entlang der Entwicklung der Werkzeuge nachverfolgt werden, statt derjenigen der Fossile. Und zwar deshalb, da Werkzeuge die Entwicklung der produktiven Organe des Menschen, das heißt die Evolution des Naturverhältnisses des Menschen darstellen, genauso, wie Tierorgane die Instrumente sind, vermittels derer sich die Tiere an ihre lokale Umwelt anpassen. Auf diese sehr ausgeklügelte Weise versuchte Marx, die unverwechselbare Weise der menschlichen Entwicklung und Evolution zu beschreiben, acht Jahre nach dem Erscheinen von Darwins *Entstehung der Arten* und vier Jahre vor der Veröffentlichung von dessen *Abstammung des Menschen* (1871). Diese Analyse basierte im Übrigen auf eingehenden Studien. Marx las Lyells *Das Alter des Menschengschlechts* sorgfältig und machte sich Randnotizen, wobei er Lyells Analyse der Entwicklung des Werkzeugbaus in der Vorgeschichte eingehend untersuchte und dessen Annahme über „[d]ie Unfähigkeit oder de[n] Widerstand wilder Stämme, neue Erfindungen anzunehmen“ in Frage stellte.[826]

Um all dies in einer historischen Perspektive verorten zu können, macht es Sinn, darauf hinzuweisen, dass Alfred Russel Wallace, der Ko-Entdecker der Theorie der natürlichen Selektion zusammen mit Darwin, 1864 einen einflussreichen Aufsatz mit dem Titel „The Origin of the Human Races and the Antiquity of Man Deduced from the Theory of ‚Natural Selection‘“ [dt.: Der Ursprung der Menschenrassen und das Alter des Menschen; hergeleitet von der Theorie der natürlichen Selektion] geschrieben hatte. Wallace argumentierte darin auf eine Art, die von Darwin nahegelegt und die dann später innerhalb der darwinistischen Theorie allgemein übernommen wurde, dass Tiere sich Veränderungen in ihrer Umwelt nur durch die Veränderung ihrer Körperstruktur anpassen können. „Ein Tier kann seine Nahrung, seine Kleidung oder seine Waffen nur verändern durch eine

[825] Marx, *Kapital Bd. I*, S. 194-95.

[826] Institut für Marxismus-Leninismus beim ZK der SED, *Ex Libris. Karl Marx und Friedrich Engels*, Berlin: Dietz Verlag, 1967, S. 132-33; Charles Lyell, *Das Alter des Menschengeschlechts auf der Erde und der Ursprung der Arten durch Abänderung nebst einer Beschreibung der Eis-Zeit in Europa und Amerika*, Leipzig: Verlag von Theodor Thomas, 1874, S. 337.

korrespondierende Veränderung in seiner Körperstruktur und seiner inneren Organisation." Menschen jedoch, so meinte er, seien in der Lage, ihr Verhältnis zur Umwelt durch „das Erzeugen von Waffen und Werkzeugen" zu verändern und somit „der Natur die Kraft zu nehmen, welche sie über alle anderen Tiere ausübt, nämlich die äußere Form und Struktur zu verändern." Nach Ansicht von Wallace war der Körper des Menschen (als unterschieden vom Geist) relativ immun gegenüber evolutionären Prozessen, und zwar als ein Ergebnis seiner Fähigkeit des Werkzeugbaus, beziehungsweise der menschlichen Technologie, die der Entwicklung des „Geistes" einen Anstoß gab. (Sogar in dieser frühen Phase seines Denkens wies Wallace eine Tendenz auf, den Geist oder den Intellekt als vom physischen Körper getrennt aufzufassen, weshalb er auch nicht über die Evolution des Gehirns als solcher sprach – eine Tendenz, die ihn später zum Spiritualismus und zu einem radikalen Bruch mit Darwins beständig materialistischem Standpunkt führen sollte.[827])

Nur drei Jahre später und in Begriffen, die denen Darwins näher waren als denen von Wallace, versuchte Marx, zwischen natürlicher und menschlicher Technologie zu unterscheiden, indem

---

[827] Alfred Russel Wallace, „The Origin of Human Races and the Antiquity of Man Deduced from the Theory of ‚Natural Selection'", *Journal of the Anthropological Society of London*, Bd. 2 (1864), S. clxii-clxiii. Wallaces Argument über die Rolle des Werkzeugbaus in der Evolution und die Rolle, die er bei der Rolle der Immunisierung des menschlichen Körpers gegen Veränderung spielte, war Teil eines viel dubioseren Versuchs, den Ursprung der menschlichen Rassen zu erklären. Die anatomische Ähnlichkeit der unterschiedlichen „Rassen" versuchte er so in seinen Argumentationsgang einzubetten, indem er behauptete, dass sich die menschliche Evolution seit den Anfängen des Werkzeugbaus fast ausschließlich in Form der Entwicklung des „Geistes" vollzogen habe, was, so argumentierte er weiter, den weißen Europäer mit „seinem" größeren Intellekt von allen „degradierten Rassen" unterscheide. Obwohl Wallace, als Darwin'scher Evolutionist, vielen rassistischen Ansichten, die in der gebildeten Klasse Europas seiner Zeit geläufig waren, nicht folgte, so argumentierte er in diesem Aufsatz dennoch, dass

> *„die Erhaltung der bevorzugten Rassen im Kampf ums Dasein" [...] zum unausweichlichen Aussterben all jener niederen und geistig unterentwickelten Bevölkerungen führt, mit denen die Europäer in Kontakt kommen. Der rote Indianer in Nordamerika und Brasilien; der Tasmanier, Australier und Neuseeländer in der südlichen Hemisphäre – alle sterben aus, nicht aus einem besonderen Grund, sondern wegen der unausweichlichen Folgen eines ungleichen geistigen und physischen Kampfes. Die intellektuellen und moralischen wie auch die physischen Fähigkeiten des Europäers sind überlegen [...] und ermöglichen ihm im Kampf ums Dasein zu siegen, wenn er mit dem Wilden in Kontakt kommt [...], so wie eben die europäischen Unkräuter Nordamerika und Australien überwucherten und die einheimischen Gräser auslöschten durch die ihren*

er auf das Unterscheidungsmerkmal des Werkzeugbaus verwies – wobei er freilich schon damals erkannte, dass gewisse Tiere ebenfalls eine solche Fähigkeit aufwiesen, jedoch die Werkzeugherstellung nur für den Menschen „charakteristisch“ war. Auf diese Art versuchte Marx, die eng mit Darwin verbundene naturhistorische Grundlage für seine eigene allgemeine Theorie der Rolle der Arbeit (die natürlich mit der Entwicklung des Werkzeugbaus verbunden war) in der Entwicklung der menschlichen Gesellschaft zu liefern.

Engels sollte später diese Analyse in seinem bahnbrechenden Essay „Der Anteil der Arbeit an der Menschwerdung des Affen“ (der bereits 1876 geschrieben, aber erst 1896 posthum veröffentlicht wurde) noch weiter ausbauen. Engels’ Analyse zufolge, die sich von seiner materialistischen Philosophie herleitete – jedoch auch aus Ansichten, die Haeckel einige Jahre zuvor vorgetragen hatte – entwickelte sich bei den Primaten, den Vorfahren des Menschen, die von den Bäumen herabstiegen, zuerst der aufrechte Gang (und zwar vor der Evolution des menschlichen Gehirns), wodurch die Hände für das Anfertigen von Werkzeugen frei wurden:

> *Die Hand war frei geworden und konnte sich nun immer neue Geschicklichkeiten erwerben, und die damit erworbene größere Biegsamkeit vererbte und vermehrte sich von Geschlecht zu Geschlecht.*
>
> *So ist die Hand nicht nur das Organ der Arbeit, sie ist auch ihr Produkt. Nur durch Arbeit, durch Anpassung an immer neue Verrichtungen, durch Vererbung der dadurch erworbenen besondern Ausbildung der Muskel, Bänder, und in längeren Zeiträumen auch der Knochen, und durch immer erneuerte Anwendung dieser vererbten Verfeinerung auf neue, stets verwickeltere Verrichtungen hat die Menschenhand jenen hohen Grad von Vollkommenheit erhalten, auf dem sie Raffaelsche Gemälde, Thorvaldsensche Statuen, Paganinische Musik hervorzaubern konnte.*[828]

Verbreitungsstrukturen inhärente Durchsetzungsfähigkeit und durch ihre größere Fähigkeit zur Existenz und Vervielfältigung.

Ebd., S. clxv. Es gibt keinen Zweifel daran, dass solche Argumente bei der Rechtfertigung imperialistischer Politik der Rassenherrschaft (und sogar Rassenauslöschung) dienten, zusammengefasst von Joseph Conrads Figur Kurtz im *Herz der Finsternis*: „Schlagt alle diese Bestien tot!“ Vgl. Lindqvist, *Durch das Herz der Finsternis*.

828 Engels, *Dialektik der Natur*, S. 445-46.

Als ein Resultat davon waren die frühen Menschen (Hominide) in der Lage, ihr Verhältnis zur lokalen Umwelt zu verändern, was ihre Anpassungsfähigkeit radikal verbesserte. Jene, die bei der Anfertigung und beim Gebrauch von Werkzeugen am raffiniertesten waren, hatten die größten Überlebenschancen. Das bedeutete, dass der Prozess der Evolution selektiven Druck ausübte, das Gehirn zu vergrößern und die Sprache zu entwickeln (was für den gesellschaftlichen Arbeitsprozess notwendig war), was letztlich zur Entstehung des modernen Menschen führte. Folglich entwickelte sich Engels zufolge das menschliche Gehirn, wie auch die Hand, durch ein komplexes, wechselseitiges Bündel an Verhältnissen, das heutzutage von Evolutionsbiolog*innen „Gen-Kultur-Koevolution" genannt wird. Alle bisherigen wissen-schaftlichen Erklärungen der Evolution des menschlichen Gehirns, so Stephen Jay Gould, waren Theorien der Gen-Kultur-Koevolution und „das beste Argument im 19. Jahrhundert für die Gen-Kultur-Koevolution stammt von Friedrich Engels."[829]

Bis ins frühe 20. Jahrhundert hinein war der Konsens der Wissenschaftswelt einer Erklärung wie derjenigen Engels' radikal entgegengesetzt (wenngleich freilich auch größtenteils ohne Kenntnis der Engels'schen Spekulationen, die unglücklicherweise wenig erkennbaren Einfluss auf die Entwicklung der Evolutionswissenschaft hatten). Die Konzentration auf das Gehirn, die einem Gros des biologischen Denkens eigen war (und die Engels der Vorherrschaft idealistischer Vorstellungen zugeschrieben hatte), betonte viel zu sehr die Entwicklung des Gehirns als Triebkraft der Evolution des Menschen. Die Erwartung war, dass die „missing links" (fehlende Bindeglieder) zwischen Primaten und Menschen, sobald sie entdeckt werden würden, ein Gehirn auf einer mittleren Entwicklungsstufe aufweisen würden. Diese Erwartungen brachen allerdings durch die in den 1920ern beginnende Entdeckung der Gattung des *Australopithecus* zusammen, die vor bis zu vier Millionen Jahren in Erscheinung trat. Das Gehirn des *Australopithecus* war nur geringfügig größer und

[829] Stephen Jay Gould, *An Urchin in the Storm*, New York: W.W. Norton, 1987, S. 111-12. Der erstmals von Engels entwickelte Ansatz der Gen-Kultur-Koevolution, der später von Anthropolog*innen als Resultat neuer paläontologischer Entdeckungen weiterentwickelt wurde, stellt weiterhin die beste Alternative zum positivistischen, soziobiologischen Ansatz dar, der Berühmtheit erlangte durch Charles J. Lumsden und Edward O. Wilson, *Das Feuer des Prometheus. Wie das menschliche Denken entstand*, München: Piper, 1987.

entsprach im Verhältnis zum Körper den Proportionen eines Affen. Dennoch waren die Australopithecinen eindeutig Hominiden, mit aufrechtem Gang, entwickelten Händen (und Füßen) und sie waren auch bereits Werkzeugbauer.[830]

In den letzten Jahrzehnten haben die großen paläontologischen Entdeckungen rund um die Freilegung verschiedener Überreste der Australopithecinen im 20. Jahrhundert zu einer Entwicklung von Theorien der menschlichen Evolution geführt, die mit der Analyse von Engels aus dem 19. Jahrhundert eng verwandt sind. Der Anthropologe Sherwood L. Washburn legte den Schock, den diese Entdeckungen auslösten, in seinem Aufsatz „Tools and Human Evolution" [dt.: Werkzeuge und die Evolution des Menschen] im *Scientific American* im September 1960 folgendermaßen dar:

> *Eine Reihe an neuen Entdeckungen hat die vormenschlichen Primaten, die vor 500.000 Jahren lebten, mit Steinwerkzeugen in Verbindung gebracht. Einige Jahre lang haben Forscher*innen Werkzeuge ganz einfacher Art aus alten Ablagerungen in Afrika freigelegt. Zuerst nahm man an, dass diese Werkzeuge den Beweis für die Existenz eines vollkommen zweibeinigen Menschen mit großem Gehirn darstellten. Nun wurden diese Werkzeuge aber zusammen mit viel primitiveren Kreaturen gefunden, nicht ganz zweibeinige, menschenähnliche Kreaturen mit kleinem Gehirn beziehungsweise Menschen-Affen. Vor diesen Funden herrschte die Ansicht vor, dass sich der Mensch beinahe schon zu seinem vordefinierten strukturellen Zustand entwickelt habe und dann erst die Werkzeuge und die neuen Lebensweisen, die durch diese ermöglicht wurden, entdeckte. Nun scheint es, dass diese menschenähnlichen Affen – Kreaturen, die dazu in der Lage waren, zu laufen, aber noch nicht auf zwei Beinen gehen konnten und deren Gehirne kaum größer als jene der heute lebenden Affen waren – bereits gelernt hatten, wie man Werkzeuge macht und gebraucht. Daraus folgt, dass die Struktur des modernen Menschen das Ergebnis der Veränderungen im Zuge der natürlichen*

830 Gould, *Darwin nach Darwin*, S. 174-180.

Selektion sein musste, die sich aus der werkzeuggebrauchenden Lebensweise ergaben.[831]

Diese Analyse entwickelte sich später zu der von Sherwood Washburn und Ruth Moore 1974 aufgestellten These weiter, dass „Werkzeuge den Menschen machen". „Als einige wenige Affen den Dschungel verließen", erklärten sie,

> *und diejenigen im neuen Gelände überlebten, die am deutlichsten zweibeinig und aufrecht gingen, wurden ihre Beine immer länger und der Fuß und das Becken veränderten sich. Aber zunächst gab es noch wenig Veränderung in der unteren Schädeldecke, im Kleinhirn, und fast gar keine Veränderung des Rumpfes, in seiner Breite, in der Kürze der Lendenwirbelsäule, oder in der Armlänge. Die meisten Knochen, Knorpel und Muskeln blieben so, wie sie es die meiste Zeit bei den Affen gewesen waren. Dann begannen sich die Hände zu verändern. Die, die am besten dazu befähigt waren, gehauene Steinwerkzeuge zu benutzen und folglich mehr Nahrung zu beschaffen, hatten einen entscheidenden Vorteil. Die Handknochen, die Leakey in der Olduvai-Schlucht gefunden hatte, sind der Form nach etwa am halben Weg zwischen denjenigen des zeitgenössischen Menschen und den modernen Affen. Der Daumen wurde länger, was einen kraftvollen Griff ermöglichte.*[832]

Der Schlüssel zum Verständnis der Evolution des Menschen liegt Washburn und Moore zufolge in der Entwicklung der Hand, die mit dem Werkzeugbau und der Arbeit im Allgemeinen verbunden ist. Auf diese Weise kam ein Gros der modernen anthropologischen Theorie wieder zur materialistisch-koevolutionären Sicht zurück, der Engels im 19. Jahrhundert den Weg bahnte. Es war die Arbeit, die von Anfang an der Schlüssel nicht nur der Entwicklung der menschlichen Gesellschaft, sondern auch des „Übergangs vom Affen zum Menschen" war. Es war überdies die Arbeit, welche die vom Menschen besetzte spezifische ökologische Nische charakterisierte. Marx und Engels verstanden daher das

[831] Sherwood L. Washburn, „Tools and Human Evolution", *Scientific American*, Bd. 203, Nr. 3 (September 1960), S. 62-75, hier: S. 63.

[832] Sherwood Washburn und Ruth Moore, *Ape into Man*, Boston: Little, Brown, 1974, S. 186. Vgl. auch Kenneth P. Oakley, *Man the Toolmaker*, London: British Museum, 1972; Rose, *Darwins Welt*, S. 239-240.

menschliche Verhältnis zur Natur in koevolutionären Begriffen. Das ist eine Perspektive, die für ein ökologisches Verständnis wesentlich ist, da sie uns erlaubt zu erkennen, dass Menschen ihre Umwelt nicht vollständig auf Grundlage ihrer freien Entscheidung, sondern auf Grundlage der Bedingungen gestalten, die die Naturgeschichte bereitstellt.

In darauffolgenden Schriften begriff Engels die Naturgeschichte weiterhin gemäß der Darwin'schen Theorie der natürlichen Selektion und blieb ein vehementer Verteidiger dieser Theorie, sogar dann, als die Angriffe auf diese stärker wurden. In seiner Kritik an Eugen Dührings „Umwälzung der Wissenschaft" 1878 und in anderen Werken (wie zum Beispiel der *Dialektik der Natur*) versuchte Engels, Darwins Positionen gegen Verdrehungen zu verteidigen und den sozialdarwinistischen Ansichten entgegenzuwirken – das heißt, gegen den Gebrauch von Darwins Theorie für die Verbreitung malthusianischer Ansichten in der Analyse der Gesellschaft. Dies tat Engels insbesondere dort, wo diese Entwicklungen die aufstrebende sozialistische Bewegung beeinflussten. In seiner Antwort auf Dühring (die er Marx vor der Veröffentlichung zur Gänze vorgelesen hatte) verteidigte Engels Darwin gegen Dührings Vorwürfe, wonach Darwin einfach die Malthus'sche Theorie auf das Pflanzen- und Tierreich übertragen hätte, er niemals die Sichtweise des Tierzüchters überwunden hätte und dass alles Brauchbare aus der *Entstehung der Arten* eigentlich von Lamarck stamme.

Anstatt sich der Sicht auf das Pflanzen- und Tierreich entgegenzustellen, die dieses als einen Kampf ums Dasein verstand, unterstützte Engels diese Anschauung stark. Nichtsdestotrotz, so argumentierte er in Darwin'schen Begriffen, sollte der „Kampf ums Dasein" nicht einfach als ein unmittelbarer Kampf zwischen Individuen oder Arten verstanden werden, sondern auch (und vor allem) als ein Kampf um das Leben, der symbolisch vom Kampf der Pflanze nach Raum und Licht dargestellt wurde. „Nun fällt es Darwin gar nicht ein zu sagen", so führt Engels aus,

> *der Ursprung der Vorstellung vom Kampf ums Dasein sei bei Malthus zu suchen. Er sagt nur: seine Theorie vom Kampf ums Dasein sei die Theorie von Malthus, angewandt auf die ganze tierische und pflanzliche Welt. Wie groß auch der Bock sein mag, den Darwin geschossen, indem er in seiner Naivetät die Malthussche Lehre so unbesehn akzeptierte, so sieht doch jeder*

auf den ersten Blick, daß man keine Malthus-Brille braucht, um den Kampf ums Dasein in der Natur wahrzunehmen.[833]

Darwin gegen Dührings Vorwürfe verteidigend, jener sei niemals über die Vorstellungen eines „Tierzüchters“ hinaus gelangt, fährt Engels in einer schrittweisen Darstellung der Entwicklung von Darwins Denken fort und erklärt, wie die Ursprünge von Darwins Denken auf seiner Reise auf der Beagle zu finden seien, und wie Darwin die Variation im Zustande der Domestizierung benutzte, um seine Idee einzuführen; dass sich aber seine wirkliche Analyse auf die natürliche Variation und die natürliche Selektion fokussiert habe und nicht auf die Variation durch Domestikation und die künstliche Selektion. Schließlich lanciert Engels einen vernichtenden Angriff auf Dührings Versuch, Darwin schlicht als einen Nachahmer Lamarcks herunterzuspielen. Lamarcks volle Bedeutung, so Engels, konnte erst nach der Darwin'schen Revolution wirklich erkannt werden. Aber Lamarcks Ansichten über die Vererbung erworbener Eigenschaften waren fehlerhaft. Zu Lamarcks Zeit waren die Embryologie und die Paläontologie noch nicht ausreichend entwickelt, um die Formulierung einer korrekten wissenschaftlichen Theorie der Evolution zu ermöglichen. Ironischerweise habe Dührings Ansatz (trotz seiner Beschwörung Lamarcks), so Engels, einen Beigeschmack der Teleologie der Naturtheologie, einer „borniert metaphysische[n] Denkweise.“[834]

Engels' enge Anlehnung an Darwins Theorie wurde sogar noch deutlicher in seiner Antwort auf die Theorien der russischen Narodniki, die in ihrer Analyse der Natur versuchten, sich in Richtung der Kooperation und des Mutualismus zu bewegen – eine Bewegung, die letztlich mit dem Werk von Prinz Pjotr Alexejewitsch Kropotkin (1842-1921) verknüpft war. 1873 veröffentliche Pjotr Lawrowitsch Lawrow (1823-1900), ein führender Denker der Narodniki, einen Artikel mit dem Titel „Sotsializm i bor'ba za sushchestvovanie“ [dt.: Der Sozialismus und der Kampf ums Dasein] in der radikalen Emigrantenzeitschrift *Vpered* (Vorwärts). Lawrow versuchte, den Malthusianismus aus Darwins Theorie auszutreiben und jenen Kritiker*innen des Sozialismus zu antworten, die meinten, der Kampf ums Dasein sei das Gesetz des Lebens und folglich sei der Sozialismus unmöglich. Um dies zu erreichen,

---

833 Engels, *Anti-Dühring*, S. 64.

834 Ebd., S. 134.

dekonstruierte er Darwins Vorstellung des „Kampfes ums Dasein“, indem er argumentierte, dass der Kampf auf verschiedenen Ebenen stattfinde. Die unterste Ebene war jene des Kampfes ums Dasein zwischen Individuen derselben Art oder Familie. In diesem Kampf, schrieb er, „sind die Opfer unzählbar, die Natur ist voller Leichen.“ Die höchste Form dieses Kampfes ums Dasein war jedoch das, was zwischen Arten, die als Gesellschaften organisiert waren, geschah, wie beispielsweise die „Gesellschaft der Insekten.“ In solchen „Gesellschaften“ seien die Haupteigenschaften „Solidarität“ und „gegenseitige Hilfe“. Solche gegenseitige Hilfe, behauptete Lawrow, war die definitive Antwort auf jene, die aus darwinistischen Gründen meinten, der Sozialismus sei unmöglich.[835]

Lawrow diskutierte seine Analyse mit Engels und dieser schrieb ihm 1875 einen Brief, in dem er – wenngleich er mit Lawrows Anstrengung, den Malthusianismus und den Sozialdarwinismus zu bekämpfen sympathisierte – nichtsdestotrotz davor warnte, sich von einseitigen Ausdrücken wie „Kampf ums Dasein“ oder „Zusammenwirken“ verwirren zu lassen und die dialektischen Wechselwirkungen aus den Augen zu verlieren. In dieser Hinsicht wies Engels darauf hin, dass „das *Zusammenwirken* der organischen Natur, wie das Pflanzenreich dem Tierreich Sauerstoff und Nahrung liefert, und umgekehrt das Tierreich den Pflanzen Kohlensäure und Dünger, wie dies namentlich von Liebig hervorgehoben worden war“, schon vor Darwin von einigen Wissenschaftlern – „[Karl] Vogt, [Ludwig] Büchner, [Jacob] Moleschott u.a.“ – betont worden sei, die nun „überall nur *Kampf* ums Dasein sehn.“[836] Engels schrieb weiter: „Beide Auffassungen“, das heißt diejenige, die sich hauptsächlich von Liebig und die andere, die sich hauptsächlich von Darwin herleitet, „haben ihre gewisse Berechtigung innerhalb gewisser Grenzen, aber die eine ist so einseitig und borniert wie die andre. Die Wechselwirkung der Naturkörper – toter wie lebender – schließt sowohl Harmonie wie Kollision, Kampf wie Zusammenwirken ein.“[837] Für Engels war das wirkliche Problem wiederum nicht die Vorstellung, dass ein Kampf ums Dasein in der Natur existiere, das heißt die Übertragung des Malthusianismus oder des Hobbes’schen *bellum omnium contra omnes* auf das

[835] Daniel P. Todes, *Darwin Without Malthus: The Struggle for Existence in Russian Evolutionary Thought*, New York: Oxford University Press, 1989, S. 36-39.

[836] Friedrich Engels, „Brief an Pjotr Lawrowitsch Lawrow vom 12-17. November 1875“, in: MEW Bd. 34. Berlin: Dietz, 1966, S. 169-172, hier: S. 169.

[837] Ebd.

Pflanzen- und Tierreich (obwohl eine solche Übertragung tendenziell ein einseitiges Verständnis der Natur hervorrief), sondern vielmehr der Versuch einiger Theoretiker*innen, die nach dieser Übertragung dasselbe wieder zurück in die Gesellschaft projizierten: „[S]o rücküberträgt man dieselben Theorien aus der organischen Natur wieder in die Geschichte und behauptet nun, man habe ihre Gültigkeit als ewige Gesetze der menschlichen Gesellschaft nachgewiesen."[838] In der dialektischen, koevolutionären Perspektive, die Marx und Engels vertraten, wurde die organische Natur (und das menschliche Verhältnis zur Natur) sowohl durch Harmonie wie auch durch Kampf gekennzeichnet: eine Herangehensweise, die die mit Liebig als auch die mit Darwin verbundenen Einsichten herausstrich.

1873 wurde die zweite deutsche Ausgabe des ersten Bandes des *Kapitals* publiziert, zwei Jahre nach dem Erscheinen von Darwins *Abstammung des Menschen*. Marx sandte ein Exemplar der neuen Ausgabe an Darwin mit den Worten: „Mr. Charles Darwin von seinem aufrichtigen Verehrer Karl Marx/ London 16. Juni 1873, Modena Villas/Maitland Park".[839] Im Oktober antwortete ihm Darwin:

> *Dear Sir:*
> *Ich danke Ihnen für die Ehre, die Sie mir mit der Übersendung Ihres großen Werkes über das Kapital erwiesen haben. Ich wünschte, ich wäre würdiger für eine solche Gabe und verstünde mehr von dem tiefgründigen, wichtigen Thema der politischen Ökonomie. Zwar forschen wir auf sehr unterschiedlichen Gebieten, aber ich glaube, dass wir beide ernsthaft nach Erweiterung des Wissens streben und dass dies auf lange Sicht dem Glück der Menschheit dienen wird.*
> *Ich verbleibe, Dear Sir,*
> *als ihr ergebener*
> *Charles Darwin*[840]

[838] Ebd., S. 170.

[839] Marx, zitiert nach Francis Wheen, *Karl Marx*, München: C. Bertelsmann, 2001, S. 432.

[840] Darwin nach ebd., S. 430. Dies war der einzige unmittelbare Kontakt von Marx und Darwin. Viele Jahre lang wurde angenommen, dass Marx Darwin einen Brief geschrieben hatte, in dem er diesem angeboten haben soll, ihm einen Band des *Kapitals* zu widmen. Zu diesem Schluss kam man auf Grundlage eines Briefes von Darwin aus dem Jahr 1880, den man in Marx' Unterlagen gefunden hatte. Neuere Forschungen haben jedoch ergeben, dass Darwins Brief nicht an Marx, sondern an dessen zukünftigen Schwiegersohn Edward Aveling gerichtet war, der zusammen

Die Bedrängnis der Materialisten

Im Jahr 1874 erklärte John Tyndall (1820-1893), der „Erzdemokrat der Wissenschaft“ und engster Freund Huxleys, in seiner Belfaster Antrittsrede als Präsident der BAAS einen Krieg gegen das Establishment und lieferte eine lange Exegese der Entwicklung des Materialismus von Epikur bis Darwin. Tyndall und Huxley reisten nach Irland „wie Luther nach Worms“, wie Tyndall sagte, und sie trafen dort „alle Teufel der Hölle“.[841]

Tyndall wurde als irischer Protestant geboren und arbeitete zunächst als Vermessungsingenieur bei der Eisenbahn. Danach studierte er Chemie beim berühmten Bunsen in Deutschland und machte sich schnell, zumindest oberflächlich, mit der deutschen Philosophie vertraut. 1851 ging er nach London, wo er rasch zum Assistenten von Michael Faraday an der *Royal Institution* wurde und schließlich Faradays Stelle erhielt. Tyndall entwickelte sich zu einem der führenden Physiker und Chemiker und hatte den Ruf, der größte Lehrer und Popularisierer der Wissenschaft in England zu sein. Als Huxleys Kampfgenosse war er Teil der kleinen Gruppe materialistischer Wissenschaftler*innen, die Darwins Evolutionstheorie in der turbulenten Atmosphäre der 1860er und 1870er-Jahre propagierte. Tyndall war dafür bekannt, ein Alpinbergsteiger und poetischer Materialist zu sein, der seinem Denken eine humanistische Form gab, selbst wenn er auch Sichtweisen vorbrachte, die mit dem mechanistischen Denken verbunden wurden.[842]

In seiner „Belfast Address“ lieferte Tyndall das, was Friedrich Engels als „das Kühnste, was noch in England in einer solchen

---

mit Eleanor Marx Aveling zeitweise verantwortlich war für Marx' Nachlass (und zwar für einige Zeit nach Engels' Tod). Aveling, der ein Doktoratsstudium in Zoologie an der London University abgeschlossen hatte und später Dozent der vergleichenden Anatomie im London Hospital wurde, traf Darwin mehrere Male und bot diesem an, ihm sein Buch *The Student's Marx* (1881) zu widmen, der schon früher seine Meinung zu einigen der im Buch enthaltenen Artikel ausgedrückt hatte. Darwin lehnte jedoch ab, da er nicht mit Avelings radikalem Säkularismus verbunden werden wollte. Vgl. Wheen, *Karl Marx*, S. 430-436 und Margaret A. Fay, „Marx and Darwin: A Literary Detective Story“, *Monthly Review*, Bd. 31, Nr. 10 (März 1980).

841 Tyndall, zitiert nach Desmond, *Huxley*, S. 445.

842 A.S. Eve und C.H. Creasey, *Life and Work of John Tyndall*, London: Macmillan, 1945; Roy McLeod, „Tyndall, John“, in: *Dictionary of Scientific Biography*, Bd. 13, New York: Charles Scribner's Sons, 1979, S. 521-524; James R. Friday und Roy McLeod, *John Tyndall, Natural Philosopher, 1820-1893: Catalogue of Correspondence,*

Versammlung gesagt"[843] wurde bezeichnete. Tyndall versuchte, zurückreichend bis auf Epikur, eine kohärente materialistische Philosophie zu entwickeln, um die revolutionären Entwicklungen in der Wissenschaft zu unterstützen. Beeinflusst von Friedrich Albert Langes *Geschichte des Materialismus* (1865) zeichnete Tyndall die gesamte Geschichte der Wissenschaft nach. Er verwies auf Bacons „hohe Wertschätzung von Demokrit" und ebenso auf die Tatsache, dass „Bacon Demokrit für einen Mann von größerem Gewicht hielt als Platon und Aristoteles." Von den Vorsokratikern war es Empedokles, der als erster die Begriffe der Anpassung und des „survival of the fittest" eingeführt hatte. Für Tyndall war der antike Materialismus jedoch am höchsten in den Werken von Epikur und Lukrez entwickelt. Wie Bacon in *Über die Würde und die Förderung der Wissenschaften* und wie Marx im Vorwort zu seiner Doktordissertation schrieb, so sah auch Tyndall den Kern des epikureischen Denken in der Missachtung der orthodoxen Religion, wie sie sich ausdrückt in der Aussage „Nicht jener ist gottlos, der die Götter der Menge ablehnt, sondern jener, der sie annimmt".[844]

Für Tyndall lieferte Epikur vermittels Lukrez die Essenz der modernen wissenschaftlichen Anschauung in seinen Über-legungen zu den Atomen und der Leere – und seiner Erkenntnis, dass Materie weder geschaffen noch zerstört werden könne. Giordano Bruno war durch die Wirkung, die Epikur (über Lukrez) auf sein Denken ausübte, zu einem der Ersten geworden, die zur kopernikanischen Astronomie konvertierten, denn Epikur eröffnete ihm, so Tyndall, den Zugang zu „einer Vorstellung der Unendlichkeit der Welten."

Epikurs „noch vage, aber bedeutende Vorstellung von den Atomen als ewig durch den Raum fallend führte Kant zur Nebularhypothese, die er sodann als erster darlegte." Sicherlich hatten die antiken Atomisten keine Vorstellung des Magnetismus oder der Elektrizität und konnten folglich auch die Molekularkräfte nicht verstehen, also die Tatsache, dass „Moleküle mit anziehenden und abstoßenden Polen ausgestattet sind." Als Lukrez die Abweichung postulierte, verließ er das Reich der Physik, damit er eine gemeinsame Bewegung der Atome denken konnte. Doch dabei lag er nicht

Journals and Collected Papers, London: Mansell, 1974; Elbert Hubbard, *Tyndall*, East Aurora: Roycrofters, 1905.

[843] Friedrich Engels, „Brief an Marx vom 21. September 1874", in: MEW Bd. 33, Berlin: Dietz, 1976, S. 118-120, hier: S. 120.

[844] John Tyndall, *Fragments of Science*, New York: A.L. Burt Co, o. J., S. 443-47.

völlig falsch, seine Vorahnungen führten ihn vom Standpunkt der modernen Wissenschaft aus in die richtige Richtung. Die ursprüngliche Grundlage der Entdeckungen von Julius Robert Mayer und anderen Wissenschaftler*innen des 19. Jahrhunderts hinsichtlich der Energieerhaltung wurde durch die Vorstellung der Unzerstörbarkeit der Materie geschaffen, wie sie in aller Klarheit von den antiken Materialisten formuliert worden war.[845]

Obwohl Tyndall das Werk von Descartes und Hobbes aus dem 17. Jahrhundert lobte, sei es Gassendi gewesen, der trotz seines Katholizismus als erster eine solide philosophische Basis für den modernen Materialismus basierend auf Epikur geliefert habe. Bei Gassendi, schreibt Tyndall, „liegt das Prinzip jeder Veränderung in der Materie. In künstlichen Produktionen ist das treibende Prinzip vom bearbeiteten Material unterschieden; in der Natur aber arbeitet der Wirkstoff immanent, als der aktivste und beweglichste Teil des Materials selbst. So überflügelt dieser kühne Geistliche sogar Darwin, ohne den Tadel der Kirche oder der Welt zu erleiden."[846]

Darwins großartige Leistung lag nach Tyndalls Auffassung darin, dass er, trotz der Beachtung all jener Details, die angeblich die Sicht der Teleologen bewiesen, „die Teleologie zurückwies und versuchte, diese Wunder durch natürliche Ursachen zu erklären." Das Problem, das Darwin hinterließ, war das Problem der „ursprünglichen Form": Woraus entsprang das Leben, wenn nicht durch die Hand eines Schöpfers? Tyndall berief sich auf Lukrez' Ansicht, dass „die Natur [...] selbstständig in Allem sich ohne die Götter betätigt"[847] und Brunos Behauptung, die Materie sei die „universale Mutter". Er bekräftigte die Notwendigkeit rein materialistischer Erklärungen in der Wissenschaft und identifizierte diese Aufgabe mit der Entwicklung der Wissenschaft selbst. „Die unangreifbare Stellung der Wissenschaft kann in wenigen Worten erklärt werden. Wir beanspruchen das gesamte Gebiet der kosmologischen Theorie und wir werden sie der Theologie entreißen."[848]

Obwohl Tyndall dafür bekannt war, gemeinsam mit Pasteur zur vernichtenden wissenschaftlichen Kritik der Theorie der spontanen Erzeugung beigetragen zu haben, bestand er dennoch

---

[845] Tyndall, *Fragments of Science*, S. 450, 458, 478, 484-85.

[846] Ebd., S. 462.

[847] Lukrez, *Von der Natur*, 2.1090-92, S. 131-32.

[848] Tyndall, *Fragments of Science*, S. 475-76, 485-86, 491.

immer wieder darauf, dass im tiefen Schlund der Zeit das Leben aus der Materie entstanden sei. Er war der Auffassung, dass die Ursprünge des Lebens mit den Ursprüngen des Sonnensystems verknüpft waren, wie sie durch die Nebularhypothese von Kant und Laplace erklärt worden waren. Das Leben war also irgendwann aus Nicht-Leben hervorgegangen, doch die Bedingungen, die dies möglich gemacht hatten, gehörten zur Geschichte des Sonnensystems und galten nicht mehr. Nur vier Jahre vorher hatte sich Huxley in seiner Präsidialadresse an die BAAS im Jahre 1870 eine ähnliche Position zu eigen gemacht, wenngleich nicht so eindeutig mit der Nebularhypothese verbunden (doch im Umriss den heutigen wissenschaftlichen Anschauungen sehr ähnlich), in der er erklärte:

> *Wenn es mir gegeben wäre, über den Abgrund der geologisch aufgezeichneten Zeiten hinaus in die entfernte Vergangenheit zu blicken – als auf der Erde physikalische und chemische Bedingung herrschten, die heute nicht wieder herbeigeführt werden können, ebenso wenig, wie ein Mensch die eigene Kindheit zurückholen kann –, so könnte ich erwarten, Zeuge der Evolution lebenden Protoplasmas aus unbelebter Materie zu werden.*

William Thomson, Darwins Erzfeind, hatte darauf unfair reagiert und Huxley beschuldigt, „die Theorie der spontanen Erzeugung" zu propagieren.[849]

Tyndalls „Belfast Address" verursachte einen regelrechten Proteststurm. Er wurde besonders dafür attackiert, „in der Materie [...] das Versprechen und die Möglichkeit jeder Form und Qualität des Lebens" zu finden. Man warf ihm vor, den „Untergang" der Menschheit zu beschleunigen und die Blasphemie zu befördern. Er hatte sich gegen eine Unzahl von Angriffen zu verteidigen.[850] Engels hatte die Reden, die Tyndall und Huxley in Belfast gehalten hatten, gelesen und Marx, der sich zu jener Zeit in Deutschland aufhielt, darüber berichtet, dass all dies erneut „die ganze Not und Beklemmung dieser Leute im Dingansich und ihr Angstgeschrei nach einer rettenden Philosophie"[851] zeige. Den

[849] Ebd., S. 500, 641; die Präsidialadresse zitiert nach Hellman, *Zoff im Elfenbeinturm*, S. 113f.

[850] Tyndall, *Fragments of Science*, S. 499; Eve/Creasey, *Life and Work of John Tyndall*, S. 185-194.

[851] Friedrich Engels, „Brief an Marx 21. September 1874", S. 119.

„enormen Eindruck und Schrecken" hervorhebend, den Tyndalls Rede verursacht hatte, berichtete Engels Marx über Tyndalls mutige Missachtung des Establishments und fügte hinzu:

> *Seine Anerkennung Epikurs wird Dir Spaß machen. Soviel ist sicher, die Rückkehr zu einer wirklich denkenden Naturanschauung ist hier in England weit ernsthafter im Gang als in Deutschland, und statt in Schopenhauer und Hartmann suchen die Leute hier Rettung wenigstens in Epikur, Descartes, Hume und Kant. Die Franzosen des 18. Jahrhunderts bleiben ihnen freilich verboten.*[852]

Engels überlegte, wie die Schwierigkeiten, in denen sich so unerbittliche Materialisten wie Tyndall und Huxley verstrickt sahen, überwunden werden konnten. Er schlug vor, den Ausweg in Hegels Dialektik zu suchen, besonders in der *Enzyklopädie*, in der, aufgrund der „populären" Darstellungsweise, ein Großteil der Analyse frei von Idealismus sei und „wie für diese Leute gemacht".[853] Es gibt wenig Zweifel darüber, dass Engels an diesem Zeitpunkt begann, sein eigenes großes Projekt auszuarbeiten, das letztlich in seiner unvollendeten *Dialektik der Natur* Gestalt annehmen sollte.[854]

Engels größeres Projekt zeichnete sich deutlich in der „Alten Vorrede zum [Anti-]Dühring. Über Dialektik" ab, seiner ursprünglichen Skizze einer Vorrede zur ersten Auflage des *Anti-Dühring*, welche er letztlich nur in einer gekürzten Version benutzte. In seiner „Alten Vorrede" hielt Engels – zum Teil auf Notizen, die er von Marx erhalten hatte – fest, dass Naturwissenschaftler*innen oft der Geschichte der Philosophie unwissend gegenüberstanden. Daraus folgte:

> *Sätze, die in der Philosophie seit Jahrhunderten aufgestellt, die oft genug längst philosophisch abgetan sind, treten oft genug bei theoretisierenden Naturforschern als funkelneue Weisheit auf und werden sogar eine Zeitlang Mode. […] Seitdem Physik und Chemie wieder fast ausschließlich mit Molekülen und Atomen hantieren, ist die altgriechische atomistische Philosophie mit Notwendigkeit wieder in den Vordergrund getreten.*

852 Ebd., S. 120.

853 Ebd., S. 119.

854 Desmond, *Huxley*, S. 444-46.

Aber wie oberflächlich wird sie selbst von den besten unter ihnen behandelt! So erzählt Kekulé [...], sie rühre von Demokrit her, statt von Leukipp, und behauptet, Dalton habe zuerst die Existenz qualitativ verschiedner Elementaratome angenommen und ihnen zuerst verschiedne, für die verschiednen Elemente charakteristische Gewichte zugeschrieben, während doch bei Diogenes Laertius [...] zu lesen ist, daß schon Epikur den Atomen Verschiedenheit nicht nur der Größe und Gestalt, sondern auch des Gewichts zuschreibt, also schon Atomgewicht und Atomvolumen in seiner Art kennt.[855]

Für Engels hing diese Unkenntnis der antiken griechischen Philosophie mit dem Versagen in Deutschland (und anderswo) nach 1848 zusammen, die Bedeutung der Dialektik und des Hegelianismus zu verstehen. Die zwei großen Quellen dialektischen Wissens waren die antiken Griechen und Hegel. Das Unvermögen, deren Philosophien und folglich die Dialektik zu verstehen, war das hauptsächliche Hindernis für die Entwicklung einer den Ansprüchen der modernen Naturwissenschaft entsprechenden Philosophie. Engels notierte, wie die Naturforscher „[i]mmer seltner werden", die „auf die Griechen herabsehn", und zwar insbesondere auf die Fragmente der griechischen atomistischen Philosophie (d.h. Demokrit, Epikur und Lukrez), einzig, weil die Griechen „keine

[855] Friedrich Engels, „Alte Vorrede zum »[Anti-]Dühring«. Über die Dialektik", in: MEW Bd. 20, Berlin: Dietz, 1962, S. 328-336, hier: S. 331. Engels zitierte Diogenes Laertius' *Leben und Meinungen berühmter Philosophen*, die einzige antike Geschichte der Philosophie, die erhalten blieb und die nicht nur die Hauptquelle für Angaben zu Epikurs Leben war, sondern in der auch die einzigen drei überlieferten Briefe Epikurs enthalten sind. Vgl. Diogenes Laertius, *Leben und Meinungen*, Bd. 2, (Buch X, 43-44, 61) S. 227-28, 235. Die Notizen für Engels Kommentare scheinen dieselben zu sein, die auch in einem Fragment in die *Dialektik der Natur* aufgenommen wurden. Obwohl die Herausgeber der Werke von Marx und Engels nicht in der Lage waren, zu bestimmen, in welchem Jahr dieses Fragment geschrieben wurde, so legt die Tatsache, dass es genau dieselben Passagen von Epikur (wie auch Leukipp und Demokrit) enthält, die auch hier von Engels zitiert werden, nahe, dass das Fragment mit der „Alten Vorrede" verbunden war. Bedeutend in dieser Hinsicht ist die Tatsache, dass die Notizen insbesondere über die griechischen Atomisten in Marx' Handschrift gemacht wurden, was nahelegt, dass er Engels direkt behilflich war. Siehe Friedrich Engels, „Notizen und Fragmente [zur Dialektik der Natur]", in: MEW 20, S. 456-570, hier: MEW 20, S. 461-62, 664 Fn. 265. Was Friedrich August Kekulé angeht, zitierte Engels ein Pamphlet, *Die Wissenschaftlichen Ziele und Leistungen der Chemie*, das 1878 in Bonn veröffentlicht worden war [Anm. d. Übers.: Seine Antrittsrede aus dem Jahr 1877, zu finden in: Richard Anschütz (Hrsg.), *August Kekulé: in zwei Bänden*, Band 2, Berlin: Verl. Chemie, 1929, S. 903-917.].

empirische Naturwissenschaft hatten".[856] Die Stärke der holistischen Sichtweise der Griechen beginne sich endlich auf die zeitgenössische Wissenschaft auszuwirken. Bisher jedoch hätten die Naturwissenschaftler*innen es nicht geschafft, sich auch nur ansatzweise mit der zweiten großen Quelle dialektischen Wissens, nämlich Hegel, zu beschäftigen.[857]

Aus Engels' Sicht war das Ziel selbstverständlich, eine materialistische Dialektik zu entwickeln, die auf die Naturwissenschaften anwendbar sein sollte. Als er am *Anti-Dühring* arbeitete, kam er zu dem Schluss, die französischen Materialisten des 18. Jahrhunderts seien zu diesem Zweck unbrauchbar, da ihr Materialismus „ausschließlich *mechanisch*"[858] sei. Die Antworten waren, insofern sie sich überhaupt in der Geschichte der Philosophie finden ließen, bei den griechischen Materialisten und Aristoteles, Kant und Hegel zu finden. In Bezug auf Epikur war die alte, von Diogenes Laertius vorgebrachte Behauptung, dass dieser die Dialektik verachtet habe, sicherlich ein Hindernis. All dies erklärt auch, warum Engels gegen Ende seines Lebens so großen Enthusiasmus für Marx' Dissertation über Epikur zeigte, in der jener die „immanente Dialektik" des letzteren erklärte.[859]

Für Engels war die brillante Intuition der alten Griechen, wenngleich sie in ihrem empirischen Wissen der Wissenschaft des 18. Jahrhundert unterlegen waren, dieser doch in ihren allgemeinen Konzeptionen überlegen, und zwar aufgrund ihres intuitiven Verständnisses der materiellen Welt als eine, die aus dem Chaos entsteht und ständig im Werden begriffen ist. Erst im 19. Jahrhundert, insbesondere mit der Darwin'schen Revolution, wurde diese allgemeine Auffassung von der Wissenschaft übertroffen. Dennoch waren die Darwin'schen Materialist*innen philosophisch schwach und von allen Seiten von philosophischen und theologischen Gegnern umstellt. Daher bedurften sie des Erbes der Dialektik, das das hauptsächliche Vermächtnis der griechischen und der klassischen deutschen Philosophie darstellte.[860]

---

[856] Engels, *Dialektik der Natur*, S. 333.

[857] Ebd.

[858] Ebd., S. 518.

[859] Erinnerungen von Voden, *Gespräche mit Marx und Engels*, S. 674.

[860] Engels, *Dialektik der Natur*, S. 315, 320.

Die Revolution der ethnologischen Zeit: Morgan und Marx

Im Jahr 1859 wurde nicht nur Darwins *Entstehung der Arten* veröffentlicht, das Buch, das zum ersten Mal eine starke Evolutionstheorie lieferte, sondern es fand auch eine eng damit verbundene „Revolution der ethnologischen Zeit" statt – unabhängig von Darwins Untersuchung, aber in vielerlei Hinsicht ebenso wichtig für die Veränderung der viktorianischen Auffassungen des Selbst und der Welt wie Darwins Werk. Diese bestand nämlich in der Entdeckung von überzeugenden Beweisen in der Brixham Höhle in der Nähe von Torquay im Südwesten Englands dafür, dass Menschen schon vor langer Zeit auf der Erde gelebt hatten. Die Entdeckungen wurden relativ schnell von der Wissenschaftsgemeinde anerkannt. Sie belegten, wie Lyell später schlussfolgern sollte, dass Menschen bereits vor bis zu mehreren hunderttausend Jahren auf der Erde gelebt hatten.[861]

Um die Bedeutung dieser Revolution zu verstehen, ist es wichtig zu wissen, dass zwar die Entwicklung der Geologie und das Verständnis der paläontologischen Abfolge die alte biblische Uhr der Genesis schon lange zerstört, einen Sinn für fast unendliche Zeit geschaffen und damit Darwins Evolutionstheorie möglich gemacht hatte, sich aber der paläontologische Blick, von wenigen Ausnahmen abgesehen, bis 1859 nicht auf den Menschen erstreckte. Es wurde immer noch davon ausgegangen, dass die Menschheit erst jüngst, das heißt vor einigen Jahrtausenden auf der Erde erschien. Folglich wurden keine Anstrengungen unternommen, menschliche Knochen als Fossilienfunde zu klassifizieren. „Es gibt keine fossilen menschlichen Knochen", hatte Cuvier argumentiert. Vielleicht noch wichtiger: Es gab keinen vorsintflutlichen Menschen.[862]

Es stimmt zwar, dass in europäischen Höhlen verschiedene menschliche Überreste (manchmal zusammen mit primitiven Arbeitsgeräten) gefunden wurden, so zum Beispiel auch die

---

861 Die Wendung der „Revolution der ethnologischen Zeit" stammt aus: Thomas R. Trautmann, *Lewis Henry Morgan and the Invention of Kinship*, Berkeley: University of California Press, 1987, S. 23, 220. Zur Brixham Höhle vgl. Jacob W. Gruber, „Brixham Cave and the Antiquity of Man", in: Melford E. Spiro (Hrsg.), *Context and Meaning in Cultural Anthropology*, New York: Free Press, 1965, S. 373-402; und Donald K. Grayson, *The Establishment of Human Antiquity*, New York: Free Press, 1983, S. 179-188.

862 Cuvier, zitiert nach: Grayson, *The Establishment of Human Antiquity*, S. 51.

Entdeckung der ersten Neandertalerüberreste im Neandertal 1856. Einige dieser Überreste wurden von führenden Experten der Geologie des 19. Jahrhunderts untersucht, darunter William Buckland und Charles Lyell, aber die Bedeutung dieser Entdeckungen wurde angezweifelt. Obwohl die Beweise immer stärker auf ein hohes Alter der Menschheit hindeuteten, genügten diese nicht, um alle Zweifel zu zerstreuen und konnten daher weiterhin geleugnet werden. Die stümperhafte Weise, in der diese Entdeckungen ausgegraben wurden – abweichend von dem langsamen, vorsichtigen Prozess, der für geologische Arbeiten erforderlich ist – und die Tatsache, dass es oft nicht gelang, den korrekten stratigraphischen Kontext zu erhalten, erlaubte es wissenschaftlichen Beobachter*innen zum Schluss zu kommen, dass diese Überreste aus verschiedenen geologischen Schichten zusammengetragen worden waren. 1837 schloss Buckland, der Autor einer der *Bridgewater Treatises*, dass noch keine menschlichen Überreste in Verbindung mit ausgestorbenen Tieren gefunden worden waren. Diese Sichtweise wurde von Lyell sogar noch 1855 wiederholt.

Zwar waren die Ausgrabungen des Neandertalers in der Nähe von Düsseldorf die paläontologisch wichtigeren Funde als jene in der Höhle von Brixham, die von der *Geological Society of London* betreut wurden. Es waren aber die letzteren, die Lyells Sichtweise ändern und, aufgrund seiner Autorität auf diesem Gebiet, die Revolution der ethnologischen Zeit auslösen sollten. Nachdem er die Entdeckungen von Brixham untersucht hatte, verkündete Lyell in einer Präsidialansprache vor der Geologischen Sektion der BAAS im September 1859 seine eigene Bekehrung zu der Ansicht, dass der Mensch bereits seit langer Zeit auf der Erde existiert habe. In der Folge unternahm er eine dreijährige intensive Suche nach weiteren Zeugnissen und überprüfte dabei auch Funde aus französischen Höhlen. Diese Forschung führte zur Publikation seines beeindruckenden Buches *Das Alter des Menschengeschlechts auf der Erde und der Ursprung der Arten durch Abänderung* (1863) [engl. Orig.: Geological Evidence of the Antiquity of Man], das diese Revolution im Verständnis der ethnologischen Zeit verdeutlichte. Lyells Buch wurde im selben Jahr veröffentlicht wie Huxleys wichtiges Werk der vergleichenden Anatomie, *Evidence as to Man's Place in Nature*, in dem Huxley die anatomischen Zeugnisse des Neandertalerschädels untersuchte und daraus schloss, dass der Mensch aus demselben Stamm wie die Affen hervorgegangen war. Diese beiden Entwicklungen bekräftigten auf verschiedene Weise die Darwin'sche Revolution und machten deutlich, dass sich diese Revolution auch auf die Menschen selbst ausdehnte.[863]

Die Bedeutung dieser Revolution der ethnologischen Zeit für Denker*innen der Mitte des 19. Jahrhunderts kann kaum übertrieben werden. John Lubbock, ein führender Darwinist, der zur Entwicklung der Ethnologie beigetragen hatte, schrieb auf der ersten Seite seines Buches *Die vorgeschichtliche Zeit, erläutert durch die Ueberreste des Alterthums und die Sitten und Gebräuche der jetzigen Wilden* (1865) [engl. Orig.: *Pre-Historic Times, as Illustrated by Ancient Remains, and the Manners and Customs of Modern Savages*]:

> *Das erste Auftreten des Menschen in Europa gehört einer so frühen Periode an, daß nicht einmal die Tradition, geschweige denn die Geschichte einen Lichtstrahl auf seinen Ursprung oder auf seine Lebensweise zu werfen vermag. [...] Eine neue Wissenschaft ist [...] unter uns entstanden. Diese verkehrt mit Zeiten und Ereignissen, die viel älter sind, als alle, die bis jetzt in den Bereich der Archäologie gefallen sind.*[864]

Auf diese Entwicklungen zurückblickend, schrieb der einflussreiche Geologe James Geikie 1881:

> *Als vor einigen Jahren verkündet wurde, dass grobe Steinwerkzeuge von unzweifelhaft menschlicher Provenienz in einigen Flussablagerungen im Tal der Somme entdeckt worden waren, und zwar unter Umständen, die ein sehr hohes Alter der Menschengattung nahelegten, begegneten Geologen dieser Neuigkeit im Allgemeinen mit Unglauben. Dass das Erscheinen des Menschen eine Angelegenheit von erst sehr kurzer Zeit war und tatsächlich eine Sache, die angemessen nur von Chronologen und Historikern diskutiert werden sollte, dies zu glauben wurde den meisten von uns bis neuerdings eingetrichtert. So tief verwurzelt war dieser Glaube, dass Beweise für die Altertümlichkeit unserer Art ähnlich den späteren Entdeckungen in Frankreich, die schließlich doch die skeptische Gleichgültigkeit der*

---

[863] Jacob W. Gruber, „Brixham Cave and the Antiquity of Man"; Charles Lyell, *Das Alter des Menschengeschlechts*.

[864] John Lubbock, *Die vorgeschichtliche Zeit erläutert durch die Ueberreste des Alterthums und die Sitten und Gebräuche der jetzigen Wilden*, Jena, 1874, S. 1-2.

Geologen zerstörten sollten, zwar immer wieder wahrgenommen wurden, jedoch nur, um weg erklärt zu werden.[865]

Kein*e Denker*in verstand die Bedeutung der Revolution der ethnologischen Zeit besser als der amerikanische Anthropologe Lewis Henry Morgan (1818-1881), der oft als Begründer der Sozialanthropologie angesehen wird. Im Vorwort zu seinem Buch *Die Urgesellschaft. Untersuchungen über den Fortschritt der Menschheit aus der Wildheit durch die Barbarei zur Zivilisation* (1877) [engl. Orig.: Ancient Society, or Researches in the Lines of Human Progress from Savagery through Barbarism to Civilization] schrieb Morgan:

Das große Alter der Menschheit ist bestimmt erwiesen. Es scheint sonderbar, daß die Beweise dafür erst in den letzten dreißig Jahren entdeckt wurden und daß die jetzige Generation die erste ist, die eine so wichtige Tatsache anzuerkennen hat.
Wir wissen jetzt, daß die Menschheit in Europa während der Eiszeit, ja schon vor ihrem Eintreten existiert hat, und daß ihr Ursprung wahrscheinlich in einer früheren geologischen Periode zu suchen ist. Sie hat viele Tierarten überlebt, deren Zeitgenosse sie war, und in ihren verschiedenen Zweigen einen Entwicklungsgang durchgemacht, dessen Richtung ebenso merkwürdig ist wie seine Schnelligkeit.
Da das wahrscheinliche Alter des Menschen sich nach geologischen Perioden bemessen läßt, ist dessen Beschränkung auf einen kurzen Zeitraum unzulässig. Man kann, ohne zu übertreiben, annehmen, daß vom Schwinden der Gletscher auf der nördlichen Halbkugel bis auf unsere Zeit ein- bis zweihunderttausend Jahre verstrichen sind. Welche Zweifel immer mit jeder Schätzung einer Periode verbunden sein mögen, deren tatsächliche Länge man nicht kennt, so viel ist sicher, daß das Dasein des Menschen sich über unermeßliche Zeiträume erstreckt und sich in dem tiefen Dunkel einer weiten Vorzeit verliert.[866]

[865] Geikie zitiert nach Gruber, „Brixham Cave“, S. 374.

[866] Lewis H. Morgan, *Die Urgesellschaft. Untersuchungen über den Fortschritt der Menschheit aus der Wildheit durch die Barbarei zur Zivilisation*, Stuttgart, 1908, S. XIII.

In der *Urgesellschaft* versuchte Morgan, eine allgemeine Theorie der Entwicklung der menschlichen Gesellschaft zu liefern, die die längere Auffassung von ethnologischer Zeit beinhaltete. Mit dieser Theorie versuchte er, über regionale Besonderheiten der Entwicklung hinauszugehen und auf einer theoretischen Ebene, belegt durch ethnologische Daten, einer gemeinsamen Basis der Entwicklung der menschlichen Institutionen und Ideen nachzugehen, wobei er sich auf drei Arten menschlicher Institutionen konzentrierte: Gesellschaft, Familie und Eigentum. Morgan wählte dabei einen entschieden materialistischen Zugang und verankerte sein Verständnis der Evolution dieser Sphären in den materiellen Bedingungen, nämlich der Entwicklung der „Produktion des Lebensunterhalts" – und in diesem Zusammenhang der verschiedenen Erfindungen und Werkzeuge –, die er als Indikatoren ansah, die sich aus ethnologischen Aufzeichnungen ergeben.[867] Wie andere Denker*innen, die versuchten, die Entwicklung der Menschen über lange Zeiträume neu zu begreifen, griff auch Morgan auf Lukrez' allgemeine Behauptung zurück, dass Menschen in ihrem Kampf ums Dasein zuerst auf Nägel, Zähne, Holz und Stein angewiesen waren und dann, nachdem sie „wechselseitige Bündnisse" gebildet hatten und das Feuer beherrschten, lernten, Werkzeuge und Waffen herzustellen – und zwar zuerst aus Kupfer, dann aus Bronze und schließlich aus Eisen. In seiner eigenen Einteilung der menschlichen Entwicklung in drei Zeitalter – Stein, Bronze und Eisen – in der *vorgeschichtlichen Zeit* zitierte Lubbock Lukrez, der, so hielt er fest, „ausdrücklich die drei Zeitalter" nenne.[868]

---

867 Die Bedeutung der *Urgesellschaft* als einen Versuch, einen vorläufigen Umriss der *allgemeinen Theorie* der Entwicklung zu entwerfen, die der ganzen Menschheit – die Morgan als eine geeinte verstand – gemein war im Gegensatz zu einer tatsächlichen Beschreibung dieser Entwicklung in allen Details, wurde von Emanuel Terray nachdrücklich hervorgehoben, und zwar in: *Marxism and „Primitive" Societies*, New York: Monthly Review Press, 1972. Morgans allgemeine Theorie war, wie Eleanor Leacock betonte, nicht als rücksichtsloses Übergehen der regionalen Differenzen und kulturellen Eigenheiten intendiert. Tatsächlich zeichnet die *Urgesellschaft* solche Differenzen sehr genau nach. Stattdessen sollte sie eine vereinheitlichte Auffassung der ethnologischen Evolution der Menschheit skizzieren und zwar eine, die den damals vorherrschenden Rassenargumenten direkt entgegengesetzt war. Vgl. Eleanor Leacock, „Introduction", in: Friedrich Engels, *The Origin of the Family, Private Property and the State*, New York: International Publishers, 1972, S. 11.

868 Lukrez, *Von der Natur*, 5.1010-1296, S. 276 – 287; Lubbock, *Die vorgeschichtliche Zeit*, S. 5; Glyn Daniel und Colin Renfrew, *The Idea of Prehistory*. Edinburgh:

Morgan skizzierte verschiedene „Epochen der Kulturentwicklung“: die großen Epochen der Wildheit und der Barbarei, die jeweils in Unterstufe, Mittelstufe und Oberstufe unterteilt werden können, und die Stufe der Zivilisation. In der Unterstufe der Wildheit, so argumentierte er, versorgte sich die Menschheit hauptsächlich durch das Sammeln von Früchten und Nüssen – eine primitive Art und Weise der Lebensmittelbeschaffung (wobei er hinsichtlich der Produktion der Subsistenzmittel auf dieser Stufe auf seine klassische Quelle Lukrez verwies). Obwohl wenig mit Sicherheit gesagt werden konnte, bezieht sich Morgan auf Lukrez' Behauptung, dass die Menschen auf dieser frühesten Stufe ihrer Existenz in Hainen und Höhlen gelebt hatten, um deren Besitz sie mit wilden Tieren kämpfen mussten.[869] Darauf folgte, in der Mittelstufe der Wildheit, die Entwicklung der Fischnahrung, die durch die „Kenntnis vom Gebrauch des Feuers“ ermöglicht wurde. Die Oberstufe der Wildheit war dagegen von der Einführung von Pfeil und Bogen bestimmt.

Der hauptsächliche Indikator der großen Veränderung in der Ernährung, welche auf der Unterstufe der Barbarei vollzogen wurde, war die Ausübung der Töpferkunst. Die Mittelstufe der Barbarei war, Morgan zufolge, von der Domestizierung der Tiere in der östlichen Hemisphäre und dem Gebrauch von Bewässerung im Ackerbau bestimmt, sowie von der Nutzung von Lehmziegeln und Steinen zum Hausbau in der westlichen Hemisphäre (wo große, für die Domestizierung geeignete Tiere viel seltener waren). Die Oberstufe der Barbarei begann mit der Bearbeitung von Eisen und endete mit der Erfindung eines phonetischen Alphabets und dem Gebrauch der Schrift in literarischen Aufzeichnungen.

Der große Übergang von der Barbarei zur Zivilisation stellte, Morgan zufolge, eine Periode enormen kulturellen Fortschritts dar. Dennoch hatte schon die Oberstufe der Barbarei eine reiche schriftliche Tradition. „Die Sprache hatte eine solche Entwicklung erreicht, daß die Poesie in ihrer vollendeten organischen Form die Eingebungen des Genius zu verkörpern vermochte“[870], beobachtete er und hatte dabei das heroische Zeitalter Griechenlands im Sinn. Die Sprache hatte sich, wie alles andere auch, mit der menschlichen Kultur entwickelt. „Menschliches Reden“, so

Edinburgh University Press, 1988, S. 9; Grayson, *The Establishment of Human Antiquity*, S. 12.

869 Morgan, *Die Urgesellschaft*, S. 8-9, 16-17; Lukrez, *Von der Natur*, 5.925-75, S. 273-4.

870 Morgan, *Die Urgesellschaft*, S. 38.

hielt Morgan fest, „scheint aus den rohesten und einfachsten Ausdrucksformen sich herausentwickelt zu haben. Die Gebärden- und Zeichensprache muß, wie schon Lucretius andeutet, der artikulierten Sprache vorausgegangen sein, so wie der Gedanke der Rede vorausgeht. [...] Dieser wichtige Gegenstand, ein Gebiet des Wissens für sich allein, fällt nicht in den Bereich der vorliegenden Untersuchung.“[871]

Stattdessen konzentrierte sich Morgans Analyse in der *Urgesellschaft* konsequent auf die materielle Basis menschlicher Institutionen, die auf der Ebene des Lebensunterhalts geschaffen wurden. Der eiserne Pflug, betonte Morgan, entfesselte eine Periode der „unbegrenzten Nahrungsproduktion“[872], die, zusammen mit der Schrift, die Stufe der Zivilisation charakterisierte. Mit der Einführung des eisernen Pflugs entstand, wie Morgan unter Berufung auf Lukrez festhielt, „der Gedanke, den Wald urbar zu machen und große Felder anzubauen.“[873] Morgan kam davon ausgehend zu übertriebenen Schlussfolgerungen: „Der Mensch ist das einzige Wesen, von dem man sagen kann, daß es eine absolute Herrschaft über die Erzeugung von Nahrungsmitteln erlangt habe, worin er anfänglich vor anderen Tieren durchaus keinen Vorsprung hatte.“[874]

Die Stufen, die Morgan beschrieb, werden in der Anthropologie gemeinhin immer noch genutzt, obwohl ihre Benennungen verändert wurden, um den negativen Konnotationen, die mit den Begriffen „Wildheit“ und „Barbarei“ verbunden sind, Rechnung zu tragen. Morgans „Wildheit“ wird nun gewöhnlich als Sammlergesellschaft (mit wenigen Elementen der Jagd) bezeichnet – eine Form der Nahrungsproduktion, die sich im ganzen Paläolithikum durchsetzte. Statt „Barbarei“ bezieht man sich heute auf Gesellschaften mit Gartenbauwirtschaft. Die Domestizierung der Pflanzen wird gemeinhin mit der neolithischen Revolution vor ca. 10.000 Jahren in Verbindung gebracht. (Die Begriffe „paläolithisch“ und „neolithisch“, oder „Altsteinzeit“ und „Jungsteinzeit“ wurden ursprünglich von Lubbock eingeführt, um zwischen einer Periode der rohen, geschlagenen Steinwerkzeuge, gefolgt von einer späteren Stufe der geschliffenen

[871] Ebd., S. 4-5; Lukrez, *Von der Natur*, 5.1031-91, S. 277-79.

[872] Morgan, *Die Urgesellschaft*, S. 22-23.

[873] Ebd., S. 22; Lukrez, *Von der Natur*, 5.1280-96, S. 287.

[874] Morgan, *Die Urgesellschaft*, S. 16.

Steinwerkzeuge unterscheiden zu können. Heutzutage liegt die Betonung jedoch eher auf Morgans veränderten Formen der Nahrungsproduktion.[875])

Morgan deutet eine rudimentäre Theorie der Gen-Kultur-Koevolution an mit Fokus auf die Entwicklung der Werkzeuge oder „Erfindungen“:

> *Mit dem Hervorbringen von Erfindungen und Entdeckungen und mit dem Wachstum der Gesellschaftsordnungen wuchs und erweiterte sich notwendig auch der menschliche Geist, und wir dürfen annehmen, daß damit zugleich auch eine allmähliche Vergrößerung des Gehirns selbst, namentlich des Großhirns stattfand. Die Langsamkeit dieses geistigen Wachstums in der Periode der Wildheit war unvermeidlich durch die außerordentliche Schwierigkeit, die einfachste Erfindung ohne die geringste oder fast ohne jede Unterstützung der geistigen Tätigkeit zu bewerkstelligen.*[876]

Dieses Argument wies enge Parallelen zu Darwins Argumenten in seiner *Abstammung des Menschen* auf.[877]

Lange Zeit wurde angenommen, dass sich Morgans evolutionistischer Ansatz zur Entwicklung der menschlichen Gesellschaft hauptsächlich von Darwin herleitete, den Morgan kannte und der ganz klar einen Einfluss auf sein Denken gehabt hatte. Neuere Forschungsarbeiten konzentrieren sich jedoch auf die bedeutende Rolle, die Lukrez (und folglich Epikur) auf die Entwicklung seiner Auffassung der Evolution der menschlichen Gesellschaft ausübte. Wie Thomas R. Trautmann in *Lewis Henry Morgan and the Invention of Kinship* [dt.: Lewis Henry Morgan und die Erfindung der Verwandtschaft] festhält, sah Morgan „Darwins Theorie als einen Spezialfall des Evolutionismus an, der, weit davon

---

[875] Eleanor Leacock, „Introduction, Part I“, in: Lewis H. Morgan, *Ancient Society, Or Researches in the Lines of Human Progress from Savagery through Barbarism to Civilization*, New York: World Publishing Company, 1963, S. lxi.

[876] Morgan, *Die Urgesellschaft*, S. 31.

[877] Einige haben in dieser Aussage von Morgan Verbindungen mit rassistischen Theorien des 19. Jh. erkannt. Vgl. z.B. Trautmann, *Lewis Henry Morgan*, S. 30. Da Morgan hier jedoch über die paläolithische Periode spricht, das heißt über die frühesten menschlichen Kulturen, ist eine solche Schlussfolgerung logisch nicht gerechtfertigt. Die Frage der graduellen Vergrößerung des menschlichen Gehirns über Millionen von Jahren war zu der Zeit bereits ein wichtiger Teil der darwinistischen Evolutionstheorie, nicht zuletzt auch im Werk von Darwin selbst.

entfernt, eine Neuheit zu sein, auf Horaz und vor allem auf Lukrez zurückgeführt werden kann, welcher für Morgan der erste Evolutionstheoretiker ist." Die Grundlage dieser Behauptung sind Morgans Schriften selbst. Die erste Manuskriptversion von der *Urgesellschaft* (datiert auf 1872-1873) enthielt ein Kapitel mit dem Titel „Der römische Ursprung der menschlichen Entwicklung", das Lukrez' System präsentierte. In dieser frühen Manuskriptversion der *Urgesellschaft* schrieb Morgan:

> *Sowohl jene, welche die Darwin'sche Theorie der Abstammung des Menschen von einem Vierfüßer, als auch jene, die zwar davor zurückschrecken, aber dennoch die Theorie der Evolution annehmen, anerkennen gleichermaßen die Tatsache, dass der Mensch am unteren Ende der Skala angefangen und sich durch die langsame Akkumulation von experimentellem Wissen zur Zivilisation nach oben gearbeitet hat. Diese frühe Stufe der Menschheit war, in beiden Alternativen, eine der extremen Grobheit und Wildheit, deren genaue Umstände, wenngleich nicht völlig unverständlich, doch schwierig zu begreifen sind.*[878]

Diese Passage mache, Trautmann zufolge, klar,

> *dass in Morgans Vorstellung die Darwin'sche Theorie nur ein besonderer Fall der Evolutionstheorie war. Seiner eigenen Ansicht nach war die intellektuelle Grundlage der Arbeit, die er gerade unternommen hatte, nicht die Erfindung von Darwin, sondern jene von Horaz und Lukrez, vor allem des letzteren, und er widmete das zweite Kapitel des Entwurfs der Urgesellschaft einer Würdigung der „römischen Genese der menschlichen Entwicklung" als eines Vorläufers des modernen Evolutionismus.*[879]

Carl Resak brachte etwas früher in seiner wichtigen Biographie zu Morgan im Prinzip dasselbe Argument vor. Mit Verweis auf den

[878] Trautmann, *Lewis Henry Morgan*, S. 32, 172-73. An einer anderen Stelle schreibt Trautmann: „Lukrez, den er [Morgan; J.B.F.] später als den ersten Vertreter des Evolutionismus lange vor Darwin ansehen würde, war unter den ersten gekauften lateinischen Texten" in Morgans Bibliothek. Zusätzlich zu einer lateinischen Ausgabe von *De rerum natura* besaß Morgan auch englische Prosa- und Versübersetzungen. Thomas R. Trautmann und Karl Sanford Kabelac, *The Library of Lewis Henry Morgan*, Philadelphia: American Philosophical Society, 1994, S. 41, 198.

[879] Trautmann, *Lewis Henry Morgan*, S. 173. Trautmann irrt jedoch, wenn er auf der folgenden Seite in seinem Buch schreibt: „Es gibt keine besondere Verknüpfung

frühen Manuskriptentwurf der *Urgesellschaft* schrieb Resak: „Die Theorie der Evolution, so meinte er [Morgan; J.B.F.], gehörte nicht wirklich Darwin. Antike Philosophen wie Horaz und Lukrez erkannten die Tatsache, dass der Mensch in der Wildheit begann und einen langsamen und verworrenen Aufstieg durchmachte.“[880]

Auf dieser Grundlage entwickelte Morgan seine Analyse über den Ursprung der Idee der Gesellschaftsverfassung, des Familien- und des Eigentumsbegriffs. In diese drei Teile war der Rest seines Werks gegliedert. Morgans Analyse war für Marx von Interesse, der Lyells großes Werk *Antiquity of Man* sehr genau gelesen, dessen Betrachtungen der Vorgeschichte sorgfältig untersucht und kritische Kommentare an den Rändern seines Exemplars notiert hatte.[881] Bereits 1857-1858 hatte Marx in den *Grundrissen* bemerkt: „Man kann von vornherein den Grad der Zivilisation eines Volkes bestimmen, wenn man lediglich Kenntnis hat von der Art des Metalls, Gold, Kupfer, Silber oder Eisen, das es für seine Waffen, seine Werkzeuge, oder seinen Schmuck verwendet.“[882] Hier zitierte er auch Lukrez hinsichtlich der Tatsache, dass Bronze vor Eisen bekannt war. Später, im ersten Band des *Kapitals*, merkte Marx (vermutlich auf Lyell verweisend) an, dass beim Studium der „vorhistorischen Zeit“ klassifiziert wurde „auf Grundlage naturwissenschaftlicher, nicht sog. historischer Forschungen, nach dem Material der Werkzeuge und Waffen in Steinalter, Bronzealter und Eisenalter.“[883] Für Marx war dieser Zugang der Forschenden zur Vorgeschichte den Klassifikationsschemata der „bisherigen Geschichtsschreibung“ überlegen, da letztere dazu tendierte, der „Entwicklung der materiellen Produktion, also [der] Grundlage alles gesellschaftlichen Lebens und daher aller wirklichen Geschichte“[884] wenig Aufmerksamkeit zu schenken.

---

der Darwin'schen und der Morgan'schen Ideen.“ Hier genügt ein Hinweis auf die Verbindungen in den jeweiligen Zugängen zur Theorie der Evolution des menschlichen Gehirns.

880 Carl Resak, *Lewis Henry Morgan, American Scholar*, Chicago: University of Chicago Press, 1960, S. 100. Horaz (wie auch Vergil) war in seinen Jugendjahren stark von Epikur beeinflusst und ein Bewunderer von Lukrez' Gedicht.

881 Institut für Marxismus-Leninismus, *Ex Libris. Karl Marx und Friedrich Engels*. S. 132-133.

882 Marx, *Grundrisse*, S. 113-14. [Anm. d. Übers.: Es handelt sich hierbei um ein Hesiodzitat.]

883 Marx, *Kapital Bd. I*, S. 195.

884 Ebd.

Marx fertigte ausführliche Exzerpte in seinen *Ethnologischen Notizbüchern* aus den Jahren 1880-1882 an, die sich hauptsächlich auf Morgan, aber auch auf die Arbeiten von John Budd Phear, Henry Sumner Maine und John Lubbock bezogen.[885] Im Jahr nach Marx' Tod verwendete Engels diese Notizbücher, zusammen mit Morgans Werk, um seine eigenen Thesen in *Der Ursprung der Familie, des Privateigentums und des Staates* (1884) zu entwickeln. „Hatte doch Morgan", so Engels, „die von Marx vor vierzig Jahren entdeckte materialistische Geschichtsauffassung in Amerika in seiner Art neu entdeckt und war von ihr, bei Vergleichung der Barbarei und der Zivilisation, in den Hauptpunkten zu denselben Resultaten geführt worden wie Marx."[886] Für Engels, hierin Morgan folgend, dominierten Privateigentum und Klassenkampf alle bisherige *geschriebene Geschichte*. Davor – in dem, was Lubbock und andere ab den 1860ern begannen, „Vorgeschichte" zu nennen – war die Gesellschaft um Verwandtschaftsstrukturen herum organisiert gewesen. Nichtsdestotrotz war es „die Produktion und Reproduktion des unmittelbaren Lebens [...] [e]inerseits die Erzeugung von Lebensmitteln, von Gegenständen der Nahrung, Kleidung, Wohnung und den dazu erforderlichen Werkzeugen; andrerseits die Erzeugung von Menschen selbst, die Fortpflanzung der Gattung"[887], welche immer das entscheidende Ensemble an Bedingungen darstellte, das eine gegebene geschichtliche Epoche bestimmte.

Die Bedeutung der Debatten über den Ursprung der Familie, des Privateigentums und des Staates, die sich aus dieser Analyse ergab, tendierte jedoch dazu, zentrale Elemente von Marx' und Engels' Arbeit auf diesem Gebiet zu verdecken. Es ist geradezu elementar zu verstehen, dass Marx und Engels, wie andere frühe Analytiker*innen der „Vorgeschichte", durch die Revolution der ethnologischen Zeit, die 1859 begann, zu diesen Forschungen getrieben wurden. Überdies war dies im Falle Marxens eng mit der Sorge über die Entwicklung der Landwirtschaft verbunden, das heißt, dem langfristigen Verhältnis zum Boden, welches ein beständiges Thema der Forschungen in seinem letzten Jahrzehnt

---

[885] Siehe Karl Marx, *Die ethnologischen Exzerpthefte* (herausgegeben von Lawrence Krader), Frankfurt am Main: Suhrkamp, 1976.

[886] Friedrich Engels, *Der Ursprung der Familie, des Privateigentums und des Staats. Im Anschluß an Lewis H. Morgans Forschungen*, in: MEW 21, Berlin: Dietz, 1962, S. 25-173, hier: S. 27.

[887] Ebd., S. 27-28.

war (er machte sich weiterhin hunderte von Seiten Notizen über Geologie und Agrikulturchemie in den späten 1860ern und den 1870ern), sowohl im Bezug zum dritten Band des *Kapitals*, als auch im Rahmen seiner Überlegungen hinsichtlich der Richtung der russischen Entwicklung, wie sie sich in den Debatten der Narodniki widerspiegelte. In Bezug auf Russland stand das Schicksal des archaischen russischen kommunalen Landsystems zur Debatte und ebenso wie sich diese Debatte zu Perspektiven der Revolution verhielt. Und dann war auch noch die Frage nach den Wurzeln der materialistischen Geschichtsauffassung in der geschichtlichen Entwicklung offen, denn diese mussten nun vor dem antiken Griechenland, vor der geschriebenen Geschichte und vor der philologischen Analyse verortet werden. Es ging also um den Ursprung der Menschen und der menschlichen Institutionen in der langen Zeitspanne der „Vorgeschichte". In diesen späten Jahren versuchte Marx, sich vom Einfluss der kolonialistischen Literatur zu befreien, durch die allein er bis dahin die Entwicklung des Rests der Welt betrachten konnte, und er nahm eine zunehmend kritische Einstellung gegenüber der Geschichte der kapitalistischen Durchdringung dessen ein, was heutzutage „Peripherie" genannt wird. Er versuchte deshalb, eine große radikale Chronologie der Weltgeschichte zu entwerfen, die mit den vorherrschenden Vorstellungen brechen würde. All diese Bestrebungen sollten Marx' letztes Jahrzehnt bestimmen, wobei diese letzte Schaffensperiode später von Teodor Shanin bekannterweise als „später Marx" bezeichnet werden sollte.[888]

Wir können Marx' Kampf und sein Verhältnis zu seiner Zeit besser verstehen, wenn wir uns bewusst machen, wie eng diese Debatten über die menschliche Evolution und die Ursprünge der menschlichen Gesellschaft miteinander verknüpft waren und sich überschnitten. 1871 hatte Darwin sein lang erwartetes Buch *Die Abstammung des Menschen* veröffentlicht, in dem er den Versuch unternahm, die biologische Evolution des Menschen zu erklären, wobei Darwin im Zuge dessen auch auf wichtige ethnologische Fragen verwies. Die *Abstammung des Menschen* hatte jedoch weniger Auswirkungen, als sie hätte haben können, weil ihr bereits Bücher wie Huxleys *Evidences as to Man's Place in Nature*

[888] Shanin, *Late Marx*. Marx fertigte ausführliche Exzerpte von Lyells *Principles of Geology* im Jahr 1869 an, gefolgt von Exzerpten aus unzähligen Werken über Geologie und Chemie in den 1870ern. Vgl. Coleman, „Short Communications", S. 233-35.

(1863), Lyells *Geological Evidences of the Antiquity of Man* (1863), Lubbocks *Pre-Historic Times* (1865), wie auch andere Werke vorausgegangen waren, die innerhalb eines Jahrzehnts nach der Veröffentlichung der *Entstehung der Arten* und den Entdeckungen in der Höhle von Brixham das Denken über die menschliche Entwicklung revolutioniert hatten. Von den vier Denkern, auf die sich Marx in seinen *Ethnologischen Notizbüchern* konzentrierte, wurde auf die drei bedeutendsten – Morgan, Lubbock, Maine – auch in Darwins *Abstammung des Menschen* verwiesen.

Wie also sollte man über die menschliche Entwicklung vor der geschriebenen Geschichte denken? Marx studierte zu dieser Zeit Geologie und Paläontologie wie auch Agrikulturchemie und Ethnologie mit enormem Eifer. Er war zweifelsohne deshalb von der *Urgesellschaft* angezogen, weil Morgan darin die Produktion des Lebensunterhalts betonte. Morgan, der einen materialistischen Zugang zur Ethnologie gewählt hatte, der unabhängig von Darwins Analyse war (wenngleich er diese in Betracht zog), konzentrierte sich auf die Entwicklung der Produktion des Lebensunterhalts und übernahm sogar Darwins Hinweis, dass es einen Zusammenhang zwischen den Erfindungen, die für die Nahrungsproduktion notwendig waren, und der Entwicklung des menschlichen Gehirns gab. Den Umriss der Formen der Produktion des Lebensunterhalts entwarf er mit Bezug auf Lukrez' Analyse in *De rerum natura*. Marx, der Lukrez sehr gut kannte, registrierte sehr genau Morgans Verweise auf diesen. Zudem war er sich der weitreichenden Folgen dieses Zugangs zum Problem der Subsistenz bewusst – des Verhältnisses der materialistischen Naturauffassung zur materialistischen Geschichtsauffassung, das daraus folgte. Dieser Fokus auf die Produktion der Nahrungsmittel – das menschliche Verhältnis zur Natur durch die Umwandlung der Produktion und Reproduktion – wie er von Morgan (inspiriert von Lukrez und letztlich Epikur) entwickelt wurde, war zutiefst ökologisch und zwar in dem Sinne, dass er sich auf die Koevolution des Menschen und seiner Umwelt konzentrierte. Bereits im *Kapital* schrieb Marx: „Dieselbe Wichtigkeit, welche der Bau von Knochenreliquien für die Erkenntnis der Organisation untergegangner Tiergeschlechter, haben Reliquien von Arbeitsmitteln für die Beurteilung untergegangner ökonomischer Gesellschaftsformationen."[889] Morgans Fokus auf die Produktion des Lebensunterhalts, bei der

[889] Marx, *Kapital Bd. I*, S. 194.

er die Entwicklung der Werkzeuge besonders hervorhob, stellte sicher, dass seine Analyse ähnlichen Bahnen folgte, wobei er diese Analyse zugleich mit den Veränderungen in den Familien-/ Verwandtschaftsverhältnissen, den Eigentumsverhältnissen und des Staates verband.

Marx widersprach jedoch Morgans Behauptung, dass die Menschheit „eine absolute Herrschaft über die Erzeugung von Nahrungsmitteln erlangt“ habe.[890] Vielmehr bestand das ökologische Problem, das mit der Entwicklung der Nahrungsmittelerzeugung verbunden war, bis in die kapitalistische Periode hinein (in der die Widersprüche sehr extreme Formen angenommen hatten) und würde selbst den Kapitalismus überdauern. Die Gesellschaft der assoziierten Produzent*innen würde ebenso mit diesen Problemen zu kämpfen haben und müsse diese, gegründet auf das Verständnis des Stoffwechsels zwischen den Menschen und der Erde, rational angehen.

Seit den 1950ern hat sich innerhalb der Anthropologie der Bereich der Ethnoökologie herausgebildet, da Anthropolog*innen versuchten, das „traditionelle Wissen über die Umwelt“, das mittlerweile ausgestorbene oder vom Aussterben bedrohte Kulturen besaßen oder noch besitzen, zu verstehen. Dies tun sie nicht nur, um dieses grundlegende Wissen in einer von der ökologischen Krise charakterisierten Zeit wiederzuerlangen, sondern auch, um die Bedeutung des kulturellen Überlebens jener indigenen Kulturen hervorzuheben, die nun vom Eindringen des Kapitalismus bedroht sind. In der Literatur zu diesem Thema wird Subsistenz von führenden Ethnoökolog*innen wie Eugene Hunn als eine dauerhafte Beziehung zwischen der Gemeinschaft und dem Land verstanden. Die Kenntnis der grundlegenden Subsistenzverhältnisse sei auch ein unersetzliches Erbe eines ökologischen Verständnisses, das nicht in einem Riss zwischen den Menschen und der Natur gründet. Marx legte in seinem ganzen Werk – insbesondere in den *Grundrissen* und in den Arbeiten seines letzten Lebensjahrzehnts – einen besonderen Schwerpunkt auf die traditionellen gemeinschaftlichen Verhältnisse und die Bedeutung eines nicht entfremdeten Verhältnisses zur Erde, was wiederum von einigen Ethnoökolog*innen als der wesentliche kritische Standpunkt angesehen wurde, von dem aus das neue Feld fortschreiten müsse. Wie Hunn jüngst in „The Value of Subsistence for the Future of the

[890] Morgan, *Urgesellschaft*, S. 16.

World“ [dt.: Der Wert der Subsistenz für die Zukunft der Welt] dargelegt hat, schätzte Marx „die organische Einheit einer Gemeinschaft von Menschen, die durch ihre eigene Arbeit, mit der sie ihre Lebensgrundlage produzieren und dabei die Gemeinschaft reproduzieren, mit ihrem Land verbunden sind.“[891] Für Marx war immer ein entscheidender Teil seiner materialistischen Geschichtsauffassung – die auf diese Weise auch mit seiner materialistischen Naturauffassung, das heißt mit ihrer Grundlage in der Naturgeschichte verbunden war – die Frage, wie sich die Entfremdung von Grund und Boden im Verhältnis zur Entfremdung von der Arbeit entwickelt hat; ein Problem, das heute von den radikalen Ethnoökolog*innen und auch von der kulturell-materialistischen Ökologie im Allgemeinen thematisiert wird. Er betonte an vielen Stellen seines Werks, dass die wichtigste Aufgabe, die sich einer Gesellschaft der assoziierten Produzent*innen stellt, diejenige ist, das Problem des Stoffwechsels von Mensch und Natur mit den fortgeschrittenen industriellen Produktivkräften anzugehen, die in der finalen revolutionären Krise der kapitalistischen Gesellschaft vorhanden sein werden. Zu diesem Zweck war es eindeutig notwendig, mehr über das menschliche Verhältnis zur Natur und zur Subsistenz zu lernen, das sich vermittels der Entwicklung der Eigentumsformen über eine große Spanne in der ethnologischen Zeit hinweg entwickelte. Marx wurde daher von den materialistischen Grundsätzen seiner Analyse zu den Ursprüngen der menschlichen Gesellschaft und des menschlichen Verhältnisses zur Natur zurückgeführt, um sich anhand dessen die Möglichkeit einer vollständigeren Überwindung einer entfremdeten Existenz vorstellen zu können.

1882, im Jahr vor Marx’ Tod, warfen Marx und Engels in der *Vorrede zur zweiten russischen Ausgabe des „Manifests der Kommunistischen Partei“* die Frage auf, ob auf der Basis der alten russischen Dorfgemeinschaft (Obschtschina) eine proletarische Revolution stattfinden könnte, die im Gemeineigentum an Grund und Boden gründen und „zum Ausgangspunkt einer kommunistischen Entwicklung dienen“[892] würde. Was hier zur Debatte stand, war, wie sie betonten, nicht einfach die Existenz von

[891] Eugene Hunn, „The Value of Subsistence for the Future of the World“, in: Virgina D. Nazarea (Hrsg.), *Ethnoecology*, Tucson: University of Arizona Press, 1999, S. 23-36.

[892] Karl Marx und Friedrich Engels, „Vorrede zur zweiten russischen Ausgabe des ‚Manifests der Kommunistischen Partei‘“, in: MEW Bd. 19, S. 295-296, hier: S. 296.

gemeinschaftlichen sozialen Formen, sondern eines nicht entfremdeten Verhältnisses zur Natur, das in einem scharfen Kontrast zum System der „riesigen Farmen“ des kapitalistischen Amerikas stünde. Die materielle Entwicklung der Gesellschaft war also verbunden mit der materiellen Entwicklung des menschlichen Verhältnisses zur Natur. In beiden Fällen war die Geschichte nicht einfach linear, sondern folgte einem komplexen, widersprüchlichen dialektischen Muster. In dieser komplexen und widersprüchlichen Entwicklung ruhte das ganze Potential der revolutionären Transformation.

Ein junger Darwinist und Karl Marx

Marx' Interesse für ethnologische Themen in den letzten Jahren seines Lebens mag das Mysterium erklären, warum er in diesen letzten Jahren seines Lebens eine enge Freundschaft mit dem jungen Darwinisten E. Ray Lankester (1847-1929) führte, der damals bereits ein prominenter Evolutionsbiologe und Mitglied der *Royal Society* war und später einer der berühmtesten britischen Wissenschaftler*innen seiner Zeit werden sollte. Von 1898 bis 1907 diente er als Direktor des Naturhistorischen Museums, also in der höchsten Funktion, die man in seinem Bereich innehaben konnte. Lankester war mit Darwin, Huxley und Hooker von Kindesbeinen an gut bekannt und er hatte Lyell, Haeckel und Tyndall kennen gelernt. Lankester nahm sich Huxley zum Vorbild, der ihn als seinen Schützling ansah. Obwohl er in erster Linie Wissenschaftler war, war Lankester politisch ein Nonkonformist, der sich als intellektueller Aristokrat gab und für die meiste Zeit seines aktiven Lebens Sympathien für progressive Ideen hegte (wenngleich er im Alter etwas konservativer wurde). So hegte Lankester zeitweise Sympathien für den Sozialismus und zählte sehr viele Radikale zu seinen Freund*innen (darunter, in seiner Jugend, Marx und später H.G. Wells und J.B.S. Haldane; er war auch mit William Morris bekannt und bewunderte diesen). Er sprach fließend Deutsch und las Marx' *Kapital* 1880 mit Begeisterung und bemerkte in einem Brief an Marx, dass er sein „großartiges Werk über das Kapital [...] mit großem Vergnügen und Gewinn“ aufsauge. Jahrzehnte später schrieb er nach dem Unglück der Titanic an die *Times*, dass Unternehmerverbände „notwendigerweise von Natur aus bar jeden Gewissens“ seien und als unpersönliche

Mechanismen „von den Gesetzen von Angebot und Nachfrage getrieben" würden. In den Notizen zu seinen einflussreichen Vorträgen „Nature and Man" aus dem Jahre 1905 erklärte er, dass „der Kapitalist billige Arbeitskräfte möchte und die englische Bevölkerung daher eher arm und bereit, Arbeit für ihn zu verrichten, als dass es ihr besser ginge." Er begrüßte die Februarrevolution in Russland 1917 mit Begeisterung, wenngleich ihn die darauffolgende Oktoberrevolution irritierte. Letztlich wurde er, wie sein Freund Wells, zu einem entschiedenen Anti-Bolschewisten. Als intellektueller Aristokrat war Lankester oft elitär, sogar konservativ in seinen Ansichten, besonders im kulturellen Bereich. In den Worten seines Biographen „glaubte er nicht, dass Frauen das Wahlrecht haben sollten und meinte tatsächlich, dass es umso besser sei, je weniger Menschen wählen können." Dennoch ist ein allgemeines Engagement für einen „militanten Humanismus" in all seinen veröffentlichten Schriften zu finden.[893]

Als Wissenschaftler war Lankester ein überzeugter Materialist, ein Darwinist und ein Gegner von Religion und Aberglaube. Wie Marx in seinen letzten Jahren war auch er besonders an der frühen ethnologischen Entwicklung der Menschen interessiert. In seiner Jugend besuchte er Boucher de Perthes, den französischen Pionier auf dem Gebiet der Urgeschichte. So wurde Lankester früh von der Revolution der ethnologischen Zeit erfasst, ein Interesse, das er seine ganze Karriere lang beibehielt. In seinem *Kingdom of Man* (1907) [dt.: Königreich des Menschen] versuchte er, die Entstehung des Menschen noch früher anzusetzen, als zu der Zeit üblich war, und zwar basierend auf Funden, die für extrem primitive Werkzeuge der Steinzeit (oder Geofakte) gehalten wurden. Lankesters Materialismus und Darwinismus führten regelmäßig zu Konflikten, nicht nur mit der Religion, sondern auch mit anderen Wissenschaftler*innen, besonders mit William Thomson (Lord Kelvin) und Alfred Russel Wallace. Lankester bekämpfte den Rückgriff auf den Vitalismus, den Thomson in seiner Erörterung über das Leben vornahm. Vor allem aber war er einer der ersten Darwinisten, der bemerkte, dass die Entdeckung der Radioaktivität Thomsons Schätzungen über das Alter der Erde zu Fall brachte – eine Tatsache, die er in seiner Präsidialansprache vor der BAAS

[893] Joseph Lester (mit zusätzlichem Material von Peter J. Bowler herausgegeben), *E. Ray Lankester and the Making of Modern British Biology*, Oxford: British Society for the History of Science, 1995, S. 10-11, 51-52, 183-192; E. Ray Lankester, *From an Easy Chair*, London: Archibald & Constable, 1909, S. 117-123.

1906 hervorhob. Lankester kritisierte Alfred Russel Wallace für seinen Rückgriff auf „metaphysische" Erklärungen hinsichtlich der Evolution des menschlichen Gehirns, indem er argumentierte, dass diese Entwicklungen materialistisch erklärt werden könnten (ein Argument, das dem von Engels im Manuskript der *Dialektik der Natur* ähnelt).[894]

Bei Wissenschaftler*innen seiner Zeit war Lankester für seine Proteste gegen die ökologische Degradation der Erde durch den Menschen bekannt. In seinem populären Aufsatz „The Effacement of Nature by Man" [dt.: Die Auslöschung der Natur durch den Menschen] schrieb er eine der mächtigsten ökologischen Kritiken seiner (oder jeder) Zeit und wies darin auf „eine enorme Zerstörung und Verunstaltung der Umwelt durch die unberechenbar rücksichtslose Arbeitsweise von wilden und auch zivilisierten Menschen" hin. Lankester war besonders um die Ausrottung von Arten und das Verhältnis dieser zur Zerstörung des Lebensraums besorgt. „Die abscheulichste der zerstörerischen Auswirkungen der menschlichen Ausbreitung" schrieb er,

> *ist die Verseuchung der Flüsse und die daraus folgende Ausrottung der Fische und nahezu jeglicher Lebewesen, abgesehen von Schimmel und Fäulnisbakterien. Es wird bald hundert Jahre her sein, dass der Mensch durch seine schmutzigen Aktivitäten aus der Themse den prächtigen Lachs verbannt und die unschuldigen Aale ermordet hat. Sogar in der Zeit, als die Themse am schmutzigsten war, war ihr Schlamm doch blutig rot (und zwar wahrhaftig ‚blutig rot', da die Farbe von denselben Blutkristallen, die auch unser Blut färben, stammte) mit Schwärmen von feingliedrigen kleinen Würmern wie dem Regenwurm, die eine außergewöhnliche Fähigkeit haben in schmutzigem Wasser zu leben und sich vom verfaulten Schlamm zu ernähren [...] In kleineren Strömen, besonders in den Bergbau- und Manufakturgebieten Englands, haben fortschrittliche geldscheffelnde Männer die schönsten Naturdinge – Forellenbäche – in völlig tote, ätzende chemische Kloaken verwandelt. Der Anblick eines dieser mit Tod erfüllten schwarzen Schmutzrinnen macht einen erschaudern, da sich*

[894] Lester, *E. Ray Lankester*, S. 89, 173, 179-181; E. Ray Lankester, *The Kingdom of Man*, London: Watts & Co., 1912, S. 9-13, 34-37, 45. Lankesters Materialismus führte auch dazu, dass er in gewisser Hinsicht die Theorie von Oparin und Haldane über die Entstehung des Lebens antizipierte. Vgl. Lester: *E. Ray Lankester*, S. 90-91.

dabei im Geiste das Bild abzeichnet einer Welt, in der alle Flüsse und Gewässer der Meeresküste von ätzender Sterilität gekennzeichnet sein werden und die Weiden und Hänge getränkt mit ekelerregenden chemischem Dünger. Solch ein Zustand ist möglicherweise die Zukunft für künftige Generationen von Menschen! Es ist nicht die ‚Wissenschaft', die für diese Schrecken zu verurteilen sein wird, doch sollten sie Wirklichkeit werden, dann aufgrund der rücksichtslosen Gier und der schieren insektengleichen Vermehrung der Menschheit.[895]

Marx traf Lankester 1880 und es scheint sich zwischen den beiden Männern in den letzten drei Jahren von Marx' Leben eine feste Freundschaft entwickelt zu haben. Es ist nicht bekannt, wie Marx und Lankester Bekanntschaft knüpften, doch sie hatten eine Reihe an gemeinsamen Freund*innen und Bekanntschaften, darunter zum Beispiel den Geschichtsprofessor E.S. Beesly, Lankesters Kollege am University College, der für viele Jahre ein enger Freund der Familie Marx war. Wir wissen, dass sich Marx im September 1880 an Lankester wandte, um für medizinische Hilfe für seine Frau Jenny, die an Brustkrebs erkrankt war, zu bitten. Lankester empfahl ihm seinen engen Freund, den Arzt H.B. Donkin. Donkin behandelte Jenny Marx und letztlich auch Karl Marx selbst im letzten Stadium ihrer jeweiligen Krankheiten. Lankester wurde darauffolgend zu einem regelmäßigen Besucher in Marx' Haus und sowohl Marx wie auch seine Tochter Elanor wurden auf Lankesters Anwesen eingeladen. Als Marx 1883 starb, war Lankester unter den wenigen Trauergästen des Begräbnisses. Da Marx in der Zeit, in der er Lankester kennenlernte, intensiv an seinen *Ethnologischen Notizbüchern* arbeitete, worin er die Frage des Alters der Menschheit thematisierte und in jene ethnologischen Forschungen eintauchte, die sich mit den Spekulation Darwins in der *Abstammung des Menschen* überschnitten – nämlich die Lubbocks, Morgans und Maines –, ist es recht wahrscheinlich, dass Marx und Lankester einige dieser Fragen diskutierten und wohl auch allgemeinere Fragen des Materialismus und der Evolution. Marx stellte für Lankester Untersuchungen dahingehend an, ob dessen kurzes darwinistisches Traktat über *Degeneration* ins Russische übersetzt worden war. Obwohl Marx' Verbindung mit Lankester lange Zeit als ein Rätsel erachtet wurde, könnte doch nichts

[895] E. Ray Lankester, *Science from an Easy Chair*, New York: Henry Holt, 1913, S. 368-9.

natürlicher sein, bedenkt man Marx' lebenslanges Interesse an Materialismus und Wissenschaft. Wie Stephen Jay Gould nahelegte, bereitete es Marx an seinem Lebensabend Vergnügen, mit einem jüngeren vielversprechenden Mann befreundet zu sein, den Darwin als einen herausragenden Vertreter seiner Generation erachtete. Die Freundschaft mit Lankester symbolisiert aber auch Marxens starke Hingabe an die materialistische Naturauffassung und seine fortwährende Überzeugung, dass Darwin (wenn vom Einfluss von Malthus befreit) die „naturhistorische Grundlage unserer Ansicht" bereitgestellt hatte.[896]

Am 28. September 1881 war Edward Aveling (der später der Lebensgefährte von Marx' Tocher Eleanor werden sollte) mit einer Gruppe von Freidenkern – der bekannteste davon der Deutsche Ludwig Büchner – bei Darwin in Down House zu Gast. In der folgenden Diskussion gab Darwin zu, dass er mit 40 Jahren dem Christentum letztlich endlich völlig abgeschworen hatte. Dennoch bestand er darauf, dass er bezüglich Gottes „agnostisch" sei und die Religion nicht vom Standpunkt der Wissenschaft aus attackieren wolle. Im folgenden Frühling, am 19. April 1882, starb Darwin. Bis zum Ende seiner Tage ist er in seinem Zugang zur Naturgeschichte ein konsequenter Materialist geblieben, weigerte sich jedoch, sich über Religion zu äußern und nahm damit eine Haltung ein, die Stephen Jay Gould „Non-Overlapping Magisteria" (NOMA) [dt. etwa: sich nicht überschneidende Lehrgebiete] nannte, die davon ausgeht, dass Wissenschaft und Religion in völlig verschiedenen Sphären angesiedelt sind, die eine in der materiellen Sphäre, die andere in der moralischen.[897]

Auf Darwins Tod folgte innerhalb nicht einmal eines Jahres auch der Tod von Karl Marx am 14. März 1883. In einem Brief, geschrieben einen Tag nach Marx' Tod, sagte Engels über Marx: „*‚Der Tod ist kein Unglück für den, der stirbt, sondern für den, der überlebt', pflegte er mit Epikur zu sagen.*"[898] Marx blieb also der grundlegenden materialistischen Lehre von Epikur, wie sie von Lukrez zum Ausdruck gebracht wurde – *mors immortalis* –, bis zum Ende treu. Worin sich Marx von dieser Philosophie unterschied, war

---

[896] Lester, *E. Ray Lankester*, S. 185-87; Gould, „A Darwinian Gentleman at Marx's Funeral".

[897] Desmond/Moore, *Darwin*, S. 737f.; Edward Aveling, *Charles Darwin and Karl Marx: A Comparison*, London: Twentieth Century Press, o. J., S. 12-13; Stephen Jay Gould, *The Rock of Ages*, New York: Ballantine, 1999.

[898] Friedrich Engels, „Brief an Friedrich Albert Sorge vom 15. März 1883", in: MEW Bd. 35, S. 460.

sein Aufruf zur revolutionären Veränderung der Welt – des menschlichen materiellen Verhältnisses zur Natur und zur Gesellschaft –, die weiter reichte als bloße Kontemplation. „Die Philosophen haben die Welt nur verschieden *interpretiert*; es kömmt drauf an, sie zu *verändern*."[899]

[899] Marx, „Thesen über Feuerbach", S. 7.

Epilog

Wir kennen nur eine einzige Wissenschaft, die Wissenschaft der Geschichte. Die Geschichte kann von zwei Seiten aus betrachtet, in die Geschichte der Natur und die Geschichte der Menschen aufgeteilt werden. Beide Seiten sind indes nicht zu trennen; solange Menschen existieren, bedingen sich Geschichte der Natur und Geschichte der Menschen gegenseitig.[900]

Im Februar 1937 wurde Nikolai Bucharin (1888-1938), der einer der führenden Köpfe der Russischen Revolution war und den Lenin „das goldene Kind der Revolution", „den Liebling der Partei" und den „größten Theoretiker" der Partei nannte, auf Stalins Anweisung verhaftet und ins Lubjanka-Gefängnis überführt. Mit Ausnahme der Momente, in denen er ins Vernehmungszimmer gebracht wurde, war er in einer winzigen Zelle eingesperrt, die nur von einer einzigen Glühbirne beleuchtet wurde. Monatelang war er allein, nur für eine kurze Zeit teilte er seine Zelle mit einem Spitzel. Über ein Jahr lang wartete er auf seine Verhandlung und die mögliche Hinrichtung und fürchtete um das Überleben seiner Familie. Im März 1938 wurde er gezwungen, sich öffentlich vor Gericht zu verantworten – wobei nicht nur sein Leben, sondern auch dasjenige seiner Familie auf dem Spiel stand – und dabei zu gestehen, ein niederträchtiger Feind der Revolution zu sein. Zwei Tage später wurde er in einer geheimen Hinrichtungszelle erschossen. Seine Biographie wurde systematisch aus der Geschichte der Revolution entfernt und an ihn wurde als ein Feind des Volkes erinnert.

Bucharin kämpfte in diesen Zeiten des Terrors in Lubjanka gegen die Verzweiflung an, indem er, zumeist nachts (denn die Vernehmungen füllten zunehmend seine Tage aus), vier Bücher schrieb, darunter einen autobiographischen Roman (*Zeiten*), einen Gedichtband (*Die Umgestaltung der Welt*), eine Abhandlung

900 Marx/Engels, *Deutsche Ideologie*, S. 18. Diese Passage war im Manuskript durchgestrichen und wurde daher nicht in die englische Ausgabe der gesammelten Werke aufgenommen. [Anm. d. Übers.: J.B.F. zitiert daher im Englischen nicht aus den *Collected Works*, sondern aus einer Sonderausgabe der Frühschriften von Marx und Engels.]

über den Sozialismus (*Der Sozialismus und seine Kultur*) und ein umfassendes philosophisches Werk (*Philosophische Arabesken*). Nur Stalin und einige Wärter wussten von der Existenz dieser vier Manuskripte. Im Bewusstsein, dass ihn vermutlich die Hinrichtung erwartete, kämpfte Bucharin heftig darum, dass diese Manuskripte bewahrt blieben. Er sandte sogar Briefe an Stalin und bat inständig um die Erhaltung dieser Manuskripte, auch wenn sein eigenes Leben enden sollte. Letztlich verbrannte Stalin die Manuskripte nicht, sondern verstaute sie in seinen persönlichen Archiven, den geheimsten Ort des Terrors, wo sie erst in den späten 1980ern unter Gorbatschow wiederentdeckt wurden. Stephen Cohen wurde auf die Existenz der Manuskripte erst 1988 durch einen persönlichen Berater Gorbatschows aufmerksam. Doch erst 1992 gelang es Cohen, sich die Kopien der Manuskripte zu beschaffen. Sowohl *Zeiten* als auch die *Philosophischen Arabesken* wurden kurz darauf in russischer Sprache veröffentlicht.[901]

Bucharin hielt die *Philosophischen Arabesken* für sein wichtigstes und reifstes Werk. Er versuchte darin, die Philosophie vom Standpunkt des dialektischen Materialismus und der Entwicklung der Wissenschaft zu überdenken. Sein Ziel war es, einen philosophisch elaborierteren, humanistischen Marxismus basierend auf Marx' praktischem Materialismus zu entwerfen, um einige der kruderen Elemente des mechanischen Materialismus zu überwinden. Gleichzeitig ging es ihm darum, damit eine Waffe gegen den Solipsismus, den Mystizismus und den Faschismus zu schmieden. Für Bucharin war die ultimative Grundlage des Materialismus in der Ökologie zu finden, wie er in den *Philosophischen Arabesken* heraushob und zwar in der von Wladimir Iwanowitsch Wernadski begründeten Theorie, gemäß der „die Biosphäre der Erde, erfüllt von einem unendlich mannigfaltigen Leben, angefangen von den kleinsten Mikroorganismen im Wasser, auf dem Festland, im Boden, in der Luft, bis hin zum Menschen [sei]. Viele können sich den grandiosen Reichtum dieser Formen, ihre unmittelbare Beteiligung an physikalischen und chemischen Prozessen in der Natur gar nicht vorstellen."[902] Bucharin fuhr sodann fort:

901 Stephen F. Cohen, „Introduction", in: Nikolai Bukharin, *How It All Began*, New York: Columbia University Press, 1998, S. vii-xxviii.

902 Nikolai Bucharin, *Philosophische Arabesken. Dialektische Skizzen. Gefängnisschriften Band 2*, Berlin: Dietz, 2005, S. 83.

Wenn der Mensch Produkt und Teil der Natur ist, wenn er eine biologische Grundlage hat, die im gesellschaftlichen Sein aufgehoben (und keineswegs vernichtet!) ist, wenn er selbst eine natürliche Größe und Naturprodukt ist, wenn er in der Natur lebt (egal in welchem Maße ihn die gesellschaftlich-historischen Lebensbedingungen und das sogenannte „künstliche Milieu" abgrenzen), was ist dann besonderes daran, daß er die Rhythmik der Natur und ihre Zyklen miterlebt?[903]

Obwohl es heute erstaunlich scheinen mag, solche Sätze im Marxismus der 1930er-Jahre zu lesen, hätte der tiefgehende ökologische Charakter von Bucharins Werk sachkundigere Leser*innen nicht überrascht, wären die *Philosophischen Arabesken* zu der Zeit, in der sie geschrieben wurden, publiziert worden, statt in Stalins tiefstem, dunkelsten und geheimsten Archiv eingeschlossen zu werden. Von den führenden marxistischen Theoretiker*innen der damaligen Zeit war Bucharin derjenige, der die engsten Verbindungen zu den Naturwissenschaften unterhielt. Sein wichtiges Buch aus den 1920ern, die Theorie des *Historischen Materialismus* (1921), beinhaltete ein Kapitel über „Das Gleichgewicht zwischen der Natur und der Gesellschaft", in dem der „materielle Prozess des ‚Stoffwechsels' zwischen Gesellschaft und Natur" analysiert wurde. Diesen verstand er als „das Grundverhältnis zwischen dem Milieu und dem System, zwischen den äußeren Verhältnissen in der menschlichen Gesellschaft".[904] Bucharins Analyse in diesem Buch basiert auf Marx' Begriff des Stoffwechsels zwischen Natur und Gesellschaft, weshalb Stephen Cohen, dessen bahnbrechende Biographie Bucharins eine Rolle im politischen Tauwetter der Sowjetunion unter Gorbatschow spielte, Bucharins Theorie als einen „naturalistischen Materialismus" bezeichnete.[905]

Schon 1931, sechs Jahre vor seiner Verhaftung, argumentierte Bucharin, dass das wirklich lebende, atmende, menschliche Subjekt nicht der Stenograph ist, der „passende kurzschriftliche Zeichen" aussendet, wie bei Wittgenstein und anderen „Erforschern des Solipsismus", sondern vielmehr ein aktiv gestaltendes Wesen, welches „die ganze Erde veränderte. In der Biosphäre lebend und

[903] Ebd., S. 85.

[904] Nikolai Bucharin, *Theorie des Historischen Materialismus. Gemeinverständliches Lehrbuch der Marxistischen Soziologie*, Erlangen: Politladen, 1971 (1922), S. 117.

[905] Stephen F. Cohen, *Bukharin and the Bolshevik Revolution*, New York: Oxford University Press, 1980, S. 118.

arbeitend hat der gesellschaftliche Mensch die Oberfläche des Planeten radikal umgestaltet."[906] Wladimir Wernadskis Buch *Der Mensch in der Biosphäre* (1926) hatte einen tiefen Eindruck auf Bucharin hinterlassen und ihn zu der Ansicht geführt, dass es für eine Aktualisierung von Marx' praktischem Materialismus wesentlich sei, die menschliche Geschichte im größeren Kontext der Biosphäre zu verorten.

Obwohl sich in seine Analyse des „Gleichgewichts" zwischen Natur und Gesellschaft mechanistische Erklärungen eingeschlichen haben, neben einer manchmal etwas „triumphalistischen" Sicht des menschlichen Verhältnisses zur Natur, war sich Bucharin des komplexen, reziproken Verhältnisses einer koevolutionären Perspektive sehr wohl bewusst. Er wusste auch um die Möglichkeit der ökologischen Degradation (besonders, Marx folgend, in Bezug auf den Boden) und der Notwendigkeit, einen radikalen Sozialkonstruktivismus zu vermeiden, der nicht im Stande dazu wäre, die natürlich-physikalischen Bedingungen der Existenz in Betracht zu ziehen. Dennoch ging diese Denkweise, die als „dialektischer Naturalismus" bezeichnet werden kann (um ihn vom „dialektischen Materialismus" zu unterscheiden, der stärker vom Mechanismus oder Positivismus gekennzeichnet war), innerhalb des Marxismus mit dem Sturz Bucharins, der durch die Säuberung einiger der größten russischen Ökologen begleitet wurde, unter. So kann Bucharins Schicksal als symbolisch für die große Tragödie verstanden werden, die dem marxistischen ökologischen Denken nach Marx widerfuhr.

Obwohl die scheinbare Abwesenheit eines ökologischen Denkens im Sowjetmarxismus (und in den marxistischen Gesellschaftswissenschaften im Westen vor den 1970er Jahren) lange Zeit die Sichtweise bestärkte, das Marx'sche Vermächtnis in diesem Bereich sei bestenfalls ein sehr schwaches, ignorieren solche Schlussfolgerungen die Kämpfe, die wirklich stattgefunden haben. Die Geschichte der Marx'schen Ökologie in den Jahrzehnten unmittelbar nach seinem Tod ist eine sehr komplexe und beinhaltet die umstrittenste Stufe in der Entwicklung der marxistischen Theorie: Engels Versuch, eine „Dialektik der Natur" zu entwickeln, gefolgt von der Entwicklung des „dialektischen Materialismus" in seinen verschiedenen Post-Engels'schen Phasen, der

[906] Nikolai Bukharin, „Theory and Practice from the Standpoint of Dialectical Materialism"; in Bukharin et al., *Science at the Cross Roads*, S. 17.

sich schließlich in die sowjetische Ideologie verwandelte (genauso wie sein dialektischer Zwilling im Westen, der jegliche Verbindung zu Wissenschaft und Natur zurückwies).

In diesem kurzen „Epilog“ kann nur eine grobe Skizze dieser Entwicklungen entworfen werden. Ich will versuchen nachzuzeichnen, was mit Marx’ Materialismus geschah und wie Engels’ eigene, sehr bedeutende, aber nie vollendete Anstrengungen, einen dialektischen Materialismus auszuarbeiten, der die materialistische Naturauffassung miteinschloss, von späteren Theoretiker*innen übernommen (und missbraucht) wurde. Die Rolle, die Morris, Bebel, Kautsky, Luxemburg, Lenin und Bucharin dabei spielten, einige von Marx’ ökologischen Ideen am Leben zu erhalten, wird ebenso untersucht wie die gewaltige Dynamik der russischen Ökologie der 1920er und frühen 1930er und ihr rapider Niedergang unter Stalin. Schließlich werde ich auf jenen marxistischen Theoretiker aus dem Westen eingehen, der in den 1930ern der Entwicklung einer Analyse, die die epistemologische Kluft dialektisch überbrückt, am Nächsten kam und dabei eine koevolutionäre Theorie der menschlichen Geschichte und der Natur anklingen ließ, die sich auf Marx wie auch Darwin gründete. Doch auch hierin lag eine Tragödie: die von Christopher Caudwell, der im Spanischen Bürgerkrieg mit 29 Jahren verstarb.

Ein mit einer materialistischen Naturauffassung (und einer Dialektik der Natur) bewaffneter Marxismus konnte schließlich in den 1970ern im Westen nur deswegen wieder erstarken, so werde ich abschließend urteilen, weil er aus den Naturwissenschaften erwuchs, in denen das Vermächtnis einer materialistischen Naturauffassung nicht ausgelöscht worden war.

Dialektischer Naturalismus

Engels war es, dem zunächst die Verantwortung zufiel, Marxens Vermächtnis nach dessen Tode weiterzuführen. Es war auch Engels, der die unmittelbarste Verknüpfung von Marxismus und den Wissenschaften herstellte. Überdies war er es auch, der als Erster das Verhältnis des Marxismus zur Philosophie bestimmte, da die wichtigsten philosophischen Schriften von Marx, nämlich die *Ökonomisch-Philosophischen Manuskripte* von 1844, sogar Engels nicht bekannt waren. Obwohl es in den letzten Jahren üblich geworden ist, hauptsächlich die *Dialektik der Natur* anzuführen, wenn auf Engels' Beitrag zur späteren Entwicklung der marxistischen Theorie verwiesen wird, so ist es wichtig festzuhalten, dass dieses Werk erst 1927 – *nach Lenins Tod*[907] – publiziert wurde. Die ursprünglichen Auffassungen des Marxismus in der Zweiten und Dritten Internationalen waren also nicht von diesem Werk, sondern von Engels' *Anti-Dühring* (1877-1878) und *Ludwig Feuerbach und der Ausgang der klassischen deutschen Philosophie* (1886) beeinflusst. Engels hatte Marx den ganzen *Anti-Dühring* vorgelesen, der auch ein Kapitel des Buches schrieb und eindeutig mit der allgemeinen Herangehensweise einverstanden war. *Ludwig Feuerbach* war Engels' Versuch, die Ursprünge des Marxismus aus der Kritik des Hegel'schen Systems (vermittels Feuerbach) zu erklären, für die Notwendigkeit einer materialistischen Naturauffassung zu argumentieren und auf einer dialektischen Auffassung des Materialismus entgegen der mechanistischen Interpretation desselben zu bestehen. Obwohl oft behauptet wurde, dass diese Werke von einer positivistischen Herangehensweise durchdrungen seien und dass der Engels'schen Analyse mechanistische Annahmen inhärent wären, zeigt sich bei näherer Betrachtung, in welchem Maße Engels in der Lage war, mechanistische Denkformen auf Basis einer dialektischen Kritik und seiner Kenntnis der Evolution zu überwinden. Vor allem die Kenntnis der Evolution war entscheidend, denn für Engels (und Marx) war es die sich aus Darwins Analyse ergebende Auffassung der Natur*geschichte*, die es erlaubte, die Natur dialektisch, das heißt hinsichtlich ihres *Entstehens*, zu verstehen. Das war laut Engels der Schlüssel zum Verständnis des Verhältnisses zwischen dem, was er „materialistische Naturauffassung" nannte, und der materialistischen Geschichtsauffassung.

Was aber in Engels' Analyse grundsätzlich fehlte, war ein ausreichendes Verständnis der philosophischen Grundlage von Marxens eigener materialistischer Naturauffassung wie diese sich in Auseinandersetzung mit Epikur und Hegel herausgebildet hatte. Hatte Kant Epikur als den „vornehmste[n] Philosoph[en] der Sinnlichkeit, Plato des Intellekts"[908] begriffen, ersetzte Marx, wie wir gesehen haben, in seiner eigenen Antinomie Platon durch Hegel und kämpfte folglich darum, das Verhältnis zwischen der

[907] [Anm. d. Übers.: Die „Dialektik der Natur" erschien zwar nach Lenins Tod, aber nicht erst 1927, sondern schon 1925.]

[908] Kant, *Kritik der reinen Vernunft*, A853, B881, S. 710.

immanenten Dialektik des bedeutendsten materialistischen Philosophen und des bedeutendsten idealistischen Philosophen zu verstehen. Aus dieser kritisch-dialektischen Untersuchung erwuchs Marx' Synthese von Materialismus und Dialektik. Diese überschnitt sich mit einer ähnlichen Synthese, die Feuerbach durchgeführt hatte, ging aber über diesen (und auch Epikur) hinaus, indem Marx von einem rein kontemplativen zu einem mehr praktischen Materialismus überging. Wie Marx hervorhob, war Epikur der Erste, der die Entfremdung entdeckte, die sich mittels der Religion in der menschlichen Auffassung der Natur ausdrückte. Hegel hingegen entdeckte als erster die Entfremdung der Arbeit (aber nur auf idealistische Weise als die Entfremdung des Denkens). Marx' Ziel *im Rahmen der Geschichte der Philosophie* war es schlicht, die mit Hegel assoziierte Vorstellung der Entfremdung in der Praxis und die materialistische Vorstellung der Entfremdung der Menschen von der Natur, wie sie sich bei Epikur findet, mittels einer großen dialektischen Synthese zu verbinden.

Es ist offensichtlich, dass Engels in seinen letzten Lebensjahren begann, die Bedeutung von Marx' Doktorarbeit über Epikur und ihre Beziehung zur Entwicklung einer materialistischen Dialektik zu erkennen. Er hatte offenkundig erwartet, dass Alexei Voden, mit dem er diese Themen diskutierte, dem russischen Marxisten Georgi Walentinowitsch Plechanow (1856-1918) die Nachricht überbringen würde, dass in der Marx'schen Doktorarbeit und nicht im Studium der mechanistischen französischen Materialisten die Grundlage für einen dialektischen Zugang zum Materialismus (das heißt die materialistische Naturauffassung) gefunden werden könne. Plechanow, der seine eigene Vorstellung des Materialismus, basierend auf einer kritischen Analyse des Materialismus der französischen Aufklärung entwickelte und dabei in einige positivistische Fallen tappte, hatte die Botschaft von Engels offensichtlich nicht verstanden. Voden berichtete darüber: „Plechanov meinte später, ich hätte die Rede auf die französischen Materialisten des achtzehnten Jahrhunderts bringen sollen, als Engels vom Materialismus Demokrits und Epikurs sprach; jene seien ‚interessanter'. Ich gab ihm zu bedenken, daß ich mich des Vergnügens nicht berauben wollte, Engels über die erste philosophische Arbeit von Marx sprechen zu hören."[909]

---

909 Voden, „Erinnerungen zu Engels", S. 675. Trotz seiner äußerst genauen und weiterhin faszinierenden Interpretation der französischen Materialisten hatte Plechanow schlicht keine Kenntnis über den wichtigsten Zweig des antiken

Für Engels war der Ursprung des Materialismus (seine natürliche Grundlage) ebenso wie für Marx *nicht* bei den französischen Materialisten des 18. Jahrhunderts zu finden, die einen Materialismus entwickelten der „ausschließlich *mechanistisch*“ war, sondern im antiken Griechenland.

> *Allerdings heißt materialistische Naturanschauung weiter nichts als einfache Auffassung der Natur so, wie sie sich gibt, ohne fremde Zutat, und daher verstand sie sich bei den griechischen Philosophen ursprünglich von selbst. Aber zwischen jenen alten Griechen und uns liegen mehr als zwei Jahrtausende wesentlich idealistischer Weltanschauung, und da ist die Rückkehr auch zum Selbstverständlichen schwerer, als es auf den ersten Blick scheint.*[910]

Das Versäumnis, die tieferen philosophischen Wurzeln des Materialismus zu erkennen, die bei Marx wie auch bei Engels zu finden sind, hatte bedeutende Folgen für das spätere marxistische Denken (nach Engels), das allzu oft mechanistischen Vorstellungen und einer zu simplen Widerspiegelungs- (oder Korrespondenz-)Theorie des Wissens anheimfiel; selbst dann, wenn es angeblich eine dialektische Perspektive betonte, die sowohl Mechanismus als auch Idealismus zurückzuweisen meinte. Folglich fabrizierten Theoretiker*innen wie Plechanow einige der schlimmsten Formen des marxistischen Positivismus. Lenins Materialismus (besonders in seinem *Philosophischen Nachlass*) war philosophisch anspruchsvoller, jedoch in denselben Schwierigkeiten gefangen, was ernsthafte Probleme für die Entwicklung des dialektischen Materialismus mit sich brachte. In den 1920er-Jahren wurde der positivistische Einfluss im Marxismus immer offensichtlicher, was eine Revolte der westlichen Marxist*innen wie Lukács, Korsch oder Gramsci hervorrief. Wenn aber diese Denker*innen und die an sie anschließende Frankfurter Schule sich gegen das Eindringen des Positivismus in den Marxismus wehrten, so zahlten sie dafür, wie

Materialismus, das heißt den Materialismus Epikurs und Lukrez'. Vgl. Georgi Plekhanov, *Selected Philosophical Works*, Bd. 1, Moscow: Progress Publishers, 1974, S. 482-94.

910 Engels, *Dialektik der Natur*, S. 469; Friedrich Engels, *Ludwig Feuerbach and the Outcome of Classical German Philosophy*, New York: International Publishers, 1941, S. 68. [Anm. d. Übers.: In der MEW-Ausgabe des *Ludwig Feuerbach* wurde die betreffende Passage nicht abgedruckt, sie ist aber zu finden in der *Dialektik der Natur*, S. 469.]

E. P. Thompson hervorhob, „einen sehr hohen Preis", indem sie den Weg zu „einer modischen marxistischen Erkenntnistheorie, die in einer idealistischen theoretischen Praxis festsaß" ebneten. Dies stellte einen „schwerwiegenden Rückschritt" dar, nicht nur im Vergleich zu Marx und Engels, sondern auch zu jemandem wie Caudwell, der in seine Analyse sowohl eine materialistische Geschichtsauffassung, als auch eine realistische Betonung der natürlich-physikalischen Grundlagen der Existenz integrierte – die wiederum in einem Verständnis der notwendigen Verbindung von Natur und Gesellschaft wurzelte.[911]

Engels wurde, wie schon angemerkt, von den westlichen Marxist*innen sowohl dafür kritisiert, in seinem Materialismus mechanistisch und reduktionistisch zu sein, als auch für seinen Versuch, der Wissenschaft eine von Hegel hergeleitete idealistische Naturphilosophie überzustülpen.[912] Eine mögliche Interpretation wäre also, dass Engels sich zu stark auf Hegels *Philosophie der Natur* und *Logik* stützte und seiner ansonsten mechanischen Sicht des Universums eine entgeistigte Hegel'sche Dialektik aufsetzte.[913] Engels' unmittelbare Anwendung eines vereinfachten Begriffs von Dialektik, die diese auf drei allgemeine Gesetze reduziert, auf natürliche Phänomene scheint diese Annahme zu bestärken.

Eine solche Interpretation der Synthese, auf die Engels abzielte, ist jedoch aus unterschiedlichen Gründen unbefriedigend. Erstens aufgrund des Umfangs seiner Kritik an Hegel für dessen Idealismus und am mechanischen Materialismus für dessen Mechanismus; außerdem aufgrund seines klaren Festhaltens an Marx' praktischem Materialismus. Zweitens, wegen der sehr großen Bedeutung, die Engels Kants dritter Kritik zumaß, besonders der „Kritik der teleologischen Urteilskraft", von der er meinte, sie liefere nicht nur die Grundlage eines Verständnisses der Kritik des teleologischen Denkens, sondern auch eine dafür, wie diese mit dem Darwinismus integriert werden könnte.

911 E. P. Thompson, *Making History,* S. 98

912 Vgl. die exzellente Darstellung in Helena Sheehan, *Marxism and the Philosophy of Science*, Atlantic Highlands: Humanities Press, 1985, S. 53-64.

913 Das war eine vorläufige Bewertung, die ich vor Kurzem noch unterstützte, sie nun aber als viel zu einfach auffasse – als ein Resultat der ausführlichen Forschung, die ich für dieses Buch unternommen habe. Vgl. John Bellamy Foster, „Marx's Theory of Metabolic Rift", S. 399. Als ich diesen Artikel schrieb, folgte ich immer noch einer modifizierten Version des Lukács'schen Verbots einer „Dialektik der Natur" und schrieb dieses Verbot Marx selbst zu. Mittlerweile verstehe ich allerdings die Frage der Dialektik der Natur wieder als eine offene.

Drittens, und dies ist der wichtigste Grund, wegen seiner klaren Absicht, eine Dialektik der *Emergenz* zu entwickeln, in der Darwins Evolutionstheorie die entscheidende Rolle zukam. Für Engels (wie auch für Marx) war eine materialistische und dialektische Naturauffassung nicht nur möglich, sondern war für die natürliche Welt zu einem großen Teil schon in Darwins *Entstehung der Arten* vorgegeben.

Die Schwierigkeit bei der Lektüre von Engels' unvollendeter *Dialektik der Natur* besteht darin, dass in ihr eine ungelöste Spannung besteht, die ihren unvollendeten Charakter widerspiegelt und mehr als nur eine Interpretation erlaubt: eine starke Dialektik der Natur und eine schwache Dialektik der Natur. Engels schreibt manchmal so, als sei die Dialektik eine ontologische Eigenschaft der Natur an sich, an anderen Stellen scheint er dem vertretbareren, kritischen Postulat anzuhängen, dass die Vorstellung einer Dialektik der Natur eine notwendige heuristische Annahme für die Menschen sei, um Natur überhaupt erst begreifbar zu machen. Tatsächlich müssen sich diese beiden Aspekte nicht notwendigerweise gegenseitig ausschließen. Wie Hegel schrieb: „das Ganze ist das Wahre." Aber er fügte sofort hinzu, dass es folglich nur in seinem „Werden" begriffen werden könne.[914] Daher können wir die Vernunft (oder die Welt) nur im Kontext ihres Entstehens erkennen. Marx selbst übernahm von Epikur die materialistische Auffassung, dass wir die Natur durch unsere Sinne nur wahrnehmen, insofern sie „vergeht", das heißt in einem zeitlichen Prozess. Daher ist „die freie Bewegung im Stoff" Teil unserer Erkenntnis, insofern wir Teil der Natur sind und diese sinnlich wahrnehmen und sie ist in Übereinstimmung mit den Begriffen, die wir von dieser sinnlichen Wahrnehmung abstrahieren. Dialektisches Denken kann also als ein notwendiges Element unseres Erkenntnisvermögens begriffen werden, das sich aus dem *entstehenden, vergänglichen* Charakter der Realität ergibt, wie wir sie wahrnehmen. Die „freie Bewegung im Stoff", schrieb Marx, „[ist] nichts andres als Paraphrase für die *Methode*, den Stoff zu behandeln – nämlich die *dialektische Methode*."[915] Die dialektische Methode stellt also eine radikalere Alternative zu Kants Argument in seiner dritten Kritik dar, dass die Teleologie zwar nicht auf der Grundlage

914 G.W.F. Hegel, *Phänomenologie des Geistes*, Werke Bd. 3, Frankfurt/M.: Suhrkamp, 1986, S. 24.

915 Marx, *Doktordissertation*, S. 296; Marx, „Brief an Ludwig Kugelmann vom 27. Juni 1870", in: MEW Bd. 32, Berlin: Dietz Verlag, 1974, S. 685-686, hier: S. 686.

der reinen Vernunft verteidigt werden könne, es aber dennoch notwendig sei, teleologische (das heißt zweckmäßige) Beschreibungen für heuristische Zwecke anzunehmen, *um Natur überhaupt beschreiben zu können*. Das dialektische Denken, die *Logik der Emergenz*, spielt also für unser Erkenntnisvermögen dieselbe notwendige heuristische Rolle, die die Teleologie für Kant spielte. Im Falle von Marx und Engels sind aber die Gründe dafür selbst materiell, in einer *materialistischen Ontologie der Emergenz* gegründet – und zwar eine, die auch menschliche Wesen umfasst. Die stoffliche Welt, wie sie uns gegeben ist, die Welt der objektiven Erscheinungen, ist, so glaubte Marx, nichts als „verkörperte Zeit": *mors immortalis*.[916]

Geht man von der Tatsache aus, dass eine immanente materialistische Dialektik dieser Art von Marx (und auch Engels) als eine Alternative – sowohl zur Teleologie als auch zum Mechanismus – aufgefasst wurde, sollte es nicht überraschen, dass Engels in seinem evolutionär-ökologischen Verständnis, das auf Darwin zurückgeht, die anspruchsvollste Version seines eigenen dialektischen *Naturalismus* liefert.

In diesem Rahmen sehen wir sein komplexes Verständnis der Evolution, in welchem die „Darwinsche Theorie" nachgewiesen werden sollte, „als die praktische Beweisführung der Hegelschen Darstellung des innern Zusammenhangs von Notwendigkeit und Zufälligkeit."[917] Folglich sind „*hard and fast lines* [starre und feste Linien]", wie Engels meinte

> *mit der Entwicklungstheorie unverträglich – sogar die Grenzlinie zwischen Wirbeltieren und Wirbellosen schon nicht mehr fest, ebensowenig die zwischen Fischen und Amphibien, und die zwischen Vögeln und Reptilien verschwindet täglich mehr und mehr. [...] Die Dialektik, die ebenso keine hard and fast lines, kein unbedingtes allgültiges Entweder-Oder! kennt, die die fixen metaphysischen Unterschiede ineinander überführt und neben dem Entweder-Oder! ebenfalls das Sowohl dies - wie jenes! an richtiger Stelle kennt und die Gegensätze vermittelt,*

[916] Marx, *Doktordissertation*, S. 296; Lukrez, *Von der Natur*, 3.861-70, S. 171; Marx, *Das Elend der Philosophie*, S. 130.

[917] Engels, *Dialektik der Natur*, S. 563.

ist die einzige ihr [d.h. der Wissenschaft] in höchster Instanz angemeßne Denkmethode.[918]

In seinem Plan zur *Dialektik der Natur* hatte Engels angedeutet, dass die Diskussion der „Grenzen des Wissens" hinsichtlich der Biologie mit dem deutschen Wissenschaftler (Elektrophysiologen) Emil Du Bois-Reymond (1818-1896) zu beginnen hätte.[919] Dieser hatte in den 1870ern und 1880ern argumentiert, dass die Evolutionstheorie die Antwort auf den „Ursprung des Lebens" liefern könne – ein Weltmysterium, das nicht „transzendent", sondern „lösbar war" – gerade weil das Verhältnis des Lebens zur Materie eines der Emergenz ist. In dieser Hinsicht folgte Du Bois-Reymond einer Tradition, die bis auf Epikur zurückgeht (und sogar weiter zurück, zu Empedokles und Demokrit). Nach Engels' Ansicht war dies ein wesentlicher Teil der immanenten materialistischen Dialektik.[920] Die Philosophie der Emergenz war außerdem auch jenseits der bloßen organischen Chemie auf den Bereich des Anorganischen anwendbar, das heißt auf die Kosmogonie und die Kosmologie. „Engels' Position", schrieb Ted Benton (in seiner reiferen Einschätzung der Engels'schen Ökologie), „kann als eine erste Annäherung an die Auffassung der emergenten Eigenschaften verstanden werden, wonach diese als Resultat aufeinanderfolgender Stufen der Organisation von bewegter Materie entstehen."[921]

Solch eine dialektische Sicht, die sich auf die Emergenz konzentriert, war, laut Engels, dem „Determinismus" entgegengesetzt, den er mit dem französischen Materialismus verband und der versucht hatte, „mit der Zufälligkeit fertig zu werden [...], indem er sie überhaupt ableugnet."[922] Vielmehr gründet Notwendigkeit, wie Hegel lehrte (und Marx bei Epikur entdeckte) in Zufälligkeit (oder Kontingenz). Engels schrieb:

918 Ebd., S. 482.

919 Ebd., S. 307.

920 Thomas S. Hall, *Ideas of Life and Matter*, Bd. 2, S. 279.

921 Ted Benton, „Engels and the Politics of Nature", in: C. J. Arthur, *Engels Today. A Centenary Appreciation*, New York: St. Martin's Press, 1996, S. 88. In diesem Essay weicht Benton sehr radikal von seiner früheren Analyse von Engels' (und folglich implizit auch Marxens) Ökologie ab. Engels wird nicht mehr als ein bornierter „prometheischer" Denker verstanden, sondern vielmehr als dialektischer Realist, der sich ökologischer Schranken sehr genau bewusst war.

922 Engels, *Dialektik der Natur*, S. 487.

Darwin, in seinem epochemachenden Werk, geht aus von der breitesten vorgefundnen Grundlage der Zufälligkeit. Es sind grade die unendlichen zufälligen Verschiedenheiten der Individuen innerhalb der einzelnen Arten, Verschiedenheiten, die sich bis zur Durchbrechung des Artcharakters steigern und deren selbst nächste Ursachen nur in den wenigsten Fällen nachweisbar sind, die ihn zwingen, die bisherige Grundlage aller Gesetzmäßigkeit in der Biologie, den Artbegriff in seiner bisherigen metaphysischen Starrheit und Unveränderlichkeit, in Frage zu stellen. Aber ohne den Artbegriff war die ganze Wissenschaft nichts. Alle ihre Zweige hatten den Artbegriff als Grundlage nötig: Die Anatomie des Menschen und die vergleichende – die Embryologie, die Zoologie, Paläontologie, Botanik etc., was waren sie ohne den Artbegriff? Alle ihre Resultate waren nicht nur in Frage gestellt, sondern direkt aufgehoben. Die Zufälligkeit wirft die Notwendigkeit, wie sie bisher aufgefaßt, über den Haufen. Die bisherige Vorstellung von der Notwendigkeit versagt. Sie beizubehalten heißt, die sich selbst und der Wirklichkeit widersprechende Willkürbestimmung des Menschen der Natur als Gesetz aufzudiktieren, heißt damit alle innere Notwendigkeit in der lebenden Natur leugnen, heißt das chaotische Reich des Zufalls allgemein als einziges Gesetz der lebenden Natur proklamieren.[923]

Die Tatsache, dass Darwin bei der Zufälligkeit begonnen hatte, änderte nichts daran, dass die Evolution eine Notwendigkeit erzeugte, die mit emergenten Entwicklungen kompatibel ist. „[J]eder Fortschritt in der organischen Entwicklung“, schrieb Engels, ist „zugleich ein Rückschritt, indem er *einseitige* Entwicklung fixiert, die Möglichkeit der Entwicklung in vielen andern Richtungen ausschließt.“[924] Diese evolutionäre Entwicklung, so Engels, müsse sowohl vom Standpunkt des „harmonische[n] Zusammenwirken[s] der organischen Natur“[925] wie in den Theorien des Stoffwechsels, als auch hinsichtlich des Kampfes ums Dasein innerhalb der Natur verstanden werden. Diese beiden Elemente zusammengenommen schufen, wie Marx begriffen hatte, die Möglichkeiten von „Risse[n]“ in der Natur, insbesondere mit dem

923 Engels, *Dialektik der Natur*, S. 489-90.

924 Ebd., S. 564.

925 Ebd.

Wachstum der menschlichen Ökologie.Es war dieser komplexe dialektische Naturalismus, in dem die Natur als „die Probe auf die Dialektik“[926] verstanden wurde, der für die Fülle an brillanten ökologischen Einsichten, die Engels späteres Denken prägten, verantwortlich ist. Die Darwin'sche Revolution und die Entdeckung der Vorgeschichte, so argumentierte er, ermöglichten zum ersten Mal die Analyse der „Vorgeschichte des Menschengeistes, für die Verfolgung seiner verschiednen Entwicklungsstufen vom einfachen strukturlosen, aber Reize empfindenden Protoplasma der niedrigsten Organismen bis zum denkenden Menschenhirn. Ohne diese Vorgeschichte aber bleibt das Dasein des denkenden Menschenhirns ein Wunder.“[927] Man konnte nun die Evolution des Menschen von seinen Vorfahren, den Primaten, aus der Arbeit heraus erklären, das heißt aus den Bedingungen der menschlichen Subsistenz und ihrer Transformation durch die Herstellung von Werkzeugen; schlicht deshalb, weil Menschen auf dieser Ebene mit der Natur interagierten, und zwar als wirkliche, materielle, tätige Wesen, die essen, atmen und ums Überleben kämpfen müssen. In diesem Sinne entwickelte Engels seine eigenständige Theorie der Gen-Kultur-Koevolution, der zufolge die Entwicklung der menschlichen Spezies in der Vorgeschichte – der aufrechte Gang, die menschliche Hand und schließlich das menschliche Gehirn – als dialektisch aus dem materiellen Arbeitsprozess entstehend verstanden werden kann. Im Zuge dieses stofflichen Arbeitsprozesses befriedigten die Menschen ihre Lebensbedürfnisse durch die Transformation ihres Verhältnisses zur Natur, durch Werkzeugbau und Produktion.

Von dem Moment an, in dem die Menschen zu *produzieren* begannen, beginnt die menschliche Geschichte, die sich von der Geschichte der Tiere unterscheidet – obwohl es auch hier keine absoluten Unterschiede gibt. Auch Tiere verhalten sich auf eine koevolutionäre Weise zur natürlichen Welt, verändern ihre Umwelt und sind von ihr affiziert.

> *Wir sahen, wie die Ziegen die Wiederbewaldung von Griechenland verhindern; in Sankt Helena haben die von den ersten Anseglern ans Land gesetzten Ziegen und Schweine es fertiggebracht, die alte Vegetation der Insel fast ganz auszurotten, und*

[926] Engels, *Anti-Dühring,* S. 21.

[927] Engels, *Dialektik der Natur,* S. 468.

so den Boden bereitet, auf dem die von späteren Schiffern und Kolonisten zugeführten Pflanzen sich ausbreiten konnten. Aber wenn die Tiere eine dauernde Einwirkung auf ihre Umgebung ausüben, so geschieht dies unabsichtlich und ist, für diese Tiere selbst, etwas Zufälliges.[928]

Tiere können in manchen Fällen die Antworten auf ihre Umwelt planen, dennoch: „Aber alle planmäßige Aktion aller Tiere hat es nicht fertiggebracht, der Erde den Stempel ihres Willens aufzudrücken. Dazu gehörte der Mensch."[929]

Aber die Fähigkeit des Menschen, der Natur seinen Stempel aufzudrücken, wird jedoch durch die fortwährende Abhängigkeit der Menschen von einem natürlichen System begrenzt, dessen Teil er ist.

Folglich stößt die menschliche Geschichte, laut Engels, immer wieder auf ökologische Probleme, die die Widersprüche im menschlichen Naturverhältnis darstellen; Widersprüche, die nur durch ein vernünftiges Verhältnis zur Natur angegangen werden können, das heißt, durch das Verständnis der Gesetze der Natur und folglich einer adäquat organisierten Produktion:

Schmeicheln wir uns indes nicht zu sehr mit unsern menschlichen Siegen über die Natur. Für jeden solchen Sieg rächt sie sich an uns. Jeder hat in erster Linie zwar die Folgen, auf die wir gerechnet, aber in zweiter und dritter Linie hat er ganz andre, unvorhergesehene Wirkungen, die nur zu oft jene ersten Folgen wieder aufheben. Die Leute, die in Mesopotamien, Griechenland, Kleinasien und anderswo die Wälder ausrotteten, um urbares Land zu gewinnen, träumten nicht, daß sie damit den Grund zur jetzigen Verödung jener Länder legten, indem sie ihnen mit den Wäldern die Ansammlungszentren und Behälter

[928] Ebd., S. 451.

[929] Ebd., S. 452. Engels betonte bewusst die Ähnlichkeiten von Menschen und Tieren, sogar bei geistigen Fähigkeiten bis hin zur Fähigkeit zur Vernunft, konzentrierte sich jedoch auf den qualitativen Wandel, der von der spezifisch menschlichen Arbeitsorganisation herrührt, die eine zentrale Rolle bei der menschlichen Evolution gespielt hatte. Diese nicht-anthropozentrische Perspektive, die den Tieren Emotionen und Vernunft zuschrieb, war im 19. Jh. äußerst unbeliebt – solche Sichtweisen wurden oft als Anthropomorphismen kritisiert. Dennoch war dies der allgemeine Standpunkt, den auch Darwin einnahm. Vgl. Charles Darwin, *Der Ausdruck der Gemüthsbewegungen bei dem Menschen und den Thieren*, Stuttgart: Schweizerbart, 1874.

der Feuchtigkeit entzogen. Die Italiener der Alpen, als sie die am Nordabhang des Gebirgs so sorgsam gehegten Tannenwälder am Südabhang vernutzten, ahnten nicht, daß sie damit der Sennwirtschaft auf ihrem Gebiet die Wurzel abgruben; sie ahnten noch weniger, daß sie dadurch ihren Bergquellen für den größten Teil des Jahrs das Wasser entzogen, damit diese zur Regenzeit um so wütendere Flutströme über die Ebene ergießen könnten. [...] Und so werden wir bei jedem Schritt daran erinnert, daß wir keineswegs die Natur beherrschen, wie ein Eroberer ein fremdes Volk beherrscht, wie jemand, der außer der Natur steht – sondern daß wir mit Fleisch und Blut und Hirn ihr angehören und mitten in ihr stehn, und daß unsre ganze Herrschaft über sie darin besteht, im Vorzug vor allen andern Geschöpfen ihre Gesetze erkennen und richtig anwenden zu können.[930]

Marxismus und Ökologie nach Engels

Es wird oft behauptet, dass der Marxismus nach Marx und Engels, zumindest vor den 1970er Jahren, sehr wenig zu einer ökologischen Analyse beigetragen habe und dass, welches Vermächtnis die Gründer des historischen Materialismus in diesem Bereich auch immer hinterlassen haben mögen, sie keinen Einfluss auf die nächsten Generationen marxistischer Theoretiker*innen ausübten. Tatsächlich war jedoch Marx' ökologische Kritik, zusammen mit der von Engels, gut bekannt (obwohl die philosophischen Grundlagen ihrer Ansichten etwas verdeckter waren) und hatte unmittelbare Auswirkungen auf den Marxismus, der sich in den Jahrzehnten nach Marx' Tod herausgebildet und entwickelt hatte. Diese Kritik der Ökologie wurde erst später verworfen, besonders in der Sowjetunion unter Stalin, als die Expansion der Produktion um der Produktion willen zum vorrangigen Ziel der sowjetischen Gesellschaft erklärt wurde. Dies lässt sich im Hinblick auf zwei bedeutende Themen verstehen, die sich aus Marx' (und Engels') ökologischer Kritik ergeben: zum einen der mit

930 Engels, *Dialektik der Natur*, S. 452-453. In seiner reifen Auseinandersetzung in „Engels and the Politics of Nature" gibt Ted Benton zu, dass diese Aussage von Engels dem „unqualifizierten Prometheismus, der Marx und Engels manchmal zugeschrieben wird", widerspricht. Benton, „Engels and the Politics of Nature", S. 77-8, 92.

Liebig verbundene Begriff der nachhaltigen Entwicklung und die von Darwin stammende koevolutionäre Analyse.

Schon zu Engels' Lebzeiten konnte man bereits die enge Verbindung von Marx' Überlegungen zum Kommunismus und zur ökologischen Nachhaltigkeit in den utopisch-marxistischen Entwürfen von William Morris erkennen. Morris las *Das Kapital* erstmals 1883, dem Todesjahr von Marx, und erklärte sich zur selben Zeit öffentlich zum Sozialisten. Zusätzlich zu seinem Argument über die Ausbreitung der Bevölkerung zur Überwindung des Antagonismus von Stadt und Land und zu seiner Verteidigung der Wildnis (vgl. Kapitel 6), erinnert man sich (in der Umweltanalyse) an ihn vor allem wegen seiner Betonung der Produktion nur für die Kunst und den Gebrauch – und nicht für den Profit.[931]

Morris war von der Verschmutzung in den Städten und der giftigen Umwelt, in der Industriearbeiter*innen zu arbeiten gezwungen waren, alarmiert. So schrieb er 1886 im *Commonweal* [dt.: Das Allgemeinwohl]:

> *Ein Fall von Bleiweißvergiftung, über den diese Woche in der Presse berichtet wurde, verdient ein wenig Aufmerksamkeit von den Arbeitenden im Allgemeinen. Entkleidet man diese Nachricht vom Geschwätz, dann läuft sie darauf hinaus, dass ein Mann getötet wurde, da er gezwungen worden war, an einem Ort zu arbeiten, in dem Bleiweiß umherflog und keine Vorsichtsmaßnahmen getroffen wurden, um seinen schnellen Tod zu verhindern. Ein zusätzlicher Shilling in der Woche, die dem armen Mann zugestanden wurde, ist eine stattliche Summe für den Ermordeten als Kompensation für den Mord an ihm. Es ist ganz unmöglich, dass der Arbeitgeber nicht von dem Risiko eines schnellen Todes und der Gewissheit, dass er früher oder später vergiftet werden würde, wusste, und dennoch war alles, was die Geschworenen über diese Sache zu sagen wagten, „eine Hoffnung auszudrücken, dass Herr Lakeman (der Fabriksaufseher) dem Innenministerium über diesen Fall Aufklärung verschaffen möge, um die Notwendigkeit zusätzlicher Sicherheitsmaßnahmen für die Menschen, die in Mischfabriken arbeiten, vorzuführen.“*

---

931 Für eine Auseinandersetzung mit Morris' Argument über die Produktion für den Gebrauch kontra die Produktion für den Profit, vgl. Foster, *The Vulnerable Planet*, S. 67-68.

> *Des Weiteren ist dies jedoch nur ein übertriebenes Beispiel der Art und Weise, wie mit den Leben der arbeitenden Bevölkerung gespielt wird. In der gegenwärtigen Situation ist fast die ganze Arbeit, die den „unteren Klassen“ von der Zivilisation aufgebürdet wird, ungesund; das heißt, dass die Leben der Menschen durch diese verkürzt werden. Und dennoch – da wir nicht sehen, wie den Menschen vor unseren Augen die Kehlen aufgeschlitzt werden, denken wir uns nichts dabei.*[932]

In „A Factory as It Might Be“ [dt.: Eine Fabrik, wie sie sein könnte] stellte sich Morris einen Sozialismus vor, in dem sich die Fabriken inmitten von Gärten befänden, die durch die freiwillige Arbeit der Arbeiter*innen bestellt werden würden:

> *„Unmöglich“, höre ich einen Antisozialisten sagen. Mein Freund, erinnere dich bitte, dass heute die meisten Fabriken große und schöne Gärten unterhalten und nicht selten Parks und viele Hektar große Wälder. Mit den dazugehörigen hochbezahlten schottischen Berufsgärtnern, Forstaufsehern, Gutsverwaltern, Wildhütern und derlei Leuten wird das Ganze auf die verschwenderischste Weise verwaltet. Nur die besagten Gärten, etc., sind, sagen wir mal zwanzig Meilen von der Fabrik entfernt, außerhalb des Rauches und werden allein für ein Mitglied der Fabrik erhalten, und zwar für den stillen Teilhaber, der möglicherweise diesen Anteil verdoppeln kann, indem er die Arbeit organisiert (für seinen eigenen Profit) – in dem Fall erhält er eine absurd unverhältnismäßige zusätzliche Bezahlung.*[933]

Solch eine Fabrik der Zukunft, schlug Morris vor, „darf keinen schmutzigen Abfall machen, kein Wasser verschmutzen, noch die Luft mit Rauch vergiften. Ich muss darüber nicht mehr sagen, als dass nichts einfacher ist als das, wenn man vom ‚Profit‘ absieht.“[934]

Die *Socialist League*, an deren Gründung Morris gemeinsam mit Eleanor Marx beteiligt war, bildete, was die Ökologie betraf, den Schwerpunkt seiner Aktivitäten; sie war jedoch nur von kurzer Dauer und wurde von mechanistischeren, reformistischeren und nicht-ökologischen Varianten des britischen Sozialismus abgelöst.

---

932 William Morris, „Notes on Passing Events“, *Commonweal*, Bd. 2, Nr. 37 (23. Oktober 1886), S. 122.

933 William Morris, *Selected Writings*, New York: Random House, 1934, S. 647.

934 Ebd., S. 648.

Aber nicht nur ein utopischer Marxist wie Morris sollte an die ökologischen Komponenten von Marx' Denken anknüpfen (wie zum Beispiel die Notwendigkeit, die Widersprüche zwischen Gebrauchswert und Tauschwert oder zwischen Stadt und Land zu überwinden), sondern auch die Hauptlinie der marxistischen Tradition, repräsentiert von Denker*innen wie Bebel, Kautsky, Lenin, Luxemburg und Bucharin.

August Bebels *Die Frau und der Sozialismus*, erstmals 1879 veröffentlicht und dann 1884 in einer erweiterten Ausgabe wieder aufgelegt, war eines der wichtigsten Frühwerke der deutschen Sozialdemokratie und des deutschen Marxismus. Tatsächlich war Bebel (1840-1913), ein enger Vertrauter von Marx und Engels, auch einer der *politischen Gründer* der deutschen Sozialdemokratie. Bebels *Frau*, wie das Buch genannt wurde, war seine einflussreichste theoretische Arbeit. Bekannt wurde es hauptsächlich für seine Kritik der Ausbeutung von Frauen und der zentralen Bedeutung, die er der Frauenemanzipation für die Zukunft des Sozialismus zumaß. Bebels Erörterung der Perspektiven für den Aufbau des Sozialismus beinhaltete jedoch auch Aspekte von Marx' Analyse der ökologischen Krise des Bodens in der kapitalistischen Gesellschaft und der Notwendigkeit, dieser Krise durch einen rationalen Umbau der Produktion im Sozialismus Abhilfe zu verschaffen. Gleichzeitig verfasste er eine ausführliche Kritik der Malthus'schen Überbevölkerungstheorie. Sein Werk enthielt damit wichtige Elemente ökologischen Denkens. „Der unsinnigen, auf Profit berechneten Waldverwüstung", schrieb er,

> *soll eine Abnahme der Bodenfruchtbarkeit in den Provinzen Preußen und Pommern, in Kärnten und Steiermark, Italien, Spanien, Frankreich, Rußland, usw. geschuldet sein. Die Folgen der Waldverwüstung in den Gebirgen sind häufige Überschwemmungen. Die Rhein-, Oder- und Weichselüberschwemmungen werden hauptsächlich den Walddevastierungen in der Schweiz, respektive in Galizien und Polen zugeschrieben.*[935]

[935] August Bebel, *Die Frau und der Sozialismus*, Bonn: J.H.W. Dietz, 1979, S. 336.

Indem er an Liebigs (und Marx') Analyse der Notwendigkeit anknüpfte, die dem Boden entnommenen Nährstoffe diesem wieder zuzuführen, schrieb Bebel:

> *Dünger ist für den Boden, was für den Menschen die Nahrung und zwar ist für den Boden ebensowenig jeder Dünger gleichwertig, wir für den Menschen jede Nahrung gleich nahrhaft ist. Es müssen dem Boden genau diejenigen chemischen Bestandteile zugeführt werden, die er durch die Entnahme einer Ernte eingebüßt hat, und es müssen ihm solche chemischen Bestandteile in verstärktem Quantum zugeführt werden, die der Anbau einer bestimmten Pflanzengattung vorzugsweise erfordert. [...] Nun enthalten die tierischen und menschlichen Abfallstoffe die chemischen Bestandteile, die für die Wiedererzeugung menschlicher Nahrung geeignet sind. Es muß also die vollkommenste Gewinnung und zweckmäßigste Verteilung derselben zu erlangen gesucht werden. Darin wird gegenwärtig sehr viel gesündigt. Besonders sind es die Städte und Industrieorte, die massenhaft Nahrungsmengen zugeführt erhalten, aber die kostbarsten Auswurf- und Abfallstoffe nur zum allergeringsten Teile dem Boden wieder zuführen. Die Folge ist, daß die von Städten und Industrieorten entfernter gelegenen Güter, die jährlich den größten Teil ihrer Produkte in dieselben führen, empfindlich an Dungstoffen Mangel leiden – denn oftmals genügen die Dungstoffe des auf den Gütern vorhandenen Menschen- und Viehbestandes nicht, weil dieser Bestand nur einen Teil der Bodenernte konsumiert – und so griffe ein Raubsystem Platz, das den Boden entkräftete und die Ernten vermindert, würde nicht durch Zufuhr künstlichen Düngers ersetzt, was an natürlichem fehlt. Alle Länder, die Bodenprodukte ausführen, aber keine Dungstoffe zurückerhalten, gehen früher oder später notwendig an Bodenverarmung zugrunde, so Ungarn, Rußland, die Donaufürstentümer, * Amerika. Künstliche Dungstoffe, besonders Guano, ersetzen zwar den thierischen und menschlichen Dünger, aber viele Landbauer können ihn in genügenden Mengen nicht anschaffen, weil er theuer ist, und auf alle Fälle ist es die verkehrte Welt, Dünger tausende von Meilen*

herbeizutransportieren, während man ihn in der allernächsten Nähe zu Grunde gehen läßt.[936]

Karl Kautskys bahnbrechendes Werk *Die Agrarfrage* (1899) entwickelte diese Themen systematischer. Es beinhaltet einen Abschnitt über „Die Ausbeutung des Landes durch die Stadt", in dem er argumentiert, dass dem Wertabfluss vom Land in die Stadt

> *ein stets steigender Abfluß von Nährstoffen in der Form von Korn, Fleisch, Milch, usw. [entspricht], die der Landwirth verkaufen muß, um Steuern, Schuldenzinsen und Pachtzinsen zu bezahlen. [...] Aber so wenig dieser Abfluß vom Standpunkt des Werthgesetzes eine Ausbeutung der Landwirtschaft bedeutet, so führt er doch thatsächlich [...] zu ihrer stofflichen Ausbeutung, zu einer Verarmung des Grund und Bodens an Nährstoffen.*[937]

Kautsky schrieb zu einer Zeit, in der die Düngemittelindustrie im Vergleich zu Marx' Zeiten weit fortgeschritten war und legte eine Kritik des Teufelskreises der Zufuhr an künstlichem Mineraldünger dar, die von dem Riss im Stoffwechsel zwischen Mensch und Natur herrührte:

> *Hilfsdünger [...] ermöglichen es, der Verringerung der Bodenfruchtbarkeit vorzubeugen, aber die Nothwendigkeit, sie in steigendem Maße anzuwenden, bedeutet nur eine weitere unter den vielen Belastungen der Landwirthschaft, die keine Naturnothwendigkeiten sind, sondern aus den bestehenden sozialen Verhältnissen entspringen. Bei Aufhebung des Gegensatzes von Stadt und Land [...] würden die dem Boden entzogenen Stoffe ihm immer wieder zurückfließen können, und die Hilfsdünger hätten dann höchstens die Aufgabe, den Boden an gewissen Stoffen zu bereichern, nicht aber die, seiner Verarmung entgegenzuwirken. Jeder Fortschritt der Technik des Bodenanbaus*

---

936 Ebd., S. 390f. [Anm. d. Ü.: Der Teil nach dem Stern ist in der oben zitierten Ausgabe nicht mehr enthalten, sondern nur in älteren Ausgaben vor 1900. Hier zitiert nach August Bebel, *Die Frau und der Sozialismus (Die Frau in der Vergangenheit, Gegenwart und Zukunft.)*, Stuttgart: Dietz, 1891, S. 306-7.]

937 Karl Kautsky, *Die Agrarfrage*, S. 211.

bedeutete dann auch ohne Zufuhr von künstlichen Düngern eine Vermehrung des Gehalts an löslichen Nährstoffen im Boden.[938]

Kautsky folgte Marx' Thesen in seinen Grundzügen und folgerte: „Das Anwachsen der Großstädte und das Aufblühen der Industrie, das [...] zu steigender Aussaugung des Bodens führt, und in den wachsenden Kosten der Düngung, die dieser Aussaugung entgegenzuwirken hat, der Landwirthschaft stets wachsende Lasten auferlegt, bleibt dabei nicht stehen. Es raubt dieser auch ihre Arbeitskräfte" durch die „Entvölkerung des flachen Landes."[939]

Kautsky fuhr damit fort, sich mit dem steigenden Gebrauch von Pestiziden zu beschäftigen. Er schrieb die Zunahme von Pflanzenschädlingen dem Verschwinden von insektenfressenden Vögeln infolge der Ausweitung der Kultivierung zu, dem Ersetzen der natürlichen Auslese durch eine künstliche Auslese im Wachstum der Pflanzen (die tendenziell den Widerstand der Pflanzen gegenüber Krankheiten und Schädlingen verringert) und den Besonderheiten des „modernen Großbetriebs". Im Zuge dieses Prozesses werde zum Beispiel in der Forstwirtschaft die Zerstörung der Wälder vorangetrieben durch „die Verdrängung der langsam wachsenden Laubhölzer, durch die rasch wachsenden, schneller verwerthbaren Nadelhölzer". Folglich gesellten sich „[z]u den Kosten der Düngung [...] die der Seuchenbekämpfung."[940]

Ähnliche Bedenken wurden auch von Lenin geäußert. In *Die Agrarfrage und die „Marxkritiker"* (1901) schrieb er, dass

> *die Möglichkeit des Ersatzes natürlicher Düngemittel durch künstliche und die Tatsache dieses (partiellen) Ersatzes nicht im geringsten die Tatsache widerlegt, daß eine Verschleuderung natürlichen Düngers, wobei obendrein auch noch eine Verpestung der Flüsse und der Luft der Vorstädte und der Fabrikorte erfolgt, unrationell ist. In der Umgebung großer Städte gibt es auch jetzt Rieselfelder, die die städtischen Abwässer mit erheblichem Nutzen für den Ackerbau verwerten; jedoch wird bloß ein verschwindender Teil der Abwässer auf diese Weise nutzbar gemacht.*[941]

938 Ebd.

939 Ebd., S. 214.

940 Ebd., S. 213f.

941 W.I. Lenin, *Die Agrarfrage und die „Marxkritiker"*, Berlin: Dietz, 1954, S. 61.

Im Gefängnis im Mai 1917 zeigte auch Rosa Luxemburg Besorgnis auf diesem Gebiet. Sie schrieb ihrer Freundin Sophie (Sonja) Liebknecht, dass sie hauptsächlich „Naturwissenschaftliches“ studiere:

> *Pflanzengeographie und Tiergeographie. Gestern las ich gerade über die Ursache des Schwindens der Singvögel in Deutschland: es ist die zunehmende rationelle Forstkultur, Gartenkultur und der Ackerbau, die ihnen alle natürlichen Nist- und Nahrungsbedingungen: hohle Bäume, Ödland, Gestrüpp, welkes Laub auf dem Gartenboden – Schritt für Schritt vernichten. Mir war es so sehr weh, als ich das las. Nicht um den Gesang für die Menschen ist es mir, sondern das Bild des stillen unaufhaltsamen Untergangs dieser wehrlosen kleinen Geschöpfe schmerzt mich so, daß ich weinen mußte. Es erinnerte mich an ein russisches Buch von Prof. Sieber über den Untergang der Rothäute in Nordamerika, das ich noch in Zürich gelesen habe: sie werden genau so Schritt für Schritt durch die Kulturmenschen von ihrem Boden verdrängt und einem stillen grausamen Untergang preisgegeben.*[942]

Von allen frühen Anhänger*innen von Marx und Engels war es jedoch Bucharin, der am weitesten darin ging, Marx' Begriff des Stoffwechselverhältnisses zwischen Mensch und Natur zu operationalisieren – zumindest auf einer allgemeinen Ebene. „Dieser materielle Prozeß des ‚Stoffwechsels' zwischen der Natur und der Gesellschaft“, schrieb Bucharin in der *Theorie des Historischen Materialismus,*

> *bildet auch das Grundverhältniß zwischen dem Milieu und dem System, zwischen den ‚äußeren Verhältnissen in der menschlichen Gesellschaft'. […] Der ‚Stoffwechsel' zwischen dem Menschen und der Natur besteht, wie wir gesehen haben, im Umpumpen der materiellen Energie aus der Natur in die Gesellschaft […] Der Prozeß des Stoffwechsels zwischen der Gesellschaft und der Natur ist also ein Prozeß der gesellschaftlichen Reproduktion. In diesem Prozeß verausgabt die Gesellschaft ihre menschliche Arbeitsenergie und empfängt eine*

[942] Rosa Luxemburg, „Brief an Sophie Liebknecht vom 2. Mai 1917“, in: dies., *Gesammelte Briefe,* Bd. 5, Berlin: Dietz Verlag, 1984, S. 229.

bestimmte Menge angeeigneter Naturenergie (‚Naturstoff', wie sich Marx ausdrückte). Es ist offensichtlich, daß von entscheidender Bedeutung für die Entwicklung der ganzen Gesellschaft jene Bilanz ist, die dabei entsteht. Überwiegt die Einnahme die Ausgabe? Wenn ja, um wieviel? Es ist klar, daß vom Grade dieses Überwiegens sehr viel abhängt.[943]

Für Bucharin war die Technologie die wichtigste vermittelnde Kraft dieses Stoffwechsels. Der gesellschaftliche Stoffwechsel mit der Natur sei daher ein „bewegliches Gleichgewicht", das von einem gesellschaftlichen Standpunkt aus sowohl fortschrittlich als auch rückschrittlich sein könne. „[D]ie Produktivität der gesellschaftlichen Arbeit", schrieb er, drücke „ganz genau die ganze ‚Bilanz' zwischen Gesellschaft und Natur"[944] aus. Ein Anstieg der gesellschaftlichen Produktivität, der von diesem Wechselverhältnis herrührt, wurde von ihm als eine fortschrittliche Entwicklung angesehen. Umgekehrt bedeutete ein Rückgang in der gesellschaftlichen Produktivität aufgrund eines schlecht angepassten Stoffwechselverhältnisses – hier nannte Bucharin die „Erschöpfung des Bodens" als einen möglichen Grund solch eines Rückgangs –, dass das Verhältnis ein rückschrittliches war. Er argumentierte, ein solcher Rückgang die Gesellschaft könne in die „Barbarei" führen.[945]

Der ganze „Prozess der gesellschaftlichen Produktion", betonte er, „ist eine Anpassung der menschlichen Gesellschaft an die äußre Natur."[946] Folglich „wäre [es] natürlich dumm, wollte man die Natur teleologisch deuten, als wäre der Mensch der Herr der Natur, die Natur an ihn und Alles an die menschlichen Bedürfnisse angepasst."[947] Vielmehr seien die Menschen in einen permanenten aktiven Kampf um Anpassung verwickelt: „Der Mensch als Tierart und die menschliche Gesellschaft selbst sind jedoch Produkte der Natur, ein Teil dieses gewaltigen unendlichen Ganzen. Der Mensch wird niemals imstande sein, aus der Natur hinauszuspringen. Und selbst dann, wenn der Mensch die Natur besiegt, tut er nichts mehr, als daß er die Gesetze der *Natur* zu seinen Zwecken

943 Bucharin, *Theorie des Historischen Materialismus*, S. 117-122.

944 Ebd., S. 124.

945 Ebd., S. 123.

946 Ebd., S. 120.

947 Ebd., S. 112.

ausnützt."[948] Bucharin betonte, „daß jedwedes System und somit auch die menschliche Gesellschaft nicht im luftleeren Raum existiert und auch nicht in der Luft hängt: sie ist von einem ‚Milieu', ihrer Umwelt, umgeben, und davon, in welchem Verhältnis sie zu dieser Umwelt steht, hängt ja alles übrige ab. Ist die menschliche Gesellschaft an die Umwelt nicht angepaßt, so ist sie nicht von Bestand."[949] Zwar sei das menschliche Verhältnis zur Natur weniger unmittelbar als dasjenige anderer Arten, da es durch die Gesellschaft vermittelt ist, die wiederum die unmittelbare menschliche Umwelt ist. Aber die Gesellschaft hat die Natur zu ihrer Umwelt: „Für den Baum im Walde bilden das Milieu alle übrigen Bäume, die Bächlein, die Erde, die Farnkräuter, das Gras, das Gebüsch und alles übrige mit allen Eigenschaften. Für den Menschen ist das Milieu vor allem die menschliche Gesellschaft, in der er lebt; das Milieu der menschlichen Gesellschaft ist die Natur usw."[950] Tatsächlich müssen die Menschen als „in der Biosphäre lebend und arbeitend" gefasst werden, wie Bucharin 1931 auf der Londoner Konferenz zur Wissenschaftsgeschichte und nochmals 1937 in seinen *Philosophischen Arabesken* betonte.

Die sowjetische Ökologie in den 1920er Jahren war wohl die fortschrittlichste der Welt. Während die westlichen Modelle der Ökologie tendenziell immer noch dazu neigten, sich auf reduktionistische, lineare, teleologische und auf natürliche Sukzession abgestimmte Modelle zu stützen, leistete die sowjetische Ökologie bei der Entwicklung von dialektisch komplexen, dynamischen, holistischen und koevolutionären Modellen Pionierarbeit. Die zwei bedeutendsten russischen Ökologen der 1920er und 1930er Jahre waren Wladimir Iwanowitsch Wernadski (1863-1945) und Nikolai Iwanowitsch Wawilow (1887-1943). Wernadski erlangte sowohl für seine Analyse der Biosphäre, als auch als Begründer der Wissenschaft der Geochemie (oder Biogeochemie) internationale Bekanntheit. 1926 veröffentlichte Wernadski *Die Biosphäre*. Wie Lynn Margulis et al. im Vorwort zur englischen Übersetzung seines Buches schrieben, war er „der erste Mensch der Geschichte, der sich mit den wirklichen Implikationen der Tatsache auseinandersetzte, dass die Erde eine in sich geschlossene Sphäre ist." Erst in Folge von Wernadskis Arbeit über die Biosphäre mit seinem

---

[948] Ebd.

[949] Ebd., S. 94.

[950] Ebd., S. 77.

holistischen Zugang entwickelte sich schließlich eine wissenschaftliche Lösung für das Problem der Ursprünge des Lebens aus unbelebter Materie für die Wissenschaft (durch Diskussionen zwischen britischen und sowjetischen Wissenschaftler*innen).[951]

Noch enger als Wernadski der proletarischen Revolution verbunden war der brillante Pflanzengenetiker Wawilow, der der erste Präsident der Leninakademie für Agrarwissenschaften. Er ging, unterstützt durch den sowjetischen Staat, mit einer materialistischen Methode der Frage nach den Ursprüngen der Landwirtschaft nach. Es war Wawilow, der in den 1920er Jahren feststellte, dass es eine Reihe von Zentren großer Genvielfalt bei Kulturpflanzen – die reichsten Keimplasmabanken, die Grundlage für alle menschliche Kultivierung – gab und dass diese „in den tropischen und subtropischen Bergregionen" der unterentwickelten Länder zu finden waren. Für Wawilow, der eine dialektische, koevolutionäre Perspektive vertrat, waren diese Zentren der pflanzengenetischen Vielfalt ein Produkt der menschlichen Kultur. Diese Vielfalt entstand in „sieben Hauptzentren", aus denen alle der wichtigen Kulturpflanzen stammen und in denen folglich die reichsten genetischen Bestände, das Produkt von Jahrtausenden der Kultivierung, zu finden sind. „Die hauptsächlichen Ursprungszentren der Kulturpflanzen", schrieb er, „sind sehr oft Speicher einer erstaunlichen Vielfalt an Arten."[952] Viele Jahre nach Wawilows Entdeckung kehren nun Wissenschaftler*innen vor allem aus dem Westen zu diesen genetischen „Reservoirs" (wie Mexiko, Peru, Äthiopien, Türkei und Tibet) zurück, um neues Keimplasma für die Züchtung von Widerstandsfähigkeit bei kommerziellen Sorten zu finden. Heute findet ein internationaler Kampf über die Kontrolle dieser genetischen Ressourcen zwischen Ländern der Peripherie (wo sich diese Quellen des Keimplasmas finden) und dem Zentrum des kapitalistischen Systems statt.[953]

Andere, mit Bucharin verbundene sowjetische Wissenschaftler*innen teilten seine Ansicht der ökologischen Wurzeln der menschlichen Gesellschaft. In einem von Bucharin eingeleiteten

---

951 Lynn Margulis et al., „Foreword to the English-Language Edition", in: V. I. Vernadski, *The Biosphere*, New York: Copernicus, 1998, S. 15; Levins/Lewontin, *The Dialectical Biologist*, S. 47.

952 N. I. Vavilov, „The Problem of the Origin of the World's Agriculture in the Light of the Latest Investigations", in Bukharin et al., *Science at the Cross Road*, S. 97-106.

953 Foster, *The Vulnerable Planet*, S. 94-95.

Buch mit dem Titel *Marxism and Modern Thought* zitiert Wladimir L. Komarow ausführlich aus der langen Passage über die Illusion der menschlichen „Eroberung der Natur" aus Engels' *Dialektik der Natur* und hält fest, dass

> *der Privatbesitzer oder der Arbeitgeber keine Veränderung der Welt im Einklang mit der Natur schaffen kann, wie notwendig dies auch sein mag, da alles, worauf er abzielt, Profit und nur Profit ist. Dadurch, dass er eine Krise nach der anderen in der Industrie schafft, verwüstet er den natürlichen Reichtum in der Landwirtschaft und hinterlässt karge unfruchtbare Erde einerseits, bloße Felsen und steinige Hänge in Gebirgsregionen andererseits.*

Auf ähnliche Art und Weise legt Y. M. Uranowski in seiner Erörterung von Marxismus und Wissenschaft im selben Buch einen starken Fokus auf Marx' Forschungen zu Liebig und „zur Theorie der Erschöpfung des Bodens."[954]

Alle diese Beiträge zur Ökologie waren Produkte der frühen Sowjetära und der dialektischen, revolutionären Denkformen, die sie hervorbrachte. Die ultimative Tragödie des sowjetischen Verhältnisses zur Umwelt, das schließlich eine solche Form annehmen sollte, die als „Ökozid" bezeichnet wurde, trug dazu bei, die enorme Dynamik der frühen sowjetischen Ökologie in den 1920ern und die Rolle, die Lenin persönlich in der Förderung des Naturschutzes spielte, zu verschleiern.[955] Lenin war ein differenzierter Materialist, dessen Materialismus (besonders der im *Philosophischen Nachlass* entwickelte) dialektisch und nicht-reduktionistisch war. Er studierte Hegel und Hegels Analyse von Epikur sehr genau und verstand Epikurs Philosophie als Verkörperung „geniale[r] Vermutungen und Wegweiser für die Wissenschaft, nicht aber für das Pfaffentum".[956]

In seinen Schriften und politischen Stellungnahmen betonte Lenin, dass menschliche Arbeit nicht einfach die Naturkräfte ersetzen könne und dass eine „vernünftige Ausbeutung" der

954 Vgl. Nikolai Bukharin et al., *Marxism and Modern Thought*, New York: Harcourt, Brace, 1935, S. 147, 230-32.

955 Murray Fessback und Arthur Friendly, Jr., *Ecocide in the U.S.S.R*, New York: Basic Books, 1992; Foster, *The Vulnerable Planet*, S. 96-101.

956 Wladimir I. Lenin, *Aus dem Philosophischen Nachlass. Exzerpte und Randglossen*, Berlin: Dietz, 1961, S. 232.

Umwelt, oder die wissenschaftliche Verwaltung der natürlichen Ressourcen in Übereinstimmung mit den Prinzipien des Naturschutzes, wesentlich war. Als Führer des jungen sowjetischen Staates plädierte er für den „Erhalt der Naturmonumente." Er ernannte den engagierten Umweltschützer Anatoli Wassiljewitsch Lunatscharski zum Chef des Volkskommissariats für Bildungswesen (Aufklärung), das für den Naturschutz in ganz Sowjetrussland zuständig war.[957] Lenin hatte enormen Respekt vor Wernadski, auf den er sich in *Materialismus und Empiriokritizismus* positiv bezogen hatte. Auf Drängen Wernadskis und des Mineralogen E. A. Fersmans errichtete Lenin 1920 im südlichen Ural das erste Landschaftsschutzgebiet der Sowjetunion – das erste Reservat überhaupt, das von einer Regierung ausschließlich für die wissenschaftliche Untersuchung der Natur eingerichtet wurde. Unter dem Schutz Lenins erlebte die sowjetische Naturschutzbewegung in den 1920er Jahren eine Blütezeit, insbesondere während der Periode der Neuen Ökonomischen Politik (1921-1928).

Doch mit dem frühen Tod Lenins 1924 und dem darauffolgenden Triumph des Stalinismus wurden Umweltschützer*innen zunehmend als „bürgerlich" attackiert. Erschwerend kam hinzu, dass mit dem Aufstieg von Trofim Denissowitsch Lysenko zum Schiedsrichter der biologischen Wissenschaft „wissenschaftliche" Attacken auf die Ökologie und die Genetik lanciert wurden.[958] In den späten 1930er Jahren war die sowjetische Umweltschutzbewegung völlig dezimiert. Viele der ökologisch orientierten Denker*innen wurden eliminiert, darunter Bucharin, Wawilow und Uranowski. Als krönende Ironie des Schicksals sollten ökologische Faktoren schließlich eine wichtige Rolle beim rapiden Rückgang des sowjetischen Wirtschaftswachstums und dem Einsetzen der Stagnation in den 1970er Jahren spielen.[959]

---

957 Douglas Weiner, „The Changing Face of Soviet Conservation", in: Donald Worster (Hrsg.), *The Ends of the Earth*, New York: Cambridge University Press, 1998.

958 Für die komplexe Geschichte des Lyssenkoismus in der Sowjetunion vgl. Levins/Lewontin, *The Dialectical Biologist*, S. 163-96; Sheehan, *Marxism and the Philosophy of Science*, S. 220-228.

959 Vgl. Foster, *The Vulnerable Planet*, S. 96-101.

Caudwells Dialektik

Der westliche Marxismus, der sich in den 1920er Jahren als eigenständige Tradition herausgebildet hatte, zeichnete sich durch seinen unerbittlichen Kampf gegen den Positivismus in den Sozialwissenschaften aus. Dieser Kampf richtete unglücklicherweise einen großen Schaden an aufgrund der Tendenz, eine Kluft zwischen Natur und Gesellschaft zu schaffen, die in der Verleugnung all jener Aspekte der Existenz resultierte, die mit der Ökologie und der Koevolution von Mensch und Natur in Verbindung stehen. Daher übten sowohl Lukács als auch Gramsci scharfe Kritik an Bucharins *Theorie des Historischen Materialismus*. Für Lukács bestand Bucharins Schwäche in seiner „naturwissenschaftlichen Voreingenommenheit", welche ihn, wie zuvor Engels, dazu führe, „aus der Dialektik eine science zu machen."[960] Tatsächlich leite sich, so Lukács, die „sehr stark dem bürgerlichen – naturwissenschaftlichen – Materialismus angenäherte Theorie Bucharins"[961] davon ab, dass er „statt die Naturwissenschaften und ihre Methode einer geschichtsmaterialistischen Kritik zu unterwerfen, [...] ihre Methode unbesehen, unkritisch, unhistorisch und undialektisch auf die Erkenntnis der Gesellschaft anwendet."[962] Bucharins Anwendung der Dialektik auf die Natur ermögliche es dem Positivismus damit, in die Gesellschaftswissenschaften einzudringen.

Sowohl Bucharins *Theorie des Historischen Materialismus*, als auch seine spätere Einleitung zu *Science at the Cross Roads* (ein Vortrag, den er bei der Internationalen Konferenz für die Geschichte der Wissenschaft und Technik 1931 in London gehalten hatte) wurden von Gramsci in seinen *Gefängnisheften* kritisiert, in denen Bucharin überhaupt in vielerlei Hinsicht als Hauptzielscheibe herhalten musste. Gramsci wandte sich gegen jeden Versuch, „die Wissenschaft dem Leben zugrunde zu legen", womit die Tatsache geleugnet werden würde, dass die „Wissenschaft eine Superstruktur" sei. Solch eine Sichtweise lege nahe, dass die Philosophie der Praxis „philosophischer Stützen außerhalb ihrer

960 Georg Lukács, „N.Bucharin: Theorie des historischen Materialismus", in: ders., *Geschichte und Klassenbewußtsein*, Werke Band 2, Darmstadt: Luchterhand, 1977, S. 598-608, hier: S. 606.

961 Ebd., S. 600.

962 Ebd., S. 607-08.

selbst bedarf."[963] Nichtsdestotrotz war Gramsci weniger geneigt als Lukács, die Dialektik aus der Natur auszuschließen. In seiner Kritik an Lukács schrieb er:

> *Lukács (ich kenne seine Theorien sehr flüchtig) sagt, glaube ich, daß von Dialektik nur in Bezug auf die Geschichte der Menschen und nicht auf die Natur gesprochen werden kann. Er mag Unrecht haben, und er mag recht haben. Wenn seine Aussage einen Dualismus zwischen Mensch und Natur voraussetzt, hat er unrecht, weil er in eine Naturauffassung verfällt, wie sie der Religion und auch dem Idealismus eigen ist, der es in Wirklichkeit nicht gelingt, Mensch und Natur anders als verbal zusammenzubringen und miteinander in Beziehung zu setzen. Wenn jedoch die menschliche Geschichte auch Geschichte der Natur ist, über die Geschichte der Wissenschaft, wie kann dann die Dialektik von der Natur abgetrennt werden? Ich denke, daß Lukács, unzufrieden mit den Theorien des Gemeinverständlichen Lehrbuchs [Bucharins Theorie des Historischen Materialismus], in den entgegengesetzten Fehler verfallen ist: jede Konversion des historischen Materialismus zum und Identifikation mit dem Vulgärmaterialismus kann nur den entgegengesetzten Fehler herbeiführen, die Konversion des historischen Materialismus zum Idealismus oder geradenwegs zur Religion.*[964]

Wie Lukács vermochte jedoch auch Gramsci nicht, die offensichtlichen Stärken (wie auch die Schwächen) in Bucharins Analyse zu fassen. Die Stärken von Bucharins Ansatz leiteten sich nämlich von seinem Versuch her, die materialistische Geschichtsauffassung mit einer materialistischen Naturauffassung zu verbinden. Obwohl sich ein gewisser Mechanismus in Bucharins Analyse einschlich, die das „Gleichgewicht" zu einem ihrer zentralen Kategorien machte, war das oft tiefgreifende Verständnis ökologischer Verbindungen inklusive einer koevolutionären Perspektive ein zentraler Aspekt von Bucharins Synthese, der dann im Westlichen Marxismus verloren ging. Die Frankfurter Schule, die in dieser Hinsicht Lukács folgte, entwickelte eine „ökologische" Kritik, die in ihrer Form fast gänzlich kulturalistisch war, der jegliches Verständnis einer

963 Antonio Gramsci, *Gefängnishefte*, Bd. 6, Hamburg: Argument Verlag, 2012, S. 1448.

964 Antonio Gramsci, *Gefängnishefte*, Bd. 3, Hamburg: Argument Verlag, 2012, S. 508.

ökologischen Wissenschaft (oder auch nur eines ökologischen Inhalts) fehlte und die die Entfremdung des Menschen von der Natur allgemein der Wissenschaft und der Aufklärung zuschrieb – eine Analyse, die eher von der Romantik und von Webers Kritik der Rationalisierung und der „Entzauberung“ der Welt herrührte, als von Marx.[965] In dieser Perspektive wird die Entfremdung nur einseitig gefasst: als die Entfremdung der Idee von der Natur. Was jedoch fehlte, war jegliche Analyse der wirklichen, materiellen Entfremdung von der Natur, zum Beispiel Marx' Theorie des Risses im Stoffwechsel zwischen Mensch und Natur.

Alfred Schmidts äußerst einflussreiches Buch *Der Begriff der Natur in der Lehre von Marx* (1962) erweitert diese einseitige Perspektive von Lukács und der Frankfurter Schule. Der zentrale Widerspruch, der Schmidts Analyse durchzieht, beruht auf seiner wiederholten Behauptung, dass Materialismus und Dialektik „unverträglich“ seien.[966] Obwohl Schmidt fortwährend die Bedeutung von Marx' Begriff des „Stoffwechsels“ betont, bezieht er sich dabei überhaupt nicht auf natürlich-materielle Bedingungen außer der Arbeit selbst *in ihrer abstraktesten Form*, das heißt bar jedes Stoffwechselverhältnisses zur Erde. Konsequenterweise findet sich in seinem Buch auch kaum ein Verweis auf den metabolischen Riss im Bodennährstoffkreislauf, oder auf die Marx-Liebig'sche Kritik der kapitalistischen Landwirtschaft, obwohl dies der *materielle Kontext* war, in dem Marx' Konzept des Stoffwechsels entwickelt wurde. Weil es Schmidt nicht gelingt, Marx' Begriff des Stoffwechsels so zu fassen, wie dieser ihn tatsächlich anwandte – nämlich auf die wirklichen irdischen Probleme der kapitalistischen Landwirtschaft bezogen –, und Schmidt damit gerade Marx' materialistische Dialektik (die wirklichen koevolutionären Grundlagen seines Denkens) verfehlt, kommt er zu dem Schluss, Marx sei am Ende einfach seinem Materialismus, folglich einer „prometheischen“ Sichtweise, in die Falle gegangen, die die Beherrschung der Natur betont.[967]

---

965 Vgl. Max Horkheimer, *Zur Kritik der instrumentellen Vernunft*, Frankfurt/M.: Fischer, 2007, S. 109-145; Max Horkheimer und Theodor W. Adorno, *Dialektik der Aufklärung*, [Adornos] Gesammelte Schriften Band 3, Frankfurt/M.: Suhrkamp, 2003.

966 Schmidt, *Der Begriff der Natur in der Lehre von Marx*, S. 56, 163.

967 Eine systematische Kritik von Schmidts Argument findet sich in: Paul Burkett, „Nature in Marx Reconsidered: A Silver Anniversary Assessment of Alfred Schmidt's

Daher war eine unmittelbare ökologische Analyse in den marxistischen Sozialwissenschaften (und, mit wenigen Ausnahmen, in den Sozialwissenschaften im Allgemeinen) von den späten 1930ern bis in die 1960er fast nicht vorhanden, bis die Veröffentlichung von Rachel Carsons *Stummer Frühling* dazu beitrug, die Kämpfe gegen Umweltzerstörung wieder zu entfachen. Die Zerstörung der sowjetischen Ökologie im „Osten" wurde im „Westen" von der Zurückweisung jeden Versuchs begleitet, die dialektische Methode der marxistischen Analyse auf die Natur und die Wissenschaften anzuwenden.

Der Einzige, dem es, wie wir mittlerweile wissen, gelang, im westlichen Marxismus der 1930er Jahre diese Widersprüche zu einem großen Teil zu überwinden – wenn auch nur für einen kurzen, glorreichen Moment –, war Christopher St. John Sprigg (besser bekannt unter seinem Pseudonym Christopher Caudwell). Caudwell starb jedoch am 12. Februar 1937 im Alter von 29 Jahren im Spanischen Bürgerkrieg, als er an seinem Maschinengewehr den Rückzug seiner Genoss*innen im Britischen Bataillon der Internationalen Brigade sicherte. Caudwells atemberaubende intellektuelle Leistungen in der sehr kurzen Periode von 1935 bis 1936, in der er alle seine bedeutenden Werke verfasste, reichten weit über die kulturelle und wissenschaftliche Landschaft hinaus und resultierten in solch brillanten (wenn auch ein wenig groben) Werken wie *Bürgerliche Illusion und Wirklichkeit* [engl. Orig.: Illusion and Reality], *Studien zu einer sterbenden Kultur* [engl. Orig.: Studies in a Dying Culture], *Further Studies in a Dying Culture* [dt.: Weitere Studien zu einer sterbenden Kultur], *The Crisis in Physics* [dt.: Die Krise der Physik], *Romance and Realism* [dt.: Romantik und Realismus], sowie einen Band mit Gedichten, *Poems und Heredity and Development* [dt.: Vererbung und Entwicklung], die alle posthum veröffentlicht wurden. Seine allgemeine Sichtweise ist in seinem berühmten Kommentar im Vorwort zu den *Studien zu einer sterbenden Kultur* am besten ausgedrückt: „Entweder der Teufel ist unter uns gefahren und hat große Macht, oder es gibt eine kausale Erklärung für eine Krankheit, die gleichermaßen die Wirtschaft, die Wissenschaft und die Kunst befallen hat."[968] Für Caudwell war das zentrale Problem die atomisierte und

Concept of Nature in Marx", in: *Organization & Environment*, Bd. 10, Nr. 2, Juni 1997, S. 164-183.

[968] Christopher Caudwell, *Studien zu einer sterbenden Kultur*, Carl Hanser Verlag, 1974, S. 6.

entfremdete Welt der bürgerlichen Wissenschaft und Kultur, gekennzeichnet durch dialektische Risse zwischen Natur und Gesellschaft, Idealismus und Mechanismus und Mechanismus und Vitalismus innerhalb der Wissenschaften. Diese Dualismen und partikularistischen, einseitigen Denkweisen, die so charakteristisch für die bürgerliche Gesellschaft sind, entsprangen seiner Ansicht nach aus den notwendigen Verteidigungsmaßnahmen einer sterbenden Kultur.

Für Caudwell war, wie E. P. Thompson schrieb, die bürgerliche Kultur gekennzeichnet durch „eine sich wiederholende Erzeugung des Idealismus und mechanischen Materialismus, nicht als wahre Antagonismen, sondern als scheinbare Antithesen, die beide zwei Momente ein und desselben Prozesses, oder viel eher positive und negative Aspekte des zerstückelten Denkens sind".[969] Doch Caudwell wandte sich nicht nur gegen diese Dualismen, sondern auch gegen jede Form des Positivismus, die diesen Widerspruch schlicht leugnete und die grobe Sichtweise der „Widerspiegelung" des Subjekt-Objekt-Verhältnisses im Wissen übernahm. Caudwell richtete also einen Großteil seiner Energie auf die Bekämpfung der groben „erkenntnistheoretischen" Position, die damals als die vorherrschende Schule des „dialektischen Materialismus" galt.

Das zentrale Element in Caudwells Denken war hingegen die wechselseitige Bestimmung von Subjekt und Objekt; eine Sichtweise, die man heute als „kritisch-realistisch" bezeichnen könnte und die die *Dialektik als Emergenz* fasst. Konkret nahm diese die Form einer konstanten Betonung des koevolutionären Charakters des Verhältnisses zwischen Menschen und Natur an. Für Caudwell konnte der Triumph des Marx'schen Materialismus, der wesentlich tätig und dialektisch war, über frühere mechanistische, reduktionistische und kontemplative Formen des Materialismus teilweise als Produkt der größeren materialistischen und dialektischen Kohärenz der Wissenschaften erklärt werden, die sich im Zuge der Entwicklung der Theorien der Evolution herstellte. „Der Aufstieg der evolutionären Wissenschaften von 1750 bis 1850 [der Darwin'schen Revolution vorhergehend] wandelte den mechanischen Materialismus Condillacs, Holbachs und Diderots in den dialektischen Materialismus Marx' und Engels' um und befähigte

[969] Thompson, *Making History,* S. 95.

ihn, die ganze aktive Seite der vom Idealismus entwickelten Subjekt-Objekt-Beziehung einzuschließen."[970]

Wenn dieses zentrale Thema im Denken Caudwells von nachfolgenden Analytiker*innen nicht ohne weiteres erkannt wurde, rührte dies zweifellos daher, dass Caudwells *Heredity and Development*, seine kritische Studie zur Biologie, nicht zusammen mit seinen anderen Studien, die sich in seinen *Studies and Further Studies in a Dying Culture* und *The Crisis in Physics* finden, publiziert worden war, obwohl Caudwell dies eindeutig so beabsichtigt hatte. So blieb *Heredity and Development* bis 1986 ein halbes Jahrhundert lang unveröffentlicht.[971]

In diesem außergewöhnlichen Werk setzte sich Caudwell mit den epistemologischen und ideologischen Problemen auseinander, die mit der „Krise der Biologie" verbunden waren, die auch eine Krise der Darwin'schen Theorie zur einer Zeit des wiederbelebten Lamarckismus und des Aufstiegs der Genetik war. Obwohl seine Analyse einige Fehler enthält – ein Ergebnis der Krise und der Unordnung in der Biologie selbst vor der Entwicklung der neo-darwinistischen Synthese –, so weist sie doch im Wesentlichen in Richtung einer komplexen, koevolutionären und ökologischen Analyse, die viel von dem vorwegnimmt, was später in den elaborierteren biologischen und ökologischen Analysen folgen sollte. Für Caudwell war die neue Disziplin der Ökologie, wie auch die Biologie selbst, von einem dichotomischen Verständnis des Verhältnisses von Organismus und Umwelt gekennzeichnet – ein Verständnis, das undialektisch war, insofern es die wechselseitige Bestimmung von Subjekt und Objekt, von Organismus und Umwelt leugnete.

Die Teleologie, so Caudwell, sei eine Form des subjektiven Mechanismus („das Universum ist die Maschine Gottes"), dessen Gegenpart, der objektive Mechanismus, gemeinhin mit dem Positivismus assoziiert wird. Anstatt die Teleologie schlicht zurückzuweisen, habe sie der Positivismus als ihr dialektischer Zwilling in gewissem Sinne naturalisiert und ein einseitiges, zweckbestimmtes Verständnis der Evolution entworfen. Obwohl die

970 Caudwell, *Bürgerliche Illusion und Wirklichkeit*, S. 187.

971 Ich verweise auf *Heredity and Development*, als ob es ein eigenständiges Werk wäre, obwohl es tatsächlich ein Teil (ja sogar der Schlussteil) von Caudwells *Studies and Further Studies in a Dying Culture* ist. Doch als es letztlich doch veröffentlicht wurde, geschah dies als Teil von *Scenes and Actions: Unpublished Manuscripts*, S. 163-204. [Anm. d. Übers.: Die Fußnote bezieht sich auf die englische Quellenlage.]

Wissenschaften, insofern sie materialistisch und dialektisch sind, der Teleologie entgegengesetzt sind und „kein Wissenschaftler in die Determiniertheit der Phänomene durch Gott als eine methodologische Regel glaubt, gesteht er heute doch die Möglichkeit ein – in einem ‚erschöpften' Teil der Biologie –, dass Phänomene zweckbestimmt sind; und zwar weder durch bewusste Zwecksetzung, noch durch die Notwendigkeit der Materie, sondern durch einen Zweck, ein Muster, einen Plan, oder eine Entelechie außerhalb des Lebens wie der Materie." Das Unvermögen der Wissenschaft, materialistisch und dialektisch zu bleiben, manifestiert sich deshalb im „bürgerlichen Selbstwiderspruch hinsichtlich des Verhältnisses von Individuum und Umwelt, ausgedrückt als ein Mythos über die Maschine." Dies „führt uns zur grundlegenden biologischen Metaphysik des cartesischen Materialismus oder Mechanismus, der letztlich in einer widerspruchsvollen aber letztlich zusammenhängenden gedoppelten Form, nämlich als vitalistischer Idealismus oder Teleologie erneut hervortritt."[972]

Die Bedeutung von Darwins eigenem Werk besteht Caudwell zufolge darin, dass dieser darin solche einseitigen Sichtweisen weitestgehend vermieden und stattdessen den Weg für eine koevolutionäre Perspektive gewiesen hat. Zum ersten Mal lehrte der Darwinismus den Menschen die Natur *historisch* zu sehen. „Wenn wir uns das Leben diagrammatisch vorstellen", schrieb Caudwell (und verfiel dabei gewissermaßen einer Metapher des linearen Fortschritts),

> *als eine Serie von Stufen, dann hat sich die Umwelt auf jeder Stufe verändert – es gibt verschiedene Probleme, verschiedene Gesetze, verschiedene Hindernisse auf jeder Stufe, obwohl jede Serie an Stufen neben ihren Differenzen auch gewisse allgemeine Probleme, Gesetze und Hindernisse gemeinsam mit den anderen hat. Jede neue Stufe der Evolution ist selbst eine neue Qualität und diese beinhaltet eine Neuheit, die beide Seiten – Organismus und Umwelt – affiziert.*[973]

Caudwell lehnte jede grobe Vorstellung darüber ab, die Natur einfach „feindlich" und einseitig im Sinne einer natürlichen Erzeugung von Überbevölkerung und dem Kampf ums Dasein

[972] Ebd., S. 202-203.

[973] Ebd., S. 174-76, 187.

innerhalb der und zwischen den Arten zu verstehen. Vielmehr sollte Natur als Ermächtigung wie auch als Beschränkung angesehen werden. „Eine frühere Gesellschaft", strich er hervor und bezog sich dabei auf anthropologische Erkenntnisse, „verstand die Natur als ein System, in dem die ganze Welt des Lebens in gegenseitiger Hilfe zusammenarbeitete." Obwohl diese Sicht auf die Natur als kooperativ in vielerlei Hinsicht ebenso illusorisch war (oder vielleicht sogar noch illusorischer, da sie teleologische Auffassungen übernahm), erfasste sie den Teil der Realität, den die grobe darwinistische Naturanschauung – die allerdings nicht mit Darwins eigenem Werk oder dem seiner unmittelbaren Anhänger wie Huxley verwechselt werden darf – mit ihrer Welt der hemmungslosen Konkurrenz und des *survival of the fittest* schlicht nicht begreifen konnte.

Caudwell argumentierte überzeugend, dass dieselben Brüche in der Dialektik, die den bürgerlichen Zugang zur Ökonomie charakterisierten, auch das Verständnis der Biologie (und der Ökologie) kennzeichneten und daher teilweise dieselbe allgemeine Kritik für beide Disziplinen anwendbar sei, und zwar: (1) „Es ist nicht möglich, den Organismus von der Umwelt zu trennen als jeweils wechselseitig unterschiedene Gegensätze. Leben ist das Verhältnis zwischen gegenseitigen Polen, die sich aus der Realität heraus unterschieden haben, jedoch im Verhältnis zueinander stehen im Netz des Werdens." (2) „Die Evolution des Lebens kann nicht durch den Willen der lebendigen Materie allein bestimmt werden, ebenso wenig allein durch die Schranken seitens der nicht-lebendigen Materie." (3) „Die Gesetze der Umwelt, insofern sie die Abläufe des Lebens einschränken, sind nicht in der Umwelt gegeben, sondern im Verhältnis von Umwelt und Leben." (4) „Die Entwicklung des Lebens ist bestimmt durch die Tendenzen des Lebens. Doch die Geschichte verwirklicht nicht die Willen der Individuen; sie ist nur bestimmt von diesen und bestimmt diese im Gegenzug auch." (5) „Das Verhältnis innerhalb oder zwischen Arten ist nicht nur feindlich, das heißt in dem Sinne, dass Individuen um individuelle Verfügung über eine beschränkte Nahrungsversorgung kämpfen. Die Nahrungsversorgung ist selbst nur ein Resultat der besonderen Verhältnisse zwischen dem Leben und der Natur [...] Ebenso ist die Vervielfältigung einer Art einer anderen nicht feindlich, wenn sie die Nahrung dieser Art darstellt. Oder das Verhältnis zwischen Arten ist zwar vorteilhaft, aber in mittelbarer

Hinsicht, so zum Beispiel, wenn Vögel Samen und Bienen Pollen verteilen und wenn Korallenpolypen Riffe bilden."[974]

Gerade die Tatsache, dass das Verhältnis zwischen Organismen und der Umwelt ein *Verhältnis* war, bedeutete Caudwell zufolge, dass es, wie alle Verhältnisse, gegenseitig bedingt und mit dem „materiellen Wandel" verbunden war: „Die Realität ist materielles Werden."[975] Diese komplexe, materialistische, dialektische und koevolutionäre Sichtweise erfasst die Essenz einer ökologischen Weltanschauung. Wie E. P. Thomspon vier Jahrzehnte nach Caudwells Tod argumentieren sollte, gelang es diesem, den Positivismus zu überwinden und zugleich zu vermeiden, den „hohen Preis" zu zahlen, der mit dem „westlichen Marxismus" in den 1920ern einherging, insofern dieser den Materialismus als mechanisch zurückwies und stattdessen einen dialektischen Zugang bevorzugte, der im Prinzip idealistisch war.[976] Auf diese Weise bewahrte Caudwell einen kritisch-dialektischen Materialismus und die Möglichkeit eines Naturalismus und vermied es so, die Marx'sche Dialektik durch eine Zweiteilung in menschliche und natürliche Bereiche zu zerstückeln.

Die dialektische Ökolog*in

Auch Caudwells großartiger Beitrag entkam dem tragischen Schicksal der marxistischen ökologischen Analyse der damaligen Zeit nicht, wie wir bereits gesehen haben. Caudwell starb, bevor er 30 Jahre alt wurde, und dasjenige Werk von ihm, das am stärksten koevolutionär und ökologisch ausgerichtet war, *Heredity and Development*, blieb unveröffentlicht – im Gegensatz zu all seinen anderen Studien, aus denen die *Studies and Further Studies in a Dying Culture* zusammengestellt wurden, und zwar wegen seiner expliziten Kritik am Lyssenkoismus, die im Widerspruch zur Ideologie der damaligen britischen Kommunist*innen stand, die für die Veröffentlichung seiner Werke verantwortlich waren.[977]

Doch trotz des praktisch vollständigen Verschwindens ökologischer Themen aus der marxistischen Sozialwissenschaft der

---

974 Ebd., S. 170-2.

975 Ebd., S. 173.

976 Thompson, *Making History*, S. 98.

977 Vgl. die Analyse in Sheehan, *Marxism and the Philosophy of Science*, S. 367.

1930er bis in die 1970er Jahre war nicht alles verloren. Ein ökologisches Verständnis durchzog die britische kulturell-materialistische Tradition, deren Hauptvertreter Raymond Williams und E. P. Thompson waren. Vor allem Thompson war von William Morris' ökologischen Sozialismus und ebenso von Caudwells Materialismus tiefgehend beeinflusst.[978] Ein gewisses Bewusstsein über ökologische Probleme wurde auch in einigen Schulen der marxistischen politischen Ökonomie bewahrt, besonders in der *Monthly Review*-Schule, die (anders als der Großteil der Tradition des „westlichen Marxismus") eine starke materialistische Ausrichtung beibehielt. Die Bedeutung, die Paul Sweezy der Kritik der ökonomischen Verschwendung unter der Herrschaft des Monopolkapitals beimaß (die mit dem Widerspruch von Gebrauchswert und Tauschwert zusammenhing), gab seiner Analyse bereits in den 1940ern eine ökologische Dimension. Diese Ausrichtung sollte sich in seinen Arbeiten von den 1960ern bis in die 1990er-Jahre noch verstärken.[979]

Von noch größerer Bedeutung war jedoch, dass ein zweites Fundament marxistischen ökologischen Denkens im Westen existierte, nämlich in den Naturwissenschaften selbst, besonders der Biologie. In diesen legten einige führende, vom Marxismus beeinflusste Wissenschaftler*innen ein umfassendes Engagement sowohl für den Materialismus, als auch für die Dialektik an den Tag.

---

[978] Vgl. Edward P. Thompson, *William Morris*, New York: Pantheon Books, 1977 und ders., *Customs in Common*, New York: New Press, 1991; Raymond Williams, *Resources of Hope*, S. 210-216, und ders., *Problems in Materialism and Culture*, New York: Verso, 1980, S. 67-85.

[979] Sweezys ökologischer Zugang zur Ökonomie ist in seinem ganzen Werk klar ersichtlich, insbesondere aufgrund seiner Betonung des „qualitativen Wertproblems" und der Unterscheidung von Gebrauchswert und Tauschwert. Beide Aspekte waren mit seiner Analyse der verschwenderischen Produktion im Monopolkapitalismus verbunden (verschwenderisch im Verhältnis zu einem System der Produktion für den Gebrauch). Vgl. Paul M. Sweezy, *Theorie der kapitalistischen Entwicklung. Eine analytische Studie über die Prinzipien der Marxschen Sozialökonomie*, Frankfurt: Suhrkamp, 1976; ders., „Cars and Cities", *Monthly Review*, Bd. 24, Nr. 11 (April 1973), S. 1-18; ders. und Harry Magdoff, „Capitalism and the Environment", *Monthly Review*, Bd. 41, Nr. 2 (Juni 1989), S. 1-10; und ders., „Socialism and Ecology", *Monthly Review*, Bd. 41, Nr. 4 (September 1989), S. 1-8; ebenso Paul A. Baran und Paul M. Sweezy, *Monopolkapital*, Frankfurt: Suhrkamp, 1984. Die Bedeutung der Unterscheidung von Gebrauchswert und Tauschwert und ihr Verhältnis zur Verschwendung im Monopolkapitalismus wird weiterentwickelt in: John Bellamy Foster und Henryk Szlajfer (Hrsg.), *The Faltering Economy*, New York: Monthly Review Press, 1984 und John Bellamy Foster, *The Theory of Monopoly Capitalism*, New York: Monthly Review Press, 1986.

In einigen Fällen bildeten Materialismus und Dialektik sogar die grundlegende philosophische Basis ihrer jeweiligen wissenschaftlichen Entdeckungen. Im England der 1930er entstand eine starke Tradition linksgerichteter Wissenschaftler*innen, die Denker*innen wie J. D. Bernal, J. B. S. Haldane und Joseph Needham umfasste. Für Bernal und Needham waren die Vorträge der sowjetischen Delegation bei der Second *International Conference on the History of Science and Technology* in London 1931, darunter jene von Bucharin, Wawilow und Boris Hessen, Schlüsselereignisse in der Herausbildung ihrer eigenen Sichtweisen. Bernal sollte hauptsächlich für seine wissenschaftsgeschichtlichen Arbeiten bekannt werden, vor allem für das vierbändige Werk *Wissenschaft* [engl. Orig.: Science in History]. In diesem Buch nahm er eine entschieden materialistische Sichtweise an, die jedoch wegen gelegentlicher mechanistischer Elemente kritisiert wurde. Der elaborierteste Materialismus der Antike, war, nach Bernal,

> *in Lucretius' epikureischem Gedicht De Rerum Natura, das sowohl die Stärke als auch die Gefährlichkeit dieser Anschauung für die bestehende Gesellschaftsordnung zeigte, überliefert. Es ist im Grunde eine Philosophie der Dinge und ihrer Bewegung, eine Erklärung der Natur und der Gesellschaft von unten und nicht von oben. Es betont die Unerschöpflichkeit der in ewiger Bewegung befindlichen materiellen Welt und das Vermögen des Menschen, diese Welt mit Hilfe der Erkenntnis ihrer Gesetzmäßigkeiten zu verändern. Die klassischen Materialisten konnten nicht weiter gehen, weil sie, wie wir noch sehen werden, von den manuellen Berufen getrennt waren; auch der große Francis Bacon, der den Materialismus neu formulierte, konnte es noch nicht.*[980]

Bernal war der erste, der darauf hinwies, dass Marx bei seiner Kritik des kontemplativen Materialismus in seinen *Thesen zu Feuerbach* nicht nur Feuerbach im Sinn hatte, sondern mehr noch „an seinen alten Liebling Epikur" dachte.[981]

Joseph Needham, Biochemiker in Cambridge und Mitglied der Royal Society, vertrat eine dialektische Sichtweise mit dem

980 John Desmond Bernal, *Wissenschaft. Science in History*, Band 1, Reinbek/Hamburg: Rowohlt, 1970, S. 56-57.

981 Ebd., S. 181.

Argument, dass „Marx und Engels kühn genug waren, um zu behaupten, dass sie [die Dialektik] in der Entwicklung der Natur selbst sich vollzieht." Mehr noch, „rührt die unzweifelhafte Tatsache, dass sie unser Denken über Natur bestimmt, daher, dass wir und unser Denken selbst Teil der Natur sind."[982] Needham lehnte mechanistische wie auch vitalistische Sichtweisen ausdrücklich ab und bevorzugte eine dialektische und materialistische Herangehensweise.

Noch wichtiger als Bernal oder Needham war Haldane, der ebenfalls ein Mitglied der Royal Society war und bei der Entwicklung einer neo-darwinistischen Synthese in der Biologie eine führende Rolle einnahm. Haldane – der parallel zum, aber unabhängig vom sowjetischen Biochemiker Alexander Iwanowitsch Oparin arbeitete – war 1929, ein Jahr nach seiner Reise in die Sowjetunion, wie wir bereits im fünften Kapitel gesehen haben, gemeinsam mit diesem der „Entdecker" der ersten wirklich materialistischen Erklärung der Entstehung lebendiger Organismen aus der anorganischen Welt – eine Hypothese, die heute als Oparin-Haldane-Hypothese bekannt ist und zumindest zum Teil von Wernadskis Analyse der Biosphäre ermöglicht wurde. Als Kommentar zu dieser materialistischen Theorie der Ursprünge des Lebens, die mittlerweile in der Wissenschaft weit verbreitete ist, schrieb Bernal in seinem monumentalen Werk *Der Ursprung des Lebens* (1967) [engl. Orig.: The Origins of Life]:

> *Die umfassende Befreiung des menschlichen Geistes, dessen Verwirklichung als erster Vico betrieb, während Marx und seine Nachfolger sie mit dem Begriff, daß der Mensch den Menschen schafft, in die Tat umsetzte, wird jetzt mit dem grundlegenden philosophischen Inhalt der neuen Erkenntnis vom Ursprung des Lebens und der Vorstellung seiner Eigenschaft, sich selbst zu erschaffen, erweitert.*[983]

Haldane selbst war ein überzeugter Anhänger von Engels' dialektischem Naturalismus und schrieb sogar ein „Vorwort" zur *Dialektik der Natur*. Haldane zufolge „wären die Wandlungen unserer Vorstellungen über die Physik, die in den letzten 30 Jahren stattgefunden haben, viel geschmeidiger verlaufen, wenn Engels'

[982] Needham, zitiert nach Sheehan, *Marxism and the Philosophy of Science*, S. 333.
[983] Bernal, *Der Ursprung des Lebens*, S. 280.

Denkmethode besser bekannt gewesen wäre. Zumindest ich hätte mir sehr viele konfuse Gedanken erspart, wenn seine Beobachtungen zum Darwinismus allgemein bekannt gewesen wären."[984]

Trotz einer Vielzahl an Brüchen setzte sich diese Tradition der materialistischen und dialektischen Forschung marxistischer Denker*innen in den Biowissenschaften fort und bekam zwischen den 1970er und 1990er Jahren sogar einen neuen Anstoß durch die Werke von so bedeutenden Persönlichkeiten wie Richard Lewontin, Stephen Jay Gould und Richard Levins (die allesamt Professoren in Harvard waren). Der Materialismus dieser Denker leitet sich genauso oder gar mehr von Darwin her als von Marx. Dennoch ist der Einfluss von Marx auf ihr Denken klar ersichtlich.

Bezeichnenderweise blieb ein Verständnis der langen Debatte über Materialismus und Teleologie in ihren Werken erhalten, während sie in der Philosophie schon in Vergessenheit geraten war – und bildet damit die Grundlage für einen durchgängigen ökologischen Materialismus. Gerade die Bedeutung dieser Wissenschaftler – Gould in der Paläontologie und der Naturgeschichte, Lewontin in der Genetik und Levins in der Ökologie – weist auf die fortdauernde Bedeutung von Marx, Darwin, des Materialismus und des dialektischen Denkens in der Analyse dessen hin, was man im Allgemeinen als ökologische Phänomene bezeichnen kann.

Ein allgemeiner Versuch, den Umriss eines neuen dialektischen Naturalismus zu skizzieren, wurde von Levins und Lewontin in ihrem mittlerweile klassischen Werk *The Dialectical Biologist* (1985) unternommen. Das Kennzeichen dieses Werks, das keinem Geringeren als Friedrich Engels gewidmet ist („der zwar viel Falsches sagte, aber immer dann richtig lag, wenn es darauf ankam"), ist seine komplexe, nicht-teleologische, koevolutionäre Perspektive. „Ein Engagement für die evolutionistische Weltsicht", schreiben Levins und Lewontin, „bedeutet ein Engagement für den Glauben an die Instabilität und die dauerhafte Bewegung der Systeme in Vergangenheit, Gegenwart und Zukunft; eine solche Bewegung ist ihr wesentliches Merkmal." Im Zentrum von Levins' und Lewontins Analyse (wie auch in jener von Engels und Caudwell, aber auf einer viel solideren wissenschaftlichen Basis) steht die Vorstellung des „Organismus als Subjekt und Objekt der

---

984 J. B. S. Haldane, „Preface", in: Friedrich Engels, *The Dialectics of Nature*, New York: International Publisher 1940, S. xiv.

Evolution." Das bedeutet, dass Organismen sich nicht einfach an ihre Umwelt anpassen, sondern diese auch verändern. „Es wird oft vergessen, dass der Sämling ‚die Umwelt' des Bodens ist, insofern der Boden umfassendem und dauerhaftem evolutionären Wandel unterliegt als unmittelbare Folge der Aktivität der Pflanzen, die in ihm wachsen, und dass dieser Wandel wiederum auf die Lebensbedingungen des Organismus zurückwirkt." Mit dieser im Wesentlichen dialektischen Sichtweise gehen sie dann dazu über, den ökologischen Reduktionismus zu kritisieren, der in weiten Teilen der Ökowissenschaften vorherrscht – insbesondere die traditionelle Sichtweise der Clement'schen Ökologie, wonach Ökosysteme Eigenschaften von wachsender Diversität, Stabilität und Komplexität aufweisen und eine Stufenfolge durchlaufen, so als seien sie tatsächlich „Superorganismen". Für Levins und Lewontin hingegen sind derartige Analysen „idealistisch" und undialektisch.[985]

In *Humanity and Nature: Ecology, Science and Society* (1992) verbanden Yrjö Haila und Richard Levins diese Sichtweise mit einer umfassenden Analyse der Probleme der Ökologie, die eine „Sozialgeschichte der Natur" aus einer marxistischen Perspektive beinhaltete. Dabei führten sie den Begriff der „öko-historischen Perioden" ein, um die komplexe, sich wandelnde Spezifik des menschlichen koevolutionären Verhältnisses zur Natur zu erklären. Solche Arbeiten betonen die Bedeutung einer nachhaltigen Beziehung des Menschen zur Natur, aber nicht in einem statischen Rahmen, sondern in einer breiten Betrachtungsweise, die versucht, den Fokus auf die Veränderungsprozesse zu richten, die sowohl der Natur als auch der Gesellschaft sowie ihrem Wechselverhältnis immanent sind.[986]

Stephen Jay Gould reflektiert in seinen Schriften fortlaufend über die Prinzipien des Materialismus und des dialektischen Denkens, die sein eigenes Verständnis der Wissenschaften und ihrer Entwicklung inspirieren. Seine Arbeit stützt sich hauptsächlich auf Darwin, bezieht sich aber gelegentlich auch auf Engels und sogar auf Marx. Das Ergebnis ist eine dynamisch-materialistische und dialektische Auseinandersetzung mit der Natur und der menschlichen Gesellschaft als einem *Prozess der Naturgeschichte*,

985 Levins/Lewontin, *The Dialectical Biologist*, S. 11, 73, 85-106, 134-45.

986 Richard Levins und Yrjö Haila, *Humanity and Nature: Ecology, Science and Society*, London: Pluto Press, 1992. Für einen Versuch, Hailas und Levins' Begriff der „ökologischen Formationen" auf die Geschichte anzuwenden, vgl. Foster, *The Vulnerable Planet*, S. 34.

die in allen seinen Schriften gegenwärtig ist, unabhängig ihres Gegenstands. Seine Erörterungen zu Zufall/Kontingenz und zum „Punktualismus/punktuierten Gleichgewicht" sind hierbei besonders hervorzuheben.[987]

Wenn das Verhältnis von Darwin und Marx in den Arbeiten von Denker*innen wie Lewontin, Levins und Gould klar ersichtlich ist, so gilt dies auch für das Verhältnis von Liebig und Marx in einigen gegenwärtigen wissenschaftlichen Arbeiten. Die Art und Weise, in der Marx' Analyse auf diesem Gebiet einige der elaborierteren ökologischen Analysen des späten 20. Jahrhunderts vorwegnahm, ist schlicht und einfach erstaunlich. Einige wichtigere zeitgenössische Forschungsarbeiten über die Ökologie des Bodens, besonders die Arbeiten von Fred Magdoff, Less Lanyon und Bill Liebhardt, konzentrierten sich auf die aufeinanderfolgenden geschichtlichen Brüche im Nährstoffkreislauf. Die erste dieser Unterbrechungen, die auf die Zweite Agrarrevolution zurückgeht, wird in dieser Analyse im Allgemeinen mit denselben Begriffen beschrieben wie bei Liebig und Marx. Dieser Bruch wird als Folge der physischen Entfernung der Menschen von Grund und Boden sowie dem damit verbundenen Riss im Stoffwechselkreislauf und dem Verlust von Bodennährstoffen betrachtet, der durch den Transfer von organischen Produkten (Nahrung und Ballaststoffe) über hunderte und tausende von Meilen entsteht. Das Ergebnis war die Errichtung einer Mineraldüngeindustrie außerhalb der landwirtschaftlichen Ökonomie, um diese Nährstoffe zu ersetzen:

> *Der darauffolgende Bruch trat mit der Dritten Agrarrevolution auf (dem Aufstieg des Agrobusiness), die in ihrer Frühphase mit der Abschaffung der Großtiere von den Bauernhöfen, der Entwicklung zentralisierter Mastparzellen und der Ersetzung der tierischen Zugkraft durch Traktoren einherging. Der Anbau von Hülsenfrüchten, die auf natürliche Weise Stickstoff im Boden binden, war nicht mehr notwendig, um Wiederkäuer zu ernähren. Damit stieg die Abhängigkeit von Stickstoffdünger, einem Produkt der Mineraldüngeindustrie, mit allen möglichen negativen Auswirkungen auf die Umwelt, darunter die Verunreinigung des Grundwassers, das „Sterben" der Seen usw. Diese Entwicklungen und andere eng damit verwandte Prozesse*

987 Vgl. besonders Gould, *Darwin nach Darwin*.

werden mittlerweile in Zusammenhang mit den verkehrten Entwicklungsmustern gebracht, die den Kapitalismus (und andere Gesellschaftssysteme wie das der Sowjetunion, die dieses Entwicklungsmuster kopierte) auszeichnen und die Form eines noch extremeren Risses zwischen Stadt und Land hervorbringen – eines Risses zwischen dem, was heute eine mechanisierte Menschheit im Gegensatz zu einer mechanisierten Natur ist.[988]

Leider wurde bei der jüngsten Wiederbelebung des marxistischen ökologischen Denkens in den Sozial- und Gesellschaftswissenschaften, im Zuge dessen vor allem die politische Ökonomie ökologischer Verhältnisse eine Rolle spielte, bisher wenig Notiz genommen von dem tieferen Materialismus (tiefer sowohl in seinem philosophischen, als auch in seinem wissenschaftlichen Standpunkt) und vom viel weiter entwickelten *ökologischen* Materialismus, der oft von radikal materialistischen Wissenschaftler*innen vertreten wurde.[989] Trotz der großen Fortschritte im ökologischen Denken in der marxistischen politischen Ökonomie und der Wiederentdeckung dieser bisher vernachlässigten Seite von Marx' Denken, wird das Problem des Verhältnisses von materialistischer Naturauffassung und materialistischer Geschichtsauffassung (das heißt das Verhältnis der Entfremdung der Arbeit zur Entfremdung der Natur) in solchen Diskussionen kaum angeschnitten.[990] Die Barriere, die durch die vorherrschende

988 Fred Magdoff, Less Lanyon und Bill Liebhard, „Nutrient Cycling, Transformations and Flows", *Advances in Agronomy,* Bd. 60 (1997), S. 1-73.

989 Obgleich Levins und Lewontin regelmäßig eine Kolumne in *Capitalism Nature Socialism* beisteuern – eine Kolumne, die beständig bemerkenswerte Einsichten in das ökologische Denken und die ökologische Forschung liefert –, haben ihre eigenen systematischen Forschungen, wie sie sie in Werken wie *The Dialectical Biologist* und *Humanity and Nature* dargelegt hatten, bisher wenig erkennbaren Einfluss auf die Beiträge in dieser wichtigen Zeitschrift. „Ökomarxistische" Analysen der ökologischen Krise, wo sie eine wissenschaftliche Grundlage haben, gründen meist auf Energetik und ignorieren die Evolution.

990 So stellt zum Beispiel James O'Connors *Natural Causes,* New York: Guilford, 1998 einen bahnbrechenden Versuch dar, Marx' „Bedingungen der Produktion" inklusive der äußeren Natur in die Dialektik des Kapitals zu integrieren. Dieser Versuch leidet jedoch darunter, dass O'Connor kein Verständnis davon hat, wie diese materiellen Bedingungen der Produktion mit Marx' materialistischer Naturauffassung (und seiner Geschichtsauffassung) und auch seiner Analyse des Stoffwechsels von Natur und Gesellschaft verbunden sind. In Marx' komplexer dialektischer Analyse ist die Entfremdung von der Natur mehr als bloß der Hintergrund der Entfremdung der Arbeit. Im Unterschied hierzu leitet sich Paul Burketts stärker dialektische Auseinandersetzung von der Tatsache her, dass er Marx' eigene dialektische

philosophische Kritik an der „Dialektik der Natur“ errichtet wurde, bleibt in der marxistischen Gesellschaftstheorie selbst hegemonial; so sehr, dass jede kreative Untersuchung in dieser Richtung von Anfang an blockiert zu sein scheint. (Eine Ausnahme stellt das Werk sozialistischer Ökofeministinnen dar, wie zum Beispiel das von Ariel Salleh und Mary Mellor, die den Begriff der „verkörperten Natur“ prägten.[991]) Viel zu oft konzentrieren sich Ökosozialist*innen lediglich auf die kapitalistische Ökonomie und betrachten ökologische Probleme einseitig vom Standpunkt ihrer Auswirkungen auf dieselbe, anstatt sich mit dem größeren Problem des „Schicksals der Erde“ und ihrer Arten auseinanderzusetzen. Wenn in diesen Analysen Verbindungen zu den Wissenschaften hergestellt werden, dann meist im Bereich der Thermodynamik, das heißt der Energetik und ihren Auswirkungen auf die Ökonomie, wohingegen das gesamte Feld der Evolutionsbiologie interessanterweise als von ökologischen Themen unterschieden betrachtet und Darwin kaum je diskutiert wird.

In dieser Hinsicht ist eine umfassendere Theorie der Ökologie als eines Prozesses des Wandels, der Kontingenz und Koevolution beinhaltet, notwendig, wenn wir die Welt nicht nur verstehen, sondern sie auch im Einklang mit den Erfordernissen der menschlichen Freiheit und der ökologischen Nachhaltigkeit verändern wollen. „Es kommt nicht darauf an, ob wir die Natur verändern oder nicht“, schreiben Haila und Levins, „sondern wie und zu welchem Zweck wir dies tun.“[992] Es geht darum, ob die Natur einseitig für eng gefasste menschliche Zwecke beherrscht werden soll, oder ob, in einer Gesellschaft der assoziierten Produzent*innen, die Entfremdung der Menschen von der Natur und voneinander nicht mehr die Vorbedingung für die menschliche Existenz ist, sondern als das erkannt wird, was sie ist: die Entfremdung von allem Menschlichen.

Vorstellung der natürlich-gesellschaftlichen Verhältnisse (da diese primär im Verhältnis zum Zirkulationsprozess des Kapitals stehen) zum Ausgangspunkt nimmt. Vgl. Paul Burkett, *Marx and Nature: A Red and Green Perspective*.

991 Vgl. Ariel Salleh und Meira Hanson, „On Production and Reproduction, Identity and Nonidentity in Ecofeminist Theory“, *Organization & Environment*, Bd. 12, Nr. 2 (Juni 1999), S. 207-18; Mary Mellor, *Feminism and Ecology*, Cambridge: Polity, 1997.

992 Haila/Levins, *Humanity and Nature*, S. 11.

Das Prinzip der Erhaltung

Aus Nichts wird nichts und nichts, was zerstört wird, kann auf Nichts reduziert werden, hatte Epikur gesagt. Epikur, so überlieft uns Diogenes Laertius, „war ein Vielschreiber ersten Ranges, an Anzahl seiner Bücher alle übertreffend, denn der Buchrollen von ihm gibt es an die dreihundert."[993] Nichtsdestotrotz überdauerten nur einige wenige Fragmente aus Epikurs umfangreichen Schriften bis in die Frühmoderne – die drei Briefe, die uns von Diogenes Laertius überliefert wurden als Inbegriff seines Systems, die *Hauptlehrsätze* (ebenso von Diogenes überliefert), das Gedicht von Lukrez, das Epikurs System treu geblieben ist, und verstreute Zitate in den Werken anderer Schreiber. Trotz des weit verbreiteten Einflusses des Epikureismus in der hellenistischen und römischen Periode verschwanden die meisten Schriften Epikurs und seiner Anhänger oder wurden lange vor dem Wiederaufleben seines Denkens im 17. Jahrhundert zerstört. Die Entdeckung einer ganzen Bibliothek von angekohlten Fragmenten in Philodemus' Bibliothek in Herculaneum/Ercolano (die durch den Ausbruch des Vesuvs 79 n. Chr. begraben wurde) im 18. Jahrhundert schien nahezulegen, dass einige dieser Schriften wiederhergestellt werden könnten. Doch der Prozess ihrer Wiederherstellung aus den verkohlten Überresten war so langsam und aufwendig, dass Hegel in seinen *Vorlesungen zur Geschichte der Philosophie* schloss, „daß uns die in Herculanum aufgefundene, von Orelli nachgedruckte Schrift Epikurs selbst keine neuen Aufschlüsse und Bereicherungen gegeben hat."[994] Marx schrieb, ohne mehr Schriften zur Verfügung zu haben als Hegel.

Dennoch wurden die Anstrengungen zur Wiederherstellung durch das 19. und das 20. Jahrhundert hindurch fortgeführt. Die verkohlten Überreste stellten sich als bedeutende fragmentarische Abschnitte von Epikurs *Über die Natur* heraus, wobei sich erst jetzt eine ungefähre Vorstellung über die Ausmaße dieses enormen Werkes, das 37 Bände umfasste, herauszubilden beginnt. Hinzu kommen noch einige andere Entdeckungen, die seit Hegel und Marx gemacht wurden. Nur ein Jahr nach dem Tod von Marx wurden die Überreste der großen Mauer des Diogenes von Oinoanda entdeckt, auf der sich Inschriften aus Epikurs Schriften

[993] Diogenes Laertius, *Leben und Meinungen*, Band 2 (Buch X), S. 220.

[994] Hegel, *Vorlesungen zur Geschichte der Philosophie II*, S. 301.

fanden, die die Zeiten überdauert hatten. Auf diese Entdeckung folgte eine weitere, nämlich die des Vatikan-Kodex, der Aussprüche Epikurs enthielt.

Aus all dem zeichnet sich ein Verständnis von Epikur ab, das mit dem meisten, was bisher über ihn gedacht wurde, in Konflikt steht. Er präsentiert sich uns nun als ein nicht-reduktionistischer, nicht-mechanistischer und nicht-deterministischer Denker, der sich mit Fragen der menschlichen Freiheit beschäftigte und einen dialektischen Standpunkt einnahm. Im Allgemeinen ist das Bild des Epikurs, das sich im letzten Jahrhundert herausgebildet hat, eines, das in verblüffender Weise mit dem übereinstimmt, was Marx argumentiert (und Kant vermutet) hatte: Ein Denker, der sowohl gegen den Determinismus der mechanistischen Physik, als auch gegen die Teleologie der idealistischen Philosophie, gegen Demokrit wie auch gegen Platon, kämpfte, um Raum für Kontingenz und Freiheit zu schaffen.Darüber hinaus vertrat er einen kritisch-materialistischen Standpunkt, der von materialistischen Postulaten ausging und dennoch mit dem Begriff der „Antizipation" (oder der Vorbegriffe) die Bedeutung von *a priori* sicherem Wissen erkannte, das sich nicht unmittelbar aus den Sinnen herleitete. Dieses Bild von Epikurs *Über die Natur,* dass sich in den letzten Jahren herausgebildet hat, ist eines, das David Sedley, die führende Autorität zu diesem Werk, als methodologisch strikt und „dialektisch" bezeichnete.[995] Epikurs Materialismus dehnte die Freiheit und die Kontingenz auf die Menschen und die ganze Natur aus, behielt aber zugleich den Bereich der materiellen Notwendigkeit im Auge. Dadurch lieferte er die Grundlage einer humanistischen und ökologischen Weltanschauung. „Wenn alle Zeugnisse gebührend erwogen werden", schreiben Long und Sedley (und berücksichtigen dabei das gerettete Material aus Philodemus' Bibliothek in Herculaneum/Ercolano), „würde der Epikureismus besser als eine radikale, aber selektive Kritik der zeitgenössischen Politik angesehen; das war er eher als die apolitische Haltung, mit der er häufig identifiziert wird."[996]

Marx war zutiefst vom nicht-deterministischen Materialismus beeinflusst, den er bei Epikur gefunden zu haben glaubte, aber

---

995 Sedley, *Lucretius and the Transformation of Greek Wisdom,* S. 13, 190-97. David Sedley, „Epicurean Anti-Reductionism", in: Jonathan Barnes und Mario Mignucci (Hrsg.), *Matter and Metaphysics: Fourth Symposium Hellenisticum,* Neapel: Bibliopolis, 1988, S. 297-327.

996 Long/Sedley, *Die hellenistischen Philosophen,* S. 159.

angesichts der damals vorhandenen Quellenlage nicht gänzlich beweisen konnte. Er veränderte diese Auffassung, indem er sie in seine größere dialektische Synthese integrierte, die auch Hegel, die politische Ökonomie, den französischen Sozialismus und die Wissenschaft der Evolution des 19. Jahrhunderts umfasste. Epikur hatte, Marx zufolge, die Entfremdung von der Natur entdeckt; Hegel hingegen zeigte die Entfremdung der Menschen von ihrer eigenen Arbeit und folglich sowohl von der Gesellschaft, als auch von dem spezifisch menschlichen Verhältnis zur Natur auf. Marx verarbeitete diese Einsichten, zusammen mit dem kritischen Wissen, das er von Ricardos Ökonomie, Liebigs Chemie und Darwins Evolutionstheorie erlangte, zu einer revolutionären Philosophie, die auf nichts weniger als die Überwindung dieser Entfremdung in all ihren Aspekten abzielte: eine Welt der rationalen Ökologie und der menschlichen Freiheit mit einer irdischen Grundlage – die Gesellschaft der assoziierten Produzent*innen.

Literaturverzeichnis

A. A. Long, *Hellenistic Philosophy: Stoics, Epicureans and Sceptics*, Berkeley: University of California Press, 1986.

A. A. Long und D. N. Sedley, *Die hellenistischen Philosophen. Texte und Kommentare*, Stuttgart/Weimar: Metzler, 2000.

Abraham Gottlob Werner, *Short Classification and Description of the Various Rocks*, New York: Hafner Publishing Co., 1971.

Abraham Wolf, *A History of Science, Technology and Philosophy in the 18th Century*, 2. überarbeitete Version von Douglas McKie, New York: Harper & Brothers, 1952.

Adrian Desmond, *The Politics of Evolution: Morphology, Medicine and Reform in Radical London*, Chicago: University of Chicago Press, 1989.

ders., *Huxley: From Devil's Disciple to Evolution's High Priest*, Reading: Perseus books, 1997.

Adrian Desmond und James Moore, *Darwin. The Life of a Tormented Evolutionist*, New York: W.W. Norton, 1991.

dies., *Darwin*, München: List, 1992.

A. H. Armstrong, „The Gods in Plato, Plotinus, Epicurus", *Classical Quarterly*, Band 32, Nr. 3 & 4 (Juli-Oktober 1938).

Aischylos, „Der gefesselte Prometheus", in: Werke in einem Band, Berlin/Weimar: Aufbau-Verlag, S. 115-52.

Alan Cook, *Edmund Halley: Charting the Heavens and the Seas*, Oxford: Oxford University Press, 1998.

Alan Macfarlane, *Marriage and Love in England: Modes of Reproduction 1300-1840*, Oxford: Blackwell, 1986.

Alec Nove, „Socialism", in: John Eatwell, Murray Milgate und Peter Newman (Hrsg.), *The New Palgrave Dictionary of Economics*, Vol. 4, New York: Stockton, 1987.

Alexander Herzen, „Briefe über das Studium der Natur", in: Ausgewählte philosophische Schriften, Moskau: Verlag für fremdsprachige Literatur, 1949, S. 103-319

Alexander Ospovat, „Werner, Abraham Gottlob", in: Charles G. Gillespie (Hrsg.), *Dictionary of Scientific Biography*, Bd. 14, S. 1976, 256-264.

A.M. Voden, „[Erinnerungen zu Engels], in: *Hans Magnus Enzensberger (Hrsg.), Gespräche mit Marx und Engels. Zweiter Band, Frankfurt/M.: Insel, 1973, S. 666-676.*

Alfred Cobban, *In Search of Humanity: The Role of Enlightenment in Modern History*, New York: Georges Braziller, 1960.

Alfred Lord Tennyson, *The Poems of Tennyson in Three Volumes, Bd. 2*, Berkeley: University of California Pressm, 1987.

Alfred Marshall, *Principles of Economics*, London: Macmillan, 1920.

Alfred Russel Wallace, „The Origin of Human Races and the Antiquity of Man Deduced from the Theory of ‚Natural Selection'", *Journal of the Anthropological Society of London*, Bd. 2 (1864), S. clviii-clxxxvii.

Alfred Schmidt, *Der Begriff der Natur in der Lehre von Marx, 4., überarbeitete und verbesserte Auflage mit einem neuen Vorwort von Alfred Schmidt, Hamburg,* 1993.

Allan Chase, *The Legacy of Malthus: The Social Costs of the New Scientific Racism*, New York: Alfred A. Knopf, 1977.

Andrew McLaughlin, „Ecology, Capitalism and Socialism", *Socialism and Democracy*, Bd. 10 (1990), S. 69-102.

Anna Bramwell, *Ecology in the Twentieth Century*, New Haven, Conn.: Yale University Press, 1989.

Anthony Giddens, *A Contemporary Critique of Historical Materialism*, Berkeley: University of California Press, 1981.

Antonella La Vergata, „Images of Darwin", in: David Kohn (Hrsg.), *The Darwinian Heritage, S. 901-972.*

Antonio Gramsci, *Gefängnishefte, Bd. 3*, Hamburg: Argument Verlag, 2012.
ders., *Gefängnishefte, Bd. 6*, Hamburg: Argument Verlag, 2012.

Anton Pannekoek, *Marxism and Darwinism*, Chicago: Charles H. Kerr, 1912.

Ariel Salleh und Meira Hanson, „On Production and Reproduction, Identity and Nonidentity in Ecofeminist Theory", *Organization & Environment*, Bd. 12, Nr. 2 (Juni 1999), S. 207-18.

Aristoteles, *Physik*, Philosophische Schriften Band 6, Hamburg: Felix Meiner, 1995.

Arthur O. Lovejoy, *Die große Kette der Wesen. Geschichte eines Gedankens*, Frankfurt/M.: Suhrkamp, 1985.

A. S. Eve und C. H. Creasey, *Life and Work of John Tyndall*, London: Macmillan, 1945.

August Bebel, *Die Frau und der Sozialismus*, Bonn: J.H.W. Dietz, 1979.
ders., *Die Frau und der Sozialismus (Die Frau in der Vergangenheit, Gegenwart und Zukunft)*, Stuttgart: Dietz, 1891.

Auguste Cornu, *Karl Marx und die Entwicklung des modernen Denkens. Beitrag zum Studium der Herausbildung des Marxismus*, Berlin: Dietz, 1950.

Barry Commoner, *Wachstumswahn und Umweltkrise* (München/Gütersloh/Wien: C.Bertelsmann Verlag, 1973).
Benjamin Farrington, *The Faith of Epicurus,* New York: Basic Books, 1967.
ders., *Science in Antiquity,* New York: Oxford University Press, 1969.
ders., *Science and Politics in the Ancient World,* New York: Barnes & Boble, 1965.
Bernard Pullman, *The Atom in the History of Human Thought,* New York: Oxford University Press, 1998.
Bertell Ollman, *Social and Sexual Revolution,* Boston: South End Press, 1979.
Bertrand Russell, „Introduction", in: Frederick Albert Lange, *The History of Materialism,* New York: Humanities Press, 1996.
ders., *Philosophie des Abendlandes,* Zürich: Europa Verlag, 2007 (limitierte Sonderauflage).
Boris Hessen, „The Social and Economic Roots of Newton's *Principia*", in: Nikolai Bukharin et al., *Science at the Cross Roads: Papers Presented at the International Congress of the History of Science, and Technology, 1931,* London: Frank Cass, 1971, S. 149-212.
Brad Inwood und L.P. Gerson (Hrsg.), *Hellenistic Philosophy,* Indianapolis: Hackett, 1988.
Brett Clark und Richard York, „Carbon Metabolism: Global Capitalism, Climate Change, and the Biospheric Rift", in: *Theory and Society* 34, No. 4 (2005), S. 391-428.
Campbell McConnell, *Economics,* New York: McGraw Hill, 1987.
Carl Friedrich Köppen, *Friedrich der Grosse und seine Widersacher. Eine Jubelschrift,* Leipzig: Otto Wigand, 1840.
Carl Resak, *Lewis Henry Morgan, American Scholar,* Chicago: University of Chicago Press, 1960.
Carolyn Merchant, *Der Tod der Natur. Ökologie, Frauen und neuzeitliche Naturwissenschaft,* München: C.H. Beck, 1987.
dies., *The Death of Nature, New York: Harper & Row, 1980.*
Charles Coulston Gillispie, *Genesis and Geology,* Cambridge, Mass.: Harvard University Press, 1996.
Charles Darwin, *Notebooks, 1836-1844,* Ithaca, N.Y.: Cornell University Press, 1987.
ders., *Mein Leben. 1809-1882,* Frankfurt/M.: Insel, 1993.
ders., *The Origin of Species by Means of Natural Selection,* Hamondsworth: Penguin Books, 1968.
ders., *Die Entstehung der Arten durch natürliche Zuchtwahl, Stuttgart:* Philipp Reclam, 1963.
ders., *Der Ausdruck der Gemüthsbewegungen bei dem Menschen und den Thieren,* Stuttgart: Schweizerbart, 1874.

Charles F. Mullett, „A Village Aristotle and the Harmony of Interests: James Anderson (1739 – 1808) of Monks Hill“, *The Journal of British Studies*, Bd. 8, Nr. 1 (1968), S. 94-118.
Charles Fourier, *Theorie der vier Bewegungen und der allgemeinen Bestimmungen*, Frankfurt: EVA, 1966.
ders., *Selections,* London: Swan Sonnenschein, 1901.
Charles H. Talbert, „Introduction“, in: Hermann Reimarus, *Fragments,* Chico, Calif.: Scholars Press, 1970, S. 1-43.
Charles J. Lumsden und Edward O. Wilson, *Das Feuer des Prometheus. Wie das menschliche Denken entstand,* München: Piper, 1987.
Charles Lyell, *Principles of Geology*, Harmondsworth: Penguin Books, 1997.
ders., *Das Alter des Menschengeschlechts auf der Erde und der Ursprung der Arten durch Abänderung nebst einer Beschreibung der Eis-Zeit in Europa und Amerika*, Leipzig: Verlag von Theodor Thomas, 1874.
Charles Taylor, *Hegel and Modern Society*, Cambridge: Cambridge University Press, 1997.
Charles Webster, *The Great Instauration*. London: Buckworth, 1975.
Christopher Caudwell, *Scenes and Actions: Unpublished Manuscripts*, New York: Routledge & Kegan Paul, 1986.
ders., *Bürgerliche Illusion und Wirklichkeit. Beiträge zur materialistischen Ästhetik*, München: Carl Hanser, 1971.
ders., *Studien zu einer sterbenden Kultur,* Carl Hanser Verlag, 1974.
Clarence J. Glacken, *Traces on the Rhodian Shore: Nature and Culture in Western Thought from Ancient Times to the End of the Eighteenth Century,* Berkeley: University of California Press, 1967.
Cyril Bailey, *Epicurus: The Extant Remains,* Oxford: Oxford University Press, 1926.
ders., *The Greek Atomists and Epicurus,* Oxford: Oxford University Press, 1928.
ders., „Karl Marx on Greek Atomism“, *Classical Quarterly*, Band 22, Nr. 3 und 4 (Juli-Oktober 1928).
Daniel Hille, *Out of the Earth*, Berkeley: University of California Press, 1991.
Daniel O. Dahlstrom, „Hegel's Appropriation of Kant's Account of Teleology in Nature“, in: Stephen Houlgate (Hrsg.), *Hegel and the Philosophy of Nature*, Albany: State University of New York Press, 1998, S. 167-188.
Daniel P. Todes, *Darwin Without Malthus: The Struggle for Existence in Russian Evolutionary Thought*, New York: Oxford University Press, 1989.
David Goldblatt, Social Theory and the Environment, Boulder, Colo.: Westview Press, 1996.
David Hume, Eine Untersuchung über den menschlichen Verstand, Hamburg: Felix Meiner, 1973.
David Kohn (Hrsg.), *The Darwinian Heritage*, Princeton, N.J.: Princeton University Press, 1985.

David McLellan, *Marx Before Marxism,* New York: Harper & Row, 1970.
ders., *Karl Marx,* New York: Harper & Row, 1973.

David Ricardo, *Über die Grundsätze der Politischen Ökonomie und der Besteuerung,* München: CapitalBuch, 2006.
ders., *Works and Correspondence, Bd. 7,* Cambridge: Cambridge University Press, 1952.

David Sedley, *Lucretius and the Transformation of Greek Wisdom,* New York: Cambridge University Press, 1998.
ders., „Epicurean Anti-Reductionism“, in: Jonathan Barnes und Mario Mignucci (Hrsg.), *Matter and Metaphysics: Fourth Symposium Hellenisticum,* Neapel: Bibliopolis, 1988, S. 297-327.

Diane Paul, „Fitness: Historical Perspectives“, in: Keller/Lloyd (Hrsg.): *Keywords in Evolutionary Biology, S. 112-114.*

Diogenes Laertius, *Leben und Meinungen berühmter Philosophen. In zwei Bänden,* Band 2 (Buch X), Hamburg: Felix Meiner Verlag, 2008.

Diogenes von Oinoanda, *The Fragments,* New York: Oxford University Press, 1971.

Dirk J. Struik (Hrsg.), *The Birth of the Communist Manifesto,* New York: International Publishers, 1971.

D. L. LeMathie, *The Mind of William Paley,* Lincoln: University of Nebraska Press, 1976.

Donald K. Grayson, *The Establishment of Human Antiquity,* New York: Free Press, 1983.

Douglas Weiner, „The Changing Face of Soviet Conservation“, in: Donald Worster (Hrsg.), *The Ends of the Earth,* New York: Cambridge University Press, 1998, S. 252-274.

E. Coleman, „Short Communications on the Unpublished Writings of Karl Marx Dealing with Mathematics, the Natural Sciences and Technology and the History of these Subjects“, in: Nikolai Bucharin et al. (Hrsg.), *Science at the Cross Roads, S. 233-235.*

Edward Aveling, *Charles Darwin and Karl Marx: A Comparison,* London: Twentieth Century Press, o. J.

Edwin Chadwick, *Report on the Sanitary Condition of the Labouring Population of Great Britain,* Edinburgh: Edinburgh University Press, 1965.

Edwin Cannan, *A History of Theories of Production and Distribution in English Political Economy from 1776 to 1848,* New York: Augustus M. Kelley, 1917.

Elbert Hubbard, *Tyndall,* East Aurora: Roycrofters, 1905.

Ellen Meiksins Wood, *The Origins of Capitalism,* New York: Monthly Review Press, 1999.

Emanuel Teray, *Marxism and „Primitive“ Societies,* New York: Monthly Review Press, 1972.

Epikur, *Letters, Principal Doctrines and Vatican Sayings,* Indianapolis: Bobbs-Merrill, 1964.
ders., *Von der Überwindung der Furcht. Katechismus, Lehrbriefe, Spruchsammlung, Fragmente.* München: Deutscher Taschenbuch Verlag, 1991.
ders., *The Epicurus Reader,* Indianapolis: Hackett 1994.
ders., *Philosophie der Freude.* Übersetzt von Paul M. Laskowsky, München: Goldmann, 1988.
E. P. Thompson, *Making History*, New York: New Press, 1994.
ders., *Die Entstehung der englischen Arbeiterklasse*, Frankfurt/M.: Suhrkamp, 1987.
ders., *William Morris*, New York: Pantheon Books, 1977.
ders., *Customs in Common*, New York: New Press, 1991.
E. Ray Lankester, *From an Easy Chair*, London: Archibald & Constable, 1909.
ders., *The Kingdom of Man*, London: Watts & Co., 1912.
ders., *Science from an Easy Chair*, New York: Henry Holt, 1913.
Ernst Haeckel, *Der Monismus als Band zwischen Religion und Wissenschaft. Glaubensbekenntnis eines Naturforschers*, Leipzig: Alfred Kröner, 1911.
ders., „Über Entwicklungsgang und Aufgabe der Zoologie", in: *Jenaische Zeitschrift für Medizin und Naturwissenschaft*, Bd. 5, 1870, S. 352-370.
Ernst Mayr, *Die Entwicklung der biologischen Gedankenwelt. Vielfalt, Evolution, Vererbung*, Berlin/Heidelberg: Springer, 2002.
ders., *...und Darwin hat doch recht: Charles Darwin, seine Lehre und die moderne Evolutionstheorie*, München: Piper, 1994.
Eugene Hunn, „The Value of Subsistence for the Future of the World", in: Virgina D. Nazarea (Hrsg.), *Ethnoecology*, Tucson: University of Arizona Press, 1999, S. 23-36.
Eugene Odum, „The Strategy of Ecosystem Development", *Science*, Bd. 164 (1969), S. 262-70.
Evelyn Fox Keller und Elisabeth A. Lloyd (Hrsg.), *Keywords in Evolutionary Biology,* Cambridge, Mass.: Harvard University Press, 1992.
F.H. Anderson, *The Philosophy of Francis Bacon,* Chicago: University of Chicago Press, 1948.
F. M. L. Thompson, „The Second Agricultural Revolution, 1815-1880", in: *Economic History Review,* Bd. 21, Nr. 1 (1968), S. 62-77.
Francis Bacon, *Über die Würde und die Förderung der Wissenschaften,* Freiburg: Haufe Verlag, 2006.
ders., „Über den Atheismus", in: Ausgewählte Essays. Übers. von Elisabeth Schücking, Leipzig: Reclam, 1969, S. 55-59.
ders., *Weisheit der Alten,* Frankfurt/M.: Fischer, 1990.
ders., *Philosophical Works, Vol. 2,* London: Longman, 1857.
ders., *Das Neue Organon (Novum Organon),* Berlin: Akademie Verlag, 1962.

ders., *Neues Organon. Teilband 1*, Herausgegeben und mit einer Einleitung von Wolfgang Krohn, Lateinisch-deutsch, Hamburg: Felix Meiner Verlag, 1990.

Francis C. Haber, *The Age of the World: Moses to Darwin*, Baltimore: Johns Hopkins University Press, 1959.

Francis Wheen, *Karl Marx*, München: C. Bertelsmann, 2001.

Franklin C. Bing, „The History of the Word ‚Metabolism'", Journal of the History of Medicine and Allied Arts, Bd. 26, Nr. 2 (April 1971), S. 158-80.

Franz Mehring, *Karl Marx. Geschichte seines Lebens*, Berlin: Dietz, 1964.

Fred Buttel, „New Directions in Environmental Sociology", Annual Review of Sociology, Vol. 13 (1987), S. 465-88.

Frederick Copleston, *A History of Philosophy*, Bd. 6, London: Burnes & Oates, 1960.

Fred Magdoff, Fred Buttel und John Bellamy Foster (Hrsg.), *Hungry for Profit*, New York: Monthly Review Press, 1999.

Fred Magdoff, Less Lanyon und Bill Liebhard, „Nutrient Cycling, Transformations and Flows", *Advances in Agronomy*, Bd. 60 (1997), S. 1-73.

Friedrich Albert Lange, *Geschichte des Materialismus. In zwei Büchern*, Erstes Buch, Frankfurt/M.: Suhrkamp 1974.

Friedrich Engels, *Ludwig Feuerbach und der Ausgang der klassischen deutschen Philosophie*, in: MEW Bd. 21, Berlin: Dietz 1962, S. 259-307.

ders., *Der deutsche Bauernkrieg, in: MEW Bd. 7, Berlin: Dietz 1960, S. 327-413.*

ders., Umrisse zu einer Kritik der Nationalökonomie, in: MEW Bd. 1, S. 499-524.

ders., Die Lage der arbeitenden Klasse in England, in: MEW Bd. 2, Berlin: Dietz, 1958.

ders., „Anti-Dühring". Herrn Eugen Dühring's Umwälzung der Wissenschaft, in: MEW Bd. 20, Berlin: Dietz, 1962, S. 1-303.

ders., Zur Wohnungsfrage, in: MEW Bd. 18, Berlin: Dietz, 1973, S. 209-287.

ders., „Brief an Marx vom 19. Dezember 1882", in: MEW Bd. 35, S. 133-135.

ders., „Brief an Marx vom 14. Juli 1858", in: MEW Bd. 29, S. 337-339.

ders., „Brief an Marx vom 22. Dezember 1882", in: MEW Bd. 35, S. 136-37.

ders., Grundsätze des Kommunismus, MEW Bd. 4, S. 361-380.

ders., „Brief an Marx vom 11. oder 12. Dezember 1859", in: MEW Bd. 29, Berlin: Dietz, 1978, S. 524.

ders., „Brief an Marx vom 2. Oktober 1866", in: MEW Bd. 31, S. 256

ders., „Brief an Marx vom 5. Oktober 1866", in: ebd., S. 259-261.

ders., „Brief an Pjotr Lawrowitsch Lawrow vom 12-17. November 1875", in: MEW Bd. 34. Berlin: Dietz, 1966, S. 169-172.

ders., „Brief an Marx vom 21. September 1874", in: MEW Bd. 33, Berlin: Dietz, 1976, S. 118-120.

ders., Dialektik der Natur, in: MEW Bd. 20, S. 305-570.

ders., „Alte Vorrede zum »[Anti-]Dühring«. Über die Dialektik", in: MEW Bd. 20, Berlin: Dietz, 1962, S. 328-336.
ders., „Notizen und Fragmente [zur Dialektik der Natur]", in: MEW 20, S. 456-570.
ders., Der Ursprung der Familie, des Privateigentums und des Staats. Im Anschluß an Lewis H. Morgans Forschungen, in: MEW 21, Berlin: Dietz, 1962, S. 25-173.
ders., The Origin of the Family, Private Property and the State, New York: International Publishers, 1972.
ders., „Brief an Friedrich Albert Sorge vom 15. März 1883", in: MEW Bd. 35, S. 459-461.
ders., Ludwig Feuerbach and the Oucome of Classical German Philosophy, New York: International Publishers, 1941.
ders., The Dialectics of Nature, New York: International Publisher 1940.
Friedrich Lessner, „Before 1848 and After," in: *Reminiscences of Marx and Engels*, Moscow: Foreign Language Publishing House, o. J., S. 149-166.
George A. Panichas, *Epicurus,* New York: Twayne, 1967.
George E. McCarthy, *Marx and the Ancients,* Savage, Md.: Rowman & Lichtfield, 1990.
George E. Warring, „The Agricultural Features of the Census of the United States for 1850", *Bulletin of the American Geographical and Statistical Association*, Bd. 2 (1857), S. 189-202 (wiederabgedruckt in *Organization & Environment*, Bd. 12, Nr. 3 [September 1999], S. 298-307)
George Perkins Marsh, *Man and Nature,* Cambridge, Mass.: Harvard University Press, 1965.
George Strodach, *The Philosophy of Epicurus,* Evanston, Ill.: Northwestern University Press, 1963.
Georgi Plekhanov, *Selected Philosophical Works*, Bd. 1, Moscow: Progress Publishers, 1974.
Georg Lukács, *Geschichte und Klassenbewußtsein*, Neuwied/Berlin: Hermann Luchterhand Verlag, 1968.
ders., „N.Bucharin: Theorie des historischen Materialismus", in: ders., *Geschichte und Klassenbewußtsein*, Werke Band 2, Darmstadt: Luchterhand, 1977, S. 598-608
Georg Wilhelm Friedrich Hegel, *Vorlesungen über die Geschichte der Philosophie I*, Werke Bd. 18, Frankfurt/M.: Suhrkamp, 1971.
ders., *Vorlesungen über die Geschichte der Philosophie II*, Werke Bd. 19, Frankfurt/M.: Suhrkamp, 1979.
ders., *Wissenschaft der Logik I*, Werke Bd. 5, Frankfurt/M.: Suhrkamp, 1969.
ders., *Enzyklopädie der philosophischen Wissenschaften im Grundrisse 1830. Zweiter Teil*, in: Werke Bd. 9, Frankfurt/M.: Suhrkamp 1970.

ders., *Enzyklopädie der philosophischen Wissenschaften III, Werke 10, Frankfurt/M.: Suhrkamp, 1970.*
ders., *Vorlesungen über die Philosophie der Geschichte, Werke Bd. 11, Frankfurt/M.: Suhrkamp, 1986.*
ders., Phänomenologie des Geistes, Werke Bd. 3, Frankfurt/M.: Suhrkamp, 1986.
Gino Bedani, *Vico Revisited,* Oxford: Berg, 1989.
Gisela Striker, *Essays on Hellenistic Epistemology and Ethics*, Cambridge: Cambridge University Press, 1996.
Glyn Daniel und Colin Renfrew, *The Idea of Prehistory*, Edinburgh: Edinburgh University Press, 1988.
Gottfried Wilhelm Leibniz, *Philosophical Essays,* Indianapolis: Hackett, 1989.
Hal Draper, *The Marx-Engels Glossary,* New York: Schocken Books, 1986.
ders., *The Marx-Engels Chronicle*, New York: Schocken Books, 1985.
Hal Hellman, *Zoff im Elfenbeinturm. Große Wissenschaftsdispute,* Weinheim: Wiley-VCH, 2000.
Hans Magnus Enzensberger (Hrsg.), Gespräche mit Marx und Engels. Zweiter Band, Frankfurt/M.: Insel, 1973.
Heinrich Heine, *Zur Geschichte der Religion und Philosophie in Deutschland,* Halle a.d.S.: Otto Hendel, 1887.
Helena Sheehan, *Marxism and the Philosophy of Science,* Atlantic Highlands: Humanities Press, 1985.
Henry Carey, *Letters to the President on the Foreign and Domestic Policy of the Union and its Effects as Exhibited in the Condition of the People and the State*, Philadelphia: M. Polock, 1858.
ders., *The Past, Present and Future,* New York: Augustus M.Kelley, 1967.
ders., *Principles of Social Science*, Bd. 2, Philadelphia: J. B. Lippincott, 1867.
Henry Fairfield Osborn, *From the Greeks to Darwin*, New York: Charles Scribner's Sons, 1927.
Hermann Samuel Reimarus, *The Principal Truths of Natural Religion Defended and Illustrated, in Nine Dissertations; Wherein the Objections of Lucretius, Buffon, Maupertius, Rousseau, La Mettrie, and other Ancient and Modern Followers of Epicurus are Considered, and their Doctrines Refuted,* London: B. Lawn, 1766.
Howard Caygill, *A Kant Dictionary,* Oxford: Blackwell, 1995.
Howard E. Gruber, *Darwin on Man,* Chicago: University of Chicago Press, 1981.
Howard Jones, *The Epicurean Tradition*, New York: Routledge, 1992.
Howard Waitzkin, *The Second Sickness,* New York: Free Press, 1983.
H. P. Adams, *Karl Marx in His Earlier Writings*, London: George Allen & Unwin, 1940.
H. S. Thayer (Hrsg.), *Newton's Philosophy of Nature,* New York: Hafner Publishing Company, 1952.

Immanuel Kant, *Kritik der reinen Vernunft I*, Werkausgabe Band III, Frankfurt/M.: Suhrkamp, 1974.

ders., *Kritik der reinen Vernunft 2*, Werkausgabe Bd. IV, Frankfurt/M.: Suhrkamp, 1974.

ders., *Kritik der praktischen Vernunft*, Werkausgabe Bd. VII, Frankfurt/M.: Suhrkamp, 1974.

ders., *Allgemeine Naturgeschichte und Theorie des Himmels*, in: Akademieausgabe Band 1, Vorkritische Schriften I (1747-1756), Berlin: Georg Reimer, 1910.

ders., *Allgemeine Naturgeschichte und Theorie des Himmels*, Werkausgabe Bd. 1: Vorkritische Schriften bis 1768, Frankfurt/M.: Suhrkamp, 1968.

ders., *Metaphysische Anfangsgründe der Naturwissenschaft*, in: Werkausgabe Band IX, Frankfurt/M.: Suhrkamp, 1977.

ders., *Kritik der Urteilskraft*, Werkausgabe Band X, Frankfurt/M.: Suhrkamp, 1977.

ders., *Logik*, in: Werkausgabe Band VI, Frankfurt/M.: Suhrkamp, 1977, S. 417-582.

ders., *Anthropologie in pragmatischer Hinsicht*, in: Werkausgabe Band XII, Frankfurt/M.: Suhrkamp, 2000, S. 395-690.

Institut für Marxismus-Leninismus beim ZK der SED, *Ex Libris. Karl Marx und Friedrich Engels*, Berlin: Dietz Verlag, 1967.

István Mészáros, *Beyond Capital*, New York: Monthly Review Press, 1995.

Jacob Moleschott, *Der Kreislauf des Lebens*, Mainz 1857.

Jacob W. Gruber, „Brixham Cave and the Antiquity of Man", in: Melford E. Spiro (Hrsg.), *Context and Meaning in Cultural Anthropology*, New York: Free Press, 1965, S. 373-402.

J.A. Lohue, „Harriot (or Hariot) Thomas", *Dictionary of Scientific Biography*, Bd. 6, S. 124-29.

James Anderson, *An Enquiry into the Nature of the Corn Laws; with a View to the New Corn Bill Proposed for Scotland*, Edinburgh: Mrs. Mundell, 1777.

ders., *Obersavations on the Means of Exciting a Spirit of National Industry*, Edinburgh: T. Cadell, 1777.

ders., *Essays Relating to Agriculture and Rural Affairs*, Bd. 3, London: John Bell, 1796.

ders., *A Calm Investigation of the Circumstances that have Led to the Present Scarcity of Grain in Britain: Suggesting the Means of Alleviating that Evil, and Preventing the Recurrence of such a Calamity in the Future, London: John Cumming, 1801.*

ders., Recreations in Agriculture, Natural-History, Arts, and Miscellaneous Literature, Band 4, London: T. Bentley, 1801.

James D. White, *Karl Marx and the Intellectual Origins of Dialectical Materialism,* New York: St. Martin's Press, 1996.
James F. W. Johnston, *Notes on North America,* Bd. 1, London: William Blackwood & Sons, 1851.
James G. Lennox, „Teleology“, in: Keller/Lloyd (Hrsg.), *Keywords in Evolutionary Biology,* S. 324-33.
James O'Connors, *Natural Causes,* New York: Guilford, 1998.
James R. Friday und Roy McLeod, *John Tyndall, Natural Philosopher, 1820-1893: Catalogue of Correspondence, Journals and Collected Papers,* London: Mansell, 1974.
James R. Moore, „Darwin of Down. The Evolutionist as Squarson-Naturalist“, in: David Kohn (Hrsg.), *The Darwinian Heritage,* S. 435-481.
James W. Ellington, „Kant, Immanuel“, in: Gillespie (Hrsg.), *Dictionary of Scientific Biography,* Bd. 7, Charles Gillespie (Hrsg.), S. 224-35.
Janet Browne, *Charles Darwin: Voyaging,* Princeton, N.J.: Princeton University Press, 1995.
J. Donald Hughes, *Pan's Travail: Environmental Problems of the Ancient Greeks and Romans,* Baltimore: Johns Hopkins University Press, 1994.
Jean-Antoine-Nicholas Caritat, Marquis de Condorcet: *Entwurf einer historischen Darstellung der Fortschritte des menschlichen Geistes,* Frankfurt/M.: Suhrkamp, 1976.
Jean-Guy Vaillancourt, „Marxism and Ecology: More Benedictine than Franciscan“, in: Ted Benton (Hrsg.), *The Greening of Marxism,* New York: Guilford, 1996, S. 50-63.
Jean-Paul Deléage, „Eco-Marxist Critique of Political Economy“, in: Martin O'Connor (Hrsg.), *Is Capitalism Sustainable?,* New York: Guilford, 1994, S. 37-52.
Jean-Paul Sartre, *Fragen der Methode,* Reinbek: Rowohlt, 1999.
J. J. MachIntosh, „Robert Boyle on Epicurean Atheism and Atomism“, in: Margaret J. Osler (Hrsg.), *Atoms, Pneuma, and Tranquility,* S. 197-219.
J.M. Skaggs, *The Great Guano Rush,* New York: St.Martin's Press, 1994.
John Avery, *Progress, Poverty and Population: Re-reading Condorcet, Godwin and Malthus,* London: Frank Cass, 1997.
John Bellamy Foster, „Erde“, in: *Historisch-Kritisches Wörterbuch des Marxismus,* Band 3 (Ebene-Extremismus), Berlin: Argument-Verlag, 1997, S. 669-710.
ders., „Earth“, in: *Historical Materialism* 15, no. 3 (2007), S. 255-62.
ders., *The Return of Nature,* New York: Monthly Review Press, 2020.
ders., *The Dialectics of Ecology,* New York: Monthly Review Press, 2024.
ders., „Introduction“, in: Ernst Fischer, *How to Read Karl Marx,* New York: Monthly Review Press 1996, S. 7-30.

ders., „Introduction to John Evelyn's Fumifugium", Organization & Environment, Vol. 12, No. 2 (Juni 1999), S. 184-87.

ders., „Marx's Theory of Metabolic Rift: Classical Foundations for Environmental Sociology", American Journal of Sociology, Vol. 104, No. 2 (September 1999), S. 366-405.

ders., The Vulnerable Planet: A Short Economic History of the Environment, New York: Monthly Review Press, 1994.

ders., „Marx and the Environment", in Ellen Meiksins Wood und John Bellamy Foster (Hrsg.), In Defense of History, New York: Monthly Review Press, 1997, S. 149-62.

ders., „The Communist Manifesto and the Environment", in Panitch/Ley (Hrsg.): The Communist Manifesto Now, S. 169-89.

ders., „Robbing the Earth of its Capital Stock", Organization & Environment, Bd. 12, Nr. 3 (September 1999), S. 293-97.

ders., The Theory of Monopoly Capitalism, New York: Monthly Review Press, 1986.

John Bellamy Foster und Brett Clark, The Robbery of Nature, New York: Monthly Review Press, 2020.

John Bellamy Foster, Brett Clark und Richard York, The Ecological Rift, New York: Monthly Review Press, 2010.

dies., Der ökologische Bruch. Der Krieg des Kapitals gegen den Planeten, Hamburg: LAIKA Verlag, 2011.

John Bellamy Foster und Henryk Szlajfer (Hrsg.), The Faltering Economy, New York: Monthly Review Press, 1984.

John C. Greene, *The Death of Adam,* Ames, Iowa: Iowa State University Press, 1959.

John Clark, „Marx's Inorganic Body", *Environmenal Ethics,* Bd. 11, Nr. 3 (Herbst 1989), S. 243-258.

John Desmond Bernal, *Der Ursprung des Lebens,* Lausanne: Editions Rencontre, 1972.

ders., *Wissenschaft. Science in History,* Band 1, Reinbek/Hamburg: Rowohlt, 1970.

John Hedley Brooke, *Science and Religion: Some Historical Perspectives,* New York: Cambridge University Press, 1991.

John Locke, *Über den menschlichen Verstand,* Bd. II, Berlin: Akademie-Verlag, 1968.

John Lubbock, *Die vorgeschichtliche Zeit erläutert durch die Ueberreste des Alterthums und die Sitten und Gebräuche der jetzigen Wilden, Jena, 1874.*

John Ray, *The Wisdom of God Manifested in the Works of Creation,* London: Benjamin Walford, 1699.

John R. Durant, „The Ascent of Nature in Darwin's *Descent of Man*", in Kohn (Hrsg.), *The Darwinian Heritage, S. 283-306.*
John Tyndall, *Fragments of Science,* New York: A.L.Burt Co, o. J.
John W. Yolton, *Thinking Matter: Materialism in Eighteenth-Century Britain,* Minneapolis: University of Minnesota Press, 1983.
Jonathan Kemp, *Diderot, Interpreter of Nature,* New York: International Publishers, 1963.
Josef A. Schumpter, *Geschichte der ökonomischen Analyse.* 2 Bände. Erster Teilband, Göttingen: Vandenhoeck & Ruprecht, 2007.
Joseph Lester (mit zusätzlichem Material von Peter J. Bowler herausgegeben), *E. Ray Lankester and the Making of Modern British Biology,* Oxford: British Society for the History of Science, 1995.
Josiah Royce, *The Spirit of Modern Philosophy,* Boston: Houghton Mifflin, 1920.
J. T. Dobbs, „Stoic and Epicurean Doctrines in Newton's System of the World", in: Osler (Hrsg.), *Atoms, Pneuma, and Tranquility, S. 221-238.*
Juan Martinez-Alier, *Ecological Economics,* Oxford: Basil Blackwell, 1987.
ders., „Political Ecology, Distributional Conflicts and Economic Incommensurability", *New Left Review,* Nr. 211 (Mai-Juni 1995), S. 70-88.
Juan Martinez-Alier und J. M. Naredo, „A Marxist Precursor of Energy Economics: Podolinsky", *Journal of Peasant Studies,* Bd. 9, Nr. 2 (1982), S. 207-24.
Julien Offray de La Mettrie, *Machine Man and Other Writings,* New York: Cambridge University Press, 1996.
Julius Robert Mayer, *Die organische Bewegung in ihrem Zusammenhange mit dem Stoffwechsel, Heilbronn: C. Drechsler'sche Buchhandlung, 1845.*
Justus von Liebig, *Die Chemie in ihrer Anwendung auf Agricultur und Physiologie, Braunschweig: Vieweg, 1862.*
ders., [Exzerpte aus der Einleitung zu obengenanntem Werk auf Englisch], in: The Chemical News, Bd. 7, Nr. 181 (30. Mai 1863), S. 256-58; Bd. 7, Nr. 183 (6. Juni 1863), S. 368-79; Bd. 7, Nr. 165 (20. Juni, 1863), S. 292-94; Bd. 7, Nr. 186 (27. Juni 1863), S. 302-05.
ders., Chemische Briefe, Hildesheim: Georg Olms, 2003 [1878].
ders., Familiar Letters on Chemistry, Philadelphia: T. B. Peterson, 1852.
ders., The Natural Laws of Husbandry, New York: D. Appleton, 1863.
ders., Die Thierchemie, oder die organische Chemie in ihrer Anwendung auf Physiologie und Pathologie, Braunschweig: Vieweg, 1842.
Karl Alfred von Zittel, *Geschichte der Geologie und Paläontologie bis Ende des 19. Jahrhunderts,* München/Leipzig: Oldenbourg, 1899.
Karl Kautsky, *Die Agrarfrage. Eine Uebersicht über die Tendenzen der modernen Landwirthschaft und die Agrarpolitik der Sozialdemokratie,* Stuttgart: Dietz, 1899 (Reprint 1972).

Karl Marx: *Grundrisse der Kritik der politischen Ökonomie*, MEW Bd. 42, Berlin: Dietz, 2005.
ders., *Randglossen zu Adolph Wagners „Lehrbuch der politischen Ökonomie"*, in: MEW Bd. 19, Berlin: Dietz, 1962, S. 355-383.
ders., *Doktordissertation: Differenz der demokritischen und epikureischen Naturphilosophie nebst einem Anhange*, in: MEW Bd. 40 (Ergänzungsband 1), Berlin: Dietz, 1968, S. 257-373.
ders., „Marx an Ferdinand Lassalle, 21. Dezember 1857", in: *MEW Bd. 29*, Berlin: Dietz, 1978, S. 547-48.
ders., „Brief an Ferdinand Lassalle vom 31. Mai 1858", in: ebd., S. 560-61.
ders., *Das Kapital Bd. I, MEW Bd. 23, Berlin: Dietz, 1962.*
ders., „Brief vom 19. Dezember 1860 an Friedrich Engels", in: MEW Bd. 30, Berlin: Dietz Verlag 1964, S. 130-131.
ders., „Hegel (Epigramm)", in: MEGA Abt. 1, Bd. 1, Berlin: Dietz Verlag, 1975, S. 644.
ders., „Brief an den Vater", in: MEW Bd. 40 (Ergänzungsband 1), S. 8-9.
ders., „Die Vereinigung der Gläubigen mit Christo nach Joh. 15,1-14, in ihrem Grund und Wesen, in ihrer unbedingten Nothwendigkeit und in ihren Wirkungen dargestellt", MEGA I/1, S. 449-52.
ders., *Hefte zur epikureischen, stoischen und skeptischen Philosophie*, in: MEW Bd. 1, Berlin, 1969, S. 13-255.
ders., „Brief an Lasalle vom 22. Februar 1858", in: MEW Bd. 29, S. 549-552.
ders., *„Confessions"*, in: Shanin (Hrsg.), *Late Marx and the Russian Road*, 1983, S. 140-141.
ders., *„Der leitende Artikel in Nr. 179 der ‚Kölnischen Zeitung'"*, in: MEW Bd. 1, S. 86-104.
ders., *Zur Kritik der Politischen Ökonomie*, in: MEW Bd. 13, Berlin: Dietz, 1962, S. 3-160.
ders., *„Debatten über das Holzdiebstahlsgesetz", in:* MEW Bd. 1, S. 109-147.
ders., *„Luther als Schiedsrichter zwischen Strauß und Feuerbach", in:* MEW Bd. 1, S. 26-27.
ders., *„Brief an Anrnold Ruge vom 13. März 1843"*, in: MEW Bd. 27, S. 416-418.
ders., *Ökonomisch-philosophische Manuskripte (1844)*, in: MEW Ergänzungsband 1, S. 465-588.
ders., *„Zur Judenfrage", in: MEW Bd. 1, S. 347-77.*
ders., Kritik des Hegelschen Staatsrechts, in: MEW 1, S. 203-333.
ders., „Kritische Randglossen zu dem Artikel »Der König von Preußen und die Sozialreform. Von einem Preußen« (»Vorwärts!« Nr. 60)", in: MEW Bd. 1, S. 392-409.
ders., „Thesen über Feuerbach", in: MEW Bd. 3, Berlin: Dietz, 1981, S. 5-7.
ders., Das Elend der Philosophie, in: MEW Bd. 4, Berlin: Dietz, 1972, S. 63-182.

ders., „Brief an Engels vom 3. Oktober 1866“, in: MEW Bd. 31, Berlin: Dietz, 1965, S. 257-58.
ders., „Der Kommunismus und die Augsburger ‚Allgemeine Zeitung‘“, in: MEW Bd. 1, S. 105-108.
ders., „Brief an Pawel W. Annenkow vom 28. Dezember 1846“, in: MEW Bd. 27, S. 451-463.
ders., *Kritik des Gothaer Programms. Randglossen zum Programm der deutschen Arbeiterpartei*, in: MEW Bd. 19, Berlin: Dietz, 1973, S. 13-32.
ders., *Das Kapital. Kritik der politischen Ökonomie, Bd. III, Buch III: Der Gesamtprozeß der kapitalistischen Produktion, herausgegeben von Friedrich Engels, MEW Bd. 25, Berlin: Dietz, 1964.*
ders., *Theorien über den Mehrwert. Zweiter Teil, MEW Bd. 26.2, Berlin: Dietz, 1974.*
ders., *Theorien über den Mehrwert. Dritter Teil, MEW Bd. 26.3, Berlin: Dietz, 1974.*
ders., „Brief an Engels vom 13. Oktober 1851“, in: MEW Bd. 27, S. 356-359.
ders., *„Exzerpte aus Thomas Robert Malthus: An essay on the principle of population“, in: Marx-Engels Historisch-Kritische Gesamtausgabe (MEGA), Abteilung 4, Bd. 9, Berlin: Dietz Verlag, 1991, S. 226-229.*
ders., „Brief an Engels vom 14. Juni 1853“, in: MEW Bd. 28, S. 264-69.
ders., „Brief an Engels vom 26. November 1869“, MEW Bd. 32, S. 401-405.
ders., *„Brief an Engels vom 13. Februar 1866“,* MEW Bd. 31, S. 178-179.
ders., „Die Chartisten“, in: MEW Bd. 8, Berlin: Dietz, 1972, S. 342-350.
ders., *Ökonomisches Manuskript 1861-63. Teil I*, in: MEW Bd. 43, Berlin: Dietz, 1990.
ders., *Zur Kritik der politischen Ökonomie (Manuskript 1861-1863). Teil 6, in: MEGA Abt. II, Bd. 3.6, Berlin: Dietz, 1982.*
ders., „Entwürfe einer Antwort auf den Brief von V.I. Sassulitsch“, in: MEW Bd. 19, S. 384-406.
ders., *Das Kapital. Kritik der politischen Ökonomie, Zweiter Band, Buch II: Der Zirkulationsprozeß des Kapitals*, herausgegeben von Friedrich Engels, MEW 24, Berlin: Dietz, 1963.
ders., „Brief an Engels vom 25. März 1868“, MEW Bd. 32, S. 51-53.
ders., „Brief an Engels vom 18. Juni 1862“, in: MEW Bd. 30, Berlin: Dietz, 1974, S. 248-249.
ders., *„Brief an Engels vom 19. Dezember 1860“, in: MEW Bd. 30, Berlin: Dietz, 1974, S. 130-131.*
ders., *„Brief an Lasalle, 16. Januar 1861“, MEW Bd. 30, Berlin: Dietz, 1974, S. 577-579.*
ders., *„Brief an Engels vom 12. Dezember 1868“, in: MEW Bd. 32, Berlin: Dietz, 1965, S. 228-229.*

ders., „Brief an Engels vom 7. August 1866", in: MEW Bd. 31, S. 247-249.
ders., „Brief an Ludwig Kugelmann vom 9. Oktober 1866", in: ebd., S. 529-30.
ders., Die ethnologischen Exzerpthefte (herausgegeben von Lawrence Krader), Frankfurt am Main: Suhrkamp, 1976.
ders., „Brief an Ludwig Kugelmann vom 27. Juni 1870", in: MEW Bd. 32, Berlin: Dietz Verlag, 1974, S. 685-686.

Karl Marx und Friedrich Engels, *Die Heilige Familie oder Kritik der kritischen Kritik. Gegen Bruno Bauer und Consorten*, in: MEW Bd. 2, Berlin: Dietz, 1962, S. 2-223.
dies., Die deutsche Ideologie, in: MEW Bd. 3, Berlin: Dietz Verlag, 1969, S. 9-539.
dies., *Historisch-Kritische Gesamtausgabe (MEGA)*, Abt. 4, Bd. 9, Berlin: Dietz Verlag, 1991.
dies., *Deutsche Ideologie. Manuskripte und Drucke (1845-57), MEGA Abt. I, Bd. 5, Berlin/Boston: De Gruyter, 2017.*
dies., *„[Rezensionen aus der ‚Neuen Rheinischen Zeitung. Politisch-ökonomische Revue'. Zweites Heft, Februar 1850]"*, in: MEW Bd. 7, Berlin: Dietz, 1973, S. 198-212.
dies., *Das Manifest der Kommunistischen Partei, in: MEW Bd. 4, Berlin: Dietz, 1959, S. 459-493.*
dies., *„Vorrede zur zweiten russischen Ausgabe des ‚Manifests der Kommunistischen Partei'", in:* MEW Bd. 19, S. 295-296.

Karl Ritter, *Allgemeine Erdkunde. Vorlesungen an der Universität zu Berlin gehalten*, Berlin: Georg Reimer, 1862.

Kenneth Caneva, *Robert Mayer and the Conservation of Energy*, Princeton: Princeton University Press, 1993.

Kenneth P. Oakley, *Man the Toolmaker*, London: British Museum, 1972.

Kenneth Smith, *The Malthusian Controversy*, London: Routledge & Kegan Paul, 1951.

Kozo Mayumi, „Temporary emancipation from land: from the industrial revolution to the present time", *Ecological Economics*, Bd. 4, Nr. 1 (1991), S. 35-56.

K. Timiryazeff, „Darwin and Marx", in: David Ryazanoff (Hrsg.), *Karl Marx: Man, Thinker and Revolutionist*, New York: International Publishers, 1927.

Leslie Stephen, *The English Utilitarians, Bd. 2,* London: Duckworth 1900.

Leszek Kolakowski, *Die Hauptströmungen des Marxismus. Enstehung, Entwicklung, Zerfall, Bd. 1,* München: Piper, 1988.

Lewis H. Morgan, *Die Urgesellschaft. Untersuchungen über den Fortschritt der Menschheit aus der Wildheit durch die Barbarei zur Zivilisation, Stuttgart, 1908.*

ders., Ancient Society, *Or* Researches in the Lines of Human Progress from Savagery through Barbarism to Civilization, New York: World Publishing Company, 1963.

Lewis Mumford, *The City in History,* New York: Harcourt, Brace & World, 1961.

ders., *The Brown Decades*, New York: Dover, 1971.

Lord Ernle, *English Farming Past and Present*, Chicago: Quadrangle, 1961.

Loren Eiseley, *Darwin's Century*, New York: Doubleday, 1958.

Lucian, *Selected Satire,* New York: W.W. Norton, 1962.

Lucretius, *On the Nature of the Universe,* Harmondsworth: Penguin Books, 1994.

Ludwig Feuerbach, *Geschichte der neuern Philosophie von Bacon von Verulam bis Benedikt Spinoza*, Berlin: Akademie Verlag, 1981.

ders., *Vorläufige Thesen zur Reformation der Philosophie, in: Kleinere Schriften II,* GW 9, Berlin: Akademie Verlag, 1970, S. 243-63.

ders., *Grundsätze einer Philosophie der Zukunft,* in: *Kleinere Schriften II,* GW 9, Berlin: Akademie Verlag, 1970, S. 264-341.

ders., *Das Wesen des Christentums*, GW 5, Berlin: Akademie Verlag, 1984.

ders., „Zur Moralphilosophie", in: Hans-Jürgen Braun (Hrsg.), *Solidarität oder Egoismus: Studien zu einer Ethik bei und nach Ludwig Feuerbach, sowie eine kritisch revidierte Edition „Zur Moralphilosophie" (1868)*, besorgt von W. Schuffenhauer, Berlin: Akademie-Verlag, 1994, S. 353-410.

Lukrez, Von der Natur (Versübersetzung von Herman Diels), München: Deutscher Taschenbuch Verlag 1991.

Lynn Sumida Joy, *Gassendi the Atomist,* Cambridge: Cambridge University Press, 1987.

Marcello Gigate, *Philodemus in Italy: The Books from Herculaneum,* Ann Arbor: University of Michigan Press, 1990.

Margaret A. Fay, „Marx and Darwin: A Literary Detective Story", *Monthly Review*, Bd. 31, Nr. 10 (März 1980), S. 40-57.

Margaret C. Jacob, *The Radical Enlightenment: Pantheists, Freemasons and Republicans,* Boston: George Allen & Unwin, 1981.

dies., *Scientific Culture and the Making of the Industrial West,* New York: Oxford University Press, 1997.

Margaret J. Osler (Hrsg.), *Atoms, Pneuma, and Tranquility: Epicurean and Stoic Themes in European Thought,* New York: Cambridge Unviersity Press, 1991.

Margaret J. Osler und Letizia A. Panizza, „Introduction", in: Osler (Hrsg.), *Atoms, Pneuma, and Tranquility, S. 1-10.*

Margaret W. Rossiter, *The Emergence of Agricultural Science: Justus Liebig and the Americans 1840-1880,* New Haven: Yale University Press, 1975.

Marina Fischer-Kowalski, „Society's Metabolism: on the childhold and adolescence of a rising conceptual star", in: Redclift/Woodgate (Hrsg.), *International Handbook of Environmental Sociology,* S. 119-137.

Mark W. Wartofsky, *Feuerbach,* New York: Cambridge University Press, 1977.

Martin J.S. Rudwick (Hrsg.), *Georges Cuvier, Fossil Bones and the Geological Catastrophes: New Translations and Interpretations of the Primary Texts,* Chicago: University of Chicago Press, 1997.

Mary Mellor, *Feminism and Ecology*, Cambridge: Polity, 1997.

Massimo Quaini: *Geography and Marxism*, Totowa, N.J.: Barnes & Noble, 1982.

Maurice Dobb, *Wert- und Verteilungstheorien seit Adam Smith. Eine nationalökonomische Dogmengeschichte,* Frankfurt: Suhrkamp, 1977.

Max Horkheimer, *Zur Kritik der instrumentellen Vernunft*, Frankfurt/M.: Fischer, 2007.

Max Horkheimer und Theodor W. Adorno, *Dialektik der Aufklärung,* [Adornos] Gesammelte Schriften Band 3, Frankfurt/M.: Suhrkamp, 2003.

Maximilian Rubel und Margaret Manale, *Marx Without Myth: A Chronological Study of His Life and Work,* Oxford: Basil Blackwell, 1975.

Max Stirner, *Der Einzige und sein Eigentum*, Freiburg/München: Karl Alber, 2009.

Michael Inwood, *A Hegel Dictionary,* Oxford: Basil Blackwell, 1992.

Michael Lebowitz, *Beyond Capital*, New York: St. Martin's Press, 1992.

Michael Löwy, „For a Critical Marxism", *Against the Current*, Bd. 12, Nr. 5 (November-Dezember 1997), S. 31-35.

ders., „Globalization and Internationalism: How Up-to-Date is the ‚Communist Manifesto'?", *Monthly Review*, Bd. 50, Nr. 6 (November 1998), S. 16-27.

Michael Perelman, „Political Economy and the Press: Karl Marx and Henry Carey at the *New York Tribune*", Discussion Paper Series, Nr. 85-9, School of Behavioral and Social Sciences, California State University, Chico, 1985.

ders., „Henry Carey's Political-Ecological Economics", *Organization & Environment,* Bd. 12, Nr. 3 (September 1999), S. 280-92.

Michael Redclift und Graham Woodgate, „Sociology and the Environment: Discordant Discourse?", in: Redclift/Benton (Hrsg.), *Social Theory and the Global Environment*, S. 51-66.

dies. als (Hrsg.), *International Handbook of Environmental Sociology,* Northhampton: Edward Elgar, 1997.

Michael Redclift und Ted Benton (Hrsg.), *Social Theory and the Global Environment,* New York: Routledge, 1994.

Michael Rose, *Darwins Welt. Von Forschern, Finken und der Evolution*, München/Zürich: Piper, 2003.

Michel de Montaigne, *Apologie von Raymond Sebond*, in: ders., *Essais*. Gesamtübersetzung von Hans Stilett, Frankfurt/M.: Eichborn, 1998, S. 217-300.

Mitchell Salem Fosher, *Robert Boyle, Devout Naturalist*, Philadelphia: Oshiver Studio Press, 1945.

Murray Fessback und Arthur Friendly, Jr., *Ecocide in the U.S.S.R*, New York: Basic Books, 1992.

Nicholas Georgescu-Roegen, *The Entropy Law in the Economic Process*, Cambridge: Harvard University Press, 1971.

Nikolai Bukharin, *How It All Began*, New York: Columbia University Press, 1998.

ders. (Bucharin), *Philosophische Arabesken. Dialektische Skizzen. Gefängnisschriften Band 2*, Berlin: Dietz, 2005.

ders., *Theorie des Historischen Materialismus. Gemeinverständliches Lehrbuch der Marxistischen Soziologie*, Erlangen: Politladen, 1971 (1922).

ders., „Theory and Practice from the Standpoint of Dialectical Materialism"; in Bukharin et al., *Science at the Cross Roads, S. 11-33.*

Nikolai Bukharin et al., *Science at the Cross Roads: Papers Presented at the International Congress of the History of Science, and Technology, 1931*, London: Frank Cass, 1971.

Nikolai Bukharin, *Ralph Fox, A. M. Deborin, Y. M. Yuranovsky, S. I. Vavilov, V. L. Komarov und A. I. Tiumeniev*, Marxism and Modern Thought, New York: Harcourt, Brace, 1935.

N. I. Vavilov, „The Problem of the Origin of the World's Agriculture in the Light of the Latest Investigations", in Bukharin et al., *Science at the Cross Road*, S. 97-106.

Norman D. Livergood, *Activity in Marx's Philosophy, Den Haag*: Martinus Nijhoff, 1967.

Paolo Rossi, *The Dark Abyss of Time: The History of the Earth and the History of Nations from Hooke to Vico*, Chicago: University of Chicago Press, 1984.

Paul A. Baran und Paul M. Sweezy, *Monopolkapital*, Frankfurt: Suhrkamp, 1984.

Paul B. Sears, *Charles Darwin: The Naturalist as a Cultural Force*, New York: Charles Scribner's Sons, 1950.

Paul Burkett, *Marx and Nature: A Red and Green Perspective*, New York: St. Martin's Press, 1999.

ders., „Nature in Marx Reconsidered: A Silver Anniversary Assessment of Alfred Schmidt's *Concept of Nature in Marx*", in: *Organization & Environment*, Bd. 10, Nr. 2, Juni 1997, S. 164-183.

Paul Henry Thiry d'Holbach, *System der Natur oder von den Gesetzen der physischen und moralischen Welt, Frankfurt am Main: Suhrkamp,* 1978.

Paul Heyer, *Nature, Human Nature, and Society: Marx, Darwin and the Human Science*, Westport, Conn.: Greenwod Press, 1982.

Paul M. Sweezy, *Theorie der kapitalistischen Entwicklung. Eine analytische Studie über die Prinzipien der Marxschen Sozialökonomie*, Frankfurt: Suhrkamp, 1976.

ders., „Cars and Cities", *Monthly Review*, Bd. 24, Nr. 11 (April 1973), S. 1-18.

ders., „Socialism and Ecology", *Monthly Review*, Bd. 41, Nr. 4 (September 1989), S. 1-8.

Paul M. Sweezy und Harry Magdoff, „Capitalism and the Environment", *Monthly Review*, Bd. 41, Nr. 2 (Juni 1989), S. 1-10.

Pedro Schwartz, *The New Politcal Economy of J.S. Mill*, London: London School of Economics and Political Science, 1968.

Paul Shorey, *Platonism: Ancient and Modern*, Berkeley: University of California Press, 1938.

Perry Anderson, Über den westlichen Marxismus, Frankfurt am Main: Syndikat, 1978.

Peter Gay, *The Enlightenment, Bd. 1,* New York: Alfred A. Knopf, 1966.

ders., *The Party of the Enlightenment,* New York: W.W. Norton, 1963.

Pierre Gassendi, *Selected Works*, New York: Twayne Publishers, 1967.

Pierre-Joseph Proudhon, *Was ist Das Eigentum?*, Wien: Verlag Monte Verita (Nachdruck der Übersetzung von Alfons Fedor Cohn von 1896), o. J.

ders., *Philosophie der Staatsökonomie oder Notwendigkeit des Elends*, Bd. 1, Aalen: Scientia Verlag, 1966 (Neudruck von 1847).

Plutarch, *Moralische Abhandlungen*. Übersetzt von Johann Friedrich Salomon Kaltwasser, Band 8, Frankfurt/Main, 1798.

Rachel Carson, *Lost Woods*, Boston: Beacon Press, 1998.

Rachel Laudan, *From Mineralogy to Geology: The Foundations of a Science, 1650-1830,* Chicago: University of Chicago Press, 1987.

Ralph Colp, Jr., „The Contacts Between Karl Marx and Charles Darwin", *Journal of the History of Ideas,* Bd. 35, Nr. 2 (April-Juni 1974), S. 329-338.

Raymond Murphy, Sociology and Nature, Boulder, Colo.: Westview Press, 1996.

Raymond Williams, Problems in Materialism and Culture, London: Verso, 1989.

ders., Problems in Materialism and Culture, New York: Verso, 1980.

R. C. Lewontin, Steven Rose und Leon J. Kamin (Hrsg.), Die Gene sind es nicht ... Biologie, Ideologie und menschliche Natur, *München: BeltzPVU, 1988.*

Reid Barbour, *English Epicures and Stoics: Ancient Legacies in Early Stuart Culture,* Amherst: University of Massachusetts Press, 1998.

Reiner Grudmann, *Marxism and Ecology*, New York: Oxford University Press, 1991.

ders., „The Ecological Challenge to Marxism“, *New Left Review*, Nr. 187 (Mai-Juni 1991), S. 103-120.
René Descartes, *Philosophische Schriften in einem Band*, Hamburg: Felix Meiner, 1996.
Richard Anschütz (Hrsg.), *August Kekulé: in zwei Bänden*, Band 2, Berlin: Verl. Chemie, 1929.
Richard Bentley, *Sermons Preached at Boyle's Lecture*, London: Francis Macpherson, 1838.
Richard Hofstadter, *Social Darwinism in American Thought*, Boston: Beacon Press, 1955.
Richard Levins und Richard Lewontin, *The Dialectical Biologist*, Cambridge, Mass.: Harvard University Press, 1985.
Richard Levins und Yrjö Haila, *Humanity and Nature: Ecology, Science and Society*, London: Pluto Press, 1992.
Riley Dunlap, „The evolution of environmental sociology“, in Redclift/ Woodgate (Hrsg.), International Handbook of Environmental Sociology, S. 21-39.
Rob Beamish, „The Making of the Manifesto“, in: Leo Panitch und Colin Leys (Hrsg.), *The Communist Manifesto Now: Socialist Register 1998*, London: Merlin, 1998, S. 218-39.
Robert Boyle, *Works, Bd. 4*, London: A. Millar, 1744.
Robert Bruce Lindsay (Hrsg.), *Julius Robert Mayer: Prophet of Energy, New York: Pergamon, 1973.*
Robert Hugh Kargon, *Atomism in England from Hariot to Newton*, Oxford: Oxford University Press, 1966.
Robert J. Richards, „Evolution“, in: Keller/Lloyd (Hrsg.), *Keywords in Evolutionary Biology, S. 95-105.*
Robert Owen, *Selected Works*, Bd. 2, London: William Pickering, 1993.
Robert Wallace, *Various Prospects of Mankind, nature and Providenc*, London: A. Millar, 1761.
Robert Young, „The Historiographic and Ideological Contexts of the Nineteenth-Century Debate on Man's Place in Nature“, in: Mikuláš Teich und Robert Young (Hrsg.), *Changing Perspectives in the History of Science: Essays in Honour of Joseph Needham*, London: Heinemann, 1973, S. 344-438.
Robyn Eckersleey, Environmentalism and Political Theory, New York: State University of New York Press, 1992.
Rolf Edberg und Alexei Yablokov, Tomorrow Will Be Too Late, Tucson: University of Arizona Press, 1991.
Ronald Melville, *On the Nature of the Universe*, New York: Oxford University Press, 1999.

Rosa Luxemburg, „Brief an Sophie Liebknecht vom 2. Mai 1917“, in: dies., *Gesammelte Briefe, Bd. 5,* Berlin: Dietz Verlag, 1984, S. 227-230.

Roy Bhaskar, „Materialism“, in: Tom Bottomore (Hrsg.), *A Dictionary of Marxist Thought,* Oxford: Blackwell, 1983, S. 324-329.

ders., The Possibility of Naturalism, Atlantic Highlands, N.J.: Humanities Press, 1979.

ders., „General Introduction“, in: Margaret Archer, Roy Bhaskar, Andrew Collier, Tony Lawson und Alan Norrie (Hrsg.), Critical Realism, New York: Routledge, 1998, *S. ix-xxiv.*

ders., Reclaiming Reality, London: Verso, 1989.

Roy McLeod, „Tyndall, John“, in: *Dictionary of Scientific Biography,* Bd. 13, S. 521-524.

Sandra Herbert und Paul Barrett, „Introduction to Notebook M“, in: Charles Darwin, *Notebooks, 1836-1844, Ithaca, N.Y.: Cornell University Press, 1987, S. 561-562.*

Sebastiano Timparano, On Materialism, London: Verso, 1975.

Seneca, *Briefe an Lucilius*, Reinbek: Rowohlt, 1965.

Sherwood L. Washburn, „Tools and Human Evolution“, *Scientific American*, Bd. 203, Nr. 3 (September 1960), S. 62-75.

Sherwood Washburn und Ruth Moore, *Ape into Man*, Boston: Little, Brown, 1974.

Shirley A. Roe, „Voltaire versus Needham: Atheism, Materialism, and the Generation of Life“, in: John W. Yolton (Hrsg.), *Philosophy, Religion and Science in the Seventeenth and Eighteenth Centuries,* Rochester, New York: University of Rochester Press, 1990.

Sidney Hook, *Towards the Understanding of Karl Marx,* New York: John Day Company, 1933.

Stephen F. Cohen, „Introduction“, in: Nikolai Bukharin, *How It All Began,* S. vii – xxviii.

ders., *Bukharin and the Bolshevik Revolution,* New York: Oxford University Press, 1980.

Stephen Jay Gould, Der falsch vermessene Mensch, Frankfurt am Main: Suhrkamp Verlag, 1988.

ders., Darwin nach Darwin. Naturgeschichtliche Reflexionen, Frankfurt/Berlin/Wien: Ullstein, 1984.

ders., Leonardo's Mountain of Clams and the Diet of Worms, New York: Crown Publishers, 1998.

ders., Ein Dinosaurier im Heuhaufen. Streifzüge durch die Naturgeschichte, Frankfurt/M.: Fischer, 2002.

ders., Eight Little Piggies, New York: W.W. Norton, 1993.

ders., Illusion Fortschritt. Die vielfältigen Wege der Evolution, Frankfurt/M.: Fischer, 2004.

ders., Ontogeny and Phylogeny, Cambridge: Harvard University Press, 1977.
ders., „A Darwinian Gentleman at Marx's Funeral", Natural History, Vol. 108, Nr. 7 (Frühling 1999), S. 32-33, 56-66.
ders., An Urchin in the Storm, New York: W.W. Norton, 1987.
ders., The Rock of Ages, New York: Ballantine, 1999.
Sven Lindqvist, *Durch das Herz der Finsternis. Ein Afrika-Reisender auf den Spuren des europäischen Völkermords,* Frankfurt/New York: Campus Verlag, 1999.
Ted Benton, „Marxism and Natural Limits", *New Left Review,* No. 178 (November-Dezember 1989), S. 51-86.
ders., „Engels and the Politics of Nature", in: C. J. Arthur, *Engels Today. A Centenary Appreciation,* New York: St. Martin's Press, 1996, S. 67-93.
Teodor Shanin (Hrsg.), *Late Marx and the Russian Road,* New York: Monthly Review Press, 1983.
Thomas Chalmers, On the Power, Wisdom and Goodness of God as Manifested in the Adaptation of External Nature to the Moral and Intellectual Constitution of Man, Bd. 1, London: William Pickering, 1834.
ders., *On Political Economy in Connexion with the Moral State and Moral Prospects of Society, Bd. 2,* Glasgow: William Collins, 1853.
Thomas Franklin Mayo, *Epicurus in England (1650-1725),* Dallas: Southwest Press, 1934.
Thomas H. Huxley, *Darwiniana,* New York: D. Appleton und Co., 1897.
ders., *Lay Sermons, Addresses and Reviews,* New York: Appleton and Co., 1871.
Thomas Malthus, *An Essay on the Principle of Population and A Summary View of the Principle of Population,* Harmondsworth: Penguin, 1970.
ders., *An Essay on the Principle of Population; or A View of its Past and Present Effects on Human Happiness; With an Inquiry into Our Prospects Respecting the Future Removal or Mitigation of the Evils which it Occasions, Bd. II,* Cambridge: Cambridge University Press, 1989.
ders., *Pamphlets,* New York: Augustus M. Kelley, 1970.
ders., *Occasional Papers,* New York: Burt & Franklin, 1963.
Thomas Müntzer, Collected Works, Edinburgh: T.&T. Clark, 1988.
Thomas P. Saine, *The Problem of Being Modern: Or the German Pursuit of Enlightenment from Leibniz to the French Revolution,* Detroit: Wayne State University Press, 1997.
Thomas R. Trautmann, *Lewis Henry Morgan and the Invention of Kinship,* Berkeley: University of California Press, 1987.
Thomas R. Trautmann und Karl Sanford Kabelac, *The Library of Lewis Henry Morgan,* Philadelphia: American Philosophical Society, 1994.

Thomas S. Hall, *Ideas of Life and Matter: Studies in the History of General Physiology 600 B.C. to 1900 A.D.*, Bd. 1 & 2, Chicago: University of Chicago Press, 1969.

Thomas S. Kuhn, *Die kopernikanische Revolution*, Braunschweig/Wiesbaden: Vieweg, 1981.

Tim Hayward, *Ecological Thought*, Cambridge: Polity, 1994.

Timothy Lenoir, *The Strategy of Life: Teleology and Mechanics in Nineteenth Century German Biology*, Boston: D. Reidel Publishing Co., 1982.

T.W. Freeman, *A Hundred Years of Geography*, London: Gerald Duckworth, 1961.

Valentino Gerratana, „Marx and Darwin", *New Left Review*, Nr. 82 (November-December 1973), S. 60-82.

Victor Ferkiss, *Nature, Technology and Society*, New York: New York University Press, 1993.

V. I. Vernadski, *The Biosphere*, New York: Copernicus, 1998.

Wade Sikorski, Modernity and Technology, Tuscaloosa: University of Alabama Press, 1993.

Walt Sheasby, „Anti-Prometheus, Post-Marx", *Organization & Environment*, Bd. 12, Nr. 1 (March 1999), S. 5-44.

Ward Churchill, *From a Native Son*, Boston: South End Press, 1996.

Whitney J. Oates, *The Stoic and Epicurean Philosophers: The Complete Extant Writings of Epicurus, Epicteus, Lucretius, Marcus Aurelius*, New York: Random House, 1940.

W.I. Lenin, *Die Agrarfrage und die „Marxkritiker"*, Berlin: Dietz, 1954.

ders., *Aus dem Philosophischen Nachlass. Exzerpte und Randglossen*, Berlin: Dietz, 1961.

Wilhelm Liebknecht, „Erinnerungen an Karl Marx", in: *Erinnerungen an Karl Marx*, Berlin: Dietz Verlag, 1953, S. 113-148.

William Catton und Riley Dunlap, „Environmental Sociology: A New Paradigm", The American Sociologist, Vol. 13, No. 4 (November 1978), S. 252-56.

William Godwin, *Enquiry Concerning Political Justice and its Influence on Morals and Happiness, Bd. II*, Toronto: University of Toronto Press, 1946.

William Graham Sumner, *Social Darwinism*, Englewood Cliffs: Prentice Hall, 1963.

William H. Brock, *Justus von Liebig. Eine Biographie des großen Wissenschaftlers und Europäers*, Braunschweig/Wiesbaden: Vieweg, 1999.

William K. Kapp, *Volkswirtschaftliche Kosten der Privatwirtschaft*, Tübingen: Mohr Siebeck, 1958.

William Leiss, *The Domination of Nature*, Boston: Beacon Press, 1974.

William Morris, *Kunde von Nirgendwo. Eine Utopie der vollendeten kommunistischen Gesellschaft und Kultur aus dem Jahre 1890*, Köln: M. DuMont Schauber, 1974.

ders., „Three Letters on Epping Forest“; in: *Organization & Environment*, Bd. 11, Nr. 1 (1998), S. 93-97.

ders., „Notes on Passing Events“, *Commonweal*, Bd. 2, Nr. 37 (23. Oktober 1886).

ders., *Selected Writings*, New York: Random House, 1934.

William Paley, *Natural Theology*, London: R. Faulder, 1803.

ders., *The Principles of Moral and Political Philosophy*, New York: Harper & Brothers, 1867.

William Whewell, *Astronomy and General Physics Considered with Reference to Natural Theology*, London: William Pickering, 1834.

W. K. C. Guthrie, *In the Beginning: Some Greek Views of the Origin of Life and the Early State of Man*, Ithaca, N.Y.: Cornell University Press, 1957.

Y. M. Uranovsky, „Marxism and Natural Science“, in: Nikolai Bukharin et al. (Hrsg.), *Marxism and Modern Thought*, New York: Harcourt, Brace, 1935, S. 136-174.

bini adamczak

GESTERN MORGEN

über die einsamkeit kommunistischer gespenster und die rekonstruktion der zukunft

edition assemblage

Die Re-Konstruktion einer kommunistischen Begierde führt in die Geschichte des Kommunismus und bürstet sie gegen den Strich: von 1939 bis 1917. Der Weg zu den revolutionären Wünschen führt die Autorin über deren Enttäuschung, über das doppelte Scheitern der russischen Revolution, das unbewältigt immer noch anhält. Das Buch birgt eine vergangene Zukunft, die Gegenwart hätte sein können und Zukunft sein kann: gestern morgen.

Paperback
160 Seiten
ISBN 978-3-942885-08-9
ca. 12,00 Euro

BINI ADAMCZAK

DER SCHÖNSTE TAG IM LEBEN DES ALEXANDER BERKMAN

VOM MÖGLICHEN GELINGEN DER RUSSISCHEN REVOLUTION

edition assemblage

1920 wurde Alexander Berkman zusammen mit Emma Goldman und 247 weiteren politischen Gefangenen aus dem Gefängnis in den USA in die junge Sowjetunion abgeschoben. Seine Ankunft in der Russischen Revolution beschrieb der Anarchist als den schönsten Tag seines Lebens.
Die Enttäuschung folgte schnell.

Paperback
152 Seiten
ISBN 978-3-96042-026-2
ca. 12,80 Euro